O estruturalismo latino-americano

Octavio Rodríguez

Prefácio de
Fernando Henrique Cardoso

O estruturalismo latino-americano

TRADUÇÃO DE
Maria Alzira Brum Lemos

REVISÃO TÉCNICA DE
Tito Ryff

CIVILIZAÇÃO BRASILEIRA

Rio de Janeiro
2009

CEPAL

TÍTULO ORIGINAL EM ESPANHOL
El estructuralismo latinoamericano

CAPA
EG Design

PROJETO GRÁFICO
Evelyn Grumach e João de Souza Leite

CIP-BRASIL. CATALOGAÇÃO-NA-FONTE
SINDICATO NACIONAL DOS EDITORES DE LIVROS, RJ

R619e

Rodríguez, Octavio
O estruturalismo latino-americano / Octavio Rodríguez; tradução Maria Alzira Brum Lemos. – Rio de Janeiro: Civilização Brasileira, 2009.

Tradução de: El estructuralismo latinoamericano
Apêndice
Inclui bibliografia
ISBN 978-85-200-0831-7

1. Recuperação econômica – América Latina. 2. América Latina – Política econômica. I. Título.

08-4694

CDD – 338.98
CDU – 338.1(81)

Direitos desta tradução adquiridos pela
EDITORA CIVILIZAÇÃO BRASILEIRA
Um selo da
EDITORA RECORD LTDA.
Rua Argentina 171 – 20921-380 – Rio de Janeiro, RJ – Tel.: 2585-2000

PEDIDOS PELO REEMBOLSO POSTAL
Caixa Postal 23.052 – Rio de Janeiro, RJ – 20922-970

Impresso no Brasil
2009

Sumário

Agradecimentos

O trabalho aqui apresentado contou com o apoio decisivo da Cepal, concedido por intermédio de um convênio entre esta instituição e a Sociedade Internacional para o Desenvolvimento (SID — Uruguai). O convênio teve início em abril de 2002. Posteriormente, com a mediação da SID, foram obtidas colaborações adicionais da Aladi e do Centro Internacional de Pesquisas para o Desenvolvimento (IDRC — Canadá).

Cabe registrar um agradecimento especial a Reynaldo Bajraj. Foi ele quem concebeu esse convênio a partir da Cepal, e a seguir acompanhou ininterruptamente as tarefas ao longo do tempo, apoiando, especialmente por meio de seus comentários, as sucessivas versões parciais e preliminares, até o livro ser concluído, em meados de 2005.

Uma versão completa deste trabalho data de 31 de março de 2005 e foi submetida à apreciação de dois leitores: Ricardo Bielschowsky e Ricardo Ffrench-Davis. Ambos merecem os agradecimentos do autor, pois a maioria das suas sugestões foi incorporada ao texto final, contribuindo para aprimorá-lo significativamente.

Diversos temas específicos foram objeto de consulta a especialistas, em grande parte funcionários e ex-funcionários da Cepal, realizadas tanto em Santiago como em Buenos Aires, São Paulo, Rio de Janeiro e Brasília. Em vez da inclusão da extensa lista de seus nomes, optou-se por explicitar aqui a importância das conversas mantidas com eles para o melhor entendimento e apresentação desses temas.

O apoio da Cepal permitiu contar com um conjunto de colaboradores qualificados. Sua presença num projeto do qual participaram ativamente se traduziu na elaboração de bom número de documentos — 22 no total —, sem dúvida muito úteis para a abordagem posterior das obras e temas aqui tratados.

A seguir são listados os nomes desses colaboradores, seguidos de breves referências às áreas analisadas por eles individualmente. Cabe enfatizar que todos eles — com exceção de Gabriel Porcile — foram colegas do autor no Instituto de Economia da Faculdade de Ciências Econômicas da Universidad de la República, no Uruguai.

- Óscar Burgueño: elos entre desenvolvimento e cultura (Capítulos 9 e 14, II-IV).
- César Failache: internacionalização financeira e políticas macroeconômicas (Capítulo 13,III).
- Adela Hounie: visões do desenvolvimento a longo prazo elaboradas no Brasil (Capítulo 8); visões próprias do neo-estruturalismo (Capítulos 11, 12, 13, I-II e 14, I).
- Lucía Pittaluga: o estruturalismo e o enfoque neo-schumpeteriano da tecnologia (Capítulos 11, 12 e 14, I).
- Gabriel Porcilo: o estruturalismo de uma perspectiva histórica e política (introduções às três partes do trabalho); o enfoque da dependência (Capítulo 6).
- Andrea Vigorito: aspectos metodológicos (introdução geral); enfoque dos estilos de desenvolvimento (Capítulo 7).

Octavio Rodríguez

Apresentação

Tenho o prazer de apresentar um excelente livro, que enriquecerá em vários sentidos os seus inúmeros leitores.

O estruturalismo latino-americano conta, resenha e analisa um dos mais férteis desenvolvimentos das ciências sociais do século passado, que conseguiu grande difusão e aceitação entre os especialistas, interessou a muitos responsáveis por políticas públicas, influenciando grande número deles, e chamou a atenção de todos os interessados no desenvolvimento econômico, social e político da região.

Como o autor destaca, os estruturalistas latino-americanos compartilham certas posições metodológicas. O "método" do estruturalismo latino-americano leva especialmente em conta as características reais das situações analisadas, incluindo seus antecedentes históricos relevantes, em vez de praticar uma análise partindo de um conjunto de postulados gerais e abstratos cuja aplicabilidade se presume independente de lugar, época e história. Assim, o método estruturalista exige em cada caso árduas considerações acerca do contexto e dos antecedentes do problema específico analisado.

Destacados autores latino-americanos aplicaram esse enfoque metodológico em diferentes épocas e a temas claramente distintos. O próprio Prebisch, a quem se devem contribuições de grande importância na teoria do desenvolvimento econômico nos anos 1950, fez contribuições relevantes nas décadas posteriores em temas de ordem social. Autores tão diversos como Furtado, Fajnzylber e Medina Echavarría utilizaram e consolidaram seu desenvolvimento. Esse enfoque disciplinar, como outros casos destacados na economia e em outras ciências, surgiu de contribuições independentes, não coordenadas de antemão, e resultou numa profunda interação entre inúmeros cientistas.

Embora os estruturalistas latino-americanos não pareçam preocupados com a aplicabilidade de seu método para outras regiões, este despertou interesse em economistas e cientistas sociais tanto em regiões subdesenvolvidas como em países adiantados. Assim, uma maneira de abordar problemas socioeconômicos que se recusava a utilizar axiomas de pretenso valor universal e preconizava a especificidade da análise no tempo e lugar acabou alcançando, como método, uma difusão generalizada.

Como se verá no texto, Octavio Rodríguez trata o tema com sua lucidez e erudição conhecidas, guiando o leitor, com elegância e eficiência, pelo fascinante período de cinqüenta anos durante os quais o estruturalismo latino-americano foi tomando forma e rendendo frutos. De acordo com a essência do enfoque, o autor faz freqüentes menções aos mais importantes acontecimentos da realidade latino-americana desse longo período. Em todo o texto, no qual se entrelaçam realidade e teoria, propostas e prática, economia, sociologia e ciência política, o autor usa uma especial capacidade de análise e de síntese que não se vê com freqüência.

Dessa forma, outro mérito do livro é ajudar a ver que a contribuição do estruturalismo latino-americano vai além do metodológico, já que faz importantes contribuições à teoria do desenvolvimento econômico e social. O estruturalismo latino-americano torna-se decisivo para responder à questão de quais são as principais causas do subdesenvolvimento da região bem como à pergunta subseqüente do que se pode fazer para superá-lo. O caráter polêmico dos temas aos quais essas duas perguntas entrelaçadas conduzem, que dá lugar a apaixonadas posições de aprovação ou repúdio, com muita freqüência esconde o fato de que os estruturalistas fizeram contribuições de envergadura para sua discussão e impede com igual freqüência o reconhecimento do caráter científico — e às vezes brilhante — dessas contribuições. O livro de Octavio Rodríguez põe isso em relevo, o que por si só já o destaca como um trabalho que, por sua vez, traz uma contribuição original à literatura sobre o desenvolvimento.

No texto fica claro como a Cepal — por excelência, a casa dos latino-americanos e dos amigos do desenvolvimento da região — abrigou e deu fôlego ao nascimento e à evolução do enfoque estruturalista latino-americano, o que nos leva a um último comentário. A Cepal, olhando o presente e o futuro, não pode deixar de notar a vigência do enfoque disciplinar que o estruturalismo latino-americano nos deixa. Isso não nos deve surpreender, pois deriva da flexibilidade do seu método em considerar as mudanças que ocorrem na situação interna e no contexto externo de cada país ao longo do tempo.

As transformações que presenciamos na ordem política mundial, no comércio e na velocidade da mudança técnica aumentam as distâncias que nos separavam dos países avançados, e também evidenciam novas brechas. Toma-se consciência de novos problemas, como o do meio ambiente, e assiste-se a novas e renovadas reivindicações sociais, o que torna mais rica, complexa e difícil a agenda das políticas públicas.

Tudo isso obriga a também lançar um novo olhar sobre o fenômeno do subdesenvolvimento. Bem se poderia dizer que o mundo do pós-guerra sofreu mudanças de fundo similares e que o estruturalismo ajudou a compreendê-las e a enfrentá-las. Por que lhe negar a oportunidade de ser igualmente útil agora? Na verdade, os trabalhos atuais da Cepal, suas pesquisas e publicações, fazem bom uso do legado do estruturalismo latino-americano, do qual ela é beneficiária direta. Acreditamos que este livro será muito útil para colocar esse legado ao alcance dos muitos interessados no desenvolvimento da região.

Há mais por dizer, mas um prólogo não pode ser uma resenha completa ou uma crítica do livro em si, muito menos de uma obra da densidade analítica como a que Octavio Rodríguez apresenta. É prudente passar ao autor o uso da palavra.

José Luis Machinea
Secretário-executivo da Cepal

Prefácio à edição brasileira

A obra de Octavio Rodríguez chega às livrarias brasileiras em boa hora. Boa porque resgata o "pensamento da Cepal" e boa porque o Brasil terá de definir novas estratégias para enfrentar os desafios de uma economia mundial que, se ainda não é "sinocêntrica", pelo menos já não está mais centrada exclusivamente nos Estados Unidos e nem mesmo apenas no eixo Estados Unidos-Japão-União Européia. Mas não é só isso: poucas vezes houve uma análise tão abrangente, conscienciosa e correta a respeito de uma "escola de pensamento" como a que se faz neste volume.

Com efeito, Octavio Rodríguez resume, organiza o pensamento sobre a Cepal e levanta a bibliografia pertinente desde os tempos de ouro — quando o vigor intelectual e a experiência prática de Raul Prebisch faziam daquela organização um marco de criatividade — até hoje. O reconhecimento das idéias iniciais da Cepal e, sobretudo, da visão de Prebisch quanto à polaridade centro-periferia não representa propriamente novidade. É algo notável, entretanto, mostrar que o pensamento original da Cepal era complexo e pertinente, germinou, contagiou outros centros e continua vivo, com as adaptações que as mudanças históricas impõem.

Com cuidado semelhante ao utilizado para analisar os primeiros passos cepalinos, Octavio Rodríguez evidencia como eles se desdobraram no decorrer do tempo, incorporando na análise o que chamou de "enfoque da dependência", assimilando as contribuições de Celso Furtado, dando ouvidos à voz sábia de Medina Echavarría, que com seu pensamento liberal fazia contraponto anti-reducionista às visões economicistas, e assim por diante. Mostra também como o pensamento cepalino, em seu desenvolvimento consecutivo, incidiu sobre outros núcleos de produção de conhecimento, a exemplo da Universidade de Campinas, onde Maria da Conceição Tavares, José Serra, João Manuel Cardoso de Mello e Luiz Gonzaga Belluzzo elaboraram seus trabalhos de história econômica e suas análises do processo de desenvolvimento. Nos capítulos subseqüentes, o autor acompanha, década por década, a constante revisão do estilo de pensamento da Cepal.

Do estudo pormenorizado dos desdobramentos do pensamento cepalino, ressalta a persistência de uma "visão", que nem sempre foi acompanhada da formalização habitual nas ciências econômicas, mas mostrou sua validade: a abordagem histórico-estrutural. Ao pensamento original de Prebisch acrescentaram-se novas dimensões. Ganhou importância a análise dos tipos de articulação entre os diferentes setores sociais da periferia com suas contrapartes no centro e das distintas formas de dependência daí decorrentes. Celso Furtado, além das contribuições diretas ao marco central do pensamento cepalino, enriqueceu o histórico-estruturalismo nos anos 1980 realçando a importância dos fatores culturais no processo civilizatório típico do capitalismo. Aníbal Pinto, por sua vez, chamou a atenção para a especialização e a heterogeneidade estrutural como características distintivas do subdesenvolvimento latino-americano, a partir das quais a história da região poderia ser explicada.

Tão importante quanto a reavaliação dessas diferentes contribuições, ou talvez ainda mais, por se tratar de pessoa morta prematuramente cuja obra notável é menos conhecida no Brasil, é a análise do trabalho de Fernando Fajnzylber, que balizou o pensamento da Cepal a partir dos anos 1980. Este economista deu à Cepal a chave para a compreensão do mundo atual, marcado pela globalização econômica. Seus estudos sobre o efeito dinâmico das inovações tecnológicas e sobre o papel decisivo que desempenham para manter a dominação das economias centrais — bem como para, eventualmente, abrir novos caminhos para as economias emergentes — permitiram à Cepal acompanhar a dinâmica do mundo contemporâneo. Ou seja, o mundo pós-revolução da microeletrônica e da informática, com extraordinária expansão dos meios de transporte e dos meios de comunicação.

Nada nessas evoluções do pensamento cepalino nega, senão que complementa, a visão originária de que as diferenças entre centro e periferia, entre economias maduras e emergentes, desenvolvidas e subdesenvolvidas — ou como se as queira qualificar — não decorrem apenas de um jogo marcado por conjunturas de mercado ora favoráveis ora desfavoráveis. Estas ocorrem, mas a capacidade de reação frente a elas depende de situações históricas que criaram estruturas assimétricas, sem cuja mudança as diferenças de oportunidades persistirão, a despeito das transformações tecnológicas que ocorram nos países de economia periférica e mesmo da possibilidade de algum *catch-up* logrado com a apropriação ou a adaptação criativa de avanços tecnológicos.

A partir dos anos 1990, entrando no século XXI, o pensamento cepalino desloca o seu foco para os temas da redistribuição de renda e da eqüidade (presentes, aliás, embora com menor ênfase, desde a década de 1950) e passa a abarcar a questão do meio ambiente. Na fase mais recente, aos nomes de economistas com sensibilidade social, como José Antonio Ocampo — e sem esquecer a presença constante de Enrique Iglesias, que foi herdeiro do legado institucional de Prebisch —, somam-se as contribuições de pensadores com formação e interesses mais abrangentes nas ciências sociais, como Ernesto Ottone e Fernando Calderón. As contribuições de todos eles encontram a devida atenção neste abrangente volume da história do pensamento econômico-social latino-americano.

É de sublinhar que Octavio Rodríguez, nos capítulos finais, volta a alguns problemas que, embora não diretamente relacionados com o "pensamento da Cepal", foram tratados por pessoas que, de um ou outro modo, estiveram ligadas àquela instituição. Os temas da democracia, da participação, da cidadania, dos movimentos sociais, testemunham que os intelectuais que formaram o núcleo do pensamento da Cepal não eram comprometidos apenas com uma "visão", mas com a busca de uma estratégia capaz de assegurar aos países de economia periférica outro e melhor patamar de desenvolvimento.

Nos capítulos iniciais, Rodríguez discute aguda e pormenorizadamente os elementos que compunham as políticas propostas por

Prebisch e por seus colaboradores para que tal objetivo fosse conseguido. Na época, era claro que sem aumentar a densidade de capital por homem empregado, sem, portanto, investimento em setores de alta tecnologia, sem a industrialização, sem os requisitos para isso (acumulação de capitais, estímulos ao mercado, ação governamental, participação pública nos investimentos sem constranger a ação privada etc.) o salto não seria dado. Em alguns países da região os dirigentes tiveram um relativo sucesso ao adotar, de modo claro ou de maneira velada, consciente ou inconscientemente, alguns desses postulados. Nem todos os países, por certo, conseguiram diferenciar estruturalmente suas economias, deixando de ser apenas primário-exportadoras para, com base no mercado interno, aprofundarem-se na rota da industrialização. Mas bem ou mal houve transformações importantes nos últimos cinqüenta anos. Agora, diante do desafio da globalização, certos países dispõem de mais possibilidades do que no passado para diminuir as assimetrias estruturais.

A voga exportadora, a abertura das economias ao mercado internacional, a presença da imensa massa de consumidores asiáticos, especialmente na China, elevaram os preços das matérias-primas, notadamente dos metais, dando a impressão de que o ponto de partida das teorias cepalinas — a tendência à queda constante dos preços das *commodities* em contraste com o dos produtos industrializados — perdeu vigência. É cedo para afirmar isso. Mas é indiscutível que o mundo globalizado e multipolarizado, pelo menos na economia, traz um novo desafio: a economia chinesa, que puxa o *boom* das *commodities*, também barateia os produtos industrializados, via aviltamento dos salários. Além disso, o volume de exportações dirigidas à China e o alto preço das matérias-primas colaboram para a valorização das moedas locais, o que dificultará a exportação de produtos manufaturados.

Quais serão os efeitos dessa alavanca pendular, que abre espaço para as exportações de metais e alimentos e diminui as chances de exportação de bens industrias, sobre o desenvolvimento das demais economias, inclusive das demais economias emergentes e das que lutam ainda para manter o dinamismo de setores industriais constituídos sob o regime de substituição de importações? Por um lado, observam-se altas taxas de crescimento econômico nos países chamados periféricos, e se nota a vigência de baixa inflação mundial; por outro, deslocamento de indústrias para as zonas onde a mão-de-obra é mais barata, que já não são as dos países latino-americanos que se industrializaram e, junto com isso, a tentação nestes de volta ao modelo primário-exportador.

Os últimos capítulos do livro de Octavio Rodríguez, embora nem sempre discutam diretamente esse desafio, dão algumas pistas para sua resolução. Por mais que um país em desenvolvimento possa beneficiar-se da expansão do comércio externo, quanto mais diversificada for sua economia e mais complexa sua sociedade, não escapará da necessidade de desenvolver uma estratégia de política econômica baseada na absorção e na criação de novas tecnologias e na sustentação de suas empresas no mercado global e, ao mesmo tempo, de expandir o mercado interno e evitar a desnacionalização produtiva. Isso não quer dizer repulsa ao capital externo, mas equilíbrio entre ele e o capital nacional, tanto estatal como privado.

O desafio é imenso. Requer novas bases sociopolíticas para sustentar as propostas inovadoras e não dispensará a presença de um "núcleo endógeno", para utilizar a expressão de Fajnzylber. Porém, acrescento, um núcleo com visão suficientemente cosmopolita para não recair em simplificações autárquicas que tendam a repetir nas fronteiras nacionais políticas protecionistas do passado, excludentes da competição. Esta, na forma civilizatória — ou, quem sabe, in-civilizatória — do capitalismo atual, tomando de empréstimo a expressão de Celso Furtado (sem o comprometer com a sugestão) —, é condição para o sucesso. Condição necessária, mas não suficiente: um sem-número de adaptações microeconômicas, a generalização da educação de base e mesmo secundária, a definição de políticas cambiais adequadas, uma política industrial de novo tipo que contemple o adensamento tecnológico e a escolha de nichos nos quais cada país terá melhores condições de competição, a compreensão da importância das marcas, do *design*, dos circuitos mundiais de comercialização, a generalização, em uma palavra, da "economia do conhecimento", são outros tantos caminhos a serem percorridos. E tudo isso dentro da democracia, pelo menos nos países que estão "do lado de cá" do mundo.

Não é simples. O livro de Octavio Rodríguez mostra que em outra época o pensamento latino-americano esteve à altura dos desafios postos. Não há por que duvidar que nas circunstâncias atuais seremos capazes de fazer o mesmo e desenvolver as estratégias de desenvolvimento convenientes para uma melhor integração à nova ordem mundial. À condição de sermos capazes de aproveitar as lições da história e de entendermos que a principal delas é que o mundo se transforma sempre, como este livro ressalta, e o futuro não está predeterminado, apesar dos constrangimentos estruturais. O êxito em cada nova etapa transformadora dependerá, em parte, da capacidade de os governos definirem políticas adequadas que preservem o interesse nacional e o bem-estar das populações.

Fernando Henrique Cardoso

Introdução geral

Como se pode inferir do título que preside estas notas, elas giram em torno do estruturalismo latino-americano, cuja apresentação define e delimita seu objetivo principal.

As obras e os enfoques incluídos sob a designação comum de "estruturalistas" compartilham certas características metodológicas, identificáveis como base essencial de suas contribuições analíticas. De fato, como se verá mais adiante, tais contribuições possuem especificidades associadas ao método que lhes é próprio, as quais permitem diferenciá-las das que provêm de outros âmbitos e/ou correntes das ciências sociais, e também de outras formas do estruturalismo, às vezes adotadas nestas últimas.

Essa questão-chave — de um método que delimita as linhas de determinada corrente de pensamento — será tratada mais adiante, nesta mesma introdução geral. A razão de considerá-la antecipadamente se associa ao esforço de demonstrar que a convergência metodológica aludida habilita a identificar essa corrente única, desenvolvida e enriquecida ao longo de mais de cinqüenta anos na área latino-americana.

Junto a essa referência à continuidade e ao enriquecimento, outras duas merecem destaque: a primeira é o caráter científico da mencionada corrente (ligada, por certo, à cientificidade do método que constrói e adota); a segunda corresponde às possibilidades que esse caráter abre à revisão dos graves problemas atuais da área e à busca e ao desenho de soluções condizentes.

Em boa medida, tais possibilidades resultaram indutoras dos esforços envolvidos em uma apresentação geral e articulada do estruturalismo latino-americano. No entanto, isso não impede o interesse de rever com certo detalhe as múltiplas contribuições que foram dadas, sobre as quais confluem reiterados reconhecimentos de seu valor especial. Por outro lado, também é claro que a cobertura de contribuições e autores não pode ser muito minuciosa, nem exaustiva ao extremo. A justificativa dessa necessária seletividade é óbvia: além de permanências e continuidades, após meio século de criação de idéias, conceituações e análise, a amplitude do universo conformado impede cobrir sem exceções a totalidade de seus componentes.

Há que se reconhecer um forte viés "cepalino" na seleção do que é tratado e excluído. A primeira razão desse viés concerne à admissão — de resto, generalizada — de que o estruturalismo latino-americano se origina na Cepal, seja em documentos da própria instituição, seja em trabalhos de autores direta ou indiretamente vinculados a ela, na maioria das vezes elaborados e/ou publicados sob seu patrocínio.

Também é preciso mencionar uma segunda razão: em contribuições recentes dessa instituição, e de novo nas de autores a ela vinculados, vai se perfilando a montagem de uma visão e de um projeto alternativos aos de cunho neoliberal. Certamente, a ênfase colocada nessa busca, que ainda reclama consideráveis esforços, tem a ver com os resultados negativos a que o enfoque neoliberal conduziu e ao enorme poder que continua respaldando a difusão de seu forte conteúdo ideológico.

Após essas reflexões iniciais, convém proceder a uma apresentação sucinta das partes e dos capítulos que se seguem a esta introdução geral, objeto da seção I, "As contribuições analíticas consideradas". Ao conter as temáticas amplas e complexas que elas incluem, tal apresentação se mostra "eventualmente útil como guia capaz de facilitar sua leitura posterior".

Por outro lado, essa apresentação cumpre um determinado objetivo adicional: constitui um requisito para que as características metodológicas do estruturalismo latino-americano possam aparecer organizadas em um resumo bem amarrado e para que sua compreensão seja favorecida. A seção II, "Os posicionamentos metodológicos e sua relevância", destina-se à cobertura dessa temática.

Cabe assinalar, desde já, que a unidade do estruturalismo latino-americano, embora relacionada à convergência metodológica observável nas diferentes contribuições que o compõem, também depende da presença pertinaz de certas idéias básicas, objeto da seção III. Como se verá, essas idéias provêm da concepção básica de Prebisch e correspondem à bipolaridade do desenvolvimento prevalecente no sistema formado por centros e periferia, cuja diferenciação se prolonga ao longo do tempo, reiterando-se o atraso relativo da segunda.

I. AS CONTRIBUIÇÕES ANALÍTICAS CONSIDERADAS

Sua apresentação se torna mais fácil com o recurso ao sumário resumido apresentado a seguir, que indica apenas os títulos de partes e capítulos, excluindo referências aos subtítulos que os compõem.

Sumário resumido

Primeira parte. Os fundamentos do estruturalismo latino-americano (anos 1950)

1. A concepção do sistema centro-periferia
2. A análise da industrialização periférica
3. A teoria da deterioração dos termos de troca
4. O enfoque estruturalista da inflação

Segunda parte. O desenvolvimento e as transformações sociais (anos1960 e 1970)

5. Desenvolvimento e estrutura social
6. Desenvolvimento, mudança social e estrutura política
7. Os "estilos de desenvolvimento" e suas bases analíticas
8. A transformação industrial e suas bases sociopolíticas
9. Desenvolvimento e cultura. A perspectiva de Celso Furtado
10. A democracia e seus conteúdos

Terceira parte. O neo-estruturalismo e a agenda do desenvolvimento (dos anos 1980 ao início do século XXI)

11. O neo-estruturalismo: primeiras bases analíticas
12. A proposta estratégica dos anos 1990
13. Globalização e assimetrias centro-periferia
14. O desenvolvimento como processo integral
15. Rumo a uma renovação da agenda do desenvolvimento

É importante ressaltar que as três partes a que o sumário supracitado se refere são precedidas por breves introduções, relativas a acontecimentos e circunstâncias — inclusive de caráter geopolítico — vinculados à emergência das contribuições analíticas consideradas em cada uma delas. Como o título indica, o presente capítulo volta sua atenção diretamente para essas contribuições.

A primeira parte trata daquilo que podemos denominar "fundamentos do estruturalismo latino-americano" elaborados ao longo da década de 1950.

i) Como se reiterará oportunamente, para o exame desses fundamentos se introduz uma diferença-chave: aquela que se interpõe entre o conteúdo e as formas presentes nesses fundamentos. O conteúdo é constituído por um núcleo básico de idéias e hipótese gerais elaboradas por Prebisch em 1949.[1] Embora formuladas em nível pré-analítico, elas são convergentes e complementares, formando o que habitualmente se denomina "A concepção do sistema centro-periferia" (capítulo 1).

ii) A partir desse conteúdo básico são construídas as formalizações, ou seja, as análises propriamente ditas ou, se se quiser, o *corpus* da teoria em que aquelas idéias e hipóteses gerais vão se moldando e articulando, com níveis adequados de coerência interna.

Dessas teorias, duas são tratadas mais proximamente: a primeira, relativa à tendência ao desequilíbrio externo que acompanha os processos espontâneos de industrialização da periferia; a segunda, referente à persistência do subemprego estrutural (da ocupação de amplos contingentes de mão-de-obra em condições de muito baixa produtividade), também própria desses processos e, desse modo, relacionada com desequilíbrios gerados na agricultura (capítulo 2, I a III). Entre as "formas" ligadas ao conteúdo básico, assim como aos corpos teóricos recém-mencionados, inscrevem-se outras, que se constituem como recomendações de política econômica. Estas compreendem temas como os da política de industrialização, os critérios de alocação de recursos e seleção de tecnologia, as políticas externa e agrícola e, englobando-as, a justificativa conceitual do planejamento do desenvolvimento, assim como a do papel do Estado na sua condução deliberada (capítulo 2, IV).

iii) A primeira parte inclui, além disso, outros desenvolvimentos analíticos de especial relevância, uma vez que se configuram como elementos-chave para a conexão de diferentes componentes do conteúdo básico. Trata-se da teoria da deterioração dos termos de troca, que assume três formas: a versão "contábil", destinada a explorar sua significação em termos de receita; e as versões "ciclos" e "industrialização", que indagam suas causas (capítulo 3).

iv) Por último, foram introduzidas breves considerações sobre o enfoque estruturalista da inflação, presente em trabalhos da década de 1950 e início da seguinte (capítulo 4). Para além do seu interesse próprio, a inclusão desse enfoque responde ao fato de que ele incorpora variáveis de cunho sociopolítico que reaparecem como relevantes trabalhos da segunda das décadas mencionadas.

Como se pôde ver, as contribuições analíticas consideradas na primeira parte foram desenvolvidas primordialmente nos anos 1950, caracterizando-se ao mesmo tempo pelo claro predomínio de enfoques de caráter econômico. Já o caso daquelas outras a que a segunda parte faz referência é diferente. Por um lado, são mais tardias: seu desenvolvimento foi se dando de forma paulatina ao longo dos anos 1960 e 1970. Por outro, há nelas uma forte presença de enfoques que se inscrevem em âmbitos não-econômicos das ciências sociais.

v) Entretanto, esse novo viés não implica a ausência de aprofundamentos das análises concernentes ao âmbito econômico. Um exemplo notável é o que oferece a reinterpretação do desequilíbrio externo, com a qual se alcançam maiores níveis de rigor e precisão; mas que, além disso, passa a abranger uma explicação coerente do chamado "estrangulamento externo", isto é, de um limite ao crescimento imposto pelos efeitos de sucessivos desequilíbrios comerciais sobre o balanço de pagamentos (capítulo 5, I). Similarmente, são registrados avanços significativos na avaliação dos problemas ocupacionais, ou melhor, da persistência de volumes significativos de subemprego estrutural. Isso aperfeiçoa a base de um novo referencial analítico — o da "suficiência dinâmica" —, que esboça os traços mais gerais de um padrão de acumulação de capital eventualmente favorecido pela gradual reabsorção do subemprego (capítulo 5, II,1 a 3).

Esses pontos de vista econômicos renovados servem de apoio aos que concernem à presença de fatores sociais inibidores da continuidade do desenvolvimento. Em última instância, tais fatores, e a conseqüente inibição, são vistos como o resultado de condutas "arcaicas" do empresariado industrial, cuja mentalidade rentista é gerada e afiançada com a superproteção alfandegária e por meio de diversas formas de tratamento privilegiado dos poderes públicos (capítulo 5, II, 4).

Paralelamente a esse tipo de análise de forte cunho econômico — identificável como "enfoque Cepal-Prebisch" — existem outros de base definidamente sociológica, nos quais se inscrevem as contribuições de Medina Echavarría, de clara raiz weberiana (capítulo 5, III). Seus resultados convergem com os do referido enfoque, enquanto também reconhecem que a incidência de fatores sociais acaba por inibir a continuidade do desenvolvimento. Assim, em ambos os casos, essa "tendência à estagnação" se relaciona com malformações das estruturas sociais e/ou com obstáculos emergentes nos padrões de mudança e/ou modernização de tais estruturas.

vi) Em mais de um sentido, a versão do "enfoque da dependência" (capítulo 6) devida a Cardoso e Faletto é complementar às duas recém-mencionadas (Cardoso e Faletto, 1969). Por meio da revisão de várias experiências históricas, seus autores dão apoio à hipótese de que a conformação de uma hegemonia política, assim como das bases do poder político que definem sua fisionomia — as quais, em condições de dependência próprias da periferia, combinam grupos e interesses nacionais e estrangeiros —, abrem diferentes opções de transformação, tanto no próprio âmbito político como nos âmbitos social e econômico que estão em sua base. Haverá casos concretos de estagnação, como os que Prebisch e Medina procuram detectar por volta da metade dos anos 1960. Mas outros poderão se configurar, que dêem continuidade ao crescimento, não sem relação com as mudanças suscitadas desde e pelo exercício do poder, e com possibilidades variadas quanto aos graus de heteronomia ou de autonomia nacional que paralelamente se conformem.

vii) Temas similares ou convergentes reaparecem no enfoque relativo aos "estilos de desenvolvimento" (capítulo 7), embora sejam abordados privilegiando os comportamentos da demanda de bens de consumo e o caráter regressivo da distribuição da renda. Diversas são as posições que se inscrevem nesse enfoque. Apresentada de forma simples, uma posição limite consiste em admitir que os setores de altos ganhos, onde estes se concentram, adotam formas de consumo conspícuo, em detrimento de suas opções de poupança. No outro extremo da escala de ganhos, os de montantes muito baixos, decisivamente influenciados pelo subemprego maciço e pelos reduzidos níveis salariais, fazem que os setores correspondentes sejam incapazes de economizar e também de diversificar e ampliar gradualmente suas pautas e volumes de consumo. As admissões precedentes explicam a tendência à estagnação por duas razões: pela exigüidade da poupança e pela dificuldade de realizar (vender) volumes significativos de bens de consumo e, por conseguinte, de ir incrementando uma produção diversificada.

A posição estagnacionista anterior não é a única sustentável analiticamente. Há outras que detectam nessa suposta tendência um fenômeno demarcado, expressão transitória de uma mudança de estilo que termina por dar margem à diversificação da produção e da demanda de bens de consumo duráveis, mesmo que prevaleçam padrões distributivos marcados pela concentração.

Além das duas posições anteriores, a noção de "estilos de desenvolvimento" serviu de base para considerações sobre políticas de desenvolvimento (em particular de Aníbal Pinto), diagramadas sem mudanças de fundo no sistema econômico e sociopolítico vigente, mas orientadas de modo a assegurar sua "viabilidade dinâmica" e, ao mesmo tempo, certos padrões desejáveis de justiça distributiva.

viii) O reconhecimento da presença de uma mudança de estilo, assim como da necessidade de uma análise renovada e precisa das características que sua evolução temporal assume, apresentam-se como elementos notáveis das contribuições revisadas no capítulo 8. Atendo-se ao principal, pode-se dizer que essas contribuições aludem à existência de um ciclo endógeno, peculiar de diversas economias latino-americanas que participam dos "anos dourados", retomando taxas médias de crescimento de dimensões significativas desde a segunda metade dos anos 1960 e durante a década posterior. Essas taxas teriam em sua base a expansão do setor de bens duráveis de consumo e do setor de meios de produção. Conforme se expõe, na emergência de desproporções entre os ritmos de expansão desses setores está a explicação principal da descontinuidade do crescimento, ou da brevidade das suas fases expansivas. Por outro lado, o caráter interno desses movimentos está também relacionado com a estrutura dos mercados em que operam seus atores, entre os quais se destacam aqueles que formam um certo "tripé" reconhecidamente importante: aquele constituído pelas empresas transnacionais, pelas grandes empresas nacionais e pelas de propriedade do Estado. Assim como no enfoque da dependência já mencionado, o que agora se comenta não exclui a possibilidade de um crescimento com forte presença de capitais estrangeiros, ou ainda sob sua liderança, em certos setores relevantes. Mas também não descarta uma presença necessária de outros componentes do tripé, nem o significado muito particular do papel do Estado, indutor de investimentos autônomos imprescindíveis para promover a recuperação nas fases de contração do nível de atividade e também para a continuidade do crescimento.

Pode-se dizer que a contribuição agora sintetizada combina a aceitação de posturas abertas à presença e ao relativo protagonismo do capital estrangeiro com certo traço das posturas que nos anos 1960 e 1970 ficaram conhecidas como "desenvolvimentistas" ou "nacional-desenvolvimentistas", a saber, concernente a um Estado ativo, e até mesmo articulador de interesses entre as diferentes "frações do capital", considerando não somente as grandes empresas nacionais, já mencionadas como parte do tripé, mas também as de porte médio e pequeno.

Como fica claro, a crise dos anos 1980 e o enorme processo de globalização que vai se produzindo a partir daquela década impõem um limite ao padrão de industrialização e desenvolvimento próprio dos três lustros prévios e tiram viabilidade da articulação de interesses a que se acaba de fazer referência. Mas também há que se assinalar que essa mudança no real não elimina o valor, nem as possibilidades de adaptação e enriquecimento dos esforços e proveitos analíticos desse período, que ressurgem condensados em um certo artigo de síntese de 1980 (Tavares, 1981).

ix) A especificidade maior das contribuições de Celso Furtado (capítulo 9) é o papel que ele atribui a uma certa noção de "totalidade": a conformada pelo sistema global da cultura. Mais ainda, em sua obra, o conceito de desenvolvimento se refere a esse sistema, considerando-o como seu atributo, e às mudanças que nele se verificam.

Entende-se que o sistema mencionado possui certos componentes principais. Um deles é o da cultura material, formado pelos conhecimentos tecnológicos e pelas estruturas produtivas e econômicas montadas com base neles. O segundo é o da cultura não-material, por sua vez constituída por dois componentes principais: o que define o âmbito sociopolítico, incluindo-se nele o conjunto de idéias e valores que orientam as relações e o funcionamento próprios desse âmbito; e o componente formado pelas idéias e valores situados em um plano "mais alto" — de índole religiosa, filosófica, científica e artística — que de alguma forma se vinculam aos grandes fins da existência humana, fornecendo as bases de sua significação e seu sentido.

Além disso, considera-se que esses diferentes componentes guardam entre si certos vínculos de adequação e coerência, de modo que as mudanças em alguns deles, ou em suas partes constitutivas, acabam por induzir mudanças nos demais. Partindo-se de outro ângulo, pode-se dizer que o sistema cultural é inerentemente dinâmico, está sujeito a mudanças contínuas que em geral resultam enriquecedoras ou, o que dá no mesmo, implicam o "desenvolvimento" do sistema como um todo.

As breves considerações anteriores são as mínimas requeridas para expor, também sucintamente, a questão do subdesenvolvimento ou, com mais propriedade, as limitações enfrentadas pelo desenvolvimento das sociedades "periféricas". Conforme se argumenta, tanto nos anos de expansão primário-exportadora (acelerada durante a segunda metade do século XIX) como no período posterior de industrialização (que ganha ímpeto com a crise dos anos 1930 e a Segunda Guerra Mundial), essas sociedades se viram submetidas a sucessivos processos de transculturação, ou seja, à reiterada penetração de elementos estrangeiros nos diferentes componentes da cultura. Em particular, destaca-se a tendência à adoção, uma e outra vez, de formas renovadas de consumo conspícuo pelas camadas de rendimentos altos e médios. Mais que os efeitos depressivos sobre sua propensão à poupança, importam aqueles que se dão sobre seus quadros de valores, cujas mudanças tendem a se difundir. Por um lado, produz-se um engrandecimento da importância dos níveis materiais de vida. Mas, por outro, se verifica um certo efeito adicional de especial relevância: a identificação do estrangeiro — especificidades institucionais, avaliação do socialmente aceitável e desejável, conteúdos da educação, adequação dos papéis do Estado — como indicador e portador inquestionável de progresso.

Reconhecer esses efeitos da transculturação não implica negar que a presença de elementos estrangeiros em partes ou aspectos dos componentes dos sistemas culturais próprios possa contribuir para o seu enriquecimento. No entanto também não implica que desses enriquecimentos pontuais derive o desenvolvimento de tais sistemas. Ao contrário, os processos de transculturação dão lugar a travas a esse desenvolvimento ou impossibilitam o desenvolvimento de uma identidade cultural própria. A razão de fundo consiste em que o contágio e a proliferação de valores estrangeiros inibem o desenvolvimento de idéias e valores situados naquele nível "mais alto" da cultura não-material, os quais possuem profundas raízes em culturas passadas e, por isso mesmo, potencialidades de uma reemergência fortemente enriquecedora da cultura atual, incentivando nela renovados fluxos de criatividade.

O termo "desenvolvimento endógeno" é o que Furtado utiliza quando encara essas possibilidades do ponto de vista da implementação de políticas. Desse ângulo, ele considera vantajoso diagramar e iniciar os esforços no componente antes denominado "sociopolítico". Além de buscar avanços nas idéias e valores que nele se inscrevem, caberá induzir mudanças nas relações entre os grupos e classes que o formam, e nas correspondentes regulações institucionais. Conforme se pensa, tais avanços e mudanças podem muito bem constituir um pré-requisito para atuar do sociopolítico "para baixo", impulsionando mudanças na cultura material, isto é, nos componentes tecnoprodutivos e econômicos.

Entretanto, dá-se a mais alta prioridade ao acionamento realizado do sociopolítico "para cima", em busca de alterações e ressurgimentos em idéias e valores inscritos naquele componente "mais alto" da cultura não-material. Em última instância, tal prioridade se liga à preponderância de uma certa postura-chave. Segundo se admite, algumas daquelas idéias e valores — por exemplo, a reconsolidação de certos princípios éticos ou a reafirmação e ampliação de certos conteúdos básicos da democracia — são os verdadeiramente capazes de induzir e dinamizar o desenvolvimento do sistema global da cultura.

x) Embora introduzidas no parágrafo anterior a título de exemplo, as referências aos conteúdos da democracia e, junto com eles, a presença de certos princípios éticos que lhe conferem sua verdadeira substância constituem preocupações prioritárias das últimas obras de J. Medina e R. Prebisch, que datam basicamente dos anos 1970, e impregnam várias contribuições de F. H. Cardoso próximas no tempo a essas obras. Os enfoques e resultados contidos em umas e outras foram objeto de uma breve consideração (capítulo 10).

A terceira parte refere-se ao neo-estruturalismo, expressão que se tornou freqüente para designar certas contribuições analíticas — também de base cepalina — surgidas a partir dos anos 1980.

xi) No período que então começa, as análises do desenvolvimento a longo prazo consideram uma renovação dos modos de conceitualizar o progresso técnico. O primeiro que deve ser considerado (devido a F. Fajnzylber e objeto do capítulo 11) admite como ponto de partida a existência de processos de aprendizagem, base dos conhecimentos sobre os bens a serem produzidos e sobre os métodos com que produzi-los. O progresso técnico se define como o incremento dos saberes disponíveis, isto é, como um simples aumento dos conhecimentos sobre o que e como produzir. Por outro lado, o avanço tecnológico só se materializa pela via das inovações quando estas se introduzem em processos produtivos concretos. Além disso, habitualmente, para se tornarem efetivas, as inovações requererão a realização de investimentos em bens de capital. Sua continuidade dá lugar à acumulação desse recurso, aumentando sua disponibilidade e permitindo o crescimento da produção, globalmente considerada.

Subjaz nisso um conceito implícito de eficiência, associável a uma continuidade dinâmica da acumulação e do crescimento, que ajuda a incorporação também contínua de progresso técnico. No entanto, essa dinâmica tripla, em princípio definidora da eficiência, possui implicações adicionais que concernem à ocupação e à produtividade da força de trabalho. Posto que, *ex hipotesis*, a acumulação de capital demanda a incorporação de progresso técnico, com a primeira se dará um incremento da dotação de capital por trabalhador e, por conseguinte, da produtividade do trabalho. Por sua vez, a alta das remunerações desse recurso permitirá realizar (vender) uma produção de bens e serviços que se expande de forma sustentada.

Em rápida síntese, e de uma perspectiva analítica, as considerações precedentes delineiam condições de eficiência que se configuram como compatíveis com uma "nova industrialização", que contrasta com a que se seguiu na América Latina, com a manifesta ineficiência associada à proteção excessiva e aos variados subsídios e benefícios que lhe foram sendo outorgados pelo Estado.

Na contribuição que estamos considerando, à idéia básica de uma "nova industrialização", relativa ao econômico, soma-se a de uma "nova aliança" no âmbito sociopolítico, vista como condicionante do desenvolvimento e reflexo de pontos de vista freqüentes no estruturalismo latino-americano, sobre a necessidade de enfocá-lo, também, de uma perspectiva "mais que econômica".

Da perspectiva destas notas, importa menos detalhar os "eventuais" componentes da "nova aliança" do que a ênfase posta na participação das grandes maiorias. Como é claro, essa "presença de massas" se relaciona com uma opção definida em prol da eqüidade. Indicou-se anteriormente que os incrementos da produtividade do trabalho e das remunerações desse recurso condicionam a realização (venda) de uma produção com aumento sustentável. Mas, da perspectiva que aqui se comenta, os incrementos das remunerações têm de trazer consigo uma melhora na distribuição da renda, isto é, nos padrões de eqüidade social.

As melhoras distributivas não se configuram, *stricto sensu*, como condições de realização, embora possam ser vistas como uma variante ou um caso especial dessas condições, que eventualmente as favorecem. Porém, mais do que essa implicação econômica, importa deixar claro o significado social de uma eqüidade maior: ela pode ser vista como requisito da integração das maiorias à "nova aliança", integração virtualmente chave para lhe conferir continuidade e força transformadora.

xii) As contribuições do Fajnzylber recém-sintetizadas estão na base das idéias presentes em documentos da Cepal da década de 1990 e, embora em diferente medida, influem sobre elas. A seguir são feitas breves referências às apresentadas nas reuniões bienais de condução dessa entidade, abordando primeiro as dos anos 1990 e 1992, e a seguir as que correspondem a outros anos dessa mesma década (capítulo 12).

Reconsideremos brevemente os aspectos econômicos daquelas contribuições, objeto do ponto anterior, com base nos quais podem ser delineados os tipos de estratégia adequados para preservar a continuidade do desenvolvimento. Como se pôde ver, um referente complexo é estabelecido, associando essa continuidade a uma tríplice dinâmica: a constituída pelo progresso técnico, pela acumulação de capital e pelo crescimento do produto. Mas, além disso, estabelecem-se como requisito adicional o aumento da produtividade do trabalho e, em paralelo, a conformação de padrões distributivos que sustentem incrementos da demanda de bens e serviços, por sua vez compatíveis com a realização (venda) de uma produção que também se expande. Além disso, fica claro que os incrementos da demanda têm de se traduzir — parcial, mas necessariamente — em aumentos do mercado interno, assim como da produção que a ele se destina.

Como se verá em detalhes (capítulo 12, I), os documentos de 1990 e 1992 alteram o referente recém-resumido quando os problemas do desenvolvimento peculiares das economias periféricas passam a ser examinados primordialmente com base no reconhecimento da emergência de uma revolução tecnológica e de um processo simultâneo de globalização. Esse novo tipo de análise, de caráter genérico, condensa os requisitos do desenvolvimento das referidas economias na expressão "competitividade autêntica". Esta supõe o acesso às tecnologias e aos níveis de produtividade que imperam nas economias avançadas, com menor consideração de determinados fatores ou elementos estruturais que integravam o referente anterior.

Essa alteração do tipo de análise se reflete principalmente no modo de considerar, embaçando-o, o papel atribuído ao mercado interno e à produção a ele destinada. De fato, em vista dessa mudança, os documentos que a incluem, embora mencionem o tema do mercado interno, só o tratam de forma lateral, não integrada à lógica da argumentação. Como se verá em seguida, este embaçamento da importância do tema se acentua em documentos posteriores.

Estes últimos — também da década de 1990 — fazem sua, incorporando-a, a alteração analítica introduzida pelos dois documentos previamente mencionados, destacando a existência de uma revolução tecnológica e de um processo de globalização concomitante e acelerado. Com ele, aceitam igualmente a necessidade de propiciar políticas tecnológicas com continuidade e associá-las a políticas de articulação produtiva também contínuas, requeridas para a eficácia das primeiras. Entretanto, este argumento básico, em essência co-partícipe, apóia outros, extraídos da economia convencional, como os que se referem às "falhas de mercado" e ao caráter determinante de algumas "carências institucionais" nos problemas do desenvolvimento.

Neste fundamento analítico renovado não deixa de ser reconhecido o atraso tecnológico das economias periféricas, imerso em certos requisitos gerais relativos ao bom funcionamento dos mercados. Tal conceitualização debilita a base estrutural das análises preexistentes, que justificavam definitivamente a necessária expansão do mercado interno, assim como a da produção a se realizar nele.

Essa carência tem como contraponto uma proposta estratégica fortemente embasada na expansão das exportações. Isso não nega a necessidade de se empreenderem políticas tecnológicas e de "articulação produtiva", mas admite que seu êxito dependerá essencialmente da expansão das atividades exportadoras, fonte inequívoca desse êxito.

Assim, tanto nos documentos do início dos anos 1990 como em outros dessa década, constata-se uma dupla tendência. Por um lado, eles reconhecem a necessidade de se desenharem políticas adequadas, negando a capacidade do mercado de impulsionar por si só padrões de desenvolvimento sustentado. Por outro lado, tais documentos propugnam um crescimento decididamente extrovertido, de modo que neles fica embaçada a importância conferida à expansão do mercado interno para a continuidade do desenvolvimento, muito presente no industrialismo cepalino prévio à crise dos anos 1980, bem como nas contribuições analíticas de Fajnzylber elaboradas nesses anos. Em conexão com o anterior, uma certa aproximação com pontos de vista neoclássicos aflora nos documentos mencionados, na medida em que eles incluem e enfatizam recomendações atinentes ao fomento da livre concorrência e relativizam a necessidade da intervenção estatal, admitindo a conveniência de se acentuar a desregulação dos mercados em diversos âmbitos.

xiii) As considerações acerca desse ponto se referem a certos aspectos das estratégias de longo prazo elaboradas na Cepal e à sua volta, presentes em documentos da década de 1990. Cabe assinalar que vários deles, da segunda metade dessa década e de anos posteriores, incluem verdadeiras inovações em uma temática escassamente tratada pelo estruturalismo latino-americano prévio: aquela que diz respeito à necessária conexão entre as políticas de longo prazo e as políticas macroeconômicas, em geral designadas como de curto prazo (capítulo 13). Os esforços empregados nessa direção são convincentes enquanto as segundas — por exemplo, as empreendidas nos âmbitos fiscal, cambial e monetário-financeiro — apenas conduzem a posições de equilíbrio que tendam a perdurar (e também a resistir às flutuações cíclicas), desde que as conceba e impulsione num marco estratégico de crescimento sustentado da produção.

xiv) Voltando ao longo prazo, ver-se-á em seguida que certas tradições do estruturalismo originário retomam sua força a partir do final dos anos 1990. Os trabalhos desses tempos mais próximos fazem referência, de maneira simultânea, aos âmbitos econômico, social, político e cultural do desenvolvimento (capítulo 14). Isso implica destacar o que se considera "a idéia mais cara à história da Cepal instituição: a do desenvolvimento como um processo integral" (Cepal, 2000, p. 10).

No entanto, a brevidade que estas notas introdutórias exigem obriga a nos concentrarmos nos aspectos econômicos dessa visão renovada dos processos globais de desenvolvimento. Do ângulo econômico e, do mesmo modo, de uma perspectiva estratégica, postula-se que a sustentação da dinâmica desses processos está sujeita à liderança de um certo "núcleo endógeno", composto por certos setores e empresas capazes de gerar e propagar progresso técnico.

Essa capacidade confere a esse núcleo o papel de motor básico daqueles processos. Por conseguinte, essa posição estratégica possui claras similitudes com a de Fajnzylber, configurando-se em certa medida como uma estratégia revisada de vários dos seus pontos de vista. Nestes, o "núcleo endógeno de dinamização tecnológica" definia-se pela presença e pelo impulso de um conjunto de agentes internos que assumem a instrumentação de uma proposta estratégica orientada para realizar as potencialidades de cada país, em matéria de acumulação de conhecimentos tecnológicos e recursos produtivos. Também como em Fajnzylber, a nova ótica admite a existência de uma considerável disparidade tecnológica entre periferia e centros, e a possibilidade de que ela se reitere ou se acentue.

Admitir tal disparidade coloca uma dupla implicação: por um lado, abre espaços para se aproveitar o progresso técnico que os centros originam; mas também implica em riscos de atraso permanente em matéria de conhecimentos tecnológicos e de aumento contínuo da brecha na aptidão para criá-los. A primeira alternativa é concebida como factível, e até mesmo provável, com base na consolidação de um "núcleo endógeno" com lideranças adequadas, como o já referido. Em contrapartida, a inexistência dessas forças criativas abre caminho ao resíduo tecnológico e à debilidade da acumulação e do crescimento e, com isso, à massividade do subemprego e da exclusão social.

A saída positiva requer políticas públicas, as quais — sempre do ângulo econômico — se englobam nas chamadas "estratégias de transformação estrutural". De novo, os requisitos de brevidade levam a nos atermos a certos aspectos principais destas, assinalando que seu ponto focal são os aparatos produtivos e tecnológicos cuja transformação adequada supõe atender ao papel que nela têm de desempenhar os agentes empresariais, privados e públicos, assim como suas funções na relação externa.

Fica claro, pois, que o objetivo básico das estratégias de mudança estrutural consiste em induzir, mediante políticas públicas articuladas, a potenciação dinâmica das atividades tecnoprodutivas. Mas, ao mesmo tempo, tais políticas (ou as estratégias que conformam) devem ser esboçadas de modo que cumpram com certos requisitos de coerência externa e interna. Os primeiros implicam a busca de uma articulação das economias regionais, entre si e com as do resto do mundo, que preveja condições de competitividade e ao mesmo tempo evitem o surgimento de tendências insustentáveis na balança comercial ou de pagamentos.

Os requisitos de consistência interna estão ligados ao tema-chave da integração social, *grosso modo*, identificável sob o ângulo econômico, com o da ocupação da força de trabalho. Mas, além de relacioná-la com a intensidade do crescimento, entende-se que uma ampla geração de emprego produtivo, que ajuda na redução paulatina dos níveis do subemprego estrutural, passa pela criação de microempresas e de empresas médias e pequenas, considerando-se condições mínimas de eficiência, assim como sua melhora gradual.

As considerações imediatamente anteriores permitem verificar com clareza que as estratégias de mudança estrutural prevêem a ampliação do mercado interno. Trata-se de um tema que aparece totalmente reincorporado no tipo de análise que está sendo descrito. Junto com esse tema, integrante implícito do conceito de "heterogeneidade estrutural", se faz presente o conceito também básico de "especialização produtiva", base da explicação do desequilíbrio externo mencionado algumas linhas antes. De resto, esta espécie de retorno às posturas estruturalistas fundamentais se torna patente em certa proposta que lhes confere especial notoriedade: a de uma "estratégia mista", que combine exportações e substituição de importações, e o paralelo retrocesso ao predomínio da extroversão.

Assim, as novas contribuições relativas à interpretação e às políticas de desenvolvimento que estão sendo consideradas recuperam a índole estrutural das análises institucionais, não sem integrar elementos das novas teorias do progresso técnico, de grande relevância teórica e prática. Essas contribuições se estendem a outros campos, que aqui merecerão uma simples menção, concernentes às dimensões sociais, políticas e culturais do desenvolvimento.

xv) O capítulo 15 e final não pretende ir além de um simples *racconto* de temas a serem incluídos em uma agenda do desenvolvimento, que reproduz, ordenando-os, vários dos temas tratados em capítulos anteriores. A simplicidade dessa recuperação permite considerá-la mediante o mero enunciado dos títulos pertinentes. A saber: a ocupação da força de trabalho; a inserção internacional; assimetrias financeiras e condução macroeconômica; relações sociopolíticas e papel do Estado; identidade cultural e desenvolvimento; rumo ao desenvolvimento nacional.

II. OS POSICIONAMENTOS METODOLÓGICOS E SUA RELEVÂNCIA

Mais além de especificidades e mesmo de diferenças significativas, as contribuições objeto da seção precedente podem ser vistas como parte de uma mesma corrente de pensamento — a do estruturalismo latino-americano —, raiz da presença de certos traços comuns em suas posturas metodológicas. Elas não se referem à questão geral do método nas ciências sociais. Estão centradas no esforço para identificar e compreender o chamado "subdesenvolvimento", expressão crescentemente utilizada a partir do segundo pós-guerra para caracterizar certas economias ou sociedades visivelmente atrasadas, em relação àquelas cuja industrialização se configurou como mais intensa e adiantada.

Por outro lado, essa corrente identificou o subdesenvolvimento por meio da presença de "problemas de estrutura", existentes seja no âmbito econômico, seja no social, político ou cultural.

As considerações que seguem se limitam a considerar dois posicionamentos metodológicos da mencionada corrente, selecionados tanto pela clareza que neles se alcança como por sua relevância no desenvolvimento das contribuições que a compõem. A fonte essencial do primeiro se inscreve no campo da ciência econômica. A base do segundo tem que ser rastreada em outros âmbitos das ciências sociais, entre os quais o papel-chave correspondente à sociologia.

1. *Posicionamento de base econômica*

Cabe observar que este não se constituiu de forma prévia às contribuições institucionais devidas a Prebisch, nem se configurou como uma tentativa consciente para conferir coerência às elaboradas pelo próprio Prebisch e pela Cepal ao longo dos anos 1950.[2] No entanto, este posicionamento subjaz em tais contribuições e pode ser desvelado e delineado com precisão a partir delas.

A presente subseção começa considerando alguns elementos das contribuições recém-mencionadas que se configuram como relevantes (objeto do ponto i) quando se procura tornar patente seu posicionamento metodológico implícito (objeto dos pontos ii a v).[3] Nessa busca, recorrem-se aos capítulos da primeira parte, e em especial aos de números 1 e 2.

i) A primeira versão do estruturalismo a que se volta aqui possui certas especificidades ligadas ao enfoque da economia que lhe é próprio. Como também se destacou anteriormente, tal enfoque culmina sua articulação nos denominados "fundamentos do estruturalismo latino-americano". Conforme se tem reconhecido com freqüência, considerados em conjunto, estes, na verdade, conformam uma "teoria do subdesenvolvimento", composta por um certo conteúdo básico (a concepção institucional de Prebisch) e por várias formalizações ligadas a ele (várias "teorias" em sentido estrito, raiz do grau de coerência que nelas se alcança).

O núcleo dessa concepção (examinada em detalhes no capítulo 1) corresponde à bipolaridade própria dos dois componentes de um sistema único, constituído pelos centros e pela periferia. Uma desigualdade a enfatizar corresponde aos níveis de renda real médio, reiteradamente mais altos nos primeiros do que na segunda. Outra desigualdade destacada concerne às estruturas produtivas e ocupacionais: embora não sem mudanças, as da periferia são reiteradamente especializadas e heterogêneas, em comparação com os graus de diversidade produtiva e homogeneidade ocupacional que os centros vão adquirindo. Quanto às "teorias" mencionadas, elas apontam para explicar diversas tendências peculiares do desenvolvimento a longo prazo das economias de tipo periférico. Para os fins destas notas introdutórias, convém fazer referência, de modo muito simplificado, a duas delas: as que falam sobre a persistência dos problemas ocupacionais e as relacionadas com a reiteração dos desequilíbrios na balança comercial (ambas apresentadas em detalhes no capítulo 2).

Na teorização sobre os problemas ocupacionais, recorre-se ao conceito de *heterogeneidade estrutural,* expressão que resume uma das peculiaridades das economias do tipo mencionado. Ou seja, a coexistência de emprego e subemprego, constituídos, respectivamente, pela mão-de-obra ocupada em níveis de produtividade elevados (relativamente próximos aos que permitem as técnicas disponíveis e aos que se alcançam nos centros industriais) e por vastos contingentes de força de trabalho cuja produtividade é muito reduzida. A persistência da heterogeneidade — de altas porcentagens de subemprego — pode estar relacionada com as travas emergentes ao longo dos processos de transformação dessas economias de agrícolas em industriais e, paralelamente, de rurais em urbanas.

Essas travas guardam relação com a tendência ao desequilíbrio externo, cuja análise se baseia no conceito de *especialização estrutural*. Em primeiro plano, este se refere a economias cuja expansão dependeu, durante períodos prolongados, de seus setores primário-exportadores, enquanto o desenvolvimento do setor industrial permanecia escasso e incipiente. Mas, além disso — embora não sem mudanças —, a especialização perdura ao mesmo tempo que essas economias empreendem espontaneamente um processo de industrialização. Isso depende do modo como se dá essa industrialização espontânea (isto é, não induzida ordenadamente por políticas deliberadas de desenvolvimento). De fato, a especialização primário-exportadora prévia implica que se deva começar pela fabricação de bens de consumo simples e que só de forma gradual se consiga empreender a de manufaturas tecnologicamente mais complexas, ou também as situadas mais atrás na cadeia produtiva (bens duráveis de consumo, insumos intermediários e certos bens de capital). Assim, a especialização passa também a se refletir em um padrão de desenvolvimento industrial que obriga a agir do simples para o complexo e, por conseguinte, que suporta graus exíguos de complementaridade intersetorial e de integração vertical da produção.

Isso tem conseqüências relevantes sobre o comportamento do setor externo. Por um lado, essa reiterada incipiência da complementaridade e da integração produtivas — ou, se se quiser, essa necessidade de proceder do simples para o complexo nela implicada — traz consigo uma acumulação de importações de bens procedentes da indústria estrangeira inacessíveis mediante produção interna. Por outro, devido ao atraso tecnológico e de sua produtividade, o padrão mencionado sofre uma marcada dificuldade para expandir as exportações de bens industriais. Daí que o escasso dinamismo das exportações primárias da periferia (associado à baixa elasticidade-renda de sua demanda) não poderá ser compensado pelas manufaturas e, por conseguinte, que o valor global de suas exportações tenderá a correr atrás do correspondente às suas importações.

Como se sabe, uma tendência reiterada ao déficit comercial, embora durante certos lapsos seja resolvida com financiamento externo, ao final limitará sua obtenção. Tal tendência se configura, assim, como a base de uma restrição ao crescimento do produto que o conjunto das contas externas (a balança de pagamentos) termina por impor. Em outras palavras, essa restrição implica que a taxa de crescimento econômico a longo prazo se verá limitada a um máximo, além de que as oscilações conjunturais da restrição externa induzem taxas maiores e menores ao longo do tempo.

Por outro lado, o crescimento exíguo guarda relação com a persistência da heterogeneidade estrutural. De fato, este suporta dificuldades para reabsorver o subemprego em novas condições de produtividade elevada e, por conseguinte, para reduzi-lo ou evitar seu incremento absoluto ou relativo. Além disso, esse atraso na alta da produtividade média do trabalho (associada à persistência do subemprego) limita a geração de excedentes, incidindo também de forma negativa no ritmo de crescimento do produto.

ii) As considerações anteriores, muito simplificadas, deixam de lado outros elementos explicativos do lento crescimento (por exemplo, a escassez de poupança interna) e dos problemas ocupacionais (por exemplo, a incapacidade da agricultura atrasada para reter o subemprego rural que nela se abriga). Tais considerações são as mínimas requeridas para mostrar que certas tendências básicas do desenvolvimento das economias periféricas encontram sua explicação no modo como o aparelho produtivo vai se transformando ou, se se quiser, na composição setorial da produção. Assim, essas tendências são enfocadas e explicadas à luz de teorias que podem ser denominadas estruturalistas em um sentido preciso: elas incorporam à análise a dinâmica das estruturas produtivas e ocupacionais próprias de tais economias.

Embora baseadas numa simplificação extrema dos "fundamentos", as considerações precedentes permitem perceber que eles constituem uma "teoria especial", no sentido de que se referem a um campo específico do acontecer econômico: à evolução a longo prazo das economias periféricas e aos padrões de inserção internacional que a acompanham; a primeira, exemplificada anteriormente mediante o ritmo de crescimento limitado, assim como pelo comportamento da ocupação, e os segundos por meio da emergência do perigo externo. Por outro lado, aqueles fundamentos têm atrás de si certos pressupostos não usuais na economia convencional (*grosso modo* constituída pela elaboração analítica de base neoclássica e keynesiana), aos quais nos referimos a seguir.

iii) A formulação ordenada de tais pressupostos torna patente que a "teoria especial" recém-mencionada é construída com o cabal cumprimento dos requisitos de coerência interna próprios da economia convencional e que, por conseguinte, se inscreve em sua plenitude. Como os de qualquer teoria nela inscrita, os pressupostos aqui considerados se articulam a um referente analítico básico no qual se dão esses requisitos, por sua vez identificáveis mediante as condições de equilíbrio prevalecentes entre seus elementos constitutivos. A seguir, alude-se brevemente a estas últimas condições.

Segundo se concebe, para expandir sustentavelmente a produção de bens e serviços, devem ser cumpridas na periferia certas "leis de proporcionalidade" entre as atividades, ramos e setores onde ela se origina; ou, se se quiser, entre as taxas a que obtêem os aumentos dos diferentes componentes da produção periférica. Essas leis têm de se referir à produção do sistema econômico como um todo e, por conseguinte, têm de se verificar no que diz respeito à produção de exportações, à produção com destino interno e, além disso, à produção de importações originadas no centro, ou seja, no outro pólo desse sistema (em outros termos, as leis mencionadas têm que se refletir em padrões adequados de inserção internacional da periferia, o que supõe a compatibilidade dos padrões que correspondem aos centros). Um paradigma como o indicado esquematiza as mudanças necessárias na estrutura produtiva para que sua expansão prossiga, protegendo-a das travas que derivariam de sucessivos desequilíbrios externos. Evitar esses desequilíbrios é requisito de uma expansão econômica sustentada, da qual depende o ritmo de absorção de mão-de-obra. Mas a continuidade dessa expansão requer também mudanças na estrutura da ocupação da força de trabalho, assim como altas concomitantes na sua produtividade média, em parte associáveis à reabsorção gradual do subemprego no emprego. A razão é que tais altas constituem a base de uma geração de excedentes que permite expandir a produção e de condições de demanda que permitem realizá-la.

Assim, de acordo com o paradigma expresso, o desenvolvimento consiste em uma dinâmica das estruturas da produção de bens e serviços e da ocupação da força de trabalho, isto é, em um conjunto de mudanças concomitantes e compatíveis na composição setorial e subsetorial dessas estruturas, que dão curso à sua expansão e à complexização ordenada e contínua. Posto em outros termos, o desenvolvimento é visto analiticamente mediante o cumprimento de *condições de equilíbrio dinâmico* globais e setoriais, relativas tanto à produção quanto à ocupação. Desse modo, essas condições permitem que se vá superando a especialização e a heterogeneidade estruturais próprias da periferia e que se aproxime seu nível de renda médio ao dos centros (ou seja, permitem a redução gradual da bipolaridade do sistema que estes e aquela compõem).

iv) As observações do ponto anterior tornam visível que, em relação a seus fundamentos de ordem econômica, o estruturalismo latino-americano tem em sua base um método denominado "hipotético-dedutivo" por Medina Echavarría, cujos pontos de vista serão examinados mais adiante. Pode-se afirmar que consiste na elaboração de um paradigma referencial definidor de condições de equilíbrio, que como tais guardam coerência lógica.[4] Contra ele, vale contrastar a realidade, indagando pela via desse contraste a natureza e as dimensões de certos aspectos ou problemas nela priorizados, que se configuram como relevantes ou dignos de consideração especial.

Por outro lado, voltando a dirigir a atenção para o ponto ii, pode-se perceber que o método próprio do estruturalismo latino-americano é ao mesmo tempo, e indissociavelmente, "histórico-estrutural". Quanto a tal nomenclatura, muito difundida nessa corrente de pensamento, há que se começar por centrar a atenção no adjetivo "estrutural". Ele implica que o método com o qual se trata de definir aponta para a necessidade de se colocar em primeiro plano certos traços das estruturas econômicas de determinadas realidades. Por outro, considerar a conformação ou transformação de tais estruturas implica que o método tem que se configurar ao mesmo tempo como histórico, uma vez que as mudanças das estruturas econômicas se produzem no tempo e, por conseguinte, só são definíveis e perceptíveis "historicamente". Por contraste — e apenas para argumentar —, pode-se dizer que o método em questão não requer lançar mão — sem mais — de conhecimentos detalhados sobre processos históricos concretos ou, se se quiser, da simples indagação apressada de conjuntos de fatos.

Este segundo aspecto do método de base econômica — seu caráter "histórico-estrutural" — estima a finalidade tendo em conta a explicação dos fenômenos e problemas antes destacados — a persistência do subemprego e a tendência ao desequilíbrio externo —, próprios da "mudança de modelo" ocorrida na área, sobretudo após a Segunda Guerra Mundial e ao longo dos anos 1950, quando adquire maior nitidez a presença de um processo espontâneo de industrialização (processo e período aos quais se referem os "fundamentos" do estruturalismo latino-americano). Entende-se, além disso, que é no marco desse processo que emergem as "desproporções" explicativas de ambos os fenômenos.

v) O modo de ver o desenvolvimento anteriormente sintetizado (ponto iii) possui uma implicação metodológica adicional às que acabam de ser comentadas (ponto iv): é portador de uma posição "não-reducionista" relativa tanto à economia como à conexão das análises dessa disciplina com as que correspondem a outros âmbitos do acontecer social. Um primeiro aspecto do "não-reducionismo" (que o assemelha ao de Keynes) corresponde ao papel do Estado. Reconhecer a complexidade das mudanças estruturais em que consiste o desenvolvimento leva a negar a aptidão do mercado para induzi-los. Contrariamente, reconhecer a contínua emergência de obstáculos desprendidos dessa complexidade leva a postular um intervencionismo decidido, com o Estado como ator-chave de uma política de desenvolvimento que deve articular e racionalizar.

Um segundo aspecto do "não-reducionismo" próprio do enfoque estruturalista (em mais de um sentido similar ao de Schumpeter) liga-se ao repúdio de uma percepção mecanicista do econômico, que limita os tipos, funções e comportamentos dos agentes considerados a aqueles que exercem uma suposta racionalidade maximizadora, a partir das orientações que os mercados conferem. Em contraste com essa percepção, a análise dos fenômenos econômicos — mesmo quando convenha considerá-los em separado — pouco a pouco há que se inserir no marco mais amplo de sua interação com fenômenos sociais e políticos. Este aspecto do "não-reducionismo" converge com o que se refere ao papel do Estado, pois implica postular, além disso, a necessidade de indagar sobre as relações sociopolíticas que lhe servem de base de sustentação e, dessa forma, em relação às relações geopolíticas nelas imbricadas.

Em terceiro lugar, cabe esclarecer que do "não-reducionismo" deriva um "não-determinismo" definido. De fato, se partirmos do princípio de que o devir concreto do desenvolvimento não depende apenas de suas bases econômicas, mas também da interação entre elas e complexos fenômenos sociopolíticos e culturais, não há como negar a existência de diferentes combinações desses elementos, todas facilitadoras de seu desenvolvimento conjunto. Por outro lado, admitir um "não-determinismo" legitima a busca de alternativas para os processos globais de desenvolvimento que contemplem a compatibilidade dos elementos mencionados e, com ela, a continuidade de tais processos nos marcos da(s) alternativa(s) escolhida(s). Como se insinuou mais acima, o estruturalismo latino-americano tende a considerar o Estado e as relações sociopolíticas que o sustentam como chaves na busca e escolha de alternativas.

2. *Posicionamento das ciências sociais*

A inclusão deste segundo posicionamento deriva do fato de que é nele, na verdade, que se conforma e fica explícita uma visão harmoniosa do método proposto para as ciências sociais, quando estas se ocupam do subdesenvolvimento, e um fundamento preciso da cientificidade que um método rigoroso lhes pode imprimir.

i) Tal posicionamento se deve primordialmente a Medina Echavarría, em cujas obras se encontra presente. É nelas que se postula de modo direto a necessidade de combinar um enfoque de tipo "hipotético-dedutivo" com "uma perspectiva que na América Latina se difundiria... com o nome de 'histórico-estrutural'".[5]

Os anteriores são dois aspectos de um único método, que virtualmente concerne às ciências sociais em geral. Mas nestas notas, que se centram no estruturalismo latino-americano, não cabe mais do que se ater a Medina e relacioná-lo à sociologia, tomando como ponto de partida certas considerações sucintas sobre o paradigma weberiano do mesmo autor, às quais se voltará mais adiante (capítulo 5). Então será possível confirmar que esse paradigma se baseia em certas hipóteses-chave: a racionalidade dos critérios e normas de conduta dos agentes sociais resulta na compatibilidade de seus comportamentos efetivos e também na normalidade e fluidez das relações entre tais agentes; além disso, da compatibilidade dos comportamentos e da conseqüente adequação das relações entre agentes deriva a continuidade do desenvolvimento social, vinculável a maiores níveis de riqueza e melhores formas de convivência.

A brevíssima consideração precedente é a mínima requerida para esclarecer em que consistem os aspectos hipotético-dedutivos da postura metodológica de Medina. Eles concernem à teoria em seu nível mais abstrato. Referem-se à ordenação analítica e à concatenação lógico-dedutiva de certas hipóteses, de modo a formar com elas um todo coerente. Assim, no exemplo recém-mencionado, são inter-relacionadas hipóteses sobre comportamentos — de empresários, trabalhadores, consumidores, grupos sociais, atores políticos etc. — a fim de demonstrar sua compatibilidade lógica, que se expressa em um resultado definido e também logicamente consistente: a continuidade do desenvolvimento do todo social.

A elaboração analítica de base hipotético-dedutiva, e os próprios requisitos de consistência lógica que lhe são inerentes, faz com que dela derivem teorias, modelos, paradigmas ou "tipos ideais" os mais abstratos, que como tais se dissociam da realidade concreta e não pretendem representá-la diretamente.

No entanto, essa forte dissociação derivada dos aspectos hipotético-dedutivos do método não implica que os "tipos ideais" resultantes careçam de qualquer vínculo com o real. Por um lado, com a colocação da hipótese procura-se delinear certos perfis-chave do todo social, certas características que possam *abinitio* ser consideradas como essenciais. Por outro, a construção dos referentes abstratos a que se vem aludindo mostra-se imprescindível para indagar sobre o real, para aproximar-se da compreensão de aspectos relevantes do seu modo de ser concreto.[6]

ii) A perspectiva histórico-estrutural tem a ver, justamente, com as sucessivas penetrações em aspectos concretos do real. Em outros termos, essa perspectiva alude à construção de corpos de análise relativos a realidades ou circunstâncias específicas. Estes podem abranger espectros mais ou menos amplos de elementos ou fenômenos e contemplar por isso diferentes níveis de abstração, porém sem deixar de ter o real como referente-chave e direto.

Em paralelo ao assinalado quanto ao método de base econômica (subseção II, 1), no enfoque "histórico-estrutural" que estamos considerando há que se privilegiar igualmente o adjetivo "estrutural". Também se pode dizer que esse enfoque não supõe buscar a consideração minuciosa ou detalhada de conjuntos ou fenômenos mais ou menos amplos durante períodos de maior ou menor duração. Supõe privilegiar as peculiaridades e as mudanças de certas estruturas de diferentes índoles — econômicas, sociais, políticas e até culturais — que devem ser percebidas em uma realidade *a fortiori* histórica. Daí que, novamente, o método tenha de se configurar como "histórico-estrutural" (em adição ao seu caráter hipotético-dedutivo).

Um exemplo da perspectiva histórico-estrutural pode ser resgatado da obra do próprio Medina. Como se verá mais adiante, a base de um referente teórico de raiz weberiana acerca das condições sociais do desenvolvimento indaga sobre a conformação da chamada "sociedade tradicional" durante "o desenvolvimento para fora" (*c.* 1880-1930) e sobre os fundamentos que lhe são próprios, atinentes a suas estruturas socioeconômicas, ideológicas e políticas. Também inquirindo sobre o real, indaga a seguir sobre os modos de transformação dessas estruturas, conectadas à penetração de elementos de modernidade associáveis à expansão da indústria (1930-1960) e, do mesmo modo, sobre a heterogeneidade que passa a impregnar as estruturas sociais, inibidora da continuidade do desenvolvimento.

iii) O estreito elo entre o enfoque hipotético-dedutivo e a perspectiva histórico-estrutural constitui um traço-chave da postura de Medina, que, na verdade — conforme se destacou —, os concebe como dois aspectos indissociáveis de um mesmo método. Como insinuam as observações e os exemplos prévios, o enfoque hipotético-dedutivo se configura como o ponto de partida necessário dos esforços para perceber as especificidades do real por meio de sua indagação a partir da perspectiva histórico-estrutural. Mas o recurso a esta última, utilizando-a em sucessivas "perfurações" do real, permite eventualmente — em um *choc en retour* — revisar e aprofundar nas teorias abstratas associadas ao enfoque, revelando novos aspectos essenciais do todo social e de suas possibilidades de mudança.

Embora partes ou aspectos de um mesmo método, o enfoque "hipotético-dedutivo" se configura como base essencial da denominada "sociologia analítica". Por outro lado, nota-se que a perspectiva histórico-estrutural é essencial para a construção do que se passou a chamar de "sociologia concreta". Assim, as observações do parágrafo anterior podem ser relacionadas ao âmbito da sociologia e recolocadas nestes termos: a interação da sociologia analítica e da sociologia concreta na elaboração científica dá lugar a sucessivas perfurações do real que permitem seu conhecimento mais detalhado e adequado e, ao mesmo tempo, a sucessivas reformulações de sua apreensão analítica a um nível elevado de abstração, que vão conferindo melhores marcos para proceder a essas perfurações. Além disso, essa interação permite, a princípio, aperfeiçoar o conhecimento do real e, sobre essa base, propor mudanças tendentes a corrigir suas imperfeições ou contradições.[7]

iv) Este último é o campo da sociologia normativa. Conforme se argumenta, seu caráter científico deriva do caráter que a sociologia analítica e a sociologia concreta possuem, por sua vez dependente do método único que se plasma em ambas. No entanto, a cientificidade da sociologia normativa tem em Medina uma base adicional de grande relevância que convém explicitar: o depurado não-determinismo inerente em sua concepção metodológica geral. Neste sentido, ele entende que não se abrem aos diferentes atores sociais e às sociedades os mesmos caminhos, únicos e rígidos, mas um conjunto de alternativas viáveis. Mas, além disso, seu não-determinismo implica que a ação humana envolve a possibilidade de escolher entre elas e de contribuir para orientar e cumprir com o caminho escolhido.

v) O caráter "hipotético-dedutivo", explicitamente atribuído ao método do estruturalismo latino-americano por Medina Echavarría, difere notavelmente do sentido que o "círculo de Viena" outorgara a essa mesma expressão. Sua perspectiva epistemológica — muito influente desde 1920 até a década de 1950 — distingue entre ciência e não-ciência em função de um conjunto de hipóteses logicamente articuladas, precondição da passagem para a verificação empírica. Além disso, essa perspectiva postula que a validade das hipóteses esboçadas poderá ser demonstrada tão-somente por meio dessa verificação (Nagel, 1968). Desde o final da década mencionada, os trabalhos de diversos autores (entre eles, Popper, 1973; Lakatos, 1978) questionam os pontos de vista dessa perspectiva, afirmando que o recurso ao empírico permite unicamente o "falseamento da hipótese". Outros autores (Kuhn, 1971; Feyerabend, 1975) dão maior atenção ao peso das estruturas sociais e dos sistemas de valores em que estão inseridos a atividade científica e os pesquisadores que a levam a cabo.[8]

O estruturalismo latino-americano não pretendeu se apoiar em um fundamento epistemológico preciso, limitando-se a estabelecer certos requisitos de método implicados no estudo do subdesenvolvimento ou da "condição periférica". Entretanto, parece clara a compatibilidade desse método com a renovação de posições a que se acaba de aludir, particularmente visível no depurado "não-determinismo" a que se fez referência anteriormente (em 1, v e 2, iv), o qual supõe a existência de diferentes opções de desenvolvimento viáveis, e a possibilidade de se delinear seus conteúdos econômicos e sociopolíticos e de optar entre elas.

III. A UNIDADE DO ESTRUTURALISMO LATINO-AMERICANO

i) A subseção II, 1 enfatiza certas características destacadas nos fundamentos do estruturalismo latino-americano (ponto i), para a seguir mencionar suas implicações metodológicas, conectando-as entre si (pontos ii a v). Por outra parte, ao fazer referência a esses fundamentos, e ao avaliá-los pelo ângulo do método, procura-se mostrar que eles conseguem dar conta da dinâmica a longo prazo das economias periféricas, desvelando o modo como as estruturas produtivas e ocupacionais têm que se transformar para que tal dinâmica apresente continuidade. Também se pode observar que os fundamentos conformam uma teoria coerente, inscrevendo-se, pois, totalmente na teoria econômica convencional.

Esse caráter estruturalista dos fundamentos, e o grau de coerência que eles conseguem alcançar, configura-se como uma das bases da unidade perceptível nos diferentes enfoques que compõem a corrente de pensamento mencionada. Isso obedece aos marcos que os representam — de forma explícita ou implícita — e, além de especificações ou ampliações, compartilham fundamentos últimos similares, portadores de uma forma sistemática de perceber o âmbito do econômico nas formações periféricas.

Embora sua presença em múltiplas contribuições favoreça a unidade do conjunto, a posição metodológica de base econômica é complementada por outra, que se destina a integrar à análise os aspectos sociais, políticos e culturais do desenvolvimento. A segunda subseção se refere a essa posição, associada à obra de Medina Echavarría.

Como se pode observar, existe uma notória convergência entre ambas as posições. Entretanto, é nessa obra que se explicita definitivamente o caráter ao mesmo tempo "hipotético-dedutivo" e "histórico-estrutural", que se supõe necessário para a elaboração analítica dos diferentes ramos das ciências sociais, incluindo a econômica, quando os esforços se dirigem para compreender e realizar propostas sobre a problemática do subdesenvolvimento — ou da "condição periférica", na terminologia de Prebisch —, como é o caso nas contribuições do estruturalismo latino-americano.

ii) Vistas em conjunto, as considerações do ponto anterior mostram que existe, na verdade, uma marcada convergência metodológica entre as contribuições de base econômica elaboradas nos anos 1950 e aquelas que incluem elementos "mais que econômicos", cuja construção se prolongou durante as décadas ulteriores. Essa construção foi favorecendo a tomada de consciência sobre o caráter de um método essencialmente comum, amplamente esclarecido por Medina.

A espécie de "consciência metodológica" gradual a que se acaba de aludir está na base dos padrões de rigor analítico relativamente elevados das contribuições apresentadas adiante, nos sucessivos capítulos. Em si, o rigor analítico é um elemento comum que, como tal, tende a conferir unidade a essas contribuições. Mas, além disso, elas são atinentes a diferentes aspectos do acontecer social, cujo tratamento rigoroso permite perceber certas conexões entre eles ou certa "unidade" na temática geral considerada.

iii) A ênfase posta no metodológico e no analítico não implica postular que a unidade do estruturalismo latino-americano dependa de ambos de forma exclusiva. Há que se reconhecer que em tal unidade também desempenham um papel relevante certas idéias-chave que se mantêm presentes nas diferentes contribuições que conformam essa corrente de pensamento. Trata-se de idéias que vão se tornando complexas à medida que se integram a essas contribuições. No entanto, os elementos ao mesmo tempo iniciais e essenciais de tais idéias conservam vigência ao longo do tempo.

Isso é o que acontece com a concepção básica de Prebisch. Como já se indicou, esta se refere à desigualdade intrínseca ao sistema centro-periferia, que se expressa na diferenciação de renda e na reiterada diferenciação de estruturas entre ambos os pólos. Por outro lado, anteriormente também se fez referência a certas "formas" — a certas teorias em sentido estrito — para as quais esse conteúdo básico se volta e que constituem análises econômicas precisas dessa tendência à bipolaridade.

Essas e outras formalizações inscritas no âmbito econômico são o objetivo principal dos capítulos 2 e 3. Neles será possível ver que tais formalizações tinham alcançado um pleno desenvolvimento analítico até fins da década de 1950. E, embora algumas questões desse mesmo âmbito tenham sido reconsideradas e aprofundadas em períodos posteriores, durante estes últimos ganharam prioridade os esforços para integrar fatores "mais que econômicos — sociais, políticos, culturais — à explicação da bipolaridade e de sua persistência.

Convém voltar brevemente para as contribuições objeto dos diferentes capítulos, já consideradas no capítulo 1, mas agora sob o ângulo destas buscas relativas à bipolaridade centro-periferia. Um primeiro exemplo se encontra nas análises da incidência das estruturas sociais nas reiteradas dificuldades para superar as condições de subdesenvolvimento e "periféricas" feitas por Prebisch, assim como as que se inscrevem na obra de Medina Echavarría, ambas objeto do capítulo 5. Também relevantes e enriquecedoras são as que integram o jogo de fatores políticos nessas condições, como as presentes na obra de F. H. Cardoso e E. Faletto antes mencionada (capítulo 6). Variantes interpretativas da bipolaridade econômica que consideram a evolução da demanda de bens de consumo se encontram em diversos enfoques dos estilos de desenvolvimento (capítulo 7); mas, ao mesmo tempo, estes procuram integrar elementos da estrutura social por meio do exame das tendências à concentração de renda que lhe são próprias. Existem outros acréscimos significativos ao enfoque econômico básico, descritos no capítulo 8. Entretanto, como se verá, eles associam a essa análise econômica renovada contribuições relevantes no âmbito sociopolítico, que culminam por dar prioridade à superação do subdesenvolvimento, à necessidade de aprofundar a democracia, pela via de uma crescente presença das massas no jogo de sua forma de operar.

Uma menção especial merece o enfoque peculiar de Furtado (capítulo 9). Este corresponde a uma relação entre desenvolvimento e cultura que acentua o repúdio à percepção mecanicista do funcionamento da economia, base da inclusão de um referente de singular interesse. Como já se disse, esse autor entende que temas tão vastos como os do subdesenvolvimento e o das estratégias de desenvolvimento capazes de superá-lo demandam mais que análises articuladas dos âmbitos econômico e sociopolítico; requerem que se indague sobre a influência de elementos que não se inscrevem nesses âmbitos e, do mesmo modo, que se esclareça sua interação com outros elementos relevantes que se inscrevem, mediante a análise da totalidade constituída pelo sistema global da cultura. Isso passa por definir os contornos de um terceiro âmbito, conformado por um certo conjunto de idéias e valores pertencentes à cultura não-material, que se referem aos mais altos fins da existência humana, cuja busca e enriquecimento se configuram como fator decisivo de impulso do desenvolvimento de tal sistema. Também se indicou que a superação do subdesenvolvimento é concebida como condicionada pela reafirmação e pela expansão de uma identidade cultural própria nos países que o sofrem, em cuja busca aqueles altos fins — incluídos certos traços culturais reemergentes do passado — desempenham um papel principal.

Observando-se bem, o não-determinismo presente nas posições metodológicas de Medina e de R. Prebisch envolve o reconhecimento de uma possibilidade de escolha referente à democracia e aos esforços para consolidá-la. Como se verá no capítulo 10, estes dois autores terminam suas obras em tempos muito próximos, reiterando-se entre eles uma forte convergência de pontos de vista. Ambos antecipam a relevância de um tema mais e mais reconhecido nos anos posteriores: o da democracia e, do mesmo modo, a necessidade de seu aprofundamento pela via da presença e da ação política das grandes maiorias. Ao mesmo tempo, esse aprofundamento é considerado como requisito-chave para o impulso consciente e viabilizador do desenvolvimento; ou, em outras palavras, como um caminho iniludível para superar a "condição periférica", na qual se vão combinando elementos jurídico-institucionais, sociopolíticos e do âmbito da cultura. Como já se indicou, em direção similar apontam as contribuições de F. H. Cardoso, objeto desse mesmo capítulo.

As considerações já efetuadas sobre os capítulos componentes da terceira parte nos condicionam, neste ponto, a reiterar que o enfoque "neoestruturalistas" ali descrito acaba retornando às bases tradicionais da análise cepalina relativa ao longo prazo, mas não sem ampliar sua cobertura temática, obtendo em geral a preservação de sua consistência interna. Esse enfoque cerca esta análise, articulando-a com um alto grau de coerência, de outros que se referem ao curto prazo, e que desvelam as complexas relações surgidas em períodos recentes entre o fenômeno da globalização, particularmente a do âmbito financeiro, com as tendências registradas no comportamento macroeconômico das economias periféricas. Além de incorporar diversas contribuições inscritas no estruturalismo latino-americano básico, inclui outras mais recentes, constituídas por análises renovadas dos âmbitos social, político e cultural do desenvolvimento, e dos requisitos institucionais que sua operação adequada demandam.

O anterior aponta para que o sentido de unidade do estruturalismo latino-americano reapareça na convergência de pontos de vista sobre a necessidade de superar a "condição periférica", redesenhando para isso caminhos condizentes. Conforme vimos, a forma como a periferia se insere na economia internacional e as assimetrias tecnológica, econômica e política que a relação centro-periferia impõe induzem a persistência daquela condição com o passar do tempo. Mudar essa relação exige um conjunto de decisões e apoios políticos que necessariamente resgatem o endógeno no desenvolvimento, enquanto se orientam para superar as assimetrias mencionadas. E esta idéia — da necessidade de recuperar a dimensão endógena — reaparece de forma recorrente nos diferentes autores estruturalistas. Celso Furtado (1984) diagrama e difunde sua nova proposta, que define, justamente, como de "desenvolvimento endógeno". A própria Cepal (1990) reorganiza os resultados de esforços prévios de Fernando Fajnzylber e, sobre essa base, apresenta aos governos da região a estratégia de desenvolvimento que denomina "transformação produtiva com eqüidade". Com grande proximidade no tempo, Osvaldo Sunkel (1991) procura delimitar e articular os conteúdos do chamado "desenvolvimento a partir de dentro". Reflexões paralelas e compatíveis são expostas por Aldo Ferrer (2002), que resgata a imprescindível "dimensão endógena" do desenvolvimento, assentado em esforços de acumulação e embasamentos políticos essencialmente internos (sem prejuízo de reconhecer a virtual relevância do Mercosul e de sua ampliação na área sul-americana). No século em curso, diversos trabalhos da instituição mencionada e de autores ligados a ela parecem apontar para uma opção que bem poderia se caracterizar como de "desenvolvimento nacional". Em diferentes momentos, mas sobretudo nos trechos finais deste documento, procuraremos voltar às implicações e aos significados dessa singular convergência de pontos de vista.

Notas

1. No documento "O desenvolvimento econômico da América Latina e alguns de seus principais problemas", que será objeto de amplas considerações posteriores. Classificado por Albert Hirschman como "manifesto dos subdesenvolvidos", recebeu durante anos a designação abreviada de "manifesto".
2. Esses pontos de vista aparecem convalidados pelas seguintes afirmações de Prebisch: "as idéias da Cepal (...) não correspondem a um plano preconcebido. Foram surgindo com o correr dos anos, à medida que íamos avançando no conhecimento do desenvolvimento latino-americano e de sua vinculação com os grandes centros industriais" (Rodríguez, 1980, prólogo, p. 7).
3. Buscas adiantadas de tais implicações estão incluídas em Sunkel e Paz (1970, p. 81-97). E também em Rodríguez (1980, p. 267-76). Referências mais recentes são encontradas em Bielschowsky (1998). Observe-se que existe uma coincidência marcante entre os temas cobertos pelos autores resenhados e pelos que são objeto de análise neste documento.
4. Um exemplo notável da construção hipotético-dedutiva na ciência econômica surge ao se considerar os seguintes dos seus âmbitos analíticos: da teoria do consumidor deriva a teoria da demanda; da teoria da empresa, a da oferta; com a aplicação simultânea de ambas a todos os consumidores e empresas, é construída a teoria do equilíbrio geral; finalmente, demonstra-se que, em condições de concorrência perfeita, este equivale a um ótimo de Paretto. De resto, como conceito estático, ele constitui um resultado *único*, proveniente da dotação de uma dada quantidade de recursos (e de uma distribuição inicial arbitrária de sua propriedade).
5. Gurrieri (1980, p. 39). Além de apresentar com precisão os alcances do método em causa, este artigo contém uma detalhada análise das múltiplas contribuições de Medina às ciências sociais.
6. "Sem um esquema geral de interpretação (...) a realidade que interessa é totalmente opaca, e nossa ação nela carece de sentido. Por outro lado, as dimensões dessa realidade (...) impõem as simplificações que a teoria conhece com o nome de tipos ou modelos, que (...) longe de descrever a realidade inteira, se limitam a demarcar as configurações predominantes, sem as quais é impossível entender essa realidade" (Gurrieri, *op.cit.*, p. 99).

7. O anterior não impede que se admita simultaneamente que, tanto no nível dos marcos gerais de análise como das sucessivas interpretações do concreto, vão se infiltrando determinadas posturas ou cargas ideológicas. Sem negar isso, opina-se que os requisitos de coerência lógica contribuem para expurgar a ideologia dos modelos abstratos e que o recurso à colaboração empírica incide no mesmo sentido nas interpretações do concreto.
8. Diversas posturas epistemológicas, entre elas as recém-mencionadas, constam em Blaug (1992). E também em Hands (2001).

Referências bibliográficas

Barbato, C. (org.) (2002). “Capítulo Uruguai”. In *Los grandes temas del desarrollo latinoamericano*. Montevidéu: Sociedad Internacional para el Desarrollo (SID)/ Ediciones Trilce.

Bielschowsky, R. (1998). “Cincuenta años del pensamiento de la Cepal : una reseña”. In *Cincuenta años de pensamiento en la Cepal. Textos seleccionados*. Santiago de Chile: Comisión Económica para América Latina y el Caribe (Cepal), outubro de 1998.

Blaug, M. (1992). *The Methodology of Economics, or How Economist Explain*. Cambridge: Cambridge University Press.

Cardoso, F.H. e Faletto, E. (1969). *Dependencia y desarrollo en América Latina*. México: Siglo XXI Editores.

Cepal (Comisión Económica para América Latina y el Caribe) (2000). *Equidad, desarrollo y ciudadanía* (LC/G.2071 [SES.28/3]). Santiago do Chile, julho.

—— (1998). *Cincuenta años de pensamiento en la Cepal. Textos seleccionados*. Santiago de Chile, outubro.

—— (1990). “Transformación productiva con equidad”. *Libros de la Cepal*, n. 25 (LC/ G.1601-P). Santiago do Chile, março. Publicação das Nações Unidas, número de venda: S.90.II.G.6).

Ferrer, A. (2002). “Al rescate de la dimensión endógena del desarrollo, capítulo Uruguay”. In C. Barbato (org). *Los grandes temas del desarrollo latinoamericano*. Montevidéu: Sociedad Internacional para el Desarrollo (SID)/Ediciones Trilce.

Feyerabend, P. (1975). *Contra el método: esquema de una teoría anarquista del conocimiento*. México: Fondo de Cultura Económica.

Furtado, C. (1984). *Cultura e desenvolvimento em época de crise*. Rio de Janeiro: Paz e Terra.

Gurrieri, A. (1980). “Selección y estudio preliminar”, In *La obra de José Medina Echavarría*. Madrid: Instituto de Cooperación Iberoamericana.

Hands, W. (2001). *Reflection Without Rules: Economic Methodology and Contemporary Science Theory*. Cambridge: Cambridge University Press.

Kühn, T. (1971). *La estructura de las revoluciones científicas*. México: Fondo de Cultura Económica.

Lakatos, I. (1978). "The Methodology of Scientific Research Programmes". In J. Worall e G. Currie (orgs.). *Philosophical Papers*. Cambridge: Cambridge University Press.

Nagel, E. (1968). *La estructura de la ciencia: problemas en la lógica de la explicación científica*. Buenos Aires: Paidós.

Popper, K.R. (1973). *La lógica de la investigación científica*. Madrid: Tecnos.

Prebisch, R. (1980). "Prólogo". In O. Rodríguez. *La teoría del subdesarrollo dela Cepal*, México: Siglo XXI Editores.

—— (1962). "El desarrollo económico de la América Latina y algunos de sus principales problemas". *Boletín económico de América Latina*. Santiago do Chile: Comisión Económica para América Latina y el Caribe (Cepal), vol. 7, nº 1, fevereiro.

Rodríguez, O. (2001). "Fundamentos del estructuralismo latinoamericano". *Comercio Exterior*. México: Bancomext, vol. 51, nº 2, fevereiro.

—— (1980). *La teoría del subdesarrollo de la* Cepal. México: Siglo XXI Editores.

Sunkel, O. (org.) (1991). *El desarrollo desde dentro. Un enfoque neoestructuralista para la América Latina*. México: Fondo de Cultura Económica.

Sunkel, O. e Paz, P. (1970). *El subdesarrollo latinoamericano y la teoría del desarrollo*. México: Siglo XXI Editores.

Tavares, M.C. (1981). "Problemas de industrialización avanzada en capitalismos tardíos y periféricos". *Economía de América* Latina. Centro de Investigación y Docencia Económicas (Cide), nº 6.

Worall, J. e Currie, G. (orgs.) (1978). *Philosophical Papers*. Cambridge: Cambridge University Press.

PARTE I
Os fundamentos do estruturalismo latino-americano (anos 1950)

Como se antecipou na introdução geral, as considerações desta primeira parte versam sobre os "fundamentos do estruturalismo latino-americano". Entende-se que eles têm seu componente principal em um conjunto de idéias básicas devidas a Prebisch, organizadas em um documento de sua autoria, de fins de 1949, e reiteradas muito pouco depois num documento do início dos anos 1950.[1]

Essas considerações começam expondo, na introdução que segue, os antecedentes históricos mais diretos dessas idéias, rastreados principalmente na economia argentina durante os três lustros posteriores à crise de 1929.

Também se indicou anteriormente que o capítulo 1 apresenta em detalhes a visão peculiar do subdesenvolvimento que aquelas idéias conformam, usualmente conhecida como "concepção do sistema centro-periferia". A seguir, os capítulos 2 e 3 examinam o outro componente-chave dos "fundamentos": as diversas teorias formais cujas idéias básicas se organizam e rearticulam, alcançando altos graus de coerência interna e conformando, junto com essa concepção, o que se pode chamar de uma "teoria do subdesenvolvimento".

O capítulo 4 sintetiza o enfoque estruturalista da inflação contido em trabalhos da década de 1950 e início da posterior; e embora se concentre em questões de tipo conjuntural, nele se originam as designações "estruturalista" e "estruturalismo" que qualificaram a maior parte do pensamento latino-americano relativo ao desenvolvimento a longo prazo. Porém, além dessa incidência na nomenclatura sobre o desenvolvimento, esse enfoque incorpora variáveis de cunho sociopolítico que reaparecem como entraves à sua continuidade em documentos dos anos 1960 e1970.[2]

INTRODUÇÃO

É útil começar mencionando a polêmica surgida no pós-guerra sobre a industrialização das economias que, naqueles anos, se convencionou chamar de subdesenvolvidas. Embora breves, as referências que seguem evidenciam o acentuado antagonismo de posições e a intensidade das ênfases com que foram sustentadas.

Um bom exemplo de uma delas se encontra nas seguintes afirmações do professor Viner: "Tudo que pude encontrar nos trabalhos de Prebisch é a identificação dogmática da agricultura com a pobreza. Que a agricultura não quer necessariamente dizer pobreza é óbvio, bastando considerar os casos da Austrália, da Nova Zelândia, da Dinamarca e de Iowa ou Nebraska" *(Folha de S. Paulo,* 1993, p. 6).[3]

A resposta de Prebisch é ilustrativa, tanto pelo tom que ele imprime quanto porque nela o tema da industrialização está associado a outros de grande relevância. Como se verá, essa associação resulta reveladora de sua experiência na condução da economia argentina. Diz Prebisch:

> Depois do surgimento de um de nossos primeiros informes, ocorreu de passar por aqui um dos mais ilustres professores em matéria de comércio internacional. Formado na mais pura tradição clássica, submetido por longos decênios aos exercícios da lógica ricardiana, não foram suficientes as breves semanas no Brasil para seduzi-lo com o espetáculo de uma industrialização praticamente nascente, se tomarmos como alvo as possibilidades cósmicas desse país. Ele condenou a industrialização latino-americana, arrastando em sua execração os economistas da Cepal, que a

preconizam. Contestou também toda forma de controle deliberado do crescimento e da orientação do comércio exterior. Mas pelo menos nos deixou uma fórmula única e positiva de desenvolvimento econômico: dedicar-se à agricultura e controlar a natalidade.[4]

No centro da política que ambas as citações sintetizam encontra-se o tema da industrialização. Na segunda, destaca-se a forma explícita com que ele está ligado a estes outros: o controle deliberado do crescimento e a orientação do comércio exterior. Antes de apreciar suas conexões analíticas, convém enfocá-los sob uma perspectiva factual. A seguir, (i) faz-se referência a certos problemas da economia argentina e às dificuldades enfrentadas para a sua gestão durante os anos 1930 e a Segunda Guerra Mundial. Mais adiante (ii) são abordados alguns aspectos de suas relações internacionais no mesmo período, também vinculados àqueles temas.

i) Parece claro que o reconhecimento da necessidade de orientar o comércio exterior se encontra relacionado ao impacto da crise mundial sobre a economia citada. Seus efeitos contrativos — tanto sobre o comércio quanto sobre a produção em seu conjunto — estão sem dúvida ligados à forte deterioração dos termos de troca.* Em janeiro de 1933, os preços das seguintes matérias-primas caem nas porcentagens indicadas, em relação aos preços de janeiro de 1929. Trigo, 58%; lã, 78%; borracha, 87%; cobre, 71%; café, 59%; algodão, 66%. Por outro lado, a redução dos preços das exportações industriais, sensivelmente menor, suporta uma acentuada diferença de comportamento nos ganhos pessoais. Assim, entre 1929 e 1932, os salários conseguem se manter na Grã-Bretanha, enquanto na Argentina e em outros países subdesenvolvidos caem drasticamente.

*A variação dos termos de troca registrada no comércio entre o país X e o país Y é dada pela evolução dos preços unitários dos produtos exportados por X para Y em relação à evolução dos preços unitários dos produtos importados por X do país Y, sem considerar as quantidades transacionadas. Se os preços unitários dos produtos exportados por X para Y diminuem em comparação com os preços unitários dos produtos importados por X do país Y, diz-se que os termos de troca de X, em relação a Y, se deterioraram. (*N. R. T.*)

O movimento dos preços obriga a Argentina, em 1933, a realizar um esforço exportador 73% superior ao de antes da eclosão da crise para ter acesso à mesma quantidade de manufaturas importadas. Mas aos problemas de preços se soma o do acesso aos mercados, ou seja, de colocação da produção de exportações. Em conjunto, ambos os problemas incidem no grau de endividamento: valorada em ouro, a dívida externa argentina em 1933 era o dobro do que tinha sido em 1928 (Prebisch, 1934, p. 12).

Assim, a necessidade de intervir começa a ficar evidente no comércio exterior, associada às circunstâncias e configurando-se como imposição destas. Entre setembro de 1930 e março de 1932, nos âmbitos fiscal e monetário, são aplicadas políticas de cunho ortodoxo. Mas no âmbito comercial é gerado um claro intervencionismo, expresso no aumento de tarifas e no estabelecimento do controle do câmbio.[5]

O segundo tema a se ter presente é o do controle deliberado do crescimento, ou, o que é a mesma coisa, o dos graus e formas de intervencionismo requeridos para regular o funcionamento da economia e conduzi-la para certos objetivos de longo prazo. Já foi indicado que, no seu início, o intervencionismo constitui uma imposição das circunstâncias e que começa a ser exercido limitadamente, no âmbito das relações comerciais. Veremos agora que a ampliação da postura intervencionista também se relaciona com os fatos, ou melhor, com a busca de formas de rebater os resultados de tendências econômicas negativas.

Em economias como a argentina, com exportações concentradas em poucos mercados e em poucos produtos primários, e, portanto, com baixas expectativas quanto ao dinamismo de suas vendas externas, foi se chegando naturalmente ao reconhecimento da necessidade de ativar o mercado interno e, portanto, da necessidade de adotar políticas deliberadas para consegui-lo.

Assim, já em meados de 1933, a acentuação do intervencionismo argentino se expressa em um conjunto de políticas de alcance considerável, complementadas por volta do final desse ano no Plano de Ação Econômica Nacional. Em essência, este consistiu no uso de instrumentos destinados a induzir a expansão da produção e dos ganhos, mas ao mesmo tempo com o especial cuidado de fazê-lo de forma compatível com a restrição externa e, ainda mais, tratando de fortalecer a balança de pagamentos.[6]

Quanto ao plano mencionado, convém fazer referência a seus dois principais aspectos instrumentais. O primeiro é a Junta Reguladora de Grãos, que em essência funcionou como um mecanismo de formação e gestão de reservas reguladoras. Seu *modus operandi* consistia em assegurar ao produtor um preço mínimo e em demarcar as dimensões da oferta de exportações de modo a obter sua recolocação a determinados preços, também mínimos. As perdas emergentes eram cobertas pela margem de câmbio, isto é, pelos benefícios obtidos nas operações de compra e venda de divisas. O segundo aspecto a destacar é a instauração de um novo sistema de comércio e câmbio. Com ele se estabeleceram taxas de câmbio diferenciadas para diferentes tipos de exportações e importações. Além disso, como recentemente assinalado, os benefícios resultantes tiveram outros dois destinos destacáveis: a realização de obras públicas e o subsídio à produção manufatureira nacional.

Globalmente, durante o período 1933-1937, o resultado do Plano de Ação se expressa em uma taxa de crescimento do PIB da ordem de 5% a.a., e do produto *per capita*, da ordem de 3,4%. Com este programa se consegue, pois, ampliar o nível de atividade, e isso com base na produção para o mercado interno, ou seja, de conformidade com as condições de restrição externa. No entanto, na consecução de tais objetivos, concorrem também os esforços destinados a completar uma institucionalidade que aponta para regular o funcionamento da economia argentina ou, se quisermos, para conseguir que ela deixe de operar como economia reflexa. Destaca-se, entre esses esforços, a criação do Banco Central, aprovada em 1934 e efetivada em 1935.[7]

Seu papel no conjunto da institucionalidade que vai sendo gerada envolve uma articulação complexa. Basta aqui destacar os aspectos desse papel que constituem a linha principal da argumentação, isto é, a gradual conformação de idéias intervencionistas que vão sendo decantadas até se constituírem em uma posição industrialista plenamente consciente.

O primeiro aspecto a destacar é o fato de que o Banco Central incorpora a suas atribuições o controle do câmbio e assume seu manejo. Inserido em uma entidade bancária estruturada com extremo cuidado, torna-se possível azeitar os mecanismos de operação daquele controle muito além dos que existiam antes de 1935, no marco do Plano de Ação. O segundo aspecto notável da nova institucionalidade e de seu significado para a condução econômica se liga ao estabelecimento de mecanismos de regulação monetária concebidos como meios ou instrumentos para a atenuação dos movimentos cíclicos. Essa regulação tem seu ponto-chave no manejo do crédito. Quando o numerário em poder dos bancos se expande em demasia sobre os níveis adequados de caixa, a autoridade monetária recolhe recursos e dessa maneira os esteriliza, impedindo que sejam utilizados para ampliar o crédito em excesso. Isso se produz colocando nos bancos letras do Tesouro. Porém, mais do que esse mecanismo instrumental, importa assinalar que, quando surge uma tendência contrativa, segue-se o caminho inverso. Ou seja, devolve-se o numerário ao sistema bancário, insuflando a ampliação do crédito e procurando impedir por essa via a contração do sistema econômico.[8]

Convém reiterar que a Argentina foi criando instituições e instrumentos de regulação monetário-creditícia, e em geral de regulação econômica, de que não se dispunham sob o regime de padrão-ouro, nem mesmo nos anos 1920, antes da grande depressão. Pois para perceber como e quando o intervencionismo coloca a industrialização como objetivo primordial, importa mencionar a orientação com que essa nova institucionalidade é utilizada.

Em 1937, verifica-se uma forte reversão da tendência ao aumento do nível de atividade que vinha se verificando anteriormente. A nova institucionalidade torna possível tomar medidas expansivas e ao mesmo tempo usar o controle de câmbio como freio para o incremento excessivo das importações. A novidade nesse tipo de política com a qual se responde à contração é que, com ela, o aumento compensatório da produção se produz no e para o mercado nacional. Em outras palavras, durante a fase contrativa, a política anticíclica passa a ser uma política pró-indústria, uma política que favorece a produção manufatureira, cujo mercado de destino é o interno.

No entanto essa derivação da política anticontrativa não implica ainda propor outro objetivo que não o de defender o nível de atividade, embora essa defesa suponha o aumento da atividade industrial. Visto de outro modo, não implica ainda admitir que a expansão industrial tenha de se converter no motor do crescimento e, do mesmo modo, na base de uma transformação estrutural que altere as condições prévias de especialização primário-exportadora e de forte vulnerabilidade externa.

A proposta industrialista completamente estabelecida surge durante uma nova tendência contrativa, verificada nos anos 1942-1943 com mais força que em 1937, e relacionada com as dificuldades de acesso aos mercados dos países beligerantes. As medidas básicas são similares a várias das que foram tomadas quando da emergência da grande depressão: compra dos excedentes de grãos; planos de construção de infra-estrutura; financiamento para a atividade industrial. Mas na nova situação, às diversas autoridades econômicas, e particularmente ao Banco Central, já não compete o simples objetivo de manter o nível de atividade. Diferentemente do ocorrido na contração de 1937, agora elas são instadas a gerar e manter condições para o crescimento da indústria.

Surge, pois, um conceito claro em relação ao papel crucial da industrialização para o desenvolvimento, que se propõe não só como *desideratum,* mas que busca se consolidar por meio de decisões concretas de política econômica. Cabe acrescentar que no mesmo conjunto de políticas proposto para enfrentar as dificuldades que emergem em plena guerra mundial começam a ser delineadas orientações gerais de seletividade, que correspondem aos ramos ou atividades para onde dirigir o financiamento e a demanda interna incrementada.[9] Veremos posteriormente que mais tarde essas orientações iriam se traduzir em critérios de atribuição de recursos — nas palavras de Prebisch, de controle deliberado do crescimento —, que, por sua vez, serviriam para pautar a orientação do comércio exterior.

Mas como já adiantamos, convém considerar previamente alguns aspectos das relações internacionais, bem como da sujeição ou da desproteção com que se avaliam as negociações e políticas levadas a cabo nesse âmbito. Ambas podem ser vistas como fatos e circunstâncias vinculados às idéias emergentes sobre os grandes temas que o parágrafo precedente torna a mencionar.

ii) No caso argentino, os problemas de comércio exterior que sobrevêm com a crise, junto com a alta do endividamento que trazem consigo, debilitam sobremaneira sua posição negociadora, debilidade confirmada anos seguidos pelas dificuldades de se retornar ao multilateralismo e pela conseqüente persistência de relações bilaterais fortemente assimétricas. Porém, mais que o contexto geral, importa aqui ter em conta como essa posição desfavorável é percebida em negociações internacionais concretas, que também se configuram como fontes da perspectiva estruturalista.

Os resultados da Conferência Econômica e Monetária Mundial, convocada em 1933 pelo Conselho da Liga das Nações, foram reconhecidamente débeis e escassos. Da perspectiva indicada, cabe ressaltar: nem nela, nem nas discussões que a precederam, foi possível observar o menor vislumbre de consideração pelos problemas próprios das economias primário-exportadoras, cujas características estruturais as colocam em clara situação de desvantagem. E isso logo após os maiores impactos sofridos com a crise, tanto em termos de preços como de quantidades exportadas.[10]

Percebem-se também condições pouco propícias nas negociações argentinas com a Grã-Bretanha. Em 1931, esta tinha estabelecido fortes restrições a seu comércio importador, que foram revisadas e amenizadas em 1932, por meio dos acordos de Ottawa. Mas as vantagens e prerrogativas ali contempladas tiveram um alcance restrito aos membros da Commonwealth. A Argentina se viu, portanto, compelida a negociar a partir das circunstâncias anteriormente detalhadas, que agravavam a vulnerabilidade própria das formas de vínculo preexistentes entre a sua economia e a da Grã-Bretanha. As negociações culminaram com o Pacto Roca-Runciman (1933), cujos resultados evidenciam essa correlação de forças desfavorável. Na verdade, do pacto derivam poucas vantagens e grandes concessões. Do lado argentino, estas incluem os seguintes compromissos principais: manter as importações britânicas em níveis não inferiores aos prevalecentes no período julho de 1931/junho de 1932;

suprimir restrições a elas e dar preferência às importações de carvão e outros bens selecionados; beneficiar o investimento direto proveniente da Grã-Bretanha com um tratamento preferencial e benevolente; assegurar-lhe, além disso, vantagens em matéria de remessas, sem estabelecer restrições, desde que não ultrapassassem o montante das vendas em seu mercado (Gravil, 1978).

Cabe enfatizar que a Argentina mantinha tradicionalmente uma relação triangular com o Reino Unido e os Estados Unidos, em que o superávit comercial com o primeiro permitia compensar o déficit com o segundo (Fodor e O'Connell, 1973). Essa relação se tornou altamente problemática na década de 1930, em conexão com as práticas bilaterais restritivas do Reino Unido, exemplificadas de forma cabal pelo Tratado Roca-Runciman, recém-mencionado.

A eclosão da guerra e a inconvertibilidade da libra agravam a situação argentina, tornando insustentável a continuidade desse esquema triangular. Para os observadores mais lúcidos, ficou clara a necessidade de uma decidida reformulação da sua política externa, de modo a se ajustar às novas condições. Este é o sentido do chamado Plano Pinedo.[11]

Esse plano compreendia dois cursos de ação: a) encontrar um novo *modus vivendi* comercial com os Estados Unidos, apoiado em um intercâmbio mais equilibrado, sustentado, por sua vez, numa maior penetração das exportações argentinas naquele mercado. Em particular, propunha-se a promoção de exportações manufatureiras (começando pelas indústrias processadoras de insumos agrícolas) e a criação, para esses fins, de uma agência especializada (Llach, 1984); b) promover a constituição de uma área de livre-comércio com o Brasil, a fim de facilitar o intercâmbio de produtos agrícolas complementares (trigo argentino, café e frutas tropicais brasileiras) e sobretudo criar um mercado regional capaz de dar curso à especialização industrial e ao aproveitamento das economias de escala.[12]

Pensando bem, o Plano Pinedo expressava uma vontade política de impulsionar o comércio regional e hemisférico em um contexto de contração do comércio mundial, impulso que, por sua vez, teria de se apoiar na expansão sustentada da indústria. Estas idéias básicas sobre a necessidade da industrialização e da mudança concomitante nos padrões de inserção internacional foram compartilhadas no Brasil.[13] Essa convergência de pontos de vista se reflete na assinatura de importantes acordos entre os dois países, como o Tratado de Comércio e Navegação de outubro de 1940. Destaca-se, em particular, a tentativa pioneira de integração regional veiculada por meio do Acordo para a Criação Progressiva de uma Zona de Livre Comércio, de novembro de 1941.[14]

O avanço posterior desses esforços se vê fortemente condicionado por fatores que se inscrevem na evolução das relações hemisféricas. Cabe mencionar as que se dão entre a Argentina e os Estados Unidos. No âmbito econômico, as discrepâncias entre os governos dos dois países traduzem um atrito comercial de longa data, que não encontra caminho de solução.[15] O núcleo do problema reside na persistente resistência norte-americana em conceder acesso ao seu mercado de bens agrícolas de clima temperado, em cuja produção Argentina apresentava vantagens relativas e também absolutas. No início da guerra, as perspectivas de aumento das dificuldades no comércio exterior levam este país a reimpulsionar as negociações.[16]

Entretanto, elas são logo interrompidas pelos Estados Unidos (em janeiro de 1940); e, quando finalmente é obtido um acordo comercial (em outubro de 1941), seu caráter restritivo conspira contra a atenuação das dificuldades já mencionadas.[17]

No âmbito político, registra-se entre ambos os países uma velha rivalidade por prestígio e influência na América Latina, que gera atritos em sucessivos congressos pan-americanos. Mas, no período considerado, cabe ressaltar a oposição argentina à proposta de ruptura das relações diplomáticas com o Eixo e a reação hostil dos Estados Unidos, de especial significado econômico posterior. De fato, a partir de fevereiro de 1942, essa reação se materializa em um extenso boicote econômico, que afeta gravemente a capacidade argentina de obter bens de capital e matérias-primas essenciais durante a guerra e no pós-guerra. Esse conflito agrava, pois, as dificuldades suscitadas pela "escassez de dólares" e pela inconvertibilidade das moedas européias (Defendi, 1983; Tulchin, 1990).

Diz-se, com razão, que "as primeiras doutrinas e convicções econômicas de Prebisch emergem da experiência de um dirigente do banco central enfrentado problemas monetários e de importações de muito difícil solução" (Love, 1977, p. 15). As tendências e os fatos econômicos negativos, as dificuldades nas negociações internacionais, o desenho e a aplicação de novas políticas, bem como a criação da institucionalidade requerida para implementá-las são aspectos importantes dessa experiência, cuja descrição foi feita prioritariamente com base no comportamento da economia argentina durante o período 1930-1945 na presente introdução.

Um modo adequado de concluí-la consiste em mencionar explicitamente que, na análise do referido comportamento, Prebisch recorre também a comparações com outros casos similares, e vai assim decantando certas idéias genéricas sobre o tipo de economia do qual esses casos constituem exemplo. Um aspecto crucial dessas idéias consiste em admitir que as limitações presentes no desenvolvimento das economias desse tipo estão vinculadas ao atraso de seus processos de industrialização. E, paralelamente, que empreendê-los, alterando por esse meio os vínculos de tais economias com aquelas que os iniciaram e impulsionaram primeiramente, configura-se como requisito do desenvolvimento das primeiras. Além disso, sua expansão industrial trará consigo uma diminuição paulatina da especialização primário-exportadora que as caracterizou e, do mesmo modo, o acesso de proporções crescentes de sua força de trabalho a atividades de produtividade elevada. Posto em termos que logo se fariam de uso freqüente, aquela expansão constitui a base para corrigir de forma gradual dois traços negativos das economias em causa: a especialização de suas estruturas produtivas e a heterogeneidade de suas estruturas ocupacionais.

Como se pode observar, embora inscritas em uma postura industrialista, tais idéias são claros antecedentes e, mais ainda, conformam o embrião quase visível de um novo enfoque do subdesenvolvimento, consolidado por meio da "concepção do sistema centro-periferia". Esta se refere justamente a esse duplo atraso estrutural do pólo periférico, fonte da tendência de que seus níveis de renda média permaneçam inferiores aos dos centros. Tal concepção, em que se molda esta idéia-chave da bipolaridade, é objeto do capítulo que segue. Suas implicações e seus desenvolvimentos analíticos são comentados nos três capítulos posteriores. Eles tornam visível o posicionamento metodológico de base econômica referido na introdução geral.

Notas

1. Daqui em diante, as referências a estes são extraídas de suas edições mais acessíveis (ou seja, Prebisch, 1962 e 1973a).
2. São objeto da segunda parte. A reflexão sobre os entraves recém-mencionados está presente com particular clareza no capítulo 5.
3. A citação faz parte de uma conferência ditada pelo professor J. Viner na Fundação Getúlio Vargas (Rio de Janeiro, 1952), onde se conserva o texto completo. Uma análise detalhada dos elos entre comércio e desenvolvimento encontra-se em Viner (1961).
4. No início de 1953, Prebisch teve oportunidade de apresentar sua réplica na Fundação antes mencionada. Os pontos de vista então expostos constam de "A mística do equilíbrio espontâneo da economia" (1953b), versão traduzida do documento original (disponível na biblioteca da Cepal).
5. Nesse período, Prebisch foi subsecretário de Economia do governo de Uriburu. Refletindo essa experiência, vários documentos sustentam que as medidas protecionistas derivaram das circunstâncias, inclusive o controle do câmbio, instrumento de difícil manejo estabelecido em fins de 1931. Sobre este último, o próprio Prebisch diria mais tarde: "O controle de câmbio não foi o resultado de uma teoria, mas uma imposição das circunstâncias. Ninguém que tenha conhecido de perto as complicações de todo tipo que o sistema trouxe consigo, poderia ter optado por ele, se tivessem se apresentado outras alternativas ou se tivesse nas mãos dos países da América Latina a eliminação das causas profundas do mal" (Prebisch, 1962, p. 11).
6. Nessa época, Prebisch atuava como assessor de Pinedo na Economia e de Duhau na Agricultura, posição a partir das quais influenciou na elaboração desse plano. Sobre o papel que lhe coube desempenhar na condução da economia argentina no período 1930-1933, e também em anos posteriores, pode-se consultar o artigo de O'Connell (1984).

7. Prebisch desempenhou papel central na organização do Banco Central, do qual exerceu a direção efetiva até 1944. Um exame do caráter reflexo da economia argentina, mostrando que seus movimentos cíclicos se originam nos países industriais, encontra-se em Banco Central da República Argentina (1939, p. 5-8). Exames posteriores foram também elaborados sob sua responsabilidade direta. Destacam-se os contidos em Banco Central da República Argentina (1972, p. 13-247) e em Prebisch (1972, p. 249-58). As idéias sobre a substituição da Grã-Bretanha pelos Estados Unidos como centro cíclico principal e sua influência desequilibradora para o comércio da periferia são também articuladas por Prebisch (1944b, p. 188 e 192-3).
8. Esses temas são objeto de tratamento especial no Banco Central da República Argentina (1972).
9. Em 1943 é proposta explicitamente a adoção de uma política deliberada de industrialização, compatível com soluções de fundo para os problemas recorrentes de balanço de pagamentos. Também fica clara a necessidade de impulsionar um aumento substancial e sustentável das importações de bens de capital. Em documentos do ano seguinte, essas recomendações se tornam extensivas à América Latina. A esse respeito, podem ser consultados: Banco Central da República Argentina (1943, p. 30) e Prebisch (1944a, p. 234, e 1972, p. 407).
10. Prebisch participou dessa Conferência e do seu comitê preparatório. Começam, então, a ser delineados seus pontos de vista sobre o vínculo entre os distúrbios monetários internacionais e o caráter fechado da economia estadunidense, recolhidos, pela primeira vez, em um artigo de sua autoria, de 1933: "A conferência econômica e a crise mundial" (Prebisch, 1933). As perspectivas abertas por essa participação em seu modo de ver a economia mundial são comentadas em um artigo de González e Pollock (1991).
11. Plano Pinedo, 1940. Apresentado ao Senado argentino em 14 de novembro desse ano, sob o título "Plano de Desenvolvimento Econômico perante o Honorável Senado" *(Desarrollo económico,* 1979). Cabe assinalar que Prebisch também participou da sua elaboração.
12. O Plano Pinedo reconhecia a importância que o processo de industrialização tinha alcançado e procurava promover sua precoce racionalização. Referindo-se à criação de uma união alfandegária com o Brasil, Pinedo observava: "Suponha-se que uma política semelhante tenha se iniciado há alguns anos. Em vez de haver no Brasil e na Argentina indústrias paralelas produzindo a custos elevados em dois mercados distintos e praticamente fechados, teríamos chegado a uma proveitosa divisão do esforço industrial entre ambas as nações." Seria, pois, "um ideal chegarmos a uma união alfandegária aberta, imediatamente, com os demais países limítrofes". Carta de Pinedo a Berger, Buenos Aires, 12/9/1940 (FGV/CPDOC, 1940a).

13. Essas idéias contavam, inclusive, com as simpatias do então ministro das Relações Exteriores desse país, Osvaldo Aranha. Isso fica claro em carta de Pinedo a Aranha, Buenos Aires, 27/9/1940 (FGV/CPDOC, 1940b). Isso não impede de reconhecer que desde então existiam no Brasil posições contrárias a uma aproximação com a Argentina, nem que elas tendessem a se agravar em anos posteriores.
14. Como resultado de conflitos políticos internos, o Plano Pinedo terminou por ser rechaçado no Congresso argentino. Entretanto, o Acordo de novembro de 1941 implementa os passos iniciais previstos por esse plano, como o compromisso de não aplicar barreiras às atividades que ainda não tinham sido instaladas ou que mostravam uma importância pequena em qualquer das duas economias, evitando assim a extensão da proteção industrial a novos setores. Correspondence Respecting America, Diplomatic Papers (Frus, 1942).
15. Sobre a crescente imposição de barreiras ao comércio agrícola nos Estados Unidos desde a década de 1920, ver Rock (1991).
16. Em relação a essas dificuldades, o embaixador norte-americano em Buenos Aires deixa claro que "o que a Argentina precisa é um mínimo de segurança econômica e maiores oportunidades para vender no hemisfério ocidental. O grande problema a enfrentar é a questão dos mercados para o trigo, a carne, e outros produtos que os Estados Unidos não podem absorver". Foreign Relations Office, Diplomatic Papers (FR\JS, 1940a, p. 462-3).
17. Os britânicos observaram com ironia que, nas negociações, os Estados Unidos estavam dispostos a oferecer muito pouco e exigiam muito. Apesar dos nobres ideais *(lofty ideals)* de um desenvolvimento livre do comércio mundial, os Estados Unidos insistiram em um sistema de cotas que incluía a correspondente obrigação argentina de comprar produtos norte-americanos. Political Correspondence, Diplomatic Papers (Frus, 1940b).

1. A concepção do sistema centro-periferia

Já se indicou que esta expressão designa um conjunto articulado de idéias sobre o subdesenvolvimento que se deve a Prebisch, conformadas inicialmente em "O desenvolvimento econômico da América Latina e alguns de seus principais problemas" e retomadas pouco depois nos cinco primeiros capítulos do "Estudo Econômico da América Latina, 1949".[1]

Como poderá ser observado nas considerações seguintes, trata-se de idéias gerais expostas em nível pré-analítico, de modo que não constituem uma teoria formalizada totalmente. No entanto essas idéias resultam notoriamente harmônicas e complementares, conformando uma nova visão do subdesenvolvimento, ou melhor, uma nova visão sobre as características e a evolução a longo prazo das economias que se convencionou chamar de subdesenvolvidas, a partir do pós-guerra.

I. UMA NOVA VISÃO DO SUBDESENVOLVIMENTO

O termo "visão" é utilizado no sentido que lhe é atribuído por Schumpeter. Com ele procura-se assinalar que toda nova teoria, ou toda renovação em profundidade de uma teoria preexistente, começa quando se obtém um conjunto de hipóteses-chave que constitui o conteúdo fundamental do novo. É a partir de um conteúdo básico que vão sendo desenvolvidas diversas formas, diversas teorias formais estruturadas com rigor analítico, em cuja construção o conteúdo inicial vai se explicitando e formulando novamente (Schumpeter, 1971, p. 78).

Na verdade, Prebisch recusou-se a tratar como anomalia o que foi percebendo como um modo de ser. As economias subdesenvolvidas não são simplesmente "atrasadas", qualificativo muitas vezes atribuído àquelas que se mantêm sem grandes mudanças, supostamente devido ao peso de certos fatores extra-econômicos ou que se consideram ligados à precariedade da estrutura social e/ou institucional, ou ainda à raça ou à religião. Ao contrário, o subdesenvolvimento é visto como um modo de ser específico de certas economias, que como tal merece um esforço de teorização também específico. Justamente, tal esforço se torna possível pelo estabelecimento de um conteúdo básico, de uma visão geral desse objeto de estudo.

De acordo com ela, o desenvolvimento econômico se expressa no aumento do bem-estar material, normalmente refletido na alta do ganho real por habitante, e condicionado pelo incremento da produtividade do trabalho. Este incremento é considerado dependente da adoção de métodos de produção indiretos, ou seja, de métodos nos quais se incrementa a divisão técnica do trabalho entre atividades, o que, por sua vez, supõe o aumento da dotação de capital por homem ocupado. A maior densidade de capital vai sendo obtida à medida que a acumulação se realiza sob o impulso do avanço tecnológico, necessário para preservar margens de lucro que assegurem a sua continuidade.

Assim, pois, consideradas no plano da abstração, as idéias sobre o desenvolvimento econômico coincidem com as contidas em linhas gerais nas teorias do crescimento de origem neoclássica e keynesiana, que o concebem como um processo de acumulação de capital estreitamente ligado ao progresso técnico, mediante o qual se obtém a elevação gradual da densidade de capital e o aumento da produtividade do trabalho e do nível médio de vida ("Estudo", p. 1 e 5).

No entanto, deixando de lado esse traço comum, essa concepção apresenta uma acentuada diferença em relação às teorias correntes do crescimento a longo prazo, pois não procura captar o processo de acumulação e avanço técnico em uma economia capitalista modelo, considerada isoladamente, mas elucidar que características assume tal processo ao serem propagadas as técnicas capitalistas de produção no âmbito de um sistema econômico mundial composto por *centros e periferia.*

1. *O desenvolvimento para fora*

No par de conceitos recém-mencionados está implícita uma idéia de desenvolvimento desigual originário: os centros se identificam com as economias onde as técnicas capitalistas de produção penetram primeiro; a periferia, em contrapartida, é constituída por economias cuja produção permanece inicialmente atrasada, do ponto de vista tecnológico e organizacional. Mas os conceitos de centro e periferia contêm mais que essa simples idéia de diferenciação inicial; segundo se afirma, eles vão se conformando conforme e enquanto, nas áreas atrasadas, "o progresso técnico só entra em exíguos setores de sua enorme população, pois geralmente não penetra a não ser ali onde se faz necessário para produzir alimentos e matérias-primas a baixo custo, com destino a [os] grandes centros industriais" ("Estudo", p. 1).

Dito de outro modo, concebe-se que centros e periferia se constituem historicamente como resultado da forma como o progresso técnico se propaga na economia mundial. Nos centros, os métodos indiretos de produção que ele gera se difundem em um lapso relativamente breve para a totalidade do aparelho produtivo. Na periferia, parte-se de um atraso inicial e, ao transcorrer um período chamado de "desenvolvimento para fora",[2] as novas técnicas só são implantadas nos setores exportadores de produtos primários e em algumas atividades econômicas diretamente relacionadas com a exportação, as quais passam a coexistir com setores atrasados, no que toca à penetração das novas técnicas.[3]

Ao se constituir mediante o desenvolvimento para fora, a estrutura produtiva da periferia adquire dois traços fundamentais. Por um lado, destaca-se o seu caráter especializado ou unilateralmente desenvolvido, já que uma parte substancial dos recursos produtivos é destinada a sucessivas ampliações do setor exportador de produtos primários, enquanto a demanda de bens e serviços, que aumenta e se diversifica, se satisfaz em grande parte por meio de importações. Esta estrutura é ademais heterogênea ou parcialmente atrasada no sentido de que coexistem em seu seio setores onde a produtividade alcança níveis muito altos — em especial o setor exportador — e atividades que utilizam tecnologias com as quais a produtividade do trabalho resulta significativamente inferior. Em contraste com a estrutura produtiva da periferia, *especializada e heterogênea*, a dos centros se caracteriza por ser *diversificada e homogênea*.[4]

Do mesmo modo, sobre essa diferenciação estrutural se assentam as diferentes funções próprias das pautas tradicionais da divisão internacional do trabalho: no sistema econômico mundial, ao pólo periférico cabe produzir e exportar matérias-primas e alimentos, enquanto os centros cumprem a função de produzir e exportar bens industriais, operando como núcleos fabris do sistema em seu conjunto ("Estudo", p. 2; "Principais problemas", p. 1).

2. *O desenvolvimento para dentro*

Na concepção do sistema centro-periferia, a industrialização é considerada um fato real e um fenômeno espontâneo, indicativo da existência de uma mudança no padrão de crescimento de seu pólo periférico: do desenvolvimento para fora, baseado na expansão das exportações, ao desenvolvimento para dentro, baseado na ampliação da produção industrial ("Principais problemas", p. 3). De acordo com a concepção que estamos descrevendo, esse fenômeno se acha vinculado a certas transformações e/ou acontecimentos ocorridos na economia mundial que possuem um especial significado para a periferia.

Destacam-se, em primeiro lugar, certos acontecimentos específicos de particular relevância, entre os quais se pode mencionar as duas guerras mundiais e a profunda crise econômica registrada entre ambas ("Estudo", p. 1-2). A incidência destas conflagrações é por demais conhecida. Elas impõem uma forte barreira à importação de produtos manufaturados dos centros em conflito. Por outro lado — como mostra a experiência argentina anteriormente resumida —, a reativação da demanda interna constitui-se em força impulsora da atividade industrial na própria periferia, cuja atividade vai atenuando as dificuldades de acesso a bens importados.

O caso argentino ilustra também os efeitos da grande depressão sobre o desenvolvimento industrial da periferia latino-americana. A crise dos anos 1930 provoca uma drástica redução do preço e do volume das exportações primárias, a qual — somada à situação prévia de endividamento — gera uma aguda escassez de divisas. Torna-se portanto imprescindível restringir as importações por meio das políticas cambiária e tarifária, ou pela simples proibição direta. Do mesmo modo, as medidas propensas a manter o nível de renda e de emprego incidem favoravelmente sobre a demanda de bens cuja oferta externa se encontra limitada. Surgem, assim, condições favoráveis para a produção interna de manufaturas em substituição às suas similares importadas.

O processo espontâneo de industrialização da periferia é explicado também por uma argumentação de natureza abstrata, relativa a certas pautas que têm de ser cumpridas na transformação das estruturas produtiva e do emprego. Segundo se admite, a distribuição intersetorial da população ativa não é arbitrária: com o crescimento, tende a diminuir a proporção ocupada na produção primária, em proveito da porcentagem empregada na indústria.

Ao estender este pressuposto à economia mundial em seu conjunto, surge a pergunta acerca da possibilidade de, em um sistema composto por um centro e uma periferia, com as características de estrutura já descritas, a expansão da indústria e do emprego industrial no centro ser compatível com um desenvolvimento periférico baseado na sua tradicional especialização primário-exportadora ("Estudo", p. 11). A resposta é negativa. A absorção nessas atividades da oferta de mão-de-obra gerada na periferia por seu crescimento populacional e pelo progresso técnico implicaria volumes de produção de tal ordem que não poderiam ser colocados sem um grave prejuízo da relação de preços de troca. Portanto, alcançado um certo nível de desenvolvimento da economia mundial, em condições de imobilidade internacional da força de trabalho, a industrialização constitui o caminho obrigatório do desenvolvimento periférico ("Estudo", p. 51).

Observe-se que este não é um argumento de política econômica, mas um raciocínio teórico *a contrario sensu*, para expressar que quando o sistema econômico mundial adquire um determinado grau de desenvolvimento, ou seja, quando seus dois pólos alcançam certos níveis de produtividade e renda médios, o livre movimento das forças econômicas impulsiona espontaneamente a expansão da indústria periférica. Por outro lado, entende-se que um fator-chave de estímulo a tal expansão reside na tendência ao déficit comercial que a acompanha ("Estudo", p. 7). Pois este déficit — ou, se quisermos, os problemas recorrentes de balanço de pagamentos que ele suscita — obriga à adoção de medidas protecionistas de um ou outro tipo, que, por sua vez, respaldam a iniciativa de atividades industriais.

3. *A dinâmica do sistema: o desenvolvimento desigual*

Afirma-se com freqüência que os conceitos de centro e periferia diferem de um outro par de conceitos paralelos: desenvolvimento e subdesenvolvimento. E isso por se admitir que os primeiros aludem à estrutura do comércio mundial, caracterizado pelo intercâmbio de manufaturas por matérias-primas, enquanto os segundos concernem às diferenças das estruturas produtiva e econômica entre países avançados e atrasados. Como se infere das considerações anteriores, esta é uma apreciação unilateral e equivocada dos conceitos de centro e periferia. Existe entre esses dois pólos uma diferenciação de funções no contexto do sistema que eles conformam, a qual se expressa primordialmente no padrão de intercâmbio comercial já mencionado. Mas essa diferenciação se assenta em uma diversidade básica de suas estruturas produtivas: a especialização e a heterogeneidade caracterizam a estrutura periférica, em contraste com a diversificação e a homogeneidade da estrutura do centro.

Os conceitos de centro e periferia possuem, portanto, uma conotação similar à dos conceitos correntes de desenvolvimento e subdesenvolvimento, no sentido de que ambos os pares opõem o atraso de uma estrutura produtiva ao avanço da outra. No entanto existe entre eles uma diferença significativa: os conceitos de centro e periferia possuem um claro conteúdo dinâmico, incorporado mediante a suposição de que a desigualdade é inerente ao desenvolvimento do sistema em seu conjunto.

Um aspecto primordial dessa desigualdade — ou, como também se diz, dessa bipolaridade — consiste na reiteração das diferenças entre as estruturas produtivas ao longo do tempo. Sem desconhecer que vai se ampliando e se tornando complexa,[5] sustenta-se que a estrutura produtiva da periferia conserva traços marcantes de especialização e heterogeneidade, sempre contrastantes com a diversificação e homogeneidade do centro, que, por outro lado, seguem se acentuando.

Um segundo aspecto destacável da desigualdade ou bipolaridade é a diferenciação entre os ganhos médios dos dois pólos (isto é, entre os ganhos *per capita* e por pessoa ocupada), que crescem menos na periferia ("Estudo", p. 80). Como se verá mais adiante, entende-se que ela depende e deriva da desigualdade das estruturas produtivas; e, além disso, que a diferenciação de ganhos incide, em um *choc en retour*, na reiteração do atraso estrutural desse pólo. Em outros termos, a desigualdade estrutural e a diferenciação entre ganhos médios interatuam e se reforçam reciprocamente. Também se considerará a relação de ambas com a tendência ao desequilíbrio externo.

i) Convém examinar esses vínculos com base no esquema a seguir, sob o título "O sistema centro-periferia". Como já foi indicado, as características básicas da estrutura produtiva periférica (quadro A) se conforma-

O SISTEMA CENTRO-PERIFERIA

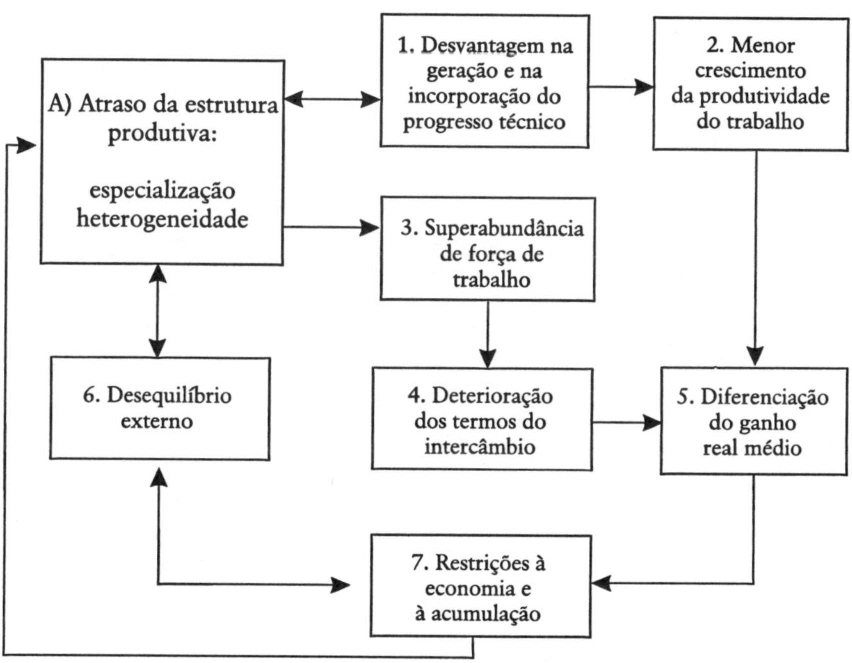

ram com o desenvolvimento para fora. Importa assinalar, entretanto, que tais características tendem a se reproduzir mediante e ao longo da fase de desenvolvimento para dentro. Vejamos por quê.

A especialização existente no ponto de partida desta fase (no limite, e como exemplo explicativo, a produção quase exclusiva de exportações primárias e a ausência quase total de produção de manufaturas) faz com que a industrialização comece por setores produtores de bens de consumo tecnologicamente simples e, do mesmo modo, que avance lentamente para a elaboração de bens de consumo ou intermediários de maior complexidade do ponto de vista tecnológico e organizativo.

Admitamos, por um momento, que não se produz progresso técnico. Conforme se pode observar, a forma de industrialização assinalada implica um padrão de mudança da estrutura produtiva periférica ao qual a reiteração de seu caráter especializado é inerente. A razão é que esse padrão de mudança procede do simples para o complexo e, portanto, que a estrutura produtiva vai somente atingindo graus de complementaridade intersetorial e de integração vertical reiteradamente incipientes, em comparação com os alcançados pelos grandes centros. Esse padrão de mudança tampouco facilita a diversificação das exportações da periferia, que tendem, pois, a conservar seu caráter primário por períodos mais ou menos prolongados, conforme o caso.

ii) Considere-se agora o tema do progresso técnico. Nas atividades heterogêneas de baixa produtividade, a reduzida capacidade de acumulação limita em muito as possibilidades de incorporá-lo. Mas importa destacar este pressuposto-chave: o progresso é mais intenso na indústria que nas atividades primárias ("Principais problemas", p. 1 e 4), e também o é naquelas atividades e ramos pelos quais a industrialização periférica não pode começar, em virtude de sua especialização no ponto de partida (por exemplo, certos ramos produtores de bens de consumo duráveis e de insumos de uso difundido, e sobretudo os de bens de capital).

Esclarecido esse pressuposto, percebe-se que a periferia padece de uma desvantagem quanto à geração e incorporação de progresso técnico (quadro 1), e isso não apenas como resultado de sua heterogeneidade:

também faz parte o seu caráter especializado. Mais explicitamente, tem peso o papel que lhe coube desempenhar no desenvolvimento da economia mundial, de produtora e exportadora de bens primários, e o condicionamento ulterior que esse papel lhe impõe, enquanto a expansão da indústria tem de proceder necessariamente do simples ao complexo.

Este padrão de industrialização implica que se expandam justamente aqueles ramos e atividades em que o progresso técnico é mais reduzido e, portanto, que limitam as possibilidades de se alcançar graus mais altos de complementaridade intersetorial e integração vertical da produção. Em outros termos, a especialização inicial e o padrão de industrialização gerado sobre essa base trazem consigo um ritmo de progresso técnico mais lento na periferia. De tal modo que, nela, as possibilidades de se complexar a estrutura industrial — de enriquecer a malha de relações interindustriais — se vêem reiteradamente limitadas. Além dos altos níveis de proteção existentes nos grandes centros, são limitadas, pela mesma razão, as possibilidades de se diversificar as exportações, que tendem, portanto, a conservar seu caráter primário.

iii) O menor crescimento da produtividade do trabalho nas economias periféricas (quadro 2) advém diretamente da sua desvantagem quanto à geração e incorporação de tecnologia. A este argumento básico se somam outros dois: os efeitos negativos sobre a produtividade, associáveis às margens de capacidade ociosa em diferentes indústrias cujas escalas mínimas resultam excessivas diante da dimensão dos mercados periféricos ("Estudo", p. 68); os efeitos da heterogeneidade sobre os níveis médios da produtividade, como resultado da considerável proporção da mão-de-obra ocupada em atividades tecnologicamente atrasadas e da persistência deste fenômeno nas economias de tipo periférico. Do mesmo modo, a diferenciação dos níveis de produtividade do trabalho está na base da tendência à diferenciação do ganho real médio (por pessoa ocupada ou *per capita*) entre centros e periferia (quadro 5). Voltaremos a isso mais adiante.

iv) A heterogeneidade estrutural persiste, embora, com a expansão industrial, também se verifiquem transformações significativas (quadro A).

A atração das zonas urbanas, ou a simples expulsão da força de trabalho das atividades agrícolas atrasadas, induzem nas primeiras um aumento da porcentagem de mão-de-obra subempregada (ocupada em condições de baixa produtividade) sobre o total do subemprego, e, nas segundas, uma redução complementar da porcentagem correspondente. Em outras palavras, com o passar do tempo, o subemprego estrutural tende a se transformar de rural em urbano, sem por isso deixar de se configurar como expressão-chave da heterogeneidade.[6]

v) A superabundância de força de trabalho (quadro 3) constitui um reflexo direto da heterogeneidade. De fato, esta implica a existência de uma vasta oferta de mão-de-obra redundante, ou seja, de um contingente de subempregados rurais e urbanos de dimensões tais que comprometem a possibilidade de uma rápida absorção do conjunto da mão-e-obra em níveis de produtividade elevados ou, se quisermos, normais, que podem ser alcançados com tecnologias conhecidas e disponíveis.

A superabundância de mão-de-obra, além disso, é vista como associada a variáveis demográficas. O aumento da taxa de crescimento populacional e da população economicamente ativa contribui para gerar uma oferta excessiva, em comparação com a dinâmica de sua absorção nas atividades modernas. Por outro lado, embora a um ritmo mais reduzido que nos centros, vão sendo introduzidas nessas atividades tecnologias intensivas em capital e economizadoras de mão-de-obra cuja própria índole desfavorece a sua absorção ("Estudo", p. 69 e 70).

vi) Nos centros, a relativa escassez de mão-de-obra, assim como o enorme desenvolvimento das organizações sindicais que foram se conformando e consolidando sob o estímulo de seus processos de industrialização deram lugar à elevação dos salários reais, no longo prazo. Em contrapartida, nas economias periféricas, ambos os elementos apresentam sinais inversos aos descritos, de tal sorte que os salários reais permanecem estancados em níveis muito baixos. Esta diferenciação salarial entre centros e periferia constitui um fator-chave na explicação da tendência à deterioração dos termos de intercâmbio (quadro 4), a cuja explicação se voltará oportunamente.

vii) Importa agora evidenciar uma certa implicação-chave do fenômeno da deterioração concernente à diferenciação do ganho real médio entre centros e periferia (quadro 5). Já se indicou que ela está relacionada ao menor crescimento da produtividade do trabalho verificado, em geral, nas atividades produtivas desta última (quadro 2). Entretanto, cabe ainda questionar a incidência da deterioração (quadro 4) sobre essa diferenciação.

Para esse fim, é útil recorrer à expressão

$$y = \frac{Lp \cdot Pp}{Li \cdot Pi}$$

onde *Lp* designa a produtividade física do trabalho na produção de um bem primário; *Pp,* o preço desse bem; *Li,* a produtividade na produção de um bem industrial; *Pi,* o preço respectivo; e, finalmente, *y* representa a relação entre o produto (renda) real por pessoa ocupada em ambas as atividades, medido em termos de bens industriais.

Com base na expressão anterior, percebe-se claramente que com a constância dos termos de troca (do *Pp/Pi*), tenderá a se produzir uma diferenciação dos ganhos médios (uma redução de *y)* derivada do menor crescimento da produtividade do trabalho nas exportações periféricas, em comparação com o que se verifica nas exportações dos centros (derivada de aumentos do *Lp* mais baixos que os correspondentes ao *Li*). Do mesmo modo, percebe-se que esta tendência básica, que se associa à evolução das produtividades físicas, ver-se-á reforçada ou agravada pelo comportamento dos preços relativos dos bens exportados por centros e periferia (pela diminuição do *Pp/Pi*), também favorável aos primeiros.

O parágrafo precedente procura precisar o significado atribuído à deterioração dos termos de troca pelos documentos institucionais mencionados anteriormente. Estes assinalam que os incrementos de produtividade derivados da incorporação do progresso técnico não se traduzem, nos fatos, em reduções proporcionais dos preços dos bens objeto do comércio internacional. A longo prazo, esses preços sobem em vez de baixar, e seus aumentos resultam maiores na produção industrial exportada pelos centros que na produção primária exportada pela periferia. Como a produtividade também se eleva mais nos centros, esse comportamento dos preços relativos implica uma disparidade na evolução do ganho por unidade de trabalho favorável a eles.

Assim, conclui-se legitimamente que a deterioração dos termos de troca implica uma diferenciação do ganho real médio nas atividades exportadoras das economias periféricas (quadros 4 e 5), convalidando a tendência geral ali presente, causa do menor crescimento da produtividade do trabalho (quadros 2 e 5).[7]

viii) Os argumentos sobre o desequilíbrio externo (quadro 6) derivam de outros que se referem à especialização da estrutura produtiva periférica, examinados anteriormente. De acordo com eles, no que diz respeito às exportações, a especialização implica não se conseguir expandir as de origem industrial, enquanto o ritmo de aumento das de origem primária se vê limitado por margens que, se excedidas, dão lugar à deterioração de seus preços relativos e comprometem seu valor. Como também se pôde ver, a especialização se expressa nos graus de complementaridade intersetorial e de integração vertical da produção, que na periferia são reiteradamente incipientes em comparação com os dos grandes centros.

O desequilíbrio externo, inerente ao processo espontâneo de industrialização da periferia é explicado em função dos comportamentos recém-considerados. Por um lado, concorre a relativa lentidão com que suas exportações se expandem. Por outro, incidem o padrão de transformação industrial e as desvantagens que lhe são próprias, em matéria de geração e incorporação de tecnologia. Este padrão gera aumentos consideráveis da demanda de importações, necessárias para se dispor de bens situados "mais atrás" na cadeia produtiva, que não podem ser produzidos internamente (em particular, os bens de capital, portadores de tecnologia).

As importações tendem, portanto, a superar as exportações. Além disso, esta tendência ao déficit comercial se vê acentuada pela deterioração a longo prazo dos termos de troca (quadro 4). Segundo se entende, o desequilíbrio da balança comercial constitui a chave dos problemas de desequilíbrio externo, que ficam evidentes pela alternância de períodos de bonança e de aguda escassez de divisas. Ou seja, os problemas de balanço de pagamentos são percebidos como a média entre as oscilações de preço e valor das exportações e da capacidade para importar diante do montante crescente de importações que a indústria vai requerendo.[8]

ix) A diferenciação de renda *per capita* a que se fez referência afeta negativamente a capacidade de poupança do pólo periférico do sistema e, com isso, seus níveis acessíveis de acumulação ("Principais problemas", p. 1). Por outro lado, a tendência ao déficit comercial mencionada implica que o aumento das importações requeridas pela industrialização seja continuamente dificultado e, a longo prazo, limitado, o que, por sua vez, limita a magnitude das taxas de crescimento do produto e de acumulação de capital que derivam espontaneamente do livre jogo das forças de mercado.[9]

x) Assim, tanto como resultado da diferenciação dos ganhos quanto do obstáculo externo, são geradas restrições à capacidade da economia e ao dinamismo da acumulação (Quadro 7). Por sua vez, este duplo comprometimento restringe a margem de possibilidades de se alterar de forma significativa as estruturas básicas das economias periféricas (quadro A), cujo atraso tende, pois, a se perpetuar.

Dito de outro modo: ultrapassar a cerca do atraso requer um esforço de tal índole e intensidade que a especialização e a heterogeneidade estruturais sejam reduzidas paulatina, mas sustentavelmente, com o passar do tempo. No entanto, o ritmo de acumulação de capital que este esforço requer não encontra respaldo adequado na capacidade de poupança, comprometida em parte pelo modo de relação entre periferia e centro, e pela perda de ganho potencial que ele origina, através da deterioração dos termos de troca. Por outro lado, o desequilíbrio externo também impede de se alcançar aquele ritmo, por causa da restrição que impõe ao crescimento do produto e, portanto, à própria acumulação, condicionada, do mesmo modo, pelo tipo de relação comercial entre centro e periferia (quadros 5, 6, 7 e A).

Esses são os vínculos da diferenciação dos ganhos médios e da desigualdade das estruturas produtivas próprias do sistema centro-periferia, entre si e com a tendência ao desequilíbrio externo que as acompanha. Como se pôde verificar, com base no esquema comentado, embora se verifiquem mudanças estruturais significativas, a diferenciação, a desigualdade e o desequilíbrio expressos se reiteram ou reproduzem quando a evolução desse sistema fica ao sabor das forças do mercado ou, mais especificamente, quando a industrialização do pólo periférico se dá de maneira espontânea.

II. O CONTEÚDO BÁSICO E SUAS FORMALIZAÇÕES

Os fundamentos do estruturalismo latino-americano têm sua origem e sua base essencial na concepção do sistema centro-periferia. Entretanto, eles possuem também um segundo componente-chave: as teorias formais a que essa concepção foi dando lugar, em estreita conexão com as análises construídas concomitantemente para sustentar recomendações de política econômica.

No esquema já examinado, o quadro A, relativo à estrutura produtiva da periferia, encontra-se conectado de maneira mais direta com os outros quatro. Destes, o quadro 1 registra uma hipótese sobre o progresso técnico que impregna e condiciona a caracterização do sistema mencionado. Tacitamente, admite-se que o progresso técnico resulta de processos exógenos no âmbito do econômico, que se plasma na criação de novos bens de capital.[10] Mas, além disso, como se pôde ver, postula-se que ele procede de forma mais rápida em certos setores, ramos e atividades da produção material e, em conexão com isso, que vai se dando a taxas mais altas nos centros que na periferia.

Os registros dos quadros, 3, 4 e 6 não concernem a qualquer hipótese exógena, mas a tendências consideradas inerentes ao funcionamento do pólo periférico do sistema: a superabundância de força de trabalho, a deterioração dos termos de troca e o desequilíbrio externo, respectivamente. Tais tendências se interinfluenciam e interatuam com a evolução da estrutura produtiva desse pólo. Entende-se, pois, que elas constituem aspectos essenciais do conteúdo básico, que requerem análises formalizadas — de teorias em sentido estrito — se quisermos compreender mais cabalmente as especificidades do desenvolvimento da periferia.

Além da concepção institucional, os documentos básicos, denominados abreviadamente de "Principais problemas" e "Estudo", contêm duas primeiras formalizações da teoria da deterioração dos termos de troca. Uma versão "contábil" (que utiliza apenas relações de definição), por meio da qual ela é descrita de maneira precisa e se revela seu significado oculto, ou seja, a diferenciação das rendas médias entre centros e periferia.[11] E, do mesmo modo, uma segunda formalização, denominada "versão ciclos", cujo objetivo é explicar o fenômeno da deterioração pelos movimentos cíclicos das economias centrais, e a forma como estes se propagam de tais economias para as de tipo periférico. Na primeira metade dos anos 1950, chega-se a formalizações também precisas de outras duas teorias, destinadas a explicar as tendências à superabundância de mão-de-obra e ao desequilíbrio externo.[12] Em 1959 é publicada uma terceira versão formal da teoria da deterioração dos termos de troca. Esta nova versão procura dar conta desse fenômeno conectando-o ao processo de industrialização e explicando-o como resultado natural do mesmo ou, com mais propriedade, das modalidades e características com que espontaneamente a industrialização se produz nas economias periféricas.[13]

Assim, ao longo da década de 1950, foram obtidas formalizações adequadas daqueles aspectos-chave do conteúdo inicial, necessárias para conferir inteligibilidade e coerência à interpretação do desenvolvimento a longo prazo das economias periféricas. Em outras palavras, conseguiu-se elaborar o que se pode chamar de uma "teoria do subdesenvolvimento", conformada pelo conjunto do conteúdo básico e das três teorias que replicam, em abstrato, os fenômenos do desequilíbrio externo, do subemprego estrutural e da deterioração dos termos de troca.

O fato de estas teorias cumprirem com os requisitos de lógica habituais da economia convencional legitima identificar esse conjunto como uma "teoria" do subdesenvolvimento. Mas, além disso, há que se ter presente que elas foram elaboradas em estreita conexão com propostas de política econômica, por sua vez sustentadas em *corpus* de análise que cumprem também com tais requisitos de lógica ou de coerência interna.

Das teorias recém-mencionadas, o próximo capítulo cobre as duas primeiras. Ali são examinadas, além disso, as propostas de política a que se acaba de fazer referência. O capítulo culmina com a apresentação dos fundamentos do estruturalismo latino-americano, revisando a terceira dessas teorias.

Notas

1. O primeiro foi publicado novamente no *Boletim Econômico da América Latina* (Prebisch, 1962). E os segundos reapareceram em Prebisch (1973a), sob o título *Interpretação do processo de desenvolvimento latino-americano*, em 1949. Para abreviar, doravante eles serão denominados como "Principais problemas" e "Estudo", respectivamente.
2. Diversas referências pontuais ao desenvolvimento para fora são encontradas nos dois documentos mencionados na nota 1. Ver este outro uso explícito da mesma nomenclatura: "Esse obstáculo [o tamanho do mercado] não tinha conseqüências sérias quando a economia destes países era exclusivamente orientada para o desenvolvimento de suas exportações, isto é, ao desenvolvimento para fora de suas economias" (Prebisch, 1952b, p. 27).
3. Uma breve apreciação de conjunto sobre o desenvolvimento para fora é encontrada no Prebisch (1973b, p. 3-4).
4. Entende-se que a estrutura produtiva é composta pelos setores produtores de bens, e que a estrutura econômica está constituída, além disso, pela infra-estrutura física e pelos setores de serviços (incluindo os serviços públicos). No contexto das idéias aqui comentadas, as características da estrutura produtiva condicionam as da estrutura econômica, razão pela qual se fará referência fundamentalmente à primeira.
5. A percepção de que o desenvolvimento envolve uma dinâmica inerente à mudança estrutural pode ser constatada claramente nestas afirmações: [O] "desenvolvimento econômico e os fatos recentes não só se consideram em si mesmos, em sua episódica significação, mas também como uma *seqüência de fenômenos dinâmicos*, como vivas manifestações de um complexo que cresce e se diversifica incessante-

mente". "O crescimento econômico não é um mero aumentar do que hoje existe. *É um processo de intensas mudanças estruturais* (...)" (Prebisch, 1962, p. 8).

6. Uma versão inicial e de conjunto dos problemas da periferia vinculados ao setor agrícola pode ser encontrada em Prebisch (1973b, p. 47-51). Dela se extraem estas afirmações: "Este é um aspecto muito importante no processo de extensão do progresso técnico da América Latina que ainda não foi objeto de toda a atenção que merece. É possível que, dada a escassez de capital para absorver o excesso de gente provocado pela mecanização agrícola, a economia de mão-de-obra tenha resultado em alguns casos em gente mal ocupada na terra ou nas grandes concentrações de população urbana (...)." "Não se avançará muito em aumentar o nível de vida das massas que trabalham na terra (sobretudo na terra pobre da agricultura secular) se não for eliminada sua população *redundante* com o progresso da técnica e não for reabsorvida em atividades de produtividade satisfatória aquela parte que não seja necessária no trabalho das novas terras que se abrirem ao cultivo."
7. Convém registrar a nomenclatura com que aqueles documentos institucionais se referem ao fenômeno da deterioração. Conforme se argumenta, esse fenômeno expressa uma "concentração dos frutos do progresso técnico" nas grandes economias industriais. Do mesmo modo, sustenta-se que a diminuição dos preços relativos das exportações da periferia implica que esta não consegue reter integralmente os frutos de um próprio progresso técnico e que tais frutos se "transferem" em parte para aquelas economias por meio de tal diminuição. Por último, entende-se que essa "perda" ou "transferência" pode ser de pouca importância para os centros, mas terá normalmente um efeito negativo sobre o desenvolvimento das economias de tipo periférico ("Estudo", p. 50).
8. Essa explicação do desequilíbrio externo sintetiza a explicação contida em Prebisch (1973b, p. 33-4). Diversos documentos da Cepal sustentam essa explicação na chamada "disparidade de elasticidades", a que se faz referência mais adiante.
9. A limitação do crescimento espontâneo tem como contrapartida a possibilidade de superá-la por meio da industrialização deliberada ou, se quisermos, de uma condução deliberada do desenvolvimento com base na expansão industrial. Do mesmo modo, entende-se que o financiamento externo, assim como outras formas de cooperação internacional, são relevantes para dar impulso à industrialização e ao crescimento. Sobre estes temas, afirma-se: "(...) se nos ativermos aos fatos tal como se apresentam agora, não se observam sintomas de que este intuito (a aceleração do crescimento) possa ser atingido em tempos próximos se o desenvolvimento econômico ficar livre, ao curso espontâneo das forças da economia. A aceleração do ritmo de crescimento tem de ser objeto de medidas deliberadas, nas quais confluam decisões nacionais e atos de cooperação internacional para sobrepujar o crescimento resultante dessas forças de atuação espontânea" (Prebisch, 1954a, p. 20).

10. Este modo de perceber o progresso técnico — como exógeno e incorporado aos bens de capital — não difere do de uso corrente na perspectiva neoclássica. Ela é precisada em Solow (1962). A especificidade dos pontos de vista de Prebisch deriva do pressuposto segundo o qual o progresso técnico é mais rápido na indústria do que na produção primária, e que também o é nas atividades situadas "mais atrás" na cadeia produtiva industrial (ver a respeito o anexo 1.3, ii).
11. O reconhecimento deste significado da deterioração dos termos de troca e sua percepção como tendência de longo prazo própria das relações centro-periferia têm como antecedente o documento "Postwar price relation between underdeveloped and industrialized countries", elaborado sob a direção do professor Hans Singer (1949).
12. Ambas foram esboçadas nos documentos recém-referidos, mas adquirem precisão em vários outros elaborados durante esse lustro. Dentre eles, merece destacar o documento *Problemas teóricos y prácticos del crecimiento económico (Problemas teóricos e práticos do crescimento econômico)*, obra de Prebisch já mencionada (nota 4); e também outro documento de sua autoria, intitulado *La cooperación internacional en la política de desarrollo latinoamericano (A cooperação internacional na política de desenvolvimento latino-americano)* (1973c).
13. Os termos centro e periferia já tinham sido utilizados em 1946. As seguintes afirmações de Prebisch são ilustrativas do sentido que lhes são conferidos: "Por que chamo os Estados Unidos de centro cíclico? Porque desse país, dada a sua magnitude e suas características econômicas, partem os impulsos de expansão e contração da vida econômica mundial, e especialmente da periferia latino-americana (...) Acredito que o movimento cíclico é universal, que há um só movimento que se vai propagando de país em país (...), mas (...) com características marcadamente diferentes conforme se trate do centro cíclico ou da periferia" (Prebisch, 1946, p. 25-6). Mais tarde, centro e periferia são conceitualizados pelas características de suas estruturas produtivas e se relacionam não mais com os movimentos cíclicos, mas com o desenvolvimento a longo prazo de tais estruturas, no marco do sistema que conformam. A uma dessas conceitualizações corresponde a "versão ciclos" da teoria da deterioração; à outra, a "versão industrialização", que consta em Prebisch (1959).

2. A análise da industrialização periférica

De acordo com a concepção básica considerada no capítulo anterior, quando a economia mundial alcança certo grau de maturação ou certo nível de ganho, a industrialização passa a ser a forma necessária e espontânea de desenvolvimento da periferia. Veremos neste capítulo que essa nova fase, chamada de "desenvolvimento para dentro", apresenta certas características relevantes.

Durante a mesma, i) a substituição de importações constitui a forma obrigatória da industrialização e traz consigo, forçosamente, uma mudança na composição das importações; ii) a tendência ao desequilíbrio externo é inerente a esse duplo processo de substituição de importações e de mudança em sua composição; iii) na fase mencionada, tendem também a se reproduzir altos níveis de subemprego estrutural; iv) as condições próprias da agricultura incidem de maneira decisiva nesta última tendência e, ademais, provocam desequilíbrios intersetoriais da produção.

A explicação destas características se dá com a utilização de dois instrumentos de análise que alcançam graus consideráveis de complexidade e precisão. O primeiro consiste em uma teoria estrutural do ajuste do balanço de pagamentos, apresentada a seguir (seção I). O segundo contém os esboços gerais de uma teoria explicativa da reiteração do subemprego estrutural (seção II). O capítulo se refere também aos desequilíbrios gerados na agricultura (seção II) e culmina com uma breve referência aos componentes de uma política de desenvolvimento apta a dar curso à industrialização periférica, superando seus obstáculos e desequilíbrios naturais (seção IV).

I. A TENDÊNCIA AO DESEQUILÍBRIO EXTERNO

A explicação da tendência ao desequilíbrio externo é realizada por contraste, com um referente analítico relativo às condições que a industrialização periférica deve atender para que esta tendência não se produza. Parte-se da admissão de que os preços dos bens elaborados nos dois pólos do sistema centro-periferia permanecem constantes, e que tampouco variam os preços dos bens objeto de seu comércio recíproco. Também se admite que não são produzidos movimentos de capital entre ambos os pólos. Do mesmo modo, cabe destacar que o raciocínio se apóia na hipótese da disparidade das elasticidades-renda da demanda dos produtos comercializados.

Conforme se argumenta, nos centros, o ritmo de aumento da demanda de importações é reduzido em comparação com o ritmo de crescimento de sua renda. Tal divergência é resultante dos efeitos do progresso técnico sobre a utilização de insumos e também sobre o consumo. No que diz respeito aos primeiros, um aproveitamento melhor e mais completo das matérias-primas provoca uma redução da proporção em que elas (ou o valor que incorporam) participam do valor do produto final; do mesmo modo, a substituição cada vez maior de matérias-primas naturais por produtos sintéticos tende a reduzir a demanda de bens primários. Quanto ao consumo, é sabido que o crescimento da renda, passados certos limites, produz um incremento da demanda de alimentos básicos relativamente lento, em comparação com o incremento da demanda de uma variada gama de bens (entre eles os serviços), nos quais o conteúdo de produtos primários é mais baixo. Mas, inclusive nos alimentos, a demanda se desloca para artigos mais elaborados, em cujo valor o conteúdo de bens primários é reduzido. Tais são os elementos explicativos de por que a elasticidade-renda da demanda de importações primárias dos centros é menor que a unidade.[1]

Contrariamente, a elasticidade-renda da demanda de importações da periferia será maior que um. Isso se deve a seu caráter especializado, a que se fez referência no capítulo anterior: nos períodos iniciais da fase de industrialização, ela só exporta produtos primários; os graus de complementaridade intersetorial e a integração vertical de sua estrutura produtiva são reiteradamente incipientes durante essa fase. Em conexão com esta segunda característica, a demanda de manufaturas produzidas pelo centro — muito particularmente a de insumos intermediários e de bens de capital — apresentará um elevado dinamismo, tendendo a crescer mais que a renda no pólo periférico (Prebisch, 1973b, p. 24).

As implicações da disparidade de elasticidades são observadas mais facilmente com o recurso à seguinte expressão:

$$y = ep \cdot w/ec$$

Nelas, *ep* é a elasticidade-renda das exportações da periferia; *ec*, a de suas importações; *y*, a taxa de crescimento da sua renda; *w*, a taxa de crescimento correspondente à renda dos centros. Essa expressão registra as condições que devem ser atendidas para que o crescimento de ambos os pólos não gere desequilíbrios em seu comércio recíproco.* Dela se infere que, dada a disparidade de elasticidades $(ep > ec)$, a periferia deverá crescer menos que o centro $(y < w)$, e tão menos quanto maior for tal disparidade.[2]

Assim, a disparidade de elasticidades e a taxa de crescimento da renda central impõem um limite à taxa de aumento da renda da periferia. Se esse limite for excedido, serão gerados sucessivos déficit comerciais, que terminarão por impedir a continuidade da sua expansão. A menos que se consiga evitá-los mediante um determinado padrão de industrialização, caracterizado pela substituição de importações e pela mudança na composição das importações.

De fato, para crescer a uma taxa superior à imposta pelos fatores antes mencionados e evitar o desequilíbrio, será preciso, por um lado, empreender a elaboração interna de diversos bens industriais e, por outro, impedir a sua importação, assim como a de outros bens dispensáveis, de modo que se possa satisfazer a demanda de importações induzida por aquela produção substitutiva e, em geral, pelo crescimento da renda. A

*Em condições de equilíbrio no comércio entre centro e periferia, temos a igualdade $y.ec = w.ep$. (N. R. T.)

substituição de importações tem de ser acompanhada por uma mudança na composição das importações, pois é preciso reduzir as de algumas categorias de bens (por exemplo, os bens de consumo de fácil elaboração, durante as primeiras etapas da expansão industrial) e aumentar as de outros itens distintos (como os insumos intermediários e maquinário).[3]

Como se pode perceber, esses argumentos contêm um referencial teórico que estabelece as condições que a industrialização deve atender ou, com mais propriedade, a transformação da estrutura produtiva que a industrialização tem de trazer consigo a fim de rebater a tendência ao desequilíbrio externo imposta pela disparidade de elasticidades. Admita-se como simplificação adicional que as exportações primárias da periferia aumentam a uma taxa definida e constante. Para preservar o equilíbrio da balança comercial, será preciso que as diferentes atividades cuja produção se destina ao mercado interno se expandam a ritmos tais que os graus de complementaridade intersetorial e integração vertical alcançados entre eles, somados à mudança na composição das importações[4] (a oportuna redução de algumas delas, para fazer frente às necessidades de importação dos setores que se expandem), limitem o crescimento das importações globais ao ritmo em que crescem as exportações. Implicitamente, se requer, além disso, que a oferta de bens — em parte originada nas atividades internas e em parte composta por importações — se adapte às mudanças na estrutura da demanda que acompanham a industrialização e o desenvolvimento da economia periférica.

O parágrafo precedente mostra que as condições dinâmicas requeridas para se preservar o equilíbrio externo consistem em um conjunto de taxas de expansão da produção (e, portanto, de acumulação de capital) nas diferentes atividades da economia periférica, as quais, por sua vez, supõem certos ritmos de aumento ou de redução dos diversos componentes das importações. Nessas taxas setoriais e parciais estão implícitas as taxas globais de acumulação de capital, de crescimento do produto e de incremento das importações, que não são mais que médias das primeiras. De outro ângulo, o mesmo referencial pode ser representado por meio das proporções em que os recursos produtivos e a produção total têm de ser distribuídos entre os diferentes setores e ramos de atividade, e os recursos de divisas entre os diversos tipos de importações durante um número arbitrário de períodos de renda.

Nas considerações anteriores, verifica-se com clareza o caráter estruturalista do referencial considerado: ele não é outra coisa que não um padrão ideal de transformação da estrutura produtiva da periferia que estabelece as proporções que devem ser obedecidas entre seus diversos setores e ramos a fim de evitar o desequilíbrio externo.[5] Na verdade, tal modelo constitui o desenvolvimento de um dos aspectos-chave da concepção inicial (a especialização da economia periférica), pois a tendência ao desequilíbrio pode ser superada mediante uma maior complementaridade intersetorial e integração vertical da produção dessa economia, ou seja, reduzindo-se o grau de sua especialização.[6]

A tendência ao desequilíbrio externo se explica por contraste, com um padrão de referência do tipo que acaba de ser resumido. Na periferia, a industrialização se inicia em condições de especialização primário-exportadora, o que impede a substituição das importações de forma mais ou menos simultânea nos diferentes elos da cadeia produtiva (por exemplo, em diversos bens de consumo, intermediários e de capital). Ao contrário, as condições aludidas levam a realizar a substituição a partir dos bens cuja elaboração é mais simples, como os bens de consumo final da indústria leve. Isso, por sua vez, faz com que a própria substituição gere enormes demandas de importações, que tendem logo a exceder os limites impostos pelo lento crescimento das exportações e pela redução das margens para conter importações dispensáveis.

Em outras palavras — e sob o ângulo do mencionado referencial —, vê-se que as transformações na estrutura produtiva, e as mudanças na composição das importações que a acompanham, não se dão na prática de acordo com as condições ideais de proporcionalidade requeridas para preservar o equilíbrio externo. Como foi antecipado na introdução geral, o desequilíbrio é explicado, em última instância, por *desproporções* na composição setorial da produção ou, se preferirmos, nos ritmos de crescimento dos diversos setores produtivos da periferia.[7] Verifica-se, desse modo, que essas desproporções expressam a dificuldade de superar a especialização peculiar da sua estrutura produtiva.

Convém reiterar brevemente certos aspectos-chave da argumentação anterior. Considera-se que a tendência ao desequilíbrio externo constitui um traço próprio da industrialização periférica, inserido na disparidade de elasticidades. E que, para evitá-la, "...é indispensável ir transformando a composição das importações e desenvolvendo a produção substitutiva interna a fim de que outras importações possam crescer intensamente" (Prebisch, 1973b, p. 33), dupla mudança sintetizada pela expressão "reajuste das importações" (Prebisch, 1973b, p. 33).

Assim, essa tendência provém da falta de um mecanismo econômico que assegure o "reajuste das importações", ou seja, a adequação com o passar do tempo das necessidades de importação e a aptidão de satisfazê-las. Pode acontecer, por exemplo, de o valor das importações requeridas para realizar determinado conjunto de substituições superar temporariamente o valor das importações substituídas, sem que se tomem medidas para saldar a diferença, mediante a realização de outras substituições ou da contenção de importações dispensáveis. Em outras palavras, pensa-se que as transformações da estrutura produtiva inerentes à industrialização da periferia, assim como as transformações na gama de importações que a acompanham, não se dão na prática de acordo com as condições de proporcionalidade necessárias para manter o equilíbrio externo.

Isso implica que o desequilíbrio reaparecerá uma ou outra vez, configurando-se por isso mesmo como fator de estímulo ao processo de industrialização, pois obriga uma ou outra vez que sejam tomadas medidas protecionistas de índoles distintas. Trata-se de um processo espontâneo de industrialização, enquanto estas medidas procuram enfrentar *ad hoc* as freqüentes carências de divisas, e são por isso mesmo inadequadas para evitar as incongruências entre as mudanças na estrutura produtiva e na composição das importações, não diretamente visíveis.

Do mesmo modo, o impulso à industrialização espontânea[8] provocado pelo desequilíbrio externo vai se dando mediante e em conexão com as oscilações conjunturais do valor das exportações. Quando este aumenta, a industrialização substitutiva ocorre sem dificuldades. Mas quando diminui, o simples fato de manter o nível de atividade nas manufaturas preexistentes pode exigir importações superiores à minguada capacidade para importar, dando lugar a novas substituições.

A tendência ao desequilíbrio externo vincula-se, portanto, à alternância de períodos de bonança e de aguda escassez de divisas. Na verdade, ela é concebida como o resultado de longo prazo das oscilações do valor das exportações e da capacidade para importar, que em certos períodos facilitam o processo de industrialização e em outros exigem perseverança no esforço de substituição das importações em que esse processo consiste.[9]

II. OS PROBLEMAS OCUPACIONAIS

Segundo postula a concepção do sistema centro-periferia (capítulo 1), a estrutura produtiva desta última é assumida como heterogênea para indicar que nela coexistem atividades em que a produtividade do trabalho é alta ou "normal" (quando se aproxima dos níveis permitidos pelas técnicas disponíveis), com atividades cuja produtividade é muito reduzida, substancialmente inferior à que prevalece nas primeiras. Também se viu que o emprego se define como constituído pela mão-de-obra de produtividade elevada, e o subemprego, por aquela outra cuja produtividade é exígua.[10]

A concepção de base assinala, também, que as estruturas produtivas dos centros industriais são homogêneas, de modo que, neles, a porcentagem do subemprego em relação ao total da PEA tem pouca significação. Isso quer dizer que os problemas ocupacionais dos centros se manifestarão primordialmente na forma de desemprego aberto, agravado de tempos em tempos pelas conjunturas de queda do nível de atividade.

Nas economias periféricas, esses problemas possuem características especiais, diferentes das apresentadas nas economias industriais. Seu traço distintivo consiste na presença de "(...) um excedente real ou virtual de população ativa (...)" (Prebisch, 1973b, p. 41), ou seja, "(...) de grandes massas de potencial humano de capital exíguo e produtividade inferior (...)" (Prebisch, 1973b, p. 42), que configuram o subemprego estrutural.

Conforme se observa, essa presença maciça do subemprego e sua persistência durante períodos muito prolongados configuram-se como problemas ocupacionais de particular gravidade, que são justamente peculiares das economias de tipo periférico.

Como se verá, a enorme proporção de subemprego no início da fase de desenvolvimento para dentro (ou, se preferirmos, de forma mais concreta, com a aceleração da industrialização latino-americana após a Segunda Guerra Mundial) constitui um elemento explicativo essencial de sua própria persistência. Mas, entende-se que nela incidem, além disso, o ritmo da acumulação de capital e os padrões tecnológicos com que se dá a industrialização ao longo dessa fase. O ponto a seguir se refere a esses padrões.

1. *Tecnologia e progresso técnico*

Estes conceitos são definidos com base em certas hipóteses genéricas sobre as características que o progresso técnico assume nas economias onde se origina, ou seja, nas economias dos grandes centros. Tais hipóteses são expostas com um intuito limitado: o de avaliar as dificuldades que essas características impõem à mudança em profundidade da estrutura ocupacional da periferia — a uma redução significativa do subemprego — durante sua industrialização.

i) Segundo se alega, na longa e gradual evolução econômica dos centros, a alta dos salários reais teria servido de incentivo para a contínua emergência de inovações tecnológicas destinadas a substituir mão-de-obra por capital. A adoção dessas técnicas de maior densidade de capital tendia, por certo, a gerar desocupação, mas ao mesmo tempo contribuía para absorvê-la, graças aos investimentos adicionais induzidos pelos novos procedimentos produtivos. Quando os efeitos da acumulação sobre o emprego voltavam a incidir sobre o nível dos salários, a tendência destes à alta provocava a incorporação de uma nova corrente de inovações, com procedimentos técnicos de densidade de capital ainda maior. Assim, a interação entre progresso técnico, acumulação, emprego e salários, com base em um mecanismo como o recém-descrito, dá conta do gradual aumento da densidade de capital no desenvolvimento dos grandes centros industriais.

Indica-se, do mesmo modo, que esse mecanismo operou nos diversos setores e ramos de atividade, razão pela qual seus resultados eram propensos a se estender a todos eles. A mobilidade dos recursos produtivos tendia a igualar sua remuneração nas diversas atividades. Desse modo, quando a elevação dos salários impulsionava a inovação e o aumento da densidade de capital em certos ramos, possibilitando por sua vez o pagamento de salários mais altos, a propagação dessa elevação para outros ramos e setores fazia com que também neles se adotassem tecnologias de maior densidade de capital.

Em resumo, o progresso técnico das economias centrais se traduziu em um aumento paulatino da quantidade de capital por unidade de mão-de-obra e em uma relativa homogeneização da densidade de capital nas diversas atividades produtivas.[11]

ii) É de observar que este postulado se une a um pressuposto adicional: à medida que a densidade de capital aumenta — e, com ela, a produtividade do trabalho e os salários —, incrementa-se também a produtividade do mesmo capital, possibilitando que sua remuneração conserve níveis compatíveis com a continuidade da acumulação. Quanto a este aspecto do progresso técnico, afirma-se que somente no plano abstrato as inovações podem ser divididas entre as destinadas a economizar mão-de-obra e a aumentar sua produtividade mediante uma maior quantidade de capital por homem, e as que são destinadas a elevar a produtividade do capital. Na prática, essas transformações ocorrem juntas: em geral, com cada inovação se consegue aumentar simultaneamente a produtividade de ambos os fatores. Do mesmo modo, sustenta-se que as tecnologias que vão sendo geradas nos centros obrigam a combinar trabalho e capital em proporções fixas e se moldam em processos produtivos de grande escala, excessiva em relação às dimensões das economias de menor desenvolvimento e à amplitude de seus mercados.[12]

Assim, a elevada densidade de capital, a rigidez quanto à proporção com que se combinam os fatores e as indivisibilidades de escala são os traços fundamentais das técnicas geradas nos centros. Tais traços são vistos como inadequados, por razões às quais voltaremos mais adiante.

iii) As considerações precedentes podem ser detalhadas por meio de uma função de produção como a dada pelas seguintes equações simultâneas:

$$P = k \cdot K$$
$$P = t \cdot T$$

Nelas, *P* é o produto real; *K* e *T* representam quantidades físicas de capital e trabalho; *k* e *t* são as respectivas produtividades físicas, tanto médias como marginais.

A dotação de capital por pessoa ocupada, ou densidade de capital, é obtida igualando-se essas equações:

$$k \cdot K = t \cdot T \therefore \frac{K}{T} = \frac{t}{k}$$

A densidade de capital equivale, pois, ao quociente entre a produtividade do trabalho *(t)* e a produtividade de capital *(k)*, e indica a única proporção em que uma técnica permite combinar os recursos produtivos. Assim, uma função de produção linear ou de coeficientes técnicos fixos como a precedente, em que inexiste qualquer possibilidade de substituição entre estes fatores de produção, pode ser tida como representativa de parte dos postulados descritos anteriormente. A mesma função pode incorporar o pressuposto segundo o qual as técnicas disponíveis utilizam certas dotações mínimas de capital e, portanto, impõem certas escalas de produção também mínimas.

Por outro lado, postula-se que o progresso técnico aumenta a produtividade dos recursos considerados, porém mais a do trabalho que a do capital ($\Delta t > \Delta k$), de tal modo que a densidade de capital *(t/k)* se vê incrementada. O aumento simultâneo das produtividades dos dois recursos implica que cada nova técnica é mais eficiente no uso de ambos e que, portanto, suplanta as previamente disponíveis, de menor densidade de capital, tornando-as obsoletas.

Desse modo de ver o progresso técnico deriva que as economias periféricas estejam obrigadas a utilizar as tecnologias mais modernas, de mais alta dotação de capital por homem, tendo em vista que nelas a eficiência técnica é maior e, em conseqüência, também o é a eficiência econômica, tanto do ponto da vista privado como social.[13]

2. *A tendência ao subemprego estrutural*

Em breve síntese, a argumentação estruturalista básica sobre a tendência ao subemprego estrutural ou, se preferirmos, sobre sua persistência, pode ser esposta nestes termos: a acumulação de capital será exígua na periferia, tendo em vista os baixos níveis de produtividade e renda médios que nela prevalecem; mas, além disso, ao se traduzir em investimentos de alta densidade e grande escala, a acumulação será insuficiente para absorver a oferta de mão-de-obra que provém do crescimento vegetativo da PEA e para, ao mesmo tempo, ir reabsorvendo o subemprego instalado em setores de baixa produtividade, em novas condições de produtividade elevada.[14]

i) Para esclarecer como incidem os diferentes elementos descritos na tendência ao subemprego, convém recorrer à seguinte equação (deduzida no anexo);

$$s \cdot k = e + e \cdot Ea/Em$$

Nela, s representa a taxa de poupança; k, a produtividade do capital; e, a taxa de crescimento da população ativa; Ea, o subemprego (a ocupação no setor de baixa produtividade, ou setor atrasado); e, finalmente, Em representa o emprego (a ocupação no setor de alta produtividade, ou setor moderno).

O primeiro elemento dessa equação $(s \cdot k)$ registra a taxa de acumulação de capital, que determina a taxa de aumento do emprego e equivale a ela.[15] O primeiro termo do segundo elemento *(e)* registra o aumento da PEA que se origina no setor moderno *(e · Em)* como porcentagem da ocupação neste setor *(e = e · Em/Em)*. O segundo termo corresponde ao aumento da PEA que se origina no setor atrasado *(e · Ea)* como porcentagem da ocupação no setor moderno *(e · Ea/Em)*, pelo que se infere que o segundo elemento se refere à taxa a que cresce a população ativa em relação ao emprego no setor moderno [*e + e · Ea/Em = (e · Em + e · Ea)/Em*].

A equação acima estabelece, pois, a condição que deve ser cumprida para que, com o passar do tempo, os incrementos do emprego se igualem ao total dos aumentos da PEA, isto é, à soma dos que provêm do setor moderno com aqueles que se originam no setor atrasado.

ii) Basicamente, o segundo elemento da equação anterior corresponde à dinâmica da oferta de força de trabalho. Dessa perspectiva, argumenta-se que a fase de desenvolvimento para dentro sofre a incidência de variáveis demográficas que provocam uma alta (ou mantêm elevada) da taxa de crescimento populacional e, paralelamente, da taxa que corresponde à expansão da população ativa *(e)*.

Do mesmo modo, a equação mencionada permite verificar que a absorção da mão-de-obra adicional depende grandemente do grau de heterogeneidade estrutural em um período de base arbitrário, que transcorre no início do processo de industrialização, grau que é definido como a porcentagem de subemprego na ocupação e na PEA. Como é evidente, seu valor se relaciona com as proporções com que a força de trabalho se distribui entre os setores moderno e atrasado (*Ea/Em*) nesse período. Por exemplo, se tal grau for de 50%, a ocupação será distribuída por metades entre esses setores, de modo que se a população ativa cresce em ambos a 3%, seu incremento em relação ao emprego no setor moderno será de 6% no período seguinte. Em contrapartida, se a ocupação se distribuir na proporção de 4 para 1, esta taxa se elevará a 15%.

iii) Tais exemplos apontam que, quando o setor moderno é exíguo, a acumulação e o crescimento do mesmo podem ser insuficientes para dar emprego à mão-de-obra adicional que vai sendo gerada não só nesse setor, mas também em um setor atrasado onde se concentra grande parte da ocupação total. Do mesmo modo, se essa exigüidade dificultar a absorção no emprego dos incrementos da oferta de força de trabalho, será ainda mais difícil a reabsorção paulatina do subemprego preexistente (a redução da magnitude de *Ea*). Assim, conclui-se legitimamente que o grau inicial de heterogeneidade é um fator explicativo fundamental da persistência do subemprego — da persistência de sua elevada magnitude absoluta e relativa — durante a industrialização periférica.

iv) Mas nessa persistência também concorrem fatores relativos ao dinamismo da demanda de força de trabalho, resumido pelo primeiro elemento da equação comentada. De tal perspectiva, opera a baixa capacidade de poupança (o reduzido valor de *s*) própria das economias periféricas, vinculada aos seus exíguos níveis de produtividade e renda médios; níveis em cujo bojo se encontra, por sua vez, a incipiente penetração da tecnologia, tanto naquelas atividades de produtividade muito baixa que abrigam o subemprego como em outras, de produtividade intermediária ou alta, mas inferior à que poderia ser obtida com técnicas conhecidas.

v) Sobre a taxa de acumulação $(s \cdot k)$ também incide negativamente a diminuição da produtividade do capital (k), comprometida pelos problemas de escala. Diversas são as atividades em que esta é excessiva diante das dimensões dos mercados periféricos. De tal sorte que a subutilização da capacidade instalada reduz nessas atividades a produtividade daquele fator e, com isso, o nível médio alcançado no conjunto do sistema econômico.

vi) Um segundo aspecto da inadequação da tecnologia corresponde à densidade de capital, isto é, à dotação de capital por unidade de mão-de-obra. De acordo com os pressupostos descritos anteriormente, o progresso técnico traz aparelhada a alta da densidade de capital, e, com isso, incide favoravelmente sobre a sua produtividade (k) e sobre a taxa de acumulação $(s \cdot k)$; e, por estas vias, favorece também a absorção de mão-de-obra no setor moderno.

No entanto, cabe esclarecer que se as novas atividades que vão sendo implantadas acarretam a eliminação das atividades preexistentes ou a substituição da mão-de-obra destas por capital, a tendência será de geração de desemprego. E o seu valor líquido (isto é, a diferença entre o número de postos de trabalho destruídos e criados) será tão maior quanto maior for a densidade de capital nas atividades novas, ou seja, quanto mais esta diferir da densidade prevalecente naquelas atividades que mudam ou caducam.

Não é de se esperar que o desemprego líquido derivado da inadequação da densidade de capital seja relevante no âmbito da indústria, pois na periferia ela se expande a partir de condições de especialização primário-exportadora e, portanto, de um escasso desenvolvimento industrial prévio. De tal modo que poucas das novas atividades manufatureiras incidirão na continuidade de atividades "modernas" preexistentes, nas quais os níveis de produtividade sejam inferiores. Porém, além de sua limitada significação, há que se esclarecer que um eventual desemprego tecnológico associado à expansão da indústria se configura como uma possível fonte de oferta adicional de mão-de-obra, que se soma aos aumentos da população ativa provenientes dos setores moderno e atrasado (ou seja, dos aumentos de *Em* e *Ea*).

vii) Diversas e especiais são as conseqüências provenientes das transformações do setor agrícola. Embora com variantes conforme o caso, no início da fase de desenvolvimento para dentro, este setor concentra uma grande proporção de subemprego estrutural.[16] Nele vão sendo incorporadas as mudanças técnicas assinaladas, em boa medida pela mecanização das tarefas agrícolas. Essas novas técnicas não apresentam problemas de escala, mas sofrem aumentos significativos da densidade de capital, com virtuais efeitos sobre o emprego em atividades preexistentes, do tipo das referidas no ponto anterior.

No entanto, não se espera também que no setor agrícola tais efeitos sejam verdadeiramente significativos. Mais propriamente, eles se configuram como pouco relevantes, em comparação com os que são verificados no subemprego estrutural abrigado nesse setor. As atividades de cunho empresarial, às quais as novas técnicas se incorporam, reorientam o uso das terras de que dispõem, assim como o daquelas outras terras às quais têm acesso. E, ao fazê-lo, dão origem a uma tendência à expulsão da mão-de-obra anteriormente subempregada nessas mesmas terras.

Uma segunda fonte relevante de tal tendência se relaciona a explorações independentes situadas em pequenas áreas, que também abrigam o subemprego. O tamanho reduzido dessas explorações explica a incapacidade de muitas delas de reter os aumentos populacionais que originam. Por outro lado, em muitos casos, a diminuição ou esgotamento da fertilidade dos solos impede que se continue provendo a subsistência à mão-de-obra dedicada ao seu cultivo.

Assim, por indução das transformações ocorridas na agricultura de tipo empresarial, e também de outras que ocorrem em minifúndios onde a produtividade do trabalho é muito reduzida,[17] diferentes atividades agrícolas expulsam a mão-de-obra de baixa produtividade, que no todo ou em parte se incorpora a formas urbanas de subemprego.

Admitir a destruição do subemprego em determinadas atividades agrícolas não implica desconhecer sua recriação em outras atividades do mesmo setor. Mas de ambos os movimentos derivará uma queda da porcentagem do subemprego agrícola em relação ao total do subemprego e, portanto, uma alta complementar da porcentagem de subemprego urbano. Diminuirá, do mesmo modo, a porcentagem correspondente à forma rural do subemprego em relação à ocupação e à PEA globais. Dependendo do caso e do período, poderá se produzir, além disso, uma diminuição da magnitude absoluta do subemprego agrícola.

viii) Nas considerações anteriores foram mencionados os elementos que explicam a persistência do subemprego durante a fase de industrialização das economias de tipo periférico. Conforme se pôde ver, sob o ângulo da demanda, a baixa capacidade de acumular, assim como a inadequação da tecnologia gerada nos centros conjugam-se com a dimensão dos mercados e a abundância de mão-de-obra peculiares daquelas economias. Sob a perspectiva da oferta, incidem as taxas elevadas de crescimento da população ativa. Mas destaca-se particularmente o papel crucial da alta magnitude relativa do próprio subemprego no início dessa fase.

ix) Essa é, numa síntese reduzida, a argumentação sobre a persistência do subemprego nos documentos iniciais do estruturalismo latino-americano, persistência assinalada então como problema ocupacional maior e distintivo das economias mencionadas. As considerações a seguir correspondem a certas mudanças na estrutura da sua ocupação, que se configuram como compatíveis com essa argumentação.

Admita-se que o emprego cresça num ritmo maior do que a população ativa. Nesse caso, embora com lentidão, sua porcentagem em relação à ocupação total aumentará ano após ano, e o do subemprego cairá complementariamente. Se partirmos de um alto grau de heterogeneidade, como ocorre nas economias periféricas, a magnitude absoluta deste último aumentará. Mas se aquela diferença de ritmos se mantiver, chegaremos a um ponto de reversão, isto é, a um ano em que a quantidade de subempregados começará a decrescer. O lapso requerido para a reversão será muito prolongado; é uma demora que depende de forma decisiva da elevada heterogeneidade inicial própria dessas economias.

Assim, na heterogeneidade reside a razão estrutural, de fundo, da persistência do subemprego que nelas se percebe. Também se pode mostrar que o padrão de mudança da estrutura ocupacional recém-delineado sofre mudanças setoriais cuja base de impulsão reside na destruição de subempregos rurais e na paralela criação de subempregos urbanos.

III. OS DESEQUILÍBRIOS GERADOS NA AGRICULTURA

Além da escassa complementaridade intersetorial e da integração vertical da produção própria do processo de industrialização da periferia, outros desequilíbrios ficam claros durante esse processo. Particularmente visíveis são os relacionados com a infra-estrutura, a energia e os transportes. Tais atividades foram se conformando durante a etapa prévia de desenvolvimento para fora, em função das necessidades impostas pela especialização primário-exportadora. Assim, durante o desenvolvimento para dentro, elas se apresentam com as mesmas sérias dificuldades de reajustamento, que tendem a perpetuar suas carências e a reduzir a eficiência do sistema econômico em seu conjunto.[18] Entretanto, a ênfase recai sobre os desequilíbrios intersetoriais da produção relacionados com a agricultura.

Os primeiros documentos estruturalistas que tratam dessa problemática enfocam-na sob uma perspectiva de política econômica, tentando estabelecer critérios gerais para a seleção da tecnologia no campo e para a distribuição do esforço de acumulação entre esse setor e as demais atividades econômicas. Mas nesses documentos está implícito o esboço de uma interpretação dos desequilíbrios gerados na agricultura: as carências de oferta agropecuária peculiares da fase de industrialização substitutiva e a incapacidade do campo de manter um nível de emprego que se harmonize com o crescimento das demais atividades.[19] Como se verá em seguida, a explicação das causas desses desequilíbrios constitui uma primeira aproximação conceitual das características da estrutura da propriedade e posse da terra próprias das economias periféricas, e a sua incidência sobre o seu desenvolvimento a longo prazo. Observar-se-á também que, no caso da agricultura, a análise dos problemas ocupacionais e dos desajustes intersetoriais da produção assume uma forma particular, diferente da analisada em pontos anteriores.

Convém reiterar os pressupostos básicos concernentes à tecnologia e ao progresso técnico: admite-se que os recursos produtivos se combinam em proporções fixas, ou seja, que há entre eles completa "insubstituibilidade" e, além disso, que, em razão da indivisibilidade dos bens de capital, geralmente só se acham disponíveis processos produtivos de grande escala. Postula-se, desse modo, que o progresso técnico aumenta a produtividade do trabalho e também a do capital, porém mais a do primeiro que a do segundo, de tal modo que, com ele, a densidade de capital vai se incrementando.

Na análise relativa à agricultura, estes pressupostos gerais são parcialmente deixados de lado. Por um lado, recolhe-se o fato mais ou menos claro de que as indivisibilidades de escala têm no campo pouca importância. Por outro, se aceita que para a produção agropecuária existem diversas opções tecnológicas em relação à proporção em que os recursos são combinados, de tal modo que, nela, a inadequação da densidade de capital se apresenta atenuada em relação à das demais atividades.

Conforme se argumenta, existem na agricultura dois grandes tipos de técnicas, sem prejuízo de que em cada um deles existam diversas opções, no que diz respeito ao modo de combinar os recursos produtivos. O primeiro tipo se associa à mecanização das tarefas agrícolas, mediante a qual se consegue reduzir a mão-de-obra por unidade de produto (isto é, aumentar a produtividade do trabalho) e por unidade de superfície, embora sem alterar a produtividade do solo de modo significativo. Do segundo tipo de técnicas são exemplos os métodos de cultivo destinados a elevar os rendimentos por hectare, como a fertilização, e também os investimentos em irrigação, as obras de drenagem etc. Com tais técnicas se consegue aumentar consideravelmente a produtividade da terra sem afetar a ocupação na mesma medida em que o fazem as do primeiro tipo. Além disso, sustenta-se que na agricultura o progresso técnico originou diferentes alternativas tecnológicas. Em linhas gerais, entre elas podem se distinguir algumas de densidade de capital relativamente elevada, às quais correspondem requisitos de mão-de-obra por unidade de produto e por unidade de superfície relativamente baixos. Mas existem também outras técnicas, de menor densidade de capital do que as primeiras, as quais apresentam uma maior produtividade relativa desse recurso e da terra, permitindo de uma vez o uso de uma maior quantidade de força de trabalho.

Assim, para a produção agropecuária existem diversos tipos de técnicas, de tal modo que em princípio é possível alcançar simultaneamente dois objetivos: elevar a oferta agrícola de acordo com o crescimento do conjunto do sistema econômico e, ao mesmo tempo, deslocar a mão-de-obra do campo de forma compatível com os aumentos da demanda de trabalho nesse mesmo setor e no resto do sistema.

Daí se depreende que os desequilíbrios originados na agricultura não se acham condicionados pela inadequação da tecnologia, em princípio apta a sustentar em tal setor essa dinâmica duplamente equilibrada. As razões que impedem que esses equilíbrios sejam alcançados não são puramente econômicas. Em boa medida, elas têm origem em certas condições de estrutura próprias do campo, atinentes ao sistema de propriedade e posse do solo que nele prevalecem.

O sistema de propriedade se caracteriza pela coexistência de latifúndio e minifúndio. Ambos conspiram contra a expansão da oferta agrícola e contra a absorção da força de trabalho.

No latifúndio, a excessiva concentração da terra dificulta sua plena utilização, devido à grande quantidade de capital que seria necessário para explorá-la plenamente. Ao mesmo tempo, para proprietários que dispõem de grandes rendas é viável, e até desejável, manter terras improdutivas, como defesa contra a inflação e por questões de prestígio social.

Além de debilitar a acumulação pela subutilização da terra, no latifúndio a propensão é de se mecanizar as tarefas agrícolas, com conseqüências negativas sobre o uso da força de trabalho. Esta opção tecnológica depende em parte de razões econômicas, pois embora a mão-de-obra seja abundante, do ponto de vista privado sua contratação implica um custo que induz a substituí-la por capital. Mas não é esta a causa principal dos problemas ocupacionais que o latifúndio suscita. Conforme se concebe, ao introduzir novas técnicas, alteram-se os modos de uso do solo e as relações sociais. A tendência preponderante consiste em privilegiar o trabalho assalariado e em reduzir ou eliminar a presença da mão-de-obra que trabalha no latifúndio, mas em condições de produtividade muito reduzida.

A dispersão da propriedade do solo em minifúndios tem efeitos semelhantes. As pequenas explorações carecem de capacidade para acumular e para modificar os procedimentos rudimentares de cultivo, o que as impede de elevar a produtividade da terra e de expandir a oferta agrícola.

A falta de capital implica, além disso, que a produtividade da mão-de-obra se mantenha baixa. Junto com a escassa disponibilidade de terra por unidade familiar, isso torna o minifúndio incapaz de reter o crescimento vegetativo da população que habita e trabalha nele. Além disso, o esgotamento da fertilidade do solo induz a expulsão da mão-de-obra previamente subempregada.

O arrendamento do solo agrícola e outras formas precárias de posse em atividades de tipo empresarial contribuem para a realização de investimentos cujo valor não se adere ao da propriedade. Assim, os maquinários e equipamentos tornam-se preferíveis a alternativas tecnológicas que economizam comparativamente menos mão-de-obra e aumentam mais a produtividade da terra. Mas, além disso, a proliferação de variadas formas de posse precária no minifúndio, e inclusive em pequenas parcelas situadas no interior do latifúndio, facilitam a expulsão da mão-de-obra subempregada.

Em síntese, a estrutura de propriedade e posse do solo peculiares da periferia (e, em particular, da periferia latino-americana) entorpece a acumulação de capital, e por esta via compromete a expansão da oferta agrícola, assim como o aumento da demanda de emprego nesse setor. Por outro lado, tais condições estruturais levam à conservação de técnicas rudimentares nos minifúndios, também em prejuízo da expansão da oferta agrícola e, do mesmo modo, da capacidade de retenção da mão-de-obra subempregada. Estas características de estrutura conduzem, além disso, à adoção de técnicas do tipo da mecanização, as quais aumentam pouco a produtividade da terra e, portanto, a oferta de bens agrícolas, e incidem de forma comparativamente desfavorável sobre a demanda de emprego. Sob a perspectiva ocupacional, o conjunto dos elementos assinalados tende a induzir aumentos do emprego agrícola que não compensam completamente os incrementos da oferta de mão-de-obra provenientes do crescimento populacional e da eliminação do subemprego. Desse modo, provoca-se a transferência de mão-de-obra do campo para a cidade e a paralela transformação do subemprego rural em subemprego urbano.

Segundo se argumenta, os desequilíbrios gerados na agricultura se manifestam com intensidade muito diversa nas diferentes economias periféricas. No entanto, entende-se que, em maior ou menor medida, durante o desenvolvimento para dentro tende a ocorrer escassez de alimentos e de matérias-primas de origem agropecuária, assim como um excedente de mão-de-obra agrícola que não consegue ser completamente absorvido pela indústria e por outros setores dinâmicos, constituindo-se em um elemento básico da reiteração do subemprego estrutural.

IV. AS RECOMENDAÇÕES DE POLÍTICA ECONÔMICA[20]

Em linhas gerais, as recomendações de política econômica que fazem parte dos fundamentos do estruturalismo guardam coerência entre si e com o contexto teórico examinado neste capítulo e no posterior. Tal consistência não é de se estranhar, pois os aspectos de teoria e política econômicas desses fundamentos foram se construindo em conjunto e em estreita inter-relação.

A afirmação precedente não implica que as posições de política constituam simples corolários das contribuições teóricas. Elas mesmas exigiram análises complexas (por exemplo, as que estabelecem critérios de alocação de recursos) ou até mesmo demandaram a elaboração de técnicas especiais (como as concebidas para o planejamento).

As considerações que seguem não se referem a essa análise; antes, elas constituem um breve comentário sobre as recomendações que conformam a política de desenvolvimento. Entretanto, desse resumo flui com clareza o nexo entre essas recomendações e os aportes teóricos que as justificam.[21]

Sem dúvida, as posições de política do estruturalismo estão relacionadas com o intenso processo de desenvolvimento industrial que vinha se produzindo em diversos países da área desde a grande depressão, e especialmente durante a Segunda Guerra Mundial e o imediato pós-guerra. No entanto, há que se ter presente que essas posições estabelecem uma clara distinção entre industrialização espontânea e deliberada. A primeira dá lugar ao surgimento de graves desequilíbrios e contradições (desajustes intersetoriais da produção e tendências à deterioração, ao déficit externo e ao subemprego). Para evitá-los e assegurar o dinamismo das economias, recomenda-se conduzir a industrialização deliberadamente.

Com o objetivo de orientar a industrialização deliberada, propõe-se um conjunto de critérios de alocação de recursos que apontam como o investimento deve ser distribuído entre o setor exportador, a manufatura e as demais atividades internas, e que opções técnicas devem ser utilizadas para se obter um nível máximo de produto social. Tais critérios têm em conta os padrões de eficiência das diversas atividades produtivas, como a sua economicidade em relação às atividades correspondentes dos centros. Assim, pode-se afirmar que não é propugnada qualquer expansão excessiva e indiscriminada da indústria motivada por um desejo de auto-suficiência.[22]

Em relação à agricultura, recomendam-se medidas especiais no que diz respeito aos obstáculos criados por um regime de propriedade e posse do solo baseado na coexistência de latifúndio e minifúndio. Como insinua a seção anterior, tais medidas perseguem dois objetivos fundamentais: elevar a produtividade dos recursos comprometidos nesse setor, de modo que a dinâmica da oferta agrícola possa se adequar às necessidades do desenvolvimento para dentro; superar em um período definido a heterogeneidade estrutural característica do campo mediante a absorção dos incrementos da sua população ativa em setores modernos, e a paulatina trasferência para tais setores da mão-de-obra ocupada em condições de baixa produtividade (isto é, do subemprego rural).[23] Por outro lado, entende-se que essa transformação da estrutura ocupacional do campo se configura como essencial para se alcançar um objetivo maior da política de desenvolvimento: a transformação global dessa estrutura, compreendida aí a redução paulatina de todo o subemprego.

No campo das relações econômicas internacionais, as diversas recomendações de política conformam uma posição harmoniosa e consistente em matéria de cooperação internacional, adaptada às características, às necessidades e aos interesses dos países de menor desenvolvimento. A cooperação internacional abrange a proteção do mercado interno, a integração regional, o financiamento externo, a política anticíclica e de atenuação das flutuações dos preços internacionais e a assistência técnica.[24]

A análise da proteção explica por que ela é necessária para o desenvolvimento e a industrialização da periferia e por que favorece a expansão do produto e do comércio mundiais, ao contrário do que acontece quando é aplicada nos centros; essa análise estabelece, do mesmo modo, a amplitude e o nível máximo que a proteção tarifária deve alcançar. Quanto ao resto, e também em conexão com os critérios de alocação eficiente de recursos, postula-se a conveniência de imprimir à proteção um caráter decrescente.

Examinam-se a necessidade e as vantagens da integração latino-americana, entre elas a possibilidade de se exportar manufaturas para o resto do mundo, a qual se associa à maior especialização e eficiência industrial derivadas da integração.

O financiamento externo cumpre com dois objetivos fundamentais: atenuar a escassez de divisas e complementar o esforço interno de poupança. Pensa-se que ele deve ser transitivo, o que reflete o caráter necessariamente nacional que o desenvolvimento periférico tem de ter, por motivos econômicos. O crescimento para dentro — em razão do seu caráter autocentrado, em fechamento gradual — exige que a cota, parte ideal dos ativos de propriedade estrangeira, não siga aumentando; do contrário, a remuneração do capital de fora pesaria de forma crescente sobre a capacidade para importar.[25]

Recomenda-se a cooperação financeira internacional para o estabelecimento de reservas de produtos primários, com a dupla finalidade de regular as flutuações de seus preços e de impedir que caiam abaixo de determinados pisos. Finalmente, a assistência técnica é considerada um meio para atenuar as carências de capacitação de diferentes tipos, peculiares da "condição periférica".

As medidas de política a que se acaba de fazer referência têm um objetivo global e de longo prazo: o desenvolvimento das economias periféricas. Concebe-se que o planejamento é um instrumento necessário para articular e compatibilizar as diversas medidas parciais, assim como para enfrentar os problemas de caráter estrutural, profundo, que são próprios dessas economias. As técnicas de planejamento modificam e estendem os critérios de alocação de recursos com o fim de racionalizar o esforço de investimento com o passar do tempo, adequando-o às grandes metas da política de desenvolvimento (a industrialização como eixo central, conduzida de tal modo que incremente de forma sustentada a produtividade e o emprego, evite o desequilíbrio externo e minimize as perdas devidas à deterioração).[26]

O planejamento é considerado, pois, um método imprescindível, do qual o Estado deve lançar mão para racionalizar a política de desenvolvimento a longo prazo.

A necessidade da ação estatal, de contar com uma política de desenvolvimento deliberada e coerente e de implementá-la por meio do planejamento são três idéias-força do pensamento estruturalista estreitamente conectadas entre si. Não obstante, de acordo com esse enfoque, o grau de intervenção estatal poderá variar de país para país, dependendo de suas características concretas e da maior ou menor gravidade dos seus problemas de estrutura. O planejamento não é considerado, portanto, um substituto da economia de mercado, mas um meio para dar maior eficiência ao seu funcionamento.[27]

Como se verifica nesta breve visão de conjunto, as contribuições de política elaboradas na década de 1950 são, *grosso modo*, compatíveis entre si e com as contribuições da teoria mencionadas anteriormente. Verifica-se, do mesmo modo, que essas contribuições são compatíveis com as idéias que conformam a concepção do sistema centro-periferia, base geral de tais contribuições.

ANEXO
PROBLEMAS OCUPACIONAIS: APÊNDICE MATEMÁTICO

i) Reconsiderem-se as seguintes equações simultâneas, que definem uma função de produção linear em dois fatores (capital e trabalho):

$$P = k \cdot K$$
$$P = t \cdot T$$

De sua igualação deriva:

$$k \cdot K = t \cdot T \therefore \frac{K}{T} = \frac{t}{k}; \text{ e também } \frac{T}{K} = \frac{k}{t}$$

Esta última expressão indica que a quantidade de mão-de-obra por unidade de capital (T / K) será equivalente à relação (k / t) entre a produtividade do capital (k) e a produtividade do trabalho (t).

ii) Na equação

$$\Delta \cdot Km(n+1) \cdot \frac{K}{t} = e \cdot Em(n) + e \cdot Ea(n) \qquad [1]$$

$\Delta K m$ $(n+1)$ é o incremento da dotação de capital (o investimento líquido) nas atividades modernas, em um período de renda arbitrário $(n+1)$; e representa a taxa de aumento da população ativa; $Em(n)$ e $Ea(n)$ são as quantidades de mão-de-obra ocupadas nos setores moderno e atrasado, respectivamente. Tal equação impõe, portanto, a igualdade entre o aumento da demanda de mão-de-obra provocado pelo investimento líquido no período $(n+1)$ $(\Delta Km\ (n+1) \cdot k/t)$ e o aumento da oferta proveniente de ambos os setores $(E \cdot Em(n) + E \cdot Ea\ (n))$ no mesmo período.

iii) Considerem-se agora as equações

$$\Delta Km(n+1) = P(n) \cdot s$$
$$P(n) = k \cdot Km(n)$$

A primeira mostra que o investimento do período $(n+1)$ equivale ao produto do período $P(n)$ multiplicado pela taxa de poupança (s). A segunda indica que esse nível de produto é obtido multiplicando-se a dotação de capital do mesmo período $Km(n)$ pela produtividade desse recurso (k).

iv) Das equações anteriores deriva:

$$\Delta Km\ (n+1) = s \cdot k \cdot Km\ (n)$$

Ao substituir ΔKm $(n+1)$ por seu valor em [1], chega-se à seguinte igualdade:

$$Km(n) \cdot k \cdot s \cdot \frac{k}{t} = eEm(n) + eEa(n)$$

Dividindo ambos os elementos desta equação por *Em (n)*, obtém-se:

$$\frac{Km(n)}{Em(n)} \cdot k \cdot s \cdot \frac{k}{t} = e\frac{Em(n)}{Em(n)} + e\frac{Ea(n)}{Em(n)} \therefore$$

$$\frac{t}{k} k \cdot s \cdot \frac{k}{t} = e + e\frac{Ea(n)}{Em(n)} \therefore$$

$$s \cdot k = e + e\frac{Ea(n)}{Em(n)} \qquad [2]$$

v) Expressa de forma mais geral, [2] converte-se em:

$$s \cdot k = e + e\frac{Ea}{Em},$$

equação incluída no presente capítulo, na seção referente à tendência ao desequilíbrio externo. Ela designa a igualdade entre a taxa de acumulação *(s · k)* do setor moderno (que equivale à taxa de aumento do emprego nesse setor) e a taxa de aumento da população ativa em relação ao emprego no mesmo *(e + e · Ea/Em)*. Essa equação estabelece, pois, a condição que deve ser cumprida para que todo o aumento da oferta de trabalho de um período qualquer, proveniente do crescimento populacional tanto do setor moderno como do atrasado, seja plenamente absorvido pelo primeiro.

Notas

1. A incidência de tais elementos se encontra explicada em Prebisch (1973b, p. 21-3).
2. Da expressão anteriormente mencionada deriva, do mesmo modo, que o raciocínio não requer que a elasticidade seja maior que um na periferia e menor que um nos centros. Basta que ela seja maior na primeira que nos segundos.

3. Os argumentos relativos à substituição das importações e à mudança em sua composição podem ser consultados em Prebisch (1973b, p. 25-6).
4. A mudança na composição das importações da periferia reflete uma das características da transformação da estrutura produtiva do centro, ao indicar como se altera a composição das exportações dessa economia. Em linhas gerais, concebe-se que durante as primeiras etapas da industrialização periférica será requerido um intenso crescimento das exportações de bens intermediários e de capital produzidos pelo centro e um crescimento lento — e inclusive a taxa zero ou negativa — das de bens de consumo.
5. Em estrita lógica, seria preciso ter em conta, além disso, o padrão de transformação da estrutura produtiva do centro. Da evolução dessa economia, foi considerada somente a mudança na composição de suas exportações, que equivale ao das importações periféricas.
6. Em contraste com o referencial que acaba de ser esboçado, é possível supor a inexistência de qualquer padrão de transformação da estrutura produtiva compatível com o equilíbrio externo que inclua somente a expansão das exportações de bens primários. Pode-se, em contrapartida, conceber um outro modelo que, de forma similar ao anterior, implique aumentar o grau de complementaridade e integração da estrutura produtiva interna e que, além disso, se apóie na diversificação das exportações, incluindo entre elas bens do setor manufatureiro, de demanda mais dinâmica que os produtos primários tradicionalmente exportados. Mais adiante voltaremos a esse tema.
7. Entre si e com o ritmo de crescimento do centro e dos diferentes setores componentes da sua economia.
8. Mais adiante veremos que o conceito de "industrialização espontânea" se opõe ao de "industrialização deliberada". Esta última se baseia em políticas elaboradas para evitar os desequilíbrios e contradições da primeira, que o mercado não resolve por si só.
9. Uma referência a tais oscilações é encontrada em Prebisch (1973b, p. 34).
10. O emprego e o subemprego constituem a ocupação. Em conjunto com o desemprego aberto, formam a população economicamente ativa (PEA).
11. Sobre os aspectos do progresso técnico dos centros mencionados neste parágrafo e nos dois anteriores, pode-se consultar, entre outros, o documento "Estudo" (p. 69-71).
12. Este outro conjunto de características do progresso técnico dos centros está explicitado em "Estudo" (p. 68) e em Prebisch (1973b, p. 37-9).
13. Esta necessidade de adotar na periferia tecnologias originadas nos grandes centros é reconhecida e explicada em Prebisch (1973b, p. 36-7).
14. Uma breve consideração sobre a incidência destes diferentes elementos no subemprego estrutural pode ser encontrada em Prebisch (1973b, p. 42-3).

15. Conforme se infere do subitem anterior, essa equivalência entre as taxas de acumulação e de aumento do emprego deriva do pressuposto sobre a linearidade das funções de produção e da sua tradução no tocante às técnicas adotadas.
16. Em 1960 (primeiro ano sobre o qual se dispõe de informação pertinente), o subemprego alcançava *grosso modo* 50% da ocupação da economia brasileira, e três quartos dele eram constituídos pelo subemprego agrícola.
17. As transformações do setor agrícola, mencionadas com brevidade na argumentação da presente seção, estão relacionadas com as condições de propriedade e posse da terra que imperam nesse setor. Este tema será retomado na seção seguinte, na qual são mencionadas as principais fontes consultadas.
18. Nos documentos denominados "Principais problemas" e "Estudo" existem várias indicações sobre os desequilíbrios intersetoriais da produção que aqui se mencionam. Outras podem ser encontradas em Prebisch (1973b, cap. iv, p. 59-63).
19. Uma primeira apreciação de conjunto de tais desequilíbrios consta do terceiro dos documentos supramencionados (Prebisch, 1973b, p. 47-51).
20. Embora neste item sejam introduzidos novos matizes, os temas abordados são tratados mais amplamente em Rodríguez (1980, cap. v, p. 151-84).
21. Cabe observar que já nos primeiros trabalhos da corrente estruturalista se faz clara referência à necessidade de contar com um marco teórico adequado, capaz de servir de fundamento à ação prática. Ver a respeito as seguintes afirmações: "Foi dito anteriormente que um dos objetos deste informe é discutir o conteúdo de um programa de desenvolvimento. Foi dito também que este programa é a expressão de uma política de desenvolvimento e que esta deve se orientar por certos princípios cuja formulação corresponde à investigação teórica. Não se estranhe, portanto, que nos capítulos seguintes tenhamos achado conveniente prosseguir com a análise de alguns aspectos dos fenômenos de desenvolvimento iniciada em relatórios anteriores. A interpretação teórica desses fenômenos não é incompatível com as conclusões gerais da teoria, que por certo continua evoluindo, mas deve explicar satisfatoriamente o modo peculiar como acontecem na periferia da economia mundial. Por isso mesmo, determinados instrumentos desta análise, aplicáveis nos centros industriais, nem sempre podem ser empregados com êxito na periferia" (Prebisch, 1973b, p. 20).
22. Sobre os critérios de alocação de recursos requeridos para se orientar a industrialização deliberada, pode-se consultar Prebisch (1973b), especialmente p. 27-33. Cabe assinalar que tais critérios são convergentes com os usuais na economia neoclássica, mas incorporando a eles as implicações de certas especificidades periféricas, como ser as que se referem à dotação de recursos (por exemplo, a elevada escassez de capital e a superabundância de mão-de-obra).

23. As fontes relativas às políticas agrícolas são as mesmas consignadas na seção anterior, ou seja, Prebisch (1973b, cap. IV).
24. Uma primeira apreciação de conjunto desses diferentes âmbitos é encontrada em Prebisch (1973c).
25. Essa exigência é exposta com precisão em Prebisch (*op. cit.*). Pode-se demonstrar que tal exigência é válida tanto em padrões de industrialização centrados no mercado interno, como em padrões que contemplem, também, a exportação de manufaturas.
26. As técnicas mencionadas começam a ser elaboradas em Prebisch (1973b), onde os critérios de alocação de recursos são expostos como uma mediação necessária entre a interpretação teórica e o esboço dos instrumentos de planejamento propriamente ditos. Esforços nessa direção são realizados na Cepal (1953 e 1955a). Avanços em matéria de planejamento setorial foram realizados na década de 1950 e na posterior e deram origem, entre outras, às seguintes publicações: Soza (1966); Martner (1967); Cibotti e Serra (1970). Uma visão crítica do planejamento, ligada à sua virtual inviabilidade social e política, aparece em Ilpes (1966) e também em Matus (1972). Uma breve recontagem dos organismos de planejamento surgidos na América Latina durante as duas décadas mencionadas pode ser encontrada em Cibotti, Núnez do Prado e Sáinz (1973), por sua vez incluído em Ilpes (1973).
27. Em relação ao papel do Estado, um primeiro conjunto de considerações sintéticas é encontrado em Prebisch (1973c, p. 10-1).

3. A teoria da deterioração dos termos de troca

Em diversos artigos de crítica ao enfoque estruturalista da deterioração dos termos de troca se encontram divergências em relação às causas apresentadas por tal enfoque para explicar esse fenômeno.[1] Às vezes se sustenta que a argumentação estruturalista se refere à superabundância e ao escasso poder de negociação da força de trabalho, característicos das economias periféricas, e a seus efeitos sobre os salários. Outras vezes se alega que a explicação se baseia na disparidade entre as elasticidades-renda da demanda de importações de periferia e centro, de valor maior que a unidade na primeira e menor que um no segundo.

Essa discrepância, na verdade, provém do fato de que não existe uma única versão formal da teoria da deterioração dos termos de troca; há três formulações diferentes, legitimamente diferenciáveis entre si, tanto pela amplitude de seu conteúdo (ou seja, pelo conjunto maior ou menor de idéias gerais que incorporam) como pelos instrumentos de análise, que também variam.

A seção I do presente capítulo descreve a aqui denominada *versão contábil* da teoria da deterioração, versão que não se propõe investigar suas causas, mas as razões pelas quais este fenômeno implica a diferenciação do nível médio de renda real entre periferia e centro. Poder-se-á verificar que os instrumentos de análise usados nesta versão são somente de tipo contábil ou de definição; e, do mesmo modo, ela abrange e incorpora uma parte limitada das idéias básicas descritas anteriormente.

A *versão ciclos,* que é apresentada na seção II, examina as causas da deterioração e da diferenciação de rendas. A explicação desses fenômenos se baseia preponderantemente na crescente desigualdade entre os salários da periferia e os do centro e nas condições de estrutura que a induzem. Nesta versão são adaptados e empregados instrumentos da teoria convencional da renda, com os quais se procura analisar a dinâmica do crescimento cíclico do sistema centro-periferia. A complexidade de tal análise exige a incorporação de um espectro mais amplo de idéias que constituem a concepção geral desse sistema.

Existe uma terceira forma — a *versão industrialização* —, que tenta ligar a deterioração e a diferenciação de renda com o processo de industrialização da periferia. Esta emprega instrumentos da teoria neoclássica dos preços e, *grosso modo,* incorpora a totalidade do conteúdo descrito no primeiro capítulo. Segundo esta versão, a deterioração é causada pela disparidade entre as elasticidades-renda da demanda de importações de periferia e centro e, do mesmo modo, pela desigualdade entre ambos quanto à penetração da tecnologia e aos níveis de produtividade do trabalho e dos salários.

As versões da teoria da deterioração recém-mencionadas são consideradas e expostas de uma perspectiva predominantemente conceitual. A controvérsia em torno dessa conceitualização, e dos problemas empíricos e de medição do fenômeno da deterioração, é abordada brevemente na seção IV, relativa às principais críticas às posições estruturalistas.

I. VERSÃO CONTÁBIL

1. *Pressupostos e definições*

No que diz respeito à deterioração, tais posições são inicialmente expostas em contraste com pontos de vista atribuídos à teoria tradicional da divisão internacional do trabalho ou, mais exatamente, com proposições consideradas compatíveis com essa teoria. De acordo com tais proposições, a especialização produtiva de centros e periferia e a conseguinte troca de manufaturas por bens primários deveriam trazer consigo contínuas vantagens para as áreas de menor desenvolvimento.

Postula-se que o avanço tecnológico é mais rápido na indústria dos centros do que na produção primária da periferia e, em conexão com isso, que a produtividade aumenta mais rapidamente nos primeiros. Se em ambos os pólos os ganhos monetários permanecem constantes, e se os preços das respectivas exportações baixam em proporção aos aumentos de produtividade, os termos de troca melhorarão constantemente para a periferia, que assim conseguirá compartilhar com os grandes centros industriais os frutos de seu progresso técnico maior.[2]

Conforme sustentam os documentos institucionais do estruturalismo, esperar tais resultados do esquema clássico da divisão internacional do trabalho está em contradição com os fatos da experiência. Na realidade, os preços sobem em vez de baixar e tendem a elevar-se mais na produção manufatureira que na primária. Esta tendência à deterioração dos termos de troca implica que os países periféricos "(...) não só não receberam parte do fruto da maior produtividade industrial, mas também não puderam reter para si o benefício de seu próprio progresso técnico".[3]

Para o estudo dessa implicação da deterioração, admita-se a existência de duas atividades, uma das quais produz um bem primário e a outra um bem industrial, nas quais prevalecem as seguintes relações de definição:

$$Ypi = Lp \cdot \frac{Pp}{Pi} \qquad [1]$$

$$Yii = Li \qquad [2]$$

A primeira registra a renda real por pessoa ocupada na atividade primária medida em termos de bens industriais *(Ypi)*. O mesmo equivale à produtividade física do trabalho nessa atividade *(Lp)*, multiplicada pelo preço do bem primário *(Pp)* e dividida pelo preço do bem industrial *(Pi)* (ou à produtividade multiplicada pela relação entre os preços de ambos os bens: $Lp \cdot (Pp/Pi)$.

A segunda equação expressa a renda real por pessoa ocupada na atividade industrial medida em termos de bens industriais *(Yii)*, por definição igual à produtividade física do trabalho na mesma atividade *(Li)*.

Dividindo cada elemento das equações anteriores, obtém-se:

$$\frac{Ypi}{Yii} = y = \frac{Lp \cdot Pp}{Li \cdot Pi} \quad [3]$$

Como é claro, esta última expressão define a relação percentual *(y)* entre as rendas reais médias (por pessoa ocupada) geradas na atividade primária e na atividade industrial (ambas medidas em bens industriais).[4]

A equação anterior permite precisar a ligação entre as variações de preços e de renda em duas atividades quaisquer. Admita-se que, nelas, as produtividades aumentam a passo desigual, o que significa que, em princípio (isto é, se os preços não variarem), se verificará um certo ritmo de diferenciação das rendas. Sob tal pressuposto, é legítimo afirmar que a mudança dos preços relativos dos produtos dessas duas atividades constitui um mecanismo que determina o grau em que essa potencialidade se realiza, ou seja, a medida em que as rendas se diferenciam. Mais especificamente, se a relação de preços varia de maneira desfavorável para o produto da atividade cuja produtividade aumenta menos, a deterioração dessa relação constitui um mecanismo mediante o qual a tendência à diferenciação de rendas se torna efetiva, agravada pelo movimento dos preços.

As considerações precedentes podem ser extrapoladas para os vínculos entre as economias centrais e periféricas, para o que convém esclarecer novamente os pressupostos sobre o progresso técnico em que se baseia a análise desses vínculos,[5] pressupostos que correspondem diretamente à evolução das produtividades médias do trabalho em ambos os pólos.

Segundo se argumenta, a produtividade do trabalho aumenta mais na produção industrial que na primária, de modo que seu aumento será maior nas atividades industriais de exportação dos centros que nas atividades primário-exportadoras da periferia. Admite-se, desse modo, que a produtividade do setor industrial cresce mais nos primeiros que na segunda, como resultado de que, na periferia, a expansão desse setor tem de ocorrer do simples para o complexo e, portanto, reiteradamente com base nos ramos onde o progresso técnico é menos intenso. Mas, além disso, sustenta-se que a alta da produtividade média periférica será repetidamente influenciada pelas elevadas dimensões do subemprego, onde a produtividade permanece muito reduzida.

Essa hipótese sobre a diferenciação da produtividade média do trabalho implica a admissão de que os ganhos por pessoa ocupada tenderão a se diferenciar, induzindo assim uma evolução díspar dos ganhos *per capita*, que também crescerão a taxas mais altas nos centros que na periferia, quando o sistema que conformam fica liberado ao sabor das forças do mercado.

2. *O significado da deterioração dos termos de troca*

Ao esclarecer uma vez mais a vigência do pressuposto segundo o qual a produtividade do trabalho aumenta em ritmo mais acelerado nos centros que na periferia, o significado das variações dos termos de troca[6] pode ser resumido como segue:

Primeiro. Sua alta (quer dizer, seu movimento em favor dos produtos primários) implica uma "transferência dos frutos do progresso técnico" do centro para a periferia, no sentido de que nesta a renda real por habitante aumenta mais do que aumentaria pelo simples incremento da produtividade. Em particular, essa alta pode ser tal que os ganhos por habitante de ambos os pólos do sistema não tendam a se diferenciar significativamente, dando lugar a uma "divisão semelhante dos frutos do progresso técnico".[7]

Segundo. A constância da relação de troca implica que "centros e periferia conservam cada qual para si os frutos de seu próprio progresso técnico", posto que a renda real por habitante tenderá a crescer em cada um deles de acordo com o ritmo de aumento da respectiva produtividade. Por isso mesmo, existirá uma tendência à diferenciação de ganhos ou, se preferirmos, à "concentração dos frutos do progresso técnico nos centros".

Terceiro. A deterioração dos termos de troca implica uma "perda dos frutos do progresso técnico da periferia" ou uma "transferência dos frutos do progresso técnico da periferia para o centro", expressões utilizadas nos documentos institucionais (e em outros da Cepal) para indicar que na periferia a renda real por habitante crescerá menos que a produtividade. Diz-se, desse modo, que a deterioração traz consigo uma "concentração dos frutos do progresso técnico nos centros", já que tende a produzir uma diferenciação de ganhos e, nesse caso, pela dupla razão de que os centros conservam para si os benefícios do aumento da sua produtividade e absorvem parte dos benefícios do aumento da produtividade periférica.

Como se pode ver, esta primeira versão da teoria da deterioração dos termos de troca se baseia em certos pressupostos-chave e em um certo conjunto de relações de definição. Esse caráter definidor dos instrumentos utilizados a impede de explorar as causas do fenômeno da deterioração. Ou seja, seu objetivo se limita a examinar seu significado, a demonstrar que se há uma tendência a longo prazo de que esse fenômeno se produza, tal tendência implica necessariamente a diferenciação dos níveis de renda e de vida entre os centros e a periferia.

No entanto, por meio dos pressupostos adotados nessa versão, fazem-se presentes diversos aspectos do conteúdo básico do pensamento estruturalista descritos no capítulo 1. Por um lado, essa versão se destina diretamente a elaborar a idéia própria daquele conteúdo, de acordo com a qual a deterioração constitui um mecanismo de concentração dos frutos do progresso técnico nos grandes centros industriais. Por outro, ao enfocá-lo como um fenômeno de longo prazo associado à disparidade dos aumentos da produtividade do trabalho entre os centros e a periferia, a versão incorpora indiretamente as idéias mais gerais acerca do desenvolvimento desta última.

Na verdade, tal disparidade depende do fato de que a industrialização periférica tenha de proceder partindo de ramos de tecnologia simples para outros situados "mais atrás" na cadeia produtiva, reiterando-se desse modo seu caráter especializado (isto é, os graus reiteradamente incipientes de complementaridade intersetorial e integração vertical da produção que vai alcançando). Além disso, essa disparidade se vincula à persistência do subemprego, por sua vez expressão da heterogeneidade peculiar da estrutura produtiva periférica. Assim, e em síntese, por trás da explicação do significado da deterioração, estão presentes a especialização e a heterogeneidade estruturais, características maiores do pólo periférico do sistema econômico mundial.

II. VERSÃO CICLOS

Os primeiros documentos em que o estruturalismo latino-americano se conforma contêm também uma explicação das causas da deterioração, analiticamente diferente do exame do significado do fenômeno descrito na seção anterior.

De acordo com esses documentos, durante as fases de expansão da atividade econômica, os termos de troca variam de forma favorável à periferia, mas pioram nas fases opostas mais do que o que tinham melhorado anteriormente. Desse duplo movimento resulta, pois, a tendência à deterioração a longo prazo da mencionada relação de preços. Como se verá, a explicação desta tendência se baseia nas flutuações cíclicas peculiares das economias capitalistas ou, com mais propriedade, nas diferentes características que os movimentos cíclicos apresentam nos centros e na periferia, dada a conformação estrutural diversa desses dois tipos de economia.[8]

1. *Ciclos, preços e rendas*

Como ponto de partida, sustenta-se que as flutuações cíclicas da atividade econômica se caracterizam pela discrepância entre demanda e oferta global de produtos finais — isto é, de bens de consumo e de investimento — e são provocadas por esse desajuste. Em linhas gerais, a argumentação implícita sobre o mecanismo dos ciclos pode ser resumida como segue.

Admitamos que, num determinado período de renda e numa economia hipotética, aflore um excesso de demanda de equipamentos devido às boas expectativas de lucros criadas pela disponibilidade de novas técnicas. Esse excesso de demanda pressiona primeiro os estoques e a seguir a capacidade instalada dos ramos industriais produtores de maquinários. Admitamos também que, com essa expansão do nível de atividade, os novos empregos e a renda maior criam uma demanda maior de bens de consumo e intermediários. Esta pressiona os estoques e, por essa via, põe em movimento a capacidade ociosa dos respectivos ramos, influindo, por sua vez, nas indústrias de bens de capital. Assim acontece a fase ascendente do ciclo, com um excesso de demanda que se reflete na diminuição dos estoques e coloca em tensão a capacidade produtiva. Porém, em algum momento, esta tendência expansiva se inverte, tendo em vista que os planos de produção ficam demasiado otimistas se comparados com os planos de compra.

Isso pode acontecer em qualquer setor. A título de exemplo, suponhamos que num determinado período a demanda de equipamentos se contraia e sobrem estoques sem vender. Em razão desse primeiro excesso de oferta, no período seguinte a produção do referido setor cairá e a contratação de trabalhadores será reduzida. Haverá, do mesmo modo, uma demanda menor de insumos, o que afetará os estoques de outras empresas, que possivelmente também diminuirão a produção. Tais comportamentos implicam, por sua vez, uma contração da demanda de bens de consumo, o que amplia o excesso inicial de oferta. O nível de atividade começa, portanto, a diminuir, e diminui até certo ponto mínimo, que pode ser dado, por exemplo, pelo desejo e a decisão dos empresários de repor os equipamentos desgastados, mesmo que a utilização destes tenha alcançado previamente níveis muito baixos. Segundo se concebe, a partir de um impulso como este, a demanda e a produção de outros setores volta a aumentar, dando início a uma nova fase ascendente, na qual a produção e o emprego se expandem, período após período.

Os documentos mencionados abordam essas idéias de viés keynesiano apenas na medida necessária para discorrer sobre os movimentos dos preços dos bens e das remunerações dos fatores produtivos que acompanham as oscilações cíclicas do nível de atividade econômica. Durante a crescente cíclica, o excesso de demanda tende a ser contraposto pelo aumento dos preços. Entretanto, isso torna possível aumentar a renda dos trabalhadores, que, transformados em maior demanda, provocam novas altas de preços. Na minguante (para seguir com a terminologia daqueles documentos) ocorre o contrário: o excesso de oferta pressiona os preços, mas essa baixa é incapaz de compensá-lo. A impossibilidade de colocar a produção de certos ramos força a baixa dos preços e obriga a que também seja reduzida a renda dos trabalhadores; produz-se assim uma diminuição da demanda em outros ramos, de modo que o excesso de oferta se generaliza.

Além desses movimentos aluviais dos preços e ganhos monetários, destacam-se outras características do ciclo, relativas ao âmbito da distribuição. Nos períodos de auge, as contínuas altas de preços tendem a se traduzir em um aumento mais acelerado dos lucros do que dos salários, razão pela qual os primeiros crescem mais que os segundos em termos reais. Na fase oposta, ambos se contraem. Mas em razão da resistência das organizações operárias à redução das remunerações, os lucros acabam sendo os mais afetados. Em cada novo auge volta a se repetir a tendência antes mencionada, com os salários reais partindo de um nível inicial cada vez mais alto. Por essa via das sucessivas reduções e da paulatina ampliação do poder aquisitivo real dos salários, os grupos de trabalhadores e outros estratos de baixa renda vão captando para si parte dos frutos do progresso técnico.[9]

A argumentação anterior não se destina a aprofundar o tema do ciclo em si mesmo, mas a assentar as bases mínimas para o exame dos efeitos das flutuações cíclicas na periferia e, em especial, na desigualdade entre seu nível médio de renda e o dos centros industriais. Estes outros aspectos da análise cepalina serão expostos nos itens seguintes.

2. *O ciclo de crescimento nos centros e seus efeitos sobre a periferia*

De acordo com a concepção geral já descrita (capítulo 1), centros e periferia são economias que cumprem funções complementares, mas conformam um sistema que opera de maneira diversa, postulado pela teoria tradicional da divisão internacional do trabalho, gerando, portanto, resultados também diversos. A especialização inicial das economias periféricas na produção de bens primários de exportação se reflete em um coeficiente de exportação significativo; esse grau de abertura implica, do mesmo modo, que tais economias recebam e reproduzam com celeridade os influxos expansivos ou depressivos das flutuações no nível de atividade das economias centrais.

Quanto às "crescentes cíclicas",* o excesso de demanda dos centros tende a se transferir para a periferia na forma de incrementos de demanda de matérias-primas e alimentos. O excesso de demanda é transmitido do setor exportador para outros setores periféricos, com o que se generalizam as altas de preços e de rendas.

As postulações estruturalistas se referem primordialmente ao comportamento da razão de mudança entre produtos de exportação periféricos e centrais. Sustenta-se que durante a crescente os preços monetários das exportações periféricas aumentam e que a magnitude dessa alta depende de diversos fatores, entre eles do vigor da concorrência nos centros, as rigidezes de oferta eventualmente existentes, o tempo necessário para completar a produção de insumos primários, em comparação com o necessário para a produção industrial, e o volume dos estoques acumulados antes de cada auge. Segundo se argumenta, estes fatores fazem com que o aumento dos preços monetários das exportações periféricas seja maior que o das centrais, de tal modo que a relação de termos de troca melhora para a periferia nos períodos de auge. Assim, durante as "crescentes cíclicas", os frutos do progresso técnico tendem a se transferir dos centros para a periferia.

Consultados os documentos pertinentes, não se obteve uma indicação precisa sobre a medida em que essa transferência se realiza. Isto é, não se especifica se a melhora dos preços relativos chega a compensar a diferença entre os ritmos de aumento da produtividade do trabalho de centros e periferia e, em conseqüência, a reduzir a diferença entre os respectivos níveis de renda real média. Ou se, ao contrário, a diferencia-

*O autor denomina de "crescentes cíclicas" as fases cíclicas de crescimento registradas nas economias dos centros e de "minguantes" as fases de recessão. (*N. R. T.*)

ção de rendas continua se produzindo até mesmo durante as conjunturas de auge, e apesar da alta de preços. Entretanto, como se verá no item seguinte, as causas da deterioração a longo prazo da relação de troca são explicadas fundamentalmente com base na análise do comportamento de rendas e preços durante os períodos de declínio da atividade econômica.

3. *A transferência dos efeitos das contrações cíclicas para a periferia*

Já apontamos que os termos de troca perdem nas "minguantes" mais do que tinham ganhado nas "crescentes". Para explicar com simplicidade as razões dessa queda maior, podemos admitir que a produtividade do trabalho dos setores exportadores de periferia e centro permanece constante durante as fases de contração da atividade econômica. Em tal caso, de redução da relação de preços, terá de ser também reduzida a relação entre as rendas médias de ambos os setores,[10] o que, por sua vez, implica que os salários ou os lucros por unidade de emprego, ou ambos, se contraem mais intensamente na periferia que no centro.

A explicação desse comportamento constitui o núcleo principal da argumentação sobre o caráter inevitável da deterioração dos termos de troca e suas causas. Convém destacar dois aspectos distintos da argumentação: por um lado, as condições que tornam possível a maior contração das rendas na periferia e, por outro, as condições que a tornam necessária.

A estrutura produtiva dos centros parece ser relativamente menos atomizada, em comparação com a periférica. Essa diferença quanto ao grau de concentração econômica traz consigo uma disparidade de poder de negociação nas compra-vendas dos respectivos produtos de exportação, à qual, por sua vez, se associa a possibilidade de uma contração maior dos lucros empresariais na periferia. Mas, sem dúvida, os documentos consultados destacam o comportamento díspar dos salários. A relativa escassez de mão-de-obra e a forte ação corporativa dos trabalhadores dos centros contrastam com as condições prevalecentes na periferia, onde existe um excedente de força de trabalho e uma organização sindical incipiente. Estas diferenças fazem com que, durante a minguante, as pressões empresariais para manter os lucros à custa do nível de salários tendam a se transferir para a periferia, onde a capacidade de resistência dos trabalhadores é ostensivamente menor.[11]

Pode-se observar que esse primeiro aspecto do argumento tem estreita conexão com as características de estrutura implícitas nos conceitos de centro e periferia. Na verdade, é a "condição periférica" — ou seja, o atraso estrutural em relação ao centro quanto aos níveis de produtividade e à diversificação do aparelho produtivo — que subjaz por trás dos fatores que tornam possível uma contração cíclica maior dos lucros e salários pagos na periferia.

No que diz respeito às condições que tornam necessária a maior contração, argumenta-se que elas são também de natureza estrutural, já que estão relacionadas à posição da atividade primário-exportadora na estrutura produtiva da economia mundial. Como se sabe, essa atividade ocupa as primeiras etapas do processo produtivo e, em linhas gerais, consiste em uma produção de insumos intermediários cuja transformação posterior é realizada, em boa medida, nos centros industriais. Mais do que isso, devido ao próprio caráter da produção periférica, sua demanda é derivada: depende do nível de demanda final que se gera nos centros durante as fases do ciclo econômico. Quando nestes diminuem os níveis de atividade e de demanda, na periferia eles também se contraem. Ou o que é a mesma coisa, quando na minguante cíclica se gera nos centros um excesso de produção, na periferia também se vão criando bens em demasia. Para colocar a produção excessiva nos mercados, é mister diminuir seu valor de oferta, mediante a baixa dos preços. Mas a distinta posição que ocupam ambos os pólos no sistema global obriga a que estas reduções se realizem em proporções diversas. Os preços e o valor de oferta deverão cair mais na periferia, de maneira que permitam que os centros conservem níveis mais satisfatórios de remuneração dos recursos produtivos. Se não acontecer assim, nas economias centrais se seguirão acumulando estoque de manufaturas, e, portanto, a demanda de bens primários da periferia continuará diminuindo ou se manterá deprimida.[12]

O conjunto dos argumentos anteriores, ligados entre si, explica por que os efeitos das contrações cíclicas tendem a se transferir com maior intensidade para a periferia. As condições de estrutura tornam possível uma maior contração das remunerações, em especial dos salários; em conexão com essas condições, o caráter primário da produção periférica e o caráter derivado de sua demanda tornam necessário que as remunerações dos fatores se reduzam mais do que nos centros, para que a produção destes possa realizar-se a valores de oferta e níveis de remuneração dos recursos capazes de gerar uma demanda derivada, que, por sua vez, é requerida para absorver a produção primária periférica.

4. *A deterioração e os ciclos econômicos*

A título de síntese, considerem-se as seguintes afirmações: "A maior capacidade das massas, nos centros cíclicos, para conseguir aumentos de salários na crescente e defender seu nível na "minguante", e a capacidade desses centros, pelo papel que desempenham no processo produtivo, de deslocar a pressão cíclica para a periferia, obrigando a comprimir seus ganhos mais intensamente que nos centros, explica por que as rendas nestes tendem persistentemente a subir com mais força do que nos países da periferia, segundo se patentiza na experiência da América Latina(...) Nisto está a chave do fenômeno segundo o qual os grandes centros industriais não só retêm para si o fruto da aplicação das inovações técnicas para sua própria economia, mas que estão deste modo em posição favorável para captar uma parte do que surge no progresso técnico da periferia" ("Principais problemas", p. 13).

No texto precedente se volta a constatar que a versão ciclos da teoria da deterioração tenta explicar simultaneamente as flutuações e as tendências a longo prazo de rendas e preços. Durante as fases de declínio da atividade econômica, os salários (e, como vimos antes, também os lucros empresariais) contraem-se mais na periferia do que nos centros. Embora as colocações não sejam totalmente precisas nesse ponto, pode-se inferir que nas fases de auge as rendas dos fatores de produção na periferia aumentam menos do que as do centro. Dos movimentos de expansão e contração da atividade econômica resulta, portanto, uma tendência de longo prazo à diferenciação das rendas médias entre os dois pólos do sistema.

O comportamento dos termos de troca nada mais é que a outra face dessa evolução das rendas dos fatores de produção. Melhora para a periferia durante as "crescentes cíclicas", mas a piora nas "minguantes" excede as altas anteriores, de modo que por meio dessas oscilações se produz uma tendência de longo prazo à sua deterioração. Sua melhora nos auges provavelmente não é suficiente para evitar que as rendas se diferenciem, tendo em conta que a produtividade aumenta mais nos centros do que na periferia. Nas fases opostas, a piora da relação de troca agrava a diferenciação de rendas que derivaria da disparidade entre os aumentos das produtividades do trabalho.

Pode-se concluir, portanto, que a tendência à deterioração dos termos de troca constitui um mecanismo mediante o qual se realiza a tendência à concentração dos frutos do progresso técnico (isto é, à diferenciação de rendas). Em última instância, essas duas tendências paralelas têm as mesmas causas: as condições estruturais que outorgam aos centros e à periferia distintas capacidades para obter altas de rendas nas "crescentes cíclicas" e para evitar sua contração nas "minguantes".

Como pudemos apreciar, a versão ciclos da teoria da deterioração não alcança níveis plenos de rigor analítico, pois nela não se conseguem formular de maneira precisa as relações existentes entre as flutuações do nível de atividade e da renda social de centros e periferia; nem tampouco se esclarecem os vínculos entre essas flutuações e a paralela oscilação dos preços dos bens de exportação e das remunerações dos recursos produtivos, em ambos os pólos do sistema.

Em que pese essa carência instrumental e seu caráter discursivo, a análise incorpora com relativa coerência o grupo de idéias mais gerais que constituem o conteúdo básico do pensamento estruturalista. Na verdade, conforme admite a mencionada teoria, as mudanças na dotação de recursos, nas técnicas produtivas e na produtividade do trabalho são traços peculiares do processo de desenvolvimento a longo prazo do sistema econômico; este sistema se encontra formado por centros e periferia, os quais diferem quanto à estrutura e à função econômicas, características diferenciais que constituem o marco dentro do qual se produz o processo de desenvolvimento e/ou de "propagação universal do progresso técnico"; existem distintos ritmos de aumento da produtividade do trabalho, maiores nos centros do que na periferia; há um elo causal entre a deterioração dos termos de troca e as condições de estrutura própria da periferia, especialmente a tendência à geração contínua de um excedente de mão-de-obra, por sua vez associada à diferenciação do nível de salários; e, finalmente, a deterioração constitui um fenômeno necessário, expressão e mecanismo mediante o qual se realiza a "concentração dos frutos do progresso técnico" nos centros.

Em resumo, incorporam-se as idéias mais gerais implícitas nos conceitos de centro e periferia, descritas no capítulo 1. Mas a análise não chega a integrar plenamente aquelas idéias que imprimem uma conotação dinâmica a esses conceitos (seção I, 3 do capítulo 1), pois, embora a teoria aqui considerada postule que a diferenciação estrutural de centros e periferia está na base da diferenciação entre seus níveis de rendas, não vai reiterar a existência de uma relação geral entre ambas. Expressando de outro modo, não se chega a elaborar uma análise adequada e precisa das interações eventualmente existentes entre essas desigualdades.

III. VERSÃO INDUSTRIALIZAÇÃO[13]

i) Esta seção corresponde à terceira versão formal da teoria da deterioração da relação de troca. Também nela se trata de pôr em evidência que a explicação se apóia em um padrão de referência implícito, que impõe as condições requeridas para que a deterioração não se produza. Este paradigma é de grande complexidade e amplitude. Como poderá apreciar-se, entre as mencionadas condições se incluem o equilíbrio da balança comercial e o pleno emprego da força de trabalho a níveis de produtividade normal, que são justamente os objetos de análise das teorias examinadas no capítulo 2.

ii) Para simplificar a apresentação convém começar apoiando-se em um conjunto de premissas que exclui a consideração do progresso técnico.

Em um sistema econômico bipolar, composto pelo centro e pela periferia, prevalecem condições de livre comércio e mobilidade de capital, assim como de livre concorrência, no interior de cada pólo.

Na periferia existem dois setores produtivos, o primário-exportador e o industrial. A mão-de-obra, de qualidade homogênea, foi totalmente absorvida por estes setores, depois de um ano-base arbitrário.

Na indústria, o ganho real por pessoa ocupada (medido em bens industriais) equivale, por definição, à produtividade física média do trabalho e se subdivide em salário real e lucro unitário; este último representa a remuneração do capital. A renda média do setor primário-exportador se equipara à da indústria, pois as forças de mercado igualam a remuneração dos fatores — trabalho e capital — nas duas atividades. No gráfico seguinte os níveis iniciais de renda média, salários e lucro unitário da economia periférica estão representados por *PC = OA, PD = OB e DC = BA,* respectivamente.

A produtividade do trabalho, o salário e o lucro da indústria periférica equivalem aos do centro, de modo que os bens que elabora são competitivos com similares importados, sem qualquer proteção. A balança comercial e a de pagamentos se acham em equilíbrio, na situação inicial.

Quanto à evolução da economia periférica, postula-se que durante um número *n* de períodos de ganho, também arbitrário, a produtividade do trabalho permanece constante,[14] e a mão-de-obra, plenamente ocupada. O aumento total da população ativa, correspondente aos *n* períodos, está representado pelo segmento *OP,* no qual o emprego do setor primário exportador se mede de *O* para *P,* e o da indústria, de *P* para *O.* As forças do mercado impulsionam essa economia até uma situação final, ao final do período *n,* em que o setor primário-exportador absorve a quantidade *OR* de mão-de-obra adicional, e a indústria, a quantidade *PR.* Esta última se distribui entre a produção para o mercado interno e a produção de manufaturas para a exportação nas quantidades *PS* e *SR,* respectivamente.

O aumento do emprego industrial (de *P* até *R)* supõe a instalação sucessiva de novas atividades manufatureiras. Em algumas delas toda a produção é destinada ao mercado interno, que é suficiente para utilizar a

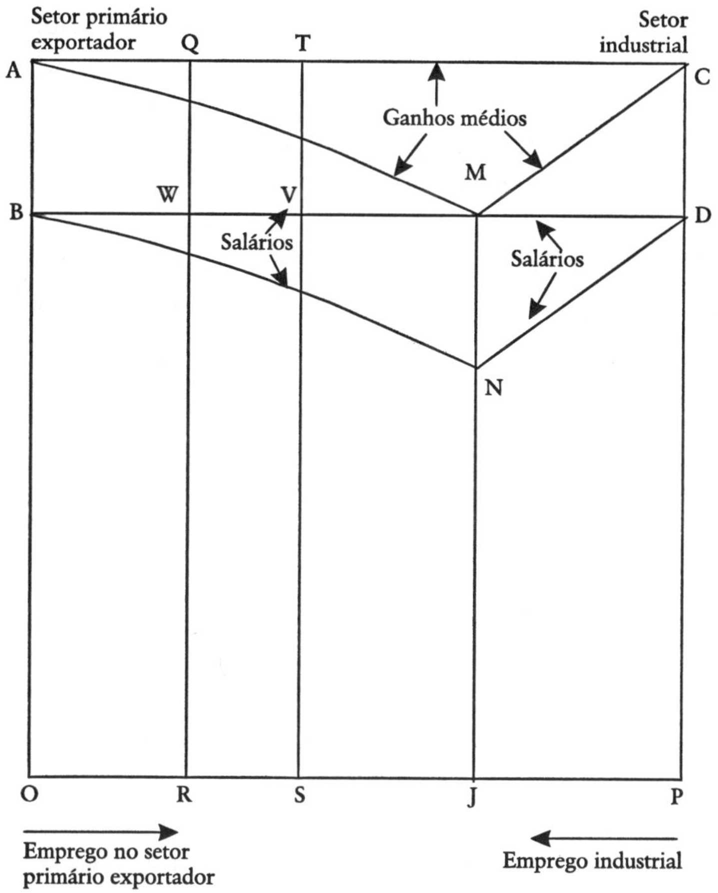

capacidade instalada plenamente. Em outras, a exportação complementa a demanda interna e corrige a virtual inadequação da escala mínima disponível.[15] Período após período, a concorrência assegura o equilíbrio dos mercados dos diferentes bens industriais, o qual é obtido, por hipótese, sem variação dos preços relativos desses bens (tanto os das manufaturas produzidas internamente quanto os das importadas). A renda média *(PC = ST = RQ)*, os salários *(PD = SV = RW)* e o benefício unitário *(DC = VT = WQ)* do setor industrial mantêm seus níveis iniciais.

A oferta da atividade primário-exportadora da periferia aumenta ao mesmo ritmo que a demanda, que, por sua vez, se expande à taxa determinada pelo crescimento da renda do centro e pela elasticidade-renda de sua demanda de importações primárias. O mercado desse tipo de produto se mantém em equilíbrio, sem que o preço relativo vigente na situação inicial varie. Também neste setor a renda média *(OA = RQ)* e os salários *(OB = RW)* (e, portanto, o lucro unitário) conservam as magnitudes do período-base.

Como foi dito, a indústria periférica não se expande apenas por meio da substituição de importações, mas também por intermédio da exportação de manufaturas. Aliada ao aumento das exportações primárias, a expansão industrial permite manter o equilíbrio da balança comercial e de pagamentos, à taxa de câmbio prevalecente no ano-base.

Tratando-se de um sistema bipolar, nos pressupostos precedentes está implícito que a evolução da economia periférica é compatível com a da economia central, e que nelas se produzem transformações complementares. Assim, por exemplo, as mudanças na composição das importações (e das exportações) da primeira têm de corresponder às mudanças que ocorrerem na composição das exportações (e importações) da segunda.

iii) Os pressupostos que acabam de ser descritos já contêm um padrão de referência. De acordo com estes, é cumprido um conjunto de condições que evitam qualquer variação da relação de preços entre exportações primárias e importações industriais, capaz de originar a diferenciação das rendas médias de ambas as economias.

Enfocando esse paradigma sob o ângulo da periferia e destacando seus aspectos dinâmicos, cabe sintetizar suas principais características da forma que se segue:

Os setores produtivos — o primário-exportador, a indústria de exportação e a indústria orientada para o mercado interno — acumulam e crescem a taxas compatíveis entre si. Em primeiro lugar, essa compatibilidade fica evidente no pleno emprego da força de trabalho, em níveis de produtividade constante. Nas atividades industriais, a produtividade é equivalente à que é alcançada nos centros, de tal modo que os respectivos níveis de renda também se equiparam.

Em segundo lugar, as taxas são compatíveis porquanto asseguram o equilíbrio externo: o crescimento das exportações primárias e industriais e a expansão das atividades substitutivas implicam que as exportações e importações globais aumentem ao mesmo passo. No setor primário-exportador, a produtividade e os preços relativos não variam, e a renda média respectiva permanece constante e igual à que prevalece na indústria da periferia e no centro.

Em terceiro lugar, dadas as condições de emprego, produtividade e preços em que se expandem as várias atividades periféricas, as remunerações dos fatores também se igualam entre essas atividades, assim como com as do centro. A igualdade dos salários reais e dos lucros indica — desse outro ângulo — que não se produz diferenciação de ganhos entre os dois pólos do sistema econômico.

Como nas análises do capítulo 2, esse resultado depende das proporções em que a produção e os fatores produtivos são distribuídos em cada um dos períodos de renda. Nisso se vê com clareza o caráter estruturalista desse modelo, posto que ele não passa de um padrão de transformação da estrutura produtiva periférica extremamente simples.[16] Esse padrão estabelece as condições requeridas para se evitar simultaneamente o desequilíbrio externo e o desemprego e se obter, além disso, níveis de produtividade do trabalho (na indústria) e dos preços relativos (no setor primário-exportador) que assegurem que sejam igualadas as rendas médias entre periferia e centro.

Também se pode observar que esse modelo incorpora os conceitos de especialização e heterogeneidade. A diversificação da estrutura produtiva e das exportações alcançada com o desenvolvimento industrial, que permitem manter o equilíbrio externo, indicam que a especialização estrutural foi superada. O pleno emprego em condições de produtividade normal reflete que a heterogeneidade estrutural já não subsiste. Com isso se consegue evitar a deterioração dos preços das exportações primárias e, por essa via, impedir a diferenciação de rendas. No sistema centro-periferia não existem, portanto, tendências ao desenvolvimento desigual, nem no que diz respeito às características das estruturas produtivas, nem quanto aos níveis de renda real média dos dois pólos que o constituem.

iv) Tacitamente, a deterioração é explicada por contraste em relação a um modelo do tipo do que acaba de ser delineado, postulando-se que a acumulação e o crescimento não se realizam na periferia de acordo com as condições de proporcionalidade requeridas para evitá-lo. Isso pode ser visto com clareza por meio de uma breve explicação do fenômeno considerado com base no gráfico anterior, e contrapondo-a passo a passo ao modelo aludido.

Admite-se em primeiro lugar que as exportações da periferia não são diversificadas. Como mantêm seu caráter primário, o funcionamento do sistema econômico em seu conjunto se vê influenciado pelo dinamismo diferente que a demanda de importações apresenta em seus dois pólos. Conforme se concebe, a disparidade de elasticidades dá origem a sucessivos déficits comerciais no pólo periférico, que, por sua vez, levam à adoção de sucessivas desvalorizações da taxa de câmbio. Estas trazem consigo uma série de altas nos preços internos das exportações primárias e das importações que impulsionam a expansão da produção primário-exportadora e da produção industrial substitutiva. Esse mecanismo de impulsão leva a economia periférica da situação inicial a uma situação definida pelo ponto *J*, na qual se atribui à indústria a quantidade *PJ* do incremento da força de trabalho e ao setor exportador, a quantidade *OJ*.

Interessa particularmente examinar as características com as quais se produz a expansão de ambas as atividades. A indústria não se expande em condições de produtividade constante, como no modelo anteriormente descrito. Por hipótese, isso depende de que os novos ramos instalados só destinem sua produção ao mercado interno, cujas dimensões obrigam a operar com margens de capacidade ociosa cada vez maiores. O aumento dos custos de depreciação por unidade de mão-de-obra se reflete na diminuição da produtividade líquida do trabalho e da renda média industrial. No gráfico anexo, eles caem paulatinamente de acordo com *CM*, de *PC* na situação inicial até *JM*, na final. Como o lucro unitário é supostamente constante, para que a produção manufatureira mantenha sua competitividade é necessário que os salários sejam reduzidos em forma paralela: estes diminuem ao longo de *DN*, de *PD* a *JN*, entre as mencionadas situações.

As exportações também não se comportam como no paradigma delineado anteriormente, uma vez que as exportações de manufaturas não chegam a ser realizadas e as de origem primária aumentam a um ritmo maior que o da respectiva demanda. Em conseqüência, os preços das exportações primárias são reduzidos de forma contínua; embora a produtividade do setor que as gera permaneça constante, a renda média diminui ao longo de *AM*, e os salários de acordo com *BN*, de forma semelhante aos do setor industrial, até alcançar as magnitudes *JM e JN*, respectivamente, na situação final.

Em síntese, na indústria, a redução da renda média se associa à diminuição da produtividade; no setor primário-exportador, à deterioração dos preços relativos. Dada a constância da remuneração do capital, a queda da renda ocorre exclusivamente nos salários, cuja queda se torna possível em virtude da disponibilidade de mão-de-obra existente na economia periférica.

As considerações precedentes permitem destacar os elementos que entram na explicação da deterioração. Por um lado, atuam a disparidade de elasticidades e o desequilíbrio externo que esta tende a gerar. Mas se estes fatores forem enfocados do ângulo da estrutura produtiva, observa-se que eles refletem a especialização dessa estrutura, entendida nos dois sentidos apontados reiteradamente: o caráter primário do setor exportador, que enfrenta na periferia uma lenta expansão da demanda externa; e a escassa diversificação do aparelho produtivo destinado a satisfazer o mercado interno e o modo pelo qual ele vai sendo ampliado (mediante uma substituição de importações que se dá do simples para o complexo), que geram uma enorme demanda de bens importados.

Por outro lado, influem a queda do nível de produtividade industrial e a disponibilidade de mão-de-obra, que permite que a diminuição seja compensada com menores salários. Em outras palavras, intervêm fatores que representam de maneira simplificada as condições de heterogeneidade peculiares da estrutura produtiva periférica: a existência de atividades de tecnologia atrasada (expressa mediante a redução da produtividade industrial) e o excesso real ou eventual de população ativa (expresso por meio da flexibilidade de oferta de trabalho subjacente na contração dos salários).

Como se pode ver, a explicação do fenômeno da deterioração e da diferenciação de rendas constitui, em última instância, um desenvolvimento analítico dos conceitos de especialização e de heterogeneidade. As desproporções na estrutura produtiva que servem de base para essa explicação implicam que ambas subsistem; ou melhor, implicam que, embora ocorram transformações na economia periférica, perdura a desigualdade em relação ao grau de diversificação e homogeneidade da estrutura produtiva do centro. Em suma, essa interpretação incorpora e desenvolve as idéias da concepção originária acerca do caráter desigual do desenvolvimento do sistema centro-periferia, em seu duplo aspecto: a desigualdade de estruturas e de ganhos.

v) Como se viu, o modelo exposto neste ponto consiste em um padrão ideal de transformação da estrutura produtiva que combina as taxas de crescimento dos diferentes setores e ramos da produção, de modo que se obtenha o pleno emprego em condições de produtividade normal, mantenha-se o equilíbrio externo e se impeça qualquer variação dos preços relativos das exportações periféricas capaz de trazer consigo uma perda ou transferência de renda para o exterior. Tal modelo tem conseqüências quanto à estrutura do comércio exterior que convém esclarecer separadamente.

Em primeiro lugar, considere-se o comércio sob a perspectiva da preservação do equilíbrio externo. Para conseguir que este se mantenha serão necessários certos ritmos adequados e compatíveis de expansão das exportações primárias, das exportações de manufaturas e da produção industrial substitutiva de importações, destinada ao mercado interno. Por natureza, este modelo parcial exige certas mudanças na estrutura do comércio: as exportações se diversificam e incluem determinadas porcentagens de bens manufaturados; embora continuem sendo totalmente industriais, as importações mudam de composição: passam a ser importados, proporcionalmente, menos bens de consumo e mais bens intermediários e de capital. Como é óbvio, tais mudanças supõem que ocorram transformações complementares na estrutura do comércio do centro e que por trás delas ocorram as mudanças correspondentes em sua estrutura produtiva.

Além das que já foram apontadas, existem mudanças adicionais que também têm de ocorrer na estrutura do comércio e que são necessárias para se evitar a deterioração na relação de preços e, portanto, para reagir à tendência à diferenciação de ganhos.

No que diz respeito às exportações primárias, é preciso que elas cresçam de acordo com o aumento da demanda, de modo que a relação de seu preço com o das importações não varie e o nível de renda real médio (medido em bens industriais) do setor que as produz se mantenha constante.

As exportações de manufaturas têm de provir de uma indústria eficiente, capaz de produzir em condições de produtividade e salários constantes; este é um requisito para que o nível de renda médio tampouco varie, tanto nos ramos que destinam sua produção ao mercado interno como nos que exportam. Implicitamente, os aumentos das exportações industriais são compatíveis com a constância da relação do seu preço com o das importações.[17]

As considerações anteriores evidenciam que, para evitar variações dos preços relativos das exportações que tragam consigo a diferenciação de ganhos, são necessárias, em última instância, transformações na estrutura produtiva que corrijam a especialização e a heterogeneidade da periferia. Também se verifica a necessidade de introdução de certas transformações na estrutura do comércio, implícitas nas primeiras. Essas consistem em expandir as exportações primárias a um ritmo adequado, em diversificar as exportações, incluindo entre elas bens industriais produzidos com eficiência, e em mudar concomitantemente a composição das importações. É claro que a essas transformações corresponderão mudanças complementares na estrutura do comércio do centro.

vi) A "versão industrialização" da teoria da deterioração examinada nos pontos anteriores supõe a inexistência de progresso técnico. A consideração da sua existência é feita por meio de uma análise adicional, a ser examinada a seguir.

Esta análise parte das seguintes hipóteses: no começo do processo de industrialização de uma economia periférica, a produtividade do trabalho do seu setor industrial equivale à do setor correspondente do centro; a mobilidade do capital assegura a igualdade da remuneração em ambas as economias. Tais hipóteses são compatíveis com esta outra: no início do processo, os salários também estão equiparados. Supõe-se, além disso, que entre as duas economias componentes do sistema existe disparidade de elasticidades-renda da demanda de importações e que isso leva a sucessivos déficits externos e a desvalorizações no pólo periférico, de modo similar ao já examinado.

Em primeiro lugar, há que se ter presente a evolução da indústria periférica. As sucessivas desvalorizações estimulam sua expansão ao elevar os preços internos dos bens industriais importados. Na análise simplificada, supunha-se que tal expansão trazia consigo um aumento de custos ou, o que é a mesma coisa, uma queda da produtividade líquida do trabalho, refletida no declínio da curva *CM*. Os salários diminuíam paralelamente, ao longo de *DN*, a fim de preservar a competitividade da produção industrial periférica. Na nova análise, admite-se, em compensação, que durante o processo de industrialização a produtividade aumenta a um ritmo maior no centro que na periferia, de modo que os respectivos níveis de produtividade se diferenciam gradualmente. Partindo-se desse pressuposto, para manter a competitividade da indústria periférica não é necessária a redução dos salários; a diferenciação gradual do nível de salários em relação à economia central será suficiente para compensar a desigualdade das produtividades do trabalho.

Os desequilíbrios e desvalorizações impulsionam também a expansão do setor exportador, ao elevar os preços de seus produtos em moeda nacional. Ocorre assim um aumento das exportações, o qual, diante do crescimento relativamente lento da demanda, leva à deterioração da relação de troca. Por sua vez, esta é compensada pela diferenciação do nível de salários pagos no setor exportador em relação ao da economia central, e não pela diminuição do seu nível absoluto.

Considere-se a evolução de ambos os setores de maneira simultânea. O processo de ajuste da economia em seu conjunto é impulsionado pela disparidade de elasticidades. Durante esse processo, a produtividade da indústria periférica aumenta, mas menos do que na indústria do centro, disparidade que vai sendo compensada com a diferenciação gradual do nível de salários. As forças do mercado impulsionam ao mesmo tempo a expansão do setor exportador e igualam as remunerações dos fatores de produção em ambos os setores.

Porém, como se postula que a produtividade do trabalho aumenta a um ritmo maior na atividade exportadora que na indústria, a expansão das exportações será de uma magnitude que afetará negativamente a relação de troca; desse modo, sua deterioração compensará o aumento maior da produtividade do setor exportador e assegurará assim a igualdade das remunerações dos recursos produtivos.

Conclui-se, portanto, que o processo espontâneo de industrialização da periferia traz consigo o resultado que acaba de ser indicado: a queda forçada da relação de preços, razão pela qual a renda média do setor exportador muda de acordo com a variação da produtividade da indústria, e não com o aumento da sua própria produtividade. A deterioração implica, portanto, que não se consiga todo o incremento de renda que poderia advir do aumento da produtividade do sctor primário-exportador.

vii) Em síntese, os elementos-chave para explicar as causas e o significado desse fenômeno são os seguintes:

Primeiro. A disparidade das elasticidades-renda da demanda de importações de centro e periferia determina o modo de funcionamento da economia periférica, ao impulsionar sucessivos desequilíbrios externos e desvalorizações.

Segundo. Quanto à sua estrutura produtiva, essa economia se caracteriza pelo atraso tecnológico. De uma perspectiva dinâmica, tais condições de atraso se manifestam de duas maneiras: por um lado, pelo menor ritmo de aumento da produtividade da indústria periférica em relação ao do seu setor exportador, e deste em relação à economia central; e, por outro lado, pela geração contínua de um excedente de mão-de-obra.

Terceiro. O modo de funcionar da economia periférica e o marco estrutural em que se dá o seu funcionamento explicam em conjunto a deterioração dos termos de troca. Este é considerado um fenômeno necessário, uma tendência própria do processo espontâneo de industrialização da periferia.

Quarto. Esse fenômeno constitui um mecanismo mediante o qual ocorre uma perda de renda potencial, mas também uma transferência para o centro de parte dos frutos do progresso técnico incorporado à produção da periferia.

Como se pode observar nesta síntese final, e também nas explicações mais amplas que a antecedem, concebe-se que o fenômeno da deterioração tem origem nas características da estrutura produtiva do pólo periférico do sistema econômico mundial (isto é, em sua reiterada especialização e heterogeneidade); e, do mesmo modo, nos elos de tal estrutura com os padrões de inserção externa desse pólo (refletidos na estrutura do comércio internacional).

Estes fundamentos últimos da terceira versão da teoria da deterioração se ligam a uma recomendação geral de política econômica, também derivada dessa ótica estruturalista subjacente. Recomenda-se impulsionar a industrialização da periferia, a fim de se dar emprego e elevar a produtividade do trabalho e, ao mesmo tempo, superar o obstáculo externo. Além dessa proposta industrialista, tal versão contém um reconhecimento da necessidade de se alterar o esquema tradicional da divisão internacional do trabalho e, com isso, a estrutura do comércio mundial. Essas transformações apontam para a redinamização do comércio e a eliminação das desvantagens que o padrão de troca prevalecente apresenta para o pólo periférico.

IV. AS PRINCIPAIS CRÍTICAS

A presente seção examina as críticas ao enfoque estruturalista da deterioração da relação de troca, realizadas de uma perspectiva ortodoxa. O primeiro de seus pontos corresponde à questão dos vínculos entre a tendência à deterioração e a perda de renda ou de bem-estar econômico. O segundo comenta brevemente os problemas de medição associados ao suporte empírico de tal enfoque. O terceiro considera as objeções provocadas pelas causas atribuídas ao fenômeno da deterioração.

1. Deterioração e bem-estar

Com freqüência se argumenta que esse fenômeno não afeta necessariamente de modo desfavorável o bem-estar econômico, medido em termos de renda real por habitante. O argumento utilizado é simples: se a relação de preços cai, por exemplo, 5%, mas ao mesmo tempo a produtividade dos fatores (para simplificar, a produtividade média do trabalho) na elaboração de bens exportáveis aumenta 10%, a economia em questão estará em melhores condições que antes, pois obterá mais bens importados com a mesma quantidade de recursos. Em casos como o anterior, mesmo que a relação de preços de troca piore, melhora a relação fatorial simples de troca, que constitui o índice adequado para se aferir as variações no nível de bem-estar (Haberler, 1960, p. 326-7; Meier, 1968, p. 64).[18]

Esta postura crítica em nada contradiz os pontos de vista estruturalistas acerca do significado do fenômeno da deterioração. Reconsideremos a expressão

$$Ypi = Lp \cdot \frac{Pp}{Pi} \qquad [1]$$

e admitamos que ela defina a renda real por pessoa ocupada na atividade primário-exportadora da periferia. A crítica alega que a queda da relação de troca *(PP/Pi)* não traz consigo uma diminuição da renda média *(Ypi)*, caso seja compensada com folga pela elevação da produtividade do trabalho *(LP)*. A argumentação estruturalista não nega essa possibilidade, nem a exclui, sem prejuízo de reconhecer que ela envolve uma "perda" de renda potencial, isto é, um nível de renda menor que o que seria alcançado se não ocorresse a deterioração.

Mas, sob uma perspectiva teórica, a chave de tal argumentação não é essa idéia de perda de renda potencial, mas o conceito de *diferenciação de rendas.* Para descrevê-lo convém voltar para a expressão

$$y = \frac{Lp}{Li} \cdot \frac{Pp}{Pi} \quad [2]$$

remetendo-a à relação percentual entre a renda real por pessoa ocupada na atividade primário-exportadora e o que corresponde à atividade industrial das economias centrais. De acordo com os postulados estruturalistas, a produtividade aumenta mais nesta última que na produção primária da periferia, o que equivale a supor que a relação entre produtividades *(Lp/Li)* piora para a segunda. *Ceteris paribus,** isso significa, por sua vez, que a relação entre rendas *(y)* tende também a diminuir, ou seja, que as rendas médias tendem a se diferenciar. O significado atribuído à deterioração da relação de preços *(Pp/Pi)* é então claro: esse fenômeno confirma e agrava a tendência à diferenciação de rendas. Verifica-se desse modo que tal tendência é perfeitamente compatível com o aumento da renda média na atividade primária. Dito de outro modo, supondo-se que os ritmos de aumento da produtividade são díspares, a deterioração dos termos de troca implica, necessariamente, que a relação de troca duplo-fatorial também piora, o que não exclui a possibilidade de que a relação fatorial simples (ou o "bem-estar") aumente nas duas economias que compõem o sistema e realizam o comércio.

Como se pode observar, o equívoco mais visível dessa crítica consiste em supor que é atribuído à deterioração um significado diferente daquele que realmente lhe é conferido. Do mesmo modo, ela é inadequada porque desconhece e deixa de lado o contexto global da análise estruturalista: não percebe que a argumentação se articula em torno do significado da deterioração, mas, na verdade, se destina a examinar a tendência

*Expressão latina muito utilizada pelos economistas. Significa, literalmente, "tudo mais mantido igual" ou "tudo mais constante", sendo a segunda tradução a preferida nos livros de economia. Uma proposição ou previsão econômica, que estabelece relações causais ou lógicas, precisa ser submetida à condição *Ceteris paribus* quando, para que a proposição seja verdadeira, ou para que a previsão se verifique, é preciso que outros fatores, variáveis, fatos ou circunstâncias que poderiam interferir na relação lógica ou de causalidade analisada se mantenham constantes ou imutáveis. (*N. R.* T.)

à diferenciação de ganhos (que, por sua vez, é uma das manifestações do caráter desigual do desenvolvimento do sistema centro-periferia). Além do mais, no contexto desta análise, não é necessário postular que ocorra deterioração para sustentar que tal tendência existe: basta que os termos de troca não variem, ou que melhorem numa proporção inferior à que torna pior a relação entre as produtividades.[19]

2. *A deterioração e os problemas de medição*

O suporte empírico da argumentação estruturalista sobre a deterioração foi inicialmente o índice dos termos de troca de mercadorias do Reino Unido entre as décadas de 1870 e 1940, calculado com base nos preços CIF para as importações britânicas e FOB para as exportações. O uso desse índice foi considerado insatisfatório por diversas razões.

Em primeiro lugar, a sensível redução dos custos de transporte registrada entre esses anos permite admitir que os termos de troca melhoraram simultaneamente para a Grã-Bretanha e para as economias de ultramar (Haberler, 1960, p. 333). Em particular, destaca-se que, entre 1876 e 1905, "uma grande proporção, e talvez a totalidade das quedas dos preços dos produtos primários na Grã-Bretanha, pode ser atribuída à grande redução nos fretes internacionais. Posto que o preço dos artigos manufaturados que a Grã-Bretanha exportava teve nesse período uma queda de 15%, os termos de troca dos países de exportação primária, se forem considerados os preços FOB tanto para os artigos exportados como para os importados, podem ter variado em seu favor" (Ellsworth, 1956, p. 55-6). Uma segunda crítica indica que a mesma série de termos de troca britânicos mostra uma elevação da relação de preços para os produtos primários entre 1801 e 1870 (Morgan, 1959, p. 4). Finalmente, sustenta-se que, mesmo admitindo como válida a melhora dos termos de troca britânicos, estes não podem ser considerados representativos dos termos de troca do conjunto dos países industriais, nem desse conjunto no comércio com as economias de menor desenvolvimento (Haberler, 1960, p. 333-4; Meier, 1968, p. 59-60).

Sem dúvida, as críticas anteriores mostram a inadequação das séries de preços utilizadas nos documentos estruturalistas iniciais. Deve-se apontar que, durante longos períodos, também não foram elaborados informações e estudos que comprovassem de maneira satisfatória a existência de uma tendência de longo prazo à deterioração dos termos de troca de mercadorias. Em parte isso se deveu às dificuldades próprias dessa tarefa: a argumentação estruturalista está vinculada a movimentos dos preços a um prazo muito longo; ela não se refere ao comércio de bens primários e de manufaturas em geral, mas ao intercâmbio de bens industriais produzidos nas economias centrais por bens primários produzidos nas economias periféricas, onde a informação era escassa e de má qualidade; a rigor, a tese-chave sobre a diferenciação de rendas não requer considerar apenas as relações de preços, mas também calcular índices de produtividade, a fim de contar com séries de termos de troca duplo fatoriais.

Embora a informação disponível por volta dos anos 1950 fosse sem dúvida insuficiente para corroborar os pontos de vista estruturalistas,[20] dela parecem derivar conclusões que lhes são favoráveis. Destacam-se, nesse sentido, as afirmações do minucioso trabalho de C. P. Kindleberger sobre os termos de troca da Europa, onde se observa que "na experiência européia, os termos de troca se moveram contra os países subdesenvolvidos" e que "a relação de troca duplo-fatorial deve tê-lo feito ainda mais" (Kindleberger, 1956, p. 233 e 240). Os resultados de um estudo recente devem reforçar tais pontos de vista. De fato, ele mostra que, entre os anos 1900 e 2000, os termos de troca dos produtos básicos (com exceção do petróleo) caíram, na segunda data, a um terço de seu valor na primeira (Ocampo e Parra, 2003).

Quanto à debilidade do suporte empírico da tendência à deterioração, destaca-se deste modo que os índices dos termos de troca de mercadorias não levam em conta as variações de qualidade e somente de forma muito insuficiente os produtos novos. Como essas mudanças têm grande importância nos bens industriais a longo prazo e pouca nos primários, a avaliação da piora da relação de preços entre ambos os tipos de bens resulta distorcida: os índices ignoram as mudanças mencionadas e, portanto, não refletem seus efeitos favoráveis sobre o bem-estar das economias importadoras de produtos industriais (Haberler, 1960, p. 332).

Cabe observar, no entanto, que essa argumentação não contradiz nem invalida as observações sobre o significado do fenômeno da deterioração, objeto da seção 1.

A crítica a que se acaba de aludir pode ser demonstrada com base na expressão [1]. Suponha-se que a produtividade média do trabalho na atividade primária *(Lp)* permanece constante e que a relação de preços *(Pp/Pi)* piora. Isso implica uma perda de bem-estar, no sentido de que a renda real média *(Ypi)* diminui. Mas, ao estimar essa redução, não se considera que os artigos que integram a renda real na nova situação são de qualidade superior aos produzidos anteriormente e que essa mudança de qualidade atua favoravelmente sobre o bem-estar, por meio da maior satisfação que os consumidores obtêm ou também dos melhores resultados alcançados pelos usuários dos produtos.

De uma perspectiva conceitual (e mesmo que existam problemas práticos na construção dos índices apropriados), a crítica anterior é inadequada por desconhecer e deixar de lado os argumentos estruturalistas. Estes não se referem à eventual perda de bem-estar na periferia, mas à diferenciação de seu nível de renda médio em relação aos centros.

Essa diferenciação pode ser expressa mediante uma *relação* entre os ganhos reais por pessoa ocupada de ambas as economias, a qual não é afetada pelas mudanças de qualidade, pois estas ocorrem em bens que, ao mesmo tempo, fazem parte dos ganhos reais dos dois pólos componentes do sistema. A expressão [3] pode se referir a dois períodos arbitrários:

$$y1 = \frac{Lp1 \cdot Pp1}{Li1 \cdot Pi1} \qquad y2 = \frac{Lp2 \cdot Pp2}{Li2 \cdot Pi2} \qquad [3]$$

O estruturalismo postula que essa relação diminui — isto é, que os ganhos se diferenciam em virtude do maior aumento da produtividade industrial e da deterioração dos termos de troca. No primeiro período, tanto o ganho médio primário *(Lp1 · Pp1/Pi1)* quanto o industrial *(Li1)* são medidos em unidades físicas de bens industriais do tipo elaborado nesse período. No seguinte, os ganhos dos dois pólos *(Lp2 · Pp2/Pi2* e *Li2,* respectivamente) estão expressos em unidades físicas das manufaturas do ano dois, que supostamente são de qualidade superior às do ano um. Como se pode ver, a mudança de qualidade em nada afeta a avaliação da relação entre as rendas (a qual, ademais, carece de unidades justamente por se tratar de uma relação).

3. *As causas da deterioração*

Freqüentemente se faz referência às intensas flutuações dos termos de troca de mercadorias, admitindo-se a importância de suas repercussões nas economias de menor desenvolvimento. Mas o que se aponta é que tais flutuações não são extrapoláveis para o futuro e, sobretudo, nega-se que nelas possa ser percebida qualquer tendência de longo prazo à deterioração (Haberler, 1960, p. 34-48).

Além da refutação empírica, existem objeções isoladas a alguns dos argumentos estruturalistas utilizados na explicação teórica dessa tendência. O primeiro ponto a ser considerado, mais que uma crítica, é a breve expressão de um ponto de vista alternativo: argumenta-se que, embora os elementos monopólicos no mercado de trabalho dos centros exerçam influência na elevação do nível geral de preços, dificilmente se entende como podem tê-la no suposto movimento dos preços relativos contra os bens primários (Haberler, 1960, p. 335-6; Meier, 1968, p. 63-4).

A debilidade desses comentários é clara: eles repudiam um dos fatores explicativos da tendência à deterioração, em circunstâncias que desconhecem por completo o papel que esse fator desempenha na sua explicação, ou seja, como se insere no contexto teórico ao qual pertence. Em outras palavras, a pretensa crítica não examina com um mínimo de atenção a argumentação que conforma a “versão ciclos” da teoria da deterioração, cuja função é precisamente explicar por que as diferentes condições do mercado de trabalho dos centros e da periferia (e não só os elementos monopólicos existentes nos primeiros) podem causar a diferenciação do nível de salários entre ambos os tipos de economia, e por que esta, por sua vez, pode estar relacionada com a tendência à deterioração.

A segunda objeção se refere ao argumento segundo o qual a demanda central de importações de produtos primários elaborados pela periferia cresce com relativa lentidão, em comparação com a demanda periférica de importações de bens produzidos pela indústria dos centros. Nesse sentido, alega-se que a operação da lei de Engel — relativa unicamente à demanda de alimentos e ao comportamento de populações homogêneas — não pode ser extrapolada para a demanda mundial de produtos primários por duas razões principais: ela inclui matérias-primas de origem mineral e insumos agrícolas não-alimentícios; a demanda de alimentos pode crescer com intensidade na própria periferia.

Esta segunda crítica supõe erroneamente que o argumento estruturalista da disparidade de elasticidades atribui somente à lei de Engel baixa elasticidade-renda da demanda central de importações primárias provenientes da periferia. Na verdade, tal argumento enfatiza os efeitos da mudança tecnológica sobre a utilização de insumos e sobre o próprio consumo, efeitos explicitamente considerados, aos quais se fez referência na subseção 2.

Do mesmo modo, é de se observar que o conceito de disparidade de elasticidades está relacionado a duas "populações homogêneas" (para usar a nomenclatura da crítica), isto é, aos dois pólos que constituem o sistema centro-periferia. Este conceito sintetiza as características da demanda de importações que cada um realiza para o outro, com o fim de examinar as dificuldades que tais características eventualmente geram no intercâmbio comercial e sem prejuízo de que em cada pólo haja outros elementos a considerar — entre eles, o vigor da demanda de mantimentos no interior do pólo periférico.

Como se pôde observar, a primeira crítica refuta parte dos argumentos explicativos da tendência à deterioração que têm a ver com as diferentes condições do mercado de trabalho e/ou com a diferenciação de salários entre periferia e centro; a segunda refuta alguns dos argumentos relativos à disparidade no dinamismo da demanda de importações da periferia com relação à do centro. Interessa destacar que em ambos os casos, ao considerar cada argumento de maneira isolada, as críticas colocam em primeiro plano o próprio fenômeno da deterioração e se limitam à única tarefa de impugnar sua existência. De um outro ângulo, tais críticas ignoram as amplas teorias construídas para explicá-lo, nas quais a deterioração constitui apenas uma das tendências resultantes da operação do sistema centro-periferia; além do mais, a parcialidade das críticas oculta que a análise desse sistema (e não a tendência à deterioração) constitui, na verdade, o objetivo e a característica principal dessas teorias.[21]

Notas

1. As primeiras colocações estruturalistas a respeito se encontram em "Principais problemas", especialmente p. 4-7; e em "Estudo", especialmente no capítulo III. Mais adiante se faz referência às críticas a essas colocações.
2. Esta primeira abordagem da relação entre variações de preços e de renda se encontra explicitada em "Principais problemas" (p. 4).
3. "Estudo" (p. 49). Uma caracterização dos elos entre variações de preços e de renda, assim como dos fatos e hipóteses em que se sustenta sua análise, encontra-se em "Principais problemas" (p. 1, 4 e 5) e em "Estudo" (p. 49-50 e 80).
4. Esta expressão, agora deduzida, é equivalente à utilizada para apresentar a concepção do sistema centro-periferia, no capítulo 1.
5. A tais pressupostos, assim como a suas fontes bibliográficas, se faz referência neste mesmo capítulo.
6. O conceito utilizado até o momento é o de termos de troca de bens ou de mercadorias, também denominado "relação de preços de troca" ou "relação de troca". Mais adiante se fará referência explícita à "relação fatorial simples de troca", que é a relação de troca multiplicada por um índice de produtividade das exportações, e à "relação de troca duplo-fatorial", que equivale à anterior dividida por um índice de produtividade das importações. Embora simplificada ao máximo, a terceira das equações anteriores se refere tacitamente a esta última. A definição precisa destes conceitos pode ser consultada em Cepal (1976). As diferentes definições de termos de troca ali consignadas coincidem com as usuais da teoria do comércio internacional, como as que constam em Viner (1937, p. 558-64).
7. Admita-se que a equação anterior corresponde à produção de um único bem industrial no centro e, do mesmo modo, de um único bem primário na periferia. Essa simplificação permite perceber que uma variação dos preços relativos *(Pp/Pi)* favorável a este último bem, que compense exatamente a variação desfavorável das produ-

tividades (de *Lp/Li*), dará lugar a essa "divisão semelhante dos frutos do progresso técnico", no sentido preciso de que a relação entre rendas *(y)* não será alterada.

8. Em relação à conformação de uma tendência à deterioração dos termos de troca através de sua flutuação cíclica, ver "Estudo" (p. 61) e "Principais problemas" (p. 6). Uma menção explícita sobre a necessidade de se buscar a explicação de tal tendência investigando-se as oscilações cíclicas da economia capitalista encontra-se neste último documento, na mesma página.
9. Uma breve caracterização dos movimentos cíclicos e de seus aspectos distributivos se encontra em "Estudo" (p. 61-6:) e em "Principais problemas" (p. 5-7).
10. Em termos da expressão $y = Lp/Li \,.\, Pp/Pi$, sendo constantes as produtividades *(Lp* e *Li)*, a diminuição da relação de preços *(Pp/Pi)* significará que as rendas médias se diferenciam (que *y* se reduz).
11. Esta argumentação se acha explicitada em "Estudo" (p. 62-3) e em "Principais problemas"' (p. 7).
12. Sobre estas condições que forçam uma maior contração das rendas na periferia, veja-se "Estudo" (p. 64).
13. Como já se indicou, esta versão se encontra em Prebisch (1959).
14. Esta hipótese deriva diretamente da inexistência de progresso técnico e, portanto, se estende também às atividades produtivas da economia central.
15. O pleno uso da capacidade instalada permite que a produtividade líquida do trabalho, isto é, o produto por homem ocupado, deduzido o custo da depreciação do capital, também permaneça constante na indústria periférica.
16. Como já foi indicado, embora o modelo se refira basicamente ao pólo periférico, seus pressupostos indicam que a transformação estrutural e a evolução econômica do pólo central do sistema se produzem de maneira complementar e compatível com as do primeiro.
17. Como os preços relativos e a produtividade do trabalho dos dois subsetores que realizam as exportações são supostamente constantes, tacitamente se está admitindo que os termos de troca fatoriais simples não se alteram.* Como a produtividade da indústria central também é considerada dada, a relação de troca duplo-fatorial tampouco variará. Estas são outras formas de dizer que não ocorrem perda nem diferenciação de rendas.

*Termos de troca fatoriais simples do país X são os seus termos de troca com o país Y ajustados para levar em consideração as variações de produtividade que ocorrem na produção dos itens exportados por X. Os termos de troca fatoriais duplos registrados no comércio entre o país X e o país Y são os termos de troca de X com Y ajustados para levar em consideração tanto as variações de produtividade que ocorrem na produção de artigos exportados por X quanto as que acontecem na produção de artigos importados por X provenientes de Y. (*N. R. T.*)

18. Estes e outros conceitos e índices constam da nota 6 da seção I, 2.
19. Em outras palavras, para sustentar as idéias estruturalistas sobre a diferenciação de ganhos e o caráter desigual do desenvolvimento entre centro e periferia, basta a rigor postular a deterioração dos termos de troca duplo-fatoriais. A queda da relação de troca de mercadorias pode ser considerada uma hipótese especial, que serviu de base para as primeiras colocações dessas idéias e que é compatível com a hipótese mais geral recém-aludida.
20. Algumas fontes de informação sobre o comportamento dos termos de troca de mercadorias em períodos muito longos podem ser consultadas em Morgan (1959, p. 21-3).
21. Referência às teorias descritas no capítulo 2 e no presente. Em trabalhos de vários autores, é feita uma análise similar da significação da deterioração, e lhe atribuem causas semelhantes. O artigo de Singer (1950) — "The distribution of gains between investing and borrowing countries" —, ao qual já fizemos referência, publicado de forma quase simultânea com os primeiros documentos estruturalistas, é um dos mais conhecidos. A peculiaridade do enfoque estruturalista consiste justamente em, desde o início, inscrever a explicação do fenômeno da deterioração dentro de uma concepção mais ampla sobre a forma como opera o sistema centro-periferia.

4. Sobre o enfoque estruturalista da inflação

Este enfoque se encontra contido em um amplo conjunto de trabalhos publicados entre 1950 e 1963. Seus distintos autores oferecem pontos de vista pessoais sobre os processos inflacionários latino-americanos, mesmo que quase todos tenham estado vinculados à Cepal de forma direta nesses anos.[1] J. Noyola (1957), A. Pinto (1956a, 1956b, 1958, 1960, 1963, 1968), J. Olivera (1960, 1963) e O. Sunkel (1958, 1959, 1963a e 1963b) configuram-se como os de difusão mais ampla.[2]

Como é claro, o enfoque em questão diz respeito a problemas de conjuntura ou macroeconômicos de curto prazo. No entanto, deve-se ter presente que muitas das idéias sobre a natureza estrutural dos obstáculos ao desenvolvimento (entre eles, os de índole sociopolítica), assim como sobre a necessidade de empreender "reformas de estrutura" para superá-los, começaram a expor-se e articular-se no marco daquele enfoque. Daí a conveniência de revisá-lo com brevidade, a título de antecedente conceitual significativo das análises de longo prazo objeto da segunda parte e, em especial, do capítulo 5.

I. A OPOSIÇÃO AO ENFOQUE MONETARISTA

O enfoque estruturalista da inflação começa a conformar-se em trabalhos que surgem por volta de 1950, como resultado da aceleração das altas de preços na economia chilena. Desde o término da guerra da Coréia, tais altas se acentuam também em outras economias latino-americanas, entre elas as da Argentina, do Brasil e do México. Esta agudização e extensão do fenômeno inflacionário vai dando lugar à busca de explicações mais gerais. A partir de 1954 se expõem diversos esquemas de análise com a finalidade explícita de construir uma ferramenta teórica suscetível de ser aplicada aos distintos casos de inflação.

Embora as perspectivas variem de acordo com o autor e cada esquema de análise possua matizes próprios,[3] os diversos trabalhos apresentam um traço principal em comum: consideram que os processos inflacionários latino-americanos têm sua origem em desequilíbrios gerados na esfera real do sistema econômico e, especialmente, em certas características e rigidezes dos setores externo e agrícola.

Esse tipo de análise da inflação se denominou "estruturalista" justamente porque coloca em primeiro plano algumas das peculiaridades da estrutura produtiva de economias como as latino-americanas. O termo estruturalista (ou estruturalismo), que surge em relação com esta análise, passa logo a aplicar-se a contribuições da Cepal relativas ao longo prazo e com o tempo se estende ao conjunto de seu pensamento, assim como ao de diversos autores direta ou indiretamente vinculados à mesma. É provável que tal designação tenha se difundido e generalizado pela amplitude e pelo marcado tom polêmico com que se discutiram os problemas econômicos de curto prazo, em particular entre 1958 e 1963.

No período em que teve vigência, o enfoque estruturalista da inflação foi muitas vezes apresentado por contraste com a posição "monetarista", atribuída ao Fundo Monetário Internacional. Na verdade, esta última se expressava mediante propostas de políticas de estabilização, posteriormente concertadas com vários países da área, com base em distintas "cartas de intenção". Da perspectiva estruturalista, essas políticas foram visualizadas como um conjunto de medidas tendentes a contrair o gasto nacional, mas também a liberalizar o sistema econômico. Em linhas gerais, a posição monetarista teria aconselhado combater a inflação por meio de decisões como as seguintes: reduzir ou eliminar o déficit fiscal, principalmente mediante a limitação do gasto público e o aumento de tarifas em serviços públicos deficitários; conter a expansão monetária e creditícia, adequando-a às necessidades reais do aumento da atividade econômica; desvalorizar substancialmente a taxa de câmbio e atenuar as restrições tarifárias e não-tarifárias ao comércio exterior;

eliminar o controle de preços de diversos produtos de primeira necessidade, entorpecedor da correta operação do sistema de preços; diminuir ou adiar os reajustes das remunerações do trabalho.

Sempre de acordo com a abordagem estruturalista, essas recomendações se apoiavam em certo tipo de diagnóstico que em geral permanecia implícito e que destacava a ineficiente condução estatal da política de curto prazo. Em suas linhas mais gerais, a origem e a reiteração das tensões inflacionárias teriam sido visualizadas do seguinte modo: o financiamento do gasto público com emissão inorgânica* ou, com mais amplitude, a irracionalidade da política monetária e creditícia, dá lugar à alta do nível geral de preços; as pressões para manter o nível real de remunerações e salários forçam o reajuste das remunerações do trabalho; com igual finalidade, estabelecem-se controles de preços de certos bens com alta participação no consumo dos estratos médios e baixos; as altas de preços implicam que a moeda nacional perde poder aquisitivo interno, enquanto conserva o externo, à taxa de câmbio prevalecente; apesar deste desajuste, e para evitar novas altas de preços, a autoridade monetária resiste e demora a proceder à desvalorização da moeda nacional, ao mesmo tempo que impõe complexos controles às importações; tal política desestimula as exportações e mantém latente uma forte demanda insatisfeita de produtos importados; a longo prazo, essa tendência ao desequilíbrio externo se faz efetiva e obriga a elevar a taxa de câmbio; porém — e devido a seus efeitos sobre os preços —, em geral a desvalorização se realiza em medida insuficiente. Em síntese: a expansão excessiva dos meios de pagamento origina, por pressões de demanda, altas dos preços internos; como a taxa de câmbio não se altera na mesma proporção, estas altas dão lugar a desequilíbrios no balanço de pagamentos e a intervenções estatais que distorcem a operação do sistema de mercado, tanto no interno como no internacional.

*No contexto da análise do autor, emissão (monetária) inorgânica é aquela destinada a financiar o excesso de gastos do governo e não a prover o sistema econômico de meios de pagamento necessários ao seu bom funcionamento. (*N. R. T.*)

As críticas estruturalistas destacam, antes de mais nada, os resultados práticos das recomendações de tipo monetarista. Conforme se argumenta, na realidade as políticas de estabilização não conduziram aos objetivos procurados de deter as altas de preços, eliminar o déficit fiscal e evitar o desequilíbrio externo. As políticas de restrição ao crédito e de contenção dos reajustes salariais não deram como resultado a esperada estabilização de preços, mas apenas uma queda no ritmo das altas, obtida à custa da demanda dos grupos de baixa renda e da redução do nível de atividade econômica (ou de sua taxa de expansão). A compressão do gasto público tendeu a incidir principalmente sobre o investimento, com o conseqüente efeito negativo sobre o emprego da força de trabalho: não obstante a limitação do gasto, não se conseguiu impedir o déficit fiscal, pois as variações no nível de atividade produziram um efeito neutralizador através da contração da base tributária. Por último, medidas liberalizadoras do sistema cambial e de comércio exterior tampouco deram o resultado esperado no balanço de pagamentos. Isto se deveu, por um lado, à rigidez da oferta de exportações e a condições desfavoráveis nos preços internacionais; e, por outro, à elevada propensão a importar de economias como as latino-americanas, que tende a se efetivar cada vez que se atenuam as restrições.

Em síntese, da perspectiva estruturalista se argumenta que as políticas de estabilização inspiradas na posição monetarista conduziram à desaceleração do crescimento e ao aumento do desemprego, e só obtiveram êxitos temporários e pouco significativos quanto às metas que explicitamente perseguiam. Esta crítica aos resultados supõe uma crítica ao diagnóstico implícito: o mesmo teria dado uma importância excessiva às deficiências da gestão econômica do governo, e em especial à sua incontinência monetária, deixando de lado as características e problemas de estrutura que emolduram e condicionam essa gestão. São justamente esses aspectos os que merecem destacar-se no enfoque alternativo descrito a seguir.

II. AS CATEGORIAS DE ANÁLISE

Conceba-se uma economia em crescimento, na qual a oferta e a demanda de todos os tipos de bens e serviços aumentam no mesmo ritmo e de tal modo que os respectivos mercados permanecem em equilíbrio; admita-se, do mesmo modo, que a autoridade monetária expande a quantidade de dinheiro proporcionalmente ao aumento da produção e também do volume de transações. Na economia hipotética definida por tais pressupostos, não existirão forças que tendam a alterar os preços relativos e o nível geral de preços. O contraste com esta hipótese extrema permite fazer referência com brevidade à operação do sistema de preços e à sua função reguladora. Admita-se por outro lado que as demandas dos diversos tipos de bens crescem em diferentes ritmos e que a produção de cada um também não varia de maneira uniforme, mas a distintas taxas. O sistema de preços (que se expressa em um conjunto de preços relativos) opera como mecanismo regulador: a demanda excessiva de um bem tende a elevar seu preço relativo, e a oferta excessiva a reduzi-lo, de tal modo que o movimento dos preços orienta a operação de um sistema de "tentativa e erro", que tende a equilibrar os mercados parciais e a ajustar as possibilidades da produção às exigências da demanda.

Do ponto de vista estruturalista, nada garante que um mecanismo regulador deste tipo, aliado ao manejo da política monetária, opere com tamanha fluidez que se consiga ao mesmo tempo corrigir as disparidades setoriais de oferta e demanda e evitar qualquer transtorno no sistema econômico, globalmente considerado. Pode acontecer, por exemplo, que as altas de preços dos bens consumidos por grupos operários os induzam a reclamar aumentos dos salários nominais, e que o lucro de tais aumentos, unido a certa flexibilidade na oferta monetária, reflita-se em novas altas de preços, em um processo circular caracterizado por uma alta persistente de seu nível geral.

Expressos de outro modo, os pontos de vista estruturalistas a respeito da inflação se inserem no conjunto de enfoques que não a percebem como um simples fenômeno monetário, mas sim como relacionada com desequilíbrios de caráter real, que se manifestam em um aumento persistente do nível geral de preços. A título ilustrativo, citam-se com freqüência três tipos de fatores capazes de dar origem a tais desequilíbrios: de caráter estrutural, como a distribuição da população ativa por ocupações e a variação dos níveis de produtividade entre os distintos setores produtivos; de caráter dinâmico, como as diferenças entre o ritmo de crescimento da economia em seu conjunto e o de alguns setores específicos; de caráter sociopolítico ou institucional, como a estruturação do setor privado e seu grau de monopólio, a organização sindical e seu poder de negociação, a participação de distintos grupos no manejo do aparelho estatal etc. (Noyola, 1957).

A partir de pontos de vista como os que se acabam de esboçar, diversos autores latino-americanos tentam organizar um conjunto mínimo de categorias de análise, em um esquema teórico de fácil manejo, que possua um grau de generalidade suficiente para lançar luz sobre os distintos processos inflacionários constatáveis na região e sobre suas semelhanças e diferenças.

Quanto às categorias de análise, distinguem-se por uma parte os *fatores estruturais,* por sua vez subdivididos em *pressões básicas e elementos sociopolíticos e institucionais;* e por outra, faz-se referência aos *mecanismos de propagação.*[4]

As pressões básicas têm origem ou, com mais propriedade, constituem desequilíbrios de crescimento que se produzem principalmente nos setores externo e agrícola. No primeiro, as exportações primárias crescem com lentidão no longo prazo, enquanto as importações tendem a se expandir a um ritmo elevado. Além disso, produzem-se intensas flutuações do volume físico de bens exportados e da relação de troca, as quais, por sua vez, provocam fortes oscilações da capacidade para importar. Devido essencialmente às características da propriedade e posse da terra, a oferta agrícola se mostra relativamente não-elástica e incapaz de fazer frente aos aumentos de demanda de insumos e de bens alimentícios que acompanham o processo de industrialização substitutiva.

Os elementos de caráter sociopolítico e institucional têm a ver com a própria organização do aparelho de governo, em vários de seus níveis e âmbitos, ou com distintos aspectos do marco jurídico que dá forma e regula a dita organização. Mas, além disso, entre estes elementos se contam a base de sustentação dos grupos sociais, o grau de desenvolvimento de suas organizações e sua capacidade de indução das decisões governamentais ou de ingerência nas mesmas. A título de exemplo, entre estes elementos se podem enumerar a concentração do sistema bancário e suas interconexões com os setores produtivos; o grau de sindicalização da força de trabalho; a importância da propriedade pública na esfera produtiva; as características do sistema tributário e creditício e a organização das instituições que os regem.

Em relação aos mecanismos de propagação, destaca-se em primeiro lugar o de tipo fiscal. O sistema tributário, em boa medida estruturado na fase de desenvolvimento para fora, caracteriza-se em linhas gerais por sua rigidez e regressão e por sua considerável dependência do comércio exterior e das bruscas flutuações a que está sujeito. Por outro lado, o processo de industrialização traz consigo um aumento substancial das responsabilidades e dos gastos do Estado, entre os quais as transferências e os gastos correntes mostram uma acentuada inflexibilidade à baixa. A tendência ao déficit fiscal se relaciona com estas circunstâncias e com as pressões que exercem distintos grupos de interesse, no próprio interior do aparelho governamental.

O mecanismo creditício, que é o segundo a se considerar, está relacionado com a flexibilidade do sistema bancário para dotar a economia de meios de pagamento. Do mesmo modo, o associa aos vínculos desse sistema com os grupos empresariais e com os interesses industriais, cujas pressões induzem a aumentar a quantidade de dinheiro em correspondência com as altas de preços e com as necessidades de liquidez que trazem consigo.

Destaca-se, em terceiro lugar, o mecanismo de reajuste de preços e ganhos, que expressa as pressões de distintos grupos sociais por afetar em seu favor a distribuição da renda. Assim, o grau de monopólio e o poder econômico de que dispõem as unidades produtivas lhes permitem obter altas de preços; e a força e a capacidade de negociação das organizações sindicais lhes permitem defender o nível de salários reais.

III. O PROCESSO INFLACIONÁRIO

Conforme se argumenta, a inflação depende primordialmente da magnitude das pressões básicas e da operação dos elementos sociopolíticos e institucionais e só secundariamente dos mecanismos de propagação, cuja ação se limita a frear ou a impulsionar a dos fatores estruturais.

Assim, em um nível muito geral, aceita-se o predomínio destes últimos na explicação dos processos inflacionários. Mas o modo de combinar as categorias de análise que acabamos de descrever varia nos distintos autores, em parte porque a maioria de seus trabalhos se destina a examinar processos concretos que, obviamente, diferem muito entre si.

No entanto — e tendo em conta os fins limitados desta apresentação —, é conveniente tentar resumir os pontos de vista comuns sobre tais processos, ordenando os distintos elementos explicativos em torno da tendência ao desequilíbrio externo.

Por si, esta constitui uma base de tensões inflacionárias, pois a longo prazo traz consigo modificações na taxa de câmbio, que, por sua vez, provocam aumentos nos preços. Em épocas de bonança, tanto as exportações como a renda social crescem com intensidade; deste modo, se os incrementos da demanda não são satisfeitos com produção interna, podem ser satisfeitos com importações, o que atenua as pressões para a alta dos preços internos. Entretanto, ao sobrevir déficit no balanço de pagamentos — quer se devam a oscilações dos termos de troca ou à realização da tendência ao desequilíbrio comercial própria da industrialização substitutiva —, abrem-se em linhas gerais duas opções de política econômica: comprimir o nível de atividade e renda (ou sua taxa de expansão), a fim de restaurar o equilíbrio comercial; manter o nível de renda (ou seu ritmo de crescimento) e, ao mesmo tempo, tomar medidas de restrição às importações, adequando-as à lenta expansão das exportações, a fim de impedir que a tendência ao desequilíbrio se faça efetiva ou se acentue.

Os elementos que se denominaram sociopolíticos e institucionais obram no sentido de adotar a segunda opção. Pressionam em favor da mesma as forças que impulsionam a industrialização, como os grupos de interesse industriais, as organizações sindicais e inclusive os estratos de renda média, dos quais uma parte significativa depende diretamente do aparelho estatal.

Mas a opção anteriormente mencionada implica que os incrementos de demanda não poderão ser satisfeitos com importações a não ser em escassa medida e, em conseqüência, que o comportamento dos preços e de seu nível geral estará muito influenciado pelo dinamismo com que responda a produção nacional.

O enfoque estruturalista destaca o caráter monopolista da indústria interna e o excesso de proteção como fatores que atuam na alta dos preços do setor manufatureiro. A maior importância da argumentação recai, no entanto, sobre a rigidez da oferta agrícola, derivada das condições de propriedade e ocupação do solo. Por si, esta rigidez tende a agravar o desequilíbrio externo, tanto nos países importadores como nos que exportam insumos agropecuários e alimentos. Mas, além disso, incide diretamente sobre o processo inflacionário, pois diante da rigidez da oferta, os aumentos das rendas monetárias se refletem em aumentos dos preços dos produtos agrícolas destinados ao mercado interno; por sua vez, as altas de preços dos alimentos influenciam decisivamente as variações do nível real de salários.

A tendência ao déficit da balança de pagamentos, dependente da estrutura do comércio internacional e da conseqüente vulnerabilidade do setor externo, gesta e alimenta as altas de preços, ao mesmo tempo que exige recorrer reiteradamente à desvalorização da moeda nacional. A rigidez da oferta agrícola, derivada das condições da estrutura agrária, nutre também estas altas. Tais pressões básicas estão portanto associadas a características da estrutura produtiva de economias como as latino-americanas e constituem por isso a explicação "em última instância" dos processos inflacionários. Mas estas obram em conjunto com outros fatores estruturais, isto é, com os elementos sociopolíticos e institucionais subjacentes na industrialização substitutiva, que conseguem manter o impulso da mesma, ainda que aflorem contínuos desequilíbrios setoriais.

Sobre este fundo estrutural atuam os mecanismos de propagação: uma vez iniciadas as altas de preços, a inflexibilidade dos gastos do Estado e a dependência de seus ganhos do comércio exterior e de suas flutuações tendem a induzir o déficit fiscal, que se transforma logo em uma fonte de alimentação do processo inflacionário; geralmente, em correspondência com os interesses empresariais, o sistema bancário tende a prover liquidez ao ritmo imposto pelo movimento ascendente do nível geral de preços; a estrutura monopolista da indústria permite um rápido ajuste dos preços das manufaturas às altas de custos; junto com isso, os aumentos dos preços dos alimentos, de grande peso na cesta de consumo dos trabalhadores, tendem a reduzir o nível real de salários e a nutrir a espiral salários-preços de maneira persistente.

À luz dessas idéias, em que claramente se apresenta uma aproximação não-monetária da inflação, percebe-se por que a posição estruturalista é discrepante das políticas de estabilização de cunho monetarista. De acordo com esta posição, as referidas políticas são executadas mediante instrumentos que incidem sobre os mecanismos de propagação do processo inflacionário — refletidos na subvalorização cambial, no déficit fiscal, na emissão inorgânica e no excesso de crédito — e não sobre suas causas estruturais profundas. A preservação da estrutura agrária e da estrutura do comércio exterior implica que as pressões inflacionárias básicas subsistem e que, associadas a outros fatores estruturais, continuam se traduzindo em altas de preços — embora de menor intensidade —, apesar da ação das políticas estabilizadoras sobre os mecanismos de propagação. Além do mais, tais políticas, ao bloquearem os mecanismos mediante os quais se vão evitando os desequilíbrios próprios da industrialização substitutiva, tendem a impedir a expansão da economia. Conforme se argumenta, o combate à inflação não pode ser feito desvinculado de uma política geral de desenvolvimento que libere o sistema econômico das condições de estrutura que impedem sua transformação e entorpecem seu crescimento, sem deterioração da necessidade de racionalizar também as políticas de curto prazo.

A breve explanação anterior não descreve em detalhes os diversos trabalhos nos quais se foi configurando o enfoque estruturalista da inflação, mas as características comuns a esses trabalhos, entre as que destaca a importância concedida à análise de alguns fatores de natureza estrutural. Do mesmo modo, tal explanação sugere que a análise da incidência dos elementos e mecanismos que operam no curto prazo, e de sua conexão com os de longo prazo, só se realiza em um nível muito geral e discursivo. Provavelmente esta imprecisão explica por que o enfoque mencionado não expôs com clareza políticas antiinflacionárias de curto prazo, compatíveis com seus pontos de vista com respeito ao processo de desenvolvimento e às rigidezes estruturais que lhe são inerentes.

No entanto, ao colocar em primeiro plano certas características de estrutura das economias periféricas — como o regime de propriedade e posse da terra no setor agrícola e a especialização primário-exportadora do setor externo —, a discussão do fenômeno inflacionário desempenhou um papel importante na transformação das teorias relativas ao longo prazo, em especial nas consideradas no capítulo 5.

Notas

1. Na verdade, a instituição mencionada nunca aceitou tais pontos de vista como próprios. Isso se liga à postura de Prebisch — na época seu secretário-executivo —, que se opôs explicitamente aos mesmos em seu artigo “O falso dilema entre desenvolvimento econômico e estabilidade monetária” (Prebisch, 1961).
2. Mencionados em ordem cronológica, os demais autores que abordaram o tema da inflação e que constam na bibliografia anexa a esta primeira parte são os seguintes: Cepal (1956); Kaldor (1957); Matus (1958); Del Canto (1958); Martner (1958); Furtado (1960); Oliveira Campos (1960 e 1961); Hirschman (1961); Felix (1961); Grundwald (1961); Cepal (1962); Marshall (1963); Seers (1963).
3. Veja-se Serra (1970), em que se apresenta uma síntese das visões de diferentes autores.
4. Esta classificação combina as propostas por J. Noyola, no artigo recém-mencionado, e por A. Pinto (956b). Dada sua incidência no enfoque estruturalista em seu conjunto, merece ser destacado o artigo de O. Sunkel datado de 1959.

Referências bibliográficas

Ahumada, J. (1970). "Teoría y programación del desarrollo económico". *Cuadernos del Ilpes*, nº 1, 1ª edição: 1955. Santiago do Chile: Comisión Económica para América Latina y el Caribe (Cepal).

Banco Central de la República Argentina (1972). *La creación del Banco Central y la experiencia monetaria argentina entre los años 1935-1944*. Buenos Aires.

—— (1943). *Memoria del Banco Central de la República Argentina*, 1942. Buenos Aires.

—— (1939). *Memoria del Banco Central de la República Argentina*, 1938. Buenos Aires.

Bethell, L. (org.) (1933). *The Cambridge History of Latin America*. Cambridge: Cambridge University Press, dezembro.

Cepal (Comisión Económica para América Latina y el Caribe) (1976). "América Latina: relación de los precios de intercambio". *Cuadernos estadísticos de la Cepal*, nº 1. Santiago do Chile.

—— (1962). "Inflación y crecimiento: resumen de la experiencia en América Latina", *Boletín económico de América Latina*, vol. 7, nº 1, fevereiro.

—— (1959). *El mercado común latinoamericano* (E/CN.12/531). México, Sede Subregional de la Cepal en México.

—— (1956). "Algunos aspectos del proceso inflacionario en Chile". *Boletín Económico de América Latina*, vol. 1, nº 1, janeiro.

—— (1955a). *Introducción a la técnica de la programación* (E/CN.12/363). México: Sede Sub-regional de la Cepal en México.

—— (1955b). *Estudio económico de América Latina*, 1954 (E/CN.12/362/Rev. 1). Santiago do Chile.

—— (1953). *Estudio preliminar sobre la técnica de la programación del desarrollo económico* (E/CN.12/292). Santiago do Chile.

Cibotti, R. e Sierra, E. (1970). *El sector público en la planificación del desarrollo*. México: Siglo XXI.

Cibotti, R.; Prado, A. Núñez del e Sáinz, P. (1973). "Evolución y perspectivas de los procesos de planificación en América Latina". *Experiencias y problemas de la planificación en América Latina*. México: Instituto Latinoamericano y del Caribe de Planificación Económica y Social (Ilpes)/Siglo XXI.

Del Canto, J. (1958). "América Latina: desarrollo económico y estabilización económica". *El trimestre económico*. México: Fondo de Cultura Económica, julho-setembro.

"El plan de desarrollo económico ante el Honorable Senado (Plan Pinedo), noviembre de 1940", vol. 19, nº 5. *Desarrollo económico* (1979).

Ellis, H.S. (org.) (1960). *El desarrollo económico y América Latina.* México: Fondo de Cultura Económica.

Ellsworth, P.T. (1956). "The terms of trade between agriculture and industrial countries". *Inter-American Economics Affairs,* vol. 10.

Escudé, C. (1983). *Gran Bretaña, los Estados Unidos, y la declinación argentina.* Buenos Aires: Editorial Belgrano.

Felix, D. (1961). "Otro enfoque de la controversia monetarista versus estructuralista". In A.O. Hirschman (org.). *Controversia sobre Latinoamérica.* Buenos Aires: Editorial del Instituto.

FGV/CPDOC (Fundação Getúlio Vargas/Centro de Pesquisa e Documentação de História Contemporânea do Brasil) (1940a). "Carta de Pinedo a Berger, Buenos Aires, 12/09/1940". *Arquivo Souza Costa (40/09/12),* Rio de Janeiro.

—— (1940b). "Carta de Pinedo a Aranha, Buenos Aires, 27/09/1940". *Arquivo Osvaldo Aranha (40/01/23),* Rio de Janeiro.

Fodor, J. e O'Connell, A. (1973). "La Argentina y la economía atlántica en la primera mitad del siglo XX". *Desarrollo Económico,* vol. 13, nº 49, abril-junho.

Folha de S. Paulo (1993). São Paulo, 26 de setembro.

Frus (Foreign Relations of the Unites States) (1942). "Correspondence respecting America". *Diplomatic Papers, 1934-1958* (A 381/298/2), parte 1, Washington, D.C.

—— (1940a). "Foreign relations office". *Diplomatic Papers, 1934-1958,* vol. 5, Washington, D.C.

—— (1940b). "Political correspondence". *Diplomatic Papers, 1934-1958* (371, 241-6), Washington, D.C.

Furtado, C. (1960). "Industrialização e inflação". *Economia Brasileira,* julho-dezembro.

González, N. e Pollock, D. (1991). "Del ortodoxo al conservador ilustrado: Raúl Prebisch en la Argentina, 1923-43". *Desarrollo Económico,* vol. 30, nº 120, janeiro-março.

Gravil, R. (1978). "A time of acute dependence: Argentina in the thirties". *The Journal of European Economic History,* vol. 7, nº 2-3.

Grundwald, J. (1961). "La escuela estructuralista. Estabilización de precios y desarrollo económico: el caso chileno". In A.O. Hirschman (org.). *Controversia sobre Latinoamérica.* Buenos Aires: Editorial del Instituto.

Gurrieri, A. (2001). "Las ideas del joven Prebisch". *Revista de la Cepal,* Santiago do Chile: Comisión Económica para América Latina y el Caribe (Cepal), (LC/G.2150-P/E), dezembro.

—— (1982). "La economía política de Raúl Prebisch". *La obra de Prebisch en la Cepal.* México: Fondo de Cultura Económica.

Haberler, G. (1960). In "Los términos del intercambio y el desarrollo económico", H.S. Ellis (org.). *El desarrollo económico y América Latina.* México: Fondo de Cultura Económica.

Hirschman, A.O. (org.) (1961). *Controversia sobre Latinoamérica*. Buenos Aires: Editorial del Instituto.

Ilpes (Instituto Latinoamericano y del Caribe de Planificación Económica y Social) (1973). *Experiencias y problemas de la planificación en América Latina*. México: Siglo XXI Editores.

—— (1966). *Discusiones sobre planificación*. México: Siglo XXI Editores.

Kaldor, N. (1957). "La inflación chilena y la estructura de la producción". *Panorama Económico*, nº 180, novembro.

Kindleberger, C.P. (1956). *The Terms of Trade, an European Case Study*. Nova York: The Technology Press of MIT/J. Willey & Sons.

Llach, L. (1984). "El Plan Pinedo de 1940, su significado histórico y los orígenes de la economía política del peronismo". *Desarrollo Económico*. Buenos Aires, vol. 23, nº 92.

Love, J.L. (1977). "Center-periphery and unequal exchange: origins, and growth of an economic doctrine", Reunião da Asociación de Estudios Latinoamericanos (Lasa). Houston, dezembro.

Marshall, J. (1963). "La estabilización monetaria en Chile, 1959-1960". *Revista de Economía Latinoamericana*. Caracas: Banco Central de Venezuela, nº 10.

Martner, G. (1967). *Planificación y presupuesto por programas*. México: Siglo XXI Editores.

—— (1958). "La inflación chilena en el pensamiento y en la acción". *Panorama Económico*.

Matus, C. (1972). *Estrategia y plan*. México: Siglo XXI Editores.

—— (1958). "Algunos pensamientos acerca de la inflación: política antiinflacionaria y desarrollo económico". Documento apresentado às Jornadas de Desenvolvimento Econômico. Santiago do Chile, julho, inédito.

Meier, G.M. (1968). *The International Economics of Development*. Nova York: Harper and Row Publishers.

Morgan, T. (1959). "The long run terms of trade between agriculture and manufacturing". *Economic Development and Cultural Change*, vol. 8, nº 1, outubro.

Noyola, J. (1957). "Inflación y desarrollo económico en Chile y México". *Panorama Económico*, vol. 11, nº 170, julho.

O'Connell, A. (1984), "La Argentina en la depresión: los problemas de una economía abierta". *Desarrollo Económico*, vol. 23, nº 92, janeiro-março.

Ocampo, J.A. e Parra, M.A. (2003). "Returning to an eternal debate: the terms of trade for commodities in the twentieth century". *Informes y estudios especiales*. Santiago do Chile: Comisión Económica para América Latina y el Caribe (Cepal), nº 5 (LC/L.1813-P): fevereiro de 2003. Publicação das Nações Unidas, número de venda: E.03.II.G.16.

Oliveira Campos, R. de (1961). "Dos opiniones sobre la inflación en Latinoamérica". In A.O. Hirschman (org.). *Controversia sobre Latinoamérica*. Buenos Aires: Editorial del Instituto.

—— (1960). "La inflación y el crecimiento equilibrado". In H.S. Ellis (org.). *El desarrollo económico y América Latina*. México: Fondo de Cultura Económica.

Olivera, J. (1963). "La inflación estructural y el estructuralismo latinoamericano". In O. Sunkel *et.al*. *Inflación y estructura económica*. Buenos Aires: Paidós.

—— (1960). "La teoría no monetaria de la inflación". *El Trimestre Económico*. México: Fondo de Cultura Económica, nº 27, out.-dez.

Pinto, A. (1968). "Raíces estructurales de la inflación en América Latina". *El Trimestre Económico*. México: Fondo de Cultura Económica, jan.-março.

—— (1963). "El análisis de la inflación: estructuralistas y monetaristas; un recuento", Economía. Santiago do Chile: Facultad de Ciencias Económicas, Universidad de Chile, segundo trimestre.

—— (1960). "Estabilidad y desarrollo: ¿metas incompatibles o complementarias?". *El Trimestre Económico*. México: FCE, vol. 27, nº 2, abril-junho.

—— (1958). *Ni estabilidad ni desarrollo, la política del Fondo Monetario*. Santiago do Chile: Editorial Universitaria.

—— (1956a). *Chile, un caso de desarrollo frustrado*. Santiago do Chile: Editorial Universitaria.

—— (1956b). *La intervención del Estado y la empresa privada. ¿Es posible detener la inflación?*. Santiago do Chile: Editorial Universitaria.

Prebisch, R. (1973a). "Interpretación del proceso de desarrollo latinoamericano en 1949", *Serie conmemorativa del vigésimo quinto aniversario de la Cepal*. Santiago do Chile: Comisión Económica para América Latina y el Caribe (Cepal). 1ª edição: 1950.

—— (1973b). "Problemas teóricos y prácticos del crecimiento económico". *Serie conmemorativa del vigésimo quinto aniversario de la Cepal*. Santiago do Chile: Comisión Económica para América Latina y el Caribe (Cepal), 1ª edição: 1951.

—— (1973c). "La cooperación internacional en la política de desarrollo latinoamericano". *Serie conmemorativa del vigésimo quinto aniversario de la Cepal*. Santiago do Chile: Comisión Económica para América Latina y el Caribe (Cepal), 1ª edição: 1954.

—— (1972). "Análisis de la experiencia monetaria argentina". *La creación del Banco Central y la experiencia monetaria argentina entre los años 1935-1944*. Banco Central de la República Argentina: Buenos Aires.

—— (1962). "El desarrollo económico de la América Latina y algunos de sus principales problemas". *Boletín Económico de América Latina*, vol. 7, nº 1, fevereiro, 1ª edição: 1949.

—— (1961). "El falso dilema entre desarrollo económico y estabilidad monetaria". *Boletín Económico de América Latina,* vol. 6, nº 1, março.

—— (1959). "Commercial policy in the underdeveloped countries". *American Economic Review,* vol. 49, nº 2, maio.

—— (1954a). "Exposición en la sesión del Comité Plenario de la Cepal, 8 de febrero de 1954" (E/CN.12/ AC.24/9 Rev.l., Suplemento 2). Nova York, décimo sétimo periodo de sesiones del Consejo Económico y Social, Comisión Económica para América Latina y el Caribe (Cepal).

—— (1954b). "Programación del desarrollo económico y la iniciativa privada". Documento apresentado à conferência na Câmara Argentina de Comércio, Buenos Aires, 19 de fevereiro, inédito.

—— (1953a). "Exposición verbal durante el quinto periodo de sesiones de la Cepal", abril, inédito.

—— (1953b). "A mística do equilíbrio espontâneo da economia", inédito.

—— (1952a). "Exposición durante la séptima Asamblea Anual de Gobernadores del BIRF del 10 de septiembre de 1952". Junta de Gobernadores del Banco Mundial, inédito.

—— (1952b). "Exposición en el primer Comité Plenario de la Cepal, 11 de febrero de 1952" (E/CN.12/ AC.16/15). Santiago do Chile: Comisión Económica para América Latina y el Caribe (Cepal).

—— (1952c). "Soviet challenge to American leadership: America's role in helping underdeveloped countries", inédito.

—— (1948). "Introducción al curso de dinámica económica". *Revista de la Facultad de Ciencias Económicas de la Universidad de Buenos Aires*, vol. 1, nº 4, julho.

—— (1947). *Introducción a Keynes.* México: Fondo de Cultura Económica.

—— (1946). "Intervención en Banco de México". *Banco de México. Memoria de la primera reunión de técnicos sobre problemas de banca central del continente americano.* México: Banco de México.

—— (1944a). "El patrón oro y la vulnerabilidad económica de nuestros países". *Revista de Ciencias Económicas.* Buenos Aires: Colegio de Graduados en Ciencias Económicas, nº 272, março.

—— (1944b). "Observaciones sobre los planes monetarios internacionales". *El Trimestre Económico.* México: Fondo de Cultura Económica, vol. 11, nº 42, julho-setembro.

—— (1934). "La inflación escolástica y la moneda argentina". *Revista de Economía Argentina,* vol. 4, julho-agosto.

—— (1933). "La conferencia económica y la crisis mundial". *Revista Económica.* Buenos Aires, janeiro.

Rock, D. (1991). "Argentina, 1930-1946". L. Bethel (org.). In *The Cambridge History of Latin America*, vol. 8. Cambridge: University Press.

Rodríguez, O. (1980). *La teoría del subdesarrollo de la CEPAL*. México: Siglo XXI.

—— (1977). "Sobre la concepción del sistema centro-periferia", *Revista de la Cepal*. Santiago do Chile: Comisión Económica para América Latina y el Caribe (Cepal), primeiro semestre.

Schumpeter, J A. (1971). *Historia del análisis económico*. Barcelona: Editorial Ariel.

Seers, D. (1963). "La teoría de la inflación y el crecimiento en las economías subdesarrolladas: la experiencia latinoamericana". *El Trimestre* Económico. México: Fondo de Cultura Económica, vol. 30, nº 119, julho-setembro.

Sierra, E. (1970). *Tres ensayos de estabilización en Chile*. Santiago do Chile: Editorial Universitaria.

Singer, H. (1950). "The distribution of gains between investing and borrowing countries". *American Economic Review*, nº 40.

—— (1949). *Postwar Price Relation Between Underdeveloped and Industrialized Countries* (E/CN.l/Sub.3/3.5). Nova York: Conselho Econômico e Social, Nações Unidas.

Solow, R.M. (1962). "Technical progress, capital formation and economic growth". *American Economic Review*, nº 52.

Soza, H. (1966). *Planificación del desarrollo industrial*. México: Siglo XXI.

Sunkel, O. (1963a). "La inflación chilena: un enfoque heterodoxo". *Inflación y estructura económica*. O Sunkel *et.al*. Buenos Aires: Editorial Paidós.

—— (1963b). "El fracaso de las políticas de estabilización en el contexto del proceso de desarrollo latinoamericano". *El Trimestre Económico*. México: Fondo de Cultura Económica, outubro-dezembro.

—— (1959). "Un esquema general para el análisis de la inflación". *Economía*, nº 62. Santiago do Chile: Faculdade de Ciencias Econômicas, Universidade do Chile.

—— (1958). "La inflación chilena: un enfoque heterodoxo". *El trimestre económico*. México: Fondo de Cultura Económica, vol. 25, nº 4, out.-dez.

Sunkel, O. *et al*. (1963). *Inflación y estructura económica*. Buenos Aires: Editorial Paidós.

Tulchin, J.S. (1990). *Argentina and the United States: a Conflicted Relationship*. Boston: Twayne.

Viner, J. (1961). *Comercio internacional y desarrollo económico*. Madrid: Tecnos.

—— (1937). *Studies in the Theory of International Trade*. Nova York: Harper and Row.

PARTE II

O desenvolvimento e as transformações sociais (anos 1960 e 1970)

Na introdução geral já fizemos referência aos componentes desta segunda parte, relativa às contribuições dos anos 1960 e 1970. Portanto, basta reiterar aqui que elas correspondem, sucessivamente, aos enfoques "mais que econômicos" sobre o desenvolvimento latino-americano e sua virtual tendência ao estancamento, elaborados por Prebisch e Medina (capítulo 5); ao "enfoque da dependência", cuja apresentação privilegia a aproximação realizada por Cardoso e Faletto (capítulo 6); ao modo de ver o desenvolvimento com base nos chamados "estilos de desenvolvimento" e às controvérsias que estes provocaram (capítulo 7); a enfoques que enfatizam o dinamismo dos setores de bens de consumo duráveis e dos meios de produção por sua relevância para o desenvolvimento de economias periféricas de grandes dimensões, com apoio especial na experiência brasileira (capítulo 8); à visão peculiar de Furtado, que relaciona o desenvolvimento ao sistema global da cultura (capítulo 9); à reconsideração e reavaliação do tema da democracia nas últimas obras de Medina e Prebisch, assim como em artigos de Cardoso contemporâneos a essas obras (capítulo 10). O tratamento dessas contribuições é precedido pela introdução a seguir, que acaba sintetizando seus aspectos atinentes às transformações sociais.

INTRODUÇÃO

Na introdução à primeira parte privilegia-se a descrição de certos fatos econômicos e de certos condicionamentos geopolíticos que precederam a obra fundadora de Prebisch. Na verdade, ela data de 1949, enquanto aqueles fatos e circunstâncias estão fundamentalmente ligados ao devir da economia argentina durante a grande depressão e a Segunda Guerra Mundial.

Em compensação, a introdução a seguir, relativa ao pensamento estruturalista dos anos 1960 e 1970, considerará fenômenos que têm lugar nessas décadas e outros que também incidiram nesse pensamento, ocorridos na década anterior. Do mesmo modo, serão apreciados certos aspectos-chave das idéias desenvolvidas nesses tempos.

i) Diversos estudos empíricos mostram que os anos 1950 são parte do período chamado de substituição "fácil" das importações, em que predomina a que se dá na indústria leve. Entretanto, e embora de forma incipiente, na segunda metade dessa década começa a ser delineada a fase de substituição "difícil", de modo que nesse lapso se empreende a instalação de algumas atividades das indústrias química e metal-mecânica e, junto com isso, torna-se visível a presença do investimento estrangeiro direto destinado à produção para o mercado interno.[1]

Por outro lado, os esforços empreendidos para o desenvolvimento da industrialização substitutiva durante toda a década mencionada, e em particular, para os mais exigentes, na segunda metade, foram realizados ao abrigo de fortes medidas protecionistas e de consideráveis exigências de investimento público. Ambos guardam relação com os graves desequilíbrios do final dos anos 1950 e princípio dos 1960 (Thorp, 1998, p. 170-83), quando sobrevêm crises de balanço de pagamentos, aumenta o déficit público e acelera-se a inflação.[2]

Também em conexão com esses desequilíbrios, na primeira metade dos anos 1960, as altas taxas de crescimento industrial alcançadas na década anterior reduziram-se à metade. Desse freio ao impulso da industrialização, coadjuvado em diversos países por medidas ortodoxas de controle da demanda, surge a imagem de que se está diante de um *impasse* que compromete a sua continuidade. Mais precisamente, generaliza-se o temor, e também a opinião, de que se está diante da emergência de um fenômeno de longo prazo: o estancamento industrial e produtivo.

ii) Convém considerar o marco geopolítico em que a problemática econômica agora sintetizada se inscreve, assim como a visão "estagnacionista" que foi se formando a partir dela.

É de reconhecimento generalizado que nos anos 1950 existiram, nas relações hemisféricas, claros vieses conflitantes. Antes de tudo, eles giravam em torno da demanda latino-americana de um apoio financeiro substancial dos Estados Unidos para o seu processo de industrialização, ao que se somavam pedidos de acordos de estabilização de preços para os principais produtos exportados pela região.

Por outro lado, ao se perceber como inevitável a entrada em uma etapa de substituição "difícil" (e consolidar um novo padrão industrial), recrudesce na região a expectativa de se contar com apoios viabilizadores, fornecidos pelos Estados Unidos por meio de alguma iniciativa semelhante ao Plano Marshall.[3] Mais ainda, a necessidade de tais apoios também encontrou fundamento na institucionalidade surgida em Bretton Woods. Embora ela não impedisse níveis elevados de proteção, continha fortes elementos discriminatórios com relação aos interesses dos países em desenvolvimento. Daí o fortalecimento de pontos de vista segundo os quais seus problemas não poderiam ser resolvidos apenas com base no multilateralismo, requerendo uma decidida ajuda bilateral norte-americana.[4]

Enquanto isso, essas expectativas crescentes de cooperação encontravam ecos muito tênues nos Estados Unidos. Na verdade, fazia parte da política externa desse país o *desideratum* de reduzir ao mínimo seus compromissos financeiros na região, uma vez que ela era decisivamente pautada pelo enfrentamento com a União Soviética, cuja ameaça maior se estendia pela Europa e Ásia (Rabe, 1988, p. 17). Posto ainda em outros termos: da perspectiva de Washington, não era interessante comprometer recursos em ambiciosos projetos de industrialização numa área de prioridade geopolítica muito baixa, quando se pretendia conduzi-los com forte intervenção estatal.

iii) Esse choque entre expectativas e demandas das duas partes que marcou a geopolítica hemisférica durante os anos 1950 também esteve presente no âmbito da integração regional. Desde aqueles anos, foi uma peça importante na estratégia de industrialização propugnada pela Cepal: entendeu-se que ela permitiria aumentar a eficiência do processo substitutivo e que serviria de ponto de apoio para dar início às exportações de manufaturas. Além disso, postulou-se que a integração devia contar com um acordo regional de pagamentos como mecanismo complementar, ao mesmo tempo instrumento de estímulo ao comércio regional e de economia da moeda mais escassa na maioria dos países da área: o dólar.

Em diversos momentos, esta instituição participou, ela mesma, das relações geopolíticas no âmbito mencionado, procurando contribuir para a construção da normativa necessária para promover o comércio e a regulação de pagamentos na região.[5]

No entanto, suas iniciativas foram recebidas de forma hostil pelos Estados Unidos,[6] que rechaçavam totalmente a criação de um acordo comercial que oferecesse preferências parciais e seletivas.[7] A oposição desse país não evitou que fosse assinado o Tratado de Montevidéu de 1960, com o qual se criou a Associação Latino-Americana de Livre Comércio (Alalc), mas conseguiu bloquear a celebração de um acordo regional de pagamentos, também repelido abertamente pelo FMI.

Ambos entenderam que tal acordo seria um passo atrás no caminho da convertibilidade e provavelmente se configuraria como um estímulo ao desvio do comércio.[8] Frontalmente contrários foram os pontos de vista de Prebisch, que observou que, na América Latina, a convertibilidade veio acompanhada da persistência de fortes restrições comerciais. Em outros termos, a índole estrutural dessas restrições fazia com que elas se expressassem de uma forma ainda mais perversa com a convertibilidade, quando os países eram obrigados a reduzir os fluxos globais de seu comércio.[9]

A postura de Prebisch e da Cepal foi inicialmente derrotada, de modo que a Alalc não teve em suas origens um acordo de pagamentos que favorecesse sua operação. No entanto, poucos anos depois esse instrumento seria criado (Acordo de São Domingos, de 1965), mostrando o acerto daquela postura, uma vez que, desde então, cumpriu um importante papel, ao permitir uma significativa economia de dólares no comércio regional.[10]

iv) Como se indicou anteriormente, (i) na primeira metade dos anos 1960 a taxa de crescimento industrial diminui na América Latina à metade do que tinha sido, em média, durante a década anterior. Há que se observar, entretanto, que essa tendência declinante é revertida, registrando-se depois daquele lustro taxas de crescimento elevadas tanto do produto industrial quanto do PBI.

Para a consideração das tendências próprias da região, convém ter em conta em separado um segundo período, que se estende de 1966 a 1973. Da perspectiva da economia mundial, ele se inscreve no que se convencionou chamar de "idade de ouro" da economia mundial, expressão relativa a aproximadamente 25 anos de crescimento intenso (1950-1973), acompanhado por altas taxas de emprego e, do mesmo modo, por uma convergência tecnológica entre os Estados Unidos, Europa e Japão que na verdade permite e induz uma rápida expansão do comércio mundial.

Embora com intensidade variável conforme o país, essa expansão da economia mundial também abrange o comportamento da América Latina. Até em casos como os da Argentina e do Chile, que naqueles anos eram vistos como pouco dinâmicos, sobretudo quando contrastados com os do Brasil e do México, foram registradas taxas de crescimento elevadas, que não se repetiriam — ainda que de modo variado — até a década de 1990.

Essa imagem favorável muda um pouco quando se observa o desempenho da região no âmbito do comércio internacional. As economias que a compõem mantiveram níveis de fechamento significativos, diretamente associados a um crescimento de suas exportações a taxas inferiores às do conjunto das exportações mundiais.[11] Junto com isso, constata-se que as importações se expandiram mais que as exportações,[12] gerando, portanto, uma necessidade de atrair investimento estrangeiro direto e de recorrer reiteradamente a empréstimos externos, com a conseqüência adicional do peso cada vez maior dos serviços financeiros no déficit em conta corrente.

Consultando trabalhos pertinentes, percebe-se além disso que as exportações latino-americanas apresentam poucas mudanças de estrutura, permanecendo concentradas em bens primários e em manufaturas de elaboração simples. Contrariamente, observam-se dificuldades para avançar na capacidade exportadora de ramos industriais mais refinados, e em especial naqueles portadores de conteúdos tecnológicos mais elevados (por isso mesmo associáveis à difusão de progresso técnico), como alguns dos pertencentes às indústrias química, metal-mecânica e elétrica.[13]

No entanto, os trabalhos mencionados não interpretam esse panorama como indicativo de uma completa ausência de aprendizagem industrial na área latino-americana. Antes, entende-se que ela vinha ocorrendo numa intensidade relativamente baixa, em comparação com a dos países do Norte, e também com a dos países do Sudeste Asiático de industrialização recente.

Assim, portanto, entendeu-se que o retardo relativo não chegava a impedir por completo uma maior diversificação das exportações, apoiada em determinados processos específicos de aprendizagem e no aumento da produtividade (Katz, 1987). Símbolo da existência e relevância virtual desses processos é a emergência de exportações de tecnologia (Teitel e Sercovich, 1984)[14] realizadas por algumas empresas manufatureiras argentinas e brasileiras.

Conclui-se, portanto, que a imagem de uma "sesta protecionista", difundida amplamente com bases de argumentação liberais, não apresentava correspondência com os resultados da chamada "substituição de importações", nem refletia adequadamente seu dinamismo industrial e tecnológico. Mas, por outro lado, o atraso deste último deixava no ar a pergunta sobre a possibilidade de mantê-lo em um mundo em crescente abertura.

v) Paralelamente aos fenômenos econômicos brevemente descritos anteriormente (pontos ii e iv), ocorrem mudanças de significação nas relações geopolíticas hemisféricas. As demandas latino-americanas, conscientizadas e aprofundadas ao longo dos anos 1950, foram apresentadas articuladamente, pela primeira vez, no final dessa década. Isso se deu por meio de uma iniciativa do governo do Brasil, de maio de 1958, lançada por seu presidente, Juscelino Kubitschek, sob o nome de Operação Pan-Americana (OPA). Ela foi concebida como uma ampla estratégia regional, em que se entendia que, terminada a reconstrução européia, a frustração das aspirações ao desenvolvimento — e, com ela, as dimensões da pobreza nos países atrasados — passara a representar os focos de instabilidade mais importantes na Guerra Fria. Em palavras do presidente Kubitschek: *"A batalha do mundo ocidental... é a batalha pelo desenvolvimento."*[15]

Reclamava-se, então, um auxílio público externo maior e mais efetivo, além de outras medidas complementares, entre elas o apoio à integração latino-americana. Embora a acolhida inicial tenha sido favorável, a OPA não chegou a gerar nenhuma conseqüência prática significativa, fato ao qual é associado um sentimento de frustração crescente.[16] Por outro lado, reconheceu-se que a criação do Banco Interamericano de Desenvolvimento (agosto de 1958) é mais bem explicada pelas pressões surgidas logo após a criação de uma instituição similar para o Oriente Médio do que por obra e influência da OPA (Dell, 1972).

Várias fontes reconhecem que, avançada a administração Eisenhower (1952-1960), mudanças na política hemisférica começaram a se insinuar diante do visível e crescente descontentamento latino-americano. Mas foi durante a administração Kennedy (1960-1963) que essas mudanças foram efetivadas, por meio de uma iniciativa lançada em agosto de 1961: a Aliança para o Progresso, que mostrou claros pontos de concordância com as idéias e posturas básicas da OPA. Assim, portanto, a iniciativa emergente deixava para trás a estreita perspectiva ideológica característica dos governos estadunidenses dos anos 1950, inscrevendo-se em um novo clima intelectual, presente inclusive nos círculos oficiais, onde as idéias "desenvolvimentistas" de Prebisch passaram a ser consideradas e a merecer diferentes graus de simpatia (Pollock, 1987, p. 368-9). Mais ainda, parecia que se abria espaço para a configuração de políticas coincidentes com as posturas cepalinas, porquanto a elaboração de planos nacionais de desenvolvimento, baseados em critérios de eficiência, passou a constituir requisito para o recebimento das contribuições financeiras (basicamente oriundas de recursos públicos) da Aliança para o Progresso.[17] Tal coincidência foi expressa também por meio da aceitação de políticas de transformação social, exemplificadas pelo estímulo a eventuais processos de reforma agrária.

Há que se ter presente que, no princípio dos anos 1960, outro acontecimento reflete decisivamente no que vinha se configurando como uma nova fase nas relações hemisféricas. Na verdade, a Revolução cubana tinha colocado a região no mapa da Guerra Fria, de tal modo que ela já não era vista como fechada à influência de poderes exercidos a partir de outros continentes.

Cabe destacar que, como observa A. Lowenthal (1988, p. 29-30), no início a Aliança para o Progresso não se constituiu como um projeto supostamente orientado para promover o desenvolvimento. Antes, não desconhecia a conveniência de alterar a correlação de forças nos planos político e militar internos a cada país, em parte atribuindo às respectivas forças armadas papéis "modernizantes" de maior projeção. Em outras palavras, a Aliança emergiu associada a uma perspectiva de "segurança nacional", em tensão inevitável com a mobilização social demandada pelo impulso reformista.

No entanto, essa tensão genérica esmorece e perde significado diante das funções que a mencionada Revolução desempenhará, tanto em termos da difusão de seus conteúdos ideológicos quanto no plano militar. Tanto que, junto à expiração da Aliança para o Progresso, a geopolítica americana adota o caminho delineado pelo que seria reconhecido sob o título de "doutrina da segurança nacional".

A prevalência desta última favorece o surgimento de regimes ditatoriais: a partir de 1964, as forças armadas estimulam golpes de Estado em vários países do Cone Sul da América Latina (especificamente na Argentina, Bolívia, Brasil, Chile, Peru e Uruguai). Também se verifica uma presença maior de conteúdos autoritários em outros países, ainda que neles seja preservada a continuidade institucional e, com ela, os aspectos formais da organização democrática. Como é claro, essa nova geopolítica compromete de maneira significativa os graus de autonomia dos Estados em diferentes âmbitos político-militares, sem que dela derive — como se verá oportunamente — uma inevitável descontinuidade de sua condução econômica e de seus respectivos processos de desenvolvimento.

vi) A partir de 1973, a crise do petróleo e o colapso de Bretton Woods inauguram uma nova fase na economia mundial, com profundas implicações para a América Latina. Por um lado, debilita-se o crescimento do comércio internacional, uma vez que as economias centrais entram em recessão e enfrentam problemas de inflação crescente: são os anos da chamada "estagflação". Por outro, aumentam a dívida e os empréstimos externos para a região, contratados já não com instituições multilaterais de crédito, mas com grandes bancos privados internacionais. Uma função crucial destes últimos passou a ser a reciclagem dos excedentes de dólares dos países exportadores de petróleo, em mercados que operam à margem de qualquer regulamentação nacional (formando o euromercado).

Durante um breve período, alguns analistas acreditaram que o acesso ao mercado privado de crédito seria capaz de corrigir os desequilíbrios na balança comercial que o choque petroleiro tinha contribuído para gerar ou agravar em muitos países periféricos. De fato, nos anos 1970, ocorreu uma transferência líquida de recursos do exterior em favor da América Latina equivalente a 1,7% do PIB regional. Isso permitiu sustentar taxas de crescimento superiores às das economias centrais na região,[18] mas ao mesmo tempo produziu um processo muito intenso de endividamento: a dívida externa dos países da Aladi, que representava 18% do PIB em 1975, passou a constituir quase a quarta parte em 1980. À medida que o endividamento crescia e o serviço da dívida começava a absorver uma parte crescente das exportações (quase 30% nesses países), criavam-se as condições para uma crise externa de grande magnitude. O interesse dos grandes bancos em colocar seus excedentes na periferia, sem dar a devida atenção aos riscos assumidos, conjugou-se com o interesse dos países em desenvolvimento de sustentar o crescimento em um contexto de recessão mundial, dando lugar a uma espiral de endividamento.

Em 1979 ocorre um aumento drástico das taxas de juros dos Estados Unidos,[19] que culmina com uma mudança significativa de suas políticas econômicas, a qual incide em suas relações com o resto do mundo. Mas aqui importa apontar que esse aumento determina o colapso do padrão de crescimento até então seguido nas economias da área, com base em um enorme endividamento contratado a taxas flutuantes.

Em alguns países, o endividamento externo financiou experimentos radicais de política econômica baseados em fórmulas de "abertura até a morte". Tais foram os casos dos países do Cone Sul (Argentina, Chile e, em menor medida, Uruguai) na segunda metade dos anos 1970. As políticas de abertura comercial e financeira indiscriminada levaram à perda de uma parte significativa das capacidades tecnoprodutivas que esses países (especialmente a Argentina) tinham desenvolvido ao longo de muitas décadas de industrialização. Interrompeu-se assim uma trajetória de aprendizagem que, embora lenta, tinha elevado gradualmente a produtividade e a capacidade competitiva de partes da indústria latino-americana. Contrariamente, no Brasil, o endividamento contribuiu para financiar um esforço de aprofundamento da base industrial, orientado tanto para a substituição das importações de bens de produção e de bens de capital como para a diversificação das exportações.[20] Todavia, em ambos os tipos de experiência, a acumulação de desequilíbrios em conta corrente culminou, no início dos anos 1980, com um severo ajuste recessivo, destinado a reduzir o consumo e o investimento internos, a fim de gerar os saldos exportáveis que o serviço da dívida exigia.

vii) As linhas iniciais desta segunda parte, prévias à presente introdução, consistem em uma breve referência aos capítulos que a compõem. Ao abordar sua leitura, não será difícil perceber a incidência dos elementos econômicos e das circunstâncias geopolíticas descritas nos pontos prévios sobre os conteúdos desses capítulos.

Mais que os detalhes dessa incidência, importa agora voltar às idéias ali presentes, brevemente resenhadas na introdução geral (seção III, iii). Essas idéias concernem às condições que têm de ser atendidas nos âmbitos políticos, sociais e culturais do desenvolvimento periférico para lhe proporcionar continuidade ou, se preferirmos, para evitar a bipolaridade que marca o desenvolvimento do sistema centro-periferia.

Medina e Prebisch (capítulo 5) convergem no reconhecimento de "malformações" nas estruturas sociais que conspiram contra tal continuidade. Em suas obras, eles se apóiam nos pontos de vista, muito freqüentes ao longo dos anos 1960, sobre a necessidade de se aplicar, a partir do Estado, certas reformas estruturais básicas. A título de exemplo, podem ser mencionadas as reformas destinadas a eliminar o atraso agrário, assim como a reverter a mentalidade rentista do empresariado industrial, inspirando condutas modernizadoras — e, portanto, promotoras do desenvolvimento — nesses e em outros âmbitos dos acontecimentos sociais.

Complementar a esses pontos de vista é o "enfoque da dependência", na versão de Cardoso e Faletto (capítulo 6). Partindo também da experiência dos anos 1960, e baseando-se na observação das perspectivas abertas aos países latino-americanos de grandes dimensões, não descartam a possibilidade de impulsionar desde o Estado — com o respaldo e com apoio em uma hegemonia política adequada — a viabilização de processos de desenvolvimento sustentado, que combinem interesses estrangeiros e nacionais, e entre estes, os ligados tanto à propriedade privada quanto à pública.

Várias são as posturas compreendidas no enfoque que se convencionou chamar de "os estilos de desenvolvimento" (capítulo 7). Entretanto, em todas está presente um traço comum: o reconhecimento da possibilidade de dar curso a um desenvolvimento contínuo, desde que sejam aplicadas políticas econômicas adequadas, mas imbricando-as em outras políticas inscritas no âmbito social. O resultado esperado — viabilizador daquele desenvolvimento — expressar-se-á em uma mudança essencial na distribuição da renda, que de um lado assegure margens de economia suficientes e, do outro, permita realizar uma produção que se expanda de forma sustentada. Entende-se, além disso, que tais padrões distributivos, ao generalizar os aumentos dos níveis de vida no marco de uma eqüidade maior, configuram-se, ao mesmo tempo, como condição de viabilidade social.

As contribuições que incorporam a análise das mudanças na estrutura industrial em economias latino-americanas de grandes dimensões (capítulo 8) outorgam ao Estado um papel protagônico, considerando-o indispensável para a consecução de processos sustentados de desenvolvimento. Conforme se concebe, esses processos requerem um Estado ativo em vários âmbitos, particularmente no cumprimento de uma função articuladora dos interesses das diferentes "frações do capital". Na fase da industrialização periférica materialmente liderada pela elaboração de bens de consumo duráveis e de meios de produção, entre os componentes principais dessas frações estão os situados nos entornos das empresas transnacionais, das grandes empresas nacionais e também das de propriedade pública. Assim, surge nesse enfoque o reconhecimento das possibilidades de desenvolvimento com raiz principal nesse "tripé", possibilidades que, ao mesmo tempo, supõem mudanças contínuas nas dimensões dos seus componentes, assim como no jogo de interesses a ser compatibilizado. Convém insistir: no enfoque sob consideração, o Estado nacional se configura como ator-chave para a viabilização dessas mudanças socioeconômicas.

A noção de "desenvolvimento endógeno", que sintetiza os pontos de vista estratégicos de Furtado (capítulo 9), também tem em seu núcleo uma idéia genérica de mudança social. Entende Furtado que esse tipo de estratégia pode muito bem começar no âmbito sociopolítico: caberia ao Estado induzir mutações nesse âmbito (inclusive no que concerne às relações entre os grupos e classes que o compõem), preparando o terreno para avançar com continuidade na transformação dos elementos tecnoprodutivos que conformam a chamada "cultura material". Mas, além disso, Furtado põe ênfase em um possível acionar, no âmbito mencionado, destinado a enriquecer certas idéias e valores — em particular certos princípios éticos —, base essencial do desenvolvimento, identificado no marco do seu pensamento como "desenvolvimento do sistema global da cultura".

Em suas últimas obras, J. Medina e R. Prebisch voltam a convergir em suas propostas de mudança (capítulo 10), postulando que elas — de raiz sociopolítica — têm de adquirir especificidade e substância por meio do aprofundamento dos conteúdos da democracia. Em trabalhos *cuasi* contemporâneos, F. H. Cardoso também enriquece o tratamento desse tema. Tal aprofundamento (como em Furtado) passa por acrescentar a presença e a prevalência de princípios éticos ao mero reconhecimento institucional dos direitos civis e políticos, assim como dos chamados Desc (isto é, direitos econômicos, sociais e culturais).

Conforme seu próprio título revela, a segunda parte corresponde aos elos entre o desenvolvimento e as transformações sociais. As primeiras considerações não se preocuparam com os conteúdos analíticos dos diferentes capítulos que a compõem, para centrar a atenção em certos temas que lhes são comuns e que, justamente, giram em torno dessas transformações.

Olhando bem, essas considerações evidenciam que — como se antecipou na introdução geral — nas idéias sobre o "mais que econômico" surgidas e elaboradas ao longo dos anos 1960 e 1970 encontra-se presente a grande questão da bipolaridade do sistema centro-periferia. E isso enquanto elas indagam sobre os elementos dos âmbitos sociopolítico e cultural que contribuem para estimular e/ou preservar a bipolaridade ou, se preferirmos, que acarretam reiteradas dificuldades para se superar a "condição periférica". Por outro lado, pode-se perceber que as contribuições que foram objeto dos sucessivos capítulos mencionados têm em sua base (diretamente ou por intermédio de outras nas quais se apóiam) os posicionamentos metodológicos descritos na introdução geral.

Notas

1. Ver Katz e Kosacoff (1989) e Suzigan (1986). Observe-se que o investimento estrangeiro anterior à Segunda Guerra Mundial se concentrava em atividades vinculadas à exportação.
2. Exemplos dessa aceleração são encontrados nos casos da Argentina e do Brasil. No primeiro, em 1961, a taxa anual de inflação era cinco vezes maior que em 1955. No segundo, ela se multiplicou por quatro entre aqueles anos. Nos dois casos, essas taxas passaram de valores de um dígito nos anos 1950, a dois dígitos em meados dos 1960. Em 1965, alcançaram 43% na Argentina e 30% no Brasil, medidas pelo IPC (OxLAD, s/f).
3. Simonsen (1958) avalia em detalhes as preocupações com o futuro da indústria latino-americana montada a partir do segundo pós-guerra.
4. Durante as conferências internacionais de Londres (setembro de 1946), Genebra (abril de 1947) e Havana (novembro de 1947), foram elaboradas as bases de uma Organização Mundial de Comércio (proposta em 1948), que não chegou a ser implementada (não foi sequer enviada ao Congresso estadunidense para ratificação). A proposta incluía várias cláusulas que favoreciam os países em desenvolvimento, daí seu fracasso ter sido interpretado como um sinal negativo para eles (Ver Curzon, 1965, cap. VII; Gardner, 1956). Embora algumas dessas cláusulas tenham sido incorporadas mais tarde ao GATT, em seu artigo XVIII, o recurso a elas estava sujeito a tantas restrições que eram de fato inoperantes (Curzon, *ibid.)*. A idéia de que o sistema internacional do pós-guerra desconsiderava a situação particular do mundo em desenvolvimento seria mais tarde reforçada pelo chamado Relatório Haberler, de 1958, realizado a pedido do GATT. Esse relatório fornecia evidências de que o sistema de tarifas tinha um viés negativo em relação às exportações dos países em desenvolvimento (GATT, 1958). A partir desse momento, esses países ampliaram suas demandas, que passaram a incluir não só a possibilidade de manter a proteção a suas indústrias nascentes, mas também uma maior abertura do mercado mundial para suas exportações.
5. Já em 1948, a Cepal solicitou ao FMI um estudo sobre a possibilidade de formar um sistema minilateral de pagamentos, que incluíra países europeus e latino-americanos. O estudo não considerou a proposta viável, mas alguns anos depois (março de 1953) um trabalho conduzido por Robert Triffin ofereceu uma perspectiva mais otimista sobre o mesmo tema. Em fins de 1958, reuniu-se no Rio de Janeiro o Grupo de Trabalho dos Bancos Centrais dos países latino-americanos, que negociavam um acordo de livre comércio. Este grupo sugeriu um sistema de compensações automáticas dos saldos comerciais entre os países da região, similar ao que já existia nos *clubes* formados com países europeus (Clube de Haia e Clube de Paris, dos quais o Brasil e a Argentina, respectivamente, faziam parte). Ver Urquidi (1960, p. 36-42).

6. Os desacordos em torno da integração latino-americana já eram registrados antes das negociações que levariam à formação da Associação Latino-Americana de Livre Comércio (Alalc). *"Latin American countries want to move in a regional direction and have more regional relationships of an economic nature. [...] Our government has had a firm position against such a move. (...) Our discouraging such a development would to create an unfavorable attitude because they know the successful regional development in Europe on an economic basis"*. Minutes of the meeting held in the Executive Office Building (21/6/54) (Frus, 1983, p. 323).
7. Para a diplomacia estadunidense, as preferências seletivas dariam excessivo poder aos governos para influir nos fluxos de comércio, coisa que ela queria evitar. A Cepal procurou reduzir as resistências à proposta de uma zona de livre comércio na América Latina, mostrando que ela estaria baseada em princípios competitivos. Assim, Prebisch manifestara o seguinte, perante importantes diplomatas estadunidenses: *"the idea of creating a common market for individual products in the field of capital goods would be economically productive only if there were complete freedom of competition between the industries in the countries participating in the Plano"*, Memorandum of Conversation (Oillon-Prebisch), Alvear Palace Hotel, (16/08/1957) (Frus, 1957).
8. A respeito, afirma-se: *The IMF, the US government and the UK have all expressed definite opposition to the view that a regional payments system for the multilateral compensation of bilateral balances is either necessary or desirable to stimulate trade among Latin American countries. In our view, the introduction of a system in which there is no automatic settlement of balances in convertible currencies would tend to perpetuate bilateralism and the maintenance of exchange controls, particularly if there were no provision for the automatic discouragement of extreme creditor and debtor positions,* Political Correspondence (1934-1963) (PRO, 1961a). Argumenta-se também: *A common tariff combined with arrangements for automatic credits, whereby countries with persistent surplus will be obliged to grant automatic credits to other area members rather than use the surplus to import freely from anywhere in the world, would represent a step back from the high degree of convertibility attained in Latin America,* Political Correspondence (1934-1963) (PRO, 1961b).
9. Do mesmo modo, Prebisch entendeu que uma zona de livre comércio requereria um sistema de crédito que permitisse absorver o impacto inicial da liberalização, pela via de um regime de pagamentos que o tornasse gradualmente conversível. A convertibilidade seria alcançada quando o comércio se tornasse equilibrado, com a conseqüente redução da necessidade de saldar os balanços em dólares.
10. De fato, a porcentagem do comércio recompensado por esse mecanismo passou de aproximadamente 14% em 1966 para 40% em 1970, e a cerca de 80% no início dos anos 1980 (BID, 1985, p. 60).

11. Entre 1960-1970, o produto cresceu na América Latina a uma taxa aproximadamente igual à do resto do mundo, em torno de 5% anuais. Mas, enquanto no mundo as exportações cresceram a uma taxa de aproximadamente 9%, na América Latina o fizeram a uma taxa de 5,7% (Cepal, 1996, anexo estatístico).
12. A taxa de crescimento das importações na América Latina foi de 6,3% a.a., entre 1960 e 1970.
13. Em 1970, 51,4% das exportações da América Latina eram produtos primários. Entre os produtos industriais exportados, somente 2,5% tinham origem em setores difusores de progresso técnico. Inversamente, 84,2% das importações da região eram produtos industriais e aproximadamente 31,7% provinham de setores difusores de progresso técnico. Naturalmente, essas porcentagens eram diferentes nos grandes países da região — Argentina, Brasil e México —, embora não muito mais favoráveis. De fato, a participação dos setores difusores de progresso técnico nas exportações totais desses três países foi, em 1970, de 4,1%, 3,2% e 9,3%, respectivamente (Cepal, 1996, anexo estatístico).
14. Em alguns casos, essas vantagens tecnológicas permitiram que empresas de economias periféricas realizassem investimentos diretos, especialmente em outros países periféricos. Ver a esse respeito Lall e outros (1984).
15. Em carta a Eisenhower (FGV/CPDOC, 1958).
16. Assim se manifesta Kubitschek a Eisenhower em uma nova carta, enviada em julho de 1960 (FGV/CPDOC, 1960). Uma posição similar pode ser encontrada na Argentina, da qual são exemplos as declarações do ministro das Relações Exteriores, Carlos Florit ("Conferência de Imprensa do S.E. Sr. Ministro Dr. Carlos Florit", dezembro de 1958), em que ele solicita a revitalização da iniciativa de Kubitschek
17. Além disso, cabe observar que tais contribuições eram objeto da coordenação do Comitê Interamericano que presidia a Aliança, sobre o qual Prebisch exerceu temporariamente particular influência (Pollock, 1987, p. 369).
18. No período 1970-1980, o mundo desenvolvido cresceu a uma taxa de 3,1%, enquanto a América Latina o fez a uma taxa de 5,4% anual.
19. A taxa correspondente aos títulos federais desse país saltou de um valor de 11,4% em setembro de 1979 para 17,6% em abril de 1980.
20. Entre 1945 e 1972, o crescimento no valor agregado das manufaturas foi de 4,4% a.a. na Argentina, mas de apenas – 0,8% entre 1972 e 1981. Os valores para o Chile, outro dos países que adotaram o modelo de abertura até a morte nos anos 1970 foram de 5,2% e 0,4%. Inversamente, no caso do Brasil, que não modificou substancialmente suas políticas de industrialização nos anos 1970, as taxas de crescimento do valor agregado das manufaturas não foram muito diferentes nos dois períodos: 8,4% (1945-1972) e 6,2% (1972-1981) (Thorp, 1998, apêndice estatístico).

5. Desenvolvimento e estrutura social

Nos anos 1950, tanto na Cepal como em vários meios acadêmicos preocupados com o "desenvolvimento econômico", esta expressão foi utilizada para designar um processo de industrialização e modernização ocorrido nos centros, articulado com um processo simultâneo de transformação e modernização social ou, mais simplesmente, de "desenvolvimento social". Do mesmo modo, ambos os processos foram observados muitas vezes como constitutivos da mudança social global, de forma abreviada identificado como o "processo de desenvolvimento" (ou até como o "desenvolvimento").[1]

Ao longo dos anos 1960, foi freqüente o ponto de vista segundo o qual alguns desequilíbrios inerentes à industrialização latino-americana posterior à crise de 1929 tinham levado ao entorpecimento da sua continuidade. Os fatos então privilegiados, que serviram de base e justificativa para essa perspectiva, são os seguintes: a forte limitação da capacidade para importar, o crescente endividamento externo, o aumento persistente do subemprego e do desemprego da força de trabalho, a marginalização de vastos grupos sociais de níveis de vida muito baixos, a presença e a persistência de processos inflacionários e — como uma espécie de síntese — a acentuada perda de dinamismo das economias da região.

A suposta "tendência ao estancamento" refletida nessa síntese encontrou explicações de duas ordens. Embora não livre de algumas referências a fatores sociais, a primeira concerne a elementos de tipo econômico, os quais são vistos como base essencial daquela tendência, atuando por meio do chamado "estrangulamento externo" (objeto da seção I).

Já a segunda dessas ordens tem a ver com certas visões dos acontecimentos sociais que foram se formando com o passar do tempo. Sem prejuízo da introdução *ad hoc* de referências a outros pontos de vista, optou-se por privilegiar duas destas visões, reconhecidamente relevantes e representativas no contexto do estruturalismo. Uma delas (objeto do subcapítulo II) pode ser encontrada em documentos da Cepal elaborados durante as duas primeiras décadas da sua existência (1950 e 1960). Mas encontra sua expressão mais direta e visível nos trabalhos de Prebisch da segunda destas décadas, nos quais fica explícito o propósito de oferecer uma interpretação "mais que econômica" do processo de desenvolvimento periférico,[2] integrando aspectos que se inscrevem no âmbito social.

Consideradas suas fontes, este primeiro enfoque bem pode se denominar "Cepal-Prebisch". Uma característica central e diferenciadora desse enfoque consiste em que a consideração dos elementos do âmbito social é feita com um forte apoio numa detalhada construção analítica em relação ao âmbito econômico. Posto em outros termos, e como se verá mais adiante, este enfoque parte da consideração das condições econômicas requeridas para a continuidade do desenvolvimento, estabelecendo por contraste os elementos e/ou características da estrutura social real que tendem a obstruí-lo.

Embora dependente de obras anteriores de grande significado, o outro enfoque privilegiado (objeto da seção III) tem suas fontes principais em trabalhos de José Medina Echavarría do período mencionado e especialmente nos trabalhos elaborados durante os anos 1960.[3] A especificidade desse enfoque reside em que seu fundamento já não é um referente arraigado principalmente no econômico, mas em um paradigma inscrito na sociologia do desenvolvimento, elaborado em bases reconhecidamente weberianas. Como também se poderá ver mais adiante, esse ponto de apoio permite penetrar com maior amplitude e profundidade na consideração dos obstáculos sociais ao desenvolvimento, captados na experiência latino-americana.

Tendo em conta suas bases analíticas, este segundo enfoque se caracterizou como "neoweberiano". Considerá-lo separadamente não implica, no entanto, negar sua convergência de pontos de vista com o primeiro. É claro que isso depende do fato de que as tarefas dos dois principais autores individuais — Medina e Prebisch — foram realizadas, durante um longo período, no seio de uma mesma instituição. Mas tal convergência tem outra origem destacável: o intuito consciente de Medina de articular uma percepção *sui generis* da economia, já estabelecida em bases sólidas, com um modo de ver o social também elaborado com precisão e solidez.

Em capítulos posteriores será possível ver que essa convergência se alinha com outra mais ampla, isto é, com um movimento geral de idéias, presente na década de 1960 e renovado na década seguinte, que possui vários pontos de contato e, ao mesmo tempo, matizes diferenciados.[4]

I. O ESTRANGULAMENTO EXTERNO

A expressão alude a uma tendência de longo prazo, que, por sua vez, se configura como base explicativa da tendência paralela ao estancamento das economias periféricas.

No essencial, o estrangulamento consiste em uma sucessão de desequilíbrios do balanço de pagamentos de tal magnitude que a escassez de divisas primeiro dificulta e a seguir bloqueia a continuidade da substituição das importações (Prebisch, 1963a, p. 82).

Considera-se que este fenômeno não deriva de fatores circunstanciais, embora estes possam agravá-lo. Sua raiz se encontra, por um lado, nas condições estruturais em que nasce e se desenrola o processo substitutivo e, por outro, na deterioração dos termos de troca, por sua vez associável às condições estruturais em que o comércio internacional se realiza (Prebisch, 1963a, p. 82).

1. *Reconsideração do desequilíbrio externo*

Para expor com clareza tais condições, convém começar resumindo um referente considerado na primeira parte. Como se viu então, para se obter um ritmo alto de crescimento e ao mesmo tempo preservar o equilíbrio externo, devem ser cumpridos os seguintes requisitos: as taxas de aumento dos diferentes itens da produção periférica e as taxas de variação dos diferentes itens de suas importações têm de se combinar de tal forma que assegurem a compatibilidade entre as mudanças na estrutura produtiva e as mudanças na composição das importações com o passar do tempo. Conforme se argumenta nos primeiros documentos da Cepal, para se aproximar de tal padrão estilizado de equilíbrio, é necessário que a estrutura produtiva se transforme de maneira mais ou menos simultânea nos itens de bens de consumo, intermediários e de capital.[5] Ou seja, a substituição deve ocorrer em vários elos da cadeia produtiva ao mesmo tempo, a fim de que a integração vertical e a complementaridade intersetorial dos diferentes ramos impeçam a acumulação aluvial de um conjunto de demandas de meios de produção importados. Paralelamente, postula-se que as mudanças nas importações têm de se produzir de maneira mais ou menos simultânea em seus diferentes componentes — bens de consumo, intermediários e de capital — e não se iniciar com uma drástica redução percentual das de bens de consumo.

Os argumentos relativos à tendência ao desequilíbrio externo podem ser esclarecidos novamente por contraste com este simples padrão de referência. A industrialização substitutiva efetiva-se com alternância de períodos de ganho ou de déficit no comércio exterior e outros em que estes são compensados. As razões deste comportamento se configuram, em última instância, como de natureza estrutural: dependem das condições de atraso estrutural em que o processo substitutivo começa e se desenrola. Em seu início, a estrutura produtiva periférica é especializada e heterogênea. Os níveis de produtividade e renda médias são baixos, assim como são reduzidas as dimensões do mercado e da demanda. A industrialização transcorre em condições dinâmicas de atraso quanto a níveis de produtividade e renda média. O progresso técnico, mais acelerado nos centros, continua sendo inadequado para a dotação de recursos e para as dimensões do mercado e da demanda que caracterizam a periferia. Tais circunstâncias obrigam a expandir a produção nos ramos e setores de atividade de técnicas mais simples, não apenas nas fases iniciais mas em todas as etapas do processo de industrialização.

A industrialização substitutiva se realiza, pois, mediante um tipo de transformação da estrutura produtiva em que se procede do simples para o complexo; portanto, nessa estrutura o grau de integração vertical e de complementaridade intersetorial continua sendo incipiente se comparado com o dos centros. Por natureza, esse tipo de transformação cria fortes necessidades de importação, que tendem a exceder a capacidade para importar. As mudanças que ao mesmo tempo vão ocorrendo na composição das importações compensam essa tendência em outros períodos de ganho, permitindo assim a continuidade do processo substitutivo.

Cabe expor a questão anterior em termos mais precisos. É possível que o processo de industrialização substitutiva possa continuar indefinidamente nas condições de atraso estrutural em que se realiza? Em outras palavras, dado o tipo de transformação da estrutura produtiva mencionado, podem as mudanças na composição das importações seguir compensando indefinidamente a tendência ao desequilíbrio externo? Como se verá a seguir, a resposta é negativa.

2. *Análise do estrangulamento externo*

Conforme se argumenta, a longo prazo, o desequilíbrio externo dá lugar ao estrangulamento externo, o qual detém o processo de industrialização substitutiva; ou, mais propriamente, deixa o crescimento periférico sujeito ao ritmo lento de aumento da capacidade para importar. O estrangulamento externo vincula-se a duas ordens de fenômenos: o esgotamento da margem compressível das importações e as dificuldades crescentes da substituição.

Como simplificação preliminar, admita-se que as exportações permaneçam invariáveis e que a estrutura das importações não inclua bens dispensáveis. Suponha-se, além disso, que o processo de industrialização tenha avançado até um ponto em que o montante das importações — por hipótese igual ao das exportações — seja o mínimo requerido pelo consumo de bens cuja produção interna é impossível, pela produção corrente e para a reposição de equipamentos nos setores já instalados. Tem-se assim uma primeira imagem do esgotamento da margem compressível das importações. De fato, para que esse processo avance em extensão, isto é, mediante a diversificação horizontal da estrutura produtiva previamente instalada, será preciso ao menos aumentar a importação de alguns bens — insumos ou equipamentos — cuja elaboração é muito complexa e incompatível com o grau de integração vertical e de complementaridade intersetorial alcançado por essa estrutura. Tal aumento das importações não advém, entretanto, com a limitação imposta pelas exportações à capacidade para importar. Se a acumulação de capital continua no mesmo ritmo global e a alocação setorial é similar à de períodos precedentes, o aumento das importações dará lugar a sucessivos desequilíbrios e a um incremento gradual da dívida externa que acabará por comprometer a continuidade do processo substitutivo.

Como acaba de ser apontado, a restrição externa impede que a estrutura produtiva continue se ampliando em sentido horizontal. Caberia, em princípio, a possibilidade de transformá-la em sentido vertical, isto é, mediante a substituição de alguns bens de elaboração mais complexa, que imprimem rigidez à gama de importações; no entanto, postula-se que esse tipo de transformação enfrenta dificuldades crescentes tendo em vista as limitações próprias da industrialização periférica.

Essas limitações são de dois tipos: tecnológicas e de mercado. As primeiras se relacionam aos fatores de produção e à eficácia da sua utilização. Certos recursos naturais podem não existir ou ser insuficientes. Os recursos humanos podem carecer da capacitação necessária para operar processos produtivos de tecnologia complexa ou para se encarregar da gestão das novas atividades industriais. Além disso, o nível incipiente de complementaridade intersetorial e de integração vertical do aparelho produtivo e, em especial, a limitação e as distorções de uma infra-estrutura física gerada durante o desenvolvimento para fora tendem a impedir que se obtenham economias externas e, portanto, a reduzir a eficiência com que são operados os bens de capital. Assim, com intensidade diferente nos diversos países, a substituição tende a ser mais difícil e menos rentável à medida que se avança para a elaboração de bens intermediários e de capital, cuja produção exige o uso de tecnologias cada vez mais complexas.

As dificuldades impostas pela dimensão do mercado se associam aos baixos níveis de produtividade e renda média existentes na periferia e também às características da estrutura produtiva mencionadas no parágrafo anterior. À medida que se torna necessário substituir bens intermediários ou de capital em cuja produção se utiliza tecnologia complexa e de grande escala, aumentam as margens de capacidade ociosa e, com elas, as condições de rentabilidade se tornam menos favoráveis.[6]

O processo de industrialização, em diferentes graus segundo o país, tende pois a ser entorpecido por crescentes dificuldades na substituição de importações do tipo das que acabam de ser comentadas.

Na argumentação anterior se admitiu, para simplificar, que as exportações são de um montante determinado, o que impõe um limite ao nível absoluto de produto social. Esta argumentação pode ser estendida ao caso mais realista em que se supõe um aumento das exportações lento, mas contínuo, caso em que a evolução do setor exportador impõe um limite à taxa de crescimento do produto (e não ao seu nível absoluto).

A descrição do processo substitutivo é em tudo similar à precedente, salvo que o conceito de esgotamento da margem compressível das importações é substituído pelo conceito de rigidez na composição das importações.

Este processo começa com a elaboração de bens simples; somente de maneira gradual se empreende a produção interna de bens que exigem o uso de técnicas mais e mais complexas. Enquanto isso, muda a composição das importações: diminuem as dos bens substituídos e de outros bens dispensáveis, e são incrementadas as importações de produtos de tecnologia mais complexa, que se tornam necessários devido ao próprio processo substitutivo. São estas transformações e mudanças concomitantes que rebatem ou atenuam a tendência ao desequilíbrio externo e permitem um crescimento elevado e sustentado da renda durante um período mais ou menos longo.

Chega-se então a uma etapa da industrialização em que a estrutura produtiva adquire um certo grau de integração e complementaridade; e em que as importações são compostas predominantemente por bens simples insubstituíveis e por bens de elaboração mais complexa cuja substituição não ocorreu ou é insuficiente. A continuação do processo substitutivo mediante a extensão do tipo de estrutura produtiva já conformado exigirá, neste ponto, altas taxas de aumento das importações de um sem-número de bens, as quais já não podem ser compensadas incidindo sobre outros componentes das próprias importações. Desse modo, a rigidez da composição das importações tende a impedir que a industrialização e o crescimento do produto prossigam nos ritmos anteriores e a sujeitá-los, *grosso modo,* à evolução das exportações.

Uma vez mais, este argumento é complementado com o argumento das dificuldades crescentes da substituição. Para manter um ritmo elevado de crescimento do produto social, é preciso continuar transformando a estrutura produtiva em sentido vertical, mediante a substituição de bens de elaboração muito complexa que imprimem rigidez à estrutura das próprias importações. Isso se torna cada vez mais difícil em razão da ineficiência no uso dos recursos produtivos, que se soma à assimilação de técnicas alheias, assim como às limitações impostas pelo tamanho do mercado à industrialização periférica.

Como se pode observar, essa análise do estrangulamento externo é de índole estrutural, pelas mesmas razões que explicam esse caráter na análise do desequilíbrio externo, do qual, na verdade, constitui uma extensão ou complexificação. Igual caráter possui o exame da tendência à deterioração dos termos de troca, que pode ser apreciada sob a ótica do estrangulamento e considerada como sua segunda grande fonte. Em linhas gerais, pode-se dizer que nos países exportadores de manufaturas, devido principalmente à escassez relativa de mão-de-obra, os aumentos da produtividade tendem a se traduzir em aumentos de ganhos. Em contrapartida, nos países exportadores de produtos primários, devido basicamente à abundância de mão-de-obra, os aumentos da produtividade tendem a se refletir na redução dos preços relativos.[7] A sua deterioração, desfavorável para a periferia, aparece pois relacionada a uma estrutura do comércio mundial que se baseia na troca de produtos primários por manufaturas.

Em síntese, segundo o enfoque cepalino de início dos anos 1960, o estrangulamento externo deriva de maneira necessária da disparidade dinâmica entre o crescimento das importações exigido pela industrialização e o crescimento das exportações, dependentes ambos de condições estruturais internas; disparidade cujas conseqüências são agravadas pela deterioração dos termos de troca, que além disso se liga à estrutura do comércio mundial.

O estrangulamento externo está na base da interpretação de um fato destacado anteriormente: a tendência ao estancamento. Mas também é fundamento direto da explicação de outros dois fenômenos: o endividamento crescente e a existência de processos inflacionários abertos. De fato, se com o esgotamento do processo substitutivo sobrevém uma contração do volume das exportações ou de seu valor, a manutenção do nível de atividade econômica, dada a rigidez a que se chega em matéria de importações, leva a se recorrer ao déficit e ao endividamento (Prebisch, 1963a, p. 85). Se a capacidade para importar não se expande ou volta a se reduzir, o peso dos serviços da dívida sobre a escassa disponibilidade de divisas leva à necessidade de se contrair novos empréstimos externos, em uma "espiral de endividamento". À medida que esta se desenvolve, a escassez de divisas se agrava cada vez mais. Em conseqüência, as inevitáveis restrições à importação não só obstruem o processo substitutivo, como também entorpecem a operação do aparelho produtivo já instalado; e a alta periódica da taxa de câmbio leva a contínuos aumentos do nível geral de preços.[8]

II. O ENFOQUE CEPAL-PREBISCH

Uma das contribuições analíticas consideradas na primeira parte — que na verdade constitui um desenvolvimento do conceito de heterogeneidade estrutural — tem como eixo fundamental os problemas ocupacionais. Como se pôde ver, essa contribuição estabelece as leis de proporcionalidade que devem ser cumpridas na transformação da estrutura produtiva periférica a fim de se obter, com o tempo, o emprego de toda a força de trabalho em condições de produtividade normal (isto é, aos níveis permitidos pelas técnicas disponíveis). Das subseções que seguem, as duas primeiras se destinam a aprofundar este referente-chave. A terceira corresponde à chamada "insuficiência dinâmica". Utilizando o referente recém-mencionado como base de contraste, nessa subseção se examina o tema do subemprego estrutural de um ângulo essencialmente econômico, mostrando que este fenômeno guarda relação com as tecnologias utilizadas e sobretudo com o ritmo de expansão insuficiente alcançado nas atividades modernas, *vis à vis* os requisitos de absorção dos aumentos da força de trabalho e, do mesmo modo, de reabsorção da força de trabalho ocupada em um vasto setor atrasado, com níveis de produtividade muito exíguos.

A quarta subseção introduz os fatores verdadeiramente decisivos na explicação da "insuficiência dinâmica" e da persistência dos problemas ocupacionais que ela implica. Mas ao fazê-lo, ele conecta esses fatores, e a mudança na estrutura social em que eles estão imersos, aos limites que pouco a pouco a acumulação de capital enfrenta e à tendência ao estancamento que a acompanha. Assim, essa última é a subseção que concerne de forma direta ao intuito de Prebisch, de oferecer um enfoque "mais que econômico" do desenvolvimento, imbricando em sua explicação elementos que se inscrevem no âmbito social.

1. A dinâmica dos centros: um breve referente

Convém começar esclarecendo algumas relações essenciais, com freqüência consideradas esteio de uma economia capitalista modelo, identificável com os grandes centros industriais, ou com "os centros" ou "o centro", designações alternativas empregadas por Prebisch. As relações privilegiadas se dão entre o progresso técnico (incrementos dos conhecimentos utilizáveis para produzir); a inovação (incorporação de progresso técnico, seja em processos produtivos, seja em novos bens); a acumulação de capital (concreção de sucessivas inovações); o crescimento do ganho (sustentado pela acumulação); e os aumentos da renda por pessoa ocupada e *per capita* (médias cujas altas se ligam ao crescimento da renda global).

As considerações anteriores registram alguns traços básicos de um referente analítico de raiz keynesiana, que ganha em clareza se somadas às que seguem: i) o progresso técnico e a inovação contínuos geram volumes de lucros que aumentam de forma persistente; ii) destes últimos resultam incrementos também persistentes do investimento real, que sustentam níveis positivos das taxas de acumulação e crescimento do ganho; iii) a acumulação gera aumentos sustentados da produtividade do trabalho, que se traduzem em incrementos concomitantes dos ganhos unitários (por pessoa e por trabalhador), cujas somas conformam a renda global crescente.

Das três considerações contidas no parágrafo precedente, as duas primeiras (i e ii) refletem a admissão de que — na economia considerada hipoteticamente — se produz uma certa "taxa natural de crescimento", ao mesmo tempo permitida e induzida pelo progresso técnico e sua continuidade. A terceira (iii) reflete o pressuposto implícito de que há uma "taxa garantida de crescimento", entendida como aquela em que os ganhos unitários e seus aumentos são fonte das poupanças requeridas para realizar o investimento (envolvida na venda dos bens de capital e nas variações desejadas de estoque); e de que esses mesmos ganhos crescentes permitem a plena realização (venda) da produção de bens de consumo, assim como dos bens intermediários incorporados tanto a estes bens quanto aos bens de capital.

Infere-se daí que a taxa garantida constitui uma taxa de equilíbrio, pois é compatível com a igualdade poupança-investimento e com a venda integral da produção corrente. Enquanto a "taxa efetiva de crescimento" — a que se dá a cada ano — coincidir com essa taxa de equilíbrio, a expansão econômica terá continuidade, produzindo-se ano após ano à taxa natural, que aproveita o progresso técnico e permite sua contínua incorporação.[9]

Vendo-as em conjunto, percebe-se que as considerações anteriores acentuam o caráter sumário do quadro analítico apresentado. Portanto, é necessário esclarecer algumas das suas implicações setoriais, requeridas na argumentação posterior.

Conforme se destaca, o progresso técnico suscita aumentos da produtividade do trabalho em todas e cada uma das atividades que compõem o aparelho produtivo, e nas novas atividades que vão incorporando. Além disso, postula-se que tais aumentos — embora de diferentes magnitudes — permitem incrementar os salários nas diferentes atividades, embora seus incrementos sejam inferiores aos aumentos das produtividades correspondentes. Estes pressupostos adicionais possuem uma dupla implicação: por um lado, os incrementos de salários não inibem os reiterados aumentos dos volumes de lucros, nem tampouco da acumulação de capital que neles se sustenta; por outro, esses incrementos, que vão se dando em cada atividade e, portanto, nos níveis salariais médios, configuram-se como chave para a dinâmica da economia, pois possibilitam a realização da produção, em particular a de bens de consumo.

Admitiu-se que sempre haverá uma diferença positiva entre os aumentos da produtividade do trabalho e dos salários. Isso não impede reconhecer que os níveis que estes últimos vão alcançando poderão ser maiores ou menores, dependendo dos resultados dos conflitos travados para a sua determinação. Em conexão com o anterior, também se pode reconhecer que tais conflitos abrem diferentes alternativas de distribuição funcional do ganho, das quais, por sua vez, derivam diferentes padrões de distribuição pessoal.

Assim, o contexto analítico descrito não obriga a considerar a existência de um único padrão de crescimento equilibrado, mas é compatível com a admissão da existência de diferentes padrões possíveis, vinculados a diferentes pautas distributivas. A estas corresponderão diferentes propensões a poupar e, portanto, taxas de acumulação e crescimento diferenciadas entre si. Mas, além disso, variarão também a estrutura e a evolução da demanda por bens e serviços.

E, em conexão com isso, ocorrerão diferenças nas dinâmicas produtivas em relação às suas composições setoriais e subsetoriais.

2. *A "suficiência dinâmica" na periferia*

A noção de "suficiência dinâmica" corresponde a um contexto relativo à periferia, em mais de um aspecto semelhante ao que acaba de ser descrito. Neste último, a dinâmica dos centros se fundamenta no pressuposto básico da continuidade do progresso técnico, que *ex hipotesis* se produz e incorpora em todas as atividades produtivas, embora em ritmos diferentes. No que concerne à periferia, sua especialização primário-exportadora inicial faz com que a indústria comece a se expandir com um desenvolvimento prévio muito escasso. De tal modo que, ao empreender essa expansão, a periferia se vê diante de uma ampla fronteira tecnológica, alcançada previamente nos grandes centros, nos quais, quanto ao mais, essa fronteira segue se movendo.

Entende-se que o aproveitamento dessa fronteira trará consigo uma dinâmica da economia periférica similar à descrita para o centro: as tecnologias disponíveis suscitarão sucessivas inovações, dando lugar a aumentos dos volumes de lucros e dos montantes do investimento, e refletindo-se em taxas positivas de acumulação e crescimento da renda global, as quais estarão acompanhadas por aumentos sustentados da produtividade do trabalho e dos ganhos médios.[10]

A principal diferença entre os paradigmas de acumulação e crescimento equilibrado correspondentes a centros e periferia reside no modo como o tema ocupacional é integrado. Quanto aos primeiros, admite-se que em um ano-base arbitrário a mão-de-obra se encontra plenamente empregada, isto é, ocupada em níveis de produtividade "normal" (os que podem ser alcançados com as técnicas disponíveis), e que nos anos ulteriores se mantém o pleno emprego, ao mesmo tempo que a produtividade aumenta em todas as atividades componentes da estrutura econômica.

Os mesmos pressupostos são aplicáveis à periferia no que diz respeito ao emprego na indústria e demais atividades "modernas" (de produtividade "normal"). A diferença é que, nessa economia, o emprego coexistirá, no ano-base, com volumes consideráveis de subemprego, ou seja, de mão-de-obra ocupada em níveis de produtividade extremamente reduzidos (mão-de-obra "redundante", na terminologia de Prebisch).

Dado esse ponto de partida, a questão a indagar corresponde à evolução posterior da estrutura ocupacional, de sua composição em termos de emprego e subemprego. Para facilitar a resposta, estabelecem-se dois pressupostos adicionais: de acordo com o primeiro, a PEA aumenta à mesma taxa em todos os setores, ramos e atividades que compõem a economia periférica;[11] o segundo estabelece que a ocupação no setor moderno — o emprego — aumenta num ritmo superior ao da PEA global (e, portanto, ao de sua própria PEA).

As implicações desse par de suposições foram examinadas anteriormente, na primeira parte. Como se pôde ver, delas deriva que a porcentagem do emprego na ocupação global aumentará ano após ano e que a porcentagem correspondente ao subemprego decrescerá complementariamente; posto em outros termos, o grau de heterogeneidade estrutural diminuirá. Também se viu que, com o tempo, se chegará necessariamente a um ponto de reversão, ou seja, a um ano ou período em que o subemprego se reduzirá em termos absolutos (e não só relativos), e que a partir de então continuará se reduzindo até se extinguir ou até alcançar magnitudes muito pouco significativas.

Observadas em conjunto, as considerações precedentes dão uma imagem — por certo breve e simplificada — do que pode ser entendido como "suficiência dinâmica": ritmos de acumulação e crescimento equilibrados (no que concerne à igualdade poupança-investimento e à venda plena dos bens produzidos em cada período), que vão sendo acompanhados por uma paulatina homogeneização da estrutura ocupacional, que culmina com a (quase) supressão do subemprego estrutural.

Tal como acontece no referencial relativo aos centros, este outro, que concerne à periferia, tampouco deve ser visto como um padrão único de expansão produtiva e homogeneização ocupacional. A "suficiência dinâmica" pode ter início (em determinado período-base arbitrário) a partir de graus de heterogeneidade mais altos ou mais baixos, pode se dar com distintos níveis de diferença entre as taxas de aumento do emprego (da ocupação no setor "moderno") e da PEA, e pode, assim, proceder com ritmos de acumulação maiores ou menores. Conforme se concebe, as diversas combinações entre estes elementos darão lugar a alternativas diferentes de "suficiência dinâmica", que têm em comum a tendência à homogeneização, mas que diferem quanto à celeridade com que a heterogeneidade estrutural se reduz e aos prazos em que começa e culmina a diminuição dos volumes absolutos de subemprego. Por outro lado, o terceiro dos elementos mencionados, relativo aos ritmos de acumulação de capital, comporta diversas possibilidades quanto à composição setorial e subsetorial do aparelho produtivo e suas mudanças, os quais se relacionam com a evolução da demanda de bens e serviços, por sua vez condicionada pelos padrões de distribuição da renda.

3. *A "insuficiência dinâmica"*

Esta expressão se refere primordialmente à persistência do subemprego estrutural nas economias periféricas. Mas também alude ao processo de acumulação de capital de tais economias e aos fatores que operam por intermédio desse processo, inibindo a capacidade de absorção gradual do subemprego em emprego produtivo.

Com base no referencial já considerado, pode-se ver, nesta subseção, que esses fatores se relacionam, por um lado, com variáveis demográficas e, por outro, com o próprio ritmo da acumulação e com as técnicas que nesta são utilizadas. A subseção seguinte completa a análise da "insuficiência dinâmica" abordando o jogo de variáveis de tipo social, indutoras de uma suposta tendência ao estancamento.

a. As variáveis demográficas

Admita-se que em uma economia periférica hipotética sejam cumpridos os seguintes pressupostos: em um período-base arbitrário, a ocupação se distribui entre um setor moderno (portador de emprego) e outro atrasado (portador de subemprego); no primeiro, as taxas de crescimento da PEA e do emprego são coincidentes (isto é, os aumentos da PEA originados nesse setor são exata e continuamente absorvidos por ele); a taxa de crescimento da PEA originada no setor atrasado é mais alta que a prevalecente no setor moderno; não há limites para a expansão do subemprego que o setor atrasado vai abrigando (o que significa que não se produz desemprego aberto, excluído da análise).

Esses pressupostos enquadram um caso prototípico, diferente daquele imbricado no referencial descrito anteriormente. Estes pressupostos indicam que o subemprego aumentará de maneira contínua, tanto em termos absolutos como relativos, e que ao emprego corresponderá uma porcentagem decrescente da ocupação total.

O caso precedente permite definir com precisão a "insuficiência dinâmica", que em sentido estrito tem de ser entendido como um aumento absoluto e relativo do subemprego, cuja contrapartida é a incapacidade de uma economia periférica hipotética de reabsorvê-lo no emprego a qualquer prazo.

Este caso sugere que a "insuficiência dinâmica", definida em sentido estrito, dependerá das porcentagens iniciais do subemprego e do emprego (do grau de heterogeneidade no período-base); da taxa de aumento da PEA contida no subemprego; da taxa de aumento da PEA associada ao emprego; da taxa de aumento deste último.

Mas a insuficiência dinâmica também pode ser definida em sentido lato, de modo a abranger casos similares aos do referente, mas nos quais — embora o subemprego vá se reduzindo em termos relativos — seu volume absoluto aumenta durante períodos muito prolongados. Em outras palavras, as condições a que faz referência o parágrafo anterior podem ser tais que impliquem uma longa demora para o advento do ponto de reversão, o que, por sua vez, leva a uma deterioração das condições de vida, assim como ao virtual agravamento dos conflitos sociais.

b. A acumulação de capital

Entre as condições mencionadas, faz-se referência à taxa de aumento do emprego no setor moderno. Mas há que se ter presente que o nível que ela alcançar e mantiver dependerá crucialmente do ritmo e da continuidade da acumulação de capital. Esta última se configura, portanto, como um elemento-chave da explicação da "insuficiência dinâmica", seja ela entendida em sentido lato ou estrito.

Nos documentos da Cepal e de Prebisch, e particularmente nos elaborados nos anos 1960, se argumenta que a exigüidade dos esforços de acumulação constitui um determinante fundamental da "insuficiência dinâmica" ou, de forma mais geral, da gravidade e persistência dos problemas ocupacionais.

Sustenta-se também que a acumulação "insuficiente" está associada a variáveis de comportamento: à elevada propensão a consumir dos estratos de ganhos altos e médios, em parte condicionada pelas oportunidades de renovação dos padrões de consumo que o progresso técnico dos centros fornece. Além disso, concebe-se que tais pautas de comportamento estão ligadas à estrutura social e aos modos como se vai processando sua transformação, quando o processo de expansão industrial chega à periferia. Como já se indicou, estes temas são objeto da próxima subseção.

c. A inadequação da tecnologia

Desde os anos 1950, os documentos cepalinos distinguem dois aspectos da inadequação da tecnologia: um relativo à quantidade de capital por homem ocupado (densidade de capital) e o segundo concernente à indivisibilidade das escalas em que as técnicas são vertidas e às suas dimensões excessivas em relação ao tamanho dos mercados periféricos.

i) Como já apontado, na evolução tecnológica dos centros, o aumento da densidade de capital foi a causa para as sucessivas altas salariais, induzidas pela escassez de mão-de-obra, provocarem a redução de seu uso por unidade de produto e o incremento paralelo e compensatório do uso de bens de capital.

Essas técnicas de densidade de capital mais elevada geradas pelos centros substituem outras preexistentes, determinando sua obsolescência. Mas a maior eficiência faz que elas sejam adotadas na periferia, em circunstâncias em que tais técnicas combinam capital e trabalho em proporção muito diferente da que prevalece na mesma, onde a escassez de capital disponível coexiste com a superabundância de trabalho.

Daí deriva que os investimentos realizados na periferia geram poucos postos de trabalho em comparação com o aumento de sua oferta e, sobretudo, com a ampla disponibilidade de mão-de-obra contida no subemprego estrutural. Em outros termos, argumenta-se que a elevada densidade de capital das técnicas produzidas pelos centros que a periferia se vê compelida a adotar conspira contra a sua absorção de mão-de-obra, atuando no sentido de perpetuar seu caráter "redundante", expresso na massividade do subemprego.

Esse é um argumento de caráter estático, uma vez que se refere à quantidade de mão-de-obra que se consegue ocupar com um volume determinado de investimento de capital. Assim exposto, este argumento há que ser julgado errôneo, posto que desconsidera os efeitos dinâmicos do uso de técnicas de densidade de capital elevada (ou até da alta desta). É certo que, na maior densidade, um determinado volume de investimento gera menos emprego. Entretanto, a densidade elevada (ou sua alta) suporta níveis de produtividade do trabalho também elevados (ou o aumento desses níveis). Por sua vez, a alta produtividade (ou seu aumento) constitui uma base essencial para a consecução de ritmos de acumulação de capital capazes de sustentar taxas de incremento do emprego mais favoráveis do que as que derivariam de dotações de capital por homem mais reduzidas.

Posto em outros termos (e desconsiderando, no momento, os problemas de escala), a adoção de técnicas de elevada densidade de capital originadas nos centros, ou sua alta posterior, são benéficas pela dupla perspectiva da dinâmica da acumulação e do emprego, como resultado de seu efeito positivo sobre a produtividade do trabalho.

As considerações que antecedem, de caráter geral, têm de ser complementadas por outras que se referem à composição setorial da produção. Essa composição pode se dar mediante a expansão de certas atividades em que a densidade de capital e a produtividade do trabalho sejam as mais altas, comparando-as com as de outras, também modernas, mas nas quais ambas sejam um pouco mais reduzidas. É preciso entender que uma expansão privilegiada das primeiras não redundará necessariamente no maior aumento factível da produtividade média do trabalho. Na verdade, pode acontecer que da expansão das segundas ocorra, ano a ano, a absorção de volumes de mão-de-obra de dimensões tais que o impacto dessa absorção sobre a produtividade média seja mais favorável que a absorção nas primeiras. Em outras palavras, cada uma das unidades de mão-de-obra redundante absorvida nas atividades de produtividade mais alta induz um aumento da produtividade média do trabalho, também mais alto; mas a maior quantidade de unidades absorvidas com técnicas de produtividade um pouco mais baixa pode compensar, com acréscimo, essa vantagem, gerando um incremento também maior da produtividade média.[12]

Deve-se ter presente o pressuposto de que as técnicas são rígidas porque combinam os recursos considerados — capital e trabalho — em proporções fixas. Isso significa que os mecanismos de mercado serão incapazes de induzir, em cada uma das atividades produtivas, formas de combinar os recursos estimulados pela sua abundância relativa. Dado este pressuposto, tampouco é possível pensar que a dotação de fatores peculiar da periferia induza, via mercado, uma estrutura de produção na qual as atividades de menor densidade de capital sejam privilegiadas. Na verdade, há que se entender que os mercados, sim, são capazes de ajustar essa estrutura às mudanças que vão ocorrendo na composição da demanda, por sua vez relacionados com os padrões distributivos subjacentes nessas mudanças.

Em síntese: 1) não é aceitável que a elevada densidade de capital prejudique a absorção de mão-de-obra no emprego; 2) ao contrário, pode-se demonstrar que a densidade elevada e sua alta favorecem essa absorção; 3) isso depende de que, com a densidade, aumente a produtividade do trabalho, beneficiando as dinâmicas da acumulação e do emprego; 4) de uma perspectiva setorial, também é possível demonstrar que das técnicas de densidade máxima não deriva necessariamente a maximização de tais dinâmicas: pode acontecer de técnicas de densidade não tão alta darem lugar a incorporações consideráveis de mão-de-obra (adicional ou redundante) nas atividades modernas, decisivas para a obtenção de incrementos mais altos da produtividade média; 5) os padrões setoriais de produção e emprego não são dissociáveis das configurações correspondentes à distribuição da renda e à estrutura da demanda; 6) disso se infere que — no que se atém à densidade de capital e à sua evolução — se abrem na periferia diversas alternativas, todas com impactos favoráveis (embora diferenciados) na produtividade do trabalho e, por essa via, nas dinâmicas recém-mencionadas.

ii) Do que foi mencionado, infere-se que a chamada "inadequação da densidade de capital" não constitui um obstáculo ao desenvolvimento periférico, como se afirma na bibliografia cepalina. O mesmo não acontece com a "inadequação da escala", à qual se faz referência a seguir.

Como é claro, as escalas mínimas disponíveis em distintas atividades, excessivas em relação à dimensão dos mercados periféricos correspondentes, implicam que essas atividades terão de operar com capacidade ociosa. Portanto, qualquer que seja o esforço de acumulação empreendido na periferia (isto é, a taxa de economia que nela se alcance), em maior ou menor medida esse esforço será desperdiçado em prejuízo do ritmo da própria acumulação de capital.

Do mesmo modo, o desperdício desse recurso acarreta custos por unidade de mão-de-obra maiores do que os potenciais custos cujos níveis incidem negativamente sobre a produtividade média do trabalho, a qual, por sua vez, se configura como elemento-chave do próprio esforço de acumulação.

Cabe observar também que a peculiar superabundância de mão-de-obra da periferia limita as altas salariais, gerando tendências à concentração de renda, e por ambas as vias condiciona a ampliação de vários de seus mercados, com a conseqüente emergência de problemas de escala.

4. *Os fatores sociais*

Nas subseções anteriores foi apresentada uma argumentação de base essencialmente econômica. Em particular, na última, correspondente ao caráter "insuficiente" da acumulação de capital em comparação com a que é requerida para resolver os problemas ocupacionais próprios da periferia. A análise dessa "insuficiência dinâmica" inclui a consideração de variáveis demográficas e incorpora também a rigidez das escalas de produção disponíveis e sua virtual incidência negativa.

Entretanto, esta argumentação sobre a exigüidade dos esforços de acumulação e sobre a elevada propensão ao consumo que acompanham o desenvolvimento periférico tem seu centro e eixo nos padrões de mudança da estrutura social que vão ocorrendo em suas diferentes fases, inclusive na fase liderada pela expansão da indústria.

As linhas básicas dessa estrutura e a suposta tendência ao estancamento derivada da sua transformação são os principais objetos da presente subseção.

i) Como se assinalou na primeira parte, durante o desenvolvimento para fora se configura uma estrutura econômica especializada e heterogênea. Nesse período vai se consolidando também uma estrutura social peculiar da "condição periférica".

Conforme se argumenta, no ponto de partida prevalece uma grande concentração de riqueza, em especial da propriedade agrária. O desenvolvimento para fora contribui para consolidar essa situação prévia, em que a estrutura da propriedade rural se caracteriza pela coexistência de latifúndio e minifúndio e pela proliferação de formas precárias de posse da terra. Em conexão com essas características, esse recurso, além dos de capital e trabalho, tende a permanecer subutilizado.

De fato, à medida que a produção agropecuária se orienta mais e mais para o mercado (tanto externo quanto interno), a penetração de novas técnicas geralmente ocorre sob formas simples, compatíveis com o aproveitamento extensivo dos recursos naturais existentes. Por outro lado, o minifúndio e a posse precária acarretam a presença contínua de excedentes de mão-de-obra, que permitem manter os níveis salariais baixos. Dada essa exigüidade dos salários, os aumentos da produção extensiva — mesmo quando se realizam com descuido em relação ao uso eficiente dos bens de capital envolvidos — originam grandes incrementos de lucros e rendas. Graças a eles, as classes proprietárias não só adotam padrões de consumo conspícuo — em boa medida imitativos dos que prevalecem nas economias mais avançadas —, como obtêm a posterior concentração da riqueza.

Com o desenvolvimento para fora, avaliza-se, portanto, uma situação de extrema desigualdade no que concerne à distribuição da riqueza e da renda e, em conexão com isso, uma estrutura social dicotômica, constituída essencialmente por proprietários e despossuídos; esta, por sua vez, incide sobre a conformação de uma estrutura de poder que dificulta a mobilidade social e tende a perpetuar aquela dicotomia básica.

Em suma, a preservação de uma estrutura social que obstrui as mudanças nas formas de produzir e na estrutura econômica exigida pela propagação das técnicas modernas (Prebisch, 1963a, p. 53) está relacionada com as condições em que o crescimento primário-exportador ocorre, condições estas que contribuem para consolidá-la.

ii) Sustenta-se que a industrialização não modifica essencialmente esta ordem das coisas. Em suas primeiras etapas, ela é extensiva e utiliza técnicas simples, por isso não exige o aproveitamento exaustivo do capital investido, nem exige mudanças profundas na estrutura social. No desenvolvimento posterior do processo substitutivo, as condições de alta proteção, assim como a estrutura social preexistente, que dificulta a mobilidade social e, portanto, a ascensão de elementos dinâmicos, tendem a fazer com que essa estrutura não se modifique de maneira substancial: ampliam-se nela a dimensão e os interesses do estrato superior, enquanto a classe média vai adquirindo maior importância numérica (Prebisch, 1963a, p. 53).

Essa estrutura social basicamente imutável influi de forma adversa sobre a atividade econômica e sobre as possibilidades de desenvolvimento em um sentido duplo: dificula o cumprimento adequado de certas funções essenciais para a boa marcha do processo econômico, ao tempo em que bloqueia o surgimento daqueles elementos dinâmicos da sociedade capazes de cumpri-las (Prebisch, 1963a, p. 54).

Como já se apontou, as altas pautas de consumo dos estratos de renda elevada são um sério obstáculo à acumulação. Mas, além disso, a ausência de elementos dinâmicos faz com que em geral as economias e os recursos produtivos sejam utilizados em grau inferior ao de sua capacidade potencial. No setor agropecuário, latifúndio, minifúndio e posse precária conspiram contra a aplicação eficiente das técnicas disponíveis, até do ponto de vista do benefício privado. Na indústria, a debilidade de iniciativa e a falta de incentivo à concorrência fazem com que o capital seja desperdiçado além da limitação imposta pela inadequação das escalas próprias das técnicas disponíveis.

As condições gerais de baixa utilização dos recursos produtivos, principalmente atribuíveis à estrutura social, dão lugar a situações de privilégio em que os ganhos pessoais não guardam relação com os aportes efetivos à produção de quem os recebe. Por sua própria índole, essa estrutura dificulta a mobilidade social; mas, além disso, os privilégios resultantes constituem um importante fator de desestímulo à emergência de elementos dinâmicos provenientes dos estratos médios e inferiores (Prebisch, 1963a, p. 4).

Em síntese, a estrutura social impede que as funções-chave de acumulação e gestão sejam cumpridas com eficiência e que surjam os elementos dinâmicos capazes de realizá-las. O obstáculo imposto pela estrutura social, assim como pela estrutura agrária a ela conectada, compromete o dinamismo do sistema econômico. A acumulação ocorre a um ritmo sensivelmente menor que o potencial em razão do consumo excessivo e também da subutilização generalizada dos recursos produtivos (Prebisch, 1963a, p. 53).

iii) Essa insuficiência dinâmica derivada da acumulação escassa se manifesta em nível global no ritmo lento de crescimento da renda por habitante e em sua tendência ao estancamento. Mas se expressa, além disso, em ritmos setoriais de crescimento claramente incompatíveis com a absorção da população ativa no emprego e, em conseqüência, com uma distribuição da renda menos regressiva.

Como já se indicou, as condições estruturais que imperam no setor agrícola contribuem para que se opere com capacidade ociosa de terra e capital e com subutilização de mão-de-obra. Ainda mais, a população ativa tende a ser expelida desse setor. Ao mesmo tempo, a escassez de poupanças e a subutilização da capacidade instalada levam o setor industrial e demais setores urbanos modernos a um ritmo de crescimento insuficiente para absorver a população ativa deslocada do setor primário e de outros setores de baixa produtividade. Por outro lado, o subemprego estrutural impede a elevação dos níveis de vida e de renda de vastos grupos sociais, isto é, tende a perpetuar, ou até a piorar, as graves disparidades existentes na distribuição da renda e da riqueza.

Embora o desajuste das escalas de produção em que as técnicas criadas nos países centrais são traduzidas provoque uma subutilização dos equipamentos, concebe-se que, em essência, são as estruturas agrária e social os elementos-chave para explicar a tendência ao crescente subemprego e marginalização, fenômenos que se manifestam de maneira cada vez mais aguda a partir de meados da década de 1970.

iv) Explica-se, assim, em conexão com os limites impostos ao funcionamento do sistema econômico por sua própria estrutura, mas também pela estrutura social ligada a ele, um conjunto de fenômenos que aparecem à luz da teoria como tendências de longo prazo inerentes à industrialização periférica: por um lado, o subemprego, a marginalização e a distribuição regressiva da renda; por outro, o estrangulamento externo, associado a altas consideráveis dos níveis da dívida externa; e, de forma sintética, a paralisia ou lentidão da expansão manufatureira e do crescimento (Prebisch, 1963a, p. 3-9). Como é claro, o contraponto dessas tendências negativas consistiria em se alcançar condições de "suficiência dinâmica" acompanhadas e articuladas com outras condições que assegurem padrões de inserção externa compatíveis com a continuidade do desenvolvimento, tanto industrial quanto geral.

III. UM ENFOQUE NEOWEBERIANO

Na tarefa de apreender os aspectos sociais do "desenvolvimento econômico" ou, o que é o mesmo, as ligações deste último com o "desenvolvimento social",[13] Medina começa por construir um modelo abstrato, um "tipo ideal", que ele identifica explicitamente como "paradigma weberiano". Sua apresentação (subseção 1) é de suma importância, uma vez que tal paradigma constitui o fundamento analítico principal dos tratamentos posteriores desses mesmos temas.

No entanto, logo considerou que as condições prototípicas do paradigma mencionado, presentes nos primeiros exemplos e períodos da revolução industrial — como a plenitude da livre concorrência —, perdiam validade em casos e etapas posteriores. Além disso, ele sustentou que a mudança dessas condições e, portanto, a necessária alteração do conjunto de pressupostos que as representam configuram-se como particularmente significativas nas economias e sociedades nas quais a industrialização ocorre com atraso, que a partir do pós-guerra se convencionou chamar de "subdesenvolvidas". Daí seu empenho em elaborar um novo referencial analítico, capaz de lançar luz sobre as suas especificidades. Este segundo paradigma, que constitui o suporte analítico essencial de um enfoque definível como "neoweberiano", é apresentado adiante (subseção 2), sob o título "As condições sociais do desenvolvimento econômico".

Esse enfoque e seu paradigma básico são moldados por uma ampla conceitualização concernente ao desenvolvimento latino-americano e às suas perspectivas (subseção 3). No ponto de partida desse esforço é caracterizada a chamada "sociedade tradicional" (a), para a seguir questionar as razões da sua crise (b). Ambas as análises servem de apoio ao que corresponde aos obstáculos sociais ao desenvolvimento (c), que fundamenta o compromisso de continuidade deste último.

1. *Bases analíticas: o paradigma weberiano*

i) A construção dessas bases parte de uma hipótese inicial, presente nas primeiras concepções sociológicas de Medina: a racionalidade dos diferentes atores — tanto indivíduos como grupos — que compõem o todo social. Tal hipótese equivale a admitir que seus comportamentos são racionais e que também o são os critérios e normas em que esses comportamentos se baseiam e que regem as relações entre os próprios atores. Por outro lado, entende-se que essa racionalidade se expressa, justamente, na compatibilidade e continuidade ou normalidade de suas relações ou, o que é o mesmo, na mudança ordenada e contínua da estrutura social globalmente considerada.

O parágrafo anterior registra de modo mais abstrato e com extrema brevidade uma idéia-chave: a do "desenvolvimento da razão" a mais e mais atores, sustentando o desenvolvimento da sociedade que formam. Do mesmo modo, entende-se que este último se traduz, por um lado, no aumento sustentado da riqueza material e, por outro, na melhoria das formas de convivência entre esses atores.

ii) Mas além dessa apreciação geral e inicial, Medina sustenta e destaca que esse desenvolvimento da razão se torna particularmente intenso e especialmente visível em certo processo histórico específico: o da consolidação do "capitalismo originário", isto é, do capitalismo de fundamento decididamente liberal, que se expande em alguns países europeus — com seu início e expressão mais plena na Grã-Bretanha — pela via da revolução industrial.

Quanto a este processo, reconhece-se e enfatiza-se que a racionalidade econômica constitui o núcleo-chave do seu impulso, ao mesmo tempo que se configura como sua manifestação mais notória. Mas, além disso, indica-se que a racionalidade econômica tem em sua base um padrão de conduta que mais adiante reaparecerá sob o nome de "disposição econômica geral". Trata-se da "aparição de um determinado *ethos* profissional", de uma atitude sociopsicológica "sóbria e disciplinada, que teria de ser a base (...) da vida econômica" (Medina, 1967, p. 274) no processo histórico de industrialização recém-mencionado.

iii) Mas até reconhecendo "a formação do *ethos* profissional moderno e dos hábitos de trabalho que ele leva consigo" (Medina, 1967, p. 275), resta a pergunta de como eles puderam sustentar o amplo desenvolvimento da racionalidade econômica. A resposta encontra-se na consolidação de uma institucionalidade jurídica e burocrático-administrativa que se configura como requisito essencial desse desenvolvimento. Conforme se afirma, "sem a segurança outorgada pelos sistemas jurídicos continentais ou do *common law*, sem a previsibilidade do futuro garantido pela 'burocracia profissional', teria sido impossível o cálculo e a estabilidade nas expectativas que a racionalidade econômica exige"; e, do mesmo modo, "teria sido irrealizável o amadurecimento social [daquelas] sóbrias atitudes de trabalho e disciplina" (Medina, 1967, p. 275) a que antes se fez referência.

iv) As considerações precedentes correspondem a um processo histórico específico. Quando se procura montar um "tipo ideal", abstrato, que o represente, é preciso explicitar que a racionalidade econômica supõe a zelosa adequação de meios e fins. Considerando este elemento adicional em sua definição, é facilmente compreensível que a racionalidade econômica e também sua relevância se tornem claras com a expansão industrial. Pois com ela, essa forma de racionalidade germina em uma renovação potencializadora tanto dos fins quanto dos meios, mediante o avanço incessante da ciência e da técnica. Por outro lado, entende-se também que os padrões racionais de comportamento econômico foram se estendendo a atividades produtivas não-industriais, seja por requisitos de eficiência induzidos pela própria indústria, seja pela difusão de seus avanços técnicos e organizativos. Assim, as formas da racionalidade desenvolvidas no âmbito econômico vão abrangendo o conjunto de atividades que o compõem.

v) O "tipo ideal" representativo da industrialização "liberal-capitalista" deve considerar também que o desenvolvimento da racionalidade econômica demanda um entorno institucional adequado, que abra espaço para a presença de certas condições sociais básicas requeridas por esse desenvolvimento. Entre tais condições merecem destaque "a liberdade de mercado, a concorrência plena, a completa apropriação pela empresa dos meios materiais de produção, a liberdade de contratação nas relações trabalhistas e o Estado prescindível" (Gurrieri, 1980, p. 86).

Ao influxo da industrialização, os comportamentos econômicos racionais que essas condições enquadram e favorecem se estendem a um número crescente de indivíduos, assim como a diferentes grupos e classes sociais. Particularmente destacáveis são os grupos empresariais, entre os quais emergem expressões conspícuas de comportamentos racionais, como os tipificados como "capitão da indústria" e "empresário inovador". Do mesmo modo, cabe mencionar os grupos de trabalhadores nos quais se difunde a consciência de que produtividade e eficiência são pré-requisitos de melhorias salariais e ao mesmo tempo base de sustentação da sua capacidade de negociação.

vi) Como assinala Medina, no exemplo histórico mencionado, o desenvolvimento da racionalidade econômica é apenas uma parte e um aspecto do processo geral de racionalização da cultura do Ocidente. À luz desse reconhecimento, o tipo ideal que ele constrói supõe que esse desenvolvimento se inscreve em um outro, mais amplo, que abrange os diferentes âmbitos do todo social.

Em outras palavras, no paradigma weberiano admite-se que a racionalidade dos agentes, assim como dos critérios e normas de conduta em que o seu acionar se baseia, vão se estendendo a cada um desses âmbitos. Além disso, considera-se que a racionalidade de comportamentos e normas tem particular importância no âmbito político, pois impacta significativamente a regularidade e continuidade dos modos de convivência social e, portanto, a boa marcha do próprio âmbito econômico.

Como se indicou anteriormente, entende-se que um entorno institucional adequado enquadra — e ao mesmo tempo reflete — certas condições exigidas pelo desenvolvimento da racionalidade econômica. Mas, conforme se admite, esse entorno é mais amplo que aquele diretamente relacionado com esta última. Assim, postula-se a existência de um vasto conjunto de instituições jurídicas e burocrático-administrativas que permitam a colocação em prática de normas de comportamento racionais nos diferentes âmbitos do acontecer social. Por outro lado, nessa institucionalidade global, a que corresponde ao âmbito político possui particular importância.

vii) Supor o desenvolvimento geral da racionalidade tem como contrapartida tácita a valorização da liberdade individual, já que somente por meio do seu exercício a racionalidade pode se tornar efetiva. A liberdade individual se configura, portanto, como uma estreita síntese dos fundamentos ideológicos (ou "espirituais", como Medina também os chama) que subjazem no paradigma weberiano. Assim, do ângulo econômico, a valorização da liberdade individual supõe privilegiar o esforço e o mérito, chaves do "*ethos* profissional" antes mencionado (e, portanto, requer desprezar prerrogativas e vantagens herdadas, e transmissíveis somente de maneira limitada, como acontecia nas corporações de ofícios). Assim, também, sob a perspectiva política, essa valorização significa que o indivíduo tem de ser portador da capacidade de decidir e fonte última de decisão (deslocando comunidades ou grupos que subsumem as preferências e objetivos de seus integrantes, como na condição de servidão).[14]

A liberdade individual e seu exercício, que se desenvolvem nas racionalidades econômica e política, e desse modo em outros âmbitos do acontecer social, são, em resumo, os fundamentos "espirituais" desse paradigma.

viii) Vistas em conjunto, as considerações precedentes escondem uma noção particular de "otimização", implícita nesse paradigma. De fato, elas sugerem que o desenvolvimento da racionalidade dos diferentes agentes sociais e a conseqüente articulação virtuosa do seu acionar (particularmente nos âmbitos econômico e político) abrirão espaço para o desenvolvimento do todo social e sua continuidade. Por outro lado, e embora apoiada e derivada de um tipo ideal, essa perspectiva otimista levou a se considerar as formas extremas do capitalismo liberal como *desideratum* para o qual apontar, com base na transformação das deficiências e incongruências de suas formas concretas. Este é, justamente, o tema que serve de ponto de partida para a próxima subseção.

2. *As condições sociais do desenvolvimento econômico*

i) Conforme se assinalou, não foi incomum essa assimilação do liberalismo "até a morte" com o objetivo para o qual as mudanças das diferentes sociedades deveriam se orientar ou, se preferirmos, com o fundamento básico das políticas destinadas a modernizá-las (Gurrieri, 1980, p. 86). Nos primeiros escritos elaborados para a Cepal, o próprio Medina faz considerações sobre a existência e virtual relevância desta tese (Gurrieri, 1980, p. 87), mas logo reconhece e enfatiza que ela se configura como "invalidada pela história" (Gurrieri, 1980, p. 88).

De fato, foi ficando cada vez mais evidente que os traços arquetípicos das estruturas sociais "liberal-capitalistas" sofreram transformações significativas naqueles países onde o desenvolvimento industrial ocorrera mais cedo e fora mais intenso, identificados a partir do pós-guerra como "desenvolvidos". Entre os aspectos destacáveis da sua transformação, destaca-se que neles "diminuiu de maneira considerável a liberdade e a concorrência nos diferentes mercados e mudaram substancialmente as relações entre o Estado e a economia" (Gurrieri, 1980, p. 88). Assim, portanto, os países de desenvolvimento industrial muito incipiente, que por contraste com os anteriores foram chamados de "subdesenvolvidos", tiveram diante de si sociedades reais claramente diferentes dos modelos abstratos que em algum momento lhes foi sugerido imitar (Gurrieri, 1980, p. 88).

ii) Negado o paradigma weberiano,[15] na tarefa de entender o processo de desenvolvimento econômico e as condições sociais que ele demanda, Medina procura delimitar um campo especial da sociologia, a denominada "sociologia do desenvolvimento". Ao abordá-lo, ele reconhece a necessidade de construir um quadro analítico adequado à nova temática, capaz de indagar em abstrato sobre os traços essenciais desse processo e de pinçar, por meio de sucessivas perscrutações de realidades distintas, os modos de ser concretos que essas investigações possam desvelar.

Trabalhando nessa direção, ele formula uma tese de particular relevância para sua sociologia do desenvolvimento: o chamado "desenvolvimento econômico" possui em seu núcleo um "mecanismo essencial", que pode operar de diferentes maneiras, dependendo das condições sociais em que se inscreva (Gurrieri, 1980, p. 90-1). Por outro lado, ele admite que esse mecanismo "consiste na aplicação reiterada do excedente em novos investimentos (...), que tem como resultado a expansão incessante da unidade produtiva de que se trate [a qual] pode ser certamente uma sociedade inteira e de grande dimensão (...)" (Medina, citado em Gurrieri, 1980, p. 91).[16]

Para incluir o mecanismo essencial em um "tipo ideal" e, sobretudo, para sua consideração em um contexto de subdesenvolvimento (de desenvolvimento incipiente da indústria), é preciso ter em conta certas condições sociais mínimas requeridas — também em abstrato — para que esse mecanismo entre em operação (Gurrieri, 1980, p. 91) e, portanto, para o desenvolvimento econômico.

iii) Gurrieri menciona várias obras que abordam o tema (Gurrieri, 1980, p. 94), destacando a intitulada *Las condiciones sociales del desarrollo económico* (Medina, 1965b), e mostra que essas condições consideradas mínimas apresentam três aspectos ou pressupostos que se sobressaem.

O primeiro corresponde à presença de atores, grupos sociais e organizações que os representam, "(...) cujas orientações e comportamentos [são] cruciais" (Gurrieri, 1980, p. 94) para a operatória do mecanismo essencial. De uma perspectiva geral, podem ser mencionados entre eles "os empresários, os operários, a burocracia estatal, os estratos médios, a elite política e os intelectuais" (Gurrieri, 1980, p. 94). Mas da perspectiva mais específica desse mecanismo — isto é, da geração e acumulação contínua de excedentes —, privilegiam-se os dois primeiros, marcando a importância da capacidade e disposição dos trabalhadores para cumprir suas funções, da "capacidade diretiva e gerencial dos empresários privados e públicos" (Gurrieri, 1980, p. 94) e da compatibilidade de seus comportamentos.

iv) O segundo aspecto diz respeito às orientações básicas que envolvem as condutas ou comportamentos dos atores, grupos ou organizações mencionados. Tais orientações têm de conter "uma disposição econômica geral", em boa medida representativa de determinados padrões específicos de racionalidade econômica[17] que o desenvolvimento requer.

Nessa "disposição econômica geral" destacam-se dois aspectos principais. Um deles constituído pelo que se costuma chamar de "aspirações econômicas", "vinculadas à expansão da riqueza e [também à melhoria] das condições de vida" (Gurrieri, 1980, p. 93). O outro, conformado pela presença de um sentimento de responsabilidade individual e coletiva, relativa ao esforço considerável que o desenvolvimento econômico demanda e ao espírito de sacrifício — ou "capacidade ascética", nos escritos de Medina — comprometido nesse esforço.

De ambos os aspectos, mas sobretudo do segundo, deriva o reconhecimento da necessidade de se elaborar um ideário do desenvolvimento, de construir um conjunto de idéias harmônicas que expresse com clareza e relativa precisão que possibilidades são abertas, quanto a seus objetivos e meios básicos. Parece claro que o mecanismo essencial e a expansão econômica que sua forma de operar supõe são o núcleo desse ideário. Mas também é fácil perceber que, em sua elaboração e em sua aplicação, têm de estar presentes os agentes não propriamente econômicos já mencionados — burocracia, classes médias, elites política e intelectual —, virtuais portadores de racionalidade no âmbito político.

v) Neste âmbito se inscreve o terceiro dos aspectos a ser considerado. Como insinua o ponto anterior, o mecanismo essencial é um fenômeno complexo que requer incidir nas relações próprias desse âmbito, articulando, na esfera e por meio do Estado, os interesses e a ação de diferentes grupos e classes sociais. Posto em outros termos, as chamadas "condições sociais do desenvolvimento econômico" incluem a presença de atores e dirigentes políticos que dêem forma à organização do aparelho do Estado e detenham o seu controle, empregando-o na consecução dos objetivos do desenvolvimento e na continuidade do mecanismo que lhe serve de base. Como é claro, considera-se que a condução do Estado tem de ser realizada com eficácia, mas ademais se entende que ela requererá legitimidade e consenso. Junto à eficácia, estes constituem os elementos em que a "racionalidade política" se expressa.

vi) De um outro ângulo, e em síntese, as condições sociais do desenvolvimento econômico se referem a certos suportes ou fundamentos requeridos para a ação contínua do mecanismo essencial e para a continuidade do próprio desenvolvimento. Um desses fundamentos pode ser denominado material ou socioeconômico: consiste no impulso do mecanismo mencionado, por meio da presença de certos grupos sociais essenciais na tarefa de impulsioná-lo. Aponta-se, também, para a necessidade de um fundamento espiritual ou ideológico, como o que se expressa sobretudo na presença — ou melhor, na firme adoção — de um ideário do desenvolvimento. Por último, reconhece-se a relevância de se contar com um fundamento político, isto é, com o desenvolvimento da racionalidade política de atores relevantes, que contribuam para dar curso à mudança ordenada do todo social.[18]

3. *Perspectivas do desenvolvimento latino-americano*

No início dos anos 1960, Medina dirige sua atenção para o tema específico do desenvolvimento latino-americano e das perspectivas que então se abrem para ele. Segundo o enfoque com que o aborda — o da sociologia do desenvolvimento —, o novo tema tem como eixo central o cumprimento das condições sociais delineadas acima, ou melhor, o dos sérios obstáculos enfrentados para alcançá-las nas realidades latino-americanas daqueles dias.

Mas identificar o papel dos que poderiam ser denominados de "obstáculos sociais ao desenvolvimento" (c) requer a análise de duas questões prévias: a primeira concerne à caracterização do que se convencionou chamar de "sociedade tradicional" (a); a segunda, à etiologia da crise que sua estrutura experimenta quando nela penetram e passam a conviver formas modernas de organização social (b).

a. A sociedade tradicional

i) Conforme foi indicado no final da subseção anterior, considerado em abstrato, todo processo de desenvolvimento tem suas bases de sustentação em determinados fundamentos: uns, de tipo material ou socioeconômico; outros, de índole ideológica ou espiritual; e outros mais de natureza política. Na sociedade tradicional latino-americana, estes três fundamentos correspondem à estrutura das "fazendas" próprias da agricultura, ao forte peso ideológico do liberalismo e a certas características *sui generis* prevalecentes em seu sistema político, abordadas mais adiante.

ii) A "fazenda" é a instituição prototípica da sociedade tradicional e, do mesmo modo, o suporte-chave da sua estrutura. Em essência, ela se configura como uma unidade de produção e como uma forma de propriedade; mas esta ao mesmo tempo supõe um determinado tipo de relações sociais que se baseia em um sistema de papéis e funções regulado pela autoridade do senhor. Em particular, as relações patriarcais em que essa autoridade se expressa implicam modos de conexão entre proprietários e trabalhadores que vão mais além do mero vínculo salarial, inscritos em um marco mais amplo de obrigações recíprocas. Por outro lado, a "fazenda" constitui um núcleo de poder político-militar e a base de uma estrutura "familística" caracterizada pela coesão entre seus membros e simbolizada em um sobrenome.

A "fazenda" não é o único fundamento econômico-social da sociedade tradicional. Em alguns casos coexistem os centros mineiros. Entretanto, destaca-se o papel da urbanização e das cidades por servirem de assento a diferentes grupos e classes, como os que se inscrevem no aparato do Estado ou exercem a defesa ou difusão das ideologias predominantes. Especial menção merecem o comércio e a burguesia urbana, a qual trava com a classe dos fazendeiros "o conflito político e ideológico mais importante" (Gurrieri, 1980, p. 101) até as primeiras décadas do século XX.

iii) Conforme se aponta com insistência, o fundamento espiritual ou ideológico da sociedade tradicional é o liberalismo. Ele está na própria base do ideário independentista, composto por oposição ao absolutismo exercido a partir da metrópole. Durante o longo período em que esta sociedade foi se conformando e consolidando, existiram inúmeras interrupções da ordem constitucional, mas ainda assim continuava presente "na letra da constituição o tributo respeitoso aos princípios do liberalismo" (Medina, citado em Gurrieri, 1980, p. 102).

Como é claro, esses princípios parecem contraditórios em relação aos fundamentos materiais da sociedade que foi se conformando na América Latina, isto é, com a "fazenda" e o ideário próprio dessa estrutura social específica. Sem dúvida, essa contradição originária está na base de vários conflitos políticos e constitui a razão principal da fragilidade do próprio liberalismo. Mas como se reconhece, ele continua sua penetração através de várias de suas manifestações mais elaboradas — entre as quais podemos mencionar a visão manchesteriana do econômico, o constitucionalismo e o positivismo —, constituindo-se em um ideário capaz de exercer uma influência profunda e prolongada.

iv) Apesar de seu caráter inicial contraditório, os fundamentos materiais e ideológicos da sociedade tradicional acabam encontrando formas de compatibilidade. Esta transita pelas vias do sistema político que se consolida na segunda metade do século XIX, período em que a maior parte dos países da área encontra formas de resolver o conflito entre campo e cidade, entre as oligarquias agrárias e os "doutores" representativos de interesses radicados nas grandes cidades, em especial os da burguesia urbana. Nesse tempo, cada vez mais as instituições políticas básicas — partidos, sistemas eleitorais, administração pública, poderes estatais e suas formas de exercício — atingem uma readequação conforme os modelos liberal-democráticos europeus e estadunidense. Por outro lado, os partidos políticos, munidos com a clara presença e o predomínio de "notáveis" em seus corpos orgânicos, operam com base em sucessivas contraposições e compromissos entre duas correntes principais: liberais e conservadores. Entende-se, também, que a fluidez desse mecanismo político básico é favorecida tanto pela emergência de interesses em boa medida convergentes — por exemplo, os envolvidos nos modelos primário-exportadores, como a proximidade propiciada pelos laços familiares ou pelo sentido de pertença às camadas mais altas da estrutura social.

v) Segundo Medina, uma vez completada a sua constituição, com a presença plena e harmônica dos três fundamentos — material, espiritual e político —, podem ser diferenciadas três classes dominantes principais na sociedade tradicional. Elas correspondem a cada um desses fundamentos, cumprindo cada uma um determinado papel fundamental como orientadora da atividade humana nesses mesmos âmbitos.

A análise privilegia duas dessas classes, que são denominadas "política" e "dirigente". A primeira adquire perfis definidos com a celebração de acordos que — mesmo que permaneçam implícitos — abrem caminho para um acionar político ordenado, ao impulso conjunto de liberais e conservadores. O sistema político pode assim assumir com eficácia a responsabilidade de "montar as peças do Estado" (Gurrieri, 1980,

p. 103) e de complementar ou ampliar a infra-estrutura econômica, ambos requisitos essenciais para a continuidade do desenvolvimento.

A classe dirigente se considera portadora do poder espiritual, isto é, do manejo do ideário liberal e das faculdades requeridas para moldá-lo na institucionalidade. Esta classe, e os princípios e saberes de que é portadora, outorga à sociedade tradicional a coerência que deriva da sua adesão ao núcleo desse ideário, e da sua influência para torná-lo operativo.

Não é difícil perceber que essas duas classes, em geral identificáveis com "políticos" e "doutores", estão muito vinculadas entre si por sua origem social, e também pelos papéis que cumprem e por sua alternância no desempenho deles. Também fica claro que ambas se relacionam com as classes dominantes no âmbito material — com amplos setores da oligarquia agrária e também com parte da burguesia urbana —, uma vez que os membros de todas elas transitam pelos três âmbitos básicos, induzindo compatibilidade ou coerência entre os respectivos fundamentos e a possibilidade de um desenvolvimento ordenado ao conjunto da estrutura social.

vi) Dito de outro modo — e em resumo —, a estrutura social tradicional, que começa a adquirir seus perfis próprios a partir da independência e que os consolida em diferentes momentos da segunda metade do século XIX, termina por constituir uma base adequada para o funcionamento do "mecanismo essencial" e por cumprir com as "condições sociais do desenvolvimento". Ou seja, a consolidação dessa estrutura aparece como favorável e, ainda mais, como impulsora do "desenvolvimento econômico"; pois no período mencionado foram constatados vários casos de aceleração desse desenvolvimento, que se dão sob diferentes formas do chamado "desenvolvimento para fora".

Essa adequação da estrutura social tradicional não impede, e sim requer, que se indague em que medida as transformações sociais posteriores, provocadas por mudanças na economia mundial e por transformações do padrão de desenvolvimento prevalecente — por exemplo, a emergência do "desenvolvimento para dentro" — podem ser harmônicas e condizentes ou contêm em si o germe de crises que tendam a se repetir ou se agravar.

Esta questão se apresenta quando, na sociedade tradicional, ocorre a penetração de novos elementos de modernidade, alterando com sua ação transformadora seu modo de ser básico. Igualmente, abre-se a questão acerca de para onde se orienta essa ação transformadora ou sobre que potencialidades e carências estão nela implicadas. A primeira questão é objeto do item que segue. A segunda, do posterior.

b. A crise da sociedade tradicional

i) Esta crise se vincula à debilitação de seus três suportes básicos. O da "fazenda" — fundamento econômico-social essencial — ocorre como resultado da sua gradual "mercantilização", isto é, da difusão de critérios mais estritos de racionalidade nas atividades produtivas e de gestão, *pari passu* com os impulsos do dinamismo econômico, em boa medida provenientes do âmbito externo. A transformação da "fazenda" — ou, se preferirmos, sua "modernização" — traz conseqüências de grande significado. A principal consiste em que essa transformação se configura como uma força-chave no processo de expulsão da mão-de-obra para as cidades. Entre as conseqüências, destacam-se também certos "problemas psicossociais — anomia, desenraizamento — provocados pela desintegração do paternalismo senhorial" (Gurrieri, 1980, p. 104).

ii) Entende-se que o liberalismo sempre padeceu de um grau significativo de fragilidade. Como foi insinuado anteriormente, isso em parte se deve à contradição do seu ideário com as crenças e hábitos da população rural, majoritária (salvas poucas exceções). Mas tal fragilidade se vincula também à dose de utopia contida nesse ideário, que se situa, em especial, em dois de seus componentes: o primeiro é a forte convicção relativa à racionalidade do ser humano; em conexão com isso, o segundo consiste na admissão de que o âmbito político contém e abre possibilidades amplas de diálogo construtivo e de convivência pacífica. Seguindo Medina, sustenta-se que esse "otimismo racionalista" é sucedido por uma considerável "dissolução ideológica", a partir do "embate irracionalista que se inicia na segunda década [do século XX] não só na América Latina, mas em toda a cultura ocidental" (Gurrieri, 1980, p. 104). Junto com a desconfiança no poder da razão, desse embate deriva um relativo descrédito em relação "às normas políticas de convivência, diálogo e compromisso" (Gurrieri, 1980, p. 104), antes de aceitação generalizada; e, às vezes, a sua dissolução em um "brutal decisionismo das minorias audazes, [presumivelmente] criadoras do destino histórico" (Medina, citado em Gurrieri, 1980, p. 104).

iii) Como já se destacou anteriormente, o sistema político da sociedade tradicional se relaciona com seus dois outros fundamentos, sustentando-se neles. Mas conforme acaba de ser indicado, tanto a "fazenda" quanto o liberalismo entram em crise e, em conexão com isso, o sistema perde suas condições de eficácia e legitimidade. Em outros termos, no âmbito político, dilui-se o velho bipartidarismo que — com diferentes nomes e matizes — tinha sido formado por liberais e conservadores, com o tempo convergentes no manejo ordenado da coisa pública e na construção de uma institucionalidade essencial para o bom funcionamento do todo social. Junto com essa diluição da estabilidade política, percebe-se a inexistência de "novas classes políticas e dirigentes que ocupem o lugar das que orientaram a sociedade tradicional" (Gurrieri, 1980, p. 105), e, portanto, a dificuldade da emergência de partidos políticos capazes de conduzir a transformação posterior dessa sociedade, isto é, de levar adiante sua modernização com horizontes de continuidade que ao mesmo tempo retomem e conservem padrões adequados de eficácia.

c. Os obstáculos sociais ao desenvolvimento

i) Surge do anterior a pergunta-chave sobre "quais são as classes e grupos sociais capazes de liderar e orientar a nova sociedade" (Gurrieri, 1980, p. 105) que precisa ser construída. A resposta de Medina, por certo distante do otimismo, passa pela consideração do papel que os diferentes componentes da sociedade tradicional poderiam desempenhar, assim como os que emergem da sua transformação no período de crise.

ii) O papel virtualmente positivo dos fazendeiros é posto em dúvida. Segundo se afirma, "a velha oligarquia conserva, sem dúvida, certas capacidades de mando e uma idéia da unidade nacional, mas seus interesses particulares talvez pesem demais para lhe permitir atuar com eficácia" (Medina, citado em Gurrieri, 1980, p. 105).

Por outro lado, a mercantilização da "fazenda", embora modernize a produção e gestão, não se mostra capaz de induzir mudanças decididas no tipo humano do fazendeiro e em seus valores básicos, que de algum modo se expressam e se tipificam numa forma de vida "senhorial".

iii) Sob outro ângulo, pode-se dizer que as disposições e atitudes da oligarquia latifundiária se mantêm a uma grande distância das que caracterizaram a burguesia originária. Medina constrói um referente relativo a esta classe que impulsionou o desenvolvimento capitalista dos grandes centros industriais.

A esse respeito, ele aponta que os valores e motivações dão origem a uma completa combinação de três impulsos ou vontades básicas. A primeira é a "vontade de transformação econômica", que se expressa na "tendência à acumulação e ao investimento, no espírito de inovação, risco e concorrência, na exaltação ética do trabalho, no ascetismo etc." (Gurrieri, 1980, p. 107). A segunda é a "vontade de independência diante do Estado", cuja base "exigia que este cumprisse o seu papel de fiador das regras do jogo, mas rechaçava sua intervenção econômica além dos limites que lhe eram fixados" (Gurrieri, 1980, p. 107). A terceira é a "vontade de transformação social", que fica evidente na inequívoca adesão aos valores de liberdade e igualdade, havidos como os da mais alta significação.

iv) Mas essa "atitude burguesa originária" não está ausente somente na velha oligarquia. Também não é encontrada nos setores urbanos produtores de bens, nem nas classes médias radicadas nas cidades: uns e outras estão distantes dessa atitude. Os primeiros incluem uma burguesia industrial que foi se ampliando apesar e ao longo da crise da sociedade tradicional. Mas até ela procura se adaptar às pautas econômicas e políticas predominantes — optando, por exemplo, por permanecer com níveis elevados de proteção — sem pretender mudá-las. Da mesma forma, algumas classes médias "sem fisionomia" — sem aquela atitude dos criadores do capitalismo moderno — optam também por se adaptar a tais pautas, abrigando-se na obtenção de vantagens especiais, como certos apoios do Estado a seus negócios ou ainda o emprego público.

v) Assim, nem fazendeiros, nem burguesia, nem classes médias urbanas se configuram como pilares capazes de servir de apoio para novas relações políticas, compatíveis com a modernização desse mesmo âmbito, por sua vez essencial para a modernização da sociedade como um todo. Mas, além disso, com a crise da sociedade tradicional emergem e se expandem estratos sociais que contribuem para aprofundar essa incapacidade.

Nesse sentido, conta em especial a incidência das novas massas, provenientes sobretudo da migração rural-urbana, por sua vez ligada à mercantilização do latifúndio. Essa migração constitui a fonte principal das chamadas "situações de massa", modos de vida caracterizados "pelo congestionamento, pela insegurança, pela frustração e pelo ressentimento" (Medina, citado em Gurrieri, 1980, p. 106). Aliadas à perda do paternalismo tradicional e à visão nostálgica do marco de proteção que este sugeria, essas "situações de massa" passam a constituir o alicerce das políticas de clientela. A partir das oportunidades criadas por esse alicerce principal, tais políticas podem se estender — e de fato se estendem com amplitude — aos integrantes de outros estratos sociais. Assim, a classe operária consegue acelerar seus ritmos de sindicalização, ao mesmo tempo que se beneficia da difusão de algumas políticas sociais, com base em uma atuação do Estado induzida por grupos políticos que buscam captar o seu apoio. Na mesma direção operam as sinecuras e benefícios alcançados por grupos das classes médias, pela via da sua cooptação clientelista.

vi) No âmbito político, e da perspectiva de suas carências, a crise da sociedade tradicional pode ser percebida como a falta de classes e grupos substitutivos dos que nela tinham constituído a base do poder. Mas a crise dessa sociedade — sempre no âmbito mencionado — tem de ser vista também como associada à emergência ou ampliação dos estratos sociais mencionados. Em relação a eles, importa assinalar que, além de destinatários principais das políticas clientelistas, eles se configuram ao mesmo tempo como base dos partidos populistas e de seu acesso ao poder ou das perspectivas de alcançá-lo, às vezes com o concurso de ideologias nacionalistas de raízes militares.

Mas, embora as situações de massa se afigurem como o pano de fundo de políticas clientelistas e posturas populistas, não são estes seus únicos resultados. Como contrapartida, desses novos fenômenos emergem também novas esquerdas, que reformulam ideologias impregnando-as de sonhos idealistas, distantes de qualquer esboço de caminhos com base real, convincentes quanto à sua viabilização por meio do jogo de forças políticas concretas.

vii) Embora brevemente revisados, os obstáculos ao desenvolvimento a que se acaba de fazer referência revelam as dificuldades surgidas com a crise da sociedade tradicional para "afirmar com validade os apoios econômico-sociais, ideológicos e políticos da nova sociedade" (Gurrieri, 1980, p. 108). As atividades produtivas urbanas, e em especial a indústria, não substituem nem complementam o apoio material anterior, da "fazenda". Tampouco reaparecem a "qualidade e firmeza de propósitos da classe política e [o] papel orientador do *pouvoir spirituel* da classe dirigente" (Medina, citado em Gurrieri, 1980, p. 108). Como explicar que não tenham conseguido se afirmar novos fundamentos, compatíveis com o desenvolvimento pleno de uma sociedade moderna, que substitua totalmente a de tipo tradicional? Segundo Medina, a explicação se encontra em que, com a emergência de fundamentos próprios da primeira, estes passam a coexistir e a combinar-se com fundamentos tradicionais preexistentes, "dando lugar a uma sociedade estruturalmente heterogênea e, portanto, travada em seu desenvolvimento" (Gurrieri, 1980, p. 108).

Em *El desarrollo social de América Latina en la postguerra* (1963), Medina conclui a construção de sua tese sobre a "flexibilidade" ou "porosidade" da sociedade tradicional, que se mostra capaz de incorporar elementos próprios da modernidade conservando, porém, partes essenciais dos seus fundamentos básicos. De fato, como ele afirma: "(...) A estrutura tradicional foi relativamente permeável e (...) essa porosidade [lhe] permitiu absorver os elementos de modernidade de que necessita, sem por isso quebrar sua própria estrutura" (Medina, citado em Gurrieri, 1980, p. 109).

Entende-se que a heterogeneidade assume características variadas conforme o caso, uma vez que cada um combina diferentes elementos, de diversas formas. Em alguns persistem com mais força as modalidades tradicionais nas relações agrárias. Em outros, verifica-se uma assimilação maior ou menor de elementos modernos, sem que por isso se dilua a estrutura tradicional, presente, por exemplo, nas pautas de conduta e relacionamento de produtores urbanos, e em especial das classes médias, com o Estado. Surgem também novos estratos sociais, como os que caracterizam as "situações de massa", e também "formas híbridas que não são nem tradicionais nem modernas [como] ocorre no sistema de dominação clientelista e nos movimentos e regimes populistas" (Gurrieri, 1980, p. 109). Da mesma forma, são variáveis as mudanças no espectro das ideologias que acompanham o questionamento e o enfraquecimento da ideologia de cunho liberal, espectro no qual não apenas os populismos se inscrevem, mas também posturas enraizadas no âmbito das esquerdas.

viii) É de se observar que as transformações mencionadas não excluem, e sim supõem, a presença de vínculos externos reconhecidamente relevantes no que antes se denominou "mecanismo essencial", uma vez que desses vínculos dependem de maneira crucial a geração de excedentes e as possibilidades abertas para a sua utilização. Exemplos mais próximos e diretos da incidência de fatores externos são fornecidos pelo fenômeno da "mercantilização" da "fazenda" e pelo impacto das ideologias estrangeiras no evidente enfraquecimento da ideologia liberal iniciado na década de 1920.

ANEXO 1
SOBRE O MODELO DE HARROD

1. *Pressupostos*

Em sua versão mais simples, o modelo do Harrod parte de certos pressupostos básicos. O primeiro corresponde à poupança e ao consumo. A poupança de um período é uma proporção constante da renda do mesmo período *(At = aYt)*, e os planos de poupança sempre se realizam. O contraponto desse pressuposto concerne ao consumo e consiste na admissão de que o consumo planejado também coincide com o realizado *[Ct* = (1 – *a) Yt]*. Quanto ao investimento, supõe-se que a produção planejada dos bens que a compõem em um período qualquer seja uma proporção constante *(g)* do aumento da renda verificada nesse período *It* = g *(Yt – Yt-1)*. Dados esses pressupostos, para que em um período *(Yt)* haja equilíbrio (isto é, para que toda a produção seja vendida), se requer que o investimento planejado ou *ex ante* (a demanda de bens de investimento) coincida com o investimento realizado ou *ex post* (a produção ou oferta de tais bens).

2. *Equações básicas*

$$Ct = (1 - a)\, Yt \qquad [1]$$
$$It = g\,(Yt - Yt\text{-}1) \qquad [2]$$
$$Vt = Ct + It \qquad [3]$$
$$Vt = Yt \qquad [4]$$

Das quatro equações acima, as duas primeiras se referem diretamente a pressupostos já explicitados. A terceira corresponde à igualdade entre as vendas do período t *(Vt)* e as compras que consumidores e empresários efetuam no mesmo período *(Ct* e *It,* respectivamente). A quarta reafirma a condição de equilíbrio geral: impõe que a produção *(Yt)* equivalha às vendas *(Vt)*.

3. *O equilíbrio dinâmico*

Das equações precedentes, obtemos:

$$\frac{yt-yt-1}{Yt} = \frac{1}{g} \cdot a = Gw \qquad [5]$$

onde *Gw* constitui a taxa de crescimento de equilíbrio em um período *(t)*, denominada "taxa garantida". Para admitir que essa taxa de equilíbrio *(Gw)* se mantenha ao longo do tempo, é preciso um pressuposto adicional: se os empresários vendem toda a sua produção em um período, no período seguinte eles repetirão essa taxa efetiva *(Gt)* de aumento da mesma. Esse aumento induzirá novamente a venda de toda a produção (em particular, dados os pressupostos dos quais se parte, voltará a provocar um incremento da demanda de bens de investimento igual à sua oferta), indução que se repetirá em períodos posteriores. Em resumo: o equilíbrio dinâmico se define por meio da igualdade entre a taxa garantida e a taxa efetiva de crescimento *(Gw = Gt)*, igualdade que, por sua vez, implica a seguinte trajetória da economia:

$$Gw = Gt = Gt+1 = Gt+2 = Gt+3 = \ldots \qquad [6]$$

4. *Trajetórias e progresso técnico*

Como se sabe, o modelo em questão se refere aos movimentos cíclicos das economias capitalistas. Dada a finalidade destas notas, basta utilizá-lo para assinalar que uma trajetória de crescimento a uma taxa constante como a indicada em [6] supõe a existência de fluxos de progresso técnico que, ao tomar forma em sucessivas inovações, sejam capazes de estimular o investimento real e, com ele, a continuidade da acumulação e do crescimento. Em termos mais gerais, pode-se falar de uma "taxa natural" de crescimento *(en)*, ou taxa máxima que o progresso técnico é capaz de sustentar; e também redefinir as condições do equilíbrio dinâmico por meio da equação

$$Gn = Gw = Gt = Gt{+}1 = Gt{+}2 = Gt{+}3 = ... \qquad [7]$$

Com base nas considerações precedentes, podem ser apontados casos que contribuem para esclarecer o texto principal: a "taxa natural" de um paradigma tecnológico maduro não alcançará a magnitude da de um novo paradigma marcado pela presença de um conjunto amplo de inovações realizáveis, em parte expressas na criação de novos bens duráveis de consumo.

Conseqüentemente, as taxas potenciais de investimento, acumulação e crescimento serão menores no primeiro que no segundo.

5. *Equilíbrio dinâmico: condições adicionais*

O equilíbrio dinâmico antes mencionado pode ser redefinido, explicitando condições adicionais que são relevantes do ponto de vista da clareza do texto principal. Tais condições são citadas sinteticamente a seguir.

Ex hipotesis, as inovações e a acumulação dão lugar a um ritmo de aumento da produtividade do trabalho que, por sua vez, sustenta ritmos de aumento dos salários e do excedente da mesma magnitude. Os aumentos salariais configuram-se como requisitos para a realização contínua do que foi produzido no setor de bens de consumo. Os aumentos do excedente (da diferença entre produto e salários) permitem manter uma relação constante entre a sua magnitude e a do capital investido, cuja relação subjaz no nível, também constante, da taxa de lucro, a qual sustenta a continuidade da acumulação. É de se observar, finalmente, que crescer à "taxa natural" implica utilizar as oportunidades de inovação e investimento abertas pelo progresso técnico. Entretanto, o maior ou menor esforço de poupança condicionará a dimensão da "taxa efetiva" de crescimento e sua distância maior ou menor da "taxa natural".

Como é claro, existirão diferentes trajetórias possíveis de "crescimento equilibrado", conforme os modos como se combinem os elementos que acabam de ser mencionados (produtividade, salários, excedente, lucros, poupança). Tais trajetórias (modelos) podem ser concebidas como referentes para a análise da incidência desses elementos em processos de crescimento equilibrado diferenciáveis entre si, no que concerne a seus ritmos ou a suas composições setoriais.[19]

ANEXO 2
ESTRANGULAMENTO EXTERNO E OSCILAÇÕES CONJUNTURAIS

Na seção I do presente capítulo, o estrangulamento externo aparece, basicamente, como resultante de um processo de desenvolvimento da periferia baseado na substituição de importações, dependendo do padrão de transformação estrutural com que esse processo se realiza. Este anexo se destina a complementar essa análise, procurando explicar como a mesma tendência de longo prazo se realiza mediante um mecanismo de curto prazo vinculado às oscilações conjunturais do nível de atividade econômica e, particularmente, da relação de termos de troca.[20]

O gráfico a seguir facilita a descrição desse mecanismo.

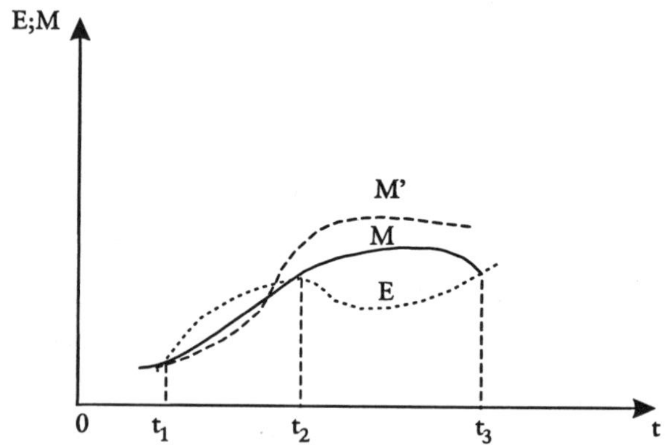

No eixo vertical estão medidas as exportações (*E*) e as importações (*M*) da periferia (seus valores em termos monetários). O eixo horizontal representa o transcurso do tempo *(t)*.

No lapso entre *t1* e *t2*, de conjuntura de alta, a renda cresce com intensidade e os termos de troca melhoram. Como se verifica nas curvas *E* e *M*, as exportações tendem a se expandir mais que as importações, tanto pelo intenso aumento do seu volume físico como porque seus preços correntes aumentam mais que os dos produtos industriais adquiridos no exterior. No entanto, até em períodos de auge, esta tendência ao superávit comercial da periferia pode ser anulada ou atenuada. Os interesses que emergem com o processo substitutivo levam à manutenção de uma proteção excessiva e indiscriminada do mercado interno. Em períodos de aumento da renda e de condições externas favoráveis, esses mesmos interesses impulsionam a adoção de políticas contingentes — nos âmbitos monetário, creditício e cambiário — que agravam as pressões inflacionárias e levam à aceleração da ampliação da capacidade industrial e, portanto, ao incremento intenso das importações.

Em uma conjuntura de baixa, a taxa de crescimento da renda se reduz, podendo inclusive ser zero ou negativa, e os termos de troca pioram para a periferia. A tendência do comportamento das exportações e importações é do tipo representado entre *t2* e *t3*. Em razão da diminuição do volume físico, mas sobretudo como resultado da queda mais intensa dos preços das exportações, tende a ser gerado um grave déficit comercial, que obriga a adoção de medidas destinadas a restringir drasticamente as importações. Acontece, porém, que tais medidas — somadas às que se destinam a manter o nível de emprego e renda social — induzem a intensificação da substituição e, por essa via, a realização das importações exigidas para a sua concretização.

Em suma, durante o desenvolvimento para dentro, os superávits a que se tende nos períodos de auge podem ser parcialmente afetados; e na conjuntura oposta, os déficits podem ser difíceis de compensar ou até mesmo agravados pela política econômica contingente. No gráfico, este comportamento plausível da balança comercial é registrado pela curva M', alternativa a M na representação das importações correntes.

Paradoxalmente, a tendência ao déficit comercial torna-se mais intensa e notória quanto mais tenha avançado o processo de industrialização. O conceito de vulnerabilidade externa expressa essa sujeição crescente do desenvolvimento periférico à disponibilidade de divisas. Conforme se argumenta, quanto mais bens tenham sido substituídos e mais complexa tenha se tornado a estrutura produtiva, maior será a necessidade de se manter o nível das importações e de se recorrer ao endividamento, ao sobrevirem novas contrações. Do mesmo modo, em cada novo auge, o funcionamento mais intenso dos ramos já existentes e a instalação de outros aceleram o ritmo de crescimento das importações, em circunstâncias em que os efeitos favoráveis da alta de preços sobre a capacidade para importar se vêem em parte anulados pelos efeitos de sentido inverso provocados pelo endividamento prévio.

Durante as primeiras fases da industrialização periférica, em que se procede à substituição de bens de consumo de elaboração simples e quando a estrutura das importações ainda inclui tal tipo de bens, assim como outros bens dispensáveis, é relativamente fácil compensar a contração da capacidade de importar restringindo algumas importações, mantendo, assim, os níveis de importação requeridos para a operação dos ramos já instalados e até para a instalação de outros novos. Tampouco se faz necessário recorrer a um grande nível de endividamento externo, de tal modo que a magnitude que este alcança pode ser compensada no próximo pico com relativa facilidade.

Em fases mais avançadas do processo de industrialização, a compressão compensatória das importações, caso ocorra, terá de recair sobre insumos e bens de capital cuja escassez pode chegar a comprometer os níveis preexistentes de atividade econômica. Assim, no transcurso desse processo, a vulnerabilidade externa aumenta e leva a se recorrer ao endividamento com uma força cada vez maior. Nas contrações sucessivas, o déficit tende a aumentar e a se tornar mais prolongado, e exige que se recorra a níveis de endividamento cada vez maiores e mais difíceis de compensar.

Na análise da tendência ao desequilíbrio externo anteriormente apresentada, supôs-se como primeira aproximação que as exportações e importações aumentam continuamente durante o processo substitutivo. O conceito de vulnerabilidade externa permite complementar aquela análise, revelando que tal tendência de longo prazo se realiza por meio de variações conjunturais nas quais as magnitudes absolutas de exportações e importações aumentam e diminuem em períodos sucessivos.

O conceito de vulnerabilidade permite também esclarecer a análise que vimos do estrangulamento externo. Em fases muito avançadas, em que a dificuldade de empreender novas substituições e a rigidez da gama de importações aumentaram grandemente, a impossibilidade de contraí-las ou de substituí-las pela produção interna obriga a se recorrer a um déficit de magnitude similar à contração das exportações. O arrasto do endividamento anterior, somado ao seu brusco aumento, passam a limitar ainda mais a capacidade de importar, exigindo a contratação de créditos maiores, em uma espiral de endividamento difícil de ser compensada em picos posteriores.

Eis aqui uma nova visão da tendência ao estrangulamento externo. Trata-se de uma tendência de longo prazo, cujas causas profundas são as condições de atraso estrutural já mencionadas. Mas ela se realiza por meio de oscilações conjunturais, em cada uma das quais a vulnerabilidade externa é maior, dando origem a um déficit de maior magnitude e intensidade e a graus de endividamento que acabam por dificultar a continuidade do proccsso substitutivo ou por reduzir o ritmo de crescimento da produção periférica.

Notas

1. Distintas apreciações sobre tais conceitos se encontram sintetizadas em Sunkel e Paz (1970, p.17-40).
2. Entre esses trabalhos merecem destaque os de Prebisch (1963a e 1970a).
3. É de se observar que, na apresentação deste enfoque aqui incluído, um documento de Adolfo Gunieri (1980) desempenha um papel-chave que sintetiza e esclarece as contribuições mais relevantes deste autor.
4. Nesse movimento se inscrevem, em especial, o "enfoque da dependência", o dos chamados "estilos de desenvolvimento" e os trabalhos de Celso Furtado concernentes ao desenvolvimento do sistema da cultura, globalmente considerado. Eles são objeto dos próximos capítulos.

5. A esse respeito, cabe mencionar a argumentação desenvolvida por Tavares (1964).
6. Como se pode verificar, a explicação do estrangulamento externo, e em especial a que aflora neste parágrafo e no anterior, assenta-se em argumentos do âmbito econômico. O esforço analítico, orientado basicamente para esse âmbito, não implica desconhecer a incidência de fatores ou elementos "mais que econômicos". Assim, a precariedade dos apoios sociais ou empresariais das produções agrícola e industrial pode levar à proliferação de atividades ineficientes, comprometedoras da competitividade e geradoras de necessidades de importar ou de impossibilidades de exportar que dificultam a continuidade da industrialização por razões alheias àquele âmbito. A seção seguinte retoma este tema.
7. A deterioração dos termos de troca foi considerada amplamente na primeira parte, capítulo 3. Uma atualização do tema pode ser encontrada em Prebisch (l963b,.p. 94-106).
8. Volta-se a este ponto no anexo 2 do presente capítulo, intitulado "Estrangulamento externo e oscilações conjunturais".
9. Os conceitos de taxa natural, taxa garantida e taxa efetiva de crescimento são os mesmos utilizados por Harrod (1949 e 1952). Eles são objeto do anexo 1.
10. No contexto relativo à periferia, não foram levadas em conta as indivisibilidades de escala e seus virtuais efeitos negativos sobre a acumulação, cuja análise é feita mais adiante. Também não se considerou sua inibição, motivada pelo obstáculo externo, isto é, pela escassez de divisas em relação às exigidas para incorporar as tecnologias disponíveis. Ao uso dos documentos da Cepal, este segundo tema se trata por separado e foi objeto da seção I do presente capítulo.
11. Para maior clareza, convém explicitar que o primeiro destes pressupostos implica, por exemplo, que a taxa de crescimento da PEA que depende do crescimento populacional dos setores agrícolas de subsistência equivale àquela outra que se associa ao dos empregados em atividades urbanas modernas. Mais adiante voltaremos a eles.
12. É de se observar que a argumentação sobre a densidade de capital aqui desenvolvida supõe que os aumentos do emprego e da produtividade são conseguidos por meio da absorção de incrementos da PEA, reabsorvendo-se mão-de-obra redundante (subemprego). Deixa-se de lado, portanto, a destruição do emprego em atividades preexistentes, cuja consideração não altera a substância da mencionada argumentação.
13. Como já se indicou, sobre estes dois conceitos, assim como sobre o de "desenvolvimento", que em certo sentido os engloba, pode-se consultar Sunkel e Paz (1970, p. 17-40).
14. Como fica claro, estas considerações quase não tocam no tema da liberdade individual, que será retomado no capítulo 10, no marco do tema mais amplo dos

direitos humanos. E em conexão com os pontos de vista de Medina sobre a democracia e seus conteúdos.

15. A invalidação histórica do paradigma weberiano não implica o repúdio ao tipo de enfoque mais geral dessa corrente de pensamento, nem desconhecer a utilidade da sua variante conceitual montada por Medina e expressa nesse paradigma. Entre as idéias a resgatar destaca-se a admissão de que a racionalidade econômica prospera como parte de um processo geral de racionalização, o qual se expressa, em última instância, nos critérios e normas que regem os comportamentos e as relações dos diferentes atores sociais, destacando aqueles cuja ação se inscreve nos âmbitos político e econômico. Como se verá, esses elementos fazem parte do referente "neoweberiano" objeto desta seção.
16. Os pontos de vista da Medina são compatíveis com uma definição de excedente segundo a qual ele equivale à diferença entre produto e massa de salários.
17. Essa invocação da racionalidade econômica é similar à que fundamenta o paradigma weberiano. Mas, como se verá em seguida, no novo paradigma se inclui como requisito da racionalidade a elaboração — e também a colocação em prática — de um "ideário do desenvolvimento".
18. Como se infere dos pontos iv a viii da subseção 1, embora em ordem diversa, os três tipos de fundamentos aqui mencionados são também objeto de consideração no paradigma weberiano.
19. Sobre o modelo básico considerado neste anexo, pode-se consultar Harrod (1949 e 1952).
20. Dito de outro modo, levanta-se o pressuposto de constância dos termos de troca, assim como o pressuposto implícito de ausência de movimentos de capital. A análise que se segue baseia-se em uma análise similar de Prebisch, que consta de "O falso dilema entre desenvolvimento econômico e estabilidade monetária" (Prebisch, 1963c), publicado junto com *Para uma dinâmica do desenvolvimento latino-americano* (Prebisch, 1963a). Veja-se, em especial, o capítulo II do primeiro, "A vulnerabilidade estrutural da economia e as forças inflacionárias" (Prebisch, 1963c, p. 134-55).

6. Desenvolvimento, mudança social e estrutura política. O enfoque da dependência

O que se convencionou chamar de "enfoque da dependência" nasce em meados dos anos 1960, em contraposição ao enfoque então predominante no estruturalismo latino-americano, originado na Cepal e em autores diretamente vinculados a esta instituição.

Embora com diferenças segundo os autores, a principal discordância a respeito do enfoque cepalino se concentra nas considerações deste último sobre as relações sociopolíticas e suas possibilidades de mudança sem maiores rupturas com o seu modo de ser prévio.

Como é claro, esta fonte de novas idéias e posicionamentos políticos tem muito a ver com fatos e circunstâncias históricas mencionadas precedentemente (na introdução à segunda parte). O capítulo que agora começa não se propõe a voltar a eles, mas em deter-se na versão mais difundida do enfoque da dependência e ao mesmo tempo a que exerceu maior influência posteriormente nas discussões acadêmicas sobre as condições sociopolíticas dos processos de desenvolvimento.

A sistematização dos pontos de vista privilegiados nestas notas obedece à que está contida em *Dependência e desenvolvimento na América Latina,* obra de F. H. Cardoso e E. Faletto publicada em 1969, cujas primeiras versões mimeográficas datam de 1966 e 1967. Na apresentação deste enfoque específico, será possível observar que nele se outorga especial atenção às relações políticas, enquanto se detém na análise das estruturas de poder dos países da área. Com mais precisão, como se verá posteriormente (seção II), essa análise aponta para desvelar as especificidades da conformação e a mudança das estruturas de dominação desses países, marcadas pela coexistência e interação de grupos e classes internas com grupos de interesses externos a eles.

Esta é a base de um conceito *sui generis* de dependência, ao qual também voltaremos, que a entende como uma "relação estrutural interno-externa". Importa mostrar que, assim definido, esse conceito abre caminho para uma posição claramente não-determinista, que contempla a possibilidade de se considerar diferentes graus de autonomia (ou de heteronomia) em relação aos interesses estrangeiros e, em conexão com isso, padrões de desenvolvimento muito diferenciados, inclusive no que concerne aos seus fundamentos econômico-sociais e político-institucionais.

O bom entendimento do enfoque em questão — e também do não-determinismo que o impregna — torna conveniente contrastá-lo com um enfoque alternativo, presente em obras de A. G. Frank. Na verdade, estas possuem o mérito de serem as primeiras a aludir ao tema da dependência. No entanto, fazem-no dirigindo a argumentação para mostrar que as denominadas "relações metrópole-satélite" (seção I) contêm em si contradições que tendem a induzir e aconselham a se impulsionar a mudança de sistema, do capitalista para o socialista.

Por volta de fins dos anos 1960 e começo dos 1970, as freqüentes discussões sobre o tema da dependência e suas implicações levaram a esclarecer que o enfoque próprio de Cardoso e Faletto não pretendia se erigir em uma teoria da evolução do capitalismo em nível mundial, nem detectar um certo destino inexorável para o seu pólo periférico ou "satelizado". Enfatizou-se, antes, que o objetivo perseguido era mais demarcado: constituir um marco conceitual para a análise concreta de situações de dependência. O reconhecimento dessa preocupação prioritária constitui um ponto de partida para o contraste do enfoque de Cardoso e Faletto com o de Frank e, do mesmo modo, para a consideração de seus vínculos com os pontos de vista de Prebisch e Medina (item iii), aos quais se fez referência no capítulo anterior.[1]

Pode-se entender que essa preocupação com o concreto — pela comparação de diferentes casos históricos de "desenvolvimento dependente" — pretende abrir possibilidades a desenvolvimentos analíticos ulteriores. A importância atribuída a essa comparação é razão de resumi-la em anexo ao presente capítulo. Além disso, essa comparação torna mais visíveis os vínculos do enfoque de Cardoso e Faletto com o estruturalismo latino-americano, no qual se inscreve.

I. AS RELAÇÕES METRÓPOLE-SATÉLITE

As considerações que seguem constituem um resumo e até certo ponto uma tentativa de sistematização das principais colocações de A. G. Frank. Como já indicamos, considerou-se necessário abordá-los, uma vez que eles são reconhecidamente os primeiros antecedentes do chamado "enfoque da dependência" e, ao mesmo tempo, uma visão extrema da inviabilidade do capitalismo nas economias periféricas.

Tais colocações, em si muito gerais, começam postulando que "o desenvolvimento e o subdesenvolvimento econômicos são os dois lados da mesma moeda, (...) são produto de um mesmo processo e de uma só estrutura econômica — embora dialeticamente contraditória —, qual seja a do capitalismo" (Frank, 1968, p. 14). Deve excluir-se, portanto, a idéia corrente de que ambos os fenômenos "são meramente relativos e quantitativos, no sentido de que um representa um maior desenvolvimento econômico que o outro" (Frank, 1968, p. 14). Conforme se concebe, eles "são também relacionados e qualitativos, enquanto um é estruturalmente distinto do outro, mas causado por sua própria relação com o outro" (Frank, 1968, p. 14). Além disso, uma vez que desenvolvimento e subdesenvolvimento derivam de um mesmo processo, tampouco "podem ser considerados como produtos de estruturas ou sistemas econômicos supostamente distintos, nem de prováveis diferenças quanto às etapas de crescimento econômico alcançadas dentro do mesmo sistema" (Frank, 1968, p. 14).

A idéia geral que serve de ponto de partida consiste, pois, em que "o mesmo processo histórico de expansão e desenvolvimento do capitalismo pelo mundo gerou simultaneamente — e continua gerando — tanto o desenvolvimento econômico como o subdesenvolvimento estrutural" (Frank, 1968, p. 14). Daí que o estudo do subdesenvolvimento requeira um enfoque histórico e estrutural ao mesmo tempo.

Esse enfoque tinha orientado a realização de dois ensaios, relativos à história econômico-social do Brasil e do Chile (Frank, 1967a e 1968, respectivamente), cujas características, associadas a certos pressupostos que derivam das contribuições mais gerais da economia política marxista, sugerem a seguinte ordenação das hipóteses fundamentais acerca do processo de desenvolvimento no marco das relações metrópole-satélite.

A primeira delas diz que esse processo consiste essencialmente na transferência de excedente econômico das áreas menos desenvolvidas para as áreas mais desenvolvidas. A possibilidade dessa transferência está ligada à preponderância de situações de monopólio na estrutura do capitalismo. Conforme se afirma, "por mais competitiva que possa ter sido a estrutura econômica da metrópole em uma determinada etapa do seu desenvolvimento, a estrutura do sistema capitalista mundial em conjunto, assim como a de seus satélites periféricos, foi altamente monopolista ao longo de toda a história do desenvolvimento capitalista. Por isso mesmo, o monopólio externo sempre resultou na expropriação (...) de uma parte substancial do superávit econômico (...) e na sua apropriação por outro setor do sistema capitalista mundial" (Frank, 1966a, p. 11-2).

A segunda hipótese, estreitamente vinculada à anterior, diz que o desenvolvimento "do capitalismo assume a forma de uma polarização entre o centro metropolitano e os satélites periféricos" (Frank, 1968, p. 12).[2] Isso deriva do fato de que "a metrópole expropria o superávit econômico de seus satélites e se apropria dele para o seu próprio desenvolvimento econômico. Os satélites se mantêm no subdesenvolvimento pela falta de acesso ao seu próprio superávit, e como conseqüência (...) das (...)] relações exploradoras que a metrópole introduz e mantém na estrutura econômica interna do satélite" (Frank, 1968, p. 13). Portanto, "em contraste com o desenvolvimento da metrópole mundial que não é satélite de nenhuma outra, o desenvolvimento das metrópoles nacionais e regionais está limitado por seu próprio *status*" (Frank, 1966a, p. 9).

A terceira hipótese faz menção a que "os satélites experimentam seu maior desenvolvimento econômico e especialmente seu desenvolvimento industrial classicamente capitalista quando os laços que os atam a suas metrópoles são mais débeis" (Frank, 1966a, p. 10). Tal hipótese, oposta à concepção usual de que "o desenvolvimento nos países subdesenvolvidos surge do contato (...) com os países metropolitanos (...) parece se confirmar por duas espécies de relativo isolamento que a América Latina experimentou no curso de sua história. Uma é o isolamento temporal causado pela crise da guerra ou depressão nas metrópoles mundiais" (Frank, 1966a, p. 10). "A outra (...) é o isolamento geográfico e econômico de regiões que em uma época de sua história estiveram fracamente ligadas e escassamente integradas ao sistema mercantilista e capitalista" (Frank, 1966a, p. 11). As investigações preliminares mostram que em ambos os casos se produziu um considerável desenvolvimento econômico de tipo capitalista industrial, do qual o exemplo mais conspícuo é o alcançado por alguns países latino-americanos durante as duas guerras e o período intermediário de depressão econômica.

Como corolário dessa terceira hipótese, afirma-se que "quando a metrópole se recupera de sua crise e restabelece os laços do comércio e os investimentos que reincorporam plenamente o satélite ao sistema, ou quando a metrópole se expande para incorporar regiões antes isoladas do sistema mundial, o desenvolvimento e a industrialização anterior, é sufocado ou canalizado em direções subordinadas e nada promissoras" (Frank, 1966a, p. 11-2). Entre os diversos exemplos que parecem confirmar esse corolário, destaca-se o relativo ao atraso do crescimento e da industrialização latino-americana que, aliado à satelização crescente da indústria, se torna evidente com a expansão da metrópole após a guerra da Coréia.

A quarta hipótese afirma que "as regiões que hoje são mais subdesenvolvidas e de maior aparência feudal são precisamente as que no passado mantiveram laços mais estreitos com a metrópole" (Frank, 1966a, p. 13), tal como as regiões de grandes exportações de matérias-primas e metais preciosos, abandonadas quando, por uma ou outra razão, o negócio decaiu. Esta hipótese, que "contradiz em muito a tese geralmente admitida de que a fonte do subdesenvolvimento de uma região é seu isolamento e suas instituições pré-capitalistas, (...) parece estar (...) confirmada pelo antigo desenvolvimento supersatélite e o atual ultra-subdesenvolvimento das Antilhas e do nordeste do Brasil, antes exportadores de açúcar, e das antigas regiões de jazidas de Minas Gerais no Brasil, o Alto Peru e Bolívia, e os estados do Guanajuato, Zacatecas e outros no México Central" (Frank, 1966a, p. 13).

As hipóteses anteriores sugerem, por sua vez, duas hipóteses adicionais, que correspondem à conformação regional e setorial das economias dependentes. A primeira é a de que as relações metrópole-satélite

> não se limitam (...) ao nível imperial ou internacional, mas penetram e estruturam a própria vida econômica e inclusive política das colônias e países latino-americanos. Assim como a capital colonial e nacional e o setor exportador se tornam, primeiro, satélites da metrópole ibérica e a seguir de outras metrópoles do sistema econômico mundial, este mesmo satélite se converte em metrópole colonial e a seguir nacional, em relação à população e aos setores produtivos do interior. Além do mais, as capitais de província que ocupam uma posição de satélite diante da metrópole nacional — e, por intermédio desta, das metrópoles mundiais — são, por sua vez, metrópoles provinciais ao redor das quais giram seus próprios satélites (Frank, 1966a, p. 15).

Constitui-se, assim, uma série de constelações de metrópoles e satélites em todo o sistema capitalista, cuja estrutura regional permite a captação do excedente a partir do centro metropolitano principal.

A segunda hipótese adicional destaca que "o latifúndio se formou como uma empresa comercial que criou para si mesma as instituições que lhe permitiram responder à crescente demanda no mercado mundial ou nacional por meio da expansão de suas terras, capital e trabalho, para, por sua vez, incrementar o fornecimento dos seus produtos" (Frank, 1966a, p. 14). Do mesmo modo, por uma perspectiva semelhante, se concebe que "os latifúndios, que hoje aparecem isolados e semifeudais, viram declinar a demanda por seus produtos ou sua capacidade produtiva, e se encontram principalmente nas antigas regiões exportadoras agrícolas e mineiras citadas anteriormente, cuja atividade econômica declinou em geral" (Frank, 1966a, p. 14). Tal hipótese contradiz "as idéias da maioria e até as opiniões de alguns historiadores e outros estudiosos do assunto, segundo os quais as raízes históricas e as causas socioeconômicas dos latifúndios e instituições agrárias da América Latina devem ser buscadas no transplante das instituições feudais européias e/ou na depressão econômica" (Frank, 1966a, p. 14).

O conjunto das hipóteses mencionadas sugere que as características das economias dependentes, que em geral são concebidas como próprias do subdesenvolvimento — entre as quais se deu ênfase à estrutura agrária e regional —, provêm de um traço específico da evolução do capitalismo mundial: sua tendência ao desenvolvimento desigual. Além disso, depreende-se dessas hipóteses que o fenômeno do subdesenvolvimento como tal deriva dessa tendência; é expressão de uma lei do desenvolvimento desigual. Em outras palavras, entende-se que "o sistema capitalista, ao longo de todo o seu desenvolvimento e expansão em escala mundial" (Frank, 1968, p. 17), reproduziu uma mesma tendência ao desenvolvimento desigual, envolvendo progresso nas metrópoles e subdesenvolvimento nos satélites.

Definitivamente, concebe-se que capitalismo gera continuamente subdesenvolvimento, em qualquer tempo e lugar. Embora a conclusão que se segue não derive diretamente da asseveração anterior, ela está ligada ao estudo de casos específicos, e dela se pode inferir, em linhas gerais, que, se a essência do subdesenvolvimento está na natureza do sistema capitalista, sua superação depende da superação desse sistema.

Em um nível mais concreto e em conexão com os casos estudados, conclui-se que o capitalismo nacional e a burguesia nacional não podem oferecer nenhuma saída para o subdesenvolvimento latino-americano. Conforme se sustenta, uma vez que o capitalismo não abre portas ao desenvolvimento de uma burguesia nacional autônoma, já que a tendência geral antes apontada agrava continuamente a situação de subdesenvolvimento, a quebra desta última requer a superação da condição de dependência e a mudança de sistema, com base na ação dos grupos populares (Frank, 1968, p. 1).

II. A DEPENDÊNCIA COMO RELAÇÃO ESTRUTURAL INTERNO-EXTERNA

i) Como já antecipamos, esta seção concerne à versão do enfoque da dependência que a define como relação estrutural interno-externa. Convém começar sua apresentação marcando suas diferenças em relação ao enfoque estruturalista, cujos fundamentos foram apresentados na primeira parte.

Pôde-se verificar ali que este último nasce no momento em que se consegue expor um conjunto de idéias harmônicas e complementares sobre o subdesenvolvimento, que formam o que se convencionou chamar de "concepção do sistema centro-periferia". Esta constitui o conteúdo básico de uma teoria do subdesenvolvimento que vai se traduzindo em teorias propriamente ditas, em versões formalizadas de diferentes aspectos desse conteúdo.[3]

O mesmo não acontece com a versão do enfoque da dependência a que aludimos. Ela não se inicia com uma redefinição daquele conteúdo estruturalista básico ou com a definição de um conteúdo novo. Ela parte de uma avaliação metodológica geral, que discorre a respeito das insuficiências das interpretações acerca do desenvolvimento latino-americano mais difundidas na época, tanto econômicas quanto sociológicas.

ii) No que diz respeito às primeiras, isto é, às interpretações econômicas correntes de base cepalina, destaca-se que elas são coincidentes em sustentar que a industrialização na América Latina começa obedecendo a impulsos de tipo conjuntural. E também em aceitar que essa resposta industrialista às vicissitudes externas e às contrações da economia dá lugar a uma mudança mais ou menos profunda, que permite alterar o pólo fundamental do desenvolvimento do setor externo para o interno, e que dá lugar a uma nova fase de desenvolvimento de um dinamismo considerável.

Também é de conhecimento geral que a sustentação desse dinamismo requer de uma política deliberada que, do ponto de vista econômico, tenha de se concentrar em certas questões fundamentais: a absorção de tecnologia a fim de aumentar a produtividade e, com ela, os níveis de renda e as dimensões do mercado interno; em conexão com isso, a diversificação da estrutura econômica, obtendo graus mais altos de complementaridade intersetorial e integração vertical da produção, inclusive em relação à produção de bens de capital; a definição de uma política muito ativa de investimentos, com uma participação decidida do Estado, a fim de assegurar as bases materiais e de infra-estrutura exigidas por essa diversificação produtiva (Cardoso e Faletto, 1969, p. 3-5).

Há, pois, duas avaliações em relação à postura estruturalista. A primeira, atinente às mudanças induzidas pela industrialização espontânea e sua importância. A segunda, relativa à viabilidade de se impulsionar e racionalizar essas mudanças por meio de uma política deliberada, transformando-as em um processo de desenvolvimento auto-sustentado, baseado na ampliação da produção industrial e do mercado interno.

Vistas em conjunto, percebe-se nestas duas avaliações, subjacente, o ponto de vista segundo o qual o "pressuposto geral implícito nessa concepção era de que as bases históricas da situação latino-americana apontavam para um tipo de desenvolvimento eminentemente nacional" (Cardoso e Faletto, 1969, p. 6).

iii) Os autores afirmam que essa expectativa otimista sobre a viabilidade de um desenvolvimento industrial autônomo, de base nacional, foi desvanecendo nos primeiros anos da década de 1960. As três economias de maiores dimensões pareciam as mais promissoras, mas em nenhuma delas se confirmavam as expectativas favoráveis geradas previamente.

Na Argentina, observa-se a letargia do seu desenvolvimento. Por outro lado, o salto que parecia razoável esperar não se deu, nem ocorreram as transformações qualitativas esperadas.

No Brasil, o processo substitutivo chegou a alcançar, embora de maneira incipiente, a fase de implantação de um setor de bens de capital. Apesar disso, nos anos 1960, reabre-se "uma fase de retrocesso e possivelmente de estancamento, quando já se anunciava a superação (...) dos obstáculos ao desenvolvimento" (Cardoso e Faletto, 1969, p. 8).

No México, pareciam persistir as possibilidades de expansão, mas "em grande medida graças à sua integração ao mercado mundial", incluída a "participação crescente de capitais estrangeiros" e, do mesmo modo, com "forte desigualdade na distribuição dos ganhos" (Cardoso e Faletto, 1969, p. 8).

iv) Observando-se esses casos em conjunto, o que não se cumpriu das expectativas estruturalistas? Houve aumentos da produtividade do trabalho, mas estes não foram acompanhados por uma forte absorção de mão-de-obra e, portanto, tampouco se refletiram em aumentos de salários e em melhorias na distribuição da renda; sim, houve diversificação da estrutura produtiva, mas os graus da sua complementaridade intersetorial e integração vertical — sobretudo no que corresponde aos ramos produtores de bens de capital — ficaram longe do esperado; o desenvolvimento careceu do caráter nacional que supostamente teria; o Estado foi partícipe, mas não garantiu esse caráter, nem os outros resultados.

Diante desses fatos, existe uma resposta simplista, que em boa medida é a que a própria Cepal adota. Ela consiste em julgar pela negativa: sustentar que faltaram as condições institucionais e sociais capazes de permitir um desenvolvimento sustentado e autônomo.[4]

O equívoco de tal resposta e da interpretação subjacente a ela é ao mesmo tempo de ótica e de método: consiste em que ambas se baseiam em uma visão do desenvolvimento fundamentalmente econômica. É justamente esse caráter que está no fundo da dificuldade para integrar de forma adequada "os fatores inscritos na estrutura social [que podem ter sido] os responsáveis tanto do resultado favorável como da perda de impulso do processo (...) de desenvolvimento" (Cardoso e Faletto, 1969, p. 9).

v) Isso não significa que se pretenda substituir as explicações econômicas por interpretações sociológicas. Conforme se argumenta, estas também resultaram (na época) unilaterais e insuficientes. Em geral, do ponto de vista sociológico, a tendência dominante propõe a formulação de modelos ou tipos de formações sociais. Sobre essas bases analíticas, "sustenta-se que as sociedades latino-americanas pertenciam a um tipo estrutural geralmente denominado sociedade tradicional e que se está dando um passo para outro tipo de sociedade, chamada moderna" (Cardoso e Faletto, 1969, p. 11-2). Concebe-se, além disso, que, "no curso do processo de mudança social, pareceria que antes da sociedade moderna se constituir se forma um padrão intermediário, híbrido, o qual caracteriza as sociedades dos países em desenvolvimento. Invoca-se então a noção de "dualismo estrutural" (Cardoso e Faletto, 1969, p. 12).[5]

Esse enfoque pode ser criticado sob vários ângulos. Aqui interessa destacar a crítica que aponta sua inépcia para dar conta das especificidades do subdesenvolvimento — e especialmente do subdesenvolvimento latino-americano. Ele é inadequado para alcançar "um elo inteligível entre as diferentes etapas econômicas — por exemplo, subdesenvolvimento, desenvolvimento por intermédio de exportações ou de substituição de exportações etc. — e os diversos tipos de estrutura social que as sociedades tradicionais e modernas pressupõem" (Cardoso e Faletto, 1969, p. 13).

vi) Para superar as insuficiências assinaladas não basta justapor as interpretações sociológicas às econômicas. É preciso procurar uma "análise integrada do desenvolvimento"; em outras palavras, é preciso articular os aspectos econômicos e sociais em uma única interpretação global, totalizadora, do desenvolvimento.

Mas por onde começar para fazer isso? Conforme se argumenta, para superar as interpretações correntes, é necessário explicar as pautas reais de crescimento e mudança das economias latino-americanas inseridas no marco mais geral dos processos sociais globais; no entanto, são as classes e grupos sociais que movem esses processos, ao se relacionarem entre si e atuarem não apenas no nível econômico, mas principalmente no nível político; pois é "através do processo político [que] uma classe ou grupo tenta estabelecer [e] desenvolver uma forma econômica compatível com seus interesses e objetivos" (Cardoso e Faletto, 1969, p. 20); portanto, em uma análise integrada do desenvolvimento, "o problema teórico fundamental é a determinação dos modos adotados pelas estruturas de dominação, porque por seu intermédio se compreende a dinâmica das relações de classe" (Cardoso e Faletto, 1969, p. 19).

Estas mesmas posições podem ser vistas com mais clareza se forem reexaminadas tendo em vista os novos conteúdos do enfoque estruturalista difundidos nos anos 1960. Anteriormente, este enfoque privilegiara a análise da estrutura econômica. Mas naqueles anos agregara a essa análise um conjunto de avaliações sobre as características da estrutura social que corresponde à estrutura econômica básica, assim como às suas mudanças.

De acordo com esse enfoque, com o desenvolvimento para fora havia se constituído uma estrutura econômica marcada pela heterogeneidade e pela especialização. E a ela correspondeu uma estrutura social essencialmente dicotômica, composta por proprietários e despossuídos. Sob a perspectiva da dependência, destaca-se que o estruturalismo não pôs a devida ênfase nas relações políticas e nas estruturas de dominação, em circunstâncias nas quais as alianças políticas entre os diversos grupos que compõem essas classes, e a estrutura de dominação que conseguem constituir, são essenciais para as mudanças que vão se produzindo com o passar do desenvolvimento para fora. Mais ainda, condicionam a posterior expansão industrial e as características que esse padrão de crescimento assume, assim como suas possibilidades de continuidade ou suas virtuais limitações.[6]

vii) A ênfase dada às “estruturas de dominação” por esse novo enfoque coloca como principais temas de estudo a estratificação social, o sistema de poder que se constitui com base nela, o comportamento político dos grupos que exercem seu controle, assim como o dos que se opõem a eles, e por último as orientações valorativas que outorgam à ação desses grupos seus marcos de referência. É claro que tanto as estruturas econômicas e sociais quanto as estruturas de dominação que nelas se baseiam não são independentes de muitos dos traços do processo histórico no qual foram geradas. A presença de um conteúdo histórico significa, portanto, que tais temas devem ser estudados sob uma perspectiva histórica ou, se preferirmos, integrados em uma interpretação em termos de processo histórico.

Para a análise da mudança social dos países de menor desenvolvimento deve-se ter especialmente em conta que “a situação de subdesenvolvimento se produziu historicamente quando a expansão do capitalismo comercial e a seguir industrial vinculou a um mesmo mercado economias que, além de apresentar graus diversos de diferenciação do aparelho produtivo, passaram a ocupar posições distintas na estrutura global do sistema capitalista" (Cardoso e Faletto, 1969, p. 23). Em conexão com isso, o enfoque proposto requer "analisar (...) como as economias subdesenvolvidas se vincularam historicamente ao mercado mundial e a forma como se constituíram os grupos sociais internos que conseguiram definir as relações para fora que o subdesenvolvimento supõe" (Cardoso e Faletto, 1969, p. 23-4).

Considerar tais relações, ou até privilegiá-las, não implica admitir que elas sejam responsáveis pela determinação plena da dinâmica do desenvolvimento. Pois, embora "nas situações de dependência colonial seja possível afirmar corretamente que a história — e, portanto, a mudança — aparece como reflexo do que acontece na metrópole, nas situações de dependência das nações subdesenvolvidas a dinâmica social é mais complexa" (Cardoso e Faletto, 1969, p. 28-9). Da perspectiva da análise integrada do desenvolvimento, importa examinar "a ação dos grupos sociais que, em seu comportamento real, ligam de fato a esfera econômica e política" (Cardoso e Faletto, 1969, p. 29). Tem de se ter presente, entretanto, "que tal ação se refere tanto à nação como às suas vinculações de qualquer ordem com os sistemas político e econômico mundiais. A dependência encontra assim não apenas expressão interna, mas também seu verdadeiro caráter como modo determinado de relações estruturais: um tipo específico de relação entre as classes e os grupos que gera uma situação de domínio que estruturalmente implica a vinculação com o exterior" (Cardoso e Faletto, 1969, p. 29).

viii) Este conceito de dependência pode ser mais bem compreendido contrastando-se a ação das classes e as relações entre estas "nos países dependentes com as que se deram nos países centrais em sua fase de desenvolvimento originário. A hipótese mais generalizada sobre o modo de funcionamento do sistema político (...) no início do processo de desenvolvimento nos países centrais supõe (...) que a possibilidade de expansão do sistema se devia à existência de um grupo dinâmico que controlava as decisões em matéria de investimento e que dominava as posições de poder necessárias e suficientes para imprimir ao conjunto da sociedade uma orientação coincidente com seus interesses. A classe econômica ascendente possuía, portanto, eficiência e consenso" (Cardoso e Faletto, 1969, p. 30).

"Sem confiar muito no valor do esquema apresentado para caracterizar as condições gerais do desenvolvimento originário, que é pouco preciso e de caráter muito amplo, é evidente que há diferenças significativas entre esse esquema e o que ocorre na América Latina. De fato, dado que existem relações de subordinação entre as regiões desenvolvidas e as insuficientemente desenvolvidas — ou, melhor dizendo, entre as sociedades centrais e as dependentes —, a análise não pode desconhecer essa característica básica, para apresentar como um desvio o que realmente é uma maneira de ser" (Cardoso e Faletto, 1969, p. 31).

A esse respeito, e em

> um rápido esboço, poder-se-ia dizer que cada forma histórica da dependência gerou um determinado acordo entre as classes, não estático, mas de caráter dinâmico. A passagem de um modo de dependência para outro, sempre considerado em uma perspectiva histórica, deve ter se baseado em um sistema de relações entre classes ou grupos gerado na situação anterior. (...) Por exemplo, quando se rompe a dependência colonial e se dá o passo para a dependência da Inglaterra, esta tem como apoio social o grupo de produtores nacionais, que, em razão do crescimento da sua base econômica (...), estavam em condições de suscitar um novo acordo entre as diferentes forças sociais, graças ao qual eram chamados a ter, se não o domínio absoluto, pelo menos uma situação privilegiada. Ao passar da hegemonia da Inglaterra para a dos Estados Unidos, entram em jogo novos fatores que têm sua origem na situação anterior. De fato, (...) junto ao crescimento dos grupos exportadores ocorreu um crescimento significativo dos setores urbanos, e essa nova acomodação esteve presente na relação com os Estados Unidos. O que se quer assinalar brevemente (...) é que se a nova forma de dependência tem explicações exteriores à nação, tampouco é alheia a relação interna entre as classes que a torna possível e lhe confere a fisionomia. Fundamentalmente, a dinâmica que o sistema econômico dependente no âmbito da nação pode adquirir está determinada — dentro de certos limites — pela capacidade de os sistemas internos de aliança lhe proporcionarem capacidade de expansão (Cardoso e Faletto, 1969, p. 35-6).

ix) "Em síntese, (...) é necessário um esforço de análise a fim de se redefinir o sentido e as funções que, no contexto estrutural da situação de subdesenvolvimento, têm as classes sociais e as alianças que elas estabelecem para sustentar uma estrutura de poder e gerar a dinâmica social e econômica" (Cardoso e Faletto, 1969, p. 37).

O resultado a que se chega com essa dinâmica não deriva de nenhum tipo de determinismo, mas sim das condições históricas concretas de que parte e em que se desenvolve. Essas condições envolvem "tensões que nem sempre, nem de modo necessário, contêm em si mesmas soluções favoráveis ao desenvolvimento nacional. Esse resultado não é automático e pode não se verificar, [o que] supõe (...) a possibilidade de estancamento e heteronomia" (Cardoso e Faletto, 1969, p. 38).

III. BREVES CONTRASTES

As considerações de Frank, que se postulam como de base marxista, supõem a existência de formas capitalistas de relações sociais e trabalhistas durante períodos históricos prolongados, para os quais esse ponto de vista se mostra insustentável. De resto, ele foi convincentemente refutado por diversos especialistas em história econômica.

Além dessa inadequação entre hipótese e feitos, as próprias hipóteses em que essas considerações se assentam carecem de qualquer vínculo com as colocações concernentes aos padrões de mudança das forças produtivas e das relações de produção, com base nas quais essa suposta e longa evolução do capitalismo pudesse ter se processado.

Posto em outros termos, tais hipóteses, relativas à bipolaridade do desenvolvimento de metrópoles e satélites, configuram-se mais como articulação *ad hoc* de alguns conceitos imprecisos, construídos com o fim de sustentar apenas uma opinião sobre a necessidade da construção de um sistema socialista, vista como única e inevitável saída para o subdesenvolvimento.

Existe uma marcada diferença entre esse simplismo e a complexa construção analítica moldada no enfoque de Cardoso e Faletto. Este último não deve ser visto como uma tentativa de levar a consideração do subdesenvolvimento para águas onde transitam as correntes do pensamento marxista, como às vezes se tem sustentado. Sem dúvida, a prioridade dada aos fatores políticos nos processos de mudança social não é alheia a essas águas. E maior ainda é a presença nas mesmas da postura segundo a qual esses processos se vêem decisivamente influenciados pela conformação do poder político e pela concreção do seu exercício.

No entanto, há que se ter presente que o enfoque mencionado tampouco se assenta em uma visão renovada dos modos específicos de transformação das forças produtivas e das relações de produção nas sociedades marcadas pelo subdesenvolvimento ou, se preferirmos, inscritas na "condição periférica". Cabe admitir que o reconhecimento da ausência de tal visão supõe, em paralelo, que esse enfoque não pretende se constituir em uma teoria, mas ajudar na compreensão do concreto, tratando de ampliá-la ou melhorá-la pela via da história comparada de diferentes casos.

Mas esse reconhecimento leva implícita a pergunta acerca de quais são as bases últimas do enfoque em causa. Em outras palavras: que visões do acontecer econômico e das relações sociopolíticas que o acompanham e sustentam estão na base desse enfoque? Ou até, que fundamentos analíticos se encontram "mais atrás" da postura segundo a qual a hegemonia política e seu exercício conduzem e implementam a concreção das mudanças sociais globais?

No que diz respeito ao âmbito econômico, parece ser que no enfoque sobre a dependência que a concebe como relação estrutural interno-externa subjazem os pontos de vista longamente elaborados na Cepal, sob forte influência das idéias básicas e institucionais de Prebisch. De fato, tais pontos de vista se assentam na colocação de um *referente* de acordo com o qual certas condições de proporcionalidade na expansão das diferentes atividades produtivas têm de ser cumpridas para que o desenvolvimento da periferia prossiga; e se apóiam, também, no estabelecimento das desproporcionalidades que dificultam o cumprimento daquelas condições e, portanto, do próprio desenvolvimento.

Por um lado, essas desproporcionalidades são internas: correspondem, por exemplo, aos modos de transformação das estruturas produtivas que provocam a presença e a reiteração de problemas ocupacionais. Por outro lado, elas também são externas: concernem a mudanças nessas mesmas estruturas carentes de uma correspondência adequada com os padrões de inserção internacional (da estrutura do comércio exterior), que, por sua vez, se expressa em problemas recorrentes de balanço de pagamentos. Por último, entende-se que os efeitos internos e externos dessas desproporcionalidades interagem: as que suscitam a heterogeneidade e o subemprego — ambas expressões dos problemas ocupacionais — limitam globalmente a expansão dos mercados; as que se expressam em desequilíbrios externos dificultam a diferenciação produtiva, incidindo negativamente sobre a produtividade média do trabalho, a distribuição da renda e a evolução setorial da demanda de bens e serviços.

O parágrafo precedente situa em um nível muito alto de abstração, e com extrema brevidade, a concepção "estrutural" cepalina básica elaborada nos anos 1950 (objeto da primeira parte). Entretanto, em linhas gerais, pode-se verificar que ela é compatível com a caracterização de certas pautas principais do desenvolvimento periférico e da sucessão em que elas se produzem: o crescimento para fora, a industrialização substitutiva, o posterior entorpecimento desta última. Pois bem, o enfoque de Cardoso e Faletto assume a consideração destas pautas e aceita a sucessão, isto é, periodifica com base nelas. O que se configura como uma amostra — ao que tudo indica, convincente — de qual é a conceitualização tacitamente adotada por esse enfoque em matéria econômica.

Também é possível reconhecer um nexo entre ele e a conceitualização estruturalista, que se desenvolve concomitantemente durante os anos 1960, relativa ao âmbito sociopolítico. Já se mencionou a convergência que existe entre os pontos de vista de Prebisch e Medina nesta matéria (capítulo 5). Em particular, mostrou-se que Medina penetra nela com níveis de precisão consideráveis, ao apoiar sua análise em um referente bem articulado acerca das crises emergentes nas "sociedades tradicionais", conformadas na América Latina nos tempos e em conexão com o desenvolvimento para fora.

Foi possível verificar que tais crises são vistas como vinculadas à penetração de elementos de modernidade no arcaísmo das sociedades previamente constituídas. Entretanto, essa coexistência não tem de ser vista como o equivalente à noção simplista de "dualismo estrutural" a que se referem criticamente Cardoso e Faletto. Antes, as idéias de Medina, e em particular sua caracterização genérica das crises enfrentadas na região, sugerem que se ponham em marcha sucessivas "perfurações" da realidade social, caminho inevitável para enriquecer os conhecimentos sobre ela.

Cabe indagar se esse não é, justamente, o caminho empreendido por Cardoso e Faletto. De fato, seu enfoque da dependência aparece em mais de um sentido ligado à proposta de Medina, ainda que dirigido a remexer em um campo específico daquela realidade: o das estruturas de poder e da sua relevância para a caracterização dos processos de subdesenvolvimento e para a caracterização da mudança social global requerida para superá-lo.

Em síntese, o enfoque da dependência aqui privilegiado pode ser visto como uma prolongação de certas posturas preexistentes no estruturalismo latino-americano, que esse enfoque passa a constituir e a enriquecer. Como já se indicou, o anexo a seguir resume as observações sobre o histórico-concreto, desenvolvidas com base nele, ilustrando seus vínculos com a categorização e periodização daquele estruturalismo básico.[7]

ANEXO
OS PROCESSOS SOCIOPOLÍTICOS NA AMÉRICA LATINA

Como já mencionado, o enfoque proposto requer expor o estudo dos processos sociais pondo ênfase nas formas de relação entre a estrutura econômica e o sistema social e de poder; e do mesmo modo, requer integrar a esta análise a consideração dos acontecimentos históricos concretos. Daí que se comece caracterizando dois tipos-chave de estrutura econômica que se conformam na origem de determinados processos, e que logo se procure delinear as transformações que se vão produzindo nessa estrutura, ao longo de sucessivos períodos. O espectro de tipos de economia por período histórico está sintetizado no quadro que segue. Por razões de brevidade, em sua descrição se evitará a referência aos fatos históricos propriamente ditos, centrando a atenção na interpretação geral que deles se realiza.

Esquema geral do desenvolvimento latino-americano por tipos e períodos

Períodos/ Tipos	*1. Expansão para fora*	*2. Transição*	*3. Consolidação do mercado interno*	*4. Internacionalização do mercado interno*
A. Controle nacional	A.l- Controle nacional	A.2.1- Incorporação dos setores médios à hegemonia da burguesia exportadora (Argentina)	A.3.1- Populismo e economia de livre empresa (Argentina)	A.4.1- Argentina A.4.2- Brasil
		A.2.2- Incorporação dos setores médios tradicionais e crise da dominação oligárquico-burguesa (Brasil)	A.3.2- Populismo e desenvolvimento nacional (Brasil)	
		A.2.3- Incorporação da classe média à aliança de poder (Uruguai)		
		A.2.4- Predomínio oligárquico e debilidade da classe média (Colômbia)		
B- Enclave	B.l- Enclave	B.2.1- Incorporação da classe média por quebra do predomínio oligárquico (México, Venezuela, Bolívia)	B.3.1- O Estado desenvolvimentista (México, Chile)	B.4.1- México
		B.2.2- Acesso da classe média à dominação oligárquico-burguesa (Chile, Peru)		
		B.2.3- A classe média perante os latifundiários e o enclave (América Central)		

1. *Dois tipos básicos de economia*

A ruptura do pacto colonial produz novas vinculações econômicas e políticas, tanto internas como externas. Embora estas dependam também do fundo histórico a partir do qual se constituíram, em linhas gerais elas se conformam em torno da apropriação — nacional ou estrangeira — dos recursos que constituem a base da expansão das exportações. Durante o período de crescimento para fora são estabelecidos, portanto, dois tipos fundamentais de economia: as economias de controle nacional do sistema produtivo (A.l) e as economias de enclave (B.l).

i) O processo econômico-social não foi homogêneo nos países que se inserem no primeiro tipo, nem mesmo durante a etapa de crescimento para fora. Prescindindo dos fatos concretos, pode-se dizer que as possibilidades de êxito desse modelo estiveram condicionadas pela expansão das relações econômicas com a Inglaterra. Com essa expansão se compõe, entretanto, uma primeira situação de subdesenvolvimento e dependência.

Do ponto de vista da estrutura de dominação, o êxito depende da possibilidade de se constituir um sistema de alianças que assegure de uma vez o fortalecimento dos vínculos externos e a expansão da produção de exportações. O primeiro requisito é atendido mediante a presença, na aliança de poder, de grupos sociais *modernos,* produtores de exportações e vinculados ao aparelho comercial. A expansão das exportações, apoiada fundamentalmente na disponibilidade de terra e de mão-de-obra exige, por sua vez, que se assegure tal disponibilidade, incluindo nessa aliança o grupo de latifundiários não-exportadores.

O crescimento para fora, nesse tipo de economia, implica, portanto, uma espécie de integração entre o sistema político e o econômico, caracterizada pelo controle interno da produção e do processo de acumulação, pelo controle do comércio exterior das economias centrais e pela capacidade do grupo agroexportador nacional de reorientar seus vínculos com o exterior e de formar uma aliança com os grupos latifundiários assentados na fazenda tradicional.

ii) As economias de enclave surgem seja como conseqüência da expansão das economias centrais, caso em que a produção de exportação é estrangeira desde a sua origem, seja como resultado da incapacidade de concorrência dos produtores nacionais, por razões técnicas ou financeiras, caso em que a produção de exportação é desqualificada pelo capital estrangeiro. Do ponto de vista econômico, ambos os casos se caracterizam pela conexão limitada do enclave com a economia local e pela maciça translação de excedentes para os países dominantes. Em tais condições, a expansão para fora produz reflexos internos fracos no que diz respeito à diversificação da demanda e à ampliação do mercado de consumo.

No que concerne aos aspectos sociais e políticos, as conseqüências são diversas nos dois subtipos expostos. No primeiro, ou seja, quando o enclave pertence desde a sua origem ao capital estrangeiro, os grupos dominantes locais são constituídos por uma oligarquia pequena, que controla o aparato burocrático e militar e o latifúndio improdutivo. Seu papel em geral é secundário e sujeito ao próprio enclave, do qual depende inclusive em termos de patrimônio. Uma reduzida massa assalariada e vastos setores camponeses despossuídos compõem o restante da estrutura social. Quando o enclave se instala à custa do controle nacional do setor exportador, é às vezes possível aos grupos proprietários locais adotar uma tática de retirada para outros setores econômicos e uma política mais agressiva nas concessões ao capital estrangeiro. A estrutura social e política correspondente se caracteriza pela preponderância dos grupos comerciais e financeiros nativos que servem de elo com o enclave, pela perda de poder dos grupos agropecuários e, nos casos de maior expansão econômica, pela presença de uma burocracia hipertrofiada e de uma classe média tradicional (isto é, que não surgiu em conexão com o desenvolvimento da indústria).

Em síntese, durante o período de expansão para fora, quanto à integração dos sistemas econômico e sociopolítico, as economias de enclave se caracterizam pelo fato de que o setor dinâmico é uma mera prolongação da economia central, tanto em relação ao controle da produção e comercialização quanto à captação de excedentes e às decisões de investimento. Em tais circunstâncias, existem vínculos muito fracos entre o enclave e a economia local, mas ao mesmo tempo vínculos muito fortes do enclave com a sociedade dependente, estabelecidos por meio do sistema de poder.

2. *O período de transição*

Durante o período de expansão para fora, as economias latino-americanas cresceram ao influxo do dinamismo da demanda externa e, até certo ponto, se diversificaram. Do mesmo modo, a estrutura social se diferenciou lentamente. Essa pauta de desenvolvimento implicou na criação de setores financeiros e mercantis e, algumas vezes, na criação de uma economia urbano-industrial. Entende-se por *transição* esse período de diferenciação econômica que traz consigo o surgimento dos setores sociais chamados médios, ao lado dos setores que tornaram viável o modelo exportador.

Na interpretação corrente dc desenvolvimento, entende-se que o crescimento para fora entra em crise em conseqüência da grande depressão da década de 1930, e que esta e a guerra que lhe segue estimulam a produção interna. A análise dos acontecimentos históricos sob essa perspectiva sugere, em contrapartida, que a dominação oligárquica começou a se deteriorar antes da depressão, e que a reorganização do sistema político-social dependeu do tipo básico de economia — controle nacional ou enclave — e, dentro de cada caso, da diferenciação produtiva e social alcançada. As transformações sociais que marcam a crise do sistema oligárquico-exportador têm implicações quanto à possibilidade e às modalidades assumidas pelo ulterior processo de industrialização substitutiva.

i) Como já se insinuou, as sociedades com produção nacionalmente controlada se caracterizam pela presença de um setor "burguês", que organiza a produção, parte da comercialização e, às vezes, parte do financiamento do setor exportador. Para estabelecer uma ordem nacional, este setor se alia aos setores latifundiários desvinculados ou não diretamente ligados ao comércio internacional, aliança que inclui em alguns casos os estamentos burocrático-militares. A presença e a diferenciação deste grupo burguês é o que dá origem a diferentes possibilidades estruturais durante a crise do sistema político que caracteriza o período de transição.

Como é claro, esta crise, que se origina nas tentativas de participação política dos grupos sociais emergentes, está vinculada ao grau de diferenciação alcançado pelo sistema produtivo. Entretanto, esta diferenciação não atua como determinante automático das possibilidades de mudança social. De acordo com o enfoque proposto, é essencial examinar as formas como um sistema de dominação se constitui, em relação às condições econômicas, pois este sistema, por sua vez, condiciona, em um *choc en retour*, as possibilidades de diferenciação econômica e social.

ii) Antes de examinar as diferentes opções que se apresentam durante o período de transição, convém fazer referência ao sistema de dominação que se configura durante o período de expansão para fora em duas situações concretas. A primeira delas é a que se estabelece com o predomínio da burguesia portenha na Argentina. Sabe-se que, nesse país, um setor comercial exportador monopoliza as relações externas (controle de portos e alfândegas), constitui o sistema financeiro, impondo assim seu predomínio aos demais grupos sociais proprietários e ao conjunto da nação. O sistema de dominação expressa pois, nesse caso, uma "situação de classe" peculiar, em que um grupo impõe sua própria ordem a outros grupos que integram a classe dominante: latifundiários não diretamente vinculados à exportação, burguesias regionais, burocracia etc.

A segunda situação relevante é a tipificada pelo caso do Brasil, onde não há uma clara hegemonia de um único setor exportador. Na esfera política, isso leva à realização de um pacto entre os diferentes setores agroexportadores, isto é, a um sistema de dominação que se configura como "confederação de oligarquias". Em tal situação, outros grupos que integram a classe dominante — latifundiários, burguesias de expressão local, estamentos burocrático-militares — ganham força e possibilidades de integrar o sistema de poder, estabelecendo-se inclusive uma delimitação de esferas de influência dentro do aparato do Estado.

Existem, além disso, casos-limite, em que essas duas situações típicas se apresentam com mais transparência: em economias débeis, como as de alguns países centro-americanos, onde os grupos exportadores controlam a terra, produz-se um verdadeiro "monopólio de classe", com franca subordinação dos demais setores sociais. Em outros países, como Uruguai e Colômbia, estabelece-se um pacto explícito quanto às esferas de influência que correspondem a cada grupo, chegando-se até a uma repartição precisa dos organismos do Estado.

A diferenciação entre aquelas duas situações típicas é relevante, pois contribui para delimitar e esclarecer as possibilidades de êxito dos grupos médios em seus intentos de participação nas alianças de poder durante o período de transição.

iii) A seguir são descritos os dois primeiros casos de transição mencionados no quadro anterior. Eles são os que apresentam maior interesse, pois a análise dos demais casos é interrompida no período seguinte.

Na Argentina (A.2.1), além das características do sistema de poder já apontadas, a expansão para fora traz aparelhada uma considerável diferenciação econômica e social, com a emergência de vastos setores médios, inclusive urbano-industriais. No período de transição, compreendido aproximadamente entre 1910 e 1940, a presença desses grupos na cena política se manifesta nos diversos intentos do radicalismo antigovernista de controlar o poder político com base em uma aliança entre setores burgueses de expressão regional e grupos proprietários da indústria incipiente, com apoio eleitoral das massas urbanas. Nos fatos, além dos vaivéns políticos, a transição se caracteriza pela continuidade do predomínio dos setores agroexportadores hegemônicos, os quais, a partir do poder, regulam a incorporação (mais econômica que política) dos setores emergentes, sujeitando-a a seus próprios interesses. Em outras palavras, a transição na Argentina é marcada pela "incorporação dos setores médios à hegemonia da burguesia exportadora".

No caso do Brasil (A.2.2), a situação social anterior ao grande auge das exportações se caracteriza por uma estrutura de classes arcaica, arraigada em uma economia escravista e em um sistema de dominação de base patrimonialista. Essa situação originária muda para um esquema capitalista burguês a partir de 1870, quando se começa a substituir escravos por imigrantes. O reflexo político dessa transformação é a aliança dos cafeicultores paulistas e dos produtores do sul, com apoio dos grupos da "classe média urbana tradicional", que desaloja a oligarquia imperial do poder. Logo após um primeiro momento de radicalização, essa aliança se amplia, transformando-se em um "sistema de alianças locais". Nele preponderam os grupos agroexportadores do centro-sul, mas estão também presentes os grupos agroexportadores de outras regiões, assim como grupos de proprietários de terra de latifúndios de baixa produtividade. Estes, por seu número, possuem na aliança um peso importante e imprimem ao conjunto do sistema de dominação uma aparência oligárquico-tradicional.

Neste caso, a expansão para fora não produz uma diferenciação econômica e social significativa até a Primeira Guerra Mundial. Os fenômenos próprios da transição começam, portanto, a se manifestar a partir da década de 1920, quando surgem novos protagonistas na cena política: profissionais, funcionários, empregados, operários. A reação antioligárquica é represada, durante essa década, por meio de movimentos de jovens militares que representam fundamentalmente os setores decadentes das oligarquias regionais. Entretanto, a crise da dominação oligárquica propriamente dita ocorre apenas com a revolução de 1930. A ascensão ao poder do varguismo ocorre por meio de um entendimento entre grupos regionais e os que haviam pactuado os setores médios urbanos, do qual são excluídos os grupos cafeeiros. Mas, a seguir, essa aliança se reestrutura para incluir esses grupos, ao mesmo tempo que vai se incorporando lentamente aos setores populares urbanos; mas o mesmo não ocorre com os grupos camponeses.

Finalmente, a antiga aliança oligárquico-tradicional é substituída por um novo sistema de poder, com base no qual se põe em execução uma política centralista que, respeitando os interesses locais agroexportadores, pretende formar uma estrutura econômica urbana a fim de consolidar as posições de uma burguesia industrial e mercantil, estrutura em torno da qual começam também a se diferenciar os setores da nova classe média e os setores operário-populares.

iv) A interpretação corrente do desenvolvimento latino-americano atribui a fatores externos — a crise e a guerra — o impulso inicial da industrialização substitutiva. Por outro lado, concebe que essa mudança de rumo quanto às pautas de crescimento se produz sempre que preexistir um condicionante interno fundamental: a diversificação da demanda e, até certo ponto, a diversificação do aparelho produtivo, derivadas do crescimento para fora.

Conforme se argumenta, embora estas precondições econômicas sejam essenciais à industrialização, as modalidades que o processo substitutivo adquire, e sua própria possibilidade, estão também sujeitas a condições impostas pela estrutura social e política. Por exemplo, no caso da Colômbia, em que pese o dinamismo da expansão para fora e o grau de diferenciação econômica que ele traz consigo, o monolitismo dos grupos dominantes consegue impor um pacto oligárquico que freia o acesso dos grupos médios ao poder, eliminando as possibilidades de uma maior diferenciação econômica e social e, com elas, as perspectivas de se aproveitar a conjuntura mundial para um esforço de industrialização.

Do mesmo modo, as conseqüências da grande depressão diferem nos vários países que conseguiram se industrializar, conforme o sistema de domínio e sua transformação durante o período de transição, a qual deriva em parte da própria crise. Na Argentina, embora de forma transitiva, o predomínio oligárquico se fortaleceu, atrasando a adoção de uma política de consolidação do mercado interno e de desenvolvimento industrial até a década de 1940. Contrariamente, no Brasil, a transição significou a mudança de uma pauta oligárquica de dominação para outra, policlassista, mais aberta, que acabou redundando na prática de uma política industrializadora ousada. Como se verá posteriormente, a especificidade do sistema de domínio influi, em cada caso, nas características que o processo social adquire durante a fase de industrialização propriamente dita.

v) Os enclaves se instalam na América Latina em fins do século XIX e início do século XX, isto é, em um período quando já existem grupos locais que controlam o aparelho produtivo interno. Nesse tipo de economia, as características do sistema de dominação mais pertinentes para a análise da etapa de transição podem ser descritas como segue.

O enclave estabelece com seus assalariados relações de exploração do tipo capitalista, relações estas que são primeira e essencialmente econômicas. Nos setores produtivos controlados por nacionais, os baixos padrões de produtividade prevalecentes obrigam a basear a exploração da mão-de-obra em relações de tipo político. Essa debilidade endócrina do setor proprietário nacional, somada ao fato de que sua vinculação com o enclave exige a imposição de uma ordem interna que assegure a disponibilidade de mão-de-obra, conduz ao estabelecimento de um sistema de dominação extremamente excludente. Por isso mesmo, gera-se um maior poder reivindicatório dos grupos operários e camponeses, abrindo-se possibilidades de comoção política interna que dificultam a incorporação das classes médias.

Consideradas essas características gerais, convém agora precisar o sistema de dominação que possibilita e consolida a expansão para fora; para esses efeitos, distinguem-se três casos típicos. O primeiro, que se apresenta, em linhas gerais, no México, Venezuela e Bolívia, caracteriza-se pelo predomínio exclusivo de setores oligárquicos cuja base fundamental de poder é o latifúndio de baixa produtividade. A estrutura econômica pouco diferenciada que sustenta esse sistema de dominação determina, assim, a escassa importância dos setores médios. A bipolaridade da estrutura social obriga estes setores, conquanto reivindiquem maior participação, a recorrer à mobilização camponesa ou à mobilização operária, nos casos de enclave do tipo mineiro.

O segundo caso se dá em países como o Chile e o Peru, onde, junto aos grupos oligárquicos e ao enclave, verifica-se a presença de grupos vinculados a atividades econômicas internas de tipo capitalista. A diferenciação econômica implícita traz consigo uma estrutura social muito mais complexa que no caso anterior: além dos grupos já assinalados, existem setores médios mais numerosos, setores populares urbanos e grupos operários e camponeses do enclave e da fazenda tradicional. Quanto às possibilidades de participação dos grupos médios, as opções políticas que se lhes apresentam são também muito mais amplas, pois enfrentam um sistema de dominação diferenciado, estruturado em torno das relações entre oligarquia, burguesia e enclave.

O terceiro é um caso limite, que se apresenta em alguns dos países da América Central cuja estrutura econômica interna se caracteriza pelo predomínio da fazenda tradicional e pelo baixo desenvolvimento da economia urbana. Em tal caso, a estrutura social é ainda mais bipolar que no primeiro, e o sistema de poder ainda mais excludente. Nestas circunstâncias, as possibilidades de incorporação dos reduzidos grupos médios parecem estar sujeitas ao dinamismo do enclave e do setor exportador.

Os tipos de sistema de dominação que acabam de ser descritos condicionam de formas distintas a possibilidade e as modalidades de acesso ao poder dos grupos médios durante o período de transição. Daí se analisarem também três casos paralelos aos anteriores. A seguir são descritos os dois primeiros (B.2.1 e B.2.2 do quadro anterior), tipificando cada um deles com o exemplo de um país (México e Chile, respectivamente).

vi) Quando a expansão para fora promove e ao mesmo tempo avaliza um predomínio exclusivo dos grupos oligárquicos, o acesso da classe média ao poder requer a quebra desse predomínio. Em outras palavras, como no México, Bolívia e Venezuela (B.2.1), a incorporação dos grupos médios envolve métodos de enfrentamento radical.

A evolução política do México em seu período de transição tipifica este caso. Dado o sistema de dominação excludente prévio à revolução, o acesso ao poder dos grupos médios fica sujeito à implantação de um sistema eleitoral efetivo. A resistência da oligarquia agrária não abre outra possibilidade que não o movimento revolucionário — representativo de um pacto transitivo dos grupos médios e camponeses — após o qual a classe média urbana impõe, embora com dificuldade, uma aliança em pé de igualdade com os setores oligárquicos. Por outro lado, o próprio fenômeno da revolução cria uma organização operária, uma organização camponesa e uma forte consciência da necessidade de se romper os laços de dependência externa e obter uma distribuição efetiva da terra. Os embates contra a aliança de poder vigente aumentam com a crise de 1929, colocando os grupos médios diante da alternativa de manter sua aliança e enfrentar os grupos populares ou mudar de tática. O governo do Cárdenas e o programa de reformas que ele empreende representam essa mudança.

Quando a expansão para fora se dá com base em um setor exportador de tipo enclave, mas junto a ele uma série de atividades econômicas internas de tipo capitalista alcança algum desenvolvimento, o sistema de domínio que se constitui expressa um equilíbrio entre os interesses do enclave, dos grupos burgueses nacionais e dos grupos oligárquicos. Em tal caso, a classe média encontra oportunidades de acesso ao poder nas situações fluídas e de enfrentamento interno que se produzem no sistema de dominação, como parece ter ocorrido no Chile e no Peru (B.2.2) durante o período de transição.

No Chile, a situação que se configura antes do período de transição se caracteriza pelo controle do poder e do Estado mediante uma aliança entre os grupos oligárquicos latifundiários e uma burguesia mercantil-financeira que, além de possuir importantes setores econômicos internos, opera em conexão com as empresas estrangeiras, na qualidade de sócio menor. Por outro lado, o dinamismo da expansão para fora produz um certo grau de diferenciação social, com a presença de massas urbanas, grupos médios de tipo tradicional e um proletariado de alguma significação, ligado direta e indiretamente aos setores econômicos do enclave.

A crise que se segue à Primeira Guerra Mundial marca o início do período de transição. A quebra da economia salitreira afeta fundamentalmente o enclave e os grupos nacionais diretamente vinculados a ele, e em muito menor medida a oligarquia agrária local. O desequilíbrio de poder que assim se cria requer um reajuste no sistema de dominação. Tal reajuste, representado pelo alessandrismo dos anos 1920, estrutura-se com base na aliança da burguesia mercantil-financeira com os grupos médios, que, além disso, contam com o apoio eleitoral dos setores populares em alguns momentos. Nesta primeira ascensão das classes médias ao poder não aparecem outros objetivos políticos além do fortalecimento do Estado como meio de assegurar a operação do sistema econômico dentro de seus antigos cursos.

As desigualdades desse sistema fazem que essa aliança perdure em contínuo equilíbrio instável, até que a crise de 1929 a rompe definitivamente. Os graves problemas econômicos gerados por essa crise provocam um grau de radicalização política que parece pôr em risco o sistema. Recorre-se então à aliança tradicional entre os grupos oligárquicos e a burguesia comercial financeira, incorporando a esta aliança determinados setores da classe média, em especial os menos radicalizados.

Quando começam a ser superados os efeitos da crise, surge a possibilidade de se criar uma nova aliança política, em torno de um programa de reestruturação das próprias bases do crescimento econômico, o que resulta na Frente Popular de 1938. O eixo desta aliança é constituído pelas classes médias urbanas, que têm acesso à administração do Estado procurando criar, por seu intermédio, uma série de indústrias básicas que garantam a diversificação do aparelho produtivo em seu conjunto. Participam também os setores populares, não mais como massa de manobra, mas como aliados interessados nos efeitos redistributivos da industrialização. Por último, o sistema de poder é integrado pela burguesia mercantil-financeira, fortalecida e nutrida com a classe média pela expansão econômica.

vii) As considerações relativas à transição nos países com predomínio de economia de enclave, consideradas em conjunto, mostram com mais nitidez como as condições de ordem política são um requisito essencial para a criação de um mercado interno e para que se ponha em marcha o processo de industrialização. Em linhas gerais, as características do setor exportador nesse tipo de economia não favorecem a gestação de condições propícias para a expansão econômica sobre bases nacionais mesmo em casos em que o enclave se impôs quando já existia uma considerável diversificação econômica e social — como o do Chile. Cabe destacar, entretanto, que nestes países a crise mundial afeta profundamente o enclave e os setores modernos, e em muito menor medida os setores oligárquicos da fazenda. Essa retirada do enclave pelas próprias condições em que ele se produz não pode ser compensada — como ocorreu nos países com controle nacional — pela aplicação de políticas de defesa do nível de emprego e de capitalização interna. Ao contrário, o desemprego derivado da crise impõe uma rigidez maior às condições sociais nas quais se estabelece o enfrentamento político. De fato, a década de 1930 se caracteriza pelo aumento da pressão social, pela multiplicação das greves e pelo estabelecimento de políticas mais radicais.

À pressão popular, represada por limitados setores das classes médias urbanas, a dominação da oligarquia e do enclave responde de forma autoritária, isto é, utilizando políticas de força. Com essas bases, a criação das condições para a formação de um mercado interno depende de uma mudança política prévia. Requer-se a quebra ou pelo menos a retirada dos setores vinculados à oligarquia e ao enclave, para que seja possível criar, por intermédio do Estado, os mecanismos de investimento e acumulação próprios do desenvolvimento industrial. O fortalecimento do Estado, já sob o controle ao menos parcial de novos grupos, servirá de ponto de apoio fundamental para a diversificação produtiva no período seguinte.

3. *O período de consolidação do mercado interno*

Como se viu, o período de transição se caracteriza, em linhas gerais, pela presença cada vez mais importante da classe média e da burguesia industrial no sistema de dominação. No entanto, conforme se depreende da análise anterior, essa participação crescente não se configura como uma ascensão linear de uma classe emergente, como parece ter sido o caso nos países de desenvolvimento originário, mas resulta de uma política de acordos entre vários grupos sociais. Esta transformação dos sistemas de domínio, que por sua vez condiciona as modalidades de desenvolvimento industrial posterior, depende antes de tudo do tipo de desenvolvimento prévio, isto é, de que a estrutura econômico-social se forme com base no controle nacional dos recursos produtivos ou com base no enclave.

Quando a situação original é de enclave, a debilidade dos setores burgueses modernos implica, no nível político, uma maior participação no poder dos setores médios e, em conexão com isso, um fortalecimento da instituição do Estado. Nesses casos, a aliança de poder que se constitui, embora posteriormente modificada, orienta o processo de industrialização mediante um dirigismo mais acentuado, que inclui uma participação decisiva do setor estatal.

Quando a situação original é de controle nacional, a diferenciação econômica e social obtida antes da crise, que inclui a constituição de um setor urbano-industrial de relativa importância, traz consigo um sistema de domínio em que a posição-chave é ocupada pelos setores agroexportadores e financeiros, bem como pelos setores médios e industriais urbanos. Nesses casos, a aliança de poder que se constitui durante a transição imprime ao processo de industrialização um caráter mais liberal. Entretanto, à medida que a industrialização avança, engendrando um proletariado e um setor popular urbano não-operário, a "presença das massas" pode fazer que se compense em parte esse caráter liberal fortalecendo-se então o papel do Estado, tanto em termos da condução centralizada do processo de diversificação produtiva quanto em termos de sua participação direta no mesmo.

Perfilam-se assim os três tipos básicos de industrialização substitutiva, dependendo da forma como, por meio do sistema de domínio,se configura o papel do Estado e das massas populares nesse processo: a industrialização "liberal", baseada essencialmente na condução dos setores empresariais privados; a industrialização "nacional-populista", em que a burguesia industrial, eixo do sistema de poder, compartilha a condução do processo com o Estado, cuja gravitação deriva da existência de massas sem uma contrapartida de emprego; a industrialização orientada por um "Estado desenvolvimentista", isto é, baseada em um programa estatal.

i) O primeiro desses tipos corresponde ao caso da Argentina (A.3.1). Ali, tanto durante a expansão para fora quanto na transição, predomina politicamente o grupo exportador-importador. Mas tendo em vista o dinamismo excepcional do sistema, coexistem com ele, na estrutura social, a burguesia industrial, uma vasta classe média, setores populares urbanos e setores operários.

A fase de industrialização começa com uma tentativa de controle do sistema de dominação mediante uma aliança composta pelos setores exportador-importador e industrial que procura conter a pressão operária e das classes médias. Entretanto, o próprio crescimento industrial incorpora grandes contingentes à força de trabalho, cuja pressão crescente no sentido de obter melhores níveis de vida e de participação política termina por produzir uma quebra dupla: da dominação política excludente e do aparelho sindical preexistente.

Esta saída se configura em torno do populismo peronista, cujo esquema fundamental de condução da expansão econômica consiste em lhe dar curso com base no controle privado da produção, mas impondo a incorporação econômica, social e política dos setores populares. O Estado desempenha um papel fundamental nesse esquema, pois institui os mecanismos de redistribuição, tanto entre as classes proprietárias quanto entre estas e os setores populares.

O populismo peronista possui a peculiaridade de apresentar os conflitos sociais sob a falsa aparência de um enfrentamento oligarquia-povo. De fato, na etapa prévia à industrialização, a hegemonia do grupo exportador-importador é exercida em aliança com grupos rurais subordinados, isto é, não diretamente conectados ao aparelho comercial e financista do intercâmbio internacional. Durante a industrialização, a junta de poder peronista concilia os interesses daquele grupo anteriormente hegemônico (que se transforma agora em forte investidor no setor produtivo interno) com a participação crescente das massas, comprometendo tão-somente os interesses dos grupos rurais subordinados. Esta é a "oligarquia" que suporta o peso da crítica política. Na realidade, portanto, o grupo exportador-importador ocupa uma posição-chave durante a industrialização substitutiva, participando ativamente e regulando seu impulso para que este não comprometa seus próprios interesses, especialmente os de alguns grupos importadores. Ao lado desse grupo, o setor industrial antigo, isto é, vinculado à indústria preexistente ao período de industrialização substitutiva, consolida suas posições, procurando, além disso, criar seus próprios mecanismos de financiamento.

Para os objetivos de ambos os grupos, o Estado cumpre um papel importante, por meio da adequação da política comercial e financeira aos seus interesses. Não se requer dele, entretanto, a criação de uma base produtiva de propriedade pública. Tampouco a pressão das massas se orienta nesse sentido. Aceitando as regras de jogo do sistema, estas reivindicam basicamente uma maior participação econômica. O dinamismo do crescimento permite ao Estado ser o gestor de uma política redistributiva que assegura aos setores populares um aumento considerável de seus níveis de renda e consumo.

Em síntese, portanto, o populismo peronista expressa, em relação ao sistema de domínio, não propriamente uma aliança de classes e grupos sociais, mas uma "junta de poder", na qual se consolida a posição monopolista do grupo exportador-importador, ao mesmo tempo que se manifesta uma existência ativa e participante da burguesia industrial e dos setores populares.

A industrialização substitutiva alcança seus limites em razão de causas conhecidas: a dificuldade crescente da substituição e o esgotamento da margem compressível das importações. Mas, ao mesmo tempo, e em estreita conexão com as dificuldades econômicas que foram suscitadas, também foram alcançados os limites políticos, como resultado da contradição entre a exigência de participação crescente na renda pelas massas e a obtenção, pelos grupos proprietários, de níveis de lucros e rendas que assegurassem a formação acelerada de capitais.

O esgotamento do processo substitutivo e o fim do populismo como forma de sustentação do poder dentro de um quadro de economia "liberal" possuem, portanto, elos recíprocos. Ao entrar na fase de estancamento, os esquemas de sustentação política do período anterior se desfazem rapidamente. Com o deslocamento da aparente polarização oligarquia-povo, que encobria o conteúdo real da junta de poder "desenvolvimentista", surge um novo tipo de enfrentamento, caracterizado por uma polarização dos grupos sociais em torno de seus respectivos interesses de classe.

Como se verá posteriormente, a polêmica entre esses grupos e o dilema real parecem se colocar em termos de "estatismo ou grande empresa".

ii) No caso do Brasil (A.3.2) configura-se um processo de industrialização de tipo "nacional-populista". Como se indicou anteriormente, na base desse processo, que começa a partir do período de transição, encontra-se uma complexa aliança de poder, constituída por grupos latifundiários vinculados à produção para o mercado interno, setores médios, massa urbana e grupos relacionados com o desenvolvimento industrial e comercial anterior. Por outro lado, na realidade, a industrialização substitutiva é impulsionada por uma decisiva ação direta do Estado — que investe tanto em indústrias básicas como em indústrias de bens intermediários e de consumo durável — e pela ação de uma "burguesia industrial", em grande medida não vinculada ao setor agroexportador. Tendo em conta a situação de poder no ponto de origem do processo e a orientação que lhe é conferida, surge a pergunta acerca de quais são os fundamentos estruturais que tornaram possível tal tipo de orientação, em boa medida divergente do tipo "liberal" argentino.

Uma parte da resposta está na ausência ou, mais propriamente, na menor gravitação dos grupos privados capazes de instrumentar a capitalização requerida pelo desenvolvimento industrial. Isso se deve tanto ao menor peso econômico desses grupos quanto à impossibilidade política de se impor uma orientação de tipo liberal. De fato, os setores economicamente mais significativos, isto é, os grupos agroexportadores, perdem o controle do aparelho estatal no momento em que a industrialização adquire impulso, e os grupos que a ele têm acesso não compartilham seu interesse em promover uma industrialização daquele tipo.

Em certo sentido, portanto, as considerações políticas prevalecem sobre as econômicas na orientação do processo de industrialização por parte dos grupos que chegam ao poder depois de 1930. A preocupação em acelerar a formação de um mercado interno capaz de estimular o desenvolvimento não surge nem se transforma em política efetiva a partir dos grupos empresariais, embora mais tarde, quando o impulso industrialista já estava dado, estes tenham voltado seu apoio para esse tipo de política. A consecução de tais objetivos mediante a participação decisiva do Estado encontra sua explicação, antes de tudo, na situação fluida e perigosa criada real ou virtualmente pela existência de massas mobilizadas sem uma efetiva contrapartida de emprego. Ou seja, a participação do Estado constitui um imperativo para quem detém o poder e para os grupos politicamente organizados, em um país que se urbaniza, que possui uma economia agrária anterior deteriorada e que não dispõe de um setor capitalista capaz de acumular o suficiente para responder às exigências massivas de ocupação.

Tendo em conta essas características estruturais da situação brasileira, a aliança de poder que impulsiona e orienta o desenvolvimento industrial se configura como um "populismo-nacionalista" que adquire características bastante precisas. Em primeiro lugar, apresenta-se como um movimento de incorporação das massas, mas sem as implicações de maior organização sindical e maior pressão sobre o nível dos salários que ocorrem no caso do populismo peronista. Mais que uma definição econômica dos direitos dos trabalhadores, o populismo brasileiro reivindica de maneira vaga os direitos dos "humildes", com um esquema ideológico no qual os valores das massas preponderam sobre os de classe, dada a circunstância de que a classe operária emergente, extremamente débil, se dilui no conjunto da massa urbana. Em segundo lugar, como já foi indicado, o populismo brasileiro favorece um desenvolvimento de cunho estatista. Mas isso não se apresenta como uma transformação radical do sistema econômico, mas sim como uma tarefa supletiva, embora primordial, a ser conduzida pelo Estado, cujos interesses coincidem até certo momento com os dos grupos que chegam ao poder sem uma sólida base econômica própria. Em terceiro lugar, favorece também um desenvolvimento de tipo nacional, isto é, impulsiona a participação do setor privado nativo no desenvolvimento industrial. Na consecução desse objetivo, o Estado desempenha um papel fundamental, tanto por sua contribuição como produtor para a consolidação do mercado interno como porque é o instrumento por meio do qual são orientadas as políticas comercial, cambial, de crédito e redistributiva com que se põe em marcha o desenvolvimento industrial.

Como no caso argentino, entretanto, o próprio avanço da industrialização conduz a contradições crescentes, tanto no nível econômico como no político. À medida que se amplia a base econômica do setor industrial, os capitais do grupo agroexportador se orientam na mesma direção, diretamente e através do sistema financeiro. Fluem também para esse setor importantes somas de capital privado estrangeiro; assim, constituem-se na indústria setores monopolistas que começam a questionar a eficácia do Estado como empresário e do populismo como política de desenvolvimento. Essas pressões conseguem ser rebatidas em um primeiro momento pelos setores urbanos de classe média, pelos setores industriais nacionais, que temem a concorrência desigual dos monopólios, e pelos setores populares organizados em torno do Estado. Mas à medida que a substituição das importações encontra dificuldades crescentes, exigindo técnicas, maior acumulação e mais eficiência, a fragilidade do esquema populista para rebater os desejos hegemônicos dos grupos monopolistas se torna mais clara e aguda. Com isso, chega-se ao limiar do período seguinte, em que a aliança de poder que está na base do populismo nacionalista se desmorona, dando curso a outros tipos de forças sociais, cuja polarização, também neste caso, coloca a alternativa "estatismo ou grande empresa" como opções de orientação política do desenvolvimento.

iii) O terceiro tipo de industrialização substitutiva mencionado anteriormente, que começa no seio do próprio Estado, é característica dos casos do México e do Chile (B.3.1). Como já se indicou, quando a expansão para fora se dá dentro de uma economia de enclave, durante a transição se impõe a necessidade de reorganizar o Estado com uma participação política mais ampla dos grupos de classe média e de contar, para essa reorganização, com os setores populares como ponto de apoio. Nessas condições, ao iniciar o período de industrialização, os setores populares, os grupos médios (dentre os quais se destaca a burocracia) e os embriões de uma nova burguesia desempenham um papel fundamental na aliança de poder. Por sua própria debilidade econômica, para se manter no poder, essa aliança precisa impulsionar por intermédio do Estado um mecanismo de acumulação rápida de capitais, a fim de assegurar o êxito da sua gestão econômica e, em especial, de expandir as oportunidades de emprego necessárias para a incorporação das massas.

No México, a Revolução estabelece um esquema de poder que apresenta uma debilidade extrema, tanto no âmbito econômico como no político. De fato, os setores fundamentais da economia — petróleo, mineração, energia, transporte — continuam em mãos de empresas estrangeiras; a destruição da sua estrutura anterior produz uma atomização da atividade agrícola, que a inabilita como possível base econômica para a posterior expansão do processo revolucionário; e no político, a debilidade do sistema se reflete na falta de organização da sua base popular, constituída por camponeses e operários. Somente quando essa organização é alcançada, ou seja, quando unidade do movimento operário e camponês se estrutura é que se obtém possibilidade de impulsionar, por intermédio do Estado, uma política coerente de desenvolvimento.

A primeira tentativa nesse sentido se efetiva sob o governo de Cárdenas, no qual se empreende a nacionalização de empresas estrangeiras e se inicia a industrialização, sob uma orientação marcadamente socializante. Entretanto, a política dos governos posteriores se caracteriza por uma guinada substancial: descontando o conjunto de atividades básicas provenientes das nacionalizações, a atividade do Estado se concentra na criação da infra-estrutura e de mecanismos financeiros que facilitam o investimento privado; além disso, dada a carência de capitais, começa-se a receber com beneplácito o investimento estrangeiro, dentro de uma certa margem de controle estatal.

Com a nova política, à medida que a industrialização avança, o poder do Estado se consolida, alcançando enormes dimensões. Entretanto, seu papel se restringe a criar condições favoráveis para a atividade econômica privada, enquanto estimula cada vez mais o investimento estrangeiro. Este consegue controlar grande parte da indústria instalada, voltando-se a seguir para o setor financeiro e de comercialização, e inclusive para certos itens da atividade agrícola. Ao final, cria-se, portanto, uma estrutura econômica de características monopolistas e, com ela, um entrelaçamento muito estreito entre quem controla politicamente o Estado e os novos setores econômicos. Na realidade, apenas em parte se consegue alcançar a finalidade explicitamente perseguida com essa orientação do processo de desenvolvimento, que consiste em dar uma rápida solução às reivindicações populares, incorporando as massas ao sistema econômico-social.

No Chile, em conseqüência dos duros embates sustentados durante a crise econômica de violência incomum que afetou aquele país, os setores populares e os setores médios, em especial os que de alguma forma dependiam do Estado, haviam conseguido se organizar politicamente desde a década de 1930. Como já se indicou, neste país o período de transição se encerra com a ascensão ao poder da Frente Popular, estruturada com base em uma aliança da qual esses dois grupos organizados são o fundamento. Além disso, somam-se a eles alguns grupos econômicos modernos, vinculados ao aparelho comercial e à incipiente indústria, ante a expectativa de melhorar sua posição com o novo ordenamento. Do poder, a Frente Popular inicia uma tarefa consciente de planejamento econômico, que na prática se orienta para a criação, pelo Estado, de novas indústrias e setores de atividade, bem como para a formação de uma nova burguesia industrial nacional, por meio do sistema de crédito.

Essa política, naturalmente favorecida pela Segunda Guerra Mundial, contribui para consolidar a posição econômica de alguns setores da burguesia industrial. Diante da contínua repressão dos setores populares, os setores médios, que em boa medida dirigem o aparelho estatal, encontram nos grupos industriais um aliado capaz de lhes permitir resistir à pressão popular e operária. Instaura-se, portanto, um novo acordo político, cujo programa impulsiona a iniciativa privada mediante a concessão de crédito público a esses grupos industriais emergentes.

A mudança na aliança de poder não ocorre sem graves conflitos políticos, que levam à repressão do movimento popular e à quebra da sua organização. Ao mesmo tempo, a guinada dos grupos médios os conduz a uma posição de extrema debilidade em relação aos seus recentes aliados. Tenta-se então reconstruir a aliança anterior, mas, ante o colapso das organizações que a sustentavam, o resultado alcançado não passa de um populismo amorfo de curta duração.

Ao fracasso das alianças de viés populista, segue-se uma reestruturação das organizações políticas, que se centra com muito mais nitidez nos interesses de classe dos diferentes grupos sociais. Os setores industriais, financeiros e agrários orientam seus esforços para assegurar o controle do mercado interno, pugnando pela continuidade do desenvolvimento com base na iniciativa privada. Os setores populares, em contrapartida, por intermédio de suas organizações políticas, propõem formas estatizantes de orientação do desenvolvimento. Esta divergência programática expressa em certo sentido o grau de polarização social e política a que o próprio processo de industrialização conduziu.

4. *O período de internacionalização do mercado interno*

Para este período, cujo início se situa na segunda metade da década de 1950, a análise se limita aos casos da Argentina, Brasil e México. São casos nos quais, conforme se verifica, o processo de industrialização substitutiva amadurece até produzir um grau considerável de diferenciação econômica, marcada pela formação de um setor produtor de bens de capital. No que concerne à estrutura de dominação, este período se caracteriza pela crise do sistema de poder anterior e pela conseguinte tentativa de reorganização. Finalmente, durante esse tempo, se alteram substancialmente as relações econômicas com o exterior, em conseqüência da força que o investimento privado estrangeiro adquire na atividade industrial interna. O problema que se coloca consiste, portanto, em explicar a natureza e as vinculações dessas três características básicas.

i) Como já apontamos, durante o período anterior, deixando-se de lado as características distintivas de cada um dos casos, verifica-se nos três a presença de alianças ou conjunturas de poder mediante as quais o Estado pôde ser o artífice de uma política de arbitragem, represando a pressão das classes populares e dos grupos organizados para os objetivos do desenvolvimento. O êxito alcançado dependeu, no entanto, de uma conjuntura propícia, que se estende, *grosso modo,* do início da Segunda Guerra Mundial até o término da Guerra da Coréia. Ao variar a conjuntura, produzem-se efeitos distintos em cada um dos países considerados, efeitos estes que dependem em boa medida do acordo político específico com base no qual a industrialização substitutiva se desenvolve.

Assim, na Argentina, onde o setor exportador-importador desempenha um papel fundamental, ao variar a conjuntura, torna-se impossível continuar mantendo uma remuneração satisfatória a esse setor e, ao mesmo tempo, financiar a ampliação do aparelho industrial, mantendo altos níveis de gastos públicos e salários. Diante dessa contradição, após a ruptura do esquema de domínio populista, tenta-se refazer a economia agroexportadora aumentando sua produtividade, a fim de se poder continuar financiando o moderno setor industrial. Entretanto, essa nova orientação encontra um obstáculo no nível da estrutura política: nem o setor exportador-importador pode por si só impor ao resto do país seu projeto, nem a ampliação da base política, com a incorporação dos setores industriais, pode resistir à pressão das massas. Nessas condições, a intervenção militar torna-se freqüente e, ante a contínua pressão das massas, o sistema não consegue alcançar, se não a legitimidade, ao menos a eficácia: não se consegue, por conseguinte, nem o desenvolvimento nem a estabilidade política.

No Brasil, a intensa industrialização substitutiva do pós-guerra é impulsionada por meio de práticas de controle e de múltiplas taxas de câmbio que favorecem o setor produtivo interno, privado e público, em detrimento dos setores exportadores. Embora estes setores nunca tenham deixado de pressionar contra esse tipo de intervenção estatal, os preços das exportações, muito favoráveis até 1953, permitem levar a cabo essa política sem comprometer de maneira decisiva os níveis de renda dos setores agrários. No entanto, por volta de 1954, quando a conjuntura começa a mudar, a aliança populista atinge seu limite. Parte dos setores agrários se une à oposição da classe média urbana, à qual também se soma a pressão dos grupos financeiros internos e internacionais. Após o breve interregno que se segue à queda de Vargas, a aliança desenvolvimentista se restabelece, mas com orientação e conteúdo substancialmente distintos: a capitalização mediante recursos externos. Com essa política, suportável por parte do setor exportador, seria possível satisfazer às demandas salariais dos grupos urbanos modernos e, ao mesmo tempo, fortalecer o setor industrial, agora associado ao capital estrangeiro. Dessa forma, foi possível o desenvolvimento diante da instabilidade política.

No México, onde por suas peculiaridades histórico-políticas os grupos pressionam de dentro do Estado e da organização partidária, a abertura para o capital estrangeiro pôde se dar sem as crises políticas características das trajetórias brasileira e argentina. Neste caso, a criação de uma burguesia industrial-financeira ocorre em estreita conexão e de dentro do aparelho estatal, ao mesmo tempo que os mecanismos de integração sindical são controlados pelo complexo sistema político, que imprime ao desenvolvimento industrial um moderado sentido redistributivo. Consegue-se assim impedir o enfrentamento entre o Estado investidor e a burguesia nacional, bem como os conflitos de tipo classista ou populista, o que possibilita o trânsito para uma política de participação do capital estrangeiro sem crise do sistema de poder. Em tais condições, foi possível o desenvolvimento econômico com estabilidade política.

ii) Estes resultados divergentes da conjuntura ocultam e ao mesmo tempo permitem revelar os problemas de estrutura que estão na base do processo de desenvolvimento latino-americano. A conclusão que se extrai é de que a industrialização, estruturalmente,

> dentro do marco social e político característico das sociedades latino-americanas (...), implica enormes necessidades de acumulação, mas ao mesmo tempo produz como resultado uma forte diferenciação social. As pressões para se obter uma participação dos diferentes setores, tanto dos incorporados como dos marginalizados, se mostram contraditórias com as formas de investimento pressupostas pelo tipo de desenvolvimento que se postula (Cardoso e Faletto, 1969, p. 136).

Conforme se concebe, este é o problema estrutural básico que torna inconsistente, do ponto de vista social e político, o modelo latino-americano de industrialização substitutiva. Esse modelo se assenta em condições de conjuntura externa favoráveis e na limitada participação dos setores populares nos benefícios do desenvolvimento. As vantagens momentâneas no comércio exterior permitem orientar o processo de industrialização mediante uma política que dá lugar a um certo grau de incorporação das massas e à manutenção de certos níveis de renda dos setores dominantes durante o período de expansão para fora. Em tais condições, a aliança desenvolvimentista, em suas versões nacional-populista ou estatal-desenvolvimentista, pode se manter vigente. Mas à medida que o processo de industrialização avança, as exigências de incorporação das massas aumentam quantitativa e qualitativamente. Esta pressão dos setores populares é inconsistente com os requisitos de acumulação do próprio processo. Quando a conjuntura se inverte, impedindo a transferência dessa pressão para o setor agrário, rompe-se um importante elo da aliança desenvolvimentista: este setor, e em especial o latifúndio, se manifesta contra o Estado populista ou contra os setores industriais e de classe média que poderiam apoiar as reivindicações populares. Quando a pressão (e sobretudo as exigências de aumento de salários) se torna muito forte, os grupos agrários começam a encontrar aliados em setores industriais e financeiros que não podem aceder a tais demandas. Por outro lado, a aliança desenvolvimentista, enquanto os setores populares são um de seus componentes, supõe a necessidade de uma arbitragem estatal que ao menos assegure a manutenção de um nível mínimo de salários e o aumento do número absoluto de empregos. Quando a conjuntura impede que o Estado assegure esses objetivos das massas, a manutenção do acordo político que o sustenta se torna impossível, isto é, a aliança desenvolvimentista entra em colapso.

Deve-se destacar, no entanto, que por trás dessa evolução para a crise do sistema de poder, que na realidade se apresenta estreitamente ligada a condições conjunturais, existe um problema fundamental de estrutura. A aliança desenvolvimentista consegue impulsionar o processo de industrialização substitutiva até certo ponto. Mais tarde, porém, a acumulação acelerada, finalidade primordial de alguns dos grupos que compõem a aliança, torna-se incompatível com as exigências de participação das massas populares. Em outras palavras, os interesses dos grupos que compõem a aliança desenvolvimentista, em essência contraditórios, tornam-se impossíveis de conciliar com o tempo, destruindo os fundamentos do sistema de poder que impulsionara a industrialização substitutiva com base na propriedade nacional dos recursos produtivos. Assim, esta pauta de crescimento fica inviável do ponto de vista social e político.

iii) As considerações anteriores procuram esclarecer a natureza de um dos três fenômenos assinalados como característicos do desenvolvimento de alguns países latino-americanos nos anos recentes, ou seja, a crise do sistema interno de dominação. Cabe agora examinar suas conexões com os outros dois: a diferenciação produtiva e a mudança das relações econômicas com o exterior.

Partindo-se da perspectiva da estrutura de poder, percebe-se que durante a fase de substituição crescente das importações, a afluência do capital estrangeiro não constitui um problema essencial para a continuidade do processo. Ao contrário, o impulso que ele proporciona permite acelerar a incorporação seletiva de certos setores operários e técnico-profissionais à economia industrial, o que contribui para manter as alianças desenvolvimentistas.

No entanto, a partir de um determinado momento, que coincide com o surgimento de dificuldades crescentes na substituição das importações, a penetração de capitais estrangeiros obedece a dois movimentos convergentes. Por um lado, a situação de profunda crise, econômica e política, do processo de desenvolvimento para dentro, leva à busca dos aportes do investimento estrangeiro como meio de continuar o crescimento e de fortalecer a decadente aliança desenvolvimentista. Isso ocorre, por exemplo, durante o governo do Kubitschek no Brasil e durante o período frondizista na Argentina. Por outro lado, produz-se uma tendência do capital internacional a investir crescentemente na indústria interna dos países de menor desenvolvimento. Define-se assim, tanto por razões de caráter interno quanto externo, uma nova pauta de desenvolvimento, baseada na afluência maciça do capital privado estrangeiro, que permite um novo impulso à acumulação e à transformação da estrutura produtiva para níveis de complexidade crescente, que incluem a instalação de uma indústria de bens de capital.

Como se observa, a diferenciação produtiva e a mudança nas relações econômicas com o exterior são dois fenômenos estreitamente conectados. Atuando em conjunto, eles surtem efeitos decisivos sobre o sistema de poder. Em linhas gerais, pode-se dizer que, com a nova pauta de desenvolvimento, ocorre um reagrupamento interno das organizações produtivas, que possui dois aspectos principais: por um lado, estreitam-se os vínculos entre as empresas nacionais e os grupos monopolistas estrangeiros; por outro, aumentam sensivelmente os padrões de eficiência da indústria, mediante o uso crescente de tecnologias poupadoras de mão-de-obra. A primeira dessas tendências leva a uma perda de significação de um dos grupos-chave na aliança desenvolvimentista: a antiga burguesia industrial nacional. A segunda conduz a um tipo de industrialização baseada em um padrão tecnológico excludente e orientada para um mercado urbano restrito, incompatível com os requisitos de emprego e participação dos amplos grupos populares. Conclui-se, pois, que a transformação das relações econômicas com o exterior e a diferenciação produtiva que essa transformação traz aparelhada transtornam as bases sociais da antiga aliança desenvolvimentista, que assim se desfaz de forma definitiva.

Em síntese, pode-se dizer que as contradições inerentes ao processo de industrialização substitutiva, baseado na propriedade nacional, se expressam na crise do sistema de poder que consegue impulsioná-lo até um determinado momento. Esta crise, aliada às novas tendências do capital internacional, que se orienta para o controle *in situ* dos novos mercados nacionais, faz que certos países da América Latina, como forma de superá-la, optem por uma pauta de desenvolvimento estrangeirizante. Mas essa pauta, ao alterar a estrutura e as relações sociais, acelera a quebra da antiga aliança desenvolvimentista e contribui para a conformação de um sistema de poder que se assenta sobre novas bases.

iv) Cabe perguntar para onde aponta o processo econômico-social dos países latino-americanos que encerraram sua etapa de crescimento industrial autônomo e passaram a centrar suas perspectivas de desenvolvimento na penetração do capital privado estrangeiro.

Cabe reiterar, em primeiro lugar, que esta nova pauta de desenvolvimento traz consigo uma transformação fundamental nas relações econômicas com o exterior. Nas modalidades de desenvolvimento precedentes, essas relações se estabeleceram essencialmente em torno do enclave e do controle do sistema de comércio exterior e envolveram certos tipos de ligação entre o vínculo externo e a estrutura social e política interna. Na nova pauta de desenvolvimento, àquelas relações se soma o controle, pelo capital estrangeiro, de parte do aparato industrial que produz para o mercado interno. Alteram-se, pois, as relações de dependência, e os novos elos entre a vinculação externa e a estrutura social e política interna se colocam como tema de importância crucial.

Na argumentação corrente se defende que as novas características das relações com o exterior expressam um agravamento da dependência, tanto porque determinadas decisões essenciais — as de investimento e seleção de tecnologias — são tomadas de acordo com interesses estrangeiros quanto porque essas relações envolvem a captação de excedentes que nem sempre são reaplicados no país que os gera. No entanto, sob a perspectiva adotada, interessa destacar que, por meio dos capitais, da técnica e da organização transferidos do exterior, inaugura-se um novo eixo de ordenamento da economia e da sociedade de menor desenvolvimento relativo.

A afluência de capitais estrangeiros obedece em boa medida à dinâmica das economias dominantes, na qual em anos recentes se produziu uma acentuada aceleração do avanço técnico e da concentração monopolista. Ao serem transferidos para os países onde houve um processo de industrialização substitutiva, estes capitais contribuem, ao menos até certo ponto, para complementar a estrutura produtiva preexistente, aproximando-se da criação de ramos tecnologicamente complexos da indústria de bens intermediários e de capital. No entanto, ao se instalar nesses ramos, eles estabelecem condições monopolistas asseguradas por sua capacidade financeira e pelo domínio de técnicas produtivas geradas nos centros e altamente poupadoras de mão-de-obra. Na medida em que estas pautas de organização e tecnologias são transferidas para mais e mais ramos industriais, forma-se um setor de "indústria moderna" que, embora acelere o desenvolvimento, o faz em desajuste com o contexto de subdesenvolvimento vigente em outros setores econômicos. Essas "ilhas de modernidade" são excludentes, antes de mais nada, por sua escassa capacidade de absorção de mão-de-obra; e, em conexão com isso, porque se complementam umas às outras, em um jogo de demandas recíprocas, produzindo poucos efeitos sobre os setores atrasados da economia.

O caráter "excludente" que o capital monopolista imprime à estrutura econômica gera, por sua vez, uma intensificação da exclusão social. Esta diz respeito não apenas às massas, mas também às camadas economicamente significativas do período anterior. Além das vastas massas rurais e urbanas, surge um proletariado mais "moderno" e outro mais "tradicional"; os grupos industriais também se dividem, entre os formados antes do predomínio monopolista e aqueles que controlam a indústria de alta produtividade; subsistem os setores médios e os vinculados à atividade agrícola; e todos eles procuram definir sua posição no novo modelo de ordenamento econômico-social, de tal forma que lhes seja possível maximizar sua participação no desenvolvimento.

As transformações — apenas esboçadas — que se produzem nas estruturas econômica e social durante o período que se convencionou chamar de "internacionalização do mercado interno" têm implicações em relação ao sistema de poder. Como primeira aproximação, pode-se dizer que o novo tipo de desenvolvimento leva a uma renovação do sistema político-social, formando uma estrutura de domínio não mais baseada, ou apenas parcialmente baseada, nos setores latifundiários, exportadores ou vinculados à antiga indústria substitutiva. O novo setor industrial, no qual predominam as empresas monopolistas estrangeiras, parece exercer uma influência fundamental sobre as decisões nacionais. A consolidação do sistema de controle político que começa a ter vigência depende, como se pode ver, das condições sociopolíticas prévias nas quais a nova pauta de desenvolvimento se inseriu. Assim, em um país como o México, onde os setores popular e empresarial já tinham relações com o sistema de decisões políticas de dentro do aparelho de Estado, é possível uma reorganização de acordo com essa pauta, definindo as áreas de influência desses setores e a do setor vinculado às empresas estrangeiras.

O trânsito para um novo sistema de domínio parece ser mais difícil nos casos do Brasil e da Argentina. Em princípio, pode-se dizer que, para que a ação das classes assalariadas e dos grupos não-hegemônicos tenha eficácia, é preciso um grau avançado de sindicalização, uma intensa diferenciação das classes médias e, definitivamente, uma modernização dos grupos sociais que lhes permita impor soluções e políticas de orientação do processo econômico de acordo com seus interesses. No entanto, o próprio caráter excludente do processo impede ou ao menos retarda essa modernização. Assim, a tendência da nova pauta de desenvolvimento de produzir uma marginalização crescente — entendida em seu sentido mais amplo —, em circunstâncias em que as estruturas organizativas anteriores e as formas de reivindicação desses grupos perderam a eficácia, transforma-as em uma massa disponível, cujas novas formas de organização e mobilização política ainda constituem uma incógnita. Os grupos direta ou indiretamente vinculados ao setor capitalista avançado, quando modernizam suas organizações de reivindicação, conseguem participar em certa medida dos benefícios do desenvolvimento, mas de maneira tal que se desvinculam das pressões populares maciças, tanto urbanas quanto rurais. Portanto, pode-se afirmar, provisoriamente, que o caráter excludente do crescimento com base no capital privado estrangeiro torna lenta a reconstrução da ordem social, requerendo a constituição de formas autoritárias de domínio.

Notas

1. Este capítulo limita o exame do enfoque da dependência às versões próprias dos dois primeiros autores mencionados. Lidia Goldenstein elabora uma resenha — "breve e clara", segundo L. G. Belluzzo — de outras contribuições a este enfoque, assim como de seus vínculos com outras formas de pensar, relacionadas não apenas com o estruturalismo latino-americano, mas também com correntes políticas e ideológicas alternativas a ele, de fundamento marxista. Essa resenha se encontra em sua tese de doutorado apresentada à Universidade Estadual de Campinas (São Paulo, Brasil), sob o título *Repensando a dependência* (Goldenstein, 1994, p. 23-5).
2. Esta entrevista leva a pensar que a nomenclatura metrópole-satélite se configura como paralela à que opõe centros e periferia, na qual provavelmente se inspira e da qual procura se diferenciar.
3. Atendo-se ao essencial, pode-se dizer que as três idéias principais da concepção mencionada dão lugar a outras várias teorias: teoria da heterogeneidade estrutural, teoria do subemprego da força de trabalho; teoria da especialização produtiva, teoria do desequilíbrio externo e teoria do caráter desigual, bipolar, do

desenvolvimento do sistema centro-periferia, teoria da deterioração dos termos de troca. Cabe enfatizar que essa idéia de desigualdade ou bipolaridade difere radicalmente da noção de desenvolvimento desigual própria de Frank. Esta última supõe que, sob relações capitalistas, a desigualdade entre metrópoles e satélites é inevitável, podendo ser superada somente com a instauração do socialismo. Em compensação, na concepção institucional de Prebisch, a bipolaridade é estável por meio de políticas adequadas que conduzam ao desenvolvimento total da periferia, com eixo na sua industrialização. No mais, concebe-se como estável uma "industrialização mancomunada", sob novos padrões de divisão interna do trabalho, benéficos para os dois pólos do sistema centro-periferia.

4. Sobre as posições de Prebisch a respeito, ver o capítulo anterior, seção II.
5. Entre os autores com esse tipo de enfoque estão Hoselitz (1960) e Gennani (1962). Ressalte-se também que este enfoque sofre uma marcada influência de autores como Talcott Parsons e Robert K. Merton (Cardoso e Faletto, 1969, p. 11-2). Mais adiante serão retomadas as posições de Medina sobre este tema, às quais também se fez referência no capítulo anterior, seção III.
6. A crítica sintetizada neste parágrafo é convergente com os pontos de vista de Prebisch e Medina a que se faz referência no capítulo anterior.
7. O prefácio elaborado por F. H. Cardoso para uma nova edição de *Dependência e desenvolvimento na América Latina* (Cardoso e Faletto, 2004, p. 7-12) descreve de forma sucinta o ambiente intelectual e de disputas ideológicas que envolveu a primeira versão dessa obra, elaborada em espanhol em meados dos anos 1960 na sede da Cepal, em Santiago do Chile. Esse breve prefácio é particularmente esclarecedor acerca das diferenças entre o enfoque proposto por Cardoso e Faletto e aqueles que procuram se apoiar em fundamentos marxistas, entre outros o já mencionado, de André Gunder Frank, e os de Rui Mauro Marini e Teotônio dos Santos. Segundo se ressalta, apesar dos esforços realizados em vários artigos, tais diferenças foram escassamente reconhecidas "nos anos 1970 e em boa parte dos 1980" (p. 10). Cabe adicionar que até os dias de hoje é freqüente encontrar alusões a uma única "escola da dependência".

7. Os "estilos de desenvolvimento" e suas bases analíticas

O enfoque que se convencionou chamar de "estilos de desenvolvimento" está muito ligado à análise da tendência à concentração da renda própria das economias de tipo periférico e, do mesmo modo, aos padrões de demanda associados a essa tendência. O presente capítulo começa justamente procurando examinar os elos entre padrões distributivos e de demanda, bem como indagando de que modo estes podem incidir nas economias do tipo mencionado e em que medida podem ser determinantes da lentidão do seu crescimento — ou até do seu estancamento. Esta indagação é feita com base na posição que Celso Furtado fornece sobre o tema em vários de seus trabalhos (seção I). Tal escolha não é arbitrária, pois os pontos de vista de Furtado se desenvolvem com graus significativos de coerência interna no que concerne aos vínculos entre distribuição, demanda e crescimento, nos quais ele procura a explicação do estancamento.

Uma vez apresentados tais pontos de vista, são descritas as perspectivas de vários autores, inscritas no enfoque dos estilos de desenvolvimento. Mas se confere especial menção à de Aníbal Pinto, pois tudo indica que esta foi a de maior difusão e ressonância durante o período em que este enfoque manteve um peso significativo no contexto do estruturalismo latino-americano (seção II).

Em contraste com as posturas estagnacionistas, freqüentes nos anos 1960, a de Pinto não propõe a existência de limites ao crescimento, mas sim insinua a possibilidade de que se apresentem dinâmicas diferenciadas, correspondendo a padrões distributivos diferentes. Embora sem pretender demonstrá-lo na totalidade, ele argumenta que a uma menor concentração da renda pode corresponder um crescimento mais intenso.

Sua argumentação também pretende mostrar que a alta concentração e a elevada propensão a consumir — assim como a extrema diferenciação do consumo por estratos de renda a elas associada — questionam a viabilidade social desse tipo de estilo, que ademais se mostra contraditório com fundamentos éticos da convivência social de amplo reconhecimento na comunidade internacional.

Considerou-se conveniente ter em conta a polêmica suscitada em torno do caso do Brasil, que põe ênfase no processo de acumulação de capital e em sua relação com uma suposta tendência ao estancamento (seção III). O ponto de partida são as idéias do próprio Furtado, expostas anteriormente, incorporando outras acerca das implicações da insuficiência de demanda na rentabilidade dos investimentos (seção III, 1). A seguir é apresentada a visão desenvolvida no artigo intitulado "Más allá del estancamiento", de autoria de J. Serra e M. C. Tavares. Em primeiro lugar, seu interesse provém da natureza da argumentação, que pretende demonstrar que um estilo "concentrador e excludente" — nomenclatura muito difundida ao longo dos anos 1970 — é compatível com níveis da taxa de lucro capazes de sustentar um dinamismo econômico virtualmente elevado (seção III, 2).

Mas essa visão tem uma segunda fonte de interesse: a da integralidade da análise empreendida. Ao se contrapor ao estagnacionismo de Furtado, este tema é enfocado novamente sob o ângulo dos determinantes das taxas de lucro e de acumulação, vinculando-as a mudanças modernizadoras da estrutura produtiva. Conforme se observa, estas se baseiam em iniciativas mancomunadas do Estado e de alguns atores relevantes do capitalismo internacional, as quais se estendem ao âmbito financeiro (seção III, 3).

Esse primeiro encontro com as implicações produtivas da acumulação e do lucro prefigura uma consideração mais ampla, peculiar da às vezes denominada "Escola de Campinas", e em especial de M. C. Tavares (capítulo 8, II).

Como se verá no decorrer do presente capítulo, o enfoque dos estilos tem uma clara ligação com as posturas estagnacionistas que procura negar ou relativizar, segundo o caso. Por outro lado, também possui conexões analíticas relevantes com os referentes nos quais essas posturas se sustentam, contribuindo para esclarecer a índole e para ampliar a compreensão destes últimos. Além disso, nos comentários finais (seção IV), são feitas breves referências à conexão genérica existente entre o enfoque em questão e os fundamentos do estruturalismo (objeto da primeira parte), e ao seu virtual enriquecimento, com base na consideração explícita das estruturas de demanda e distributiva.

I. O PAPEL DA DEMANDA NO PROCESSO DE DESENVOLVIMENTO. A PERSPECTIVA DE FURTADO

Os referentes vistos no capítulo 5 — tanto o mais geral, relativo aos centros ou a uma economia capitalista, como o que corresponde ao cumprimento de condições de "suficiência dinâmica" em uma economia periférica hipotética — não propõem a existência de um padrão único de crescimento equilibrado. Ao contrário, consideram várias opções, diferenciáveis conforme os padrões de distribuição de renda e de demanda prevalecentes.

No entanto, ainda que distribuição e demanda façam parte dessas opções analiticamente diferenciáveis, os paradigmas expressos não avançam na caracterização desses padrões. Eles simplesmente os admitem como conducentes da realização (venda) dos bens e serviços originados na expansão produtiva.

Uma das especificidades do pensamento de Furtado (1966a e 1966b) consiste na consideração explícita de tais padrões, procurando conferir a eles concreção em termos dos tipos de bens incluídos na demanda para, nessa base, se perguntar em que medida a produção desses bens pode se expandir de forma sustentada. Posto em outras palavras — e como se verá neste capítulo —, Furtado tenta penetrar na caracterização dos componentes da demanda para indagar se a sua evolução, e as pautas distributivas que a condicionam, são ou não adequadas para a continuidade do crescimento periférico, ou se redundam em que este seja freado ou paralisado.

Os bens de consumo são os únicos considerados, uma vez que se entende que a sua tipificação é suficiente para a análise da incidência da demanda na continuidade do crescimento. Do mesmo modo, postula-se que na produção destes bens — sejam eles duráveis ou não-duráveis —, ocorre o progresso técnico, o que fica claro por meio do incremento da densidade de capital, que, por sua vez, dá lugar ao aumento da produtividade do trabalho.

Conforme se admite, os aumentos desta última em diferentes atividades, assim como o aumento da produtividade média, ocorrem por intermédio de dois mecanismos. Um é o chamado "progresso técnico inovador". Com ele são introduzidos novos bens duráveis, obtidos com novas técnicas de densidade de capital mais elevada, com as quais se chega a níveis de produtividade do trabalho igualmente mais elevados. O segundo é o "progresso técnico de difusão", mediante o qual a produção de bens duráveis preexistentes vai se ampliando, com densidades de capital e níveis de produtividade de diferentes magnitudes, em muitos casos consideráveis, embora não tão altas como nos bens novos. Também na elaboração de bens não-duráveis podem ocorrer aumentos de produtividade que logo se difundam. Mas segundo se afirma, os efeitos sobre a produtividade média serão significativos enquanto forem gerados, uma e outra vez, bens duráveis novos (qualitativamente diferentes dos preexistentes), nos quais seja moldado o "progresso técnico de invenção", e que seu consumo vá a seguir se ampliando para mais e mais demandantes, dando lugar ao progresso técnico de difusão.[1]

É preciso ter presente este pressuposto adicional: nas sucessivas instâncias em que o "progresso técnico de invenção" se verificar, e em que se concretizar em sucessivas inovações, com estas serão produzidos, em primeiro lugar, bens duráveis de alto valor unitário ou, se preferirmos, de consumo conspícuo. Portanto, sua aquisição começará limitada a membros dos estratos de altos ganhos, e somente com o tempo irá se estendendo a mais membros desses estratos e a integrantes dos estratos médios, também a partir dos mais favorecidos.[2]

Assim, conforme se admite, o progresso técnico — e, com ele, o aumento da produtividade média do trabalho — vai se dando por reiterados fluxos, primeiro pela via da invenção, e a seguir pela via da difusão. Considerando-se, além disso, o pressuposto do parágrafo anterior, sobre a índole dos novos bens e os níveis de renda de seus virtuais demandantes, chega-se a conclusões que podem ser resumidas nos seguintes termos: o aproveitamento do progresso técnico e sua continuidade requerem a geração de demanda i) dos estratos de altos ganhos, para os bens duráveis mais novos e de consumo conspícuo; ii) dos estratos de ganhos altos e médios, para conjuntos de bens duráveis relativamente novos, em cuja elaboração os níveis de produtividade sejam significativos e cujo consumo esteja em plena difusão; iii) de todos os estratos, para conjuntos de bens duráveis de ampla difusão prévia, assim como para os bens de consumo não-duráveis.

As considerações imediatamente anteriores significam que se requer uma ampliação concomitante das demandas dos diferentes bens de consumo. Mas, além disso, há que se admitir que essa ampliação pressupõe o aumento do consumo dos assalariados e, portanto, a alta dos salários e o incremento do emprego e da massa de salários. O breve referente anterior se refere às economias centrais, assim como a condições que nelas imperam, compatíveis com a continuidade do seu crescimento. Com o fim de esclarecer a argumentação, convém reformulá-la com base em um exemplo, extremando a sua simplicidade.

Suponha-se que nessas economias, em um determinado período, sejam produzidos três tipos de bens: os bens duráveis mais novos, que são ao mesmo tempo os de maior densidade de capital; os bens duráveis de uma geração anterior, nos quais a densidade do capital e a produtividade do trabalho são um pouco menores; e os bens de ampla difusão prévia, e de produtividade mais reduzida. Eles serão denominados bens A, B e C, respectivamente. Como é claro, o aumento da produtividade média dependerá dos ritmos diferenciados com que as produções dos bens A, B e C são incrementadas. Mas também poderá depender — e admite-se que isso é assim — da produção de certos bens de última geração, designados de A', cuja produtividade é ainda mais alta do que nos bens A (em conseqüência, também será mais alta que a que prevalece nos bens B e C).

Isso se liga aos padrões distributivos. Uma hipótese adicional, que também integra certas idéias básicas de Furtado, poderia ser exposta deste modo. Em uma instância qualquer de incorporação de progresso técnico, como a que começa com a introdução dos bens A', ocorreria que: no setor de ganhos mais altos se localizam os únicos consumidores desses bens; os bens de tipo A são consumidos por integrantes desse setor e pelos de níveis de renda intermediária; os bens B são adquiridos por integrantes desses dois setores, embora com mais amplitude pelos detentores de ganhos intermediários; e os bens C são de aquisição generalizada, mas seu consumo é particularmente amplo no setor de baixa renda.

Mas nessas condições de produção o aumento da produtividade média do trabalho exige a expansão da produção de A', e o aumento da produção de A mais que a de B, e esta mais que de C. Por outro lado, para que esses ritmos diferenciados de aumento da produção possam ocorrer, é preciso o aumento dos ganhos dos membros dos três estratos. Em particular, é mister que sejam aumentados os salários de modo que os membros do setor inferior incrementem seu consumo de bens B e os do setor intermediário incrementem o de bens A.

Furtado vê esse comportamento dos salários como decisivamente influenciado pelos conflitos distributivos, nas condições sob as quais essas se realizam nos grandes centros, abrindo caminho para sucessivas altas dos mesmos. Ele entende também que tais altas induzem melhorias na distribuição pessoal da renda. Ambas se configuram como virtuais apoios dos aumentos e das mudanças na composição da demanda requeridos pela continuidade do crescimento econômico.[3]

Cabe considerar a extensão do referente anterior às condições prevalecentes na periferia. Para simplificar, suponha-se que ali também sejam produzidos os bens A, B e C e que em sua produção sejam obtidos os mesmos níveis de produtividade que nos centros. Dados seus menores níveis de renda, admite-se que apenas os estratos de altos ganhos consomem bens A, que apenas estes mesmos estratos e os de ganhos intermediários consomem bens B, enquanto todos os estratos consomem bens C, mas os de baixa renda acessam unicamente estes últimos.

Suponha-se, além disso, que em uma economia do tipo periférico se abra uma instância de incorporação de progresso técnico que se expressa na introdução de bens A'. Que evolução ulterior é esperável? Pode-se conceber que uma parte dos estratos de altos ganhos tenha acesso ao consumo destes bens. Tanto os membros desses estratos como os pertencentes aos estratos intermediários aumentarão um tanto o seu consumo de bens A e de bens B. Os estratos de baixa renda continuarão consumindo unicamente bens C.

Esses comportamentos pressupostos guardam uma relação estreita com o que corresponde aos salários. Os excedentes de mão-de-obra (a presença maciça de subemprego estrutural) condicionam o aumento do salário de base, correspondente à força de trabalho simples portadora de baixas qualificações. A exigüidade do salário de base e as dificuldades para o seu aumento influem negativamente sobre os salários da mão-de-obra de diferentes qualificações e habilidades, deprimindo o salário médio. Por sua vez, as restrições que pesam sobre as altas salariais são fonte da tendência à concentração da renda que impera nas economias periféricas.

Tal tendência limita os aumentos do consumo dos estratos médios e inferiores em relação aos tipos de bens B e A. Mas, ao mesmo tempo, podem ocorrer aumentos exíguos da demanda dos estratos de ganhos altos pelos bens de consumo A e A', conquanto aumentos prévios tenham preenchido as necessidades destes.

Assim, a imagem que se oferece é a de economias que vêem seu crescimento limitado, se não impedido, por reiteradas carências na expansão da demanda dos diferentes tipos de bens de consumo, a qual se vê decisivamente relacionada com perfis de distribuição da renda marcados por uma alta concentração, por sua vez ligada à superabundância de mão-de-obra e às conseqüentes limitações das altas salariais. Posto em outros termos, e trazendo à colação considerações anteriores relativas aos centros, o que na verdade se pensa é que o processo de difusão do consumo de diversos bens que se verifica nos centros não pode se repetir na periferia dadas as limitações ao aumento dos ganhos que nela prevalecem, em circunstâncias em que a dinâmica da demanda depende daquela difusão.

Visto de uma perspectiva mais ampla, a idéia central prevalecente consiste em que a concentração da renda (funcional e pessoal) não é incompatível com a industrialização por substituição de importações, enquanto esta se dá nas atividades e ramos produtores de bens não duráveis e de bens duráveis de consumo de elaboração simples e valor unitário reduzido. Durante uma determinada etapa, de "substituição fácil", consegue-se ampliar a produção e o consumo com respaldo nos ganhos dos diversos estratos, apesar da sua alta concentração. Mas essa mesma concentração termina por impor um limite ao processo substitutivo e à expansão industrial que nele se baseia, porque as substituições enfrentam a estreiteza dos mercados e as conseqüentes restrições em matéria de realização da produção.

Também de uma perspectiva mais geral, percebe-se que a tendência ao estancamento, ou à lentidão da expansão econômica a que se acaba de aludir, tem sua chave no comportamento dos salários, ou melhor, na exigüidade de suas altas, pois desta resultam padrões de distribuição e de demanda que inibem a expansão de várias atividades, como resultado da impossibilidade ou da dificuldade crescente para realizar (vender) os aumentos da sua produção.

Parece claro, portanto, que, atendo-se às análises de Furtado relativas à demanda, a razão do estancamento (ou da lentidão do crescimento) seja encontrada rastreando-se suas ligações com os salários e a concentração da renda.

Cabe apontar que existe um *non sequitur* nessa análise. Como se indicou anteriormente, não é demonstrável que uma tendência à concentração seja por si mesma incompatível com sucessivas ampliações da demanda de bens de consumo de vários tipos, associada à alta dos ganhos dos estratos em que seus níveis são altos e médios. Em outras palavras, o caráter concentrador e excludente do desenvolvimento pode não impedir a sua continuidade.

Como acabamos de apontar, nesta seção as análises de Furtado relativas à demanda foram tratadas isoladamente, com o objetivo de facilitar a observação do seu papel no enfoque dos "estilos de desenvolvimento". Entretanto, como veremos mais adiante, esta análise pode ser inserida em outras, mais amplas, do próprio Furtado, nas quais são considerados os condicionamentos que a distribuição e a demanda impõem ao uso das técnicas produtivas disponíveis e, por essa via, à acumulação de capital.[4]

II. O ENFOQUE DOS "ESTILOS DE DESENVOLVIMENTO"

A expressão "estilos de desenvolvimento" origina-se nos trabalhos pioneiros de Óscar Varsavsky (1971, 1982) e de sua equipe de colaboradores. Nesses trabalhos, destaca-se a preocupação com a relevância da demanda no processo de desenvolvimento e em entender seus vínculos com a distribuição de renda. No ponto de partida, os autores registram que as mudanças implicadas nesse processo de desenvolvimento não costumam ser discutidas, admitindo-se que as futuras estruturas de demanda e produto serão semelhantes às dos países desenvolvidos. Eles atribuem essa assimilação ao fato de que as estruturas produtivas desses países, identificadas como *consumistas,* apresentam muitas semelhanças entre si.[5] E comparam o desempenho de três estilos de desenvolvimento arquctípicos: *o consumista, o autoritário e o criativo,* que se assimilam a três modelos de sociedade e se constituirão como referências para as discussões posteriores do tema em questão.

A motivação para a análise desses arquétipos se associa às vantagens de se considerar outras opções sem se guiar exclusivamente pelas características dos modelos existentes. O objetivo principal desses primeiros trabalhos consiste, pois, em explorar a viabilidade de certas estruturas produtivas, mesmo que não disponha de exemplos concretos que permitam estabelecer comparações empíricas.[6]

Os estilos de desenvolvimento são definidos como as diferentes formas de mudança das estruturas atuais do produto e da demanda, junto com as demais variáveis a elas associadas. Note-se que, nessa definição precoce, já aparece um claro interesse pela conexão entre oferta e demanda, considerada como um elemento essencial do estilo, e observe-se também que a definição se circunscreve ao âmbito econômico, âmbito no qual a distribuição constitui a chave da estrutura da demanda.

No mesmo espírito, mas centrando-se na crítica ao "enfoque integrado do desenvolvimento", orientador de trabalhos das Nações Unidas do início dos anos 1970 relativos à problemática do subdesenvolvimento, Marshall Wolfe (1976a e 1976b) empenha-se em mostrar que esse enfoque tem como referente exclusivo o modelo dos países centrais. Segundo este autor, é analiticamente factível e socialmente conveniente reconhecer a existência de uma pluralidade de caminhos associáveis a características próprias de cada sociedade. Enfatizando esse ponto de vista, ele rechaça a idéia — implicitamente determinista — da existência de um estilo único e sugere as vantagens de se definir estilos originais e diferenciados de desenvolvimento.

Por outro lado, em seus escritos, Jorge Graciarena (1976a e 1976b) chama a atenção para a importância das relações de poder na conformação da distribuição de renda dos países latino-americanos, relações que se configuram como as verdadeiras chaves do estilo de desenvolvimento imperante na região.[7]

Esse autor enfatiza que a chave da configuração de determinado estilo de desenvolvimento depende da emergência de uma classe ou de uma coalizão hegemônica oposta a outras, de tal modo que a consideração dos conflitos sociopolíticos constitui um elemento central do seu enfoque.

As breves notas precedentes não têm outro objetivo além de demonstrar a existência de percepções e preocupações diferenciadas, subjacentes na noção genérica de estilos de desenvolvimento, a fim de tornar mais visíveis as que estão contidas nos trabalhos de Aníbal Pinto (1965, 1970, 1971, 1976a e 1976b) sobre o tema, nos quais, na verdade, se baseia a análise apresentada neste capítulo.

1. *A noção de "estilos" em Aníbal Pinto*

Embora de índole econômica, configura-se com especial clareza, nesses trabalhos, o enfoque dos estilos de desenvolvimento. Eles têm um elemento-chave na consideração da demanda, ao qual voltaremos mais adiante, mas também encontram um forte apoio no conceito de heterogeneidade estrutural. Sua leitura atenta, em ordem cronológica, revela que as idéias de Pinto sobre os estilos evoluem a partir desse conceito.

a. A heterogeneidade estrutural

Esse conceito se afasta das teses dualistas, freqüentes nos anos 1960, visões extremas que postulavam uma acentuada polaridade entre atividades inscritas em estratos tecnológicos muito diferentes, quase carentes de relações entre si, a exemplo do que acontecia nas chamadas "economias de enclave".[8]

A coexistência de uma mão-de-obra ocupada em níveis de produtividade elevada (isto é, não muito distante dos grandes centros) e "normal" (isto é, nos níveis permitidos pelas técnicas disponíveis) com uma mão-de-obra de produtividade muito reduzida constitui um fenômeno reconhecido nos trabalhos institucionais do estruturalismo, que o consideraram como um dos elementos definidores da "condição periférica".

No entanto, foi Aníbal Pinto quem delineou os contornos desse fenômeno, ao precisar o conceito de "heterogeneidade estrutural".[9] Sua definição se relaciona às diferenças da produtividade do trabalho recém-apontadas, mas procura sustentá-la em uma base factual. Assim, são identificados três níveis de produtividade na estrutura produtiva latino-americana: o correspondente ao *setor primitivo,* no qual tanto a produtividade quanto os ganhos são muito reduzidos, semelhantes aos que preponderavam durante o período colonial; o do *setor intermediário,* cujo próprio nome sugere a proximidade da sua produtividade e ganhos às médias do país ou economia a que se refira; e, finalmente, um *setor moderno*, de níveis altos de produtividade e ganhos semelhantes à média dos que prevalecem nas economias desenvolvidas (Pinto, 1970, p. 85).

Fica claro que a heterogeneidade e sua persistência, conquanto suponha diferenciações de produtividade perduráveis, tem de produzir efeitos sobre a distribuição de renda e, por essa via, sobre os padrões de demanda. Na verdade, são esses elementos os que se configuram como centrais na noção de "estilo de desenvolvimento" peculiar de Aníbal Pinto. Ademais, ela tem raiz na constatação de que na América Latina, uma vez avançado o processo de industrialização, continuam se apresentando os três setores mencionados, assim como os saltos nos níveis de produtividade e ganhos que marcam suas diferenças.

Esta constatação sugere duas perguntas principais: uma relativa aos graus de descontinuidade presentes entre esses setores ou estratos e a outra concernente às relações entre eles. A resposta à primeira contém parte da definição da heterogeneidade estrutural, pois, conforme se afirma, para caracterizá-la "importa [considerar] a magnitude dos contrastes entre os três setores antes mencionados". A segunda pergunta completa a definição do conceito em causa, já que corresponde à "significação dos diversos estratos", isto é, à "relevância dos contingentes humanos (...) vinculados a cada um deles" (Pinto, 1970, p. 86). Nesse sentido, é de se ressaltar que enquanto os setores atrasados constituem frações pequenas na estrutura ocupacional dos países centrais, nas economias subdesenvolvidas eles abrangem proporções muito significativas da ocupação total.[10]

Convém explicitar que a heterogeneidade estrutural pode se referir indistintamente à estrutura produtiva ou à estrutura ocupacional. A estrutura produtiva se diz heterogênea quando nela coexistem setores, ramos ou atividades em que a produtividade é alta ou "normal", com outros em que a produtividade é exígua, muitas vezes inferior à primeira. Como é claro, a essa estrutura produtiva corresponderá uma determinada estrutura ocupacional: uma é espelho da outra.[11]

Aníbal Pinto sustenta que o processo de industrialização latino-americano não trouxe consigo uma tendência à homogeneização de ambas as estruturas, mas sim levou ao aprofundamento da heterogeneidade. Segundo o seu ponto de vista, este processo deu origem a um setor não-exportador com níveis de produtividade substancialmente superiores à média do sistema, comparáveis aos do setor exportador. Mas conforme afirma, as evidências disponíveis sugerem que a expansão desse novo setor manufatureiro produziu um distanciamento da posição relativa dos que denomina "marginalizados", embora não necessariamente uma diminuição de seus níveis de vida. Teria existido, pois, uma dilatação da brecha entre as produtividades dos diferentes setores, mesmo que suas participações na ocupação global possam não ter variado. Esse aprofundamento da heterogeneidade — esse aumento da brecha mencionada — traria consigo piores condições distributivas, isto é, uma maior concentração dos ganhos.[12]

b. O estilo de desenvolvimento

Como acabamos de ver, a heterogeneidade, ou melhor, sua persistência e eventual agravamento trazem consigo a distribuição regressiva da renda, a qual se configura como condicionante dos padrões de demanda. Essas relações constituem o centro da noção de estilo adotada por Aníbal Pinto, considerada a seguir.

A partir de uma ótica econômica, a definição que ele propõe é a seguinte: "Entende-se por estilo a maneira como, em um determinado sistema, são organizados e alocados os recursos humanos e materiais com o propósito de resolver as questões sobre o que, para quem e como produzir os bens e serviços" (Pinto, 1976b, p. 104). Por outro lado, a fim de abreviar a argumentação e de direcionar de modo mais direto a discussão das questões concernentes ao desenvolvimento latino-americano, ele restringe a noção de sistema às "duas principais formas de organização que lutam e convivem na sociedade contemporânea: a capitalista e a socialista" (Pinto, 1976b, p. 100). Seus esforços se orientam para a caracterização do estilo na primeira destas formas, isto é, no capitalismo.

Como se pode observar, a definição precedente põe uma ênfase especial nos elementos econômicos, base da noção de estilo que ela resume. E isso enquanto ela corresponde à estrutura produtiva (implícita no que produzir), a certas condições fundamentais em que a produção se realiza (o como produzir, eventualmente condicionado pela heterogeneidade estrutural) e à demanda dos destinatários da produção (o para quem produzir, virtualmente condicionado pela distribuição de renda).

Na verdade, Aníbal Pinto concentra seus esforços em explorar essas dimensões econômicas, esforços que em boa medida se traduzem em indagar sobre um suposto desajuste entre a oferta de bens e as pautas obedecidas pela demanda, por sua vez relacionada com a distribuição (concentração) de renda. Entretanto, como se verá mais adiante, esse esforço se estende para uma segunda dimensão, que bem pode ser denominada ética, pois questiona a justiça distributiva do estilo vigente com base na sua comparação com outros que se mostram mais inclusivos. Expressando de uma forma mais direta, busca-se avaliar "se a orientação da parte mais vital da estrutura produtiva (...) é compatível com o atendimento das necessidades ou consumos da grande maioria e com outros objetivos do desenvolvimento (...) (entre eles) (...) a aceleração da sua marcha" (Pinto, 1976b, p. 125).

Para considerar com mais atenção as dimensões econômicas do conceito de estilo, convém fazer referência ao esquema a seguir. Em primeiro lugar, destaca-se a chamada "base estrutural" (quadro A). Por um lado, esta compreende a "estrutura produtiva" (A.1), expressão que alude aos componentes do sistema produtivo, por sua vez condicionantes da composição da oferta de bens e serviços. Por outro, a base expressa tem como segundo grande elemento a "heterogeneidade estrutural" (A.2), a qual corresponde a uma estrutura ocupacional onde coexistem níveis de produtividade de mão-de-obra muito diferenciados, com uma presença significativa da de baixa produtividade (A.3).

Essa é a "base estrutural" ou, se preferirmos, esses são os chamados "fatores estruturais", também denominados "estáticos", em alusão ao fato de que constituem o esqueleto fundamental do sistema econômico em um dado momento, que ao mesmo tempo apresenta uma relativa inércia ou dificuldade para se alterar em prazos reduzidos.[13]

Contrastando com essa característica, há um segundo conjunto, dos chamados "fatores dinâmicos" (quadro B), que estão unidos mais diretamente aos movimentos do estilo em que um sistema econômico se concretiza ou, se preferirmos, aos primeiros impulsos que lhes dão andamento. Nesse conjunto de fatores se destacam como elementos fundamentais, ou de incidência mais direta, o nível e a composição da demanda por bens e serviços (B.l). Mas, por trás dela, há um outro elemento essencial na determinação da sua estrutura e das mudanças que esta última sofrerá: a distribuição de renda ou as tendências à concentração que nela se manifestam (B. 2).

Esse esquema sugere que um "estilo de desenvolvimento", tanto no que diz respeito à sua operacionalidade quanto às suas mudanças, pode ser caracterizado tendo-se em conta uma certa "base estrutural" (A) e certos

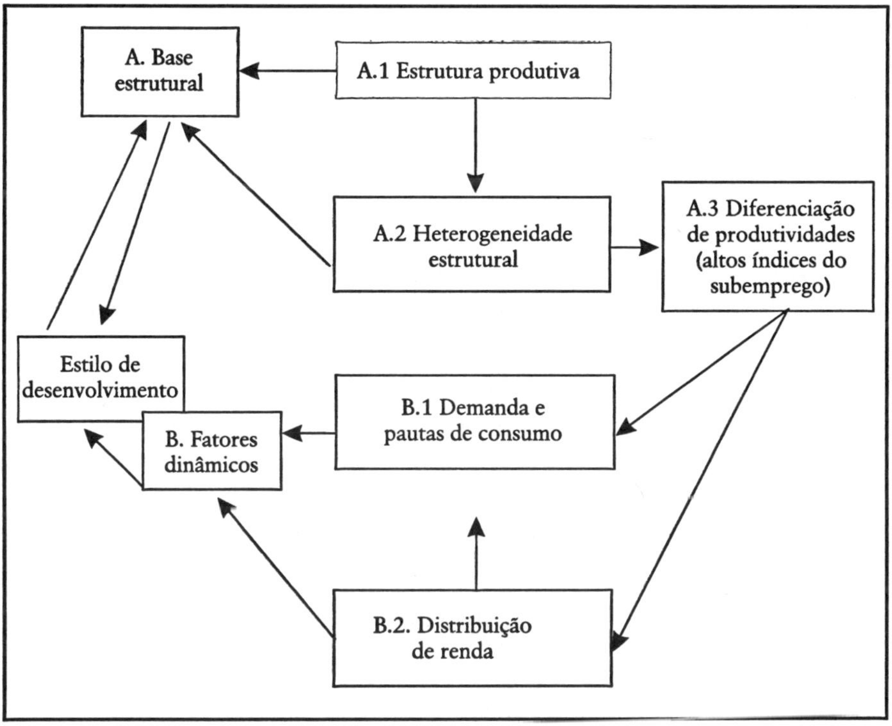

"fatores dinâmicos" (B) que lhe são próprios. Mas esse diagrama procura também registrar que ambos os grupos de elementos estão inter-relacionados. Assim, esses fatores dinâmicos que movem a estrutura produtiva (A.1), induzindo sua mudança ou expansão, estão condicionados à configuração da mesma. De fato, essa estrutura guarda um estreito vínculo com um determinado grau de heterogeneidade estrutural (A.2), definido pela coexistência de níveis diferenciados de produtividade do trabalho (A.3). Essas diferenças possuem efeitos decisivos na distribuição da renda e no grau de concentração imperante (B.2), que também incidem decisivamente nos padrões de demanda e de consumo (B.l), que, por sua vez, conformam os fatores dinâmicos próprios do estilo.

c. O funcionamento do estilo

A breve apresentação anterior ganha em clareza se forem adicionadas algumas considerações factuais com que Aníbal Pinto ilustra e sustenta seus pontos de vista.

i) Em relação à base estrutural, uma primeira constatação revela, na América Latina em seu conjunto, uma alta participação da ocupação na agricultura, com incidência significativa na baixa renda *per capita* prevalecente na região. Um segundo fato significativo é a grande disparidade na distribuição do produto e da ocupação por setores, a qual, por sua vez, aparece como estreitamente relacionada com as diferenças setoriais de produtividade.

Essas observações se assentam na análise comparativa da ocupação e do produto em setores definidos como modernos, intermediários e primitivos, considerando-se, por um lado, os dados correspondentes à América Latina e, por outro, os da Argentina e da América Central. Na área como um todo, observa-se que o setor moderno absorve uma escassa proporção do total de mão-de-obra, em circunstâncias em que gera mais da metade da produção de bens e serviços, e até partes bem maiores de alguns desses bens. Inversamente, a mão-de-obra ocupada no setor primitivo é percentualmente muito alta, e muito baixa a sua incidência no produto. Os casos comparados contribuem para ilustrar o ponto, ainda que o caso argentino reflita níveis de heterogeneidade produtiva e ocupacional muito inferiores à média, que aparece consideravelmente mais acentuada na informação relativa à América Central. Do mesmo modo, considerando-se novamente o conjunto dessa informação, observam-se diferenças significativas no que concerne aos crescimentos setoriais.[14]

ii) A última das tendências apontadas abre a porta para o tema da incidência que a distribuição de renda teve sobre a estrutura da demanda e do consumo e, por essa via, sobre os caminhos seguidos pelo processo de substituição de importações com a expansão da estrutura industrial na região. O argumento principal destaca que cada etapa desse processo se associou a um determinado tipo de ampliação do consumo.

A primeira fase da industrialização, baseada nas manufaturas leves, exigiu uma base de consumo mais ampla que a que caracterizara o crescimento para fora. A ampliação dessa base, segundo Aníbal Pinto (1970), constituiu o eixo e o objetivo de várias das políticas aplicadas em diversos países durante os anos 1930 e 1940. No entanto, na etapa seguinte, emerge uma nova contradição entre o tipo de produção empreendida e o nível médio de ganhos: os novos bens duráveis "pesados" estão ao alcance somente de uma minoria, implicando a presença de uma "plataforma de mercado" muito reduzida. Um modo relevante de ampliá-la consistiu na canalização de recursos financeiros para os setores de altos ganhos. Para isso, recorreu-se a mecanismos que causaram a concentração de renda e do poder aquisitivo nos grupos de rendas mais altas; assim, foi possível expandir a produção dos bens duráveis de consumo.

A fim de ilustrar com mais amplitude esse vínculo entre os níveis de renda e a estrutura da demanda e da produção, procura-se mostrar (Pinto, 1976b) a participação dos diferentes estratos por itens de consumo no consumo total por volta de 1970. Os dados indicam que a participação dos estratos baixos é mais reduzida que a de outros estratos em todos os itens (exceto no consumo de cereais), e em particular que essa participação vai diminuindo à medida que o valor dos bens é mais elevado.[15] O contraste mais acentuado se dá no consumo dos bens duráveis de maior preço, concentrado em sua totalidade nos estratos altos. O exame da concentração do consumo por itens leva o autor a afirmar que "os núcleos mais dinâmicos do aparelho produtivo estão ligados e dependem de preferência, e às vezes com exclusividade, da demanda dos grupos colocados na cúspide da estrutura distributiva" (Pinto, 1976b, p.113).

iii) A abordagem do tema inclui considerações sobre o consumo conspícuo. Este não se liga à natureza dos bens, mas às possibilidades de acesso a eles, excluídos dos padrões de demanda das maiorias por seu valor unitário, em razão das rendas médias dos que conseguem acessá-los.

Por outro lado, entende-se que o processo substitutivo foi orientado para a produção de bens duráveis de consumo e, do mesmo modo (dadas as tendências à concentração de renda), para bens de alto valor unitário, com conseqüências no âmbito da economia, por sua vez condicionantes da acumulação de capital.

Segundo estudos da época,[16] o grosso da poupança gerada foi se dirigindo para o financiamento do consumo. Este comportamento se configura como a expressão mais direta do que então se caracterizou como "alto custo social do consumo conspícuo", conquanto apenas uma parte do potencial de poupança das economias pôde se transformar em capital reprodutivo.

Mas, além disso, entende-se que os bens que integram esse tipo de consumo têm exigências especiais quanto à qualificação da mão-de-obra e à capacidade empresarial, elementos relativamente escassos que comprometem a eficiência da produção desses bens; em particular, destaca-se que estes apresentam altas exigências de capital por unidade de produto (tanto em investimento direto quanto indireto), com a conseqüente incidência negativa — *ceteris paribus* — sobre a taxa de expansão da produção.[17]

De alguma forma, o alto custo social descrito se vincula também às relações externas. Nesse sentido, destaca-se que a produção dos bens mencionados possui requerimentos de insumos importados comparativamente altos, contribuindo assim para o agravamento dos problemas de balanço de pagamentos que — como se sabe — caracterizam o processo substitutivo. Além disso, sua produção vem acompanhada por uma presença crescente de empresas transnacionais, que embora comecem proporcionando montantes positivos de financiamento e recursos externos, logo passam a competir pelo financiamento local e a pesar negativamente sobre o balanço de pagamentos por meio das diferentes formas que a remuneração do capital estrangeiro assume.

iv) Das considerações anteriores se depreende que um estilo fortemente relacionado com o consumo conspícuo parece enfrentar dificuldades significativas no que corresponde à continuidade da expansão econômica. Em relação a esse futuro incerto, Aníbal Pinto destaca duas opções merecedoras de especial consideração como resultado de suas diversas conseqüências distributivas e sociais.

A primeira supõe uma espécie de alteração do estilo predominante, por meio da incorporação gradual dos diversos estratos sociais em pautas de consumo que implicam benefícios de uma ampliação e diversificação crescentes. Como é claro, esta opção requer uma redução paralela e paulatina da heterogeneidade estrutural ou, o que é o mesmo, aumentos generalizados da produtividade e dos ganhos, os quais não descartam — mas sim supõem — a elevação dos que correspondem às camadas mais baixas da população.[18]

Conforme se argumenta, essa opção se mostra improvável devido às transformações políticas e sociais requeridas para viabilizá-la. Em vista dessas restrições, a segunda opção aparece como a simples continuidade do caminho percorrido precedentemente. Esta segunda opção implica deixar de lado amplos segmentos da população, o que lança dúvidas sobre a sua própria continuidade, como conseqüência dos conflitos político-sociais implícitos. Mas mesmo "sem se pronunciar sobre a viabilidade concreta deste caminho a curto ou longo prazo, é evidente que ele não é aceito em termos dos valores professados pela comunidade internacional" (Pinto, 1976b, p. 116).

Como se pode ver, esta reflexão se refere diretamente à idéia-chave da justiça distributiva, presente nas concepções básicas sobre os estilos de desenvolvimento. Viu-se anteriormente que algumas contribuições analíticas de Furtado se empenham em demonstrar a inviabilidade econômica do estilo dominante. Aníbal Pinto não emite um julgamento cabal ou definitivo sobre este ponto e culmina sua argumentação questionando seus aspectos éticos. Essas reflexões e pontos de vista de ambos os autores são retomados na próxima seção, destinada a revisar as principais contribuições de Serra e Tavares à temática em questão.

III. A CONTROVÉRSIA EMERGENTE: ESTANCAMENTO OU NOVO ESTILO?

No artigo "Más allá del estancamiento", J. Serra e M. C. Tavares (1982) iniciam negando a tese — no mais, difundida amplamente — sobre uma suposta tendência ao estancamento, que estaria se tornando visível nos processos de industrialização substitutiva de diversas economias latino-americanas por volta de meados dos anos 1960. As crises daquela época se configuram não como uma expressão dessa tendência, mas como o trânsito para um novo "estilo de desenvolvimento", compatível com a retomada de ritmos de crescimento consideráveis.

Essa negação se concentra nos argumentos de Furtado (1966a), considerado como "o que desenvolve de modo mais explícito e rigoroso a referida tese" (Serra e Tavares, 1998, p. 572). A seguir, esses argumentos são estendidos, acrescentando aos já considerados, relativos à demanda, outros que correspondem à acumulação de capital e aos fatores que a inibem (subseção 1). Na seqüência, procura-se ordenar e articular as críticas de Serra e Tavares aos pontos de vista de Furtado (subseção 2) e, por último, relata-se brevemente como eles concebem a viabilidade e o dinamismo do estilo emergente (seção 3).

1. *Os freios à acumulação*

Como se pôde observar (seção 1), os argumentos básicos relativos à demanda de bens de consumo privilegiam a idéia segundo a qual sua difusão, requisito e elemento-chave do crescimento dos centros, não consegue se repetir na periferia por causa da superabundância de força de trabalho, inibidora do aumento dos salários e origem da conseqüente distribuição regressiva de renda.

Ao descrever de forma simplificada o comportamento da demanda nas economias periféricas, e no que corresponde aos estratos de renda baixos e médios, argumentou-se que neles ela deixa de crescer por razões distributivas, que redundam na impossibilidade de se ampliar a produção dos bens que compõem o consumo desses estratos — de investir para consegui-lo — devido às dificuldades de se realizar (vender) essa produção adicional. Por outro lado, argumentou-se que, nesse tipo de economia, os estratos de ganhos elevados concentram a totalidade do consumo dos artigos de alto valor unitário. O término da expansão desse consumo é atribuído então à mera saturação das necessidades desses bens para os membros desses estratos, únicos em condições de adquiri-los.

Este último aspecto da argumentação vista pode agora ser modificado. Suponhamos que a variedade de bens de consumo conspícuo aumente uma e outra vez, de tal modo que as necessidades por eles se renovem continuamente, induzindo uma elevação contínua da sua demanda. O fato de a correspondente ampliação da oferta, em princípio realizável (vendível), não chegar a ocorrer é explicado por razões que correspondem ao desestímulo ao investimento, por sua vez associadas às características das tecnologias geradas nos grandes centros.

Como base da argumentação adicional que se está considerando, Furtado admite que o progresso técnico traz consigo o aumento da quantidade de capital por unidade de trabalho, isto é, da densidade de capital *(K/T)*; e que seus sucessivos incrementos são acompanhados pela diminuição da produtividade do primeiro desses fatores, isto é, da relação produto/capital *(P/K)*. Na verdade, a conexão entre esses dois coeficientes, recém-assinalada, carece de fundamentos convincentes e é de difícil demonstração em um marco de análise de cunho dinâmico, como o que subjaz na argumentação de Furtado.[19]

Um segundo pressuposto sobre os efeitos do progresso técnico gerado nos centros concerne às rigidezes de escala. Conforme se argumenta, a elevação da densidade de capital gera aumentos consideráveis das escalas de produção, que, além disso, resultam indivisíveis. Postula-se que os problemas de escala tendem a ser maiores quanto maior a densidade de capital e, portanto, conforme o uso das técnicas mais novas com que os bens de consumo conspícuo são produzidos. Indica-se, do mesmo modo, que tais problemas subsistem na periferia em técnicas preexistentes, de difusão mais adiantada e densidade mais baixa.

Compreende-se, pois, que a relação produto-capital é negativamente condicionada não só pela alta da densidade de capital, mas também por rigidezes de escala que exigem a subutilização desse recurso. A incidência deste condicionamento sobre a acumulação pode ser considerada com base na seguinte expressão:

$$g = \frac{P(1 - s/t)}{K} \qquad [1]$$

Suas variáveis correspondem ao produto *(P)*, ao capital *(K)*, à taxa de salários *(s)* e à produtividade do trabalho *(t)*, e são definidas em termos físicos *(K* em unidades de capital, e as restantes em unidades de produto). Como é claro, *s/t* indica a porcentagem do produto gasta em salários por trabalhador (1 – *s/t)*, a cota parte do produto *(P)* destinada a remunerar o capital. Portanto, o numerador representa o excedente (do produto sobre os salários), cuja relação com este fator constitui uma aproximação da taxa de lucro (*g*).[20]

A expressão anterior permite sintetizar a argumentação de Furtado. *P/K* diminui em conseqüência do aumento da densidade de capital que acompanha a produção dos bens de consumo conspícuo; as rigidezes de escala obrigam a se aumentar a quantidade de capital por unidade de produto, reduzindo também a magnitude de *P/K*, e isso não só nos bens mencionados, mas em muitos outros; ambos os condicionamentos tecnológicos, ao deprimir a produtividade do capital, incidem desfavoravelmente — *ceteris paribus* — sobre (*g*), impedindo a acumulação ou demarcando o seu ritmo.

As considerações que vimos permitem verificar que os problemas de demanda e de realização (vendas), objeto da seção I, vinculam-se ao âmbito da acumulação e se tornam efetivos por meio dele. De fato, o excesso de mão-de-obra, a conseqüente rigidez dos salários à alta, a distribuição regressiva de renda que com ela se origina e, sobre essas bases, a evolução da demanda resultam na indução de uma estrutura produtiva na qual as técnicas incorporadas atuam negativamente sobre a produtividade do capital e sobre a sua remuneração.

Posto em termos mais gerais: o fato de que na periferia não possa se repetir o modo virtuoso de difusão do consumo exemplificado pela experiência dos centros, em conseqüência das condições de atraso estrutural e de inadequação tecnológica que ela enfrenta, leva a uma forma de operação da economia que comprime as possibilidades dos lucros e compromete a continuidade da acumulação e o crescimento.

Segundo Furtado, para esta tendência básica colabora um processo substitutivo realizado sob tensão externa, que com o tempo obriga a empreender a produção de bens de capital, em parte como mecanismo compensatório dos reiterados desequilíbrios da balança comercial e de pagamentos. A estreiteza do mercado e a complexidade tecnológica da fabricação desses bens causam perdas da produtividade dos recursos utilizados em sua produção; e eles conduzem, também, a altas de seus preços, que diminuem a rentabilidade alcançada pelos investidores que os adquirem. Entende-se, pois, que a expansão "para trás" da cadeia produtiva se configura como um agravante — mais que como um atenuante — das relações desfavoráveis entre lucro e acumulação.

2. *Crítica ao estagnacionismo*

Uma primeira crítica já foi antecipada: nada indica que o progresso técnico, que segundo se admite em geral sofre o aumento da densidade de capital, traga junto com esse aumento uma diminuição da produtividade desse recurso (do P/K).[21] Entretanto, essa redução pode se relacionar legitimamente com os problemas de escala. Mas isso não significa que seus efeitos não possam ser compensados pelo comportamento do excedente, isto é, pela proporção do produto não destinado ao pagamento de salários [$(1- s/t)$, na equação anterior]. Além do mais, quando a acumulação prossegue, embora tenha em sua base padrões de consumo conspícuo e alta diferenciação entre os estratos de renda, sua própria continuidade pode ser vista como uma influência positiva, capaz de ajudar significativamente na resolução dos problemas de escala.[22]

A crítica precedente se baseia em uma consideração acerca do capital que o vê como um fator de produção definível em termos físicos. Há outras em que se tem em conta o valor monetário que o capital possa adquirir, em conexão com a taxa com a qual ele é remunerado. Admite-se que na produção de bens de consumo conspícuo não ocorrem problemas de escala. Também para simplificar, admite-se que essa produção se realiza com base em um investimento inicial (e único) de capital (K^*), portadora de um progresso técnico que incrementa a densidade de capital (K/T), ao tempo em que aumenta consideravelmente a produtividade do trabalho (t), enquanto a taxa de salários (s) permanece constante (ver equação 1).[23]

Esses últimos pressupostos — o aumento de *t* e a constância de *s* — implicam uma elevação da cota parte do produto, constitutiva do excedente, assim como do seu montante por unidade de capital, sobre o que foi obtido em investimentos preexistentes. Esse maior montante relativo do excedente gera uma taxa de lucro (*g*) que remunera o capital inicialmente investido *(K*)*, ao longo da sua vida útil, em um nível superior ao da taxa de juros de mercado *(i)*.[24]

Essa alta remuneração de um dado investimento *K** poderá se manter enquanto existirem estruturas de mercado oligopolistas ou monopolistas que permitam manter elevados os níveis relativos do excedente. Do mesmo modo, essas condições hipotéticas negam claramente que o aumento da densidade do capital, quando se considera o valor monetário desse fator, desfavoreça a continuidade da acumulação.

É possível construir um argumento similar que reconheça a presença de rigidezes de escala. As margens de capital ocioso que estas trazem consigo podem não impedir que, em diversos casos, a taxa de lucro (*g*) associada à geração de excedentes com o investimento inicial *(K*)* seja superior à taxa de juros de mercado *(i)*. No mais, a primeira dessas taxas poderá sofrer a influência favorável da redução dessas margens, conquanto o mercado se incremente com o correr do tempo e permita a realização (venda) de níveis de produção mais elevados.

Ao questionar a argumentação de Furtado, Serra e Tavares limitam a sua, uma vez que argumentam que a taxa de lucro associável ao valor monetário do capital pode permanecer elevada como resultado da presença de condições de mercado monopolistas ou oligopolistas. Entretanto, a análise e a crítica podem ser estendidas, de modo que abranjam a presença de condições competitivas. Em estrita lógica, essa ampliação requer a consideração de duas opções, vinculadas a diferentes conjuntos de pressupostos.

A primeira opção parte da admissão de que a forma livre de operar dos mercados financeiros faz com que, na nova atividade produtora de bens de consumo conspícuo, o capital inicialmente investido passe a ser remunerado à taxa de juros *(i)* prevalecente nesse mercado. Neste caso, o aumento da produtividade e dos excedentes originados pelo investimento inicial *(K*)* se refletirá em um incremento do valor monetário dos ativos físicos em que este consiste ou do valor do capital acionário que os representa. No mais, esse incremento será proporcional à diminuição da taxa de remuneração do capital inicial (isto é, à queda da magnitude de (*g*) até a correspondente a *(i)*.

A segunda opção também considera a diminuição da remuneração do capital inicial *(K*)* de (*g*) até *(i)*, mas a atribui à eliminação das condições monopolistas ou oligopolistas no mercado dos bens que com ela são produzidos. Neste caso, também será preciso reconhecer que uma remuneração do capital à taxa *(i)* oferece um estímulo à realização daquele investimento similar ao de qualquer outro mercado e, portanto, faltam razões para se argumentar que a acumulação tenderá a ser impedida nas atividades de tecnologias de última geração associadas ao consumo conspícuo. Por outro lado, a consecução temporária de uma taxa de lucro mais elevada que a do mercado financeiro ($g > i$), durante um período de relativa debilidade da concorrência, configura-se como base de expectativas favoráveis quanto à rentabilidade esperada, capazes de induzir a realização do investimento inicial e o andamento da atividade correspondente.

Resumidamente, pode-se dizer que a argumentação de Furtado, considerada anteriormente, começa por fazer referência à superabundância de força de trabalho própria das economias periféricas, indica que esta inibe a alta dos salários, transita pelos efeitos de ambos os fenômenos sobre a distribuição de renda, indutores de uma forte tendência à sua concentração, acrescenta que esta última impede a ampliação dos mercados de bens de consumo e culmina assinalando que a exigüidade dos mercados, aliada à necessidade de se adotar as tecnologias inadequadas disponíveis nos centros — intensivas em capital e poupadoras de mão-de-obra —, comprometem a continuidade da acumulação e do crescimento dessas economias.

Serra e Tavares refutam a validade dos fundamentos dessa tendência à estagnação, sustentando que esse suposto compromisso da acumulação de capital não é analiticamente sustentável. *Grosso modo,* essa refutação se configura como consistente e aceitável. Por isso mesmo, dela surge a pergunta de como se proceder à acumulação e manter a dinâmica do crescimento em economias que, sem dúvida, possuam o caráter "concentrador e excludente" que Furtado reconhece e enfatiza. Esta é, justamente, a temática central da "mudança de estilo" a que se referem os autores em sua busca de uma resposta satisfatória.

3. *A mudança no "estilo de desenvolvimento": o enfoque de Serra e Tavares*

Estes autores não reconhecem um estancamento secular no desempenho das economias latino-americanas na década de 1960, mas uma crise relacionada com as dificuldades emergentes no processo de substituição de importações. Entretanto, conforme argumentam, essa mesma crise suscita reações que, expressas sinteticamente, consistem na instauração de um novo estilo de desenvolvimento. Por outro lado, eles indicam que nesse novo estilo a acumulação se vê condicionada pela reconcentração da renda, por um novo esquema de articulação e uso do poder político e, em conexão com isso, por novas formas de integração ao capitalismo internacional.

Os autores entendem que a acumulação e o crescimento têm em sua base as expansões de certos setores líderes. A capacidade de transmissão dessas expansões para o crescimento da economia como um todo depende do peso dos setores "de ponta", assim como da sua articulação interna e externa com outros setores. Além disso, reconhece-se que a relação entre o Estado e os capitais em expansão condiciona essa articulação, conquanto influi decisivamente nas políticas de alocação de recursos.

Estes requisitos gerais são vistos, no caso do Brasil, por meio de uma relação privilegiada entre o Estado e alguns atores relevantes do capitalismo internacional. Nesse sentido, pode-se destacar que o Estado pactua com um conjunto de empresas transnacionais, formando um núcleo integrador da expansão de certas atividades-chave, no qual não se estabelecem maiores compromissos com a então chamada "burguesia nacional". Os ramos principais desse núcleo correspondem à petroquímica, mineração, siderurgia, energia elétrica, transporte e comunicações.

Por outro lado, na divisão de tarefas, corresponde ao Estado aquela que, talvez, possa ser considerada como a mais pesada: gerar economias externas e realizar o abastecimento de insumos críticos e de uso geral a preços reduzidos, nutrindo com isso, em boa medida, a expansão das empresas estrangeiras no interior do país.

Essas expansões combinadas, e o crescimento que delas resulta, não são dissociáveis das relações que se estabelecem no âmbito financeiro, que o Estado também favorece por diferentes vias. No período estudado, acentua-se a conformação de conglomerados financeiros, que têm como objetivo captar o excedente de várias empresas ou setores, dando-lhes novas e diversificadas formas de aplicação que minimizem os riscos e mantenham rentável a acumulação do capital. Trata-se, pois, de expandir o mercado e de obter uma massa crescente de excedentes de maneira muito mais flexível que a superacumulação em "moléculas produtivas gigantes", segundo a terminologia desses autores.

Esta nova forma de organização, conhecida como conglomerado financeiro, permite a convivência de uma pluralidade de empresas de diferentes portes e variados graus de progresso tecnológico. Permite, além disso, controlar o excedente de atividades cujas formas produtivas estejam dissociadas entre si e possibilita solidarizar interesses de empresas ou grupos que estariam se enfrentando em condições normais de concorrência oligopolista.

No entanto, toda essa expansão se circunscreve ao setor moderno, mesmo quando, por momentos, integra ou desintegra atividades produtivas "tradicionais", isto é, de níveis tecnológicos e de produtividade comparativamente baixos. O resultado nítido consiste na consolidação de um setor moderno no qual é gerado e utilizado o essencial dos excedentes requeridos pela acumulação. Tais excedentes circulam nesse setor, cuja expansão conjunta, somada aos efeitos de apoio que ela exerce temporalmente sobre grupos de atividades tradicionais, é insuficiente para a redução drástica do setor heterogêneo e para a absorção do subemprego que ali se abriga. Os baixos salários são mantidos e até reduzidos em termos reais, com as conhecidas conseqüências sobre a concentração de renda.

Esta tendência à concentração não teve os efeitos previstos por Furtado (1966a), pois junto com ela emergiram políticas de Estado destinadas a evitá-los. De fato, o governo militar redistribuiu ganhos para os assalariados urbanos dos estratos médios e altos mediante esquemas de financiamento do consumo de bens duráveis e, dessa forma, conseguiu expandir a base de consumo desse conjunto de bens. Estes estímulos se combinaram com uma absorção maior do subemprego, resultante da expansão econômica, que atuou aumentando a renda média das famílias urbanas.

Em síntese, durante a década de 1960, se conformam condições de acumulação e crescimento características de um novo estilo de desenvolvimento, que no início dos anos 1970 foi chamado com freqüência de *concentrador e excludente*. Quatro elementos o resumem: i) sua base produtiva inclui setores de ponta vinculados à produção de bens de consumo de valor unitário relativamente alto, assim como ramos produtores de insumos para esses itens e de insumos de uso difundido; pesam também alguns setores tradicionais, inclusive de bens de consumo não-duráveis, em parte modernizados; ii) acentua-se o processo de conglomeração e eficácia financeira no uso do excedente gerado nesses setores; iii) a renda se concentra de forma contínua; iv) são exigidas e verificadas formas de reconfiguração do poder político e da participação do Estado, com incidência principal em duas pontas: na viabilização da produção dos setores líderes e correlatos, e na geração de condições de consumo, ampliando-as até abranger uma parte significativa dos setores de ganhos médios.

Serra e Tavares sustentam que a origem das crises que periodicamente assolam os países da região, pondo em evidência os limites do processo de desenvolvimento, são "crises de proporcionalidade" resultantes da presença de um setor interno de produção de bens de capital. Este setor tende a ampliar o nível de demanda efetiva em determinados períodos. Em outros, constitui-se em fonte de crise de demanda, dadas suas desproporções em relação ao crescimento dos setores produtores de bens de consumo e insumos intermediários. E indicam, também, que essas desproporcionalidades não envolvem diferenças importantes em relação às subjacentes no caráter cíclico de qualquer economia capitalista. Nos trabalhos consultados, estes temas são apenas esboçados, mas são atentamente elaborados em escritos posteriores de Tavares, objeto do próximo capítulo (8, II).

IV. COMENTÁRIOS FINAIS

Nos fundamentos do estruturalismo considerados na primeira parte, assim como em muitos de seus avanços ulteriores, foi dada grande ênfase à análise da estrutura produtiva e à importância das desproporcionalidades ali surgidas, virtualmente comprometedoras da continuidade do crescimento periférico.

O enfoque dos estilos de desenvolvimento constitui um complemento relevante dessa análise, ao integrar a ela as mudanças na estrutura da demanda que acompanham as que vão ocorrendo na estrutura produtiva. Para além das imperfeições, tal ampliação se configura como um enriquecimento do marco teórico geral do estruturalismo latino-americano.

Por outro lado, como base das discussões sobre a demanda, este enfoque introduz —também articuladamente — o tema da distribuição de renda. Sua consideração é, na verdade, um claro reflexo de uma inquietação da época, que em parte se originou e em parte deu lugar a múltiplos estudos empíricos sobre essa distribuição.

Ainda que na época tenha sido, às vezes, apontado como "reformista" ao enfatizar as tendências à concentração de renda e à paralela exclusão social, o enfoque dos estilos não é inócuo no desenvolvimento de preocupações recentes, como as que se atêm à eqüidade e à virtual incidência positiva de sua melhora na dinâmica das economias de tipo periférico.[25]

Além de servir de antecedente e fonte de enriquecimento dos estudos relativos à eqüidade e suas implicações, o enfoque em questão também fornece elementos para nutrir as análises de cunho estruturalista com um tema-chave ainda a ser aprofundado: o da acumulação de capital.

Notas

1. Atendo-se à terminologia de uso corrente, é preciso reconhecer que apenas o que for designado como "de invenção" constitui progresso técnico em sentido estrito. O que se denomina "de difusão" consiste, na verdade, em um uso mais amplo ou

crescente das técnicas disponíveis, geradas previamente por meio do progresso técnico de invenção. Em última instância, esta nomenclatura *sui generis* é introduzida para facilitar a caracterização da estrutura da demanda.

2. Esse é um pressuposto extremo, destinado a caracterizar a demanda, ou melhor, a relacionar a evolução da sua estrutura com a distribuição de renda ou com as mudanças que nela se verifiquem.
3. No referente relativo aos centros que acaba de ser descrito, existe somente uma postura sobre a evolução dos ganhos que pode ser considerada logicamente necessária: a do aumento persistente da massa de salários. De fato, é deste aumento que depende crucialmente a expansão da demanda de um conjunto amplo de bens de consumo, por sua vez essencial para realizar (vender) a produção desses mesmos bens. Similarmente ao que ocorre nos paradigmas que foram objeto do capítulo 5, também essa hipótese é compatível com diferentes modelos formais de distribuição da renda. Por outro lado, tal como naqueles paradigmas, nesse referente se requer uma evolução "adequada" dos salários e da produtividade do trabalho, a fim de se obter margens de lucro aptas a sustentar a acumulação. Voltaremos a este último tema na seção III.
4. Essa aproximação mais ampla dos pontos de vista de Furtado, que vinculam o estancamento aos padrões de acumulação, é realizada na seção III, em contraste com os que foram desenvolvidos por Serra e Tavares (1982) sobre um tema similar, por sua vez ligado ao dos estilos de desenvolvimento.
5. Essa percepção das semelhanças das estruturas produtivas desenvolvidas pode se ligar ao predomínio do paradigma metal-mecânico nesses países no período estudado.
6. Para analisar a evolução de uma economia prefixando diferentes objetivos, eles recorrem a modelos de simulação matemática e de experimentação numérica. Por meio desses modelos, expõem conjuntos de equações que procuram reproduzir o funcionamento dessa economia, para a seguir considerar suas possíveis variantes. Os autores postulam que a metodologia baseada na elaboração e no manejo de informação empírica permite comparar objetivamente os resultados de tais alternativas, libertando-as de posturas ideológicas.
7. Além dos autores indicados, há outros que deram contribuições relevantes para a conformação do enfoque dos "estilos de desenvolvimento". Uma referência não exaustiva a estes últimos leva a mencionar os seguintes nomes: Altimir (1990 e 1997); Calcagno (1990); Cepal (1974a); Di Fillippo (1981); Rollins e La Fuente (1973); Sunkel (1980); Vuskovic (1970). Estas obras vinculadas ao tema, assim como algumas outras também pertinentes, constam na bibliografia.
8. Essas teses foram precisadas por Itagaki (1968) e também por Pinto (1970, p. 83), que as compara com suas idéias sobre a heterogeneidade estrutural.

9. Em relação a esse tema, têm especial relevância os trabalhos de Aníbal Pinto de 1965 e 1970.
10. O ponto é ilustrado considerando-se que, por volta de 1960, entre 35% e 40% da PEA latino-americana era ocupada no setor primitivo e apenas 3% no setor moderno, enquanto nas economias centrais estas cifras se invertem.
11. As diferenciações de produtividade foram expressas por meio de uma nomenclatura segundo a qual o *emprego* constitui a ocupação de alta produtividade e o *subemprego*, a ocupação com níveis de produtividade reduzidos. Emprego, subemprego e desemprego aberto formam a PEA (Rodríguez, 1998, p. 315). Uma nomenclatura alternativa associa a alta e a baixa produtividade aos conceitos de formalidade e informalidade nas relações de trabalho, respectivamente. Uma revisão detalhada deste tema se encontra em Turham, Salomé e Schwarz (1990).
12. O aumento absoluto — ainda que não necessariamente relativo — da ocupação de baixa produtividade pode ter relação com o que antes se denominou insuficiência dinâmica "em sentido lato" (capítulo 5). Por outro lado, postular o distanciamento dos níveis de produtividade constitui o pressuposto com o qual se procura justificar a tendência à concentração de renda. Outros autores acrescentam a este argumento básico a consideração dos salários. Nesse sentido, indicam que a abundância de mão-de-obra de baixa produtividade (subemprego) tende a manter o nível médio dos mesmos reduzido, o que, por sua vez, está na base de uma tendência persistente à concentração de renda.
13. Essa visão das estruturas produtivas, segundo a qual elas tendem a mudar com lentidão, é similar à desenvolvida anos antes por economistas franceses como F. Perroux, J. Lhomme e A. Marchal. Em particular, pode-se consultar Marchal (1961, p. 50-60).
14. A taxa de crescimento das atividades industriais oscilava e era mais baixa em 1960-1971 para as atividades tradicionais (bens de consumo não-durável), beirava ou ultrapassava a média nas atividades intermediárias e a excedia nos ramos básicos da metalurgia, vinculados aos bens duráveis "pesados", como artefatos de uso doméstico, veículos, automotores e outros.
15. O autor indica que os casos da Argentina e de Honduras mostram versões mais atenuadas e agravadas da média regional: os 30% de maiores ganhos absorviam 56% do consumo no primeiro caso, e 73% no segundo.
16. Entre eles o documento da Cepal (1969), citado por Pinto, 1971.
17. Como se verá, este argumento é similar ao utilizado por Furtado, objeto do próximo capítulo.
18. Na verdade, se forem esclarecidos e detalhados os seus requisitos, esta opção pode ser representada pelo referente da "suficiência dinâmica", caracterizado no capítulo 5.

19. Como apontam J. Serra e M. C. Tavares, esta conexão é sustentável com base em raciocínios estáticos, de índole neoclássica. Com efeito, comparando os resultados de dois modelos alternativos de equilíbrio geral, é possível demonstrar que a relação produto-capital será mais baixa naquele onde a densidade de capital for mais elevada (ver Henderson e Quandt, 1964, cap. V).
20. Furtado (1966a, p. 26) define a taxa de lucro *(g)* com base na diferença entre a relação produto-capital *(P/K)* e a relação entre a massa de salários (*S*) e este fator *(K)*. Ou seja:

$$g = \frac{P}{K} - \frac{S}{K} \therefore g = \frac{P-S}{K}$$

A massa de salários equivale ao produto da taxa de salários (*s*) e a quantidade de trabalho (*T*), e esta última (definida em horas/homem), à relação entre o produto *P* e a produtividade desse fator *(t)*. Isto é:

$$g = \frac{P-sT}{K} = \frac{P-sP/t}{K} \therefore$$

$$g = \frac{P(1-s/t)}{K}$$

21. Já foi feita uma primeira referência ao tema, indicando que seu tratamento está condicionado por conclusões de análise estáticas da alocação de recursos. A mudança de ótica suscitada por uma perspectiva dinâmica pode ser verificada com simplicidade e brevidade com base em uma função de produção como a considerada no estudo da heterogeneidade estrutural, realizado em capítulos anteriores. Ela é definida (em termos físicos) pelas seguintes equações simultâneas:

$$P = kK$$
$$P = tT$$

Nelas, *k* é a produtividade do capital, e as demais são as variáveis definidas Na subseção precedente. Delas deriva:

$$\frac{K}{t} = \frac{t}{k}$$

Esta nova equação indica que a densidade de capital equivale à relação entre a produtividade do trabalho *(t)* e a produtividade do próprio capital *(k)*. Ela permite visualizar que um aumento de *K/T*, resultante do progresso técnico, é compatível com um aumento (e não com uma diminuição) da produtividade do capital, conquanto seja inferior ao aumento que concomitantemente se produza na produtividade do trabalho.

22. Essa imagem de um padrão de acumulação baseado na concentração de renda e no consumo de bens duráveis de valor relativamente alto se relaciona com a de um novo estilo de desenvolvimento, ao qual se voltará na subseção 3.
23. O investimento inicial K^* se expressa em unidades monetárias. Assim também o produto e as variáveis (como *s* e *t*), que se definem na mesma base, também se expressam nessas unidades. No momento, entende-se que os preços subjacentes no valor monetário do produto são constantes (o que, em última instância, equivale a defini-lo em termos físicos).
24. Determinada nos mercados creditício e acionário. É de se observar que Serra e Tavares (1998) desenvolvem a sua argumentação comparando a taxa de lucro relacionada com a produção ("taxa de lucro esperada", p. 577), com a taxa de juro (*i*) dependente dos mercados financeiros ("taxa de juro 'normal'", p. 578, nota 4).
25. As preocupações com a eqüidade e sua incidência no desenvolvimento reaparecem destacadamente nos trabalhos de F. Fajnzylber (cap. 11) e se convertem em componente de uma proposta estratégica renovada, que a Cepal elabora em 1990 (cap. 12). Mas, além disso, o próprio enfoque dos estilos volta a emergir em esforços tendentes a atualizá-lo e aprofundá-lo, entre eles os que passam a considerar as chamadas "modalidades de desenvolvimento". A bibliografia anexa menciona dois trabalhos resultantes desses esforços, um de Calcagno (1999) e o segundo de Sainz e Calcagno (1992), em co-autoria.

8. A transformação industrial e suas bases sociopolíticas

O pensamento conformado no Instituto de Economia da Universidade Estadual de Campinas configura-se como um caso típico daqueles que impõem uma aproximação demarcada, por causa de sua grande amplitude. Além de menções laterais a outros autores, a opção escolhida foi a de privilegiar a consideração de dois dos que — reconhecidamente — exerceram uma influência muito significativa neste pensamento: J. M. Cardoso de Mello e M. C. Tavares.

No entanto, há razões adicionais subjacentes nesta escolha. A primeira é que as contribuições desses autores formam um *continuum* verdadeiramente fundamental no conjunto da temática abordada que às vezes se tipifica como "Escola de Campinas". A segunda consiste em que essa temática, na qual os condicionamentos internos e externos da acumulação de capital desempenham um papel protagonista, readquiriu significados novos de grande relevância em anos recentes, nos quais se acentuam a globalização produtiva e a internacionalização do capital.

I. O CAPITALISMO TARDIO

O título acima reproduz o da obra principal de J. M. Cardoso de Mello, o primeiro dos autores considerados.[1] Reconhecidamente, a mesma se inscreve na tradição cepalina, mas "(...) em um momento da vida brasileira e latino-americana em que a vitória do pensamento conservador e tecnocrático parecia definitiva".[2]

A necessidade de renovação de idéias ligada a esta circunstância está na base dos esforços do autor mencionado para construir uma interpretação própria do processo de desenvolvimento brasileiro e, por extensão, da América Latina. Tais esforços se orientam, do mesmo modo, para a busca de uma diferenciação de seus resultados em relação aos do enfoque cepalino tradicional, naquele momento predominante na corrente estruturalista nascida na região.

1. *Apontamentos preliminares*

i) A tarefa de esclarecer essa diferenciação fica facilitada se recorrermos a considerações sobre o enfoque cepalino contidas em capítulos anteriores. Como vimos, nos anos 1950 esse enfoque tem seu eixo na análise dos problemas emergentes nos processos espontâneos da industrialização periférica. Os esforços de diferenciação mencionados anteriormente bem podem ser considerados como uma mudança desse eixo, orientado a investigar o desenvolvimento brasileiro pela ótica "da formação e do desenvolvimento do modo de produção capitalista" (Cardoso de Mello, 1982, p. 26) nesse país.

Naqueles anos, a instituição mencionada enfatizava a existência de dois períodos diferenciados no desenvolvimento periférico: o de "desenvolvimento para fora", apoiado na expansão primário-exportadora e, *grosso modo*, compreendido entre os últimos 25 anos do século XIX e a crise dos anos 1930; e o de "desenvolvimento para dentro", apoiado em uma expansão industrial cujo dinamismo se faz relevante a partir dessa crise, e mantém continuidade durante e depois da Segunda Guerra Mundial.

A busca de uma visão renovada, que se oriente a revelar as características do desenvolvimento do "modo de produção capitalista" na periferia, leva a uma primeira implicação metodológica: o abandono dessa periodização, contida em aspectos econômicos — e em mais de um sentido parciais — do desenvolvimento periférico, e o desenho de outra mais de acordo com o objetivo apontado.[3]

ii) Por si, esse abandono da periodização cepalina traz consigo uma segunda implicação metodológica, concernente à amplitude do período a considerar. Como vimos na introdução geral, o método "histórico-estrutural" em que deve se apoiar a análise do econômico não implica necessariamente na consideração de processos históricos prolongados, mas a concretização de fenômenos próprios de certos períodos, exemplificados pelas poucas décadas em que acontece o "desenvolvimento para dentro", por meio da "industrialização substitutiva". Em capítulos anteriores, também vimos que, quando uma análise envolve fenômenos de tipo sociopolítico, o "tempo histórico" próprio do método citado pode e deve ser visto como mais prolongado. Assim acontece, por exemplo, nas contribuições de Medina relativas ao social (capítulo 5, III), que obrigam a olhar a conformação desse âmbito ao longo do desenvolvimento para fora e do subseqüente desenvolvimento para dentro, isto é, de 1875 (aproximadamente) em adiante. O mesmo acontece com o enfoque da dependência devido a F. H. Cardoso e E. Faletto (capítulo 6, seção II e Anexo) que, ao enfatizar as mudanças nas estruturas políticas, também é levado a considerar o período mais amplo mencionado.

Mas, quando se pretende indagar a respeito da "formação e desenvolvimento do modo de produção capitalista", faz-se necessário levar em conta as mudanças que se verificam nas forças produtivas e nas relações sociais de produção que o compõem e, do mesmo modo, considerar as transformações no âmbito político — tipificado, por exemplo, pelo Estado e por sua ação — em que aquelas mudanças são demarcadas, seja favorecendo-as, seja retardando-as ou travando-as. Resulta, pois, compreensível que se indague a respeito de um horizonte temporário muito amplo, procurando periodizar o processo histórico que nele se inscreve, e precisar as características dessas mudanças e transformações, pela via de conceitos aptos para sua adequada representação.

Posto em outros termos, Cardoso de Mello se inclina, por um lado, a estabelecer uma nova periodização do processo histórico do país que considere esse processo em sua totalidade e, por outro, a empreender seu estudo com rigor analítico, mediante a "produção de conceitos capazes de estruturá-lo em cada período" (Cardoso de Mello, 1982, p. 176).[4]

iii) No caminho escolhido, os esforços de investigação bem podem ser entendidos, em um sentido genérico, como de caráter "histórico-estrutural", embora os conceitos implicados na mesma envolvam a consideração de estruturas próprias dos diversos âmbitos do acontecer social. Mas, ao mesmo tempo, dada a amplitude dos lapsos e elementos contemplados, tais esforços comportam a investigação histórica, ainda que principalmente à base de fontes secundárias.[5] De ambos os tipos de esforço deriva a seguinte periodização, proposta pelo autor que se está considerando:

a) Economia colonial
b) Economia mercantil-escravista
c) Economia exportadora capitalista retardatária.

Esta última considera a diferenciação de três fases:

1) Nascimento e consolidação da grande indústria
2) A industrialização restringida
3) A industrialização pesada.

A seguir elas são consideradas brevemente, a modo de referência simplificada da "formação e desenvolvimento de certo capitalismo, isto é, de um capitalismo que nasceu tardiamente" (Cardoso de Mello, 1982, p. 175).

2. *Emergência e conformação do "capitalismo tardio"*

i) Em relação à economia colonial (período *a*), basta indicar que a mesma cumpriu a função de instrumento de acumulação primitiva do capital, ajudando na constituição do capitalismo mercantil. Mais ainda, segundo o autor, essa acumulação, concentrada nas mãos da burguesia comercial metropolitana, e a paralela criação de mercados exportadores coloniais se configuram como fatores relevantes — embora não únicos nem principais — na constituição desse capitalismo. Do ângulo do desenvolvimento das forças produtivas, a face oposta principal de tal atividade exportadora era constituída, seja pela recomposição de condições similares às de "servidão" (arraigada no "transplante" de formas jurídicas metropolitanas), seja pela escravidão, ampliada com base em um considerável aumento do tráfico de escravos.

ii) No Brasil, a economia mercantil-escravista (período *b*) condiciona decisivamente a passagem da economia colonial à economia exportadora propriamente capitalista, com a qual se produz o nascimento e os primeiros desenvolvimentos da atividade industrial manufatureira.

A queda do colonialismo e a formação do Estado nacional são próximas no tempo à emergência da primeira revolução industrial. Ali onde se verifica, a mesma favorece a ampliação dos mercados para os produtos primários componentes da gama de exportações das ex-colônias.

No caso aludido, a economia cafeeira se expande, a partir de então, com intensidade. Privilegiando a ótica do desenvolvimento das forças produtivas, a base dessa expansão se encontra, de um lado, na abundância de terras aptas para a produção extensiva e, de outro, na disponibilidade de trabalho escravo em condições compatíveis com níveis de rentabilidade favoráveis. Da perspectiva das relações de produção, ressalta o reforço do capital mercantil, que ajuda a ampliar as condições de comercialização nos mercados externos e assegura o financiamento da acumulação, compartilhada com os grandes "bancos cafeeiros".

Depois da generalização do consumo, e além de sofrer movimentos cíclicos, não se verificam tendências a aumento dos preços internacionais do café, capaz de compensar os aumentos dos custos, pelo menos de forma parcial. Estes últimos se fazem presentes a partir de 1855, data em que se consegue a supressão do tráfico de escravos, o qual traz consigo uma crescente escassez deste tipo de mão-de-obra a preços rentáveis, que não chega a ser contrabalançada por certos avanços paralelos redutores de custos: a introdução da ferrovia e a mecanização dos processos de elaboração do café.

iii) No entanto, estas mudanças técnicas estão na base da emergência do período 1): elas viabilizam e estimulam a criação de novas empresas, impulsionadas pelo grande capital cafeeiro, de origem predominantemente mercantil. Estas empreendem a instalação de estabelecimentos de dimensões consideráveis, estendendo as áreas geográficas de sua localização, e passam com isso a requerer, em conjunto, um fluxo de mão-de-obra abundante, a preços reduzidos.

Coincidentemente, no final do século XIX se constitui um mercado internacional de trabalho, com mão-de-obra oferecida nas economias européias de menor desenvolvimento e demandada pela via de fluxos migratórios dirigidos para os Estados Unidos, Argentina e também Brasil. Nesse caso, é representativa do interesse por tais fluxos a decisão do estado de São Paulo de saldar os gastos dos imigrantes e de efetuar, ele próprio, contratações nas companhias privadas. Assim, na época mencionada, o trabalho assalariado se torna dominante, os salários se reduzem e a expansão cafeeira retoma grande impulso, que tende a se manter no século seguinte, até o advento da grande crise dos anos 1930. Como já se antecipou, em conexão com esse padrão renovado de economia exportadora, vai emergindo a primeira etapa de uma industrialização caracterizada como tardia.

Esse qualificativo se liga, antes de tudo, à circunstância segundo a qual, enquanto a industrialização se desenvolvia no chamado Primeiro Mundo, no Brasil tinha lugar, ao longo da maior parte do século XIX, a expansão da economia mercantil-escravista cafeeira. A clara ausência de qualquer atividade industrial significativa esteve do mesmo modo presente em outros países latino-americanos, que também readaptaram, em período similar, relações de trabalho regidas por marcados traços de arcaísmo.

Por outro lado, a industrialização se diz tardia porque no período sob consideração — coincidente com o denominado de "crescimento para fora", na tradição cepalina — tampouco se produz uma expansão industrial que em alguma medida possa ser considerada relevante, se a olharmos do ângulo da integralidade que a estrutura industrial consegue alcançar.

Diversos autores coincidem em apontar que a crise dos anos 1930 não trouxe consigo o início da industrialização substitutiva na economia brasileira, pois esta já teria começado na etapa de "crescimento para fora".[6] Cardoso de Mello discorda desta análise, em boa medida baseando-se em um trabalho sobre a história da economia brasileira relativa ao período 1889-1933, elaborado em colaboração com o M. C. Tavares.[7]

Observa, por outro lado, que um trabalho posterior desta autora[8] coloca adequadamente a questão: conjuntamente com um setor agrícola de subsistência e uma agricultura mercantil de matérias-primas, expande-se um conjunto reduzido de atividades industriais, cujo ápice — já na década de 1920 — ficou limitado a uma modernização da indústria de bens de consumo assalariado e a uma incipiente diferenciação da estrutura industrial, compreendendo pequenas fábricas de aço e cimento, depois de consideráveis incentivos outorgados pelo Estado.

Consideradas estas bases materiais — exemplificadas pelo caso brasileiro, mas eventualmente identificáveis em outros casos latino-americanos de dinamismo das exportações primárias —, compreende-se que, naqueles anos, o crescimento econômico dependeu, fundamentalmente, do comportamento da demanda externa, que outorgava a tais economias um caráter eminentemente reflexo.

Esta preeminência da atividade exportadora possui, do mesmo modo, um claro resultado no marco das relações sociais. Segundo o autor, a burguesia cafeeira, cujo poder econômico se incrementa ao longo do período citado, configura-se como a matriz social da burguesia industrial nascente, quando era a única classe dotada de alta capacidade de acumulação. Implica, além disso, que no complexo cafeeiro exportador a acumulação financeira ultrapassava as possibilidades de acumulação produtiva. "(...) Bastava, portanto, que os projetos industriais assegurassem uma rentabilidade positiva, garantindo a reprodução global dos lucros, para que se transformassem em decisões de investimento" (Cardoso de Mello, 1982, p. 144).

Como geralmente acontece, o impulso exportador e com ele o nível de renda sofreram oscilações ao longo daqueles anos, induzindo, por sua vez, a mudanças nos níveis de atividade e nas condições de lucro dos incipientes setores reflexos, agrícolas e industriais. Mas o "movimento do capital cafeeiro ao capital industrial foi amplamente facilitado por condições muito favoráveis de financiamento" (Cardoso de Mello, 1982, p. 144), conduzidas por meio de decisões públicas. Do mesmo modo, verifica-se certa constância nos padrões básicos de comportamento do Estado, expressa ao longo do tempo pelas distintas políticas econômicas, em cujas variações não deixa nunca de se ver o favorecimento dos interesses industriais.

iv) Conforme se argumenta, em 1933 inicia-se uma nova fase de transição, que se estende até 1955. Cardoso de Mello a caracteriza como um processo de industrialização restringida (período 2), ao que se fará referência mais adiante. Precedendo a essa caracterização, convém examinar seus pontos de vista críticos com respeito ao enfoque da Cepal, que se referem especificamente a este período.

1. De acordo com esses pontos de vista, a passagem do "crescimento para fora" ao chamado "crescimento para dentro" implica uma mudança na sustentação da dinâmica da expansão econômica. Esta deixa de depender de ampliações da produção de exportações, associadas à demanda externa, e passa a relacionar-se com uma variável endógena, qual seja, o investimento em atividades industriais destinadas ao mercado interno e inscritas em um processo sustentado de substituição de importações.

Porém, na perspectiva cepalina, a continuidade desse processo requer o cumprimento de certas condições, tanto externas como internas. No plano externo, com o objetivo de evitar a rigidez da estrutura das importações (ou, o que dá na mesma, a acumulação aluvial de demandas de importações imprescindíveis), comprometedora da continuidade do processo substitutivo, é mister que as sucessivas substituições não se verifiquem a partir do mais simples e para o topo da estrutura produtiva; ou para exemplificar de forma estilizada: da de bens de consumo de elaboração simples até culminar com a de bens de capital. Contrariamente, considera-se necessário que o "edifício" representativo da estrutura industrial vá sendo construído em seus vários níveis, de maneira simultânea. Por isso mesmo, também se entende como necessária a realização de investimentos que se antecipem à demanda, em especial algumas das denominadas "de base" — isto é, ligadas às exigências emergentes de infra-estrutura e de meios de produção, que se originam ao longo do processo mencionado —, o que, por sua vez, exige uma presença ativa do Estado. Por outro lado, a composição dos investimentos requeridos para a continuidade do processo de industrialização substitutiva não poderá dispensar a disponibilidade de certas importações, e com isso certa expansão de seu volume global. Como é claro, o próprio caráter substitutivo desse processo implica que esta expansão terá de acontecer a uma taxa menor que a do produto. No entanto, as necessidades de certas importações poderão ser tais que exijam, em maior ou menor prazo, a expansão das exportações industriais, compensando a eventual lentidão com que crescem as de origem primária. Em síntese: o processo de industrialização por substituição de importações, definidor do "desenvolvimento para dentro", não exclui a possibilidade, e com o tempo a necessidade, de incrementar as exportações manufatureiras.

No plano interno emergem dificuldades que também se associam à necessidade de um papel protagonista do Estado. A sustentação contínua da dinâmica substitutiva a que se refere o parágrafo anterior exigirá a consecução de taxas de investimento elevados. Mas, ao mesmo tempo, a necessidade de incorporar tecnologias estrangeiras, gestadas em processos de industrialização e desenvolvimento mais avançados, impõe combinar fatores em proporções inapropriadas, em comparação com sua disponibilidade relativa nas economias de tipo periférico e, sobretudo, adotar escalas excessivas frente aos mercados destas últimas. Tais condições de atraso ou inadequação tecnológica exacerbam os esforços de acumulação de capital requeridos e exigem um cuidado especial com as condições adversas de absorção da mão-de-obra que, ano a ano, se incorpora ao mercado de trabalho.

Não sem conexão com o papel atribuído ao Estado nos dois parágrafos anteriores, o modelo cepalino sintetizado nos mesmos se apóia nos sucessivos ajustes entre as estruturas da oferta e da demanda globais, requeridos pela emergência de problemas ocupacionais, e, muito particularmente, pelo contínuo desafio do desequilíbrio externo, aos que a nação responde por meio do crescimento industrial interno. Em outras palavras, este referente se move em torno da "problemática da industrialização nacional, a partir de uma 'situação periférica'" (Cardoso de Mello, 1982, p. 20). Ainda mais, sustenta-se criticamente que: "Todo o espaço do discurso cepalino está organizado em torno da idéia única da independência econômica da nação" (Cardoso de Mello, 1982, p. 20), caminho que leva implícito visualizar o processo substitutivo sob a ótica neoclássica das funções macroeconômicas de produção, e não como um padrão endógeno de acumulação de capital, incidido por certas relações sociais de produção historicamente constituídas. Em consonância com esta postura crítica, o autor se propõe a abordar a industrialização substitutiva latino-americana mediante a análise de uma determinada forma de industrialização capitalista: a tardia; a qual, no período mencionado (1933-1955), se expressa como "industrialização restringida".[9]

2. Além de considerações preliminares presentes no trabalho de Cardoso de Mello e Tavares referido anteriormente, um desenvolvimento do conceito de "industrialização restringida" (período 2) se encontra na tese de livre-docência da segunda (1975), também mencionada. Conforme se apresenta nesse documento, ao mesmo tempo que há industrialização, no sentido de que se verifica um crescimento endógeno da acumulação de capital, aquela resulta "restringida", porque suas bases técnicas e financeiras são insuficientes para implantar, em breve período, o núcleo fundamental da indústria de bens de produção. O departamento produtor desses bens cresce mais que proporcionalmente, mas sua capacidade produtiva não é capaz de cobrir nem sequer as necessidades correntes de funcionamento da economia a uma taxa de acumulação mais alta, e menos ainda de manter aquela capacidade crescendo a um ritmo sustentado pela demanda final. Embora a indústria se libere de sua dependência em relação ao café quanto à realização de seus lucros, a capacidade para importar continua sendo, em última instância, o limite para sua taxa de acumulação.

Por que a industrialização se mantém restringida, na visão de Cardoso de Mello? A razão decisiva é que o capital industrial dispõe de oportunidades rentáveis de investimento de baixo risco, dentro de um "caminho natural" em que prevalecem as "linhas de menor resistência" (Cardoso de Mello, 1982, p. 112). Acaba sendo mais simples e lucrativo expandir a indústria existente, promover a diferenciação limitada do setor de bens de produção e do setor de bens de consumo — com a formação da indústria de bens duráveis "leves" —, ou melhor, constituir-se como capital mercantil (imobiliário ou de comercialização de produtos agrícolas).

O lucro do setor industrial derivava da escassa concorrência (associada ao alto grau de proteção) e do baixo custo da força de trabalho (quando os salários aumentavam menos do que a produtividade). Ao mesmo tempo, os salários e os custos das matérias-primas agrícolas dependem da agricultura mercantil e da taxa de acumulação urbano-industrial, impulsionadora do crescimento da demanda dos produtos primários de origem agrícola. A oferta destes últimos parece ter respondido adequadamente, embora tenha se verificado uma tendência de alta dos preços derivada do comportamento dos oligopólios mercantis. A conseqüente pressão inflacionária colabora na queda do salário real.

O Estado protege a indústria contra as importações competitivas, impede um maior poder de negociação dos trabalhadores e investe em infra-estrutura, contribuindo com economias externas para o capital industrial. Por sua vez, o padrão de acumulação industrial impõe limites objetivos à ação do Estado, ao manter restringida sua capacidade de apropriação (pela debilidade das bases tributárias) e impedir que disponha de parte da capacidade para importar, de uso prioritário na indústria leve.

Os problemas de mobilização de capitais poderiam ter sido resolvidos pelas grandes empresas internacionais. No entanto, essas empresas sofreram severas restrições financeiras durante a crise dos anos 1930; no período imediato de recuperação, e até a guerra, os investimentos internos precisaram se apoiar na absorção de excedentes, cabalmente aproveitados nas mesmas.

Aos anteriores, o autor acrescenta um argumento tecnológico: o "alto grau de complementaridade dos ramos industriais básicos exigiria que 'pacotes' de investimentos fossem realizados conjuntamente por várias empresas (...)" (Cardoso de Mello, 1982, p. 116), o que teria necessitado uma coordenação de forças que demorou para nascer, como exigido das oportunidades de expansão de risco reduzido, mencionadas anteriormente.

Todas essas razões explicam, para Cardoso de Mello, o caráter limitado, lento e "a reboque da demanda" que teve a implantação do núcleo de indústrias de bens de produção. Também explicam por que correspondeu ao Estado o papel de alargar as bases produtivas do capitalismo brasileiro, "(...) seja como empresário na indústria de base, seja promovendo a ruptura dos 'pontos de estrangulamento' em energia e transportes" (Cardoso de Mello, 1982, p. 115).

Como já mencionado, o autor entende que, durante a industrialização restringida, a acumulação continuou submetida, em última instância, ao limite imposto pela capacidade para importar, de modo que a economia brasileira continuou ocupando uma posição subordinada na economia mundial.

No segundo pós-guerra, a exportação de capitais se dirige fundamentalmente dos Estados Unidos para a Europa e Japão. E, embora no Brasil não tenha havido carências de capital para a indústria leve, tanto nacional quanto estrangeira, a fragilidade das bases técnicas da acumulação bloquearam o investimento externo em novos setores dinâmicos. "A industrialização restringida (...) configurou um padrão 'horizontal' de acumulação, porque nem a capacidade produtiva cresceu diante da demanda nem, muito menos, houve grandes e abruptas descontinuidades tecnológicas" (Cardoso de Mello, 1982, p. 117).

v) Entre 1956 e 1961 tem lugar a "industrialização pesada" (período 3). Será apenas então que se implementa um bloco de investimentos altamente complementares, uma verdadeira "onda de inovações" schumpeteriana, que implica um profundo "salto tecnológico" e uma ampliação substancial da capacidade produtiva. Inicia-se uma nova fase do padrão de acumulação — correspondente à "industrialização pesada" —, com crescimento acelerado do setor de bens de produção e do setor de bens de consumo duráveis, antecipando qualquer expansão previsível de seus mercados.

Para Cardoso de Mello, a expansão da indústria pesada não podia deixar de estar apoiada no Estado e na forte presença do capital estrangeiro. Ao não se modificar a tributação, os recursos para o investimento público vieram de emissões e, até 1959, do confisco cambial. O Estado estabeleceu, além disso, as bases de associação com a grande empresa oligopolista estrangeira, fundamentalmente européia, que decide então investir no Brasil. Entretanto, em boa medida, a presença dessas empresas se explica pela própria dinâmica da concorrência oligopolista desenvolvida nos países centrais.

Embora a industrialização seja dirigida pelo Estado e pela grande empresa oligopolista internacional, a mesma não se contrapõe aos interesses concretos do capital industrial nacional. Indo além, segundo Cardoso de Mello, este último "'optou' pela entrada do capital estrangeiro nos novos setores e pelo papel relativamente limitado do Estado como empresário" (Cardoso de Mello, 1982, p. 120). Além disso, a industrialização pesada promove uma forte expansão do capital industrial nacional, que não carece de amplitude: desenvolve-se a pequena e média empresa nos setores metal-mecânico, como fornecedora e distribuidora para a grande empresa estrangeira, com o tempo a indústria de bens de consumo para trabalhadores se beneficia, diversifica e expande, com o crescimento da massa de salários.

Disso deriva que, ainda na década de 1950, a industrialização brasileira tinha deixado de ser restringida, porque já naquele momento completara o eixo dinâmico da acumulação de capital. A respeito disso, as afirmações que seguem refletem a convicção e o consenso relativos ao tema:

> O capitalismo monopolista de Estado se instaura no Brasil ao final do período juscelino, que marca a última fase da industrialização. Isto porque só então se constituem integralmente as bases técnicas necessárias para a autodeterminação do capital, cristalizadas no estabelecimento de relações entre os departamentos de bens de produção, bens de consumo assalariado e bens de consumo capitalista, o que impõe uma dinâmica especificamente capitalista ao processo de acumulação. É assim que, a partir daí, a acumulação de capital só encontra as barreiras colocadas por ela mesma (Belluzzo e Cardoso de Mello, 1977).

Pode-se dizer que tais barreiras tendem a aflorar em pouco tempo, pois a expansão do período 1956-1961 desemboca em uma crise que se arrasta até 1967. Cardoso de Mello considera que suas origens derivam tanto de problemas de realização dinâmica de um potencial de acumulação fortemente crescente como de desajustes também dinâmicos que afloram entre os setores líderes do processo de expansão da indústria: os de bens de consumo duráveis e os de meios de produção. Estes são, justamente, aspectos fundamentais das contribuições de Maria da Conceição Tavares, que se consideram na próxima seção.

II. INDUSTRIALIZAÇÃO AVANÇADA, MERCADO E "FRAÇÕES DO CAPITAL"

Junto a outros de sua autoria, os trabalhos de M. C. Tavares dos anos 1970 foram sintetizados e articulados em um documento-chave, que data de 1981.[10] Não sem recorrer a outras fontes, certos alinhamentos essenciais deste documento serviram como base principal às considerações que se realizam mais adiante.

Os esforços de articulação e síntese contidos no documento mencionado correspondem ao que sua autora denomina "industrialização avançada", embora em distintas passagens refira-se a ela como "recente" ou "internacionalizada". Essas distintas nomenclaturas correspondem a um processo de desenvolvimento industrial peculiar da segunda metade dos anos 1960 e da década seguinte. Este é um período que segue ao referido por Cardoso de Mello, para o caso do Brasil, como de "industrialização pesada" (1955-1961) e aos anos de crise posteriores (1962-1967). No entanto, o *continuum* existente entre os dois autores não é só temporal. Também convergem em vários aspectos das análises empreendidas, que se expressam no empenho comum de caracterizar o "capitalismo tardio".[11]

Cabe antecipar com brevidade os conteúdos das subseções em que se apresentam distintos aspectos das análises consideradas. Sob o título "Emprego e salários na industrialização recente", a primeira dessas subseções dá conta da formação de um mercado de trabalho com base na indústria (que se considera segmentado da marginalidade e informalidade urbanas), cujo desenvolvimento se configura como chave para a realização (venda) dos bens de consumo duráveis, setor líder da expansão industrial.

Postula-se que esta última não está livre de problemas. Para penetrar na índole dos mesmos, considera-se necessário proceder à caracterização dos setores fundamentais que vão se conformando ou transformando com a nova industrialização, a saber, o já citado de bens de consumo duráveis, o de meios de produção e o integrado pela "indústria leve" de bens de consumo não-duráveis. Além de se referir a estes setores, a segunda subseção (intitulada "Setores industriais e estruturas de mercado") detém-se a examinar as distintas conformações oligopolistas que marcam as transações entre as atividades componentes dos distintos ramos e setores produtivos.

"'Desproporções' produtivas e tendências cíclicas" é o título da terceira subseção. Do ponto de vista analítico, esta se configura como central, embora seu objetivo seja oferecer uma explicação logicamente coerente das dificuldades que emergem nos períodos de expansão cíclica, durante a industrialização recente, e, do mesmo modo, das que sobrevêm para superar os movimentos de contração e recuperar o crescimento industrial. Como será possível ver, tais dificuldades se atribuem — em última instância — a "desproporções" surgidas entre os níveis e as taxas de aumento da produção dos dois setores básicos para a dinâmica industrial: o de bens de consumo duráveis e o de meios de produção. Na mesma subseção, ver-se-á também que as desproporções aludidas não são independentes das estruturas de mercado em que esses setores se inscrevem; e mais ainda, que sofrem uma influência decisiva das mesmas.

A quarta e última subseção se intitula "O Estado e a viabilização do desenvolvimento industrial". Nela se retorna e se explora um tema crucial, considerado previamente: o da existência de um tripé, base de apoio da industrialização recente, conformado pelas empresas transnacionais, pela grande empresa de capital nacional e pelo conjunto mais ou menos amplo de empresas produtivas de propriedade pública. Os dois primeiros componentes desse tripé são peças de grande relevância na conformação de distintas "frações do capital", entre as quais também se acham presentes as que se sustentam em empresas privadas nacionais de dimensões médias ou pequenas. Em princípio, cabe ao Estado o papel de articulador dos interesses das distintas "frações do capital", de modo a compatibilizá-las, mas, ao mesmo tempo, obter expansões setoriais "adequadas", isto é, capazes de induzir o desenvolvimento global da indústria. Mas, conforme se argumenta, a incidência do poder econômico e político das "frações do capital" dominantes conduz à perda da autonomia do próprio Estado, a perdas de suas margens de manobra imprescindíveis para a condução do processo de desenvolvimento.

Este reconhecimento de condições negativas no âmbito sociopolítico não é obstáculo para admitir a viabilidade potencial de um aprofundamento democrático, vislumbrado como eventual sustentação não só de uma expansão industrial "modernizante", mas também de um padrão de desenvolvimento renovado, que considere a resolução paulatina dos graves problemas da exclusão social e da pobreza.

1. *Emprego e salários na industrialização recente*

O pensamento que M. C. Tavares desenvolve ao longo dos anos 1970 tem em sua base a postura e as idéias contidas em "Más allá del estancamiento". Como vimos (capítulo 7), esse artigo nega a tese muito difundida na década anterior, segundo a qual se estaria apresentando, nas economias latino-americanas, uma tendência à estagnação. Reconhecendo a existência de razões peculiares e próprias dos diferentes casos — inclusive as inscritas no âmbito social e político —, seus defensores postulavam que nessa tendência subjaz um esgotamento do processo de substituição de importações, que tinha comandado e dinamizado a industrialização da área até a primeira metade da década aludida.

Em particular, procurou-se refutar a argumentação de Furtado, que explicava a relativa paralisia da industrialização e o escasso crescimento pela exigüidade da demanda de bens de consumo, por sua vez atribuível aos baixos salários e à concentração da renda, assim como à superabundância de mão-de-obra — ou, se assim se preferir, ao subemprego estrutural — subjacente em ambos.

Ao negar a validade desta argumentação, sustentou-se que a pretendida tendência à estagnação não era mais que um sintoma transitivo de uma mudança no "estilo de desenvolvimento". Do mesmo modo, sustentou-se que esta mudança tinha como base principal a instauração de novos padrões globais e setoriais da acumulação. De tal modo que uma avaliação correta da capacidade de crescer, e de seu eventual entorpecimento periódico, implicava penetrar com atenção no tema da acumulação de capital.

i) A intenção de abordá-lo se realiza com fundamento em certa admissão básica: a da emergência de uma nova fase na industrialização das economias mencionadas, cujos perfis vão adquirindo nitidez e visibilidade a partir da segunda metade da década de 1960.

O padrão de desenvolvimento industrial correspondente a esta fase — que naqueles anos foi chamado de "internacionalização do mercado interno" —[12] associa-se à instalação ou ao transplante, em períodos breves e sucessivos, de conjuntos de empresas e de grupos de atividades e ramos pertencentes a certos setores-chave, bem como das estruturas dos mercados oligopolizados em que estes setores se inscrevem.

Posteriormente se farão referências mais amplas a este triplo processo. Basta no momento assinalar que, na nova fase, a indústria cresce e se torna mais complexa por meio da expansão e das mudanças acontecidas em três grandes setores claramente diferenciados. O primeiro inclui a produção de bens duráveis de consumo, originados na indústria automotriz e de material elétrico, e em algumas atividades de metal-mecânica que estão diretamente vinculadas a esta, por meio do fornecimento de insumos específicos. O segundo abrange primordialmente a indústria de meios de produção, na qual se inscrevem a geração de insumos de uso difundido, assim como de bens de capital de distintos graus de complexidade. O terceiro se encontra conformado pela indústria leve, em que se originam os bens de consumo não-duráveis, a qual, embora preexistente, sofre na nova fase transformações de significação.

Cabe também antecipar que no desenvolvimento destes três setores, que em muitos casos e períodos tende a acontecer de forma acelerada, as empresas transnacionais têm uma participação significativa, a qual é particularmente relevante no primeiro dos setores mencionados, no qual exercem um claro papel de liderança. Mas sua presença e sua ação transformadora, expressas na introdução de melhoras técnicas e organizacionais, resultam deste modo notórias e relevantes nos outros dois setores. Em geral, a presença do capital estrangeiro tende a aumentar na indústria em seu conjunto, embora diferenciadamente, segundo os setores e ramos. Por outro lado, essa presença, mais que excluir, induz alterações nas formas de participação do capital nacional, tanto o das grandes empresas como o de muitas outras de dimensões médias e pequenas. Uma característica adicional que marca a nova etapa é a continuidade e, em certos ramos o aumento, da presença da propriedade pública.

Assim, junto com alterações significativas da estrutura da produção industrial, verificam-se mudanças nas "frações do capital" que participam de sua expansão. Como já antecipamos, muda também a organização dos mercados em que estas frações operam. Por outro lado, o Estado ajusta seu papel na articulação dos interesses das mesmas, enquanto redefine os interesses próprios. Estes se vêem condicionados pelas necessidades emergentes no âmbito da infra-estrutura física, mas ao mesmo tempo concernem à amplitude do papel do setor público na atividade industrial.

ii) As mudanças brevemente resenhadas anteriormente, às quais voltaremos mais adiante, têm incidência sobre aquelas que paralelamente ocorrem na estrutura ocupacional da mão-de-obra. Este tema se configura como de particular relevância, enquanto guarda relação com a causa principal atribuída por Furtado à tendência ao estancamento.

Convém reiterar que, de acordo com seus pontos de vista, essa tendência tem sua origem na dificuldade que as economias de tipo periférico encontram para realizar (vender) uma produção crescente e diversificada de bens de consumo, devido aos baixos salários e à concentração de renda derivados da pertinaz superabundância de mão-de-obra presente.

É de se observar que a presença deste excedente de mão-de-obra se faz claramente visível nas economias do tipo mencionado por meio do subemprego maciço nas áreas urbanas, ou melhor, da "informalidade" urbana. Isso quer dizer que a negação daquele argumento básico sustenta que a informalidade não incide sobre a formação dos salários, ou melhor dizendo, que não exerce qualquer influência sobre ela que possa ser considerada significativa.

Também resulta compreensível que este argumento alternativo — criado na chamada "Escola de Campinas" e peculiar da mesma — apóie-se em certa hipótese-chave: a segmentação do mercado de trabalho.[13]

Reconhece-se explicitamente "a importância que pode ter tido no passado a superpopulação rural e urbana na determinação do nível médio do salário urbano" (Tavares, 1981, p. 25). Mas esta incidência correspondia a um período de predomínio da indústria leve na expansão do setor manufatureiro e a um processo de urbanização ainda incipiente.

Distinto é o que se sucede na nova fase de industrialização a que se vem fazendo referência. Conforme se argumenta, o "desenvolvimento de uma indústria moderna e internacionalizada libera a base salarial da indústria e dos serviços plenamente capitalistas (...) das condições de subsistência das massas, ao impor barreiras à entrada aos mercados de trabalho organizados, tão severas como as que existem nos mercados de bens" (Tavares, 1981, p. 25).

Entre os primeiros, considera-se o "mercado geral de trabalho", no qual se estabelece o salário-base das atividades industriais, correspondente à mão-de-obra de baixa qualificação. Deste mercado participam as pequenas empresas que, em geral, tendem a satisfazer nele todas as suas necessidades deste recurso. Participam deste modo as empresas industriais grandes e médias, mas só recrutam ali os trabalhadores não-qualificados, com os quais cobrem os postos iniciais de suas escalas hierárquicas internas.

Admite-se que o mercado geral de trabalho é gestionado e depende da expansão industrial (em sua nova fase), e que as condições que prevalecem neste mercado se estendem à indústria como um todo. Mas, além disso, postula-se que o teto salarial estabelecido na indústria se propaga às demais atividades modernas e urbanas não-industriais, que participam daquele mercado geral. Por outro lado, em diversas experiências de urbanização e metropolização parece se constatar que o salário-base se configura como uma espécie de "limite superior" para as remunerações do chamado "setor informal".[14]

Um aspecto central do conceito de segmentação corresponde, justamente, às diferenças que se verificam entre a formação desse salário e a desses ganhos. Da perspectiva da oferta, o primeiro se considera como fortemente associado à "dinâmica de absorção-expulsão da mão-de-obra industrial, que força uma rotação acelerada na base do mercado para renovar os postos de entrada às empresas" (Tavares, 1981, p. 25). Contrariamente, entende-se que as migrações rural-urbanas, e em conexão com as mesmas o aumento da população marginalizada e dos trabalhadores informais nas cidades, carecem de qualquer incidência significativa no mercado geral de trabalho.

Outra é a origem dos ganhos recebidos por esses grupos sociais. Eles não estão submetidos às regras de jogo próprias das relações capitalistas, mas se inscrevem em formas de organização da pobreza e da subsistência, por meio das quais se filtram e "distribuem" os ganhos que conseguem perceber. Por outro lado, considera-se que o montante global das entradas dos setores marginais ou dos trabalhadores informais "depende menos da pequena produção mercantil (...) que do poder de compra das camadas médias e de sua demanda (...) crescente de serviços pessoais" (Tavares, 1981, p. 24).

iii) A hipótese de segmentação bem pode ser vista como um aspecto do conceito tradicional cepalino da "heterogeneidade estrutural" ou como uma ótica a partir da qual enfocá-lo novamente. Conforme se argumenta, abordá-lo de forma adequada obriga a "separar analiticamente os problemas de dinâmica da industrialização (...), daqueles que emergem da formação histórica de sociedades nacionais" (Tavares, 1981, p. 23) da região. Os primeiros bem podem ser denominados problemas da "modernidade" do capitalismo "tardio", pois consistem em desequilíbrios estruturais (isto é, em desproporções entre setores da produção material) que tendem periodicamente a entorpecer ou bloquear a continuidade da expansão de sistemas industriais complexos e transnacionalizados, a partir da relativa precariedade da industrialização preexistente.

Como se verá (subseção 2), na concepção sob estudo, são estes os problemas que merecem uma atenção privilegiada. No entanto, isso não implica tirar importância daqueles outros que se expressam na pobreza absoluta: a marginalização e a informalidade urbana. Por contraste com os anteriores, estes se identificam como problemas do "atraso". Reconhece-se que os mesmos constituem seqüelas do processo de formação histórica das estruturas agrárias, nas quais se originam fortes excedentes de população de origem rural. Sem definhamento da concentração dos esforços de análise nos problemas da "modernidade", não se desconhece que a gestação, presença e expulsão destes excedentes de seu meio originário "constitui o maior desafio de qualquer economia" (Tavares, 1981, p. 23) periférica e atrasada, embora se trate de "excedentes permanentes de população absolutamente não utilizáveis [no] desenvolvimento das forças produtivas capitalistas" (Tavares, 1981, p. 22).

iv) O mercado geral de trabalho, que responde pela formação do salário-base, é "externo" à indústria, porque este salário tem a mesma vigência em todas e cada uma das atividades e empresas deste setor, assim como em outras empresas urbanas não-industriais, também inscritas em relações capitalistas.

A designação do mercado geral de trabalho como "externo" à indústria obedece também ao reconhecimento da existência de mercados de trabalho que, por contraste, são internos à mesma. Mais do que qualquer coisa, estes são próprios e característicos da grande empresa. Por sua própria magnitude e escala, neste tipo de empresa se requer organizar o processo de trabalho levando em conta uma divisão funcional de atividades e responsabilidades, que, por sua vez, requerem diferenciações hierárquicas, assim como a constituição de carreiras que as prevejam. Os postos definidores dessas carreiras são habitual e reiteradamente preenchidos por trabalhadores pré-contratados na própria empresa, isto é, em um mercado interno à mesma. Também é freqüente que empresas e sindicatos convirjam quanto ao interesse de manter e reforçar este tipo de mercado, no qual emergem diferenciações salariais significativas.

A presença de várias empresas de dimensões consideráveis em uma mesma indústria, nas quais prevalecem condições técnicas de produção similares, conduz naturalmente à semelhança de suas estruturas ocupacionais. Tal presença se configura como requisito da constituição de mercados internos a certos ramos ou setores industriais, mercados cuja forma de operar se estende, pois, a outras empresas de dimensões variadas. A similaridade das condições ocupacionais e salariais existentes no interior de cada unidade produtiva tende a ser reforçada pela ação sindical, propensa a favorecer a mobilidade dos trabalhadores entre empresas.

A existência de mercados de trabalho conformados como internos a cada indústria e de organizações sindicais constituídas para cobrir esse mesmo âmbito permite que as negociações salariais se realizem por indústria. Ao conformar-se em conexão com o mercado de cada indústria, existirão pressões para que o salário-base seja fixado a níveis reduzidos, de acordo com as possibilidades de pagamento daquelas empresas ou ramos em que os índices de produtividade são mais baixos. Tais salários de base se diferenciarão significativamente dos salários médios, sintoma e símbolo de que prevalece, na indústria de que se está tratando, uma significativa diferenciação salarial, e com ela, certos padrões de concentração da renda também significativa.

Algo similar ocorre quando as negociações acontecem no setor industrial em seu conjunto, como resultado da existência de centrais sindicais que conseguem veicular contratos de trabalho coletivos. Até nesse caso extremo, o salário-base costuma ser relativamente baixo, embora seu nível tenda a ser delimitado também por condições de oferta que — conforme se indicou anteriormente — são fortemente separadas por um processo de "rotação acelerada na base do mercado para renovar os postos de entrada às empresas" (Tavares, 1981, p. 25) da própria indústria (e não pela presença de um setor informal). Como no caso referido no parágrafo precedente, neste outro o salário-base se distancia do salário médio, indicando a presença de uma diferenciação de salários considerável, a qual — *ex hipotesis* — serve de fundamento à concentração da renda do trabalho nos níveis mais altos da escala salarial.

Em qualquer dos dois casos típicos considerados, pode sobrevir uma alta significativa do salário-base. No primeiro, esta alta poderia provir, por exemplo, de uma imposição legal, associável à fixação pelo Estado de novos e mais altos níveis de salários mínimos. No segundo, serve de exemplo a hipótese de que a alta deriva de uma negociação coletiva forte, realizada no setor industrial em seu conjunto. Mas em nenhum caso é possível supor a imobilidade posterior das condições de contratação de mão-de-obra. Nos marcos de distintas estruturas de mercado e de concorrência interempresarial (aos que voltaremos mais adiante), tenderão a se produzir processos de transformação virtualmente drásticos, com incidência nas mencionadas condições. Em diversos ramos ou setores industriais se produzirá a eliminação de atividades anteriormente qualificadas como "débeis", assim como a renovação técnica e organizacional de firmas capazes de adaptação às novas condições. Junto com outras firmas previamente modernizadas, estas exercerão, também, graus variados de influência nos níveis de concentração vigentes no setor industrial, que tenderão a acentuar-se "sob o duplo impulso da competência intercapitalista e da [posterior] pressão sindical" (Tavares. 1981, p. 26).

Para esta argumentação convém destacar certo efeito genérico da tendência à concentração mencionada: esta irá acompanhada por altas da produtividade média do trabalho maiores que as dos salários médios em variados ramos e setores industriais e, portanto, nas que correspondem à indústria em seu conjunto. Esta resultante implica que os ganhos correntes líquidos (isto é, deduzidos os custos dos insumos) excederão à massa de salários, assegurando margens e taxas de lucro compatíveis com a continuidade da acumulação e da expansão industriais. No entanto, é preciso ter presente certo requisito implícito no padrão macrossetorial de comportamento a que se acaba de aludir. Frente a incrementos do salário-base, ou simplesmente pressões sindicais orientadas pelo valor nominal do salário médio e destinadas a elevá-lo, requerer-se-á não só aumentar a produtividade média do trabalho, mas também minimizar ou atenuar aquela elevação, incidindo nos níveis salariais correspondentes aos elos das escaladas hierárquicas em que se perfilam os diversos mercados de trabalho internos à indústria. O empenho empresarial por obter esse objetivo implica a necessidade de diferenciar as remunerações correspondentes a cada elo e, inclusive, a de acentuar essa diferenciação, ampliando as escalas hierárquicas. Quer dizer que das pressões sindicais não derivam necessariamente menores índices de diferenciação salarial e de concentração de renda. Ao contrário, bem pode acontecer que ambas aumentem. Pelo demais, admite-se que a nova fase de industrialização, ou o novo "estilo de desenvolvimento" que a mesma define, ao lado da tendência à concentração produtiva e associada a ela, traz consigo uma tendência paralela à concentração dos ganhos salariais. Como é claro, a concentração da propriedade que acompanha a da produção e a presença pertinaz da marginalização e da informalidade urbana convergem com a concentração destes ganhos para configurar padrões distributivos que refletem uma forte iniqüidade social.

v) A questão que agora se abre concerne aos efeitos da concentração dos ganhos salariais e, do mesmo modo, da renda social como um todo sobre as possibilidades de realizar (vender) a produção de bens de consumo. Uma vez mais, a aproximação a este tema passa pelo modo de ver o novo padrão de desenvolvimento industrial e o novo estilo de desenvolvimento que traz consigo. Diferentemente dos pontos de vista de Furtado, os que estão sendo considerados admitem que a dupla concentração mencionada se dá no marco de uma alta substancial do volume dos ganhos recebidos por quem se situa nos níveis intermediários e altos das escalas hierárquicas dos mercados de trabalho inerentes à indústria, assim como em outras atividades urbanas não-industriais modernas de alta produtividade. Em um extremo das escalas salariais, o salário-base só possibilita adquirir bens de consumo não-duráveis ligados à subsistência e pouquíssimos bens duráveis. Mas os níveis médios e altos permitem acessar uma variada gama de bens de consumo duráveis, embora diferenciadamente e em concordância com as desigualdades salariais próprias desses níveis. Além disso, a aquisição de alguns bens de consumo duráveis estende-se a trabalhadores que recebem salários inferiores ao médio, circunstância que muitas vezes se apresenta falaciosa, como sintoma de uma tendência à homogeneização dos padrões de consumo.

Nas considerações anteriores subjaz a idéia de que, com a nova industrialização, a intensidade da expansão mancomunada de distintos ramos e setores industriais induz altas concomitantes da renda, cuja concentração não impede que se gerem os mercados requeridos para realizar a produção de bens duráveis de consumo, base essencial da expansão mencionada. De outro ângulo, o desenvolvimento industrial emergente traz consigo uma ampliação dos segmentos sociais de alta renda, mas também o considerável aumento das dimensões das camadas médias, que se configuram como sustento principal da diversificação do consumo que deve acompanhar a mudança dos padrões produtivos.

vi) As considerações do ponto anterior concernem a certo aspecto não menos importante da industrialização recente, refletido nos fatos da experiência com bastante nitidez: durante a mesma se conseguiu realizar, *grosso modo*, a produção de bens duráveis de consumo, que se configura ao mesmo tempo como seu traço mais visível e como fonte principal de seu dinamismo.

Mas se considera necessário ir além desta apreciação factual, recolocando o tema da realização de uma perspectiva analítica. Neste sentido, destaca-se e enfatiza-se que deve existir uma correspondência "adequada" entre a estrutura de salários e a distribuição da renda a ela associada, os padrões de consumo, a conformação dos setores produtores desses bens e, do mesmo modo, a estrutura intersetorial da produção em que esses setores se inscrevem.

Em outros termos, postula-se, em nível analítico, a necessidade de uma adequação entre a estrutura de salários e de distribuição, a estrutura do consumo e a produtiva, de modo a assegurar a continuidade da dinâmica das três e, portanto, do sistema econômico do qual são aspectos e partes essenciais.[15]

Reconhecer a necessidade dessa correspondência não implica postular que a mesma seja única ou rígida. Ao contrário, aceita-se que as mudanças em cada uma das três estruturas anteriores podem se realizar percorrendo caminhos variados, sem que deixem de guardar condições de compatibilidade macroeconômica (macrodinâmica). A razão básica para considerar (analiticamente) a existência de opções radica em que os determinantes fundamentais da evolução de cada estrutura não são os mesmos e, ainda mais, possuem uma marcada independência entre si.

Quando se observam esses fatores determinantes a partir da ótica da industrialização recente, essa diferenciação e independência pode ser detectada e exposta com relativa clareza. Como se insinuou anteriormente, a estrutura salarial e distributiva possui um conjunto de fatores determinantes fundamentais, vinculados ao desenvolvimento do poder das organizações sindicais, e àquele que se desenvolve no âmbito empresarial, como resultado de importantes processos de concentração da produção e da propriedade. Ambas as tendências operam como condicionantes da diferenciação salarial que vai se dando nos mercados de trabalho industriais, que, por sua vez, desempenha um papel relevante na paralela tendência à concentração de renda.

Visivelmente distintos são os determinantes principais dos padrões de consumo. Estes se relacionam com uma industrialização fortemente internacionalizada, cujo caráter implica graus variáveis de contágio, definidor de um novo "estilo de vida urbano" (Tavares, 1981, p. 29). Conforme se viu, essa internacionalização tem, em sua base, a liderança das empresas transnacionais nos departamentos produtores de bens de consumo duráveis. Suas filiais, e do mesmo modo "as grandes empresas nacionais, atuam por meio da diferenciação de produtos, da publicidade, do crédito (...)" (Tavares, 1981, p. 29), com o objetivo de difundir aquele estilo de vida, marcado por "uma forma avançada de consumo material" (Tavares, 1981, p. 22), já presente nos países centrais, de modo a envolver nele as camadas médias e, mais em geral, segmentos crescentes das classes trabalhadoras.

Considere-se agora o terceiro dos âmbitos antes mencionados, relacionado à produção. No que concerne aos bens de consumo duráveis, não existe "uma correspondência rígida entre a base técnica (...) industrial propriamente dita e o tipo e qualidade dos bens que se produzem" (Tavares, 1981, p. 29). Por exemplo, "uma mesma fábrica(...) automotriz pode (...) produzir ônibus ou automóveis 'populares' ou de luxo" (Tavares, 1981, p. 29). Como é claro, essa adaptabilidade resulta favorável a uma virtual difusão do estilo de vida emergente. No entanto, existem determinantes da produção daqueles bens que operam com independência dessa adaptabilidade, ou melhor, que podem fazer-se presentes qualquer que seja o padrão concreto com que essa produção se realize. Tais determinantes dependem de que a estrutura produtiva dos bens de consumo duráveis mantenha certa relação dinâmica com outros setores, especialmente com os de meios de produção, como os insumos de uso difundido e os bens de capital, relação à qual se voltará na próxima seção.

Das considerações precedentes se infere que cada uma das três estruturas básicas destacadas com antecedência poderá sofrer modificações geradas e desenvolvidas com considerável independência daquelas que se dão nas demais. Mas, conforme se destaca, a compatibilidade entre elas se verá normalmente favorecida "por uma série de instâncias intermediárias, (...) como o sistema de financiamento à produção corrente [e] ao consumo, o sistema tributário, o comércio exterior, (...)" (Tavares, 1981, p. 28-9), que brindam flexibilidade ao ajuste entre aquelas estruturas.

Diversas são as experiências consideradas e teorizadas no que concerne à eficácia das "instâncias intermediárias" para facilitar esse ajuste. Essa eficácia parece configurar-se como reduzida nas primeiras fases da industrialização brasileira do pós-guerra. Conforme se apresenta, durante as mesmas "as mudanças no padrão salarial, a estrutura da produção setorial e a estrutura de consumo estão na raiz das crises de meados das décadas de 1950 e 1960" (Tavares, 1981, p. 28-9).[16]

Outro é o desempenho e outras as tendências em diversos casos de industrialização recente. Neles, a renovação das relações capitalistas sob o primado da propriedade e do desenvolvimento industriais produziu uma compatibilização das três estruturas reiteradamente mencionadas, favorável à continuidade da acumulação e da dinâmica do desenvolvimento, embora com resultados desfavoráveis no social, plasmados na irredutibilidade da marginalização e do emprego "informal" de mão-de-obra. Em tais casos, e particularmente na nova etapa da industrialização brasileira, as "instâncias intermediárias principais foram o gasto público, a intermediação financeira, o endividamento interno e externo e a forma de organização dos mercados" (Tavares, 1981, p. 28-9).

As considerações do parágrafo anterior não implicam nem supõem que a chamada "industrialização recente", cujo desenvolvimento — como já se indicou — teria se dado ao longo da segunda metade dos anos 1960 e da década posterior, tenha carecido de reiterados problemas no âmbito econômico, somados aos de índole social. Mas tais problemas não podem ser associados à incompatibilidade dinâmica entre estruturas salariais e distributivas, do consumo e da produção. Segundo se concebe, nessa "nova etapa" e no "novo estilo" que com ela se instaura, o ponto focal da análise deve se deslocar para o interior da estrutura produtiva, procurando dar conta dos desequilíbrios emergentes entre os setores e subsetores industriais que a conformam, e às travas que impõem a continuidade e dinamismo do desenvolvimento, globalmente considerado. Este é, justamente, o tema prioritário da subseção seguinte.

2. *Setores industriais e estruturas de mercado*[17]

Convém apresentar esquematicamente a composição setorial da produção, classificando-a de modo a que se configure como útil para a análise da denominada "industrialização recente" e dos problemas que emergem em e para seu desenvolvimento.

I	C1 — Indústria automotiva — Indústria de material elétrico	S1 — Produtos metálicos diversos — Aparelhos elétricos de uso específico	
II		C2 — Indústrias metálicas básicas — Derivados de petróleo	K2 — Bens de capital
III	C2 — Indústria de bens de consumo não-duráveis	S3 — Insumos de origem agrícola — Insumos específicos de origem industrial	

O diagrama reitera a classificação vista anteriormente (seção II, 1), registrando com mais detalhe os elementos sobre os quais cabe introduzir certas considerações adicionais.

i) O setor I inclui os componentes da estrutura industrial que exercem a liderança de seu desenvolvimento. Se o considerarmos a partir da perspectiva do uso da produção, percebe-se que a mesma consiste em bens de consumo duráveis (Cl), que provêm essencialmente da indústria automotriz (veículos automotores, código nº 3843 da CIIU) e da indústria de material elétrico (aparelhos de rádio, televisão e comunicações, e outros aparelhos elétricos de uso doméstico, códigos nº 3832/3 da CIIU). Do mesmo modo, notam-se no diagrama certas atividades em que se originam bens intermediários (Sl), destinados especificamente a integrar-se aos bens de consumo duráveis, no mais das vezes produtos metálicos (por exemplo, autopeças, códigos nº 3812/19 da CIIU) e aparelhos elétricos também de uso específico (por exemplo, os destinados a veículos automotores e a certos eletrodomésticos, código nº 3839 da CIIU).

O conceito de liderança possui mais de um sentido. Qual deles se pode dar a "estes setores que até hoje não têm um peso significativo na produção corrente industrial"? (Tavares, 1981, p. 31). Conforme se destaca, no sentido de que este setor é o que comanda "o processo de acumulação de capital (...) privado" (Tavares, 1981, p. 31) durante a nova fase de industrialização, atuando desse modo como fonte essencial de estímulo à acumulação em atividades situadas "para trás" na cadeia produtiva, isto é, as que compõem o setor II.

Quanto à conformação do mercado correspondente a este setor, os fatos se visualizam como reveladores do predomínio de uma estrutura oligopolista que, simplificadamente, pode assimilar-se "ao conceito de oligopólio diferenciado-concentrado" (Tavares, 1981, p. 36) de Labini. A esta estrutura principal, própria da fabricação de bens C1, acopla-se uma subestrutura também inscrita na metal-mecânica, constituída por empresas médias, em geral nacionais, produtoras de bens S1, cuja demanda é comandada pelas empresas oligopolistas situadas na fase final da cadeia produtiva.

Nestas últimas se apresenta um forte predomínio, quase absoluto, das filiais de grandes empresas transnacionais. Sua liderança na industrialização recente se expressa em um crescimento da produção destas filiais que tende a acontecer "à frente da demanda", isto é, com margens de capacidade ociosa planejada, induzidas pela "rivalidade oligopolistas" própria dos mercados que compõem.[18]

Nas economias de industrialização tardia, como as da América Latina, qualquer filial só pode se estabelecer numa escala de dimensões mínimas, em comparação com a que prevalece na matriz correspondente. É por isso que, da perspectiva de cada uma destas matrizes, as dimensões das filiais que se instalem não asseguram a presença de "barreiras à entrada". A opção que se revela como preferível e preferida — a de estar presente em mercados em expansão real ou virtual — leva a instalar filiais e a participar com elas na "rivalidade oligopolista" antes mencionada. As formas em que essa rivalidade se expressa são canalizadas pela via da diferenciação de produtos, pela acentuação dos esforços de venda (marketing, mecanismos de distribuição) e inclusive pela concorrência de preços.[19]

ii) Como se viu nos comentários anteriores, o setor 1 corresponde essencialmente aos bens duráveis de consumo, embora para maior precisão tenham sido incluídos nele alguns insumos que se incorporam fisicamente aos mesmos. Por contraste, o setor II corresponde não já a bens de consumo de qualquer tipo, mas, de forma exclusiva, aos meios de produção. Entre eles se destacam os insumos de uso difundido (S2), que no diagrama aparecem subdivididos entre os provenientes das indústrias metalúrgicas básicas (código n° 37 da CIIU) e os derivados do petróleo (códigos n° 353/4 da CIIU). Este diagrama também faz referência explícita aos bens de capital, incluindo-os em um único símbolo (K2), sejam padronizados, de uso comum em diversas atividades, ou, alternativamente, não padronizados, construídos *ad hoc* como equipamentos básicos de certas instalações industriais.

Ex professo, não se procede à explicitação gráfica de outros insumos homogêneos, como o cimento, o papel, certos produtos da indústria química ou os fluxos de energia elétrica. Tampouco se nota visivelmente outra modalidade do investimento real de grande relevância: a infra-estrutura que conforma o setor público. A razão destas e outras exclusões arbitrárias consiste em que, ao fazê-las, o diagrama passa a refletir de forma sucinta uma segunda noção de liderança. Na realidade, nele estão registrados os ramos ou setores que compõem o chamado "complexo metal-mecânico" (de que fazem parte C1, S1, S2, e K2). Neste complexo toma corpo o que se designa habitualmente como "paradigma metal-mecânico", expressão-síntese do intenso progresso técnico que acontece tanto na melhoria dos processos produtivos como pela geração de novos bens, particularmente de consumo duradouro. Embora em condições muito diversas, a introdução e difusão deste paradigma e do progresso técnico em que o mesmo consiste "lideram" o desenvolvimento da economia mundial nos "anos dourados" e estão na base da "nova industrialização" da periferia, objeto das análises comentadas nestas páginas. Cabe ressaltar, do mesmo modo, que o efeito impulsionador do progresso técnico, conduzido por meio do complexo metal-mecânico, possui certo requisito ao mesmo tempo lateral e essencial: o desenvolvimento da indústria de derivados de petróleo e o acesso a insumos que nela se originam, de ampla utilização em grande parte dos produtos de oferta dinâmica. Daí a menção explícita a esta indústria-chave no diagrama anterior.

No que concerne às estruturas de mercado, as do setor II e também as que correspondem aos insumos homogêneos e de uso difundido mencionados no parágrafo anterior são, *grosso modo*, definíveis mediante a noção de oligopólio puro, segundo a nomenclatura de Steindl, ou de oligopólio concentrado, se seguirmos a de Labini. Em tal tipo de estrutura operam as barreiras à entrada, principalmente com base nas descontinuidades ou especificidades tecnológicas, que, pelo geral, se traduzem na especial relevância das economias de escala.

Em atividades componentes do setor II e nas produtoras de insumos homogêneos de uso difundido, assim como nos mercados em que todas se inscrevem, encontram-se presentes filiais de empresas transnacionais, empresas públicas e grandes empresas nacionais. Esta composição tripartite caracteriza as economias de maior mercado e maior avanço no processo de industrialização. Em outras, em que este processo se configura como mais incipiente, prepondera a presença dos dois primeiros tipos de empresas, embora também nelas parece começar a abrir caminho a gradual instalação de algumas empresas nacionais.

Nas etapas de instalação das distintas atividades, assim como em etapas posteriores de ampliação das respectivas capacidades instaladas, a concorrência não se realiza pela via dos preços, pelo geral fixados administrativamente ou com forte incidência das políticas públicas. Se em qualquer destas etapas a concorrência acontecesse pela via mencionada, os conhecimentos tecnológicos e o poder financeiro "das empresas estrangeiras [resultariam] quase inevitavelmente no desaparecimento das nacionais" (Tavares, 1981, p. 39). A permanência no mercado destas últimas, seja mantendo seus níveis de participação ou se tiverem de reduzi-los, depende de seu poder econômico e influência política e, com isso, das possibilidades que lhes apresentam para acessar padrões favoráveis de financiamento ou dos subsídios públicos. Colocado em outros termos, uma presença de empresas nacionais de certa significação implica o estabelecimento de algum tipo de barreira à entrada, "que requer normalmente o amparo explícito ou tácito do setor público" (Tavares, 1981, p. 39).

iii) Embora não sejam as únicas, as formas de intervir deste setor em mercados de oligopólio puro ou concentrado guardam relação com decisões concernentes a sua própria participação nos mesmos. Em parte, os investimentos públicos se orientam a prover economias externas que as atividades privadas (tanto nacionais como de propriedade estrangeira) demandam e necessitam, como resultado das condições desfavoráveis, de atraso, das quais parte a industrialização recente. Essa tarefa consiste, no essencial, na provisão de infra-estrutura e de "insumos baratos", com base em financiamentos estatais que não guardam condições de economicidade. Mas também acontece que em diversas atividades empreendidas se "adotam critérios de acumulação interna e de expansão de tipo capitalista privado" (Tavares, 1981, p. 39). Implica isso que "as empresas (públicas) passam a trabalhar com um alto grau de eficiência microeconômica" (Tavares, 1981, p. 39), chegando inclusive a constituir-se como grandes conglomerados, tendendo a obter economias de escala ou avanços tecnológicos consideráveis. Entretanto, como se poderá ver posteriormente, estas conquistas em nível micro podem se apresentar como dissociadas de certos requisitos macroeconômicos, compatíveis com a continuidade da acumulação industrial e global.

Já se disse que dos mercados caracterizáveis como de oligopólio puro ou concentrado, nos quais se intercambiam os distintos tipos de meios de produção, participam empresas transnacionais e grandes empresas de capital nacional. Também se disse que, dadas as vantagens tecnológicas e a capacidade financeira das matrizes das primeiras, a sobrevivência das segundas se verá condicionada por alguma sorte de favorecimento originado na ação estatal. De outro ângulo, pode-se afirmar que distintas "frações do capital", tanto nacionais como estrangeiras, lutam através da forma de operar desses mercados por interesses que lhes são próprios. Também se destacou que as empresas de propriedade pública participam de alguns desses mercados, enquanto se ocupam da produção daqueles tipos de bens. Resulta, assim, compreensível que essa presença empresarial do Estado constitua uma forma de particular relevância para incidir na luta de interesses privados mencionados, com um virtual favorecimento à conciliação entre os mesmos. Também é claro que essa não é a única forma de promover negociações estratégicas e compromissos entre frações do capital, pois os respectivos interesses se vêem afetados pelas políticas públicas aplicadas em distintos âmbitos: as de financiamento, as tributárias, as de proteção e subsídio ao comércio exterior etc.

Por outro lado, a evolução dos níveis e condições em que se realiza a produção nos distintos oligopólios, tanto privados como públicos, e do mesmo modo o grau de seu predomínio nos mercados onde atuam vão alterando os marcos em que se inscrevem os interesses das distintas frações representadas e obrigando à readequação periódica do papel do Estado. Conforme se apresenta, são essas transformações as que estão na base "das tendências recentes a uma maior participação do Estado em quase todos os países latino-americanos" (Tavares, 1981, p. 40). Tais transformações "explicam também a emergência de *joint-ventures* entre capital estrangeiro e nacional, privado e público, em certos setores onde seus interesses de expansão são solidários" (Tavares, 1981, p. 40).

iv) Certa observação ligada à anterior merece ser destacada: entende-se que essas tendências obedecem essencialmente a mudanças econômicas, acontecidas nos âmbitos da produção e dos mercados. Disso deriva que as mesmas não se visualizam como relacionadas com qualquer fortalecimento significativo de posições estatizantes e tampouco com o ressurgimento ou acentuação de posições nacionalistas, como as que coexistiram em fases anteriores da industrialização da área, em particular nos anos 1950.

Por outro lado, pode-se apreciar que as considerações sobre os setores em que se originam os meios de produção e sobre as estruturas de mercado correspondentes são portadoras de certo traço típico do estruturalismo latino-americano: o reconhecimento de que sua análise requer penetrar em relações "mais que econômicas". Justamente, esse tipo de relações se expressa no duplo papel atribuído ao Estado, na nova fase de industrialização: a participação produtiva direta e a articulação dos interesses de distintas "frações do capital".[20]

v) O terceiro dos setores mostrados no diagrama compreende as indústrias de bens de consumo não-duráveis (C2), assim como as atividades que as provêem de insumos correntes (S3), em parte de origem agrícola, mas também provenientes de atividades e ramos da indústria leve, na qual se geram insumos caracterizáveis como "específicos", enquanto são partes daqueles bens, isto é, incorporam-se à sua constituição física.

Quanto às estruturas de mercado peculiares deste setor, entende-se que as mesmas "aproximar-se-iam a um símile do oligopólio competitivo (Steindl) e/ou diferenciado (Labini)" (Tavares, 1981, p. 36). Nessas estruturas coexistem, "em proporções variáveis, (...) pequenas e grandes empresas nacionais e (...) algumas grandes empresas estrangeiras" (Tavares, 1981, p. 36). Várias destas últimas são relativamente antigas, embora também nestes setores e mercados tenham acontecido processos de desnacionalização durante o período de industrialização recente.

Em diversos casos a desnacionalização se deu em termos absolutos, ou seja, por quebra ou compra de empresas nacionais. Em outros casos ocorreu uma desnacionalização caracterizável como relativa, pois implica na ampliação das cotas dos mercados que correspondem às empresas transnacionais, dado que são estas as que possuem aptidão para capitalizar-se e obter um salto tecnológico (como na indústria têxtil-sintética) ou para obter economias de integração vertical importantes (como as verificadas nas indústrias química, farmacêutica e de cosméticos).

A desnacionalização a que se acaba de aludir acontece junto com um processo de concentração produtiva e econômica. Mas este não se dá só em empresas de propriedade estrangeira, mas também em empresas nacionais de grandes dimensões. Do mesmo modo, além das já mencionadas, a concentração se estende a vários outros ramos produtores de bens de consumo não-duráveis (são exemplos a indústria do tabaco e diversos ramos da indústria alimentícia, muitos dos quais acabaram significativamente renovados e modernizados), com apoio em sistemas multifabris e em cadeias de comercialização ampliadas e melhoradas.

Conforme se destaca, no setor III, a que se vem aludindo, a transnacionalização e a concentração não implicam mudanças significativas nas estruturas de mercado. Isto é, aquelas não conduzem a extremos de poder de monopólio, mas a alterações diversas segundo ramos e setores, sem variação substancial do predomínio do oligopólio competitivo.

A razão de fundo consiste em que, no marco desta estrutura de mercado e dos padrões produtivos subjacentes, a concorrência se realiza pela via da diferenciação de produtos, e só muito lateralmente por meio da redução de preços. Isso tem um duplo efeito. Por um lado, a diferenciação preserva a sobrevivência de múltiplas empresas, demarcando deste modo as margens para que a concentração se acentue. Por outro, mesmo que surjam consideráveis diferenças de custos, os preços relativamente pouco modificados permitem a sobrevivência de empresas médias e inclusive pequenas, a qual se apóia na proteção da concorrência externa, ponto de interesse comum para os participantes dos mercados internos, além de suas diferenças quanto a graus de concentração.

A diferenciação de produtos nos setores de bens de consumo generalizado possui implicações que convém mostrar. Além de envolver gradações na qualidade desses bens, tal diferenciação se faz visível por meio da que se estabelece entre distintas marcas, enquanto vai sendo reconhecida e considerada "substancial" sob o influxo de continuados esforços de marketing.

Embora se reflita, o tipo de diferenciação aludida, de forte base publicitária, na verdade oculta uma homogeneidade entre as distintas variantes de bens de consumo não-duráveis em relação à sua aptidão para satisfazer as necessidades a que são destinadas. Por sua vez, esse tipo *sui generis* de diferenciação tem efeitos sobre a dinâmica setorial, que se configuram como de particular relevância.

Esta diferenciação resulta "ser incapaz de afetar a taxa global de crescimento do setor" (Tavares, 1981, p. 37) de bens de consumo não-duráveis; em outros termos, "a elasticidade de substituição entre produtos (pretensamente) inferiores e superiores não é suficiente para alterar a taxa de crescimento da demanda final adicionada (desses) bens de consumo" (Tavares, 1981, p. 37).

vi) Uma conclusão adicional, particularmente relevante, emana das considerações anteriores. O que foi identificado graficamente como setor III não se configura como uma base sobre a qual possam se assentar processos de acumulação e desenvolvimento intensos. Uma vez que alcança certo grau de maturação — que por certo sobrevém nos meros começos da industrialização recente —, o ritmo da expansão deste setor resulta baixo, tendendo "a coincidir (...) com a taxa de crescimento geral da economia urbana" (Tavares, 1981, p. 37).

Em outros termos, uma virtual intensidade dinâmica da nova industrialização deverá ter como fundamento essencial as expansões aceleradas (e, como se verá, conjuntas) dos setores I e II e será acompanhada por crescimentos concomitantes de outros setores modernos. O emprego e os ganhos gerados em todos eles originam grande parte da demanda urbana de bens de consumo não-duráveis. Mas a urbanização e a metropolização derivam deste modo da afluência, para as cidades, de massas de marginalizados ou de trabalhadores informais, que também incidem na conformação da demanda mencionada. Tanto essa demanda como a oferta com que se nutre podem ser consideradas como processos "reflexos", conseqüências ou derivações daquelas dinâmicas e expansões-chave antes mencionadas. Contrariamente, como já se disse, nos novos tempos da industrialização internacionalizada, embora modernizando-se, a "velha" indústria leve deixa de ser fonte plausível de dinamismos relevantes.

3. *"Desproporções" produtivas e tendências cíclicas*

Vimos anteriormente que uma noção de equilíbrio, considerada nas posições de Tavares, corresponde à "adequação" de três estruturas: a dos salários e distributiva, a do consumo e a da produção. Por outro lado, também se indicou que esta "adequação" consiste na conquista de mudanças concomitantes nessas estruturas, de tal índole que permitam manter certa dinâmica do conjunto, ou melhor, certa taxa sustentada do crescimento da economia de que se trate.

Este modelo genérico pode ser simplificado, a fim de facilitar a apresentação da análise do processo de industrialização recente e dos problemas que suscita, próprios das posições mencionadas. Tal simplificação consiste em centrar-se nas mudanças que ocorrem na terceira das estruturas mencionadas — isto é, a da produção —, voltando para isso ao diagrama que a representa. Além disso, também em benefício da simplicidade e da clareza, resulta conveniente ligar as considerações que seguem aos ramos industriais elaboradores dos bens de consumo duráveis e de meios de produção (setores I e II do diagrama), com exclusão de outras, como as vinculadas com a elaboração de bens de consumo não-duráveis (setor III). Além da conveniência de facilitar a compreensão dos argumentos, essas inclusões e exclusões possuem certa justificativa básica: como pudemos ver anteriormente, os setores diretamente tratados se configuram como chaves para a dinâmica da nova industrialização; em troca, os que não mereceram uma consideração explícita apresentam em geral, durante a mesma, um comportamento reflexo, induzido por aquela dinâmica, claramente a mais relevante.[21]

i) Decorre do anterior que aquele modelo de equilíbrio, que se relacionasse com a "adequação" das mudanças de três estruturas, pode ser às vezes simplificado e complementado, mencionando um requisito suplementar: o de que se verifique um comportamento também "adequado" na expansão dos setores industriais expressos. De forma concreta: pode-se supor e postular que o equilíbrio dinâmico de uma economia periférica em que se implanta a nova industrialização deverá observar certas condições de proporcionalidade entre os setores I e II, ou melhor, entre as respectivas taxas de crescimento.

Este breve e simples referente adicional é o que melhor habilita a penetrar na análise da industrialização recente, própria do enfoque comentado.

Em primeiro lugar, convém considerar de forma isolada os argumentos relativos ao âmbito da produção material. Um aspecto-chave das posturas de Tavares consiste em admitir que o crescimento das economias de tipo periférico baseado no complexo metal-mecânico se verá submetido a flutuações, atribuíveis a desvios do padrão de equilíbrio dinâmico descrito no ponto anterior. Por outro lado, entende-se que estes desvios derivam de desproporções entre as taxas de expansão dos setores privilegiados na análise.

Em última instância, tais desproporções, assim como as instabilidades macrodinâmicas que suscitam, têm no fundo razões de ordem técnica; a saber, a virtual inexistência de indivisibilidades de escala no setor de bens de consumo duráveis (setor líder) e a presença ou emergência de fortes indivisibilidades no setor de meios de produção.

Pode-se conceber que, em qualquer período de auge da nova industrialização, este último setor deverá se expandir com excesso de capacidade (inevitavelmente, como resultado das indivisibilidades de escala). Também é possível pensar que a gradual acumulação dessa capacidade excessiva vá gerando aumentos consideráveis da demanda enfrentada pelo setor líder, que tende assim a crescer com intensidade. Mas a longo prazo as dimensões da capacidade ociosa no setor de meios de produção básicos comprometerão sua expansão posterior, gerando um efeito contrário ao precedente tanto no setor líder como na economia em seu conjunto.

ii) O tema das estruturas de mercado pode vincular-se à análise das desproporções setoriais, complexificando-a, mas servindo ao mesmo tempo como complemento relevante.

Tal como foram colocadas no ponto anterior, as desproporções "técnicas" entre setores ou entre seus ritmos de expansão constituem desproporções verificadas entre as respectivas capacidades instaladas setoriais, por sua vez dependentes dos volumes setoriais do investimento e dos ritmos aos quais variam. Mas o investimento (ou suas variações temporárias) não pode ser dissociado das estruturas de mercado.

Assim, a importância outorgada por Tavares a estas estruturas não depende só do reconhecimento "ineludível" de aspectos da realidade notórios demais para serem desconsiderados, mas também da necessidade e da conveniência de integrá-las à lógica de sua análise.

A primeira estrutura a considerar é a do oligopólio diferenciado-concentrado, correspondente ao setor líder (setor I). Anteriormente se supôs que não existem razões técnicas (como as indivisibilidades de escala) para que nele seja gerada capacidade ociosa. No entanto, as empresas transnacionais, claramente predominantes neste setor, investem nele com margens de capacidade subutilizada. E isto porque o caráter da concorrência — a estrutura de mercado — faz com que esse sobreinvestimento se configure como necessário e possível. Necessário, pois cada filial reconhece a conveniência de contar com certo grau de capacidade excedente, pré-requisito para seu eventual acesso a uma maior parte do mercado, mediante a concorrência por diferenciação de produto. Possível, pois a condição oligopolista redunda em preços e margens de ganho em princípio, e por períodos, compatíveis com a retribuição adequada do capital investido, mesmo quando se a calcule considerando o sobreinvestimento prevalecente.

A segunda estrutura de mercado importante consiste no oligopólio puro, que prevalece no setor de meios de produção (setor II). Relativamente a este setor, as postulações de Tavares parecem compatíveis com a admissão de que razões técnicas exigem que nele se gere capacidade ociosa. Além disso, reconhece-se que o tipo de mercado a viabiliza. Por um lado, a rigidez de escala redundaria na necessidade de estabelecer tamanhos de fábricas excessivos em relação ao mercado correspondente a cada um dos meios de produção que se considere. Mas, por outro, abrem-se possibilidades de sobreacumulação relacionadas com os tipos de mercado respectivos, que permitem aos oligopólios manipular os preços, assegurando-se dessa forma — embora também por períodos — margens e taxas de lucro compatíveis com sua sustentabilidade a longo prazo.

iii) Em pontos anteriores, as flutuações do nível de atividade se apresentaram simplificadamente (e *ex professo*) como associadas a razões de tipo técnico: as indivisibilidades presentes no setor de meios de produção (e só nele), que se traduziam em excesso de capacidade (primeiro nele). Agora as considerações sobre as estruturas de mercado permitem nos aproximarmos mais, ou de forma mais completa, dos pontos de vista de Tavares sobre as flutuações do nível de atividade próprias da industrialização recente.

Como já se indicou, no setor de meios de produção coexistem grandes empresas transnacionais, privadas nacionais e públicas. A constituição e as características destas últimas dependem da ação do Estado, tema ao qual voltaremos mais adiante. Mas conforme se apresenta, a capacidade ociosa naquele setor vai além da que as indivisibilidades de escala tornam inevitáveis. Por outro lado, no setor líder, a capacidade ociosa não aumenta como conseqüência e posteriormente ao crescimento da mesma no setor de meios de produção, mas sim de forma independente e concomitante.

Entende-se que, como contraparte desses aumentos da capacidade ociosa nos dois setores considerados, em ambos se estarão verificando processos de sobreinvestimento, isto é, adições à capacidade instalada maiores que as requeridas pela produção corrente. Do mesmo modo, entende-se que como resultado do sobreinvestimento global, e enquanto este prossiga, serão gerados aumentos consideráveis das demandas de ambos os setores, que, por sua vez, atuarão como incentivo para aumentar as produções correspondentes. Cabe reiterar, além disso, que a índole dos mercados em que tais setores se inscrevem faz com que, neles, a capacidade instalada se vá incrementando "à frente" desses aumentos das respectivas produções.

Em síntese, as fases expansivas dos ciclos de produção industrial se apóiam em processos de sobreinvestimento nos dois setores considerados e originam aumentos dos níveis de capacidade ociosa prevalecentes. Mas este *modus operandi* supõe a existência de limites à expansão. Em algum ponto do tempo, estes níveis afetarão decisivamente a continuidade dos investimentos setoriais. Assim, por exemplo, poderá acontecer que eventuais exigências de meios de produção originados no setor líder se satisfaçam mediante o uso de capacidade ociosa preexistente; e que a debilidade dos efeitos aceleradores (sobre a demanda) que isso supõe redunde em que os novos aumentos da produção de bens duráveis de consumo passem a realizar-se, também, com base no uso da capacidade ociosa previamente disponível.

iv) Conforme se argumenta, "os ritmos de crescimento do investimento e da produção corrente dos bens de consumo duráveis e dos (...) meios de produção (...) podem se acelerar periodicamente, mas não são capazes de se sustentar por muito tempo" (Tavares, 1981, p. 32). Em outras palavras, no novo padrão de desenvolvimento industrial, as fases de expansão cíclica resultam breves, ao influxo de incrementos da capacidade ociosa cujas sucessivas reiterações passam a ser percebidas como insustentáveis, e incidem negativamente sobre o investimento. Sobrevém, pois, a fase oposta, de queda do nível de atividade ou de diminuição significativa de sua taxa de crescimento. Entende-se deste modo que, nas economias periféricas, e sob o padrão mencionado, a reversão desta fase e a retomada do movimento expansivo não se obtêm pela mera forma de operar dos mecanismos de mercado; requerem "decisões 'autônomas' de investimento, nas quais o Estado (...) desempenha um papel decisivo" (Tavares, 1981, p. 32). A respeito, cabe reiterar que os principais temas concernentes ao papel do Estado se consideram mais adiante.

Como já se indicou, as "grandes margens de capacidade ociosa (...) freiam o ritmo de investimento industrial" (Tavares, 1981, p. 32). Resulta disso que "a reversão do ciclo tende a produzir-se (...) por razões claramente internas" (Tavares, 1981, p. 32). Além disso, da renovação analítica devida a Tavares deriva que a industrialização recente das economias periféricas apresenta ciclos produtivos — e eventuais bloqueios ao crescimento — que se configuram como endógenos, isto é, como dependentes de fenômenos e tendências que se desenvolvem "no interior" dessas economias.

A nova análise contrasta com a natureza da tradição cepalina básica. Como pudemos ver (em especial nos capítulos 1 e 2), esta atribuiu as descontinuidades nos processos de industrialização e crescimento periféricos à emergência de desequilíbrios externos (iniciados na balança comercial e dependentes de seu comportamento). Sem desconhecer a incidência desses desequilíbrios em desajustes macroeconômicos de curto prazo, colocou-se ênfase nos de longo prazo, ou seja, na impossibilidade de expandir as importações requeridas para o bom andamento daqueles processos. Também no âmbito da tradição mencionada, teorizou-se sobre o estrangulamento externo (capítulo 5, I), entendendo-o como resultado de uma sucessão de desequilíbrios que conduziu a problemas no balanço de pagamentos ou a níveis de endividamento externo que terminam por bloquear a industrialização e o crescimento, quer dizer, por conduzir à estagnação econômica.[22]

v) Cabe perguntar-se como se concilia o "novo endogenismo" com os "velhos argumentos" fundamentados no comportamento do setor externo. Um primeiro aspecto da argumentação concerne às mudanças no fluxo de capitais estrangeiros que acompanham a nova industrialização.

Conforme se apresenta, tanto na etapa de instalação como nas sucessivas ampliações da mesma (rápidas por períodos, enquanto comportam, ao mesmo tempo, a instalação de ramos ou setores e o incremento de capacidades produtivas), "o financiamento externo é a regra" (Tavares, 1981, p. 39). Por um lado, no que diz respeito às empresas transnacionais, são muito flexíveis os "limites à oferta de capitais na relação matriz-filial"

(Tavares, 1981, p. 32). Por outro, as agências internacionais dispuseram de financiamentos abundantes destinados às empresas públicas, e também o foram as disponibilidades de créditos para a compra de equipamentos importados. Cabe assinalar, do mesmo modo, que no período em que culmina e finaliza a nova industrialização — isto é, no qüinqüênio prévio à grave crise desatada no começo dos anos 1980 — os governos dos países em desenvolvimento contaram com uma alta disponibilidade de crédito nos grandes bancos internacionais, os quais ajudaram no financiamento de atividades produtivas, públicas e privadas.

Como é claro, a disponibilidade de recursos referida "não permite que o bloqueio à industrialização opere (...) precocemente, pelo lado do estrangulamento externo" (Tavares, 1981, p. 32). Mas, na realidade, a frase anterior — na verdade, reflexo e resumo de uma constatação — leva-nos a perguntar se aquele fenômeno deverá se produzir em algum prazo. Como se verá adiante, a resposta passa pela questão dos requerimentos de bens de capital e pela medida em que tais requerimentos podem chegar a traduzir-se em enormes demandas de importações desses bens.

Anteriormente, indicou-se que um desenvolvimento sustentado da nova atividade industrial deve ter como um de seus fundamentos imprescindíveis a expansão "adequada" ou "proporcionada" dos dois setores-chave do complexo metal-mecânico (produtores de bens de consumo duráveis e de meios de produção), cujo complexo oferece o suporte básico à atividade mencionada. Mas, além disso, também se insinuou que esse complexo se configura como expressão de um paradigma tecnológico que nele se vai plasmando e materializando.

O que foi assentado no parágrafo anterior possui implicações importantes. O desenvolvimento industrial, o crescimento do complexo metal-mecânico que está em sua base e a expansão "proporcionada" dos dois setores-chave que o compõem requerem a geração contínua de progresso técnico, assim como sua incorporação também contínua ao aparelho produtivo. E isto de forma a ir obtendo — pautada e gradualmente, mas ao mesmo tempo ampliada a cada vez mais setores — condições de competitividade externa e interna.

Convém reiterar que estas conquistas têm como base a consecução do progresso técnico. Junto com isso, cabe também afirmar que, nos pontos de vista que aqui se comentam, reconhece-se que os avanços tecnológicos demandam o desenho e a colocação em prática de políticas públicas, e que estas com freqüência se associam ao desenvolvimento do setor de bens de capital.

A respeito, indica-se que se estas últimas são inexistentes ou insuficientes, pode acontecer que este setor possua "pequenas dimensões e [esteja] mal articulado com a base técnica dos setores líderes da economia" (Tavares, 1981, p. 31). Depois de períodos prolongados de industrialização — isto é, a longo prazo — poderão sobrevir condições caracterizadas pela acumulação aluvial de importações daqueles bens, e "finalmente pelo estrangulamento da capacidade para importar" (Tavares, 1981, p. 31), ou melhor, pelo chamado "estrangulamento externo".

vi) Parece claro que a violenta crise de base financeira a que já se fez referência, cuja eclosão se produziu no México, em 1982, não guarda vínculos com este tipo de estrangulamento, analiticamente considerado como plausível tão-somente em prazos dilatados. Entretanto, tal análise resulta relevante, pois se associa a considerações relativas ao progresso técnico, tema que convém voltar a considerar.

Conforme se argumenta, carece de viabilidade e de sentido prático "retomar o *desideratum* desenvolvimentista e nacionalista" (Tavares, 1981, p. 41) (...) "de completar a estrutura industrial com (...) a implantação de um setor autóctone de bens de capital" (Tavares, 1981, p. 21-2). O simplismo e o irrealismo desta postura não dependem só do grau incipiente de desenvolvimento geral e tecnológico alcançado em economias de industrialização tardia, como as dos países latino-americanos. Incide nisso outro fator de especial significação, que se liga "às estruturas capitalistas reais existentes em nossos países" (Tavares, 1981, p. 41). Marcadas pela internacionalização, tais estruturas foram suscitando, cada vez mais, formas interconectadas e solidárias "dos comportamentos das grandes empresas transnacionais, nacionais e estatais" (Tavares, 1981, p. 41), comportamentos nos quais o *desideratum* mencionado não parece configurar-se como objetivo relevante. Ainda mais, à medida que a "industrialização avançada" procede, o investimento público tende a ver-se condicionado pelos interesses de grandes blocos econômicos, o que inibe ou limita seu virtual papel "na tão nostálgica autonomização tecnológica" (Tavares, 1981, p. 42), supostamente dependente da ampliação dos setores de bens de capital.

Negadas as virtudes desta ampliação, as idéias de Tavares parecem confluir com as de Fajnzylber, objeto de consideração detalhada no capítulo 11. Basta por agora indicar que na base destas últimas se encontra uma conceitualização do progresso técnico, desenvolvida em tempos próximos aos trabalhos que aqui se comentam, e não sem conexão com os mesmos.[23]

Simplificando ao extremo, o conteúdo fundamental desta conceitualização deriva de admitir que nas economias periféricas, o progresso técnico pode ser gerado ou adaptado e assimilado com maior facilidade se forem desenhadas políticas tecnoprodutivas orientadas para certos conjuntos específicos ou "núcleos" de atividades. Os esforços iniciais bem podem estar dirigidos para atividades produtoras de bens nas quais a fronteira tecnológica (isto é, as "melhores práticas", já alcançadas nos grandes centros) se encontra mais próxima e resulta, portanto, mais fácil de alcançar. Mas importa destacar que a eficácia desses esforços requer que as políticas impulsionadoras prevejam a realização de avanços tecnológicos nos distintos elos da cadeia produtiva em que aqueles bens se inscrevem, inclusive os que concernem à elaboração dos bens de capital pertinentes. A recomendação em prol de tais esforços articulados liga-se a que, justamente por sê-lo, o progresso técnico obtido em umas atividades beneficiará às outras pela via da redução de custos, ou se quisermos, pela geração das que mais tarde passaram a denominar-se "economias externas tecnológicas". Conforme se admite, a escolha inicial de certo conjunto (núcleo) específico de atividades não resultará impeditiva de que a partir dele se produzam "derrames" para outras atividades do sistema econômico, nem que tais derrames dêem lugar à emergência de novos núcleos portadores de dinamismo tecnológico, em parte arraigado na elaboração de novos bens de capital, situada "águas acima" da cadeia de produção correspondente.

As considerações anteriores, relativas à consecução do progresso técnico, enfatizam a necessidade de proceder por núcleos de atividades, atuando concomitantemente nos sucessivos elos das cadeias produtivas que essas atividades conformam. Na realidade, embora centrado no avanço tecnológico, este modo de ver contraria o velho argumento cepalino compartilhado por Tavares, segundo o qual, para evitar a emergência de desequilíbrios externos, e a longo prazo, o bloqueio do desenvolvimento comprometido no estrangulamento externo, requer-se empreender a produção (seja esta substitutiva ou de bens industriais exportáveis) de forma concomitante em seus distintos elos, ou ao menos fazê-lo com graus consideráveis de concomitância. Este proceder implicará a conformação gradual de indústrias de bens de capital adequadas aos requisitos dos "núcleos" e setores que se vão expandindo, o que, por sua vez, evitará a acumulação de demandas de importações destes bens, esgrimida muitas vezes como fonte virtual do bloqueio do desenvolvimento.

vii) A forma renovada de olhar para o progresso técnico, que o ponto anterior aborda brevemente, reforça destacar o "desideratum desenvolvimentista e nacionalista" de ampliar o setor de bens de capital, concebido como fonte-chave e prioritária do progresso técnico. Mas, ao mesmo tempo, traz de volta a idéia de que este último se configura como requisito do gradual avanço nas condições de competitividade externa e interna, por sua vez básicas para a expansão de uma estrutura industrial crescentemente internacionalizada. Por último, dá um forte fundamento adicional aos pontos de vista de Tavares, de acordo com os quais nem o progresso técnico, nem a industrialização, nem o desenvolvimento como um todo, podem ser obtidos sem uma ativa e bem orientada participação do Estado. A consideração de seu papel é o objeto da subseção seguinte.

4. *O Estado e a viabilização do desenvolvimento industrial*

Como já se antecipou, postula-se que "a participação do investimento público requerido [n]as economias latino-americanas em processo(s) de industrialização intensa(s)" (Tavares, 1981, p. 33) deve ser crescente.

Posto em outras palavras, a elaboração analítica relativa a estes processos reconhece explicitamente a adoção de certa "hipótese central" (Tavares. 1981, p. 33), que lhe serve de ponto de partida: "O investimento público está obrigado a aumentar mais que proporcionalmente seus gastos em infra-estrutura e na indústria pesada de insumos básicos com o objetivo de romper estrangulamentos existentes [nas etapas de expansão] e de evitar futuros bloqueios ao crescimento" (Tavares, 1981, p. 33).

Pode-se entender que a "hipótese central" referida tenha em sua base o reconhecimento das condições de atraso imperantes ao começar a acelerar a "industrialização avançada", isto é, do escasso desenvolvimento prévio das estruturas produtivas das economias de tipo periférico. São estas carências iniciais de ordem técnica as que outorgam um papel protagonista, qualitativo e quantitativo aos investimentos públicos. Enfocadas "pelo lado da oferta, [entende-se, assim, que as mesmas] devem concentrar-se crescentemente em setores estratégicos como energia, comunicações, transporte, urbanização e outros não menos importantes gastos em capital social básico, que são responsáveis pelas 'economias externas' do setor industrial" (Tavares, 1981, p. 33).

Mas esse papel-chave de tais investimentos, embora fundamente o desenvolvimento de atividades estratégicas, possui certa contrapartida que importa explicitar: a mesma consiste em que "a composição setorial dos investimentos públicos torna-se progressivamente mais integrada e subordinada à dinâmica da expansão industrial" (Tavares, 1981, p. 33) como um todo. Nos pontos que seguem, poder-se-á ver que esta tendência deriva das condições de internacionalização com que o desenvolvimento industrial se vai produzindo.

i) Em páginas anteriores foram feitas reiteradas referências a estas condições. Convém agora precisar seu significado. Conforme se apresenta, com aquele desenvolvimento criam-se "de um golpe as empresas, as indústrias e os mercados, ou seja, as forças produtivas capitalistas correspondentes a uma etapa avançada do capitalismo mundial" (Tavares, 1981, p. 40).

Do mesmo modo, entende-se que este processo "leva a uma internacionalização sucessiva das diversas etapas produtivas no seio de cada indústria" (Tavares, 1981, p. 40). Por certo, o termo internacionalização concerne à forte presença e ao protagonismo das empresas transnacionais em variadas atividades (e, em particular, as componentes de setores líderes, como o de bens duráveis de consumo). Mas, além disso, esse termo alude à readaptação dos métodos técnicos e organizacionais de empresas de capital nacional, público ou privado, assim como ao estreitamento dos vínculos com as de capital estrangeiro, em parte indutores de tal readaptação.

Por outro lado, as mudanças produzidas "no seio de cada indústria" são ao mesmo tempo, e indissociavelmente, mudanças nas relações de propriedade, isto é, envolvem a readaptação ou expansão de distintas "frações do capital", definíveis fundamentalmente com base na importância dos ativos que detêm e dos setores em que essa apropriação se inscreve.

ii) Também se indicou com antecedência que os vínculos entre empresas e atividades não são só os de tipo técnico, plasmados em conexões intra ou intersetoriais. Tampouco estão limitados a aqueles que se produzem por meio e no marco da forma de operar dos mercados. Tais vínculos são ao mesmo tempo de índole social e política, isto é, verificam-se em um âmbito "mais que econômico", no qual se produz "uma articulação voluntária ou forçada, promovida pelo Estado" (Tavares, 1981, p. 40), que acompanha a readaptação e a expansão das distintas ações do capital. Porém mais do que esta constatação genérica sobre esse âmbito, importa referir que concepção se tem, no marco do enfoque comentado, sobre as tendências imperantes na articulação a que se acaba de aludir.

A respeito, entende-se que "quanto mais desenvolvida está a estrutura industrial, mais (...) solidários são os comportamentos das grandes empresas transnacionais, nacionais e estatais" (Tavares, 1981, p. 41). Do mesmo modo, destaca-se que "paradoxalmente, quanto mais avançada é a industrialização, tanto mais integrado se encontra (...) o investimento público à dinâmica do conjunto de grandes blocos de capital internacionalizado" (Tavares, 1981, p. 42).

O anterior tem implicações relevantes, indicativas de que "a margem de manobra de nossos Estados para alterar o comportamento das grandes empresas e modificar (...) a estratégia industrial é limitada" (Tavares, 1981, p. 42). Ainda mais, os modos de compatibilização dos interesses de "frações do capital" expandidos e internacionalizados, entre si e com os do próprio Estado, parecem demarcar os graus de autonomia deste último, dificultando uma ação do mesmo condizente com os objetivos do desenvolvimento.

iii) Dois são os principais efeitos macroeconômicos negativos, resultantes da debilitação da "autonomização" do Estado, um concernente a longo prazo e o outro a fenômenos de índole conjuntural de curto prazo. Nestas notas optou-se por concentrar a atenção no primeiro.

Além de ineficiências administrativas e de gestão, este efeito se manifesta na ineficácia do desenho e da implementação de políticas condizentes à consecução de proporções "adequadas" entre os setores da produção industrial, requeridas, se não para uma cabal continuidade de sua expansão, ao menos para prolongar os auges cíclicos. Uma derivação desta mesma incapacidade é a que se expressa na carência ou insuficiência do investimento público autônomo, necessário seja para atenuar as contrações ou para servir de ponto de apoio à participação de comportamentos expansivos.

Certo aspecto particular, mas ao mesmo tempo relevante, dessa aparente inépcia do Estado para levar adiante políticas produtivas condizentes corresponde aos temas do avanço tecnológico e do setor de bens de capital. Um exemplo de tal inépcia aparece na política de reserva do mercado interno e de financiamento público para a compra de equipamentos nacionais, que não impediu a concorrência de equipamentos importados nem evitou o desperdício da capacidade instalada no setor protegido. Por contraste, destaca-se que o desenvolvimento dos bens de capital deve "ser programado com uma demanda regular do setor público e políticas de estabilização que o colocariam em condições de enfrentar a concorrência internacional" (Tavares, 1981, p. 35).[24]

iv) Acaba-se de argumentar que as dificuldades que enfrenta a ação do Estado não são só de índole técnica e econômica. Conforme se viu, consideram-se também como de base sociopolítica, pois os modos de conformação e desenvolvimento dos vínculos entre "frações do capital" limitam sua autonomia, isto é, abrem-lhe margens de manobra insuficientes para alcançar e manter as proporções entre setores da indústria requeridas para sua expansão contínua.

É importante ter presente que as considerações que antecedem aludem unicamente ao desenvolvimento de um padrão industrial internacionalizado, ao qual não se integram as massas marginais e os trabalhadores informais urbanos, que, *ex hipotesis*, seguirão tendo dimensões significativas e permanecerão "segmentados" das renovadas condições de modernidade que este padrão traz consigo.

O tema do novo padrão industrial, e não este, vinculado à pertinácia da pobreza e da exclusão é o objeto principal dos esforços de teorização que aqui se comentam. No entanto, ao culminar estes esforços, incluem-se breves referências a um assunto que os situa em um campo comum, estabelecendo entre eles um vínculo relevante: a democracia.

Aponta-se claramente para a necessidade de seu aprofundamento substancial, "que implica um avanço do controle político das massas sobre os aparelhos de Estado, em todos os níveis" (Tavares, 1981, p. 42). Isso se configura como requisito de atenuação da considerável influência das "frações de capital" emersas da industrialização internacionalizada e, ao mesmo tempo, como fonte de autonomização do próprio Estado.

O aprofundamento democrático merece, pois, uma consideração destacada, convergente com a de outros pensadores, que também a abordaram em tempos em que a própria democracia acabava de ser restaurada em vários países da área. A coincidência maior entre os pontos de vista então aflorados consistiu em admitir que só uma "hegemonia ampliada", que incluísse os setores sociais majoritários na conformação do poder político, abriria caminho a um padrão de desenvolvimento econômico e socialmente viável.[25]

v) A concepção do M. C. Tavares, descrita nas subseções anteriores, apresenta um particular interesse analítico. Este se associa à capacidade dessa concepção para apreender o chamado "processo de industrialização internacionalizada", próprio do período 1965-1980, de um modo que ao mesmo tempo altera e enriquece as anteriores visões estruturalistas do desenvolvimento, sem por isso afastar-se da corrente básica que as mesmas foram conformando. Concretamente: a concepção mencionada examina com rigor a presença de um ciclo endógeno peculiar do processo mencionado, ao tempo em que consegue relacioná-lo com tendências próprias do setor externo, pré-teorizadas naquelas visões. Por outro lado, ciclo interno e condicionamentos externos se abordam de uma perspectiva claramente estrutural: com base em proporções (ou desproporções) que concernem à adequação e à continuidade (ou à inadequação e à descontinuidade) da expansão industrial e do crescimento econômico, globalmente considerado. Por último, ambos os processos se visualizam também de uma perspectiva "mais que econômica", isto é, enfocados novamente a partir de suas interconexões com fenômenos sociopolíticos.

Sem deixar de reconhecer seus vínculos com desenvolvimentos posteriores do estruturalismo — às vezes visíveis, como na obra de Fajnzylber, outras vezes tênues ou tácitos, como os detectáveis em trabalhos recentes da Cepal —, também se deve destacar que os esforços de teorização recém-sintetizados padecem de uma clara limitação temporal, que aparece com a crise de começos dos anos 1980. Entretanto, a possibilidade dessa mudança abrupta não foi por inteiro ignorada. Na verdade, há uma frase que ao mesmo tempo que reconhece essa possibilidade, configura-se até certo ponto como premonitória: afirma-se nela que se está "agora em risco de desnacionalização frente ao ataque da nova ideologia liberal internacionalizante" (Tavares, 1981, p. 41). Logo se faria visível seu predomínio e, com ele, a plena caducidade do padrão de desenvolvimento anterior.

Notas

1. A mesma se apresentou como tese de doutorado e foi publicada em 1982 (Cardoso do Mello, 1982). Em 1998 a Unicamp publicou sua décima edição.
2. Prefácio à obra de J. M. Cardoso de Mello (Belluzzo, 1982, p. 9) mencionada.
3. Como foi possível ver no capítulo 2, a análise cepalina dos anos 1950 centra sua atenção em três tendências próprias da industrialização espontânea da periferia: o desequilíbrio externo, o subemprego estrutural e a deterioração dos termos de troca. Assim, não se olha para o "modo de produção capitalista", mas para certos aspectos econômicos do desenvolvimento periférico, sob a simples admissão de que este se produz no marco de um sistema capitalista portador das características mais gerais que o definem como tal.
4. A frase citada ganha clareza considerando que a mesma alude à "produção de conceitos capazes de [apresentá-lo estruturadamente] em cada período". O autor entende que essa tarefa tem em seu ponto de partida certa contribuição fundamental, que atribui a Cardoso e Faletto: "A idéia de que a dinâmica social latino-americana é determinada, em primeira instância, por 'fatores internos', e, em última instância, por 'fatores externos', a partir do momento em que se estabelece o Estado Nacional" (Cardoso de Mello, 1982, p. 76).
5. Oportunamente poderemos observar (capítulo 9, III, 1) que Furtado também rastreia as origens do que chamou "civilização industrial", consolidada nos centros na segunda metade do século XIX, depois de um longo período prévio que — como na obra de Cardoso do Mello — remonta ao capitalismo mercantil.
6. Entre os autores mencionados por Cardoso de Mello se encontram Tavares (1964); Barros de Castro (1967); Sunkel e Paz (1970).
7. Mencionado em Cardoso de Mello (1982, p. 110).
8. Trata-se de *Acumulação de capital e industrialização no Brasil* (Tavares, 1985), tese de livre-docência apresentada na Universidade Federal do Rio de Janeiro em 1975 e publicada pela Unicamp em 1985.
9. Em suas recomendações de política econômica dos anos 1950 (capítulo 2, IV), a Cepal sustenta a necessidade de recorrer ao financiamento externo, com o duplo propósito de apoiar o esforço interno de poupança e de compensar a escassez de divisas. Mas, como pôde ser visto, a industrialização substitutiva, acompanhada ou não por um esforço complementar de exportação de manufaturas, obriga a que esse financiamento seja transitório ou limitado, evitando que aumente a cota ideal dos ativos de propriedade estrangeira sobre o total de ativos e que se impeça desse modo o peso crescente da remuneração dos primeiros sobre a capacidade para importar. À luz deste argumento, de base estritamente econômica, pode-se reco-

nhecer que a Cepal postula o necessário "caráter nacional" do desenvolvimento periférico, sem que isso impossibilite ou torne inconveniente o cumprimento de um papel relevante, claramente reconhecido, para o investimento estrangeiro direto. Já nos anos 1960, a tese Cepal-Prebisch sobre os requisitos sociais do desenvolvimento (capítulo 5, II, 4) enfatiza a debilidade da iniciativa do empresariado industrial, vazio decisivo que limita o ritmo e favorece as distorções do processo de industrialização substitutiva. Embora apoiado em bases analíticas próprias e muito diversas, esse argumento converge com o compartilhado por distintas correntes da esquerda latino-americana daqueles tempos, que ressalta o papel-chave a cumprir pela "burguesia nacional" no desenvolvimento dos países atrasados. Mas tampouco em sua argumentação de base social a postura cepalina nega a virtual importância da participação das empresas transnacionais no desenvolvimento periférico, sobretudo em atividades portadoras de tecnologias novas e complexas. Uma visão sintética dos pontos de vista dessas correntes, assim como de seus vínculos com o estruturalismo latino-americano, encontra-se na tese de doutorado de Lidia Goldenstein antes mencionada.

10. Este documento se intitula "Problemas de industrialização avançada nos capitalismos tardios e periféricos" e foi publicado na revista *Economía de América Latina* (Tavares, 1981).
11. Observe-se a propósito que o título do documento da nota anterior se refere explicitamente a "capitalismos tardios" e periféricos.
12. Conforme pôde ser visto no capítulo 6, esta foi a nomenclatura utilizada na versão do "enfoque da dependência" elaborada pelo F. H. Cardoso e E. Faletto em meados dos anos 1960.
13. No essencial, o enfoque do mercado de trabalho que aqui se descreve está contido na tese de doutorado de Paulo Renato Costa Souza (1980).
14. Segundo apontado explicitamente por Costa Souza (1980).
15. De acordo com Tavares (1981, p. 28), cabe observar a similaridade dessa postura analítica com o referente exposto por Prebisch, ao que se designou anteriormente como de "suficiência dinâmica". Essa similaridade tem implicações metodológicas que convém explicitar: uma mesma concepção estrutural básica, por meio de variações de seus conteúdos históricos, está em um caso orientada à explicação do estancamento e, no outro, à viabilização do crescimento em uma nova etapa, embora nela este se configure como "concentrador e excludente".
16. As análises em que se sustenta esta síntese se encontram nas teses de M. C. Tavares mencionadas na bibliografia, que datam de 1975 e 1978 (a primeira publicada em 1985).
17. Além das obras de M. C. Tavares até agora mencionadas (1975, 1978 e 1981), as considerações desta subseção e da seguinte também encontram apoio em várias

teses de mestrado e doutorado apresentadas na Universidade de Campinas, a saber, Gonçalves (1976); Possas (1977); Baltar (1977). Do mesmo modo, levou-se em conta o artigo de Tavares, Façanha e Possas (1978).

18. Pode-se entender que cada empresa gera excesso de capacidade em relação à sua participação no mercado, e não em relação ao mercado como um todo. Assim, a capacidade ociosa global se verifica por excesso de fábricas, e não pelo tamanho de alguma fábrica em particular. Ver-se-á posteriormente que o contínuo excesso de capacidade produtiva se configura como uma fonte relevante das flutuações no crescimento, tanto do setor como da indústria em seu conjunto.

19. A partir de certo grau de maturação industrial, a concorrência de preços tende a ser facilitada pela introdução de progresso técnico, redutor de custos, e, do mesmo modo, por um maior aproveitamento das escalas "excessivas" disponíveis. O padrão de concorrência oligopolista a que se vem aludindo se traduziu, também, em estratégias de exportação destinadas a deslocar rivais nos mercados da região.

20. Mais adiante voltaremos ao tema do Estado. No momento, cabe observar que a admitida "não-acentuação" do estatismo e do nacionalismo convergem com o reconhecimento de uma fase de "capitalismo dependente-associado". Entende-se que a mesma corresponde a um padrão de industrialização renovado e dinâmico, no qual Estado e capital nacional conservam funções necessárias, mas adequadas às da força expansiva-chave, constituída pela crescente presença de grandes empresas transnacionais. Pelo demais, esses pontos de vista se configuram como convergentes com os de F. H. Cardoso, de quem provém a expressão "capitalismo dependente-associado".

21. Cabe agregar algumas observações adicionais sobre o tema das inclusões e exclusões. No diagrama que orienta estes comentários, não se fizeram constar certos setores de bens de produção, só para tornar mais visível o elo privilegiado existente entre a nova industrialização e o complexo metal-mecânico e a forte relação do desenvolvimento deste último com a indústria petroleira. No entanto, tais setores, que produzem os insumos homogêneos mencionados anteriormente — cimento, derivados da indústria química —, aparecem implicitamente na argumentação que segue. Por necessidades de simplificação, excluem-se da mesma não só os bens de consumo não-duráveis, mas também outras atividades econômicas relevantes, das quais a construção e os serviços de transporte e financeiros são exemplos conspícuos.

22. Previamente às análises que se estão considerando, Tavares elaborou versões das teorias do desequilíbrio e do estrangulamento externo, incluídas no artigo "Auge e declínio do processo de substituição de importações no Brasil" (1964), referido anteriormente. Embora partam da experiência deste país, tais versões se inscrevem na plenitude na tradição mencionada: cumprindo requisitos de coerência, explicam aqueles fenômenos com base em "desproporções" entre setores da pro-

dução material ou entre suas taxas de crescimento. Convém destacar que, nas explicações "endógenas" sobre fenômenos similares, a posição metodológica em que as mesmas se apóiam em nada se altera, enquanto continuam sustentando-se em "desproporções" de igual natureza.

23. Neste sentido, cabe assinalar que as obras de Fajnzylber consideradas constam da bibliografia anexa à terceira parte do presente documento.
24. Observe-se a convergência deste argumento com o que sugere a instalação de sucessivos "núcleos de dinamização tecnológica", aos que correspondem instalações de sucessivas atividades produtoras de bens de capital, todas elas competitivas (veja a subseção 3, vi).
25. No final dos anos 1970 e começo dos 1980, a particularíssima relevância do tema da democracia e de seu aprofundamento foi compartilhada, entre outros, por F. H. Cardoso, J. Medina Echavarría e R. Prebisch, cujos enfoques são analisados no capítulo 10.

9. Desenvolvimento e cultura. A perspectiva de Celso Furtado

A obra de Celso Furtado possui certo traço peculiar e distintivo. Diferentemente de outros estruturalistas latino-americanos, este autor aborda com amplitude o tema da cultura e estabelece uma conexão explícita entre cultura e desenvolvimento. Em sua visão do desenvolvimento se acha presente, por essa via, uma articulação harmoniosa dos vários componentes do todo social e de sua dinâmica. Tal visão totalizadora se configura como de particular importância, pois constitui uma base para a construção de opções às propostas de desenvolvimento hoje dominantes, com forte raiz em posturas neoliberais.

Essa integralidade e essa relevância conformam o fio condutor das notas que seguem, estendido ao longo das cinco seções que as compõem. A primeira corresponde às apreciações de Furtado sobre os aspectos econômicos do subdesenvolvimento, centradas nas dificuldades que a "condição periférica" impõe aos processos de avanço técnico e de acumulação de capital. Essa seção se refere, além disso, às estruturas sociais em que estas dificuldades se inscrevem e ao modo como se relacionam os processos econômicos com os sociopolíticos.

A seção II descreve os vínculos entre desenvolvimento e cultura, a partir das colocações que sobre os mesmos realiza Furtado, num alto nível de abstração. Neste referente básico se apóiam os pontos de vista segundo os quais uma apreciação adequada do desenvolvimento requer percebê-lo como enriquecimento do sistema da cultura, globalmente considerado.

A seção III corresponde à chamada "civilização industrial". A respeito, Furtado aponta que esta se consolida em um conjunto de países europeus durante a segunda metade do século XIX, de onde se vai estendendo em nível planetário. A importância de considerá-la radica em que seus conteúdos básicos, ou melhor, as idéias e os valores que se configuram como seus traços essenciais conformam uma explicação com forte raiz histórica da tendência à transmutação de meios em fins, a qual lhe outorga especial menção. Como se verá oportunamente, essa expressão leva a apontar que os meios materiais do desenvolvimento cultural — a acumulação e o progresso técnico — são vistos como objetivos prioritários, se não únicos, obscurecendo os altos fins que se inscrevem na cultura não-material e que verdadeiramente enriquecem a existência humana.

A seção IV contrasta certos traços do desenvolvimento periférico com os que correspondem aos centros ao longo do processo de difusão da civilização industrial. Esta comparação procura esclarecer que, no primeiro, a tendência à transmutação de meios em fins assume certa forma específica: a dependência cultural. Da mesma e de sua reiteração deriva que o desenvolvimento da periferia se veja persistentemente limitado ou impedido.

Conforme se argumenta, superar este condicionamento negativo depende de que surjam, nas sociedades periféricas, forças capazes de dinamizar a criatividade nos distintos âmbitos de seus respectivos sistemas culturais e de consolidar desse modo a identidade cultural própria. Esse despertar de energias e essa reafirmação da identidade é a essência do que se entende por desenvolvimento endógeno, proposta estratégica objeto da seção V.

I. O PROCESSO DE SUBDESENVOLVIMENTO

i) Sustenta Furtado que seu trabalho de teorização teve como ponto de partida um desacordo com a visão convencional sobre as economias que desde o começo dos anos 1950 passaram a se denominar subdesenvolvidas, pois uma leitura atenta dos dados então disponíveis sugeriu a existência de dois processos diferenciáveis. O primeiro seria aquele que seguiram os países onde a revolução industrial começou primeiro, no fim do século XVIII. O segundo, aquele que seguiram os países que renovaram sua conexão com os mesmos durante a segunda metade do século XIX, por um esquema de divisão internacional do trabalho marcado por uma forte especialização geográfica. Estes últimos se especializaram na produção de bens primários, cujas exportações tiveram como face oposta as importações de meios de produção e também de bens de consumo de origem industrial.[1]

Esse esquema de divisão internacional do trabalho deriva de dois processos interconectados. Mas é a diferenciação que se produz entre eles, ou melhor, a percepção dessa diferenciação, a que abre caminho para a interpretação do próprio processo de subdesenvolvimento, ou se quisermos da elaboração de uma teoria do subdesenvolvimento. Furtado é quem primeiro introduz esta terminologia, definindo com ela o que considera um âmbito especial da elaboração analítica nas ciências sociais: justamente, o da teoria do subdesenvolvimento.

ii) Entende-se que as diferenças entre estes processos — ou entre centro e periferia, para voltar para a nomenclatura de Prebisch — começam a tornar-se perceptíveis atendendo às que existem nas conexões entre progresso técnico e acumulação. Nos centros, a industrialização procede com um avanço técnico sustentado e intenso, que permite que a acumulação também se vá dando de forma contínua, a longo prazo. O avanço técnico traz consigo um aumento contínuo da quantidade de capital por homem ocupado. Esse caráter das novas técnicas — intensivo em capital e, portanto, poupador de mão-de-obra — não impede que esta última tenda a escassear, suscitando uma alta gradual dos salários. Entretanto, esta não entorpece a continuidade da acumulação, pois o próprio progresso técnico vai permitindo a consecução de margens de ganho compatíveis com seu dinamismo. O progresso técnico não se traduz só na geração de novos processos produtivos ou na alteração dos preexistentes, mas também na criação de novos bens de consumo. Com estes se vai fazendo frente a uma demanda que se incrementa e se diversifica, como resultado do aumento das rendas da propriedade e também do aumento do nível e da massa de salários.

iii) A anterior não é mais que uma imagem estilizada e simplificada de um processo econômico complexo, exposta tão-somente como uma *démarche* analítica, como um referente[2] que permite esclarecer o processo anverso, isto é, que resulta do subdesenvolvimento. Para delinear suas características mais relevantes, convém começar redefinindo muito brevemente as que correspondem ao período de expansão "para fora", o qual — como já se destacou — tem lugar na segunda metade do século XIX, estendendo-se *grosso modo* até a crise de 1929.

Furtado identifica e caracteriza esse período como de "especialização geográfica". Durante a vigência deste padrão de desenvolvimento, o progresso técnico penetra nas atividades primárias de exportação e em outras com as quais se vincula diretamente (por exemplo, os transportes e a infra-estrutura em que se apóiam), mas não chega a se estender a conjuntos mais ou menos amplos de atividade preexistentes, nos quais a produtividade do trabalho permanece reduzida. Conforme se argumenta, no próprio setor exportador, a geração de progresso técnico, assim como sua incorporação efetiva ao processo produtivo, resultam escassas ou lentas. Entretanto, isso não impede que neste setor se verifiquem aumentos significativos da produtividade do trabalho e do excedente econômico,[3] primordialmente derivados de mudanças no uso dos recursos (por exemplo, destinar terras a novos produtos e a expansão da fronteira agrícola).

Entende-se que o caráter demarcado do progresso técnico e dos aumentos da produtividade resulta desfavorável, da perspectiva da acumulação de capital. Por outro lado, se argumenta que uma parte considerável do excedente gerado com a expansão exportadora é destinada ao consumo e à sua diversificação, de onde se deriva um forte compromisso para manter os níveis e ritmo aos quais a acumulação procede. A debilidade desta última implica numa taxa de expansão da demanda de força de trabalho em atividades de produtividade elevada que resulta exígua, em comparação com a taxa de expansão de sua oferta.[4] Por sua vez, esta disparidade se reflete na presença contínua de vastos contingentes de mão-de-obra ocupada em condições de produtividade e de remuneração reduzidas; isto é, nessa presença maciça do subemprego peculiar do subdesenvolvimento, definidora de um traço-chave do mesmo: a heterogeneidade social e sua persistência.[5]

iv) Foi dito antes que, no desenvolvimento para fora, as técnicas de produtividade elevada eram aceitas basicamente no setor exportador e correlatos. Quando a periferia toma o caminho da industrialização, as técnicas modernas se estendem a um número mais amplo de atividades e ramos, em especial no âmbito da manufatura, assim como em outros componentes do setor secundário. Entretanto, ao empreender-se este caminho, parte-se de um padrão de especialização produtiva que limita a capacidade de gerar novas técnicas e também de alterar, adaptando-as, as técnicas que se foram desenvolvendo e complexificando ao longo dos processos de industrialização mais prematuros, acontecidos nos grandes centros.

Essa "dependência tecnológica" — essa necessidade de utilizar técnicas geradas nos centros — possui certas implicações negativas. Tais técnicas se plasmam habitualmente em processos produtivos de grande escala, excessiva com respeito ao tamanho dos mercados que se vão conformando com o processo de industrialização da periferia. Portanto — e em maior ou menor medida, segundo as atividades —, o capital investido durante esse processo tenderá a ficar parcialmente ocioso; em conexão com isso, a produtividade do trabalho alcançada nestas atividades tenderá a ser inferior à que potencialmente poderia se obter com as tecnologias disponíveis. Assim, a inadequação da escala em que tais tecnologias se vertem possui uma incidência negativa sobre os resultados do esforço de acumulação, qualquer que seja a intensidade deste esforço (identificável com a magnitude da taxa de economia).

Mas há que se levar em conta, além disso, que as técnicas geradas nos centros obedecem ao intuito de economizar mão-de-obra, do qual deriva uma elevada dotação de capital por pessoa ocupada. Esta alta densidade de capital — claramente diversa da dotação relativa de recursos com que começa e se desenvolve a industrialização periférica — resulta desfavorável desde a perspectiva da quantidade de mão-de-obra absorvida com cada unidade de capital investido e, segundo Furtado, atua em prejuízo do ritmo de geração de emprego produtivo associado à acumulação de capital.

Os parágrafos anteriores apontam que os dois aspectos da inadequação das tecnologias geradas nos centros — suas escalas e dotações de capital excessivas — desfavorecem tanto a acumulação de capital como a absorção de mão-de-obra em condições de alta produtividade durante a industrialização periférica. No entanto, isso não significa que se deva ignorar que este processo implica a introdução de novas técnicas e a elaboração de novos bens e, do mesmo modo, o aumento do excedente econômico, que encontra outras fontes na atividade industrial. Nem tampouco desconhecer que as dinâmicas conexas da acumulação e da incorporação de mão-de-obra de produtividade elevada dependerão crucialmente da utilização do excedente econômico que essas dinâmicas geram e do qual se nutrem.

A este respeito, postula-se que durante a industrialização periférica continua acontecendo nos centros uma acentuada diversificação e refinamento das pautas de consumo, e que essas mesmas pautas renovadas são imitadas na periferia, onde os ganhos médios permanecem em níveis consideravelmente mais baixos. Do mesmo modo, entende-se que esse padrão de uso do excedente — essa exacerbação prematura do consumo imitativo — compromete as dimensões da acumulação e de seu ritmo, reforçando ao mesmo tempo a escassa absorção produtiva de mão-de-obra e a persistência do subemprego.[6]

v) Necessidade de adotar técnicas geradas nos centros; imitação de pautas de consumo estrangeiras, condicionante depressivo do esforço de acumulação; escassa amplitude da absorção de mão-de-obra em condições de produtividade elevada: tais são, em síntese, os elementos interconectados que caracterizam a industrialização periférica; em conjunto, eles provocam a reiterada presença maciça de subemprego estrutural que impede o aumento dos salários, dando lugar à concentração da renda e, por meio da mesma, à persistência da heterogeneidade social.

Convém complementar a argumentação anterior com a qual se refere à estrutura da demanda de bens de consumo e às suas mudanças, em parte já considerada. O referente básico dessa argumentação corresponde aos padrões de mudança que vão ocorrendo nessa estrutura nos grandes centros industriais. Conforme se admite, uma e outra vez surgem neles novos bens de consumo que começam a ser produzidos com técnicas de desenvolvimento incipiente e em escalas reduzidas. Os altos custos implicados restringem sua aquisição a um conjunto limitado de membros dos estratos de renda maior. Em instâncias posteriores, à medida que as técnicas maturam e as escalas se ampliam, a conseqüente redução de custos permite que o consumo dos novos bens se vá difundindo entre membros de estratos de renda mais baixa. A anterior é uma imagem simplificada de uma tendência geral, consistente com uma dinâmica de contínua ampliação dos mercados, em que acontecem etapas de discriminação e de difusão do consumo de distintos produtos, o qual implica a diferenciação contínua das pautas de consumo correspondentes aos distintos estratos de renda, inclusive os mais baixos.

Esta dinâmica, tanto global como por tipos de bens, não se reproduz no processo da industrialização periférica, por causa das limitações ao aumento dos salários e da concentração da renda que a acompanham. Neste processo, o aumento do consumo tende a se concentrar nos níveis de renda mais alta e em pautas caracterizadas pela diversificação e modernidade dos bens que incluem. Por outro lado, entende-se que tais pautas são reiteradamente renovadas, por causa da contínua criação de novos bens nos centros e da imitação e incorporação dos mesmos na periferia. No desenvolvimento industrial desta última, reitera-se, pois, uma "adaptação do aparelho produtivo a essa demanda sofisticada [constituindo-se] um subsistema produtivo de alta densidade de capital, (...) com pouca capacidade de geração direta de emprego" (Furtado, 1978, p. 50), subsistema cuja expansão se vê comprometida pelas limitações à difusão de pautas renovadas de consumo impostas pela concentração da renda. Como se pode apreciar, a consideração explícita da composição setorial ou por tipos de bens da demanda de consumo reforça conclusões anteriores, em relação às dificuldades que enfrentam a acumulação de capital e a absorção de força de trabalho, na industrialização periférica.[7]

vi) Os tipos *sui generis* de mudança técnica e de acumulação que se vão dando na periferia não são dissociáveis das transformações nas estruturas sociais e nos sistemas de poder que se sustentam nas mesmas. Esta "visão não-reducionista"[8] da economia se esclarece traçando de novo um breve paralelo entre a periferia e os grandes centros.

Nestes últimos, o desenvolvimento é fruto do impulso dado à acumulação pela classe capitalista, que controla os núcleos mais importantes de decisão política, utilizando-os em consonância com seus próprios interesses. Mas o desenvolvimento também resulta do impulso para a melhoria das condições de vida da classe trabalhadora, impulso que adquire força e eficácia uma vez que se absorvem os grandes excedentes de mão-de-obra das primeiras etapas da industrialização.

Em outros termos, o *modus operandi* do capitalismo incluiu nos centros a expansão de relações trabalhistas apoiadas no emprego assalariado e marcadas pela sindicalização, ambas cruciais para o aumento gradual das remunerações dos trabalhadores e para a concomitante ampliação do mercado interno.[9]

Um traço marcante da industrialização periférica consiste na apropriação de uma parte considerável do excedente por grupos locais que o utilizam para ampliar sua própria esfera de ação. Embora limitada por fatores externos de grande importância, a ação destes grupos burgueses parece reproduzir tardiamente a ascensão da burguesia européia para o controle do poder político, a partir dos inícios da industrialização. Mas há uma diferença maior: na periferia, o conflito pelo poder de tais grupos está longe de produzir conseqüências similares no plano social. Por um lado, eles não se constituem em instrumento de reconstrução em profundidade das estruturas sociais, cujos traços de arcaísmo refletem a sobrevivência e o peso de estruturas preexistentes. Por outro, a apropriação do excedente por estes grupos não encontra resistência nos trabalhadores, cuja consciência de classe só se vai conformando com lentidão, comprometendo a consolidação de um poder sindical capaz de influir na heterogeneidade social, que contribua para reduzi-la.[10]

vii) Assim, nos esforços por elaborar uma teoria do subdesenvolvimento, Furtado imbrica em uma mesma análise processos que considera como indissociavelmente econômicos e sociopolíticos. Mas outra característica básica de seu enfoque, que o transforma em peculiar e único no contexto do pensamento latino-americano, consiste na extensão dessa análise ao tema da cultura, ou, mais propriamente, consiste em incluí-lo em de uma análise geral da mesma. Na verdade, é através deste segundo "não-reducionismo" que se procura entender o desenvolvimento em seu sentido mais amplo, como desenvolvimento cultural global. A seção seguinte trata deste tema.

II. DESENVOLVIMENTO E CULTURA

i) Já nas primeiras obras, Furtado enfatiza o conceito de cultura e de sua importância para os esforços de teorização sobre o desenvolvimento.[11] Esse ponto de vista leva a sucessivos esforços por enfocar o tema da cultura de uma perspectiva abstrata ou geral. Com base nos mesmos, tenta-se percebê-la como um sistema e, ao mesmo tempo, como um processo acumulativo: conforme se concebe, a cultura deve ser vista como um todo cujas partes guardam coerência entre si e, portanto, como um sistema cujo significado não se expressa cabalmente no de uma ou algumas de suas partes; ao mesmo tempo, entende-se que a cultura constitui um sistema no qual a mudança e o enriquecimento são inerentes.

ii) Sempre no marco de uma perspectiva geral, entende-se que essa mudança se explica pela introdução de inovações.[12] Estas alteram a coerência entre os componentes do sistema, de modo que a inovação em um deles suscita uma cadeia de ações e reações que se vai estendendo a outros. Essa cadeia poderá conduzir ao restabelecimento de uma adequação entre os componentes similar à inicial, em cujo caso a mudança cultural não se configurará como de grande magnitude ou significação. Ou poderá ir marcando rupturas ou transformações sucessivas que tragam consigo adequações entre as partes do sistema — novas redefinições de sua coerência — substancialmente distintas das do ponto de partida (Furtado, 1965, p. 38). São estas grandes opções, e a gama de possibilidades que se abre entre elas nos processos históricos concretos e nas culturas específicas, o que Furtado procura sintetizar, indicando que a cultura constitui um "sistema coerente", suscetível de ir mudando e se readaptando com o passar do tempo.

iii) Esta forma de perceber a cultura guarda estreito vínculo com a noção do desenvolvimento peculiar e próprio do pensamento de Furtado, que o relaciona com dois processos de criatividade. "O primeiro diz respeito à técnica, ao empenho do homem de dotar-se de instrumentos, de aumentar sua capacidade de ação. O segundo se refere à utilização última destes meios, aos valores que o homem adiciona ao seu patrimônio existencial" (Furtado, 1984, p. 107).

Em síntese, entende-se que para dar curso ao desenvolvimento, a capacidade criativa do homem terá de orientar-se à geração de inovações. E isso tanto no âmbito da cultura material, perfilada no avanço técnico e da acumulação, quanto na cultura não-material, constituída pelo patrimônio de idéias e valores que uma sociedade vai construindo.[13] No primeiro, as inovações permitem gerar excedentes econômicos adicionais, renovando o horizonte de opções aberto aos membros da sociedade. Mas, na verdade, são as inovações ou invenções nos âmbitos da cultura não-material as que, ao ampliar o universo de idéias e valores, abrem caminhos de realização às potencialidades latentes nesses mesmos membros. Em outros termos, neste âmbito se desenvolvem aqueles impulsos criativos capazes de ajudar o homem a imergir em sua auto-identificação por meio de atividades como a reflexão filosófica, a meditação mística, a criação artística ou a investigação científica (Furtado, 1978, p. 84).[14]

iv) Aprofundando nesta perceptiva abstrata ou geral concernente ao sistema cultural, adiciona Furtado: "Não se introduzem inovações em uma cultura sem suscitar resistência, e estas, na maioria das vezes, manifestam-se por meio de conflitos sociais. O conflito resulta da busca consciente, pelos membros de uma sociedade, de valores que se excluem entre si" (Furtado, 1965, p. 40). Conforme se reconhece, é na cultura material onde tendem a surgir as tensões que alimentam a conflituosidade social. Mas também se admite que em diversos âmbitos da cultura não-material vão se conformando idéias e valores por meio dos quais os homens adquirem uma visão de si mesmos e de seu entorno e, com ela, uma percepção consciente dessa conflituosidade. Posto em outros termos, no suceder de distintos planos da cultura não-material vai se configurando a consciência crítica, já aludida, em que os conflitos sociais tomam corpo e encontram sua expressão.[15]

v) Da perspectiva da conflituosidade social e de seu papel, adquire especial significado a configuração de idéias e valores no âmbito sociopolítico, pois estes mesmos constituem o sustento básico da ação política, da canalização "das forças [requeridas] para a reconstrução de estruturas sociais paralisadas e para a conquista de novos avanços na direção de formas superiores de vida" (Furtado, 1984, p. 28). Como se destacou anteriormente, Furtado enfatiza especialmente o enriquecimento da cultura não-material, pois a considera como a chave fundamental do desenvolvimento. Pode-se ver agora que atribui a este último outra chave também crucial, inscrita em certo âmbito particular ou mais específico do que aquela: o âmbito sociopolítico, já que, conforme postula, é por meio da ativação política, impulsionada pela vontade coletiva, como se vão obtendo as inovações nesse mesmo âmbito e no marco jurídico-institucional que o regula, de modo a reduzir as tensões geradas pela acumulação material e de alcançar, por esta via, a continuidade do próprio desenvolvimento (Furtado, 1978, p. 88). Assim, na percepção do sistema global da cultura própria de Furtado, é legítimo diferenciar três âmbitos principais: o da cultura material, que corresponde no essencial ao progresso técnico e à acumulação, o concernente às relações sociopolíticas e às idéias e valores que as fundamentam, e o conformado pelos restantes componentes da cultura não-material, chamados com brevidade de "âmbito cultural".[16]

vi) Esta perspectiva geral é uma clara expressão do não-reducionismo duplo a que se fez referência no capítulo anterior. Mas, além disso, mostra outra peculiaridade do pensamento de Furtado: sua arraigada negação de toda forma de determinismo. No seu entender, a evolução de toda sociedade depende crucialmente de percepções e decisões conscientes de certos atores sociais chave, assim como da determinação e pertinácia com que encaram sua ação.[17] Este depurado não-determinismo guarda relação com a importância brindada ao sistema global da cultura, pois a indução e condução das mudanças neste sistema pelos atores sociais resulta indissociável das idéias e valores que os motivam, tanto os mais gerais como os que concernem aos conteúdos econômicos e sociopolíticos destas mudanças.

vii) Uma vez considerado o sistema da cultura e seus componentes, cabe voltar sobre as percepções fundamentais de Furtado em relação ao fenômeno do subdesenvolvimento, tentando reduzir à forma mais simples sua visão das características com que este se expressa na periferia latino-americana.

A este respeito, mostra que desde a segunda metade do século XIX esta constitui um *locus* privilegiado de penetração do capitalismo, e que esta última não corresponde só às relações econômicas próprias do mesmo. Em conexão com isso, admite que esta penetração não se limita ao âmbito material do progresso técnico e da acumulação: supõe que se estende ao âmbito sociopolítico e que também incide sobre o "âmbito cultural", isto é, sobre o conjunto de idéias e valores em que se inscrevem e perfilam os mais elevados fins da cultura.

Assim, segundo estas percepções mais gerais, o desenvolvimento da periferia latino-americana pode e deve ser concebido como condicionado por reiteradas instâncias de penetração cultural. Mas, além disso, reconhece-se que os novos elementos estrangeiros que essa penetração vai incorporando, e a mistura que produzem em cada instância com elementos preexistentes (tanto nativos como estrangeiros previamente adquiridos), será impeditiva da consolidação e da expansão de uma identidade cultural própria.[18] Em outras palavras, não se vão gerando as "conexões sistêmicas" necessárias para dar curso e continuidade ao desenvolvimento (na acepção mais alta e ampla do termo), levantando as sucessivas travas que o inibem.

III. SOBRE A "CIVILIZAÇÃO INDUSTRIAL"

Embora se fale do sistema global da cultura, uma consideração adequada do desenvolvimento (e do subdesenvolvimento) requer também considerar os dois componentes-chave do método das ciências sociais. No estruturalismo latino-americano se admite que esse método possui uma instância de construção abstrata, isto é, da elaboração de referentes ou paradigmas, ou, de "tipos ideais", que por sua própria índole não se encontram imediata ou diretamente associados a realidades históricas concretas, como é o caso do referente considerado no capítulo anterior. Mas, por outro lado, o método deve considerar tais realidades e precisar suas características, configurando-se ao mesmo tempo como histórico-estrutural.[19]

Do mesmo modo, ao reconhecer que a partir da segunda metade do século XIX o desenvolvimento da região foi acompanhado, ou se preferirmos, constituído em boa medida por um processo de penetração tanto econômica como cultural, Furtado postula a necessidade de abordar as bases históricas nas quais esse processo se assenta; a saber, a configuração nos grandes centros da que se denomina "civilização industrial". Seus traços culturais essenciais se consolidam em um conjunto de países europeus durante o período mencionado. Embora não careça de antecedentes, a partir dessa consolidação e desse período a "civilização industrial" — plenamente constituída na Europa durante o mesmo — estende-se às sociedades da periferia, assim como a várias outras não compreendidas na classificação dicotômica que este termo supõe.[20]

Depois de considerar com brevidade seus antecedentes, o presente capítulo se concentra no modo como Furtado conceitualiza a "civilização industrial" penetrando em seus principais traços e, deste modo, no processo histórico por meio do qual a mesma se difunde em nível mundial, e dos condicionamentos que impõe à periferia.

1. Antecedentes

i) Como acabamos de indicar, a chamada "civilização industrial" consolida-se em diversas sociedades européias durante a segunda metade do século XIX. Mas no que concerne a esta consolidação, entende Furtado que ela é indissociável de certas mudanças fundamentais acontecidas nessas sociedades ao longo de um prolongado período.

ii) Duas dessas mudanças, que começam no início do século XVI, têm seus perfis e conteúdos essenciais nas chamadas "revolução burguesa" e "revolução científica". A primeira corresponde às mudanças sociais e políticas capazes de impulsionar a reorganização dos sistemas produtivos europeus com base em critérios mercantis. Cada vez mais, esses critérios se estendem inclusive à terra e à força de trabalho, alterando as relações tradicionais baseadas nelas, transformando-as pouco a pouco em elementos da produção objeto de transações, que como tais adquirem "valor de troca".

Inicialmente conformada pelos grupos sociais que se apropriam do excedente de origem comercial, a classe burguesa estende progressivamente seus interesses para os sistemas produtivos, impulsionando com isto sua própria ampliação e reorganização.[21] A apropriação do excedente gerado na produção se configura como um elemento fundamental na consolidação do poder econômico desta classe. Em paralelo vai se dando o gradual incremento do seu poder político, à medida que as mudanças produtivas afetam as fontes tradicionais do mesmo, até então primordialmente assentadas em regimes de propriedade da terra que imbricavam em graus diversos da tutela da população.

Concomitantemente às mudanças econômicas, sociais e políticas mencionadas, e em boa medida induzidas por elas, vão se gerando mudanças na institucionalidade. Por sua vez, estas admitem a crescente livre circulação de bens, assim como os critérios de livre contratação nos diversos âmbitos do acontecer econômico. A nova institucionalidade permite ampliar e reforçar — em um *choc en retour* — o poder econômico da burguesia e, do mesmo modo, conduz à consolidação de sua ascensão, refletida em sua participação crescente nas decisões políticas.

Resumindo, a apropriação de excedentes econômicos em alta, ligados à ampliação de sistemas produtivos cada vez mais eficientes. Sobre essa base ocorre diversificação de interesses e aumento do poder econômico, aumento concomitante do poder político, garantia de ambos pela via das mudanças institucionais e, como símbolo e síntese, ascensão do prestígio social da burguesia. Tais são os traços essenciais que tipificam a chamada "revolução burguesa".[22]

iii) O segundo processo considerado tem também início no século XVI e se manifesta na "revolução científica". A expressão alude aos avanços no conhecimento das ciências naturais, com interações e repercussões no campo da filosofia, assim como no enriquecimento das artes.[23]

Concomitantemente aos avanços mencionados, consolida-se uma visão segundo a qual a validade dos mesmos pode e deve ver-se referendada por construções abstratas apoiadas na razão, isto é, submetidas ao entendimento crítico, por meio de conjuntos adequados de conceitos.[24] Por outro lado, generaliza-se a aceitação da observação e da experiência, tanto na validação empírica do conhecimento sobre o mundo físico como para a conquista de posteriores avanços neste conhecimento.

iv) A consolidação posta na razão, no que corresponde ao conhecimento do mundo físico, foi se estendendo ao âmbito do social. Nesse âmbito, cada vez é mais possível alcançar a percepção das regras próprias de sua forma de operar a evolução, e a corroboração factual e objetiva das mesmas.

Admitir a possibilidade de uma percepção "científica" do social traz consigo o questionamento das bases da legitimidade dos sistemas de dominação. Entendeu-se com isso que o poder político e seu exercício já não podiam sustentar-se no mandato divino ou na fetichização da memória do passado. Por sua vez, esta negação dos fundamentos consuetudinários do poder trouxe consigo a alternativa de assentá-lo em uma nova visão das possibilidades abertas pelo futuro (Furtado, 1978, p. 71). O elemento essencial desta visão renovada consistiu em perceber a humanidade como continuamente aperfeiçoável. Mas, em última instância, o depurado otimismo contido nessa suposta perfectibilidade se arraiga em outro: o que concerne à possibilidade de que o homem desenvolva plenamente suas faculdades racionais, de modo a ir imprimindo racionalidade às pautas e normas de conduta prevalecentes na sociedade que o abriga.

Em síntese: a extensão dos modelos da razão ao conhecimento do mundo do social implicou um processo de crescente secularização da própria sociedade, cujo traço principal é a admissão de que a fonte primitiva de legitimação do poder se encontra, justamente, na própria razão.

v) O terceiro antecedente tem sua origem no longo desenvolvimento anterior dos dois já considerados, a revolução burguesa e a revolução científica. Daí que se o localize em um período mais próximo, compreendido entre fins do século XVIII e meados do século XIX. Trata-se da "revolução industrial" (com mais exatidão, da "primeira revolução industrial"), que Furtado concebe como um processo de transição para a constituição plena — e posterior — da denominada "civilização industrial".[25]

A revolução industrial se caracteriza pela grande intensidade da mudança tecnológica, que se expressa pela geração de novos métodos produtivos e, deste modo, de novos bens. Conforme se apresenta, além de se acelerar, o avanço tecnológico se estende a uma ampla gama de atividades, suscitando enormes aumentos da divisão do trabalho — tanto entre aquelas como nos respectivos processos de produção — com o conseqüente incremento da produtividade deste recurso, também considerável.

Furtado, no entanto, destaca a especial importância que tem o aumento da quantidade de mão-de-obra destinada a elaborar os meios de produção, por entender que este tipo de divisão do trabalho é o determinante principal dos incrementos de sua produtividade.

Em outros termos, entende que esses incrementos dependem crucialmente da produção de novos meios e, em muito menor medida, da produção de novos bens de consumo. Além disso, postula que na primeira revolução industrial, o desenvolvimento das forças produtivas depende crucialmente da elaboração de novos meios, pois é nela que se cria a grande maioria das inovações e onde emergem comportamentos centrados na preocupação e no interesse de gerá-las.[26]

2. *Os principais traços e sua significação*

i) Os três antecedentes, objeto da subseção anterior, são portadores de transformações culturais de grande envergadura, as quais — como já se antecipou — levam à configuração de sociedades em que se consolidam certos traços culturais particularmente destacados e, além disso, inéditos a partir da segunda metade do século XIX.

Por trás destes traços culturais comuns ou, se preferirmos, dando-lhes sustentação, pode se identificar um conjunto de idéias e valores essenciais, consolidados no processo histórico europeu durante o período mencionado, que a partir de então — e em sucessivas instâncias, países e regiões — difundem-se mundialmente.

Assim, o conceito de "civilização industrial" é utilizado em um sentido ao mesmo tempo definido e demarcado: como esse núcleo-chave de idéias e valores que, ao difundir-se, se relaciona com outros elementos próprios de cada cultura, impactando-as e condicionando-as, embora de variados modos e com distintas intensidades.[27]

ii) As origens dos traços mencionados podem rastrear-se no período de transição em que se desenvolve a revolução industrial. Em particular, na garantia de que estes traços cumprem um papel crucial na continuidade e amplitude da mercantilização de todos os elementos do sistema produtivo — bens, recursos e, inclusive, as próprias técnicas. Além disso, a "mercantilização" destas últimas favorece a revolução mencionada, pois implica a possibilidade de acessar conhecimentos necessários para o avanço tecnológico, ou adquirir direitos de uso das novas técnicas, ou partes das mesmas, facilitando assim sua difusão.

As mudanças tecnológicas que se sucedem e aceleram desde fins do século XVIII tornam claramente visível o papel da tecnologia como instrumento para a geração de excedentes e, com isso, para viabilizar a acumulação de capital, sobre a qual se assenta a continuidade da expansão produtiva. Por outro lado, mais tarde, já no marco da "civilização industrial", todas as atividades produtivas ficam decisivamente subordinadas à lógica da acumulação e a ter, no progresso técnico, a ferramenta fundamental capaz de lhe brindar sustentabilidade.

iii) Esta subordinação das atividades produtivas à acumulação possui implicações que correspondem à conduta dos agentes, dando conteúdo a um primeiro traço cultural destacável. Efetivamente, a continuidade da acumulação pode ser vista como reflexo e expressão da eficiência no uso dos recursos produtivos, o que implica uma atitude maximizadora — uma "racionalidade econômica" — concernente aos resultados de sua alocação ao longo do tempo.

Mas a mudança de comportamento também se expressa em um segundo traço relevante. Junto com a importância da racionalidade implícita na acumulação e em sua continuidade, a primeira revolução industrial também trouxe consigo condutas orientadas à busca de inovações, pois se toma consciência de que os esforços para criá-las constituem o "caminho mais curto para surpreender aos competidores e, portanto, um instrumento de poder" econômico (Furtado, 1978, p. 39).

Já no período correspondente àquela revolução industrial começa, pois, a tornar-se visível que, do ponto de vista dos comportamentos, a acumulação implica atitudes maximizadoras, ampliando-se para cada vez mais atividades produtivas e, juntamente com isso, esforços reiterados de inovação, que são ao mesmo tempo, e indissociavelmente, tentativas de criar impulsos à criatividade.

No entanto, como já observamos, naquele período as técnicas em que se baseia a acumulação se expressam mais na criação de novos meios produtivos que em novos bens de consumo. Por outro lado, na etapa em que a "civilização industrial" se consolida, adquirem força de maneira simultânea essas duas formas principais de manifestação do progresso técnico. Efetivamente, nesta etapa, novos equipamentos são gerados ou se alteram significativamente suas características, e, em particular, enriquece-se e aperfeiçoa-se o uso das fontes de energia associadas aos mesmos.[28]

Em paralelo, criam-se novos bens de consumo, no momento em que a difusão de muitos deles vai se ampliando e sua produção se incrementa.[29]

Esta dupla aceleração do progresso técnico — dupla porque se expressa, por um lado, em novos equipamentos e processos produtivos, e por outro, em novos bens de consumo — e a acumulação que nela se sustenta saem de controle com uma "descentralização de decisões(...) inerente à economia de mercado, (que) estimula e inclusive exacerba a iniciativa individual e, com esta, a inventividade pessoal" (Furtado, 1978, p. 164). É assim que "a criatividade alcança uma expansão fabulosa (...) em que os homens são expostos, em uma fração de suas vidas, a mais inovações do que conhecera a humanidade em toda a sua história anterior" (Furtado, 1978, p. 86).

iv) Entende Furtado que a racionalidade econômica é uma das formas (e ao mesmo tempo o sustento principal) da chamada "racionalidade instrumental", a qual permeia todos os âmbitos da ação humana, ou melhor, dá o marco para as normas de conduta concernentes a cada um desses âmbitos e define os conteúdos dessas normas.[30] Assim, a "racionalidade instrumental" desdobra-se nos âmbitos social e político em termos de normas de regulação da convivência que — quando se cumprem — contribuem para facilitá-la, atenuando os conflitos emergentes do âmbito econômico.

A racionalidade instrumental vai se estendendo e consolidando, pois, nestes dois âmbitos, ou, se preferirmos, vai tomando a forma específica da racionalidade sociopolítica característica da "civilização industrial". É preciso ver esta racionalidade, por sua vez, como capaz de incitar a criatividade no próprio âmbito sociopolítico, ajudando com isso a um desenvolvimento institucional mais pleno, por sua vez favorável ao processo de acumulação e avanço tecnológico.

A racionalidade instrumental também se faz presente naquilo que antes se denominou "âmbito cultural". Exemplos desta presença se dão nas atividades científicas e artísticas. Também neste caso, a normativa em que a racionalidade instrumental se expressa leva a marca da preeminência da racionalidade econômica — ou se preferirmos de seu predomínio — no processo de racionalização crescente que, em última instância, define a "civilização industrial", na visão que Furtado oferece da mesma.

A respeito da atividade científica, sustenta que "por muito tempo (...) ela se constituiu em uma aventura superior do espírito (...), resposta às ânsias do homem de compreender melhor e conhecer o mundo sensível e a si mesmo. [Dados seus altos fins] (...) é natural que a ciência tenha ascendido a uma posição eminente na cultura surgida [ao longo] da revolução burguesa" (Furtado, 1978, p. 83). Mas ao ficar progressivamente "a serviço da invenção técnica [e] da maior eficiência do trabalho" (Furtado, 1978, p. 83), vai se transformando cada vez mais em atividade auxiliar da técnica e paralelamente vai se reduzindo seu alcance como experiência pura de enriquecimento humano.

Quanto à atividade artística, indica Furtado que seus resultados, ao se introduzirem nos mercados, "adquirem um valor de troca que tende a prevalecer sobre seu valor intrínseco(...) e o criador tem de se submeter à sua lógica. A criação artística — expressão da liberdade em uma de suas formas mais nobres — transforma-se [pois] em um instrumento mais de ativação do processo de acumulação" (Furtado, 1978, p. 164).

v) A racionalidade instrumental se estende inclusive à percepção que o homem tem de si mesmo. Ao entender que a racionalidade é inerente à sua própria pessoa, concebe-a como capaz de calcular com precisão as vantagens e desvantagens de sua ação e a admitir que esse cálculo pode adequar seu esforço à obtenção de objetivos predefinidos de bem-estar material, e também de *status* social, quando a pertença a grupos ou classes de distinta hierarquia se faz visível por meio das pautas de consumo (isto é, passa a ter um "referencial material").

Como é claro, esta visão "coisificada" com que os indivíduos se autopercebem está inscrita em quadros de valores amplos e complexos, presentes tanto nos próprios indivíduos como nos grupos ou sociedades a que pertencem. Mas além disso cabe admitir e enfatizar que a dita visão se encontra intimamente associada com a forte presença — se não com a preeminência — na "civilização industrial" dos chamados "valores materiais". O centro e eixo dos mesmos consiste, como já se insinuou, na apreciação magnificada do consumo, pois se lhe considera base essencial do bem-estar humano, definível ao mesmo tempo em termos materiais e de hierarquização social.[31]

vi) Destacou-se anteriormente que, conforme postula Furtado, o desenvolvimento é produto da criatividade humana nos dois grandes âmbitos da cultura, o material e o não-material. Neste sentido, sustenta que a criatividade no âmbito da cultura material aporta aquele conjunto de meios dados pelos elementos técnicos e econômicos que tornam efetiva a acumulação de riqueza, e que a criatividade na cultura não-material dá origem àquele outro conjunto de metas surgidas da ampliação do universo de valores assumidos pela comunidade (Furtado, 1984, p. 107). Como conceber a configuração que adquire esta relação, recolocada ao nível mais abstrato, no marco da "civilização industrial"?

De acordo com as considerações vistas neste capítulo, a "civilização industrial" tem seu traço essencial na extensão da racionalidade instrumental a partir de e baseada na racionalidade econômica, isto é, do âmbito da cultura material. A criatividade que se inscreve nesta última incide, em maior ou menor medida, nos rumos que toma a criatividade nos distintos âmbitos da cultura não-material (por exemplo, no sociopolítico e no chamado "âmbito cultural" a que pertencem, entre outros elementos, os desenvolvimentos científico e artístico).

Mas, além deste condicionamento geral, a racionalidade econômica dá origem à consolidação e ao relativo predomínio dos "valores materiais" (presentes também no último âmbito mencionado). A acumulação de capital (expressão sintética da racionalidade econômica) e, estreitamente ligada a ela, a magnificação do consumo (expressão sintética dos valores materiais) acabam plasmando-se como os grandes fins da "civilização industrial". O traço maior da mesma consiste, portanto, nessa transmutação de meios em fins: os meios inscritos na cultura material passam a ser vistos como os únicos fins possíveis ou relevantes, obscurecendo e debilitando ao extremo a ampliação do universo de valores, onde se situam os altos fins que dão sentido, enriquecendo-a, à existência humana.

A transmutação de meios em fins tem uma implicação adicional de grande relevância: a "civilização industrial", que a gesta e consolida, põe em xeque as possibilidades de que na humanidade prossiga o enriquecimento cultural. A esta "crise civilizatória" faremos breves referências mais adiante.

IV. CENTROS E PERIFERIA: ESPECIFICIDADES DE SEUS DESENVOLVIMENTOS CULTURAIS

As considerações anteriores permitem sustentar que o desdobramento da racionalidade instrumental na ação dos homens e a forte presença dos valores materiais em suas condutas formam o núcleo básico de idéias e valores que definem a "civilização industrial" e que sustentam a tendência-chave da mesma: a transmutação de meios em fins.

Mas o reconhecimento desse núcleo comum de idéias e valores e da tendência mencionada não pretende fundamentar a existência de um processo de homogeneização cultural em nível planetário. Contrariamente, entende-se que esse núcleo e essa resultante tendencial, embora as impactem e condicionem, não impedem que as distintas culturas mantenham suas particularidades e continuem transitando por seus próprios caminhos.

Como se assinalou anteriormente, as concepções de Furtado apontam em uma direção principal: revelar a índole do subdesenvolvimento, indagando a respeito das especificidades de sua evolução cultural. Daí o empenho por contrastá-la com a dos centros, com o objetivo reconhecidamente demarcado de delinear melhor suas características na periferia.

Para apresentar esse contraste com brevidade, o procedimento seguido na continuação consiste em privilegiar certas "idéias-síntese" próprias daquilo que antes se denominou "âmbito cultural" e de auscultar sua influência na cultura geral, mas não sem se voltar explicitamente sobre os âmbitos sociopolítico e econômico, assim como sobre as mudanças nos mesmos. Atuando nessa direção, o desenvolvimento dos centros se relaciona com a idéia-síntese de "progresso". O da periferia, por outro lado, vincula-se à idéia-síntese de "desenvolvimento", de tão ampla e reiterada presença na mesma, em períodos posteriores à Segunda Guerra Mundial.

1. *Os centros: a idéia de progresso*

i) A idéia de progresso, que germina com e na revolução burguesa, mantém sua vigência no tempo e cresce e se renova na etapa histórica em que a "civilização industrial" se consolida. Quando esta se instaura, vai ampliando a admissão de que os avanços econômicos e sociais são contínuos, e em paralelo se generaliza o reconhecimento de que a humanidade é continuamente perfectível. Em conexão com estas postulações, a idéia de progresso se configura ao mesmo tempo como uma espécie de utopia, de acordo com a qual resulta factível alcançar graus crescentes de liberdade e felicidade individuais, de tal modo que "a coesão social passava a depender mais da visão do futuro do que da memória do passado" (Furtado, 1984, p. 71).

Na realidade, o parágrafo anterior mostra que a idéia de progresso inclui e plasma uma expectativa de coesão social. Com efeito, as considerações desse parágrafo supõem a possibilidade de acordo e união entre os homens, quando seus esforços convirjam para a acumulação e se consigam atenuar os conflitos sociais que com ela emergem, conservando seu dinamismo.[32]

ii) No entanto, tal expectativa não implica negar o caráter antagônico das sociedades que, surgidas da revolução burguesa, vão consolidando os traços essenciais da civilização industrial. À medida que essa consolidação avança, os distintos grupos e classes adquirem uma mais clara consciência de suas posições na sociedade e, com isso, do regime de privilégios que a caracterizam, crescentemente visíveis.

Configuram-se, assim, sociedades estruturalmente instáveis, nas quais o marco jurídico-institucional que as disciplina se vê reiteradamente ameaçado, pois nelas a conflituosidade também não deixa de reiterar-se. Mas a criatividade que mostram as distintas culturas dos centros, tanto no âmbito propriamente político como nas relações sociais em que este se inscreve, leva a abrir novas opções frente aos conflitos sociopolíticos emergentes e à sua virtual agudização. Em outras palavras, estas culturas desenvolvem uma notável criatividade e capacidade inovadora no sociopolítico, refletidas deste modo na inovação institucional. Ou seja, vão se renovando complexos sistemas de arbitragem de conflitos, e atualizando as normas e leis que os regulam.

iii) Conforme se argumenta, "a idéia de progresso iria constituir a *cellula mater* de um tecido ideológico que serviria de ligadura entre grupos sociais" (Furtado, 1978, p. 72) com interesses diferentes. Pode-se agora acrescentar, figuradamente, que esse tecido vai se ampliando, ao ponto em que a idéia germinal que o origina abre caminho para uma fecunda criatividade sociopolítica e à renovação institucional que a acompanha. Cabe da mesma forma insistir que essa criatividade, e as mudanças sociopolíticas que suscita, quando leva a superar conflitos, permite somar esforços para que prossiga a acumulação de capital, e com ela, o progresso técnico que a condiciona e estimula.

Disso decorre que a idéia de progresso se percebe como fundamento essencial de um vínculo bem-sucedido entre as dinâmicas tecnoeconômica e sociopolítica. Mas, na verdade, essa idéia e, sobretudo, essas dinâmicas não são dissociáveis de mudanças que acontecem em outros âmbitos do sistema da cultura, e de seu eventual enriquecimento, como as que se dão no terreno científico, ao qual voltaremos no próximo ponto.

iv) Por certo que estes avanços não são os únicos elementos adicionados ao que antes se denominou "âmbito cultural". A própria acumulação e a prioridade que os atores sociais dão a ela de suas distintas posições (inclusive políticas e ideológicas) favorecem a garantia dos valores materiais. Como já indicamos, essa prioridade e essa garantia são a base da tendência à transmutação de meios em fins, que continua presente, e provavelmente se acentua, ao longo do desenvolvimento dos centros.

No entanto, existem fortes indícios de que — durante distintos períodos do século XX — as sociedades que lideram a civilização industrial conseguiram evitar, em vários campos, os efeitos da tendência mencionada, alcançando os mesmos desenvolvimentos significativos da criatividade própria. Exemplos conspícuos são os avanços científicos, fontes inquestionavelmente principais de mudanças técnicas recentes de extraordinário significado, inclusive no que concerne ao desenvolvimento e à difusão de diferentes aspectos da cultura não-material. Esses reconhecimentos não evitam, mas adiam, as perguntas sobre a existência de limites ao desenvolvimento das sociedades mencionadas e sobre as evidências relativas a eles.

2. *A periferia: a idéia de desenvolvimento*

i) Como já destacamos, assim como a idéia-síntese de "progresso" permite descrever com brevidade certos traços essenciais da "civilização industrial" consolidada nos centros, a idéia-síntese de "desenvolvimento" facilita a apreciação sucinta de sua difusão na periferia ou, se preferimos, a caracterização genérica do "processo de subdesenvolvimento próprio" desta última.

A idéia mencionada envolve uma percepção mítica do desenvolvimento, pois este é entendido como o objetivo último de toda e qualquer sociedade. No entanto, o modo de perceber nas sociedades periféricas sofre variações e adquire distintos matizes nas várias etapas de evolução das mesmas. Assim, na etapa que Furtado chama de especialização geográfica, prevalece claramente a idéia segundo a qual uma inserção a qualquer custo no sistema de divisão internacional do trabalho, própria dessa especialização, constitui a forma mais "racional" de eliminar o atraso e alcançar o desenvolvimento, aproximando-se da linha de frente das nações "civilizadas" e acedendo às pautas de consumo que em boa medida as definem como tais.

Mas importa em particular a guinada que teve a idéia de desenvolvimento posteriormente à Segunda Guerra Mundial, quando a industrialização adquire impulso nos países latino-americanos. É então que esta idéia ganha força mobilizadora, substituindo a anterior percepção fortemente ideologizada das vantagens comparativas.

ii) Já dissemos que a industrialização traz consigo uma reacomodação de interesses internos e externos e uma reformulação do pacto sociopolítico que os representa, embora com características que variam, segundo os casos. Importa agora assinalar que a idéia de desenvolvimento, ao tornar-se dominante nas sociedades periféricas, o percebe como expressão e como resultado quase puro do processo de acumulação. Assim, os meios sugeridos para alcançar o desenvolvimento passam todos pelo "aumento da taxa de poupança interna ou pela criação de condições capazes de atrair recursos externos" [pois] "se o objetivo é acelerar a acumulação, toda contribuição de recursos estrangeiros é vista como positiva. Pelo mesmo caminho justifica-se a concentração de renda: são os ricos os que têm capacidade de poupar" (Furtado, 1978, p. 77-8).

Da mesma forma que acontece nos centros com a idéia de progresso, na periferia a idéia de desenvolvimento impulsiona a admissão de que o processo de acumulação deve converter-se no objetivo maior para o qual confluam, orientando-os e subordinando-os, todos os esforços da sociedade. Também como nos centros, a diversificação e sofisticação do consumo se constituem em condição e estímulo para a acumulação. Mas na periferia se produz um fenômeno de grande relevância: a imitação das pautas de consumo dos centros, que se configuram como forma privilegiada de acesso da mesma à "civilização industrial".

iii) A imitação do consumo, em sucessivas tentativas de ter acesso a novas pautas geradas nos centros, vai acompanhada por uma apreciação especial do estrangeiro que transcende o plano do próprio consumo, estendendo-se a diferentes âmbitos da cultura. Posto em outros termos, nas sociedades periféricas, a imitação do consumo não implica só uma maior adesão aos "valores materiais"; implica, deste modo, a visão de que o estrangeiro reflete *per se* as grandes conquistas das sociedades que realmente avançaram em seus processos civilizatórios, e de que são essas conquistas as que proporcionam fundamento verdadeiro e convincente a posições destacadas e prestígio social.

Do mesmo modo, mais que como requisito indispensável do desenvolvimento das forças produtivas locais, a acumulação de capital passa a ser concebida como meio fundamental para alcançar padrões de consumo diversificados e sofisticados, símbolo e síntese da valorização especial outorgada ao estrangeiro.[33]

iv) A valorização mencionada tem implicações — e ao mesmo tempo se destaca — em distintos âmbitos da cultura. Convém nos referirmos, em primeiro lugar, aos que correspondem ao âmbito sociopolítico. Vimos que a idéia de progresso serve para a fundamentação da solidariedade entre grupos e classes no interior das sociedades dos centros. Similarmente, pode-se dizer que a idéia de desenvolvimento — e a valorização do estrangeiro nela implícita — serve para fundamentar a existência de outra solidariedade gestada em paralelo: a solidariedade internacional, que supostamente se encontra presente na relação entre grupos internos e externos, quando convergem em dar prioridade à acumulação e ao aumento de seu ritmo.

Em contraste com este otimismo, argumenta-se que a suposta consciência crescente da solidariedade internacional e de seus eventuais efeitos positivos atravesse as relações sociais entre grupos e classes internos, assim como os efeitos reais das mesmas. Neste sentido, sustenta-se que "os conflitos sociais são percebidos como formas de desperdício de energia da sociedade, ignorando seu papel vital de fonte de criatividade política" (Furtado, 1978, p. 79). Também se indica que, na periferia, a acumulação "cria antinomias sociais mais agudas (...) que aquelas que caracterizaram o desenvolvimento do capitalismo [nos centros, e que apesar disso, suas] projeções no plano político estão longe de ter a mesma relevância" (Furtado, 1978, p. 90).

v) As considerações do parágrafo anterior não implicam negar que nos países periféricos se constatam períodos de intensa atividade política, acompanhada por inovações institucionais, algumas similares às das sociedades centrais. Mas, segundo Furtado, "tais reformas, mesmo que correspondam às necessidades do processo de acumulação, alimentam-se mais de um mimetismo ideológico que de uma autêntica criatividade política" (Furtado, 1978, p. 90). Posto de outra forma, na medida em que a idéia-síntese do desenvolvimento exclui uma visão apropriada e clara dos conflitos sociais específicos da periferia, suas projeções no plano político se vêem fortemente demarcadas e, ainda mais, negativamente condicionadas pela penetração de idéias e valores próprios daquelas sociedades.

A dinâmica da acumulação e diferenciação do consumo e, em conexão com ambas, o quase predomínio dos valores materiais são elementos explicativos da tendência à transmutação de meios em fins presente nos grandes centros. Na periferia, esta tendência adquire características diferenciadas de real significação, que se conectam à penetração das idéias e dos valores mencionados. Esta última não incide só no plano sociopolítico, ao qual também se acaba de aludir, mas sim se estende, além disso, a distintos âmbitos da cultura não-material.

vi) À medida que se consolida a apreciação especial do estrangeiro, e em vários desses âmbitos vão penetrando idéias e valores transplantados dos centros, os distintos grupos da periferia, e em particular suas elites, perdem contato com várias das principais fontes culturais das respectivas sociedades. Deriva disso a forma específica — pelo demais de particularíssima relevância — que assume a tendência mencionada nestas sociedades.

Nas mesmas, inclina-se a uma descaracterização e desestruturação das identidades culturais próprias, com o conseqüente debilitamento dos seus sistemas culturais globais, no que concerne à gestação e ao desenvolvimento da criatividade. Em outras palavras, o acesso das sociedades periféricas à "civilização industrial" não implica só a incorporação neutra daquelas idéias e valores que a definem. Implica também um grau significativo de identificação com os centros, assumindo grande parte das idéias e valores dos mesmos, com o conseqüente comprometimento das identidades culturais próprias e oportunidades de consolidá-las e expandi-las. Limita-se, assim, o desenvolvimento da periferia, no sentido mais amplo do termo: o que se pode obter nos sistemas culturais presentes nela.

vii) As considerações do parágrafo anterior conduzem ao conceito de dependência cultural. Este enfatiza a dimensão cultural no fenômeno geral da dependência e sua prevalência sobre outras de suas dimensões, em especial a tecnológica e a econômica.[34] A imitação das pautas de consumo dos centros, a apreciação especial do estrangeiro que isso implica, a penetração de idéias e valores estrangeiros inserida nesta última configuram-se como elementos indutores da desarticulação das identidades culturais dos países periféricos, assim como das dificuldades emergentes para o desdobramento e enriquecimento dessas identidades.[35]

Conforme se argumenta, nessa desarticulação possui particular relevância o condicionamento dos horizontes de mudança que se propõem os distintos grupos sociais da periferia, e em particular os grupos dominantes, pois esse condicionamento constitui uma trava decisiva para a eclosão da criatividade nos distintos âmbitos da cultura, por sua vez requisitos de seu desenvolvimento conjunto. Por outro lado, a dependência cultural — a vontade de compromisso generalizado da criatividade que ela implica — está na base de muitos dos problemas que afloram nos âmbitos econômico e tecnológico. No primeiro não se encontram vias condizentes de conciliação entre interesses internos e externos capazes de se expressar em formas de inserção internacional compatíveis com a continuidade da acumulação. No segundo, carece-se de capacidade para criar soluções originais à inadequação das tecnologias geradas nos grandes centros, o que também dificulta a acumulação, e que mantém abertos os temas da superoferta de mão-de-obra e da heterogeneidade social.

V. O DESENVOLVIMENTO ENDÓGENO

i) Indicamos anteriormente que o enfoque de Furtado — assim como as distintas vertentes do estruturalismo latino-americano — resulta definidamente não-reducionista, e isso em um duplo sentido. Por um lado, reconhece-se a necessidade de apreender os acontecimentos do âmbito econômico a um alto nível de abstração, prescindindo da análise dos fenômenos que não se inscrevem estritamente nesse âmbito. Mas, ao mesmo tempo, considera-se que essa abstração deverá ser revisada e complementada, reconsiderando-a à luz do marco e da forma de operar das relações sociopolíticas que enquadram o acontecer econômico. Do mesmo modo, é específica de Furtado a admissão de que essa análise conjunta do econômico e do sociopolítico deve inserir-se em outra ainda mais ampla, inclusiva de distintos componentes culturais e orientada a revelar os traços essenciais da evolução do sistema da cultura, globalmente considerado.

ii) Esta perspectiva ampla e não-reducionista leva esse autor a perceber a periferia a partir de duas especificidades — ou, se preferirmos, de dois estigmas — que em mais de um sentido se configuram como o anverso das sociedades centrais. A heterogeneidade social constitui uma primeira especificidade, reflexo dos vastos contingentes de mão-de-obra de escassa produtividade, resultantes de processos de acumulação e progresso técnico reduzidos; mas também de uma dinâmica social incapaz de impulsionar a melhoria de suas condições de vida, como aconteceu nos centros. A segunda característica é a dependência cultural, recém-comentada, que dá conta do papel desarticulador que teve para as culturas periféricas sua forma específica de incorporar-se à civilização industrial, inibidora da emergência das capacidades criativas que requer o desenvolvimento.

iii) A proposta de desenvolvimento endógeno se fundamenta na necessidade de reversão destes dois estigmas próprios das sociedades periféricas. O atributo de endogeneidade alude deste modo à necessidade de que os fins do desenvolvimento respondam às prioridades que cada sociedade estabeleça. Nas palavras de Furtado: "A endogeneidade não é outra coisa senão a faculdade que possui uma comunidade humana de ordenar o processo de acumulação em função de prioridades por ela mesma definidas" (Furtado, 1984, p. 108).

iv) O centro do desenvolvimento endógeno consiste na consolidação da identidade cultural, apontando no sentido de dar curso às potencialidades subjacentes no acervo cultural das sociedades periféricas. Trata-se de reverter a dependência cultural que caracterizou estas sociedades, enfatizando a necessidade de manter no presente uma relação enriquecedora com suas bases culturais provenientes do passado, relação essencial para consolidar os perfis das identidades próprias. Conforme se concebe, nesta consolidação se encontra a chave para impulsionar a criatividade que enriqueça os vários sistemas culturais específicos.[36] Enfatiza-se, além disso, o papel relevante que têm nesta consolidação aqueles grupos sociais que, por terem ficado econômica e socialmente excluídos dos padrões de consumo e de vida criados nos países centrais, puderam reproduzir e manter parte de suas mais profundas raízes culturais. Entende-se que nestes grupos sociais e nestas raízes existem potencialidades de criatividade, cuja emergência se configura como virtualmente essencial para o desenvolvimento.

v) Em conexão com esta garantia da identidade cultural, concebe-se ademais que o desenvolvimento endógeno requer uma intencionalidade, isto é, supõe um impulso político que oriente e favoreça as transformações na esfera do econômico e que induza e consolide as mudanças necessárias no próprio plano sociopolítico. O papel do político adquire particular relevância, pois a reflexão e a ação políticas resultam indispensáveis para a reelaboração coletiva dos fins últimos do desenvolvimento. A eficácia da ação coletiva demanda uma ampla e direta participação dos diferentes estratos sociais, ao mesmo tempo que se requerem motivações políticas apoiadas em uma consciência comum dos fins, respaldadas no conjunto da sociedade.[37]

vi) Como já adiantamos, o desenvolvimento endógeno centra também suas propostas na reversão da heterogeneidade social, em parte associável a uma transformação sociopolítica que impeça a esterilização de montantes consideráveis do excedente na imitação de padrões de consumo estrangeiros. Os esforços devem atender a que se "(...) assegure um nível relativamente alto de poupança e se definam os objetivos de médio e longo prazo que abram o caminho à homogeneização social" (Furtado, 1984, p. 124). Esta transformação se configura como viável pois os países da periferia incrementam seu grau de autonomia no âmbito das relações externas, de forma a aumentar — além do apoio temporário de recursos externos — a apropriação local dos excedentes gerados. No plano econômico para as economias subdesenvolvidas de grandes dimensões, e também para a integração de várias delas, requer-se dinamizar os mercados internos.[38] Esta dinamização não implica uma política comercial que induza à diminuição do intercâmbio externo de bens e serviços. Ao contrário, conforme argumenta, "não existe desenvolvimento sem acesso à tecnologia moderna, e esse acesso se dá [em boa medida] pela via do comércio internacional" (Furtado, 1998, p. 43).

vii) Neste acesso firma-se um dos aspectos mais relevantes da proposta de desenvolvimento endógeno. As mudanças tecnológicas são uma das forças que impulsionam o recente processo de globalização econômica, mas, ao mesmo tempo, tais mudanças são, nos países periféricos, fundamentais para a continuidade da acumulação. Assim, para garantir a endogeneidade do desenvolvimento destes países, o dilema central que deverá ser resolvido passa pelo acesso às tecnologias modernas, sem que isso implique a adoção dos valores que desarticulam e mutilam sua identidade cultural. Hoje como ontem, as tecnologias refletem os contextos culturais em que surgem, e seu transplante acrítico implica a uniformização de padrões de comportamento que impedem um desenvolvimento a partir de condições culturais específicas. Dando uma imagem estilizada deste dilema central, Furtado se pergunta: "Como apropriar-se do *hardware* da informática sem intoxicar-se com o *software*, [isto é, com] os sistemas simbólicos importados que com freqüência ressecam nossas raízes culturais?" (Furtado, 1984, p. 31).

viii) Analisar os novos conteúdos que Furtado incorpora a seu conceito de desenvolvimento endógeno em obras recentes requer que nos voltemos para suas percepções sobre a civilização industrial, marcadas agora no contexto da globalização fortemente intensificada dos anos 1970 ou 1980. Quanto a esse contexto, reconhece que "os povos do mundo periférico confrontam-se com uma dupla crise: a da própria civilização industrial produzida pelo avanço progressivo da racionalidade instrumental, e a específica das economias periféricas, cuja situação de dependência cultural tende a agravar-se" (Furtado, 2002, p. 68). Já se fez referência ao segundo destes desafios e a suas vinculações com a necessária reversão da heterogeneidade social. Importa agora comentar esta percepção de uma crise da civilização industrial que envolveria tanto as sociedades periféricas como as centrais.

ix) As novas características do contexto internacional, de comum acordo com o prosseguimento das tendências inerentes à civilização industrial, já comentadas, estariam pondo em dúvida as capacidades e aptidões humanas para definir e potencializar os fins últimos do desenvolvimento, entendido como enriquecimento cultural. Até nos países centrais se estariam esgotando as possibilidades de continuar o desenvolvimento, assim entendido. Esta afirmação não nega o reconhecimento da extraordinária criatividade que continua se gerando no que diz respeito ao desenvolvimento da ciência e da tecnologia, mas se duvida de que esta criatividade seja suficiente para prosseguir uma rota de enriquecimento cultural.[39]

x) Sustenta que o contexto internacional que se vai configurando desde aqueles anos incorpora mudanças relevantes. Conforme argumenta, vem-se produzindo um acelerado avanço na internacionalização das atividades econômicas, financeiras e tecnológicas; e na medida em que as mesmas se estruturam em nível planetário, desarticulam-se os sistemas econômicos nacionais, debilitando-se a capacidade dos Estados nacionais para incidir no rumo dos mesmos.[40] Esta debilitação dos sistemas econômicos nacionais teria conseqüências tanto para os países centrais quanto para os periféricos. Nos primeiros, perdem incidência as forças que no passado impulsionaram a valorização da mão-de-obra como forma de dinamizar o mercado interno. Mas, por outro lado, concebe que, como tendência, os mecanismos de aumento do mercado devem ultrapassar as fronteiras nacionais de modo muito mais decidido que até o presente. A acumulação e o progresso técnico, que tiveram em etapas prévias um impulso decisivo nos mercados nacionais, enfrentam-se no novo contexto a uma necessidade de reformulação.[41]

xi) Mas, além disso, os novos problemas podem significar "a destruição do único espaço em que a civilização industrial floresceu com autêntica atividade criadora, que é o da política" (Furtado, 1978, p. 168). Já não são a atividade política circunscrita nacionalmente nem os conflitos sociais neste nível os únicos impulsos que podem sustentar uma dinâmica de inovações política e institucional que se traduza em enriquecimento cultural. A globalização exige uma ação política que transcenda as fronteiras nacionais. Mas, por sua vez, a natureza dos novos desafios é qualitativamente diferente dos anteriores. Segundo Furtado, os mais relevantes são: os novos problemas que surgem frente ao cuidado com o meio ambiente, a capacidade destrutiva dos novos avanços na difusão da tecnologia nuclear, os horizontes absolutamente inéditos que podem conceber-se a partir dos avanços da genética e as mudanças nas famílias e no papel tradicional da mulher. Este novo contexto põe em dúvida as possibilidades de sobrevivência de uma civilização articulada a partir do predomínio dos critérios da racionalidade instrumental, embora tais desafios requerem mexer em fins *ex definitio* excluídos da mesma.

xii) Conclui Furtado que, "O desafio que se instala na soleira do século XXI é nada menos que o de mudar o curso da civilização, desarticular o eixo da lógica dos meios a serviço da acumulação em um curto horizonte de tempo, para uma lógica dos fins em função do bem-estar social, do exercício da liberdade e da cooperação entre os povos" (Furtado, 1998, p. 64). Em um contexto de crescente mundialização da cultura material e não-material, a proposta de um desenvolvimento endógeno sustentado em uma intencionalidade política que ao mesmo tempo se articule em torno de valores culturais permanentes da sociedade — em particular a reafirmação de valores éticos — configura-se como a única resposta possível, frente a tal desafio. Conforme sustenta: "Na fase em que nos encontramos, de explosão dos meios de comunicação, o processo de globalização do sistema da cultura tenderá a ser cada vez mais rápido (...) Todos os povos lutam por ter acesso ao patrimônio cultural comum da humanidade, que se enriquece permanentemente. Resta saber quais serão os povos que continuarão a contribuir para esse enriquecimento e quais aqueles relegados ao papel passivo de simples consumidores de bens culturais adquiridos no mercado. Ter ou não direito à criatividade, eis a questão" (Furtado, 1984, p. 25); a qual se desdobra em outra, que se configura como verdadeiramente essencial: a de poder ou não recorrer à criatividade como base essencial de estratégias bem-sucedidas de desenvolvimento endógeno, nas sociedades mencionadas.[42]

Notas

1. Furtado não ignora nem nega a existência de conexões prévias. Mas postula que, segundo os casos, em diferentes momentos do período mencionado, um forte vínculo externo é gerado, renovado ou dinamizado. Produz-se assim, nesse período, a plena instauração daquilo que Prebisch e diversos estruturalistas denominaram "desenvolvimento para fora".
2. Na verdade, esse referente tem em sua base o descrito com maior amplitude no capítulo 5, II.
3. Tal como aqui é utilizado, o conceito de excedente econômico pode ser definido indistintamente como a diferença entre produto e salários ou como a que existe entre o produto e a quantidade de bens requeridos para satisfazer as necessidades básicas do conjunto da população.
4. Posto em outros termos, não se cumprem as condições referenciais de "suficiência dinâmica" descritas no capítulo 5, II, 2.
5. Como se viu anteriormente, em qual o conceito de heterogeneidade estrutural corresponde à coexistência de emprego (ocupação em condições de produtividade elevada ou normal) e de subemprego (ocupação em condições de produtividade reduzida), e à alta porcentagem do segundo na ocupação global. O conceito de heterogeneidade social de Furtado agrega ao anterior a consideração dos baixos níveis de renda correspondentes ao subemprego, que trazem consigo dificuldades

para a satisfação das necessidades básicas. A este último conceito se opõe o de "homogeneidade social", que caracteriza os centros. A respeito, aponta que a "homogeneização social não se refere à uniformidade dos padrões de vida, e sim a que os membros de uma sociedade satisfaçam de forma apropriada as necessidades de alimentação, vestimenta, moradia, acesso à educação, à diversão e a um mínimo de bens culturais" (Furtado, 1992a, p. 38).

6. Posto em outros termos, tampouco o processo espontâneo de industrialização empreendido pela periferia abre caminho ao cumprimento de condições de "suficiência dinâmica", às quais alude o capítulo 5, II, 2.
7. A incidência da estrutura da demanda sobre a acumulação e o crescimento postulada por Furtado foi examinada em detalhe no capítulo 7, I. Por outro lado, os nexos que estabelece entre acumulação, progresso técnico e absorção de mão-de-obra se examinaram nesse capítulo, seção III. Serra e Tavares (seção IV) elaboram uma argumentação convincente sobre a impossibilidade de explicar com tais bases — como pretende Furtado — uma suposta tendência à estagnação.
8. Conforme sustentado na introdução geral, essa visão alude a uma postura própria do estruturalismo latino-americano, que não limita os tipos e funções dos atores considerados puramente econômicos. Isso, por sua vez, implica propor uma instância de análise das relações sociopolíticas, as quais marcam e condicionam os fenômenos propriamente econômicos.
9. Estes temas se revisam com amplitude, de uma perspectiva histórica, na seção III deste capítulo.
10. Como se pode apreciar, existe uma clara convergência entre estes pontos de vista com os de J. Medina e R. Prebisch, considerados com amplitude no capítulo 5. Em linhas gerais, essa convergência se estende ao modo de ver as relações sociais e de poder próprias do enfoque da dependência devido a F. H. Cardoso e E. Faletto, objeto do capítulo 6.
11. A modo de exemplo, cabe mencionar a obra *Dialética do desenvolvimento* (Furtado, 1965) e, em especial seu capítulo II, intitulado "O desenvolvimento econômico no processo de mudança cultural".
12. Ver-se-á adiante que o conceito de inovação não se refere só à concreção de progresso técnico, mas sim abrange às que se introduzem em distintos âmbitos da cultura.
13. Sobre estas noções de cultura material e não-material, é pertinente a seguinte citação de W.F. Ogburn utilizada por Furtado: "As taxas de mudança social não apenas diferem segundo as etapas do desenvolvimento social, mas também para as distintas partes da herança social. Essa herança pode dividir-se, para fins de análise, em objetivos materiais (incluindo os processos de produção, uso) e a cultura não-material, que inclui a organização social, a ciência, a arte, a filosofia, a música, a

pintura, a escultura, a religião, a moral, os costumes etc. (...) As partes de nossa herança social estão intimamente correlacionadas, e quando uma parte se modifica, as que estão correlacionadas com ela também devem modificar-se (...)" (Furtado, 1965, p. 32-3).

14. O que foi apontado não impede o reconhecimento da importância de que a inovação se vá produzindo nos dois âmbitos mencionados. A respeito, são pertinentes estas afirmações: "Em sua dupla dimensão de força geradora de novo excedente e impulso criador de novos valores culturais, esse processo liberador de energias humanas (a inovação) constitui a fonte última do que entendemos por desenvolvimento" (Furtado, 1978, p. 82).
15. Furtado admite que essa conflituosidade encontra uma de suas formas de expressão na luta de classes. Entretanto, considera que este antagonismo e seu papel transformador requerem "que as classes pertinentes estejam em condições de gerar visões independentes do mundo" (Furtado, 1974, p. 84-5), o que, por sua vez, supõe certo grau de autonomia cultural das mesmas. Aprecia-se assim — do ângulo do antagonismo mencionado — o papel destacado que se atribui à cultura não-material e à sua relativa autonomia no devir histórico (a respeito, veja-se também Furtado, 1965, p. 39).
16. Introduzida a fim de facilitar considerações posteriores, esta diferenciação não implica negar os elos entre as idéias e valores próprios do segundo e terceiro âmbitos, que às vezes dificultam definir sua pertença a um ou outro.
17. A seguinte citação se relaciona com esta concepção: "Se algo sabemos do processo de criatividade cultural é exatamente que as potencialidades do homem são insondáveis(...)" (Furtado, 1978, p. 82). O caráter insondável dessas potencialidades é parte do fundamento do não-determinismo e, ao mesmo tempo, limita a capacidade de previsão das ciências sociais. A respeito se afirma: "As modificações estruturais deveriam ser vistas como um processo liberador de energias criativas, e não como um trabalho de engenharia social em que tudo é previamente concebido" (Furtado, 1998, p. 63).
18. Ao conceito de identidade cultural volta-se mais adiante. Em particular, na seção V será visto que o mesmo resulta na chave para a estratégia de "desenvolvimento endógeno", proposta por Furtado.
19. Na introdução geral realiza-se uma descrição detalhada das especificidades metodológicas do estruturalismo latino-americano. Uma antecipada elucidação das mesmas se faz visível em Furtado, quando afirma que "a teoria do desenvolvimento econômico (...) projeta-se em dois planos. O primeiro — em que predominam as formulações abstratas — compreende a análise do processo de crescimento propriamente dito, o que exige a construção de modelos ou esquemas simplificados, (...) baseados em relações(...) entre variáveis(...) consideradas(...) relevante(s). O

segundo — que é o plano histórico — abrange o estudo crítico, por confrontação com uma realidade dada, das categorias básicas definidas pela análise abstrata". Em relação a este segundo plano, agrega "que (...) não é possível ignorar as diferenças de estrutura entre economias de distintos graus de desenvolvimento" (Furtado, 1961, p. 20).

20. No processo de difusão da civilização industrial em nível mundial, Furtado distingue distintas "vias de acesso" à mesma. A difusão da civilização industrial ao Japão e à Rússia czarista por um lado e posteriormente a que se associa à revolução bolchevique configuram-se como as duas primeiras vias de acesso a essa civilização. Identifica-se uma "terceira via", ou "via indireta", que resulta específica das sociedades periféricas (Furtado, 1978, p. 42-7). Por sua vez, nessa análise histórica se esclarece que a referência ao contexto europeu se formula "no sentido estendido, abarcando as sociedades formadas pelos europeus em espaços vazios de clima temperado da América do Norte e da Oceania" (Furtado, 1978, p. 42).
21. Nesta instância da argumentação, Furtado (1978, p. 129) refere-se ao excedente no sentido mais amplo do termo, isto é, como o conjunto de "todos os recursos de que dispõe uma sociedade além daqueles de que necessita para reproduzir-se (...) aferindo (...) o custo dessa reprodução [pelo] nível de vida da massa da população".
22. A caracterização da mesma, assim como a do papel que cumpre no processo histórico europeu que antecede à "civilização industrial", contribuindo para a configuração de seus traços essenciais, encontram-se em Furtado (1978, p. 33-42, 75-6, 127-33, 153-60).
23. Reconhecendo a simplificação envolvida na identificação de certos marcos principais, Furtado (1978, p. 158-9) destaca especialmente as contribuições científicas de Copérnico, Galileu e Newton, e as reflexões no campo da filosofia incorporadas primeiro por Descartes e depois por Kant.
24. Segundo Furtado, esta presença da razão — este urgente predomínio das regras da lógica — que chega com a revolução científica se expressa em "uma importante alteração no estatuto das matemáticas [até então essencialmente a geometria], que deixaria de ser um instrumento da física para transformar-se em sua matriz. Na visão de mundo que surge com Galileu e Descartes, tudo é matematizável" (Furtado, 1978, p. 155). Este novo estatuto das matemáticas reaparecerá magnificado mais tarde na "civilização industrial", transformando-se em critério básico de cientificidade no campo das ciências sociais e reduzindo o espaço para a apreensão do qualitativo.
25. "O último quarto do século XVIII e a primeira metade do século XIX podem ser vistos como uma transição entre o longo período de gestação da nova ordem social

e 'o novo' em que chega a configurar-se nitidamente a sociedade capitalista industrial" (Furtado, 1978, p. 39).

26. A respeito, cabe assinalar que Furtado (1978, p. 40-1) assimila o "desenvolvimento das forças produtivas" próprio desta revolução industrial a esse "duplo processo de transformação: em nível dos recursos produtivos e no plano do comportamento dos agentes sociais".

27. Diversos pontos de vista sobre os conceitos de "civilização" e "cultura", assim como sobre a relação entre ambas, são examinados em Cuche (1999, cap. I-III). Temas similares são considerados em Huntington (1997, cap. II).

28. A chamada "revolução nos transportès" configura-se como exemplo destas mudanças e como símbolo da época em que ocorre. A introdução da ferrovia no transporte terrestre e as sucessivas transformações no transporte marítimo — primeiro por meio do uso de cascos e mastros metálicos que incrementam o aproveitamento da energia eólica, e depois mediante a navegação a vapor — são ilustrativas das mudanças em equipamentos e fontes energéticas, as quais, ao mesmo tempo, permitem e impulsionam a difusão de consumos e aquisições de variados tipos de bens (Furtado, 1978, p. 40).

29. Convém reiterar que, da perspectiva econômica, um aspecto fundamental da criatividade e da inovação consiste, justamente, nessa geração de novos bens de consumo e na difusão de seu uso. Com efeito, a partir de tal perspectiva, ambas se configuram como requisitos da própria acumulação, pois condicionam a realização (venda) de volumes de produção crescentes.

30. Em obra mais recente, Furtado volta a esse tema, assinalando que "a invenção cultural tende a ordenar-se em torno de dois eixos: a busca da eficácia na ação e a busca de propósitos para a própria vida. É o que desde Max Weber se denominou racionalidade formal ou instrumental e racionalidade substantiva ou dos fins" (Furtado, 2000a, p. 7).

31. A análise neoclássica das opções entre ócio e trabalho com base em funções de utilidade individuais, orientada a precisar com pleno rigor lógico a utilidade máxima alcançável durante a vida humana, configura-se como um exemplo conspícuo do tipo de visão a que se referem os dois últimos parágrafos.

32. Segundo Furtado, na "civilização industrial" consolidou-se cada vez mais a convicção de que... "acumular interessava (...) aos grupos que tutelavam a estrutura de poder, mas nem por isso deixava de ser fundamental para todos os grupos sociais que aspiravam aos frutos do progresso" (Furtado, 1978, p. 73).

33. A forma do acesso periférico à "civilização industrial" pela via do consumo imitativo, antes mencionada, difere da que caracteriza outras sociedades, como a japonesa ou a russa, nas quais se acelerou "o desenvolvimento das forças produtivas, enquanto se limitava a transformação dos padrões de consumo" (Furtado, 1978, p. 46).

34. Uma primeira aproximação relativa aos vínculos entre essas três dimensões, e ao papel chave que nos mesmos desempenha a imitação das pautas de consumo, encontra-se em Furtado (1974) (particularmente em seu capítulo II, intitulado "Subdesenvolvimento e dependência: as conexões fundamentais").
35. Sustenta Furtado (1998, p. 71) que este tipo de desenvolvimento "apresenta um custo cultural particularmente grande [que por sua vez] reflete a prevalência da lógica da acumulação sobre a coerência dos sistemas culturais" periféricos.
36. A respeito, resultam pertinentes estas palavras de Furtado: "Falar de desenvolvimento como reencontro com o gênio criativo de nossa cultura e como realização das potencialidades humanas pode parecer uma simples fuga à utopia. Mas o que é a utopia a não ser o fruto da percepção de dimensões secretas da realidade, um florescimento de energias contidas que antecipa a ampliação de horizontes de possibilidades abertos ao homem?" (Furtado, 1984, p. 30).
37. Superar-se-ia, assim, o caráter unidimensional da ação política apoiada exclusivamente na percepção que adquirem os indivíduos de sua inserção no sistema produtivo, isto é, de sua própria "consciência de classe" (Furtado, 1978, p. 176-81). Pelo resto, estes pontos de vista resultam convergentes com os de F. Fajnzylber examinados no capítulo 11, segundo os quais o êxito da retomada do desenvolvimento na periferia requer a sustentação de uma "nova aliança" caracterizada por sua amplitude.
38. Os sistemas econômicos de grandes dimensões territoriais e acentuadas disparidades regionais e estruturais — Brasil, Índia e China aparecem em primeiro plano — dificilmente sobreviverão se perderem a força coesiva gerada pela expansão do mercado interno. Nesses casos, por mais importante que seja a inserção internacional, esta não é suficiente para dinamizar o sistema econômico" (Furtado, 1998, p. 44).
39. Furtado se coloca em um plano de profundo questionamento em relação ao futuro da civilização industrial. Neste sentido, sustenta que as incertezas são tamanhas que ninguém "está em condições de prever as que encerra o futuro", de modo que é legítimo perguntar-se se "haverá uma nova civilização, ou apenas a prolongação da atual, sob formas degradadas". E acrescenta: "É este o horizonte de perplexidades que nos depara este [segundo] fim de século da civilização industrial" (Furtado, 1978, p. 167-8).
40. Quanto ao plano social, afirma que, no novo contexto: "Os desajustes causados pela exclusão social de parcelas crescentes da população emergem como o mais grave problema em sociedades pobres e ricas [pois a globalização em escala planetária das atividades produtivas leva necessariamente a uma grande concentração de renda, contrapartida do processo de exclusão social (...)" (Furtado, 1998, p. 33).

41. "O dinamismo da economia capitalista deriva (...) da interação de dois processos: de um lado, a inovação técnica (...), de outro, a expansão do mercado, que cresce junto com a massa de salários (...) O processo atual de globalização a que assistimos desarticula a ação (...) dessas forças que garantiram no passado o dinamismo dos sistemas nacionais" (Furtado, 1998, p. 29).
42. Observa-se uma convergência geral entre estes pontos de vista recentes de Furtado e os conteúdos em documentos cepalinos também próximos no tempo, em particular os posteriores ao ano 2000.

10. A democracia e seus conteúdos

Como pudemos apreciar no capítulo 5, os trabalhos de R. Prebisch e de J. Medina sobre as condições sociais do processo de desenvolvimento imperantes nos anos 1960 mostram uma marcada convergência, tanto no que corresponde à visão geral do tema como ao objetivo principal de sua aproximação: mostrar que tais condições terminam por constituir-se em travas desse processo.

Embora com algumas variantes de método e de conteúdo, também resulta convergente o "enfoque da dependência" construído por F. H. Cardoso e E. Faletto naquela década, do qual se ocupa o capítulo 6. Em última instância, este enfoque examina o mesmo processo, mas privilegiando o âmbito do político ou, com mais propriedade, detendo-se na conformação das hegemonias políticas e em sua incidência nos padrões de desenvolvimento seguidos por distintos países da área latino-americana.

Este paralelismo entre certas preocupações prioritárias volta a se verificar anos mais tarde, quando os autores mencionados dão atenção muito especial ao tema da democracia e de seus atributos essenciais. Como naquele momento, em boa medida esta nova convergência encontra explicação em circunstâncias históricas já mencionadas (na introdução à segunda parte). Convém ressaltar brevemente duas delas. A primeira consiste na instauração de regimes autoritários em países do Cone Sul dessa área, ou seja, na Argentina, Bolívia, Brasil, Chile, Peru e Uruguai. A segunda concerne à freqüência com que se estabelecem e à amplitude com que se difundem justificações a tais regimes.

São estas justificações as que Prebisch coloca em dúvida com profundidade em diversos artigos publicados na Revista da Cepal, e depois consolidados em seu último livro, que data de 1981.[1] Por sua parte, nos anos que se seguem a 1970, Medina se mantém no ânimo de dar muita atenção ao tema da democracia, considerado em vários dos artigos posteriores a essa data que constam na bibliografia, mas cabalmente tratado, com forte base analítica, nos que publica em 1976 e 1977 (Medina, 1976 e 1977). Privilegiando uma vez mais a consideração dos fatos, F. H. Cardoso procura caracterizar as reivindicações democráticas à luz da experiência comparada dos países mencionados. Diversos são os artigos em que estes esforços se plasmam, identificáveis por seus títulos na bibliografia anexa. O documento de 1984 registrado na mesma se configura como um tipo de síntese de tais esforços (Cardoso, 1984).

Na renovação de seus pontos de vista anteriores (capítulo 5, II), os de Prebisch continuam sustentados em argumentos econômicos, articulados em torno da análise do "capitalismo periférico", cujas reiteradas crises comprometeriam a continuidade dos regimes democráticos. Medina insiste em sua anterior percepção das sociedades latino-americanas (capítulo 5, III, 3), mas une a ela considerações metodológicas, com base nas quais expõe a opção aberta entre democracia e socialismo, definindo-se com clareza pela primeira. De sua preocupação pelo factual (visível no capítulo 6), Cardoso deriva uma conclusão relevante para a prática política, ao detectar convincentemente que a renovação da democracia demanda um novo equilíbrio de poderes entre o Estado, os movimentos da sociedade civil e os partidos.

As contribuições destes três autores ao tema em questão constituem o objeto das seções que seguem.

I. PREBISCH: NOVAS BASES PARA A CONSOLIDAÇÃO DEMOCRÁTICA NAS SOCIEDADES PERIFÉRICAS

Em sua tese política central, Prebisch afirma que os problemas da democracia na região não podem ser compreendidos sem vinculá-los estreitamente com os mecanismos fundamentais que regem a estrutura e o funcionamento do capitalismo periférico, determinando suas conseqüências, e que a solução desses problemas requer iniludivelmente a transformação de tais mecanismos. A seguir se procura esclarecer esta visão básica.

O núcleo essencial do desenvolvimento econômico consiste na elevação do nível de produtividade da força de trabalho. Esse aumento vai se dando por meio de um processo mediante o qual a força de trabalho se transfere de camadas técnicas de menor produtividade para outras de maior produtividade. Teoricamente, poder-se-iam determinar os ritmos setoriais e global de acumulação de capital requeridos para que, à medida que o progresso técnico penetra na produção, a força de trabalho vá se deslocando para camadas técnicas que requerem maior nível de capacitação e oferecem salários mais altos.

Entretanto, nas economias periféricas não se cumprem esses ritmos de acumulação, mas sim prevalecem outros que conduzem a uma situação de "insuficiência dinâmica".[2] É certo que a expansão dos setores modernos gera fontes de trabalho para mão-de-obra de distintos níveis de capacitação, e também para a não-qualificada, mas o ritmo a que cresce a demanda desta última acaba sendo inferior ao de sua oferta, razão fundamental da subsistência do subemprego.

Este grande contingente de força de trabalho, ocupado em condições de produtividade e remuneração muito baixas, pressiona os salários da mão-de-obra não-especializada. Isso, por sua vez, tende a deprimir os salários do conjunto da escala de qualificações. À medida que os setores modernos vão absorvendo mão-de-obra, tanto nas tarefas mais simples como nas sucessivas camadas técnicas que exigem qualificações crescentes, os salários não se elevam em proporção com os respectivos aumentos de produtividade, mas numa taxa menor. Em conseqüência, os maiores ganhos reais que os aumentos da produtividade permitem e geram só em escassa medida beneficiam os assalariados, e tendem a concentrar-se nas mãos dos proprietários dos meios de produção em forma de excedente. Nas palavras de Prebisch, "a parte do fruto da crescente produtividade que não se transfere à força de trabalho constitui o excedente, que é apropriado principalmente pelos estratos sociais superiores, que concentram a maior parte do capital em bens físicos, assim como na propriedade da terra" (Prebisch, 1981, p. 40).

Um primeiro aspecto da distribuição de renda é essa tendência à concentração funcional: o excedente cresceria mais que a massa de salários. Do conjunto dos argumentos anteriores pode-se inferir também uma tendência à concentração pessoal: uma gradual concentração de renda nos 10% mais ricos devida, por um lado, à díspar evolução dos ganhos da propriedade e dos salários no setor moderno, e por outro, à exígua remuneração da mão-de-obra ocupada nos setores atrasados.

No entanto, Prebisch nega a existência de uma lei reguladora da distribuição de renda, ao estilo das que aparecem enunciadas na economia clássica e neoclássica. Segundo seus pontos de vista, a distribuição não se resolve só no nível do funcionamento da economia: é fortemente influenciada por fenômenos que ocorrem em outros âmbitos do sistema sociopolítico global.

Essa distribuição desigual da renda influi de maneira decisiva sobre a estrutura do consumo. Nas economias latino-americanas existem grupos sociais — os chamados estratos superiores e intermediários — que imitam os padrões de consumo prevalecentes nos grandes centros industriais, acedendo a uma vasta e complexa gama de bens, particularmente aos bens de consumo duráveis em contínua diversificação. Coexistem com eles os estratos inferiores, cujos níveis de renda lhes impedem de adquirir os bens de alto valor unitário que tipificam o consumo imitativo, e que em parte permanecem, além disso, em condições de infraconsumo.

A expansão do consumo imitativo se realiza com características distintas das da expansão do consumo dos centros. Nestes, os aumentos da produtividade conseqüentes do progresso técnico permitem a sustentada elevação da renda média, que já é alta no ponto de partida. Este aumento gradual da renda se estende ao conjunto da população, e a demanda por diversos tipos de bens tende a se saturar. Entretanto, a inovação tecnológica permite lançar ao mercado bens novos ou de melhor qualidade que os preexistentes, para os quais se canalizam as sucessivas ampliações da demanda.

Se nos centros pode se falar de uma tendência à generalização de certas pautas de consumo, esta contrasta com a formação, na periferia, da sociedade privilegiada de consumo. Também nas economias latino-americanas o ganho e a demanda vão aumentando, e esta última também se diversifica e canaliza para os mesmos tipos de bens que nos centros, mas isso requer a concentração da renda nos estratos superiores e intermediários. Na periferia, as formas técnicas e de consumo dos centros penetram prematuramente, ou, com mais propriedade, adotam-se em circunstâncias em que o ganho médio é muito mais baixo, e ainda subsistem grandes contingentes de mão-de-obra cujos níveis de produtividade e remuneração são muito reduzidos. Tais condições contribuem para explicar a especificidade do desenvolvimento da periferia: a expansão do capitalismo se produz no âmbito da sociedade privilegiada de consumo, e seus resultados, em termos de renda e bem-estar, não se estendem a vastos setores da população, tanto urbanos como rurais.[3]

A estrutura produtiva se transforma em consonância com as pautas de consumo imitativo que acabamos de mencionar. Isto é, constituem-se ramos de ponta, destinados a satisfazer as necessidades dos estratos privilegiados, particularmente os produtores de bens de consumo duráveis; e também se expandem com intensidade outros ramos ligados a estes, produtores de insumos de uso difundido, de outros bens intermediários e de uma gama mais ou menos ampla de bens de capital.

Paralelamente se desenvolvem os serviços de alta produtividade que a transformação produtiva vai requerendo: ampliam-se e modernizam-se as atividades financeiras, assim como boa parte do comércio; crescem e se readequam os transportes e as comunicações; em áreas como a propaganda, a administração e os serviços técnicos de engenharia aumentam a dimensão e o grau de especialização das empresas.

Embora transformando-se, subsiste junto a este vasto setor moderno um setor atrasado, também de grandes dimensões, constituído por atividades nas quais a produtividade do trabalho é exígua, várias vezes inferior à que prevalece no primeiro. A heterogeneidade está presente inclusive em ramos muito dinâmicos, como a manufatura, a construção ou os transportes. Entretanto, tanto em termos absolutos como relativos, o atraso se concentra nas atividades primárias e terciárias: a agricultura empresarial coexiste com amplos setores de economia agrária e proliferam nas cidades serviços de escassíssima produtividade.

À luz destas características, Prebisch procura explicar o subemprego, traço específico do capitalismo periférico e "origem estrutural" do excedente. Da perspectiva da oferta, aponta o rápido crescimento da população e da força de trabalho e a existência — no mesmo ponto de origem do processo de industrialização — de vastos contingentes de mão-de-obra ocupados em condições de baixa produtividade. Da perspectiva da demanda, sublinha-se a alta propensão a consumir dos estratos de renda com possibilidade de economizar, e a inadequação da tecnologia gerada nos centros, de elevada densidade de capital. Estes dois últimos fatores se associam, além disso, às pautas de consumo imitativo desses estratos. Por um lado, a produção que elas induzem se realiza com as técnicas mais modernas, cuja densidade de capital é particularmente elevada; por outro, a própria expansão industrial depende, como nos centros, de uma contínua diversificação e exacerbação do consumo, em circunstâncias em que a renda média e a capacidade de economia são muito mais reduzidas.

Estes fatores de demanda se expressam em um padrão de acumulação insatisfatório: seu ritmo resulta menor que o potencialmente alcançável e sua composição gera menos fontes de trabalho que as que se obteriam com um padrão alternativo. Ambas as coisas em prejuízo da capacidade dinâmica do sistema para ir transformando o subemprego em emprego produtivo, isto é, para absorver gradualmente toda a população ativa em condições de produtividade normal.[4]

Embora o dinamismo econômico no capitalismo periférico seja insuficiente e, em conseqüência, exclua de seus benefícios uma proporção considerável da população, ele introduz mudanças na estrutura social, sobretudo ao aumentar a importância relativa dos estratos intermediários e inferiores. Surgem deste modo mudanças na estrutura de poder, pois aumenta o poder sindical e político destes estratos, e com ele a capacidade para contrabalançar o poder econômico que detêm os estratos superiores. A industrialização e o desenvolvimento trazem consigo, portanto, uma pressão crescente dos estratos intermediários e inferiores para compartilhar os frutos do progresso técnico, principalmente por meio do aumento de salários.

As relações de poder não se estabelecem apenas na órbita do mercado, mas também no interior do aparelho estatal. A capacidade de pressão dos estratos intermediários e inferiores favorece o desenvolvimento de atividades estatais e a absorção da força de trabalho além de considerações de economicidade e eficácia. Por isso afirma Prebisch que a distribuição do fruto da crescente produtividade do sistema é fundamentalmente o resultado do jogo mutável das relações de poder, que se expressa em um agudo conflito distributivo, condiciona o processo de acumulação e conduz, ao final, à crise do sistema.

Em seus escritos Prebisch formula a idéia de que a continuidade da acumulação de capital — e, com ela, a expansão sustentada e relativamente equilibrada da economia — exige que se cumpram certas condições de proporcionalidade entre as taxas de aumento da produtividade do trabalho, do excedente e dos salários reais. Quando os salários se elevam mais que a produtividade, o excedente diminui, ou cresce menos do que se requer para que a acumulação não desacelere. Quando as empresas, pelo aumento dos preços, conseguem restabelecer um ritmo satisfatório de aumento do excedente, a acumulação recupera seu dinamismo. A taxa de acumulação tende, portanto, a oscilar devido ao conflito distributivo.

Isto se produz em uma etapa avançada do desenvolvimento periférico, em que o poder sindical e político dos estratos intermediários conseguiu desenvolver-se tanto na órbita do mercado como na do Estado, e a tal ponto que a elevação dos gastos deste último depende em grande medida de sua própria dinâmica. Do mesmo modo, conforme se argumenta, nessa etapa chegou-se a estabelecer instituições democráticas, por meio das quais a pressão de estratos intermediários pode se expressar e tornar-se efetiva.

É então que o conflito distributivo se manifesta em sucessivos aumentos de preços e salários que trazem consigo a conhecida espiral inflacionária, a qual é inerente ao funcionamento das economias de tipo periférico e industrialização tardia. As regras convencionais de regulação monetária são incapazes de detê-la ou atenuá-la, devido às forças sociais que atuam no seu fundo e que impregnam o próprio aparelho estatal, condicionando inclusive o nível do gasto público.

Entende-se, assim, que não existem mecanismos de mercado — nem espontâneos, nem corrigidos pela política econômica — capazes de fazer cumprir as condições de proporcionalidade mencionadas e assegurar a continuidade da acumulação. A razão fundamental é que o sistema não é só econômico, mas também ao mesmo tempo social e político, e inclui o próprio Estado e seus modos de participação nesses distintos campos.

É no âmbito desse sistema global que o conflito distributivo se exacerba até conduzir à crise do sistema, globalmente considerado. Esta emerge quando a aceleração do processo inflacionário chega a desestabilizar o funcionamento da economia e ameaça com a desintegração social. Em tais circunstâncias, irrompe o poder econômico e político dos estratos superiores, mediante o emprego da força e da quebra das instituições democráticas.

Assim, concebe-se que a crise é inerente à lógica interna do sistema, já que não há forma perdurável de impedir que o conflito distributivo leve à espiral inflacionária e esta, por sua vez, entorpeça a acumulação de capital, e a longo prazo termine por travá-la.

Aqueles que exercem a força diretamente a usam em benefício dos estratos superiores. Isso depende de um jogo complexo de fatores, variável de um caso a outro; no entanto, subjaz em todos uma razão similar: como esses estratos possuem a capacidade de acumular, busca-se garantir condições para que restabeleçam o dinamismo e a regularidade do desenvolvimento.

O restabelecimento da dinâmica do sistema com base em regimes não-democráticos pode se realizar com maior ou menor êxito, dependendo do grau em que as condições externas resultem favoráveis e da destreza no manejo da política econômica. Mas mesmo quando se conseguem taxas razoáveis de acumulação e desenvolvimento, a prosperidade alcança primordialmente os estratos superiores, enquanto os intermediários e inferiores suportam altos custos econômicos, sociais e políticos.

Nos casos de êxito, por trás dessa aparência se esconde a impossibilidade de corrigir a fundo a índole excludente e conflitiva do sistema, de tal modo que "ao se retomar cedo ou tarde o processo de democratização, a pressão de compartimento [tenderá] a levar o sistema a um novo ciclo político, agravado pela deformação que terá sofrido a estrutura produtiva para responder à exaltação da sociedade privilegiada de consumo" (Prebisch, 1981, p. 5).

Em síntese, o capitalismo periférico é um sistema baseado na desigualdade social e incapaz de superar essa desigualdade devido em parte a seu caráter periférico, mas sobretudo às pautas de consumo imitativas dos estratos superiores, à influência das mesmas sobre a estrutura produtiva e às conseqüências de tudo isso sobre o ritmo e a orientação do investimento e, portanto, sobre a capacidade da economia para absorver produtivamente a força de trabalho.

Esta tendência excludente do capitalismo periférico procura ser compensada pelo processo de democratização, que em boa medida é produto das mudanças que o desenvolvimento introduz na estrutura social, embora também seja impulsionado por seu próprio dinamismo histórico. Ao expressar-se neste processo, a pressão redistributiva dos estratos inferiores é, no julgamento de Prebisch, totalmente legítima, pois tenta reduzir essa pertinaz tendência excludente. Se essa pressão resultar em disrupção, é dos princípios ou mecanismos que fundamentam e reproduzem a desigualdade social.

A verdadeira crise da democracia — ou dos movimentos e regimes democratizantes — consiste em que só exerceram uma pressão redistributiva; chegada esta a um ponto limite, econômico e político, só produz o caos, a desintegração social e o ressurgimento das forças que — supostamente para superá-la — procuram restabelecer os princípios do capitalismo periférico. Por certo, para Prebisch este é o verdadeiro sentido histórico da combinação recente entre autoritarismo e política neoliberal, e seu resultado não pode ser outro que a reiteração da exclusão e do conflito.

A pressão redistributiva é legítima, mas por suas limitações não consegue transformar o capitalismo periférico: cedo ou tarde, devora-se a si própria, juntamente com os regimes e movimentos democráticos que a impulsionaram. Por isso, se se pretende construir uma sociedade dinâmica, eqüitativa e democrática, a única solução consiste em modificar os princípios sobre os quais se assenta o capitalismo periférico, sobretudo os relativos à apropriação e ao uso do excedente.

Em sua teoria da transformação, Prebisch não tenta propor um modelo, uma fórmula genérica que se possa aplicar com as devidas adaptações a distintos casos concretos. Seu objetivo é oferecer à discussão os grandes esboços de uma transformação possível do sistema, em um momento em que é necessário revitalizar o debate sobre as opções de mudança social, perante os visíveis desajustes e insuficiências do desenvolvimento latino-americano e o curso insatisfatório dos acontecimentos políticos.

O ponto de partida de sua teoria da transformação é constituído pelas análises resumidas anteriormente. De acordo com os mesmos, o sistema resulta excludente e conflitivo por sua tendência à concentração de renda e ao conflito com que se tenta rebatê-la. Estes traços fundamentais dependem, em última instância, do modo de apropriação e utilização do excedente, que limita o dinamismo da acumulação de capital, impede a plena absorção da mão-de-obra e restringe a certos estratos a difusão dos frutos do progresso técnico. Para o anverso destes resultados deveria orientar-se a transformação do sistema. Tratar-se-ia de assegurar, mediante a ação do Estado, o uso social do excedente, com vistas a acelerar o ritmo de acumulação, para conseguir que a ocupação da força de trabalho se realize em condições de produtividade crescente e corrigir progressivamente as disparidades distributivas.

Prebisch destaca duas formas em que o Estado pode exercer sua ação: concentrando em suas mãos a propriedade e a gestão dos meios produtivos, ou orientando o uso do excedente para os interesses coletivos com critérios de racionalidade social, mas sem recorrer à concentração da propriedade.

Entre tais opções, inclina-se pela segunda. De acordo com seus pontos de vista, a liberdade econômica não seria possível se o Estado concentrasse em suas mãos todo o poder econômico. Em conexão com isso, faz-se necessário salvaguardar o âmbito do mercado, pois este se configura como essencial para a liberdade política. Esta última constitui, por sua vez, um dos componentes principais do conceito de democracia e do conjunto de valores que lhe é inerente.[5]

Além desse significado político, Prebisch reconhece no mercado um papel importante no que corresponde à alocação de recursos e, em especial, à adequação entre produção e consumo. Mas entende que o mercado é incapaz de obter por si só os grandes objetivos de transformação antes assinalados, razão pela qual se requer marcar seu funcionamento na ação do Estado.

Considera o planejamento como um instrumento imprescindível para que esta ação estatal consiga imprimir eficácia aos mecanismos de mercado; mas se trata de um planejamento democrático, pois os critérios e as grandes decisões que orientem a regulação planejada do sistema devem estar subordinados a decisões políticas tomadas democraticamente. Isso exige um reordenamento jurídico que precise os âmbitos e os instrumentos na intervenção estatal, concebida de modo a assegurar a continuidade e flexibilidade no uso social do excedente.

Nesse sentido, Prebisch formula algumas sugestões sobre um aspecto-chave desta nova institucionalidade: a propriedade e a gestão das empresas. Muito resumidamente, a idéia básica consiste em combinar formas de propriedade privada, social e estatal. A propriedade privada prevaleceria nas empresas pequenas e médias, enquanto seu crescimento não ultrapasse determinadas dimensões. Nas grandes empresas, que concentram a maior parte dos meios produtivos, a propriedade iria se transferindo paulatinamente à força de trabalho, tendendo-se no longo prazo à sua gestão autônoma. Segundo os casos, um número maior ou menor de atividades econômicas se desenvolveria sob propriedade do Estado, um prejuízo da possibilidade de aplicar, também nelas, alguns dos princípios deste tipo de gestão.

Em resumo, Prebisch expõe que sua opção transformadora representa uma síntese entre socialismo e liberalismo. Socialismo, pois seriam matéria de decisão coletiva o ritmo de acumulação e a correção das disparidades estruturais na distribuição de renda; e liberalismo, pois a alocação de capital para responder à demanda se realizaria livremente no mercado, segundo decisões individuais. Liberdade econômica, unida estreitamente à liberdade política, em sua versão filosófica primária.[6]

II. MEDINA: NOVA VISÃO DA DEMOCRACIA E DE SEUS CONTEÚDOS

Como destacamos em capítulos anteriores — tanto no 5, em que comentamos diretamente os principais pontos de vista de Medina, como no 7 e no 9 —, por volta de meados dos anos 1960 se percebia, nas economias latino-americanas, uma tendência ao estancamento. Essa suposta tendência e a atribuição de suas origens a um conjunto de obstáculos radicados na estrutura social levam naturalmente à pergunta de como proceder para superá-los. Medina não desconhece que a resposta deve ser procurada no exame dos casos concretos em que as carências das condições sociais resultaram impeditivas do desenvolvimento, tanto econômico como global. Entretanto, nos anos que seguem a 1970, dedica seus principais trabalhos ao tema da democracia.

A ênfase nesse tema se relaciona com duas ordens de considerações. Por um lado, argumenta-se que os populismos e autoritarismos presentes em várias sociedades subdesenvolvidas apontam para o predomínio de padrões de estruturas sociais e políticas incompatíveis com o posterior desenvolvimento daquelas.

Por outro lado, e como face oposta dessa negativa frontal, indica-se que as experiências de desenvolvimento bem-sucedido só assinalam duas modalidades de organização sociopolítica compatíveis com ele: a democracia e o socialismo.

Quanto a essa alternativa, Medina toma partido pela democracia de forma decidida e enfática, admitindo a assunção de um juízo de valor já no ponto de partida de seu estudo. Mas ao mesmo tempo postula que o esforço analítico empreendido não perde seu caráter nem sua validade científica, apesar e além do explícito abandono de qualquer neutralidade valorativa.

Convém reiterar que, em conexão com seu enfoque sobre o método estruturalista nas ciências sociais, resumido na introdução geral, Medina fundamenta com solidez o caráter científico da chamada "sociologia normativa". Mas como se pôde ver nessa introdução, a cientificidade da disciplina mencionada se assenta em uma base adicional, inserida no enfoque mencionado: o intenso "não-determinismo" que lhe é próprio. Implica este que não se reconhece na evolução das sociedades caminhos únicos e rígidos, a não ser conjuntos mais ou menos amplos de opções viáveis, assim como a possibilidade de escolher entre elas, aberta à ação humana.

Entretanto, admitida tal possibilidade de escolher e de dar racionalidade à eleição com apoio na sociologia normativa, aflora imediatamente a questão da tarefa de quem exerce suas atividades no âmbito da mesma. A respeito, a postura de Medina — de resto coincidente com a de Furtado, exposta no capítulo 9 — reconhece a legitimidade, e também a necessidade e a conveniência, de que a elaboração científica parta da explicitação dos juízos de valor em que se apóia, procurando demonstrar e precisar as mudanças desejadas para a sociedade e para o seu desenvolvimento.

Pensando bem, essa postura explica a valoração especial que Medina outorga ao tema da democracia e ao esforço sustentado com que encara seu aprofundamento. Pois olhar o desenvolvimento da sociedade como um todo com base nesse tema implica delinear os perfis apropriados para a consolidação e o desenvolvimento da própria democracia, por sua vez assentados nos conteúdos de justiça social e éticos capazes de caracterizar plenamente. Os pontos que seguem abordam com brevidade o tema mencionado, enquanto procuram oferecer uma imagem aproximada de tais conteúdos.

Conforme se argumenta, "não há um modelo único de desenvolvimento econômico" (Gurrieri, 1980, p. 115), mas todos eles — ou mais propriamente, todos os que se configuram como viáveis e suscetíveis de serem aplicados — têm um mecanismo essencial que lhes é comum.[7] De forma similar, entende-se que a democracia se constitui com variantes significativas, mas que ao mesmo tempo possui certos princípios e conteúdos fundamentais que a definem como tal. Como os daquele mecanismo, tratam-se de princípios comuns que dizem respeito à organização das relações sociais e se expressam em uma dupla participação. A primeira diz respeito ao âmbito político; a segunda, ao âmbito social.

A participação política variou no tempo, implicando a passagem de formas de organização substancialmente individualistas a novas formas sintetizáveis por meio da expressão "democracia pluralista", que se configura como a única possível, nos anos em que Medina volta sua atenção para esses temas. Entende então que a mesma consiste, "em essência, na aceitação política da realidade social como um conjunto de grupos muito diversos, cada um com distintos interesses, e, portanto, com inevitáveis conflitos e discussões entre eles, mas que se submetem à norma comum para conseguir em cada caso o convênio ou o compromisso mais adequado, sabendo, naturalmente, de seu caráter temporário" (Medina, citado em Gurrieri, 1980, p. 115).

A participação política pluralista dá lugar a variadas formas de representação no âmbito que lhe é próprio. Mas não se esgotam nela os requisitos de participação inerentes à democracia. Esta reclama também a participação social: a que exercem grupos intermediários — como os representativos de distintas comunidades, os sindicatos, as organizações empresariais —, que vão ampliando o horizonte de seus objetivos nos âmbitos social e econômico (não mais no político) e procurando alcançá-los com sua ação concreta nos mesmos.[8]

Os princípios de participação política e social se apóiam nos conteúdos-chave da democracia, ao mesmo tempo que se configuram como expressões dos mesmos. Essencialmente, esses conteúdos são dados por um conjunto de direitos básicos: civis, políticos e sociais.

Os primeiros concernem à autonomia do indivíduo no exercício de suas liberdades e ao resguardo das mesmas perante limitações impostas a partir do aparelho do Estado. Já os direitos políticos se referem, em particular, à condição do cidadão e se expressam na igualdade de possibilidades abertas a cada um no âmbito político e no exercício da liberdade de ação.

Os direitos sociais se assentam no que concerne à propriedade; mas eles também foram mudando com o tempo, ao se reconhecer cada vez mais a importância de estender certas condições mínimas de igualdade em áreas como educação, saúde e moradia ou, se preferirmos, a importância de generalizar certos níveis mínimos de bem-estar.

A face oposta desses direitos básicos é o Estado de direito, em cujo marco se estabelecem as normas legais que os definem e regulam, e do mesmo modo, as entidades burocrático-administrativas que resguardam seu exercício ou o exercício das liberdades que eles supõem.

Por outro lado, convém enfatizar que Medina adota plenamente uma posição jusnaturalista. Sem desconhecer que as condições econômicas e sociais prevalecentes podem favorecer ou desfavorecer a democracia, entende que os conteúdos liberais que a definem não se conformaram, estritamente, com base em tais condições. Por isso, à relação materialista, que com freqüência se estabelece entre riqueza e democracia, opõe uma posição que denomina "idealista": entende que os direitos naturais, conformados pelo conjunto dos descritos anteriormente, foram se configurando como crenças, como valores generalizados com o passar do tempo, consolidados paulatinamente sob "o peso de seculares vigências intangíveis" (Medina, citado em Gurrieri, 1980, p. 117).

Essa postura jusnaturalista — ou seja, esse reconhecimento irrestrito dos direitos naturais como valores universalmente aceitáveis — possui uma implicação atinente ao domínio da ética. Em última instância, essa aceitação traduz a da liberdade e da igualdade como valores fundamentais que têm expressão visível naqueles direitos, representativos de tais valores.

III. CARDOSO: MOVIMENTOS SOCIAIS E REIVINDICAÇÃO DEMOCRÁTICA

Em mais de um sentido complementar, o enfoque de Cardoso sobre a democracia difere dos dois anteriores. Aqueles possuem uma forte raiz analítica, embora este enfoque priorize uma indagação sobre o real, própria de um político que procura esclarecer a origem e a índole das reivindicações que se foram dando em tempos de ditadura, na busca do retorno àquela.

No ponto de partida de suas indagações está, pois, a instalação sucessiva de regimes de exceção no Cone Sul da América Latina, a que já se fez referência. Conforme aduz, dois foram os debates que mais estiveram presentes em relação a estes regimes. Um concerne à natureza propriamente política das ditaduras militares instaladas e o outro, ao elo entre as mesmas e o desenvolvimento econômico.

O primeiro trouxe consigo avanços teóricos de significação. Neste sentido, observa-se que os novos regimes de base militar não significavam o retorno do caudilhismo tradicional, mas os mesmos "eram, na expressão consagrada de Guillermo O'Donnell, burocrático-autoritários" (Cardoso, 1984, p. 46).

As formas concretas que assumiram estes regimes foram variadas. Um caso extremo é o da Argentina, onde uma junta militar, composta pelos chefes das três armas, assume plenos poderes, sem a presença de nenhum mecanismo institucional paralelo ou complementar. O do Uruguai, por outro lado, além de instalar um tipo de congresso com membros eleitos discricionariamente, por períodos mantém um colegiado civil, e em outros, um presidente civil. No Brasil este era militar, mas aparecia como eleito por um congresso, instalado com base em partidos redefinidos pelas forças armadas.

Os breves exemplos que antecedem não têm outro objetivo senão esclarecer que, além da forma de cada regime, estes tinham em comum o rígido controle dos comandos militares, que eliminaram a disputa do poder por partidos livremente organizados, ao mesmo tempo que reprimiam qualquer tipo de ideologia — de esquerda ou simplesmente progressista — que pudesse configurar-se como mobilizadora.

O segundo aspecto mencionado anteriormente concerne à relação das ditaduras militares com o desenvolvimento econômico. Quanto ao mesmo, destaca-se que desde meados dos anos 1950 vinha-se produzindo a chamada "internacionalização do mercado interno", e que a mesma operou com maior amplitude e celeridade entre 1965 e 1975, isto é, em pleno período da instauração dos regimes burocrático-autoritários. Ainda mais, os militares operaram, nos fatos, como garantia da internacionalização, pois com a repressão contiveram os ímpetos redistributivos, com resultados potenciais benéficos para a acumulação e o crescimento.

É claro que, no que se refere a ambas as dinâmicas, apresentam-se também casos diferenciados. No do Brasil se produz a associação crescente entre o setor privado nacional, o setor estatal e as grandes transnacionais, que em conjunto formaram o chamado "tripé do desenvolvimento", com base no qual este alcançou taxas consideráveis. Não sem conexão com os componentes do tripé, e em particular com a presença e relevância das empresas transnacionais, o padrão de desenvolvimento resultante se caracterizou como de "desenvolvimento dependente-associado" (Cardoso, 1984, p. 47). Por períodos, no Peru, os militares impulsionaram o crescimento no marco de um padrão similar.

Diversos são os casos da Argentina e Chile, e do mesmo modo do Uruguai, pois neles se procurou reforçar suas condições agroexportadoras e, sobre essa base, a diferenciação e complementaridade produtivas com os países industrializados. No entanto, e embora fosse notória a desaceleração do crescimento, os resultados não dependeram de um "imobilismo econômico" imposto pelo regime. Ao contrário, constatam-se mudanças consideráveis, cujo sinal principal consiste na forte internacionalização destas economias. Assim, tanto nos primeiros casos como nos segundos, adotaram-se estilos de desenvolvimento que "ligava(m) umbilicalmente as economias locais com as exteriores" (Cardoso, 1984, p. 47), pertencentes ao mundo industrializado.

Do anterior deriva que, no aspecto econômico, o estabelecimento de esquemas de poder militarizados esteve longe de desempenhar um papel significativo. Efetivamente, comparando as políticas econômicas seguidas em distintos países — tanto os regidos militarmente como os que conservaram esquemas democráticos —, a área latino-americana mostra que os estilos de desenvolvimento implantados não dependeram da forma do regime, a não ser em muito escassa medida.

Em outros termos, pode-se entender que o novo poder burocrático-autoritário, assentado na militarização dos sistemas de governo, não alterou as bases de dominação social; ou ainda que o Estado (já não o governo), entendido como conjunto e síntese das relações de dominação, continuou respondendo a certas "classes (sociais), e não (...) ao estamento burocrático militar" (Cardoso, 1984, p. 48). Este último manda, pois controla o governo; mas esse controle não inclui o das políticas econômicas centrais, que continuam sendo aquelas que interessam às classes e grupos integrantes da estrutura básica de dominação.

Cabe reconhecer que esta última irá sofrendo mudanças com o passar do tempo, em consonância com as que paralelamente se produzem nos processos de desenvolvimento. Mas, para os fins destas notas, importam outras mudanças que também são induzidas no âmbito social, que correspondem diretamente à emergência e acentuação das reivindicações democráticas.

No fundo deste outro tipo de mudança, acha-se presente a própria dinâmica da economia internacionalizada, que traz consigo uma espécie de abertura de horizontes. Empresários, assessores técnicos, quadros universitários e inclusive estudantes se movem pelo mundo, como resultado da expansão da economia internacionalizada. Escapam com isso "ao horizonte cultural estreito que, em seus piores momentos, o militarismo procura impor" (Cardoso, 1984, p. 50).

Em múltiplos casos — embora com mais nitidez naqueles que empreendem o caminho do "desenvolvimento dependente-associado" — surge uma nova sociedadee "de massas", aberta à influência do cosmopolitismo cultural, ao qual absorve pelas vias da televisão e dos demais meios de comunicação. Além disso, junto com esta nova sociedade, ou como derivação da mesma, emerge a presença de "novas classes", que exemplificam, em especial, o empresariado internacionalizado, os grupos médios cujos níveis de renda lhes permitem assimilar os símbolos da modernidade e, inclusive, novas lideranças operárias.

A presença destes atores, e as mudanças culturais que assimilam, tem sua face oposta no âmbito militar. Suas lideranças são levadas a atenuar o ímpeto repressivo dos serviços de manutenção da ordem e do controle da informação, tendendo a limitá-lo aos momentos de conflito social aberto; esta presença também dificulta sua extensão indiscriminada, tendendo a restringir-se aos setores considerados "subversivos". A atenuação mencionada sintetiza a emergência de uma etapa de "descompressão". Como face oposta da mesma, surgem movimentos reivindicativos dos direitos humanos e, porventura, da própria redemocratização.

Nesta primeira etapa, não são os movimentos sociais propriamente ditos os que estão na vanguarda das lutas reivindicativas da institucionalidade democrática. Aqui, o papel principal corresponde a certas "entidades de resistência, [como] as Comissões de Justiça e Paz da Igreja, as 'Mães de Desaparecidos', os Comitês Pró-anistia" (Cardoso, 1984, p. 52) e as variadas associações de setores progressistas da "classe média", integradas por membros de organizações religiosas, professores universitários, intelectuais conhecidos, jornalistas de renome etc.

Todas estas entidades, ainda durante os períodos em que permanecem em estado embrionário, e do mesmo modo, toda personalidade que se destaca na luta contra o autoritarismo, passam a se considerar como partes constitutivas da que, espontaneamente, foi cada vez mais sendo denominada como "sociedade civil". Importa destacar certa peculiaridade do caso latino-americano: a aptidão desses novos componentes dessa pretensa "sociedade civil" para abrir canais de negociação com o regime, inclusive "a partir de círculos muito limitados de pessoas, mas com alta capacidade (...) de criar fatos novos" (Cardoso, 1984, p. 52), não sem conexão com as facilidades e velocidade das comunicações, próprias das sociedades de massa contemporâneas.

Com o passar do tempo, a amplitude dos esforços dos atores mencionados acaba abrindo as portas de uma segunda fase, já não de descompressão, mas sim de liberalização. Um sintoma e símbolo do seu início se verifica na atitude dos meios de comunicação e, notoriamente, na imprensa escrita, nos quais se mostra não só a inclinação a dar maior cobertura e claridade às reivindicações democráticas que se vinham dando, mas também às específicas de certos movimentos sociais. Pelo resto, é esta conjunção de ambos os tipos de reivindicações e de atores o que tende a incrementar a vulnerabilidade dos regimes militares.

A emergência de reivindicações nos movimentos sociais se manifesta primeiramente no âmbito empresarial. As lideranças não se constituem própria e explicitamente por delegação das bases respectivas, mas por meio dos métodos similares aos mencionados anteriormente: intelectuais que formulam propostas alternativas de política econômica, condutas reivindicativas de liberdades democráticas exercidas por personalidades empresariais destacadas, declarações de foros de distintos âmbitos do mundo dos negócios e o apoio reiterado da imprensa — de particular importância — a todas estas manifestações contrárias ao regime militar prevalecente.

O afirmado no parágrafo precedente mostra o ressurgimento da política "à margem" do Estado e no seio de movimentos sociais.

Mas esta inscrição possui certa característica relevante, como a de se produzir por meio de mecanismos próprios das sociedades de massa. As reivindicações desses movimentos se realizam utilizando métodos chamativos e grandiloqüentes, de uma quase-publicidade, com o objetivo de facilitar a chegada de tais reivindicações ao grande público, e isso sem afetar a autenticidade de seus conteúdos.

O segundo movimento social relevante é o que se vai conformando com base e em torno dos sindicatos. Com as características diferenciais de cada caso, durante os longos anos de arbitrariedades impulsionadas pelos regimes militares, de forma cuidadosa e reservada os sindicatos foram reforçando seus aparatos corporativos, e lutaram por esse meio para obter vantagens materiais para suas respectivas categorias. Mas quando se passa da simples descompressão à franca liberalização, produz-se uma mudança significativa: surgem à luz lideranças altivas, com um prestígio consolidado no período "apolítico" anterior e, por isso mesmo, capazes de somar ao processo de reivindicação o apoio de greves bem organizadas e eficazes. Por outro lado, também na ação sindical fica evidente a fusão das reivindicações, entre elas a democrática, e um acentuado estilo propagandístico, similares aos que imperam no esquema do consumo massivo.[9]

Resumindo, tanto no âmbito empresarial como no sindical, a emergência de novas lideranças parece obedecer a um tipo de movimento de pinça: por um lado, uma autêntica reivindicação de base; por outro, uma ruidosa e inflamada atividade pública, que o assemelha ao lançamento de um produto de mercado.

Este modo de conformação dos dois movimentos sociais apontados — de base empresarial um e de fundamento sindical o outro — e, do mesmo modo, a presença de entidades da "sociedade civil" mencionadas anteriormente, que também impulsionam as exigências de redemocratização, levam a considerar certas peculiaridades no renascimento da política, ou melhor, na reinserção dos distintos atores sociais no fazer político.

A nova sociedade, que virtualmente emerge em conjunto com os esforços para a superação dos regimes burocrático-autoritários, ao mesmo tempo que gera atores sociais consolidados na "cultura do espetáculo"

— a qual, pelo resto, penetra na política —, traz consigo dois fenômenos de especial relevância: "a segmentação social e a busca de um novo espírito de comunidade" (Cardoso, 1984, p. 53).

É facilmente perceptível que o transplante das formas de produzir e de viver das sociedades de capitalismo avançado para as de tipo periférico aumenta nestas a chamada "heterogeneidade estrutural". Posto em outros termos, agrava-se nas mesmas — e de maneira significativa — a segmentação preexistente. Mas, ao mesmo tempo, incrementa-se nas sociedades periféricas a ânsia por participar do "mundo desenvolvido". Rádio e televisão transformam esse mundo da abundância em realidade visual para os desempregados crônicos e trabalhadores de baixa renda, e para umas classes médias também segmentadas e desiguais. Essa abundância, embora longínqua no real, simboliza "um novo horizonte cultural e humano" (Cardoso, 1984, p. 53).

Conforme se argumenta, uma sociedade segmentada, mas ao mesmo tempo impregnada por expectativas de êxito e de melhoria nas condições de vida, gera um estilo de reivindicação *sui generis*, apoiado "mais na parte que no todo: na categoria profissional mais que na idéia de classe; no bairro ou na vizinhança próxima mais que no país ou no Estado que o representa; no líder local mais que no nacional; na paróquia próxima mais que no partido político. Mas cada segmento deseja obter o que supõe já alcançado pelo 'outro'. Exige com força sua reivindicação específica, ao mesmo tempo que pretende obter o geral, que lhe é dado conhecer por meio da diferença" (Cardoso, 1984, p. 53). Do mesmo modo, sustenta-se que tal reivindicação nasce impregnada de um espírito comunitário. O que se coloca não é tanto o êxito individual, inscrito na competência regida pelo mercado, mas a conjunção de uma motivação solidária, fortemente associativa, com o reconhecimento franco e decidido, por parte do Estado, do "direito da categoria", seja esta o bairro, o âmbito profissional, o grupo social reivindicativo etc.

É justamente esta conjunção entre a consciência do específico (e da diferença) que impregna os novos atores e o reconhecimento inequívoco do Estado como instância reguladora necessária de uma sociedade renovada o que leva a pensar em um paradigma de democracia diferente dos modelos clássicos. Por certo que neste paradigma o Estado continua representando a dominação de classes. Mas seu papel não se reduz a isso, por várias razões: "Porque ao tornar-se Estado-produtor, dando abrigo a uma burocracia empresarial, a luta reivindicativa no âmbito do social passa a ser, *ipso facto*, uma luta 'dentro do Estado'; porque em suas novas funções reguladoras, o Estado intervém na competição entre capitais, e inclusive na formação dos mesmos; porque a regulamentação da cidadania (...) não se resume na definição da condição de eleitor, implicando a concessão pelo Estado de direitos sociais básicos, explicitamente reconhecidos" (Cardoso, 1984, p. 54).

"O Estado passa, pois, a existir entrelaçado com a sociedade, recolocando-se de outro modo [com esse novo entrelaçamento] a diferenciação clássica entre sociedade civil e sociedade política" (Cardoso, 1984, p. 54). Em conexão com esta mudança, e como núcleo valorativo das crenças democráticas, emerge com força a noção do "público": mais que restringir a ação do Estado e dar força ao setor privado, o "antiestatismo" se traduz no cuidado da transparência da ação governamental, assim como no aumento do controle social (público) da gestão e das políticas oficiais.

O marco deste quadro valorativo, no qual se inscreve o fundamento social da reivindicação democrática e a identidade e autonomia dos atores, estende-se para abranger o papel dos partidos políticos e a necessidade de sua renovação. A pergunta que surge alude a esta renovação, isto é, às características básicas que os mesmos partidos deverão assumir na sociedade pós-autoritária. A resposta não pode ser encontrada no âmbito estritamente político. Ali, com maiores ou menores alterações, haverá traços similares aos anteriores ao autoritarismo.

A especificidade principal da situação vindoura se associa às novas condições de forte segmentação social. Para crescer, os partidos precisam procurar a cooptação de setores sociais com interesses muito distintos, o que, por sua vez, torna problemática sua unidade ideológica. Mas isso não implica a impossibilidade de conter núcleos ideológicos *grosso modo* definidos e, portanto, diferenciáveis. É assim que, ao mesmo tempo que vai procurando a agregação de interesses, apresentando-se à luta política mais como frentes que como partidos em sentido estrito, o espectro de opções não deixa de aparecer dividido entre os que propugnam a mudança (a "esquerda") e os que se configuram como mais imobilistas (a "direita").

É certo que os cortes ideológicos serão imperfeitos, e confusas as fronteiras entre eles. Mas na maioria dos países que padece sob os regimes burocrático-autoritários, vão se configurando diferenciações visíveis, sobretudo no que concerne às reformas sociais necessárias e à chamada "questão nacional"; esta estabelece a relação com o exterior, mas na crise de 1982 apareceu condensada no endividamento externo e nas formas viáveis do pagamento do mesmo e de seus serviços.

Ao lado destas duas grandes questões, encontra-se o tema-chave das relações dos partidos com os movimentos sociais e com o Estado. Quanto a este tema, parece estar aflorando, também, certo redirecionamento. As tendências predominantes parecem estar na tentativa dos partidos de enraizar-se mais na sociedade e menos nos aparelhos da burocracia estatal e, ao mesmo tempo, de situar-se mais próximos aos movimentos sociais e menos inclinados a procurar seu controle.

A primeira dessas tendências se configura como uma resultante natural do longo período de predomínio do autoritarismo: este fez do Estado objeto de forte desconsolidação, de tal modo que para a obtenção de votos vale mais a busca do apoio reiterado e ampliado da opinião pública que o controle de alguns ministérios. A segunda se vincula à clara vocação de autonomia do social, que emerge e se consolida durante esse período.

Estas mudanças levam a uma visão nova e distinta do jogo democrático. Com a luta antiautoritária, a democracia ganha a força de um valor em si, difundido e enraizado no vasto contingente de atores e grupos sociais que a levaram adiante. Este novo modo de ver inclui "a reivindicação da autonomia do social como componente indispensável do novo horizonte político latino-americano; existe, inequivocamente, o sentimento de [repúdio à] desigualdade social e [em paralelo] a convicção de que, sem reformas efetivas no sistema produtivo e nos modos de apropriação e distribuição da riqueza" (Cardoso, 1984, p. 56), o Estado de direito reconstituído irá pouco além de um arremedo de política democrática, com conteúdos débeis e questionáveis. Também se difundiu a crença de que o sistema político — tanto no seu aspecto partidário como no estatal — perdeu condições para absorver a dinâmica do social e para que sua não absorção resulte benéfica, enriquecedora do processo sociopolítico como um todo. Mas, ao mesmo tempo, a politização generalizada e inespecífica do social por si só não é capaz de refazer os marcos institucionais e de garantir o necessário equilíbrio entre os distintos componentes do todo social.

Posto em outros termos, e como já foi mostrado, intui-se e postula-se que, superado o autoritarismo, "a nova democratização demanda um reequilíbrio de poderes entre o Estado, os movimentos constitutivos da sociedade civil e dos partidos políticos" (Cardoso, 1984, p. 56). A consecução desse reequilíbrio não dispensa esforços teóricos que indaguem em relação à compatibilidade entre os três grandes âmbitos apontados. Mas tampouco dispensa a prática, a colocação em marcha de uma dinâmica liberalizadora, por meio de uma ação política que vá, em breve prazo, transformando o regime, na margem do possível, em cada um daqueles âmbitos. Parece claro que nessa dinâmica cabe aos partidos políticos um papel especial, pois é a partir deles que a direção adequada das mudanças pode se conscientizar com mais precisão e amplitude e ir difundindo-se a outros âmbitos.

IV. REEMERGÊNCIA DO "JUSNATURALISMO"

Culminando as considerações deste capítulo, cabe voltar por um momento à posição jusnaturalista adotada por Medina. De antiga presença e reiterada consideração na cultura ocidental, a mesma foi também duramente questionada, às vezes ao longo de períodos prolongados. Assim, perde gradualmente aceitação entre os pensadores do século XVIII e alcança seu ponto mais baixo no século XIX.

Esta breve referência serve apenas para ressaltar que esta posição ressurge com força no século XX. Com freqüência admite-se que esta consolidação constitui, em boa medida, um resultado e uma resposta às lutas bélicas e a seus altíssimos custos humanos, entre eles os envoltos em graves genocídios. Por outro lado, observam-se distintas evidências de que, no fim desse século, expande-se e generaliza-se ainda mais a idéia da existência de uma "lei natural" que demarca uma ordem transcendente e superior, à qual a lei positiva deve se ajustar.

Na realidade, as seções anteriores mostram que as percepções de Medina e também, no fundo, as de Prebisch e Cardoso, relativas aos conteúdos básicos da democracia e a seus fundamentos éticos, podem ser vistas como inscritas na difusão que veio adquirindo essa idéia jusnaturalista essencial. No entanto, deve-se ressaltar que estas percepções são prematuras, anteriores à segunda metade dos anos 1980, a partir da qual essa difusão se faz mais ampla e intensa por meio de vasta gama de documentos internacionais.

As propostas e conceitos vertidos neles incorporam e impulsionam os componentes essenciais dos direitos humanos, ou seja: os direitos civis e políticos e os chamados DESC, isto é, os direitos econômicos, sociais e culturais.

Em conjunto, estes componentes passaram a visualizar-se como o conteúdo ético imprescindível de todo processo de desenvolvimento, em uma clara confluência com os pontos de vista antecipados pelos autores que aqui se comentam.[10]

Notas

1. O começo da renovação de suas idéias aparece sob o título "Crítica ao capitalismo periférico", no número 1 dessa revista, publicado no primeiro semestre de 1976. Tal renovação culmina em Prebisch (1981).
2. Sobre este conceito, pode-se consultar o capítulo 5, seção II, 3.
3. Pode-se observar uma clara confluência desses pontos de vista sobre o consumo e a distribuição com certas idéias básicas de Furtado (capítulo 7, seção I e seção III, 1).
4. Também estas apreciações sobre a diversificação do consumo e sobre seus vínculos com a acumulação de capital têm pontos de contato com as de Furtado (capítulo 9, seção I).

5. Como se poderá apreciar, estes pontos de vista possuem clara coincidência com os que sustentam as posições de Medina, objeto da próxima seção.
6. É claro que estas idéias chocam-se frontalmente com as próprias do neoliberalismo, de tão ampla difusão e marcado predomínio. No entanto, pode-se afirmar que nas mesmas voltam a perceber-se as raízes keynesianas do pensamento de Prebisch, presentes desde suas origens e nas distintas instâncias de seu desenvolvimento. No que concerne, especificamente, às idéias mencionadas, é de interesse considerar as seguintes afirmações de Keynes, extraídas de sua *Teoria geral*: "Acredito (...) que uma socialização bastante completa dos investimentos será o único meio de aproximar-se da ocupação plena. (...) Mas, fora isso, não se advoga francamente por um sistema de socialismo de Estado que abarque a maior parte da vida econômica da comunidade. Não é a propriedade dos meios de produção o que convém ao Estado assumir. Se este for capaz de determinar o montante global dos recursos destinados a aumentar esses meios e a taxa básica de remuneração de quem os possui, terá realizado tudo o que lhe corresponde. Além disso, as medidas indispensáveis de socialização podem introduzir-se gradualmente, sem necessidade de romper com as tradições gerais da sociedade."
7. Embora já incluída no capítulo 5, convém voltar para a definição desse mecanismo. Essencialmente, "consiste na aplicação reiterada do excedente em novos investimentos (...), que tem como resultado a expansão incessante da unidade produtiva de que se trate..., [a qual] pode ser certamente uma sociedade inteira e de grande dimensão (...)" (Medina, citado em Gurrieri, 1980, p. 91).
8. Essa diferenciação entre participação social e participação política não é um obstáculo para admitir que a primeira se leve a cabo em conexão ou com apoio de entidades públicas. Assim, os grupos comunitários podem contribuir para tarefas governamentais de saúde e educação; ou as organizações empresariais podem induzir medidas que sustentem sua expansão em determinadas áreas, como as que favoreceram a indústria, na experiência latino-americana.
9. A prevalência deste estilo é corroborada pelo fato singular de que "Lula foi capa de revista, entre 1979 e 1982, em maior proporção que qualquer outro líder, em qualquer época da história do Brasil" (Cardoso, 1984, p. 53).
10. Como se sabe, a Declaração Universal dos Direitos humanos foi aprovada em 1948. Em 1976 entram em vigência duas convenções também aprovadas pela Assembléia Geral das Nações Unidas: a "Convenção Internacional sobre os Direitos Civis e Políticos" e a "Convenção Internacional sobre os Direitos Econômicos, Sociais e Culturais". As precisões sobre os direitos humanos contidas nas mesmas facilitam sua posterior conexão com os objetivos do desenvolvimento. Um exemplo da reorientação de tais objetivos se faz explícita e se apresenta de forma articulada no Cepal (2000) (veja-se, em especial, seu capítulo 1).

Referências bibliográficas

Altimir, O. (1997). "Desigualdad, empleo y pobreza en América Latina. Efectos del ajuste y del cambio en el estilo de desarrollo". *Desarrollo Económico*, vol. 37, nº 145, abril-junho.

—— (1990). "Desarrollo, crisis y equidad". *Revista de la Cepal*, Santiago do Chile: Comissão Econômica para a América Latina e o Caribe (Cepal) , nº 40, abril.

Baltar, P. (1977). "Diferença de salário e produtividade na estrutura industrial brasileira, 1970". Tese de Mestrado, Campinas, Universidade Estadual de Campinas (Unicamp).

Barboza de Oliveira, A. (1986). "O processo de industrialização: do capitalismo originário ao atrasado". Tese de Doutorado, Campinas, Universidade Estadual de Campinas (Unicamp).

Barros de Castro, A. (1967). "Uma tentativa de interpretação do modelo histórico latino-americano". *Revista Brasileira de Economia*. Fundação Getúlio Vargas, março.

Bastide, R. (1963). "L'acculturation formelle". *Revista "América Latina"*, vol. 6, nº 3.

Belluzzo, L.G. (1982). "Prefácio". In J.M. Cardoso de Melllo. *O capitalismo tardio*. Contribuição à revisão crítica da formação e do desenvolvimento da economia brasileira. Tese de Doutorado, Campinas, Universidade Estadual de Campinas (Unicamp).

—— (1980). "Valor e capitalismo: um ensaio sobre a economia política". Tese de Doutorado, Campinas, Universidade Estadual de Campinas (Unicamp).

Belluzzo, L.G. e Cardoso de Mello, J.M. (1977). "Reflexões sobre a crise atual". *Revista Escrita*, São Paulo, ensaio nº 2.

Benavente, J.M. (1998). "Cincuenta años del estudio económico". *Estudio económico de América Latina y el Caribe*, 1997-1998 (LC/G.2032-P). Santiago do Chile: Comissão Econômica para a América Latina e o Caribe (Cepal).

Bernstein, H. (org.) (1973). *Underdevelopment and Development*. Harmondsworth: Penguin Books.

BID (Banco Interamericano de Desenvolvimento) (1985). *Economic and Social Progress in Latin America*. Washington. D.C.

Bielschowsky, R. (2001). "Celso Furtado e o pensamento econômico latino-americano". *A grande esperança em Celso Furtado: ensaios em homenagem aos seus 80 anos*, L.C. Bresser Pereira e Rego, J.M. (orgs.). São Paulo: Editora 34.

—— (1998). "Evolución de las ideas de la Cepal". *Revista de la Cepal*, número extraordinário (LC/G.2037-P/E). Santiago do Chile: Comissão Econômica para a América Latina e o Caribe (Cepal), outubro. Publicação das Nações Unidas, nº de venda: S.98.II.G.11.

—— (1988). *Pensamento econômico brasileiro. O ciclo ideológico do desenvolvimentismo*. Rio de Janeiro: Instituto de Investigação Econômica Aplicada (Ipea).

Bresser Pereira, L.C. e Rego, J.M. (orgs.) (2001). *A grande esperança em Celso Furtado: ensaios em homenagem aos seus 80 anos*. São Paulo: Editora 34.

Burgueño, O. e Rodríguez, O. (2001). "Desenvolvimento e cultura". In *A grande esperança em Celso Furtado: ensaios em homenagem aos seus 80 anos*. L.C. Bresser Pereira e J.M. Rego (orgs.). São Paulo: Editora 34.

Calcagno, A. (1999). "Ajuste estructural, costo social y modalidades de desarrollo en América Latina". Documento apresentado no seminário: O ajuste estrutural na América Latina: custos sociais e alternativas, Porto Alegre, 1-3 de dezembro.

Calcagno, A. E. (1990). "Evolución y actualidad de los estilos de desarrollo". *Revista de la Cepal*. Santiago do Chile: Comissão Econômica para a América Latina e o Caribe (Cepal), nº 42, dezembro.

Cano, W. (1999). *Soberania e política econômica na América Latina*. São Paulo: Universidade Estadual Paulista "Júlio de Mesquita Filho" (Unes).

—— (1998a). *Desequilíbrios regionais e concentração industrial no Brasil 1930-1970, 1970- 1995*. Campinas: Instituto de Economia/Universidade Estadual de Campinas (Unicamp).

—— (1998b). *Raízes da concentração industrial em São Paulo*. Campinas: Instituto de Economia/Universidade Estadual de Campinas (Unicamp).

Caputo, O. e Pizarro, R. (1974). *Dependencia y relaciones internacionales*. San José: Educa.

Cardoso, F.H. (1984). "A democracia na América Latina". *Novos estudos Cebrap*. Centro Brasileiro de Análise e Planejamento (Cebrap), nº 10, outubro.

—— (1982). "La persistencia democrática" In *Medina Echavarría y la sociologia latinoamericana*. Madri: Ediciones de Cultura Hispánica, Instituto de Cooperação Iberoamericana (ICI).

—— (1980a). *As idéias e seu lugar: ensaios sobre as teorias do desenvolvimento*. Petrópolis: Editorial Vozes.

—— (1980b). "Os impasses do regime autoritário: o caso brasileiro". *Estudos Cebrap*. Centro Brasileiro de Análise e Planejamento (Cebrap), nº 26.

—— (1978a). "On the characterization of authoritarianism regimes in Latin America". *Working Paper Series*, nº 30. Cambridge: Universidade de Cambridge.

—— (1978b). *Democracia para mudar*. São Paulo: Paz e Terra.

—— (1977a). "El consumo de la teoría de la dependencia en los Estados Unidos". *El Trimestre Económico*. México: Fondo de Cultura Económica, vol. 44, nº 173, janeiro-março.

—— (1977b). "Expansão estatal e democracia". *Ensaios de Opinião*, nº 5.

—— (1977 c). "La originalidad de la copia: la Cepal y la idea de desarrollo". *Revista de la Cepal*. Santiago do Chile: Comissão Econômica para a América Latina e o Caribe (Cepal), nº 4, segundo semestre.

—— (1977d). "A questão da democracia contemporânea". *Ensaios de Opinião*, nº 5.

—— (1975). *Autoritarismo e democratização*. Rio de Janeiro: Paz e Terra.

—— (1974a). "A questão da democracia". *Debate & Crítica*, nº 3, julho.

—— (1974b). "As contradições do desenvolvimento associado". *Estudos* Cebrap. Centro Brasileiro de Análise e Planejamento (Cebrap), nº 8, abril-junho.

—— (1974c). "Notas sobre el estado actual de los estudios sobre la dependencia". In J. Serra (org.). *Desarrollo latinoamericano: ensayos críticos*. México: Fondo de Cultura Económica.

—— (1972a). "Dependent capitalist development in Latin America". *New Left Review*, nº 74, julho-agosto.

—— (1972b). *Estado y sociedad en América Latina*. Buenos Aires: Ediciones Nueva Visión.

—— (1972c). *O modelo político brasileiro e outros ensaios*. São Paulo: Difel. Coleção Corpo e Alma do Brasil, vol. 35.

—— (1971). *Política e desenvolvimento em sociedades dependentes: ideologias do empresariado industrial argentino e brasileiro*. Rio de Janeiro: Jorge Zahar.

—— (1969). *Mudanças sociais na América Latina*. São Paulo: Difel. Coleção Corpo e Alma do Brasil, vol. 27.

—— (1967). *Cuestiones de sociología del desarrollo*. Santiago do Chile: Editorial Universitaria.

—— (1964). *Empresário industrial e desenvolvimento econômico no Brasil*. São Paulo: Difel. Coleção Corpo e Alma do Brasil, vol. 13.

Cardoso, F.H. e Faletto, E. (2004). "Prefácio e post-scriptum". In *Dependência e desenvolvimento na América Latina: ensaio de interpretação sociológica*. Rio de Janeiro: Civilização Brasileira.

—— (1969). *Dependencia y desarrollo en América Latina*. México: Siglo XXI Editores.

Cardoso de Mello, J.M. (1982). "O capitalismo tardio. Contribuição à revisão crítica da formação e do desenvolvimento da economia brasileira". Tese de doutorado, Campinas, Universidade Estadual de Campinas (Unicamp).

CENDES (Centro de Estudios del Desarrollo) (1969). "Estilos de desarrollo". *El Trimestre Económico*. México: Fondo de Cultura Económica, nº 144, outubro-dezembro.

Cepal (Comissão Econômica para a América Latina e o Caribe) (2000). *Equidad, desarrollo y ciudadanía* (LC/G.2071 (SES.28/3). Santiago do Chile.

—— (1998). *Cincuenta años de pensamiento en la Cepal: textos seleccionados*. Santiago do Chile: Fondo de Cultura Económica, outubro.

—— (1996). *Panorama de la inserción internacional de América Latina y el Caribe* (LC/G.1941). Santiago do Chile, dezembro.

—— (1974a). "Diferentes modelos o estilos de desarrollo". *Boletín Económico de América Latina*, vol. 19, nº 1-2.

—— (1974b). "Un modelo para comparar estilos de desarrollo o políticas económicas optativas" (E/CN.12/907). Documento de informação para o décimo nono período de sessões. Santiago do Chile.

—— (1973). "Desarrollo económico, planeamiento y cooperación internacional". *Serie conmemorativa del vigésimo quinto aniversario de la Cepal*, Santiago do Chile.

—— (1969). "Movilización de recursos internos". Lima, inédito.

—— (1966). *El proceso de industrialización en América Latina* (E/CN.12/716/Rev.l). Santiago do Chile.

—— (1965a). "Los cambios estructurales del empleo en el desarrollo económico de América Latina". *Boletín Económico de América Latina*, vol. 10, nº 2, outubro.

—— (1965b). *El financiamiento externo de América Latina* (E/CN.12/649/Rev.1), Santiago do Chile.

—— (1964a). "La conferencia de las Naciones Unidas sobre comercio y desarrollo". *Boletín Económico de América Latina*, vol. 9, nº 2, novembro.

—— (1964b). *El desarrollo económico de América Latina en la postguerra* (E/CN.12/659/Rev.l). Santiago do Chile.

—— (1963a). *El desarrollo social de América Latina en la postguerra* (E/CN.12/660). Buenos Aires: Solar/Hachette.

—— (1963b). "Progresos en materia de planificación en América Latina". *Boletín Económico de América Latina*, vol. 8, nº 2, outubro.

—— (1960). "The reciprocal credits system for the free trade area". Oficina da la Cepal em Montevidéu, inédito.

—— (1959a). *El Mercado Común Latinoamericano* (E/CN.12/531). México: Sede subregional da Cepal no México.

—— (1959b). "Reunión para el establecimiento de una zona de libre comercio" (Comitê Número 3). Buenos Aires, inédito.

Cepal/FAO (Comissão Econômica para a América Latina e o Caribe/ Organização das Nações Unidas para a Agricultura y a Alimentação) (1961). "Una política agrícola para acelerar el desarrollo económico de América Latina". *Boletín Económico de América Latina*, vol. 6, nº 2, outubro.

Costa Souza, P.R. (1980). "A determinação dos salários e do emprego nas economias atrasadas". Tese de Doutorado, Campinas, Universidade Estadual de Campinas (Unicamp).

Cuche, D. (1999). *La noción de cultura en las ciencias sociales*. Buenos Aires: Editorial Nueva Visión, abril.

Curzon, G. (1965). *Multilateral Commercial Diplomacy*, Michael Joseph (org.). Londres.

Dell, S. (1972). *The Inter-American Development Bank: a Study in Development Financing*. Nova York: Praeger.

Di Filippo, A. (1981). "Desarrollo y desigualdad social en América Latina". *Ensayos de Armando Di Fillipo*. México: Fondo de Cultura Económica.

Dos Santos, T. (1973). "The crisis of development theory and the problem of dependence in Latina America". In H. Bernstein (org.), *Underdevelopment and Development*. Harmondsworth, Penguin Books.

—— (1970). 'The structure of dependence". *American Economic Review*, vol. 60, nº 2.

—— (1969). *Socialismo o fascismo, dilema latinoamericano*. Santiago do Chile: Prensa Latinoamericana.

—— (1968). "El nuevo carácter de la dependencia". *Cuaderno 1*. Santiago do Chile: Centro de Estudios Socioeconómicos, Universidade do Chile.

Evans, P. (1996). "El Estado como problema y como solución". *Desarrollo Económico*, vol. 35, nº 140.

Faletto, E. (2001). "La ciencia social y el cientista social en el pensamiento de José Medina Echavarría". *Revista de Sociología*. Santiago do Chile: Departamento de Sociologia, Universidade do Chile, nº 15.

—— (1999a). "Los años 60 y el tema de la dependencia". *Revista de Sociología*. Santiago do Chile: Departamento de Sociologia, Universidade do Chile, nº 13.

—— (1999b). "De la teoría de la dependencia al proyecto neoliberal: el caso chileno". *Revista de Sociología*. Santiago do Chile: Departamento de Sociologia, Universidade do Chile, nº 13.

—— (1996). "La Cepal y la sociologia del desarrollo". *Revista de la Cepal*. Santiago do Chile: Comissão Econômica para a América Latina e o Caribe (Cepal), nº 58, abril.

Faria, V. *et al.* (2000). "Preparando o Brasil para o século XXI". Brasília: Presidência da República, inédito.

Fiesp (Federação das Indústrias do Estado de São Paulo) (1958). *Simonsen e a operação pan-americana*. São Paulo.

FGV/CPDOC (Fundação Getúlio Vargas/Centro de Pesquisa e Documentação de História Contemporânea do Brasil) (1960). "Carta de Kubitschek a Eisenhower". *Arquivo Osvaldo Aranha* (60/07/19). Rio de Janeiro.

—— (1958). "Carta a Eisenhower". *Arquivo Osvaldo Aranha* (22/8/58). Rio de Janeiro.

Flouzat, O. (1989). "Croissance, crise et stratégies économiques". *Économie Contemporaine*. Paris: Presses Universitaires de France (PUF), vol. 3.

Franco, R. e Sainz, P. (2001). "La agenda social latinoamericana en el año 2000". *Revista de la Cepal*. Santiago do Chile: Comissão Econômica para a América Latina e o Caribe (Cepal), nº 73 (LC/G.2130-P /E), abril.

Frank, A.G. (1977). "Dependence is dead, long live dependence and the class struggle: an answer to critics". *World Development*, vol. 5, nº 4, abril.

—— (1972). *Lumpenbourgeoisie: Lumpen Development, Dependence, Class and Politics in Latin America*. Nova York: Monthly Review Press.

—— (1969a). "Cepal: política del subdesarrollo". *Punto Final*, nº 89, outubro.

—— (1969b). *Latin America: Underdevelopment or Revolution*. Nova York: Monthly Review Press.

—— (1968). "Chile: el desarrollo del subdesarrollo". *Monthly Review*, nº 46-47, janeiro-fevereiro.

—— (1967a). "Capitalist development of underdevelopment in Brazil". In A.G. Frank. *Capitalism and Underdevelopment in Latin America*. Nova York: Monthly Review Press.

—— (1967b). *Capitalism and Underdevelopment in Latin America*. Nova York: Monthly Review Press.

—— (1966a). "El desarrollo y el subdesarrollo". *Revista Desarrollo*, vol. 1, nº 2, março.

—— (1966b). "The development of underdevelopment". *Monthly Review*, vol. 18, nº 4, setembro.

Frus (Foreing Relations of the United States) (1983). "Minutes of the meeting held in the Executive Office Building (54/06/21)". *Diplomatic Papers, 1952-54*. Washington, D.C.: US Government Printing Office.

—— (1957). "Memorandum of conversation (Dillon-Prebisch), Alvear Palace Hotel, (57/08/16)". *Diplomatic Papers*, 1955-57 (Lot 60, D665, MC/1-23).

Furtado, C. (2002). *Em busca de novo modelo: reflexões sobre a crise contemporânea*. São Paulo: Paz e Terra.

—— (2000a). *Introdução ao desenvolvimento: enfoque histórico-estrutural*. São Paulo: Paz e Terra.

—— (2000b). "Brasil: opciones futuras". *Revista de la Cepal*. Santiago do Chile. Comissão Econômica para a América Latina e o Caribe (Cepal), nº 70 (LC/G.2095-P/E), abril.

—— (2000c). *Teoria e política do desenvolvimento econômico*. São Paulo: Paz e Terra.

—— (1999). *O longo amanhecer: reflexões sobre a formação do Brasil*. São Paulo: Paz e Terra.

—— (1998). *O capitalismo global*. São Paulo: Paz e Terra.

—— (1992a). *Brasil, a construção interrompida*. São Paulo: Paz e Terra.

—— (1992b). "O subdesenvolvimento revisitado". *Economia e Sociedade*, nº 1.

—— (1984). *Cultura e desenvolvimento em época de crise*. Rio de Janeiro: Paz e Terra.

—— (1983). *El Brasil después del milagro*. México: Fondo de Cultura Económica.

—— (1978). *Criatividade e dependência na civilização industrial*. Rio de Janeiro: Paz e Terra.

—— (1974). *O mito do desenvolvimento econômico*. Rio de Janeiro: Paz e Terra.

—— (1972). *Análise do 'modelo' brasileiro*. Rio de Janeiro: Civilização Brasileira.

—— (1969). *La economía latinoamericana desde la conquista ibérica hasta la revolución cubana*. Santiago do Chile: Editorial Universitaria.

—— (1966a). "Desarrollo y estancamiento en América Latina: un enfoque estructuralista". *Revista Desarrollo Económico*, vol. 6, nº 22-23, julho-dezembro.

—— (1966b). *Subdesenvolvimento e estagnação na América Latina*. Rio de Janeiro, Civilização Brasileira.

—— (1965). *Dialéctica del desarrollo*. México: Fondo de Cultura Económica.

—— (1961). *Desenvolvimento e subdesenvolvimento*. Rio de Janeiro: Fundo de Cultura.

—— (1959). *Formação econômica do Brasil*. Rio de Janeiro: Fundo de Cultura.

Furtado, C. e Souza E. de, (1970). "Los perfiles de la demanda y de la inversión". *El Trimestre Económico*. México. Fondo de Cultura Económica, vol. 37, nº 147, julho-setembro.

Gardner, R.N. (1956). *Sterling-Dollar Diplomacy in Current Perspective: the Origins and the Prospects of Our Internacional Economic Order*. Nova York: Columbia University Press.

GATT (Acordo Geral de Tarifas e Comércio) (1958). *Trends in International Trade: Report: by a Panel of Experts*. Genebra: Organização Mundial de Comércio (OMC).

Germani, G. (1962). *Política y sociedad en una época de transición*. Buenos Aires: Paidós.

Gilpin, R. (1987). *The Political Economy of International Relations*. *Princeton*, Princeton University Press.

Goldenstein, L. (1994). "Repensando a dependência". Tese de doutorado, Campinas, Universidade Estadual de Campinas (Unicamp).

Gonçalvez, C.E. (1976). "A pequena e média empresa na estrutura industrial brasileira, 1949-1970". Tese de doutorado, Campinas, Universidade Estadual de Campinas (Unicamp) .

González, N. e Fichet, G. (1976). "Estructura productiva y dinámica del desarrollo". *Revista de la Cepal*, Santiago do Chile: Comissão Econômica para a América Latina e o Caribe (Cepal), nº 2, segundo semestre.

Graciarena, J. (1976a). "Poder y estilos de desarrollo. Una perspectiva heterodoxa". *Revista de la Cepal*. Santiago do Chile: Comissão Econômica para a América Latina e o Caribe (Cepal), nº 1, primeiro semestre.

—— (1976b). "Tipos de concentración del ingreso y estilos políticos en América Latina". *Revista de la Cepal*, Santiago do Chile: Comissão Econômica para a América Latina e o Caribe (Cepal), nº 2, segundo semestre.

Gurrieri, A. (1980). *La obra de José Medina Echavarría. Selección y estudio preliminar.* Madri: Instituto de Cooperación Iberoamericana (ICI).

Gurrieri, A. e Rodríguez, O. (1987). "Desarrollo y democracia en el pensamiento de Raúl Prebisch". *Comercio Exterior.* México, vol. 37, nº 5, maio.

Harrod, R (1952). *Supplement on Dynamic Theory.* Londres: Macmillan Publishers.

—— (1949). *Towards a Dynamic Economics.* Londres: Macmillan Publishers.

Henderson, J. e Quandt, R. (1964). *Teoría microeconómica: una aproximación matemática.* Barcelona: Ariel.

Henin, Pierre-Yves (1979). *Macrodynamique, fluctuations et croissance.* Paris: Económica.

Hoselitz, B. (1960). *Sociological Factors in Economic Development.* Nova York: The Free Press.

Huntington, S. (1997). *O choque de civilizações e a reconstrução da ordem mundial.* Rio de Janeiro: Objetiva.

Ilpes (Instituto Latinoamericano y del Caribe de Planificación Económica y Social) (1966). *Discusiones sobre planificación.* México: Siglo XXI Editores.

Itagaki, I. (1968). "A review of the concept of the dual economy". *The Developing Economies.* Tóquio, vol. 6, nº 2.

Katz, J. (1987). *Technology Generation in Latin American Manufacturing Industries.* Londres: McMillan Publishers.

Katz, J. e Kosacoff, B. (1989). *El proceso de industrialización en la Argentina: evolución, retroceso y perspectivas.* Buenos Aires: Comissão Econômica para a América Latina e o Caribe (Cepal)/ Centro Editor de América Latina (Ceal).

Kay, C. (1989). *Latin American Theories of Development and Underdevelopment.* Londres/Nova York: Routledge.

La Fuente, M. e Sainz, P. (2001). "Participación de los pobres en los frutos del crecimiento". *Revista de la CEPAL.* Santiago do Chile: Comissão Econômica para a América Latina e o Caribe (Cepal), nº 75 (LC/G.2150-P/E), dezembro.

Lall, S. *et al.* (1984). *Les multinationales originaires du Tiers Monde.* Genebra: IRM/ Presses Universitaires de France (PUF).

Lessa, C. (1998a). *A estratégia de desenvolvimento 1974-1976: sonho e fracasso*, Campinas. Universidade Estadual de Campinas (Unicamp).

—— (1998b). "O conceito de política econômica: ciência e/ou ideologia?". Tese de doutorado. Campinas, Universidade Estadual de Campinas (UNICAMP).

Love, J. (2001). "Furtado e o estruturalismo". In L.C. Bresser Pereira e J.M. Rego (coords.). *A grande esperança em Celso Furtado: ensaios em homenagem aos seus 80 anos.* São Paulo: Editora 34.

Lowentahl, A. (1988). *Partners in Conflict: the United States and Latin America*. Baltimore. Johns Hopkins University Press.

Marchal, A. (1961). *Estructuras y sistemas econômicos*. Barcelona: Ariel.

Marini, R.M. (1973). *Dialéctica de la dependência*. México: Ediciones Era.

Medina E.J. (1978). "Las propuestas de un nuevo orden económico internacional en perspectiva". *El Trimestre Económico*. México. Fondo de Cultura Económica, vol. 45, nº 179, julho-setembro.

—— (1977). "Apuntes acerca del futuro de las democracias occidentales". *Revista de la Cepal*. Santiago do Chile: Comissão Econômica para a América Latina e o Caribe (Cepal), nº 4, segundo semestre.

—— (1976). "América Latina en los escenarios posibles de la distensión". *Revista de la Cepal*, Santiago do Chile: Comissão Econômica para a América Latina e o Caribe (Cepal), nº 2, segundo semestre.

—— (1972). *Discurso sobre política y planeación*. México: Siglo XXI Editores.

—— (1967). *Filosofía, educación y desarrollo*. México: Siglo XXI Editores.

—— (1965a). *Aspectos sociales del desarrollo econômico*. Santiago do Chile, Andrés Bello.

—— (1965b). "Las condiciones sociales del desarrollo económico". *Aspectos sociales del desarrollo econômico*. Santiago do Chile: Andrés Bello.

—— (1964). *Consideraciones sociológicas sobre el desarrollo econômico*. Buenos Aires: Solar/Hachette.

—— (1963). *El desarrollo social de América Latina en la postguerra* (E/CN.12/660). Buenos Aires: Comissão Econômica para a América Latina e o Caribe (Cepal)/ Solar/Hachette.

—— (1961). "Las relaciones entre las instituciones sociales y económicas: un modelo teórico para América Latina". *Boletín Económico de América Latina*, vol. 6, nº 1, março.

Oxlad (Oxford Latin American Economic History Database) (s/f). Universidade de Oxford, site oficial *http://oxlad.qeh.ox.ac.uk/index.php*.

Palma, G. (1978). "Dependency: a formal theory of underdevelopment or a methodology for the analysis of concrete situations of underdevelopment?". *World Development*, vol. 6.

Pinto, A. (1976a). "Heterogeneidad estructural y modelo de desarrollo reciente de la América Latina". *Inflación: raíces estructurales*. México: Fondo de Cultura Económica.

—— (1976b). "Notas sobre los estilos de desarrollo en América Latina". *Revista de la Cepal*. Santiago do Chile: Comissão Econômica para a América Latina e o Caribe (Cepal), nº 1, primeiro semestre.

—— (1971). "El modelo de desarrollo reciente de la América Latina". *El Trimestre Económico*. México: Fondo de Cultura Económica, vol. 38, nº 150, abril-junho.

—— (1970). "Naturaleza e implicaciones de la 'heterogeneidad estructural' de la América Latina". *El Trimestre Económico*, México, Fondo de Cultura Económica, vol. 37, nº 145, janeiro-março.

—— (1965). "Concentración del progreso técnico y de sus frutos en el desarrollo latinoamericano". *El Trimestre Económico*. México, Fondo de Cultura Económica, vol. 32, nº 125, janeiro-março.

Pinto, A. e Di Filippo, A. (1974). "Notas sobre la estrategia de la distribución y la redistribución del ingreso en América Latina". *El Trimestre Económico*. México, Fondo de Cultura Económica, vol. 41, nº 162, abril-junho.

Pollock, D.H. (1987). "Raúl Prebisch visto desde Washington: una percepción cambiante". *Comercio Exterior*, vol. 37, nº 5, maio.

Possas, M.L. (1987). *A dinâmica da economia capitalista: uma abordagem teórica*. São Paulo: Brasiliense.

—— (1985). *Estruturas de mercado em oligopólio*. São Paulo: Hucitec.

—— (1977). "Estrutura industrial brasileira: base produtiva e liderança de mercado, 1970". Tese de mestrado, Campinas, Universidade Estadual de Campinas (Unicamp).

Prebisch, R. (1987). "Cinco etapas en mi pensamiento sobre el desarrollo". *Comercio Exterior*, vol. 37, nº 5, maio.

—— (1981). *Capitalismo periférico: crisis y transformación*. México: Fondo de Cultura Económica.

—— (1976). "Crítica al capitalismo periférico". *Revista de la Cepal*. Santiago do Chile, Comissão Econômica para a América Latina e o Caribe (Cepal), nº 1, primeiro semestre.

—— (1970a). *Transformación y desarrollo, la gran tarea de América Latina*. México: Fondo de Cultura Económica.

—— (1970b). *La distribución del ingreso en América Latina*. Santiago do Chile, Comissão Econômica para a América Latina e o Caribe (Cepal), 1969 (E/CN.12/863), setembro.

—— (1964). *Una nueva política comercial para el desarrollo*. México: Fondo de Cultura Económica.

—— (1963a). *Hacia una dinámica del desarrollo latinoamericano*. México: Fondo de Cultura Económica.

—— (1963b). "La debilidad congénita de la periferia y la relación de precios del intercambio". *Hacia una dinámica del desarrollo latinoamericano*. México: Fondo de Cultura Económica.

—— (1963c). "El falso dilema entre desarrollo económico y estabilidad monetaria". *Hacia una dinámica del desarrollo latinoamericano*. México: Fondo de Cultura Económica.

PRO (U.K. Public Records Office) (1961a). *Political Correspondence (1934-1963)* (FO 371, 155768 A 1123/10), 3 de março.

—— (1961b). *Political Correspondence* (1934-963) (FO 371,155769 A 1123/17), 25 de maio.

Rabe, S.G. (1988). *Eisenhower and Latin America: the Foreing Policy of Anti-Communism*. Chapel Hill: University of North Carolina Press.

Ricúpero, R. (2002). *Esperança e ação: a ONU e a busca de desenvolvimento mais justo*. São Paulo: Paz e Terra.

Rodríguez, O. (1998). "Heterogeneidad estructural y empleo". *Revista de la Cepal*, número extraordinário (LC/G.2037-P/E). Santiago do Chile: Comissão Econômica para a América Latina e o Caribe (Cepal), outubro.

Rollins, C. eLa Fuente, M. (1973). "Diferentes modelos o estilos de desarrollo, notas de trabajo". Biblioteca de la Cepal. Santiago do Chile: Comissão Econômica para a América Latina e o Caribe (Cepal), inédito.

Rosier, B. (1993). *Les théorics des crises économiques*. Paris: Colección Repères, La découverte.

Sains, P. e Calcagno, A. (1992). "En busca de otra modalidad de desarrollo". *Revista de la Cepal*. Santiago do Chile: Comissão Econômica para a América Latina e o Caribe (Cepal), nº 48, dezembro.

Schvarzer, J. (1996). *La industria que supimos conseguir*. Buenos Aires: Planeta.

Seers, D. (org.) (1987). *Teoría de la dependencia: una reevaluación crítica*. México: Fondo de Cultura Económica.

Serra, J. (org.) (1974). *Desarrollo latinoamericano: ensayos críticos*. México: Fondo de Cultura Económica.

Serra, J. e Tavares, M.C. (1998). "Más allá del estancamiento". *Cincuenta años de pensamiento de la Cepal*: textos seleccionados. Santiago do Chile, Comissão Econômica para a América Latina e o Caribe (Cepal)/Fondo de Cultura Económica.*

—— (1982). "Más allá del estancamiento". In M.C. Tavares. *América Latina: de la sustitución de importaciones al capitalismo financiero*. México: Fondo de Cultura Económica.

Simonsen, R. (1958). "O plano Marshall e um novo critério nas relações internacionais". *Simonsen e a operação pan-americana*. São Paulo: Federação das Indústrias do Estado de São Paulo (Fiesp).

*As citações relativas ao artigo "Além do estancamento econômico" das seções III, 1 e III, 2 foram extraídas do primeiro dos livros mencionados, no qual as fórmulas matemáticas estão corretamente apresentadas. Na seção III, 3, as alusões a este artigo baseiam-se no segundo livro, que contém a versão completa do mesmo.

Sunkel, O. (1980). "La interacción entre los estilos de desarrollo en el medio ambiente en América Latina". *Revista de la Cepal*. Santiago do Chile: Comissão Econômica para a América Latina e o Caribe (Cepal), nº 12, dezembro.

Sunkel, O. e Paz, P. (1970). *El subdesarrollo latinoamericano y la teoría del desarrollo*. México: Siglo XXI Editores.

Suzigan, W. (1986). *Indústria brasileira: origem e desenvolvimento*. São Paulo: Brasiliense.

Sylos-Labini, P. (1980). "Progresso técnico, preços e crescimento: uma introdução", *Progresso técnico e teoria econômica*. São Paulo: Universidade Estadual de Campinas (Unicamp)/Hucitec.

Tavares, M.C. (1985). "Acumulação de capital e industrialização no Brasil". Tese de livre-docência (1975). Rio de Janeiro, Universidade Federal do Rio de Janeiro, republicada por Unicamp em 1985.

—— (1982). *De la sustitución de importaciones al capitalismo financiero*. México: Fondo de Cultura Económica.

—— (1981). "Problemas de industrialización avanzada en capitalismos tardíos y periféricos". *Economía de América Latina*. México: Centro de Investigación y Docência Económicas (Cide), nº 6, primeiro semestre.

—— (1978). "Ciclo e crise: o movimento recente da industrialização brasileira". Tese de concurso para professor titular. Rio de Janeiro, Universidade Federal do Rio de Janeiro.

—— (1964). "Auge y declinación del proceso de sustitución de importaciones en el Brasil". *Boletín Económico de América Latina*, vol. 4, nº 1, março.

Tavares, M.C., Façanha, L.O. e Possas, M.L. (1978). *Estrutura industrial e empresas líderes*. Financiadora de Estudos e Projetos (Finep).

Teitel, S. e Sercovich, F.C. (1984). "Exportación de tecnología latinoamericana". *El Trimestre Económico*. México: Fondo de Cultura Económica, vol. 51 (4), nº 204, outubro-dezembro.

Thorp, R. (1998). *Progreso, pobreza y exclusión: una historia económica de América Latina en el siglo XX*. Washington, D.C.: Banco Interamericano de Desenvolvimento (BID).

Turham, D., Salomé, B. e Schwarz, A. (orgs.) (1990). *The Informal Sector Revisited*. Paris: Organização de Cooperação e Desenvolvimento Econômicos (OCDE).

Unicamp (Universidade Estadual de Campinas) (1980). *Progresso técnico e teoria econômica*. Campinas: Hucitec.

Urquidi, V. (1960). *Trayectoria del mercado común latinoamericano*. México: Centro de Estudios Monetarios Latinoamericanos (CEMLA).

Varsavsky, O. (1982). *Obras escogidas*. Buenos Aires: Centro Editor de América Latina (CEAL).

—— (1971). "Largo plazo: ¿un solo estilo?". *El Trimestre Económico*. México: Fondo de Cultura Económica, vol. 38, nº 152, outubro-dezembro.

Varsavsky, O. e Calcagno, A.E. (orgs.) (1971). *América Latina: modelos matemáticos*. Santiago do Chile: Editorial Universitaria.

Vuskovic, P. (1970). "Distribución del ingreso y opciones de desarrollo", Cuadernos de la realidad nacional. Santiago do Chile. Universidade Católica do Chile, nº 5, setembro.

Wolfe, M. (1976a). *El desarrollo esquivo: exploraciones en la política social y la realidad sociopolítica*. México: Fondo de Cultura Económica.

—— (1976b). "Enfoques del desarrollo: ¿de quién y hacia qué?". *Revista de la Cepal*. Santiago do Chile: Comissão Econômica para a América Latina e o Caribe (Cepal), nº. 1.

PARTE III

O neo-estruturalismo e a agenda do desenvolvimento (dos anos 1980 ao começo do século XXI)

Esta terceira parte tem como objetivo principal a apresentação de esforços analíticos que foram realizados nos últimos cinco qüinqüênios (período 1980-2004), relativos aos problemas macroeconômicos e do desenvolvimento a longo prazo emergentes na América Latina durante esse lapso.

Sua apresentação começa com os enfoques do desenvolvimento a longo prazo elaborados nos anos 1980 (capítulo 11) e prossegue cobrindo outros relativos ao mesmo tema, construídos com forte incidência da Cepal, na década de 1990 (capítulo 12).

Depois se faz um exame dos trabalhos dessa instituição e de autores ligados à mesma que datam da segunda metade da década mencionada e de anos posteriores. Desse exame deriva uma visão articulada dos problemas de curto e longo prazos, isto é, de análises próprias das que usualmente se denominam "teoria do desenvolvimento" e "teoria macroeconômica" (capítulo 13). Continuando, com base em documentos da Cepal e autores próximos publicados no século em curso, volta-se para o tema do desenvolvimento a longo prazo, mas recolocado como "processo integral", no qual se leva em conta articuladamente elementos dos âmbitos econômico, social e político. Além disso, este novo enfoque se estende para outras questões "mais que econômicas", como as relativas ao exercício pleno da cidadania e ao tema que abrange a cultura (capítulo 14).

Por meio da consulta a múltiplos documentos, procurou-se detectar vínculos entre seus conteúdos e as contribuições prévias do estruturalismo. A inequívoca presença desses vínculos justifica considerar as contribuições objeto dos capítulos mencionados como constitutivas de um "neo-estruturalismo".

Finalmente, expõem-se os temas que deverão integrar uma agenda do desenvolvimento que destaque os fatos e tendências de maior relevância atual, à luz das velhas e novas posições de cunho estruturalista (capítulo 15).

INTRODUÇÃO

Esta introdução começa fazendo referência a alguns fenômenos econômicos e circunstâncias geopolíticas próprias do período coberto, ou seja, as décadas de 1980 e de 1990 e os anos posteriores a esta última. Nela se incluirão breves considerações finais sobre certas idéias e questões de método presentes em documentos desse período.

i) Na América Latina, a primeira dessas décadas é dominada pelos desequilíbrios gerados a partir da crise da dívida, cujo gatilho é o erro mexicano de agosto de 1982. No período que então se inicia, o comportamento das economias da região é condicionado pela necessidade de se obter superávit na balança comercial, de modo a poder atender aos compromissos externos.

Como naqueles anos os países centrais entram em recessão, ao mesmo tempo que os termos de troca das economias latino-americanas se deterioram significativamente, tais superávits são obtidos sobretudo pela via da redução de importações, e não pela do aumento das exportações.

Com raras exceções (como a da Colômbia, que prudentemente optou por não participar das possibilidades de endividamento abertas nos anos 1970), esse esforço foi acompanhado pela transformação das economias regionais em exportadoras de recursos, e pela paralela piora de diversos indicadores econômicos e sociais. Efetivamente, comparando os anos 1980 e 1990, observa-se uma diminuição da taxa de investimento, queda do produto *per capita*, descontrole inflacionário na maior parte dos países da área, aumento da pobreza e da desigualdade e, paralelamente, uma significativa redução do gasto social. Não em vão os anos 1980 são conhecidos como a "década perdida" no desenvolvimento da América Latina.

Algumas cifras ilustram as afirmações do parágrafo anterior. Invertendo a lógica habitual dos fluxos de recursos nos países atrasados, a América Latina se transformou em exportadora de capitais, transferindo para os centros aproximadamente 2,7% do PIB anual no período 1980-1989. A taxa de crescimento das importações se aproxima, em média, ao valor de zero e chega a ser fortemente negativa em certos países, como é o caso argentino, onde alcança –7,4% no período mencionado. Ao cair fortemente, a taxa de investimento induz a um crescimento do produto por habitante ligeiramente negativo (–0,1%), em marcado contraste com o ocorrido nos países desenvolvidos e nos de forte dinamismo do continente asiático, nos quais este crescimento alcançou 2,0% e 4,9%, respectivamente. Também foram consideráveis as perdas associadas à deterioração dos termos do intercâmbio, equivalentes a 3% do PIB entre 1982 e 1989, justamente no período em que a restrição externa se tornou mais severa.

ii) Uma menção especial merecem as tensões inflacionárias que acompanharam este conjunto de problemas básicos. A respeito, cabe assinalar os reiterados fracassos dos programas de estabilização convencionais (com a exceção parcial do empreendido na Bolívia) que foram ensaiados entre 1982 e 1984, os quais agudizaram visivelmente as tendências recessivas, sem que a inflação desse mostras de ceder. A tais resultados negativos se uniu o desprestígio das idéias mais cabalmente ortodoxas então prevalecentes: aquelas inspiradoras das experiências de liberalização a extremo empreendidas nos três países do Cone Sul da América Latina, as quais — como se indicou anteriormente — conduziram a terminantes fracassos.

Este conjunto de experiências negativas se acha relacionado com o ressurgimento de certa heterodoxia, que toma corpo naquilo que se decidiu chamar de "neo-estruturalismo", o qual aponta explicitamente, nos anos 1980, para dar resposta aos agudos desequilíbrios inflacionários que sofre a região.

Na verdade, não existe relação clara entre as contribuições básicas da corrente estruturalista — aquelas definíveis por seus “fundamentos”, objeto dos capítulos 1 a 3 — com os do enfoque neo-estruturalista da inflação. Os planos de combate à mesma instituídos na segunda metade daqueles anos — ou seja: o Plano Austral na Argentina, o Plano Cruzado no Brasil, o plano peruano levado a cabo no governo de Alan García e o plano mexicano de controle de preços e salários — apoiaram-se em distintas vertentes analíticas, entre as quais a teoria da inflação inercial se configura como a predominante.[1]

Em pouco tempo, no entanto, ocorre uma guinada radical nos modos de perceber os problemas inflacionários. Sem dúvida, uma razão explicativa disso se encontra no fracasso das experiências heterodoxas de estabilização. Particular notoriedade adquire o caso da Argentina, onde o presidente Alfonsín é levado a renunciar, ao enfrentar-se à impossibilidade de conter a hiperinflação. Brasil e Peru também sofrem um retorno das pressões inflacionárias de igual ou maior intensidade que as prévias à aplicação dos planos heterodoxos. No caso brasileiro, depois de um breve êxito inicial do Plano Cruzado, as sucessivas tentativas de congelamento de preços se mostram crescentemente ineficazes. A única exceção a estes fracassos é trazida pelo caso do México, onde o poder político do PRI impôs políticas sobre empresários e sindicatos, induzindo um grau de controle sobre preços e salários ausentes em outros países, e onde foi capaz de induzir esforços paralelos de abertura comercial e de limitação do déficit público. Assim, o balanço negativo dos ensaios heterodoxos atua como sugestão para o retorno de medidas inscritas em algum tipo de ortodoxia.

iii) No começo dos anos 1990, e em certos casos, um pouco antes, produz-se na América Latina uma guinada drástica e generalizada no que concerne às políticas econômicas. Com efeito, em pouco tempo, a maior parte dos países da região já tinha aderido a idéias ortodoxas habitualmente identificadas como “neoliberais”. Elas supõem um decidido fortalecimento do papel dos mercados na alocação de recursos (isto é, a tomada de medidas que levam a sua ampla desregulação), a redução do tamanho e das atribuições do Estado, incluída a privatização de empresas e serviços públicos, a adoção de medidas de liberalização do comércio exterior e dos movimentos internacionais de capital e o favorecimento do investimento estrangeiro direto.

É claro que estas bases diretoras das políticas econômicas não explicam por si só o devir dos acontecimentos nos países da área e as enormes mudanças ocorridas em suas economias nos anos 1990 e posteriores. Por um lado, as baixas taxas de juros prevalecentes nos Estados Unidos, assim como uma maior disponibilidade de recursos públicos (americanos e japoneses) para a solução do problema da dívida, por meio do Plano Brady, configuram-se como elementos básicos para o retorno dos capitais externos para a América Latina.[2] Por outro lado, em igual direção operou a maior mobilidade dos capitais que foi se dando mundialmente, à medida que se multiplicavam os instrumentos para a diversificação de carteiras e a redução de riscos, não sem conexão com inovações aceleradoras nos fluxos de informação e nas próprias transações financeiras. Do mesmo modo, fez-se visível que os graus de liberdade para as políticas públicas se reduziram grandemente, devido ao alto endividamento e às crises fiscais dos Estados latino-americanos, e ao poder de veto implícito que a alta mobilidade do capital outorgava ao setor financeiro.

Como se pode apreciar, as considerações do parágrafo anterior descrevem certo marco básico subjacente na aplicação das políticas neoliberais, condicionante da efetividade de seus resultados. Estes se manifestam em vários âmbitos, nos quais se verificam mudanças substanciais nos comportamentos das economias da área durante os anos 1990, alterando o quadro altamente negativo prevalecente na década anterior.

A adesão à nova ortodoxia opera como um gesto para o reinício de um ingresso substancial de capital externo. Do mesmo modo, o retorno dos capitais constitui a pedra de toque para obter resultados favoráveis nos esforços de controle da inflação, em parte porque deu lugar ao uso da taxa de câmbio como referencial para os movimentos dos preços internos. Posto em outros termos, ao permitir a reavaliação da taxa de câmbio (ou ao estabelecer "âncoras cambiais" como base das políticas de estabilização), e ao financiar amplos déficits em conta corrente em um contexto de rápida liberalização unilateral do comércio, o ingresso de capitais trouxe consigo uma reversão das expectativas inflacionárias e uma maior disciplina competitiva na fixação de preços — e, com isso, a convergência dos mesmos para taxas de inflação muito menores que as de poucos anos atrás.

Efetivamente, deve-se recordar que a região viveu nos anos 1980 experiências traumáticas de hiperinflação e que em 1990 a taxa média de inflação ainda era de mais de 1.000% na América Latina. Em contraste, nos últimos três anos da década de 1990, a taxa média era só de 10%, e mais da metade dos países da área apresentavam taxas anuais de um dígito (Cepal, 2001a, p. 91-2).

A estabilidade não foi o único resultado destacável na década mencionada. Também se recuperaram os níveis de produto e investimento, em comparação com os resultados de seu declínio, no decênio precedente. No entanto, o comportamento dessas variáveis não resultou particularmente notório quando se toma como ponto de referência os anos 1970. Mas além disso, entre 1990 e 1999, o produto *per capita* cresce a uma taxa anual de só 1,3%, em marcado contraste com as que alcançam os países de "nova industrialização" da Ásia, cuja média se situa em torno de 5,4%.[3]

A debilidade do dinamismo do investimento e do produto se configura como sintoma preocupante, pois se inscreve em um contexto de abundância de capitais. Com efeito, no período 1991-1999, a transferência nítida de recursos para a região alcança uma média anual de 3% do PIB, sem que disso derivassem respostas firmes em termos de aumentos do estoque de capital e de expansão produtiva. Tudo indica que nestes resultados influíram as altas taxas de juro prevalecentes nas economias latino-americanas — propícias para atrair capitais, mas desestimulantes para o investimento real — e, do mesmo modo, os efeitos negativos exercidos sobre a competitividade externa e interna por taxas de câmbio muito deprimidas.

Paralelamente à persistência de problemas de crescimento, aumenta sensivelmente a vulnerabilidade externa da América Latina. Incide nisso a emergência de uma sucessão de crises, que se inicia com a do México

(1994), prossegue com a "crise asiática" (1997) e em seguida com a "crise russa" (1998). As anteriores são claras fontes de aumento da incerteza. O aumento do déficit comercial incitado pela sobrevalorização cambial e os níveis previamente adquiridos pela dívida externa latino-americana favorecem a indução de consideráveis altas da mesma, que chega quase a se duplicar nos anos 1990. Assim, a valorização das moedas, o recurso recorrente e ampliado aos empréstimos externos, e também o fim dos ganhos fiscais derivados da privatização de ativos públicos (empreendidos com escassas exceções) confluem com as condições gerais de incerteza expressas, dando lugar a um visível aumento de vulnerabilidade na forma de operar das economias da região. As mudanças de expectativas associadas à tomada de consciência desta vulnerabilidade culminam em severas crises cambiais e em fortes quedas do produto, que se aproximam, e em alguns casos superam, das registradas no começo dos anos 1980.

Além dos problemas apontados, que se gestam a partir e em conexão com a frente externa, a evolução dos indicadores sociais registra resultados pouco alentadores. Por um lado, o crescimento do emprego foi inferior ao da PEA, com o conseqüente aumento da taxa de desemprego aberto. Por outro, constata-se um aumento significativo do trabalho precário, o que sugere a presença de uma diminuição na qualidade das ocupações geradas (Cepal, 2001a, p. 191). Mais ainda, no que se refere à pobreza, embora se tenha conseguido na região reduzir nos anos 1990 o número de pobres em relação ao prevalecente nos anos 1980, esta diminuição não significou mais que o retorno à situação anterior de crise da dívida. Também não se registraram melhorias em matéria de distribuição de renda.

iv) No começo dos anos 1980, torna-se visível uma mudança significativa nas posturas geopolíticas dos Estados Unidos: a que concerne ao abandono da doutrina da segurança nacional e ao seu apoio ao retorno a formas democráticas de governo na área latino-americana. Além da preocupação, talvez predominante, que subjaz nesta postura, ligada aos requisitos institucionais da livre operação das economias de mercado, não é possível negar que a mesma jogou um papel na caducidade de regimes chamados de "inaceitáveis" no marco das relações hemisféricas.

O retorno à democracia se produz de forma concentrada no tempo nos casos da Argentina (1983) e do Brasil e Uruguai (1984), e com certa defasagem no do Chile (1990). Tal tendência predominante se manifesta com particularidades no caso peruano, onde a consolidação democrática passa pelo interregno de um regime autoritário durante um breve período. E também no da Colômbia, onde uma forte tradição democrática continua prevalecendo, apesar do aumento da violência promovidos por grupos de índoles distintas (guerrilheiros, paramilitares e ligados ao narcotráfico).[4]

A América Latina enfrenta a crise da dívida em um período de forte deterioração de seus termos de troca e de baixo crescimento da economia mundial. Mas do ponto de vista geopolítico, importa enfatizar que, além disso, a frente de países em desenvolvimento constituída no começo dos anos 1970 para formar uma Nova Ordem Econômica Internacional havia se desmantelado por completo, ao mesmo tempo que a política americana de comércio exterior adquiria traços de crescente unilateralidade.

A aprovação da legislação Super 301 e Special 301 pelo Congresso dos Estados Unidos confirma a tendência a exigir um comportamento de reciprocidade por parte dos parceiros comerciais deste país, o qual é definido em marcos de estreiteza consideráveis. São os anos em que predomina o que J. Bhagwati (1992) chama de "unilateralismo agressivo" dos Estados Unidos no campo comercial, que pelo demais se move para a formação de acordos bilaterais ou minilaterais de livre comércio, isto é, para uma modificação muito significativa de sua política comercial, que antes tinha privilegiado os âmbitos multilaterais (Baldwin, 1994).

Como se pode ver, o conjunto dos elementos indicados reflete uma acentuada debilidade da região no sistema econômico internacional. Dela deriva um estímulo para a maior cooperação entre os países da mesma, com vistas a rebater, em alguma medida, esse desequilíbrio básico de forças. Neste sentido, configuram-se dois tipos de resposta: uma na direção de coordenar esforços entre os países devedores, que tende prontamente ao fracasso; a segunda, apontando para o fortalecimento da integração regional, cujos resultados são mais auspiciosos.

No que se refere à dívida, a região não consegue escapar ao "dilema do prisioneiro". Embora seja racional que os países latino-americanos se unam para negociar a dívida em conjunto, há recompensas para aqueles que a negociem separadamente e aceitem as condições impostas pelos credores. E apesar de se registrarem neste período algumas tentativas de formar clubes de devedores, nenhum deles chega a resultados concretos. Assim, em junho de 1985, um grupo de 11 países latino-americanos lança o chamado "Consenso de Cartagena", pelo qual se exige o tratamento da dívida como um problema político, e não puramente econômico. Posteriormente, cria-se em Buenos Aires um comitê regional destinado a operar como mecanismo de consulta entre os devedores, que tampouco chega a resultados significativos.

Certo legado se configura como positivo para as relações econômicas regionais: o que origina o processo de cooperação mais estreito entre a Argentina e Brasil, que começa com o Programa de Integração e Cooperação Econômica (Pice), assinado em julho de 1986. Os acordos elaborados a seu amparo tinham um caráter gradualista, com ênfase no comércio intraindustrial e especialmente no relacionado ao setor de bens de capital. Posteriormente, em julho de 1990, assina-se a Ata de Buenos Aires, em que se assumem compromissos de liberalização comercial mais acelerada, já no marco do processo unilateral de redução de barreiras comerciais com o resto do mundo. Tais compromissos constituem antecedentes da assinatura do Tratado de Assunção, que cria o Mercosul em março de 1991.

Em resumo, os anos 1980 se caracterizam — como costuma acontecer nas crises — por respostas defensivas, ante a crescente redução da margem de manobra da região e dos governos nacionais para promover o desenvolvimento. O unilateralismo que emerge na economia dominante, a paralela debilidade dos âmbitos multilaterais de negociação comercial e o peso da dívida abrem passagem para um novo regionalismo, impulsionador de uma cooperação mais estreita entre os países da área, a qual, embora não livre de altos e baixos, resultará duradoura no terreno da integração econômica.

v) Nos 1990 se ingressa em uma nova fase: a da convergência da região com o "Consenso de Washington", o qual constitui uma colocação ampla e articulada das idéias neoliberais mencionadas anteriormente:[5] "São estes os tempos da derrubada do sistema socialista e da emergência dos Estados Unidos como líder indiscutível de um mundo em que o poder militar e político se concentrou em um pólo único. São também tempos de crescimento da economia norte-americana, com efeitos positivos sobre o comércio internacional. Consolida-se deste modo o projeto de uma Europa unificada, que embora gere temores de maior discriminação comercial, cria expectativas favoráveis sobre o crescimento da economia mundial e, em particular, sobre uma diversificação dos centros de poder econômico, facilitando a tarefa geopolítica dos países atrasados.

Da perspectiva da América Latina, a convergência de seus governos para a ortodoxia se apóia essencialmente no forte ingresso de capitais. O papel dos fluxos de capital "globalizados" é percebido como tão importante que outras dimensões da política econômica externa passam a ser consideradas secundárias, isto é, destinadas a favorecer a consecução daqueles fluxos.

Por outro lado, a principal ameaça a sua continuidade reconhecida como relevante consiste nos efeitos de contágio de perturbações ocorridas em mercados privados de capital de qualquer parte do mundo, que se estendem para outros com elevados custos, em termos de altas das taxas de juros e de fugas de capitais. No entanto, na plenitude do predomínio das idéias neoliberais, confia-se na possibilidade de negociar pacotes consideráveis de ajuda externa, relacionada com a reafirmação dos interesses econômicos e do papel geopolítico das grandes nações, como ocorreu no caso da ajuda norte-americana ao México, em 1994.

Observe-se que, na década passada, os interesses estratégicos dos Estados Unidos se orientam crescentemente para o mundo islâmico (a primeira guerra do Iraque se inicia em 1990) e, em conexão com isso, a América Latina passa a ocupar novamente uma posição de baixa prioridade na agenda daquele país. Apesar disso, lança-se uma iniciativa em prol da criação de uma área de livre comércio continental, a chamada Enterprise for the Americas, e nesse contexto os países do Mercosul decidem negociar em conjunto com os Estados Unidos (junho de 1991). Enquanto isso, a possibilidade de êxito desta iniciativa dependia de que seu presidente recebesse uma autorização ampla de negociação por parte do Congresso (*fast track*), o que de fato não chegou a ocorrer. Inversamente, proliferaram nos anos 1990 acordos comerciais bilaterais entre países latino-americanos, possibilitados pela adoção de regras mais flexíveis para a integração, no âmbito da Aladi. Estas regras permitem a celebração de acordos bilaterais, ou de acordos entre pequenos grupos de países, sem a necessidade de estender as preferências acordadas ao conjunto dos componentes da mesma (como era exigido sob o marco regulatório da antiga Alalc).

A ênfase dada aos acordos bilaterais ou regionais de livre comércio se explica pelas dificuldades com que se avançava no âmbito multilateral (OMC) e pelo fato de que a América Latina tinha reduzido unilateralmente suas barreiras comerciais, sofrendo nos anos 1990 desequilíbrios agudos em conta corrente. Por outro lado, em vários casos se supôs que um acordo comercial com os Estados Unidos proporcionaria um selo de qualidade às políticas econômicas internas tornando mais atrativo, para o investidor estrangeiro, o país que o obtivesse.

Nos primeiros anos do século atual, produz-se uma nova e drástica guinada. Com o atentado ao World Trade Center e as invasões ao Afeganistão e Iraque, é cada vez menor a atenção que os Estados Unidos dedicam à América Latina.[6] Paralelamente, a incerteza provocada pela segunda guerra do Iraque e seu impacto sobre os preços do petróleo e o déficit fiscal norte-americano geram expectativas pouco favoráveis sobre a evolução da economia mundial nos próximos anos. Abre-se assim um tempo de indefinições, cuja saída é ainda imprevisível, o qual vai levando a região a uma busca de diversidade em seus vínculos internacionais. O fortalecimento dos laços de cooperação regional e especialmente da integração econômica, que em geral vem avançando desde meados dos anos 1980, pode se configurar como um instrumento-chave para a reinserção externa nesta nova fase que apenas se inicia. Neste sentido, o Mercosul tem uma presença ativa, tanto nas negociações com os Estados Unidos em torno da formação da Associação de Livre Comércio das

Américas (Alca) como nas recentes negociações com a União Européia. Mais ainda, especialmente no caso da diplomacia comercial brasileira, há uma preocupação muito forte por obter acordos de cooperação com outras grandes economias periféricas, em especial China e Índia.

vi) Anteriormente indicamos que as posições geralmente conhecidas sob a designação de "neoliberais", que mereceram forte adesão e amplo uso nas economias latino-americanas durante os anos 1990, possuem certos fundamentos analíticos desenvolvidos durante longos períodos, que alcançaram níveis de precisão consideráveis.

Para os fins destas notas introdutórias, basta incluir um conjunto de referências genéricas. A respeito, há de se assinalar que o aceso debate acadêmico entre monetaristas e keynesianos, peculiar nos anos 1960, é deslocado na década posterior pelo que contrapõe a escola que sistematiza a chamada "síntese neoclássica" com a escola das "expectativas racionais". Nessa segunda confrontação, o pêndulo se inclina em favor desta última, no sentido de que ela se configura como dominante por volta de finais dos anos 1980, quanto ao grau de aceitação nas instituições e meios acadêmicos de maior presença, nos países centrais.[7]

De acordo com a escola mencionada, os agentes econômicos são capazes de predizer corretamente as conseqüências das políticas governamentais e de adotar estratégias capazes de neutralizar seus efeitos. Isso limita drasticamente o papel da política econômica, na medida em que sua eficácia se reduz àqueles raros casos em que o governo consegue surpreender os agentes, isto é, em que adota medidas que estes não relacionam com certos resultados esperáveis ou não conseguem antecipá-los.[8] Por outro lado, como se admite que os mercados são competitivos, e que se ajustam de forma mais ou menos instantânea às distintas perturbações emergentes, infere-se que também estariam, a maior parte do tempo, em situação próxima à de um ótimo paretiano. Como é óbvio, esses argumentos constituem um reforço analítico às posições em prol da liberalização mais plena, pois a intervenção governamental nada poderia fazer para melhorar esse equilíbrio, ao mesmo tempo espontâneo e otimizador.

Já antecipamos que o respaldo acadêmico destas posições adquire preeminência no final dos 1980. Não é de se estranhar, portanto, que este respaldo tenha ajudado a aceitação e aplicação das políticas neoliberais, particularmente fortes na América Latina, durante a década posterior. Entretanto, as reiteradas crises cambiais e financeiras surgidas ao longo desta década, mas também seus consideráveis aprofundamentos em vários países no final da mesma, deram lugar ao surgimento de idéias e análise alternativas nos próprios centros.

Com efeito, nos seus meios acadêmicos, adquirem crescente presença e prestígio os chamados "novos keynesianos", entre os quais destacamos Joseph Stiglitz. Embora este conjunto de autores não se relacione com o estruturalismo latino-americano — em particular no que concerne ao paradigma teórico que utilizam —, diferenciam-se claramente da ortodoxia, como resultado de sua ênfase nas "falhas do mercado", assim como na existência de problemas de informação assimétrica e de coordenação entre agentes, capazes de conduzir a armadilhas de baixo crescimento. Como resultado desta renovação de pontos de vista, amplia-se de modo substancial o espaço atribuído à ação do Estado e à construção de instituições — especialmente enfatizada pelo chamado "neo-institucionalismo" —, com o propósito de afastar as economias de posições de equilíbrio indesejáveis, tanto do ângulo da eficiência como do concernente ao bem-estar.

vii) Na introdução geral encontra-se presente uma primeira descrição dos conteúdos dos capítulos desta terceira parte. Além disso, seus parágrafos iniciais também se referem a estes conteúdos. Entretanto, resulta conveniente voltar a certos aspectos dos mesmos que merecem destaque, pois resultam úteis para antecipar as conexões entre aqueles capítulos, facilitando a posterior apreciação de conjunto destas últimas.

Singulares e enriquecedoras são as contribuições de Fajnzylber (capítulo 11), fortemente arraigadas em uma visão do progresso técnico que se inscreve no recente "enfoque neo-schumpeteriano" relativo a esse tema. Tal visão obriga a considerar a emergência de uma disparidade tecnológica entre centros e periferia, isto é, de ritmos de progresso técnico diferenciados, mais rápidos nos primeiros que no segundo. Como é claro, tal disparidade se configura como fonte da bipolaridade do sistema centro-periferia, pois conduz ao crescimento díspar de seus dois componentes.

A incorporação desta idéia institucional de Prebisch anda junto com a de recorrer a estratégias aptas para dar continuidade ao desenvolvimento periférico. Nesta segunda postura — também parte das "institucionais" — se reitera a necessidade do cumprimento de requisitos de ampliação do mercado interno acompanhando o incremento paralelo da produção exportável. Mas os novos pontos de vista apresentam certos matizes destacáveis, entre os quais figura a forte ênfase posta na presença de um empresariado nacional dinâmico, virtual ator-chave para a consecução de um avanço tecnológico contínuo.

Sem entrar em detalhes ou diferenciações, cabe apontar que outra contribuição relevante, relativa ao longo prazo, pode ser rastreada em documentos da Cepal dos anos 1990 (capítulo 12). Esta se apóia também no reconhecimento da existência de uma revolução tecnológica em pleno curso, acompanhada por um intenso processo de globalização. De ambas as circunstâncias deriva que qualquer estratégia condizente de desenvolvimento a longo prazo não dispensa uma contínua atualização tecnológica, a qual, por sua vez, requer desenhar políticas de "articulação produtiva" intimamente associadas ao progresso técnico. Entretanto, paralelamente passa-se a admitir que o êxito de ambas as políticas depende de maneira decisiva das atividades exportadoras e de sua expansão. Embora não se desconheça a necessidade de apoiá-lo em padrões de "competitividade sistêmica", esta ênfase no crescimento extrovertido tende a apagar a precisão analítica com que fora tratado o papel do mercado interno e de sua relevância, tanto no pensamento cepalino originário como nas obras de Fajnzylber.

Em documentos da Cepal e de vários autores a ela vinculados que datam da segunda metade da década de 1990 e de anos posteriores, constatam-se reiterados e enormes esforços por ampliar certos conteúdos-chave do "neo-estruturalismo". Uma menção muito especial merecem aqueles orientados a conectar análises de curto e longo prazos reconhecidamente inovadores (capítulo 13), pois careceram de uma presença sólida no estruturalismo originário.

A questionável condução macroeconômica, empreendida com múltiplos traços comuns nos países da região e, em particular, com um marco de intensa liberalização e abertura externa, obrigou à busca de um enfoque diverso; de modo que na instituição mencionada e em seu entorno teve de se realizar uma indagação prolongada e inquietante sobre tal enfoque. A busca se orientou para a necessidade de "reformar as reformas",[9] frase que alude à implantação de uma macroeconomia alternativa, mas ao mesmo tempo viável mediante a continuidade do crescimento a longo prazo. Avança-se, pois, nesta matéria, procurando uma articulação adequada entre as que habitualmente se denominam "políticas de desenvolvimento" e "políticas macroeconômicas".

Em documentos de mesma origem publicados no século atual parece se configurar um empenho por reintegrar diversos aspectos dos fundamentos do estruturalismo, no concernente à interpretação do desenvolvimento a longo prazo e das estratégias destinadas a impulsioná-lo (capítulo 14). No econômico, também neles se parte do reconhecimento de uma disparidade tecnológica entre centros e periferia. Sobre essa base, justifica-se com plenitude a necessidade de empreender as chamadas "políticas de transformação produtiva", com apoio na incorporação de progresso técnico, mas no marco de uma "estratégia mista", que considere proporções adequadas entre a produção de exportações e a que se destina ao mercado interno. Além disso, nesse tipo de estratégia subjaz outra percepção tradicional do estruturalismo: a necessidade de uma incorporação contínua de mão-de-obra com produtividade em alta, ao mesmo tempo geradora de excedentes (que favorecem a acumulação) e de ampliações sucessivas do mercado interno (que facilitam a realização da produção a ele destinada). Cabe destacar, do mesmo modo, que se produz um retorno à melhor tradição estruturalista e cepalina de perceber o desenvolvimento como um fenômeno global, enquanto a percepção dos distintos aspectos do econômico já sintetizados se inscrevem em outra que considera a presença e o jogo de elementos sociais, políticos e culturais.

Um resumo dos distintos pontos de vista contidos ao longo desta obra (capítulo 15), que ao mesmo tempo procure integrar a plenitude da visão totalizadora aludida, mostra que as contribuições cepalinas (e em particular as do século atual) estabelecem os grandes esboços de uma proposta estratégica que bem pode ser caracterizada como de "desenvolvimento nacional".

As considerações do ponto anterior revelam a presença da idéia fundacional da bipolaridade nas contribuições dos anos 1980 e posteriores, usualmente denominadas "neo-estruturalistas". Também se percebe que, em geral, o caráter estruturalista básico permanece presente nessas contribuições.

Por outro lado, conforme vimos, diversos documentos recentes se preocupam em voltar para a velha tradição e a sistematicidade própria da mesma, sem deixar por isso de ampliar e enriquecer seus conteúdos. Um caso ao mesmo tempo claro e relevante se produz na conexão alcançada entre as análises de curto e longo prazos, sem dúvida muito fracas nas próprias fontes da tradição mencionada.

As considerações dos capítulos seguintes permitirão perceber que, junto às idéias estruturalistas e a sua articulação, encontram-se elementos do próprio método da escola de pensamento na qual se inscrevem.

Notas

1. Também não se observa qualquer vínculo claro entre este neo-estruturalismo e a velha heterodoxia contida no enfoque estruturalista da inflação dos anos 1950 e começos dos 1970. Embora nunca tenha sido reconhecido como parte do pensamento da Cepal por esta instituição, atribuíram a este pensamento as designações de estruturalista e estruturalismo. De modo similar, por simples coincidência, "neo-estruturalismo" é o termo que vem se aplicando ao conjunto das contribuições originadas na Cepal e ao seu entorno, a partir da década de 1980.
2. A entrada de capitais na região adotou no período novas modalidades, como a colocação de bônus, que alcançou em 1996 um pico de perto de 30 bilhões de dólares. Foi também importante a contribuição do investimento externo direto, em parte atraído pela privatização de empresas públicas, e em parte destinado à criação de novos ativos. No final dos anos 1990, 60% do IED se destinava a esta última.
3. Observe-se que estes valores ainda não captam a enorme queda do produto que seguiu à desvalorização na Argentina e Uruguai.
4. Os fenômenos aludidos se inscrevem todos na área sul-americana, sem que possam estabelecer-se coincidências com os que aconteceram em outras sub-regiões. As-

sim, a Revolução Sandinista na Nicarágua (1979) e seu impacto sobre a guerra civil em El Salvador configuram-se como outra porta de entrada da América Latina na agenda da Guerra Fria. A posição dos Estados Unidos consistiu em incrementar seu esforço bélico na América Central. Por sua parte, vários países latino-americanos (constitutivos do "Grupo de Contadora") tomaram iniciativas para promover a paz nessa sub-região, infrutíferos a longo prazo. Só nos anos 1980 se encaminharam na mesma processos de paz perduráveis.

5. Williamson (1991, p. 48) enumera dez posições-chave como definidoras desta colocação. Delas, as relativas ao longo prazo coincidem plenamente com as que constam no ponto iii anterior, primeiro parágrafo. Existe também forte coincidência entre as restantes e as orientações das políticas macroeconômicas seguidas na América Latina, naqueles anos.
6. Uma exceção é a recebida pela Venezuela durante o governo de Chávez, a qual está ligada ao tema do petróleo. O conflito em que essa atenção se inscreve recorda situações próprias dos anos 1980 (e que estiveram ausentes na segunda metade dos 1990), suscitando iniciativas de mediação por parte de outros países latino-americanos e da OEA.
7. Enquanto Milton Friedman aparece como principal figura do monetarismo, Robert Lucas e Thomas Sargent são autores de grande relevância na construção das hipóteses e análises próprias da escola das "expectativas racionais".
8. A título de exemplo, pode-se destacar que a síntese neoclássica aceita a eficiência da política monetária no curto, mas não no longo prazo, quando seus efeitos reais são neutralizados por aumentos de preços. Para a teoria das expectativas racionais, por outro lado, os agentes incorporam o aumento futuro de preços e realizam esse aumento de forma antecipada. Em outros termos, o simples anúncio de uma política monetária mais frouxa bastaria para suscitar a resposta defensiva dos agentes privados, a inflação e a neutralização de qualquer efeito real dessa política, até no curto prazo.
9. Esta expressão é utilizada por Ricardo Ffrench-Davis no título de uma de suas obras, as quais se configuram como particularmente relevantes no tratamento do tema em questão.

11. O neo-estruturalismo: primeiras bases analíticas

I. UMA NOVA VISÃO DE LONGO PRAZO: AS CONTRIBUIÇÕES DE FAJNZYLBER

Como se destacou anteriormente, a designação de "estruturalista" com que se caracteriza a teoria do subdesenvolvimento elaborada na Cepal ao longo dos anos 1950 responde a um tipo de contágio. Com efeito, tal designação provém da que primeiro se usou para identificar a interpretação de diversos processos inflacionários acontecidos na América Latina, que foi tomando corpo, naqueles anos, em artigos de economistas vinculados direta ou indiretamente a essa entidade. Cabe reiterar, entretanto, que o enfoque estruturalista da inflação se elaborou em documentos não-oficiais da entidade mencionada e com certo questionamento de sua direção, particularmente com o de Prebisch.

Algo similar acontece em fins da década de 1980. Aqueles que procuraram interpretar a aceleração dos processos inflacionários ocorridos então na Argentina e Brasil se autodefiniram como "neo-estruturalistas", aludindo a seus vínculos com o pensamento gestado na área, assim como à necessidade de adequá-lo para proceder à interpretação aludida. Assim, uma vez mais — e em curiosa coincidência — um enfoque relativo à inflação transfere seu nome às teorias e propostas estratégicas sobre o desenvolvimento a longo prazo plasmadas em documentos da Cepal no início dos anos 1990, que desde então se configuram como eixo central das posições desta instituição.

Certas idéias-chave elaboradas por Fernando Fajnzylber durante a década de 1980 exercem uma influência muito significativa na conformação e posterior desenvolvimento desta visão neo-estruturalista relativa a longo prazo. No presente capítulo enfatizaremos dois de seus trabalhos (Fajnzylber, 1983 e 1990), sem que se deixe de examinar vários outros que serviram de sustento a essas obras de especial relevância. Na verdade, estas se configuram como dois grandes marcos na conformação do neo-estruturalismo; daí que mais adiante se as considere em separado. Mas a complexidade e amplitude das idéias que contêm e, em conexão com isso, as dificuldades encontradas para precisar sua articulação tornam aconselhável começar por uma apresentação genérica e estilizada das mesmas.

1. *Apresentação geral*

Além de condensar avanços realizados em trabalhos anteriores, a primeira das obras destacadas surge em tempos de desdobramento das posições neoliberais e, em paralelo, de forte crítica à industrialização latino-americana. É de observar que esta crítica não se restringe ao âmbito dos especialistas em temas econômicos, mas que alcança ampla difusão nos meios de imprensa. Com relativa freqüência, estes atribuem responsabilidade ao pensamento estruturalista, e em particular à Cepal, pelo desenvolvimento de uma indústria superprotegida e ineficiente, visualizada como origem dos reiterados desequilíbrios macroeconômicos emergentes na região e do compromisso para sua continuidade.

Fajnzylber não desconhece que essa crítica distorce as posturas cepalinas, nas quais prevalece uma clara preocupação com a eficiência da indústria, que em parte se plasma na recomendação de protegê-la aos níveis mínimos necessários para cobrir diferenças de custos, e de ir com o tempo reduzindo esses níveis, à medida que as melhores tecnologias vão induzindo à diminuição dos custos da produção manufatureira periférica.[1] Em conexão com isso, repudia a crítica mencionada, e especialmente a recomendação de política derivada da mesma: a de uma rápida abertura externa condizente com padrões de especialização baseados na abundância relativa de recursos naturais e, portanto, em critérios de eficiência associáveis a uma visão estática das vantagens comparativas.

Este duplo repúdio liga-se em especial à admissão freqüentemente presente nas posturas neoliberais relativa à possibilidade e conveniência de obter o desenvolvimento da periferia latino-americana retomando e aprofundando a via da exploração dos recursos naturais. Contrariamente, Fajnzylber entende que a industrialização constitui o caminho ineludível do desenvolvimento periférico. Isso não impede que também questione os padrões reais da industrialização substitutiva seguidos na região.[2] Nesse sentido, entende que — em parte como resultado do amparo excessivo — a maioria dos ramos manufatureiros foi se instalando com base em uma cópia grosseira das tecnologias utilizadas nos grandes centros, com descuido do exercício da criatividade e dos processos de aprendizado exigidos pelo avanço tecnológico posterior.

Essa demarcação do defeito principal apresentado nos fatos pela industrialização substitutiva mostra que Fajnzylber dá prioridade ao progresso técnico como elemento-chave do desenvolvimento. Mas ao mesmo tempo aponta a atividade industrial como âmbito essencial do desenvolvimento tecnológico, condicionante do que se verifica em outros âmbitos e setores e, portanto, do que se consiga alcançar no conjunto de cada sistema econômico.

Assim, ao uso de Prebisch e da corrente estruturalista básica, Fajnzylber sustenta que o êxito no desenvolvimento periférico depende da continuidade do progresso técnico, continuidade que requer a expansão de conjuntos de atividades industriais, em cujas atividades o mesmo vai se plasmando preferencialmente.

Este modo de ver não é independente de trabalhos anteriores à primeira das obras que mais adiante comentaremos. Eles penetram em profundidade em dois dos processos regionais de industrialização de maior relevância, os do Brasil e do México.[3] Tudo indica que o esforço para revelar suas principais características está na base de uma percepção do progresso técnico feita de grandes traços na obra mencionada. Sinteticamente, pode-se dizer que o progresso técnico começa a ser visto como fortemente condicionado por uma "atitude empresarial", a qual, por sua vez, se inscreve em uma "atitude social" e dela depende significativamente. Em outras palavras, Fajnzylber se configura como pioneiro das idéias de acordo com as quais o progresso técnico deve ser visto como endógeno às empresas, e também a certo "ambiente" tanto econômico como social em que as mesmas se inscrevem. Esta postura endogenista inicial se expressa por meio dos conceitos de criatividade e aprendizado, aos quais se voltará posteriormente. Convém deste modo registrar que o tema do progresso técnico é reconsiderado em alguns trabalhos da "Divisão Conjunta Cepal-Onudi de Indústria e Tecnologia", que constituem antecedentes diretos da segunda das obras priorizadas.[4] Nesta última, a posição endogenista relativa ao progresso técnico se enriquece e consolida e com ela se brinda um maior sustento à paralela posição industrialista.

Por outro lado, nas duas obras mencionadas, as idéias sobre o âmbito do social foram objeto de ampla consideração. Com efeito, estas obras enfatizam os condicionantes sociopolíticos dos processos imbricados de avanço tecnológico e desenvolvimento industrial, por sua vez concebidos como eixo do processo global de desenvolvimento. Neste sentido, entende-se que o êxito e a continuidade de tais processos dependem crucialmente da constituição de uma base social de sustentação muito ampla, inclusiva das maiorias que permaneceram excluídas dos benefícios do desenvolvimento. Entende-se, além disso, que a incidência deste sustento social deve se expressar em uma estrutura e em uma ação política renovadora, que leve em conta a participação crescente dessas maiorias no jogo democrático.

2. A *"nova industrialização"*

i) A primeira das obras de Fajnzylber contém uma crítica incisiva à industrialização latino-americana, ao mesmo tempo que se propõe iniciar "a elaboração de uma proposta de 'nova industrialização', que enfrente em termos positivos a concepção neoliberal em ascensão" (Fajnzylber, 1983, p. 15).

Como se indicou no capítulo anterior, esta crítica aponta para a imitação passiva de técnicas geradas nos grandes centros, sem maior cuidado das possibilidades existentes para sua adaptação ou para um uso mais eficiente dos recursos produtivos. Entende-se deste modo que a face oposta desta imitação passiva consiste na debilidade dos processos de aprendizado que acompanharam o padrão mencionado, assim como na baixa criatividade subjacente neles.

Convém precisar certos conteúdos implícitos nestes dois conceitos. Pode-se entender que cada técnica, na acepção ao mesmo tempo mais simples e corrente do termo, consiste em um conjunto de conhecimentos relativos às características de certos bens e aos modos de produzi-los. Paralelamente, o progresso técnico consiste na acumulação de novos conhecimentos definidores de novas técnicas, ou melhor, na modificação de técnicas preexistentes. Deve-se enfatizar que — como habitualmente se entende — o aprendizado consiste na aquisição de conhecimentos imbricados nas técnicas produtivas e no avanço técnico. Do mesmo modo, assume-se que o aprendizado tecnológico tem duas origens principais: uma consiste no próprio exercício da produção, do qual deriva a absorção dos conhecimentos, e a partir do qual se conseguem estabelecer melhorias nos processos produtivos e nos bens produzidos (isto é, novos conhecimentos e progresso técnico); a segunda consiste na pesquisa e desenvolvimento (P & D), entendida como atividade lateral à produção propriamente dita, orientada à adaptação ou geração de tecnologias.[5]

Postula Fajnzylber que por trás do aprendizado (e, portanto, dos conhecimentos e do progresso técnico que dela derivam) há uma atitude (tanto individual como empresarial) para levá-lo a cabo, o que expressa e resume com o conceito de "criatividade". A respeito, aponta que a criatividade não depende nem se dá só no âmbito produtivo e da P & D, considerado anteriormente, mas sim que se encontra presente e está na base da atividade científica geral, da política e das mais variadas manifestações da cultura e da arte. Dada esta múltipla presença, reconhece também que a criatividade se vê condicionada pelas relações entre atores dos distintos âmbitos do acontecer social, pois tais relações são relevantes para incentivar ou inibir as atitudes criativas.[6] Assim, e no que diz respeito às sociedades latino-americanas, esclarece-se que nesse condicionamento incidem sua "origem (...), sua institucionalidade, o contexto cultural e um conjunto de fatores econômicos (...), cuja vinculação com o meio sociopolítico é complexa mas indiscutível" (Fajnzylber, 1990, p. 14).

ii) A ênfase posta na criatividade e no aprendizado não depende só do reconhecimento de suas carências no desenvolvimento industrial prévio; também se liga à percepção de que nos centros se veio gerando um novo padrão industrial e tecnológico que agrava as carências acumuladas e agudiza a necessidade de atenuá-las, se tivermos que empreender o caminho que esse novo padrão emoldura e define. De resto, entende-se que tentar transitá-lo implica realizar, no novo ponto de partida, um esforço analítico que aponte para delinear os elementos de uma estratégia condizente. O conceito de "núcleo endógeno de dinamização tecnológica" sintetiza uma primeira tentativa de realização deste tipo de análise, que será complementado por elaborações posteriores.

Limitando-se no momento a uma perspectiva ao mesmo tempo econômica e setorial, concebe-se que este núcleo consiste em uma matriz industrial e produtiva articulada, na qual criatividade e aprendizado se retroalimentam em e entre certas atividades e ramos essenciais. Do mesmo modo, essa retroalimentação favorece e origina o desenvolvimento tecnológico no conjunto do aparelho produtivo, ao qual se vai incorporando por meio de sucessivas inovações. Estas últimas tomam corpo no investimento, dando virtualmente sustento à acumulação de capital e ao próprio crescimento da produção, globalmente considerada.

Para os países da América Latina de tamanho médio e grande, nos quais veio ocorrendo um processo amplo e prolongado de industrialização substitutiva, as considerações sobre esta matriz industrial se centram em quatro áreas estratégicas, escolhidas pela amplitude que alcançaram nessa experiência prévia, mas também pelas limitações que aí apareceram.

A primeira dessas áreas corresponde ao setor de bens de capital, cuja debilidade ou incipiência constitui a expressão mais diretamente visível do caráter truncado do desenvolvimento industrial prévio. Entende-se que este setor é portador de progresso técnico e, portanto, que uma expansão adequada do mesmo constitui uma condição necessária — embora não-suficiente — do fortalecimento tecnológico nacional. A ampliação deste setor requer definir opções que, embora não isentas de risco, podem trazer consigo enormes avanços no âmbito tecnológico, como a aquisição de capacidades de desenho, o aumento da eficiência no uso das instalações e a definição de novos esquemas de especialização produtiva, todos eles elementos favoráveis à redução de custos e/ou à competitividade internacional.[7]

A segunda concerne ao setor automotivo, na maioria dos casos líder dos padrões precedentes de industrialização substitutiva. Entende-se que o mesmo requer uma reestruturação, com vistas a subtrair sua anterior exclusividade na função de liderança e a induzir graus renovados de especialização e reduções de custos — inclusive de custos em divisas — e, do mesmo modo, atenuar seus efeitos distorsivos em matéria de infra-estrutura.

A terceira concerne à agricultura e às relações agricultura-indústria. No setor mencionado se apresentam amplas fronteiras para o incremento da produtividade, desde que se proceda à "industrialização da agricultura"; quer dizer, à superação dos métodos arcaicos de cultivo, assim como dos atrasos na transformação e comercialização dos bens agrícolas, apontando a maximizar a eficiência das unidades produtivas. Além disso, sustenta-se que a competitividade nos mercados internacionais e internos se verá a longo prazo "determinada, no âmbito dos recursos naturais, pelo grau de excelência relativa alcançada nas atividades industriais colaterais, 'para trás' e 'para a frente'" (Fajnzylber, 1983, p. 399). Assim, por exemplo, conforme se concebe, a industrialização da agricultura poderá gerar oportunidades em diversos itens, como os farmacêuticos e químicos, os inseticidas e fertilizantes e os subprodutos de substâncias vegetais.

A quarta e última área considerada corresponde ao âmbito da energia. A respeito, parte-se de um aspecto geral do tema: o da falta de funcionalidade do padrão industrial-energético adotado — e até certo ponto improvisado no marco da industrialização substitutiva, durante a qual também nesse âmbito se acumularam carências e se desperdiçaram potencialidades, especialmente no que concerne à incorporação de tecnologia. A readequação do padrão mencionado implica inquirir em relação à "intensidade do uso da energia", na definição de políticas atinentes aos materiais, combustíveis e matérias-primas utilizados pela indústria. Especial relevância adquire a consideração das novas condições de "energia cara" ao delinear a readequação mencionada.

iii) Como acabamos de ver, a noção de "núcleo endógeno de dinamização tecnológica" parte da necessidade e possibilidade de impulsionar a criação de uma matriz industrial e produtiva que favoreça, justamente, a dinâmica do progresso técnico e de sua incorporação concreta às atividades econômicas, pela via da inovação. Por si, essa ênfase na geração, adaptação e incorporação de novas técnicas aponta *a fortiori* para o aumento da produtividade e, portanto, para o virtual incremento da competitividade nos mercados interno e internacional. Em princípio, ambas são condições favoráveis para atenuar a restrição externa própria da periferia latino-americana e, mais especificamente, da série de ineficiências com que a industrialização substitutiva foi se processando. Mas, na obra que estamos considerando, a preocupação pela restrição mencionada — de resto de clara raiz cepalina — não se traduz só na aproximação ao tema genérico do progresso técnico e de seus reflexos na competitividade. Nela se indaga sobre a estrutura setorial do déficit do comércio exterior nas economias da região e, com essa base, sobre a incidência da expansão dos quatro conjuntos de atividades e ramos antes mencionados, nesse déficit. Percebe-se assim que, da perspectiva da restrição externa, essa incidência se configura ao mesmo tempo como favorável ou desfavorável, segundo a amplitude dos mercados nacionais, segundo a composição setorial do aparelho produtivo preexistente e as transformações que vão se introduzindo em tal composição, *pari passu* com a incorporação de progresso técnico.

iv) As considerações precedentes sobre a importância de certas áreas estratégicas, assim como as imediatamente anteriores relativas à restrição externa, inspiraram-se nas experiências de industrialização de várias economias latino-americanas de tamanho médio e grande. Daí que Fajnzylber se empenhe em considerar por separado as economias de tamanho reduzido, de modo a delinear, em uma primeira aproximação, as características que a "nova industrialização" pudesse assumir nelas.

Em relação às mesmas, e em particular às que apresentam uma porcentagem elevada de população rural, a que antes se denominou "industrialização da agricultura" configura-se como de especial importância.

Ela bem pode estar na base da geração de divisas, por meio da exportação de produtos tanto tradicionais quanto não tradicionais, e auxiliar deste modo a atenuação da tendência ao déficit comercial pela via da auto-suficiência alimentar. Também se argumenta que a "industrialização da agricultura" anda junto com a prestação de serviços tecnológicos desse setor, ao mesmo tempo que incentiva a demanda e abre caminho à elaboração de produtos químicos, e de implementos e equipamentos em ramos da indústria metal-mecânica.

Uma "nova industrialização" com forte apoio nos recursos naturais pode também ter sustentações no desenvolvimento florestal e pesqueiro. Como nas vinculadas à agricultura, nas atividades relacionadas com outras bases primárias convirá avançar "para frente", com produtos finais de graus crescentes de elaboração, e também "para trás", suscitando mais fontes de demanda para diversas atividades, entre elas as do setor metal-mecânico.[8] Por outro lado, o setor elétrico pode constituir uma base relevante para a expansão de atividades vinculadas à construção; esta base, somada à de tipo residencial mais as obras de infra-estrutura de transporte, configura um conjunto de atividades que podem ser a chave para o desenvolvimento da economia como um todo, com base no impacto dinamizador que é capaz de exercer sobre ela.

Quanto à articulação entre atividades e ramos, a "nova industrialização" proposta para países de dimensões reduzidas distingue entre três áreas ou blocos. O primeiro é o "bloco agroindustrial", ao qual se atribui um papel principal na geração de excedentes de divisas. O segundo é o "bloco da construção", para o qual se vislumbra um papel preponderante na expansão do investimento global e, com isso, na continuidade do crescimento. Por outro lado, entende-se que a articulação crescente entre construção e agroindústria com o "bloco metal-mecânico" abonaria a expansão deste último, também com efeitos positivos sobre o investimento de capital e o crescimento. No entanto, entende-se que essa expansão resulta de especial importância quanto à geração ou adaptação de tecnologia. Esta última expectativa se baseia nos tipos de atividades que o terceiro dos blocos mencionados poderia incluir. Com efeito, empresas seletivas em distintos itens da metal-mecânica — alguns bens duráveis de consumo maciço, certos bens de capital de complexidade tecnológica relativamente baixa — contribuiriam para aumentar a capacidade local de exploração de recursos naturais pela via da substituição de importações, mas além disso abririam novas e mais amplas possibilidades à criatividade e ao aprendizado. Do mesmo modo, postula-se que, tanto do ângulo tecnológico quanto da perspectiva da restrição externa, o desenvolvimento destes três tipos de blocos e sua articulação adequada se veriam favorecidos pelo avanço para esquemas de integração regional, condizentes com a ampliação dos mercados e com maiores potencialidades tecnoeconômicas que esta implica.

v) Convém nos determos brevemente em certos conceitos e elos básicos que formam o eixo principal da argumentação considerada. Como destacamos algumas linhas acima, a criatividade está na base e vai se expressando em processos de aprendizado, por meio dos quais se incrementam os conhecimentos sobre a índole dos bens a produzir e sobre os métodos requeridos para produzi-los. Esses incrementos dos saberes disponíveis constituem o que habitualmente se entende por progresso técnico, o qual se torna efetivo — isto é, se concretiza nos processos produtivos — por meio da inovação.[9] Por sua vez, esta última se materializa pela via do investimento, cuja continuidade define a acumulação de capital, que vai aumentando a disponibilidade desse recurso e redundando no crescimento da produção, globalmente considerada.

Aqui está uma visão sintética e estilizada do que Fajnzylber entende por eficiência: a continuidade de uma dinâmica da acumulação e de crescimento, que implica a incorporação contínua de progresso técnico. Trata-se, pois, de um conceito de eficiência que o liga a essa tripla dinâmica; portanto, este conceito difere radicalmente do que está arraigado em uma visão estática da alocação de recursos, relativa unicamente às condições que devem prevalecer para otimizar o uso de uma quantidade dada de fatores produtivos.[10]

Por outro lado, convém ter presente que a tríplice dinâmica aludida possui implicações adicionais atinentes à ocupação da força de trabalho e sua produtividade. Um aumento da quantidade de capital que se realiza com incorporação contínua de progresso técnico implica o incremento da dotação de capital por trabalhador e, portanto, da produtividade do trabalho. Por sua vez, o incremento das remunerações deste recurso se configura como requisito da realização (venda) de uma produção de bens e serviços que se expande de maneira continua.[11]

Em lógica estrita, o aumento da ocupação de mão-de-obra e, do mesmo modo, o incremento adequado das remunerações do trabalho configuram-se como condição necessária e suficiente para realizar a produção, realização por sua vez condicionante da continuidade do progresso técnico, da acumulação e do crescimento (isto é, da eficiência). Entretanto, Fajnzylber adota uma posição *sui generis* no que concerne à realização: argumenta que a alta das remunerações do recurso mencionado deve trazer consigo melhorias na distribuição de renda. Em outros termos, postula que o lucro de níveis crescentes de eqüidade distributiva constitui também requisito da eficiência e das dinâmicas que a definem. Como se verá, esta posição especial bem pode conectar-se a considerações que se inscrevem no marco das relações sociais e de sua mudança.

vi) Destacou-se anteriormente que a criatividade não se concebe só como um fator-chave para o impulso da aprendizagem e, com apoio no mesmo, de mudanças nos âmbitos da estrutura industrial e produtiva. Conforme se aduz, ela se configura como uma atitude também presente e que além disso induz mudanças em variados âmbitos "mais que econômicos" do acontecer social. A criatividade interage e se vê reforçada ao desdobrar-se não só no tecnoeconômico, mas também nesses outros âmbitos, como o político, científico, cultural, artístico etc.

Assim, já no conceito básico de criatividade se vislumbra uma percepção que pretende captar o acontecer social como um todo ou, se preferirmos, indagar sobre suas mudanças globalmente consideradas, com fundamento nas que ocorrem em alguns de seus elementos ou componentes, visualizados como as chaves de tais mudanças.

vii) Conquanto fundada no conceito de criatividade, esta mesma percepção se encontra presente no conceito mais abarcador de "núcleo endógeno de dinamização tecnológica". Anteriormente foi considerado do ângulo da matriz industrial e produtiva definidora de suas características tecnoeconômicas básicas. Mas nem esse conceito, nem a proposta estratégica de "nova industrialização" que sobre ele se sustenta, excluem a consideração de certos requisitos sociopolíticos essenciais.

Posto em outros termos, o "núcleo endógeno", assim como o esforço estratégico requerido para impulsionar seu desenvolvimento, não excluem, mas sim supõem, a constituição e a ação de certa base social de sustentação, capaz de assumir com persistência um compromisso orientado a superar as carências e processos inconclusos da "industrialização truncada" e a desenvolver o espectro de potencialidades aberto pela mesma.

À "nova industrialização", relativa ao econômico, corresponde à de uma "nova aliança" no âmbito sociopolítico. É claro que enquanto esta não se refira a casos concretos nem se baseie na análise dos mesmos, os componentes da "nova aliança" só podem ser objeto de considerações genéricas. No entanto, essas considerações refletem a presença de certos traços das transformações sociais que acompanharam a industrialização substitutiva e também deixam transparecer a assimilação de pontos de vista freqüentes no estruturalismo latino-americano sobre o caráter insuficiente ou travado dessas transformações.[12]

De maneira geral pode-se dizer que, como componentes da base social da estratégia proposta, destacam-se os empresários nacionais, na base empresarial pública, ligada a entidades conformadas pelo Estado, as classes trabalhadoras urbanas (incluídas as de muito baixo nível de produtividade e remuneração), os grupos camponeses e os impulsionadores das atividades técnicas e científicas.

É claro que a precariedade de liderança exercida pelo empresariado industrial nacional durante os períodos prévios de industrialização substitutiva põe em dúvida a possibilidade de que este exerça uma função hegemônica na nova etapa. Isso não impede de admitir que boa parte desse empresariado persista em sua vocação industrial, convalidando e consolidando o compromisso estratégico antes aludido. Do mesmo modo, reconhece-se que a burocracia empresarial pública desempenhou um papel relevante na condução do modelo industrial, em principio repetível, em particular por ter contribuído decisivamente a lhe imprimir uma dimensão nacional.

Por outro lado, estes atores, juntamente com outros de cunho empresarial e com vários grupos mencionados anteriormente, prefiguram os perfis da "nova aliança". Mas além disso postula-se que aí estarão presentes as grandes maiorias. Ou seja, os amplos setores sociais nos quais se concentram fortes carências no nível de vida e a conseqüente dificuldade na obtenção de bens e serviços essenciais.

viii) Essa "presença de massas" deve ser vista como fortemente relacionada com a noção de eqüidade. Já se indicou que os aumentos da produtividade do trabalho e das remunerações deste recurso constituem condição de realização (venda) de uma produção que se expande de forma contínua. Da perspectiva de Fajnzylber, os aumentos das remunerações devem estar acompanhados por melhorias na distribuição de renda. isto é, na eqüidade social. Para este autor, a maior eqüidade é uma variante ou uma especificação das condições de realização expressas. Porém mais que esta implicação econômica, importa o sentido e significado social da eqüidade: o gradual incremento da mesma se configura como compatível com a integração das maiorias à "nova aliança", integração por sua vez essencial para lhe dar continuidade e força transformadora.

A formação da base social da "nova aliança" não dispensa, mas supõe, a ação de agrupamentos, movimentos ou partidos políticos que a expressem e que dêem curso ao compromisso estratégico que sintetiza seus objetivos, assegurando a consecução adequada dos mesmos pela via do uso de formas plurais de organização política.

A base social de um lado, e do outro a estrutura e organização política, devem apresentar certas convergências essenciais no campo das idéias. Aqui a "nova aliança" e o compromisso estratégico para o qual aponta podem ser vistos como uma "heterodoxa e fluída articulação de variadas vertentes ideológicas que convergem para valorizar 'o nacional" (Fajnzylber, 1983, p. 416). Isso tem dois aspectos particularmente destacáveis. Por um lado, tal valorização reflete a especial consideração brindada à expansão do mercado interno, requerida para manter aumentos da produção intensos e contínuos, mas sobretudo como condição *sine qua non* para abrir e renovar as possibilidades de progresso técnico. Por outro, a "nova aliança" e os acordos sociais e políticos nela implicados têm a nação como marco natural no qual se expressam seus resultados, em termos de processos de desenvolvimento entendidos, ao mesmo tempo, como econômicos, sociopolíticos e culturais.

3. *Em torno do crescimento e da eqüidade: reformulação das idéias iniciais*

Na segunda das obras-chave anteriormente mencionadas, Fajnzylber se aproxima da identificação dos principais fatores que vinculam o padrão de industrialização — e, com ele, de mudança na estrutura produtiva — com o cumprimento de objetivos de crescimento econômico e eqüidade social.

O enunciado anterior revela que o novo esforço empreendido se configura como uma prolongação do que realizou na primeira das obras comentadas. Reconhecidamente, esse novo esforço volta a colocar-se como inscrito no estruturalismo cepalino, pois considera que a industrialização constitui o "eixo vital do desenvolvimento econômico por sua contribuição ao progresso técnico e à elevação da produtividade" (Fajnzylber, 1990, p. 8).

Esta postura genérica é enriquecida com os avanços na compreensão "endogenista" do progresso técnico e da inovação, obtidos por vários autores nos anos 1980. Por outro lado, o contraste entre o desenvolvimento a longo prazo de distintos países ajuda também a estabelecer certas hipóteses básicas sobre a causa principal do atraso relativo dos países da região. A respeito, sustenta-se: "Segundo a experiência acumulada sobre o desenvolvimento econômico em distintas latitudes parece que um dos traços sobressalentes desse processo seria a combinação de aprendizado, tomando como modelos as sociedades mais avançadas e de inovação econômica e social nos países menos avançados..." (Fajnzylber, 1990, p. 8). Para Fajnzylber, o atraso do desenvolvimento da América Latina se relaciona, justamente, com as dificuldades para alcançar esta combinação ou, em outros termos, com a assimetria reiterada que se apresenta na área "entre um elevado componente de imitação (...) e um componente marginal de inovação econômico-social" (Fajnzylber, 1990, p. 8).

A obra em questão coloca os requisitos essenciais que deve cumprir uma estratégia de desenvolvimento para superar a assimetria mencionada. A argumentação relativa a essa estratégia é de grande amplitude e, em conexão com isso, de considerável complexidade. Daí que se tenha optado por descrevê-la com base no diagrama que segue, o qual simplifica outro similar incluído na obra mencionada.[13] (Ver diagrama.)

Sua apresentação começa pelos quatro quadros concernentes aos elementos que Fajnzylber considera como o núcleo fundamental da análise, ou seja: a eqüidade (A); o crescimento (B); o padrão de consumo e investimento (C); o sistema industrial e a competitividade internacional (D). Sob o rótulo genérico de "condições sociais" (E), consideram-se mais adiante certos fatores adicionais próprios do âmbito social que incidem significativamente nesses elementos e, sobretudo, na adequação e fluidez das relações que se estabelecem entre os mesmos.

a. Eqüidade e crescimento (quadros A e B)

Fajnzylber postula que a eqüidade e o crescimento devem constituir os objetivos centrais de uma estratégia de desenvolvimento. Essa sucinta definição de objetivos se compreende melhor ao levar em conta que, de

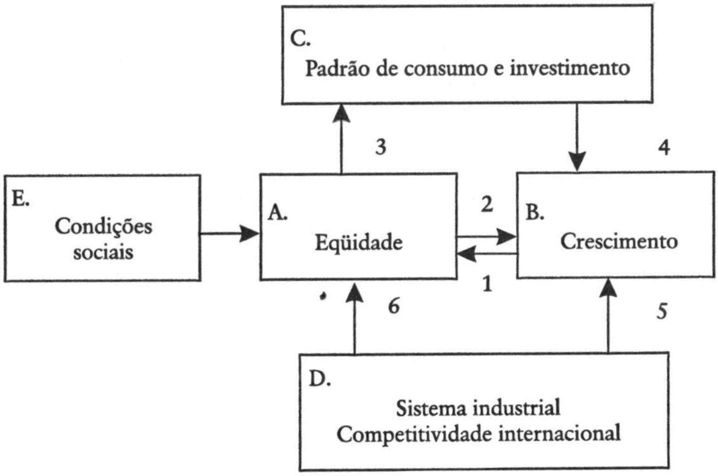

um ponto de vista analítico, eqüidade e crescimento se consideram como o eixo fundamental — e deste modo como requisito — de todo processo de desenvolvimento, globalmente considerado.

Essa afirmação leva em conta que no crescimento subjazem outras duas dinâmicas essenciais: uma é a acumulação de capital, que sustenta o aumento da disponibilidade dos meios de produção requeridos para que esta se incremente de forma sustentada; a outra é a do progresso técnico, que ao mesmo tempo induz e se faz efetivo na acumulação.

Convém observar agora que esta tríplice dinâmica se refere essencialmente à esfera da produção, mas que não é independente da esfera da distribuição, introduzida na análise pelo conceito de eqüidade.

Do ângulo econômico, a colocação mais simples sobre o vínculo entre crescimento e eqüidade consiste em assinalar que o primeiro — pela via dos aumentos da produtividade que o acompanham — induz melhorias na eqüidade (seta 1); e que esta última, ao ver-se favorecida, torna viável o crescimento, ao permitir a realização (venda) de volumes de bens de consumo em contínuo aumento (seta 2).

Além de reiterar o vínculo anterior, a obra que se está considerando também aborda o vínculo que se estabelece entre o mesmo par de conceitos do ângulo do social. Sustenta Fajnzylber que a eqüidade fomenta "o sentido de pertencer a uma sociedade e de estar integrado à coletividade", base sobre a qual se sustenta uma "disposição para participar do esforço (...) que supõe a postergação parcial do consumo com o objetivo de chegar ao crescimento econômico" (Fajnzylber, 1990, p. 66).

Mas, por seu lado, o crescimento torna visíveis as sucessivas altas verificadas nos níveis de vida, incitando a considerar como suportáveis os atrasos nos mesmos, como resultado das expectativas otimistas assim geradas, isto é, "na medida em que (tende-se a confiar) que a situação futura será mais favorável que a atual" (Fajnzylber, 1990, p. 67).[14]

Como se pode ver, os vínculos de ida e volta entre eqüidade e crescimento aludidos (setas 1 e 2) correspondem a um aspecto das relações sociais ou, mais propriamente, a certos elementos psicossociais necessários para que tais relações resultem condizentes ou sinérgicas. Oportunamente, voltaremos às mesmas. Cabe agora ter presente que essas relações condizentes têm em sua base e devem ser sustentadas por condicionamentos econômicos essenciais, aos quais se referem os dois pontos que seguem.

b. Padrão de consumo e investimento (quadro C)

Fajnzylber assume a hipótese de que as melhorias na eqüidade dão lugar à formação de padrões de consumo delimitados pela austeridade e acrescenta que esta se traduz em estruturas do mesmo "que contêm menor proporção de bens duráveis, energia e divisas" (Fajnzylber, 1990, p. 61).

Esta hipótese está claramente relacionada com as posturas usuais do pensamento latino-americano dos anos 1960 e 1970 e, em particular, da corrente dos "estilos de desenvolvimento", objeto do capítulo 7. Essas posturas enfatizam que as condições ocupacionais que acompanham a industrialização da área — a persistente superoferta de mão-de-obra — deram lugar a uma forte tendência à concentração da renda. Destacam, do mesmo modo, que tal tendência veio acompanhada por uma exacerbação do consumo imitativo comprometedora da poupança, e por esta via, da dinâmica do investimento, da acumulação e do crescimento, com efeitos de retorno negativos sobre a ocupação e a distribuição.

A hipótese mencionada resgata, além disso, a idéia de que esse estilo excludente e concentrador esteve associado ao consumo de bens duráveis, em especial aos provenientes da indústria automotriz. Postula-se que sua expansão se realizou em detrimento da aprendizagem e da eficiência, em boa medida refletido nas enormes exigências de energia "cara" e de obras de infra-estrutura, e também em acumulações aluviais de demandas de importações, indutoras de problemas na balança comercial e de pagamentos.

Assim, a hipótese da existência de um elo positivo entre eqüidade e padrão de consumo e investimento (seta 3) esconde uma crítica às formas assumidas pela industrialização substitutiva nas economias latino-americanas e admite tacitamente a possibilidade de criar alternativas para as mesmas.

Esse elo pode ser visto de outro ângulo, de modo a apreciar que as melhorias na eqüidade são virtualmente compatíveis com a realização (venda) da produção de bens implicada no padrão mencionado. Atendo-se à perspectiva de Fajnzylber, é concebível que essas melhorias se expressem na distribuição de renda pela via de aumentos das remunerações do trabalho e de aumentos das rendas da propriedade, porém mais altos nas primeiras do que nas segundas. Além disso, esses aumentos concomitantes podem ser tais que, de um lado, viabilizem a realização dos bens de consumo produzidos e, do outro, gerem as economias necessárias para tornar viável a realização da produção de bens de investimento.

Entende-se, pois, que as melhorias na eqüidade, ao permitir ou induzir a viabilização simultânea dos aumentos sucessivos do consumo e dos investimentos inseridos no padrão relativo a ambos, favoreçam e impulsionem o crescimento da produção, globalmente considerada (seta 4).

Posto em outros termos e abreviadamente, importa a Fajnzylber "destacar (...) a vinculação entre [certo] grau de austeridade do padrão de consumo, o papel dos agentes investidores e o dinamismo" (Fajnzylber, 1990, p. 63) da economia. É claro que não se espera que entre estes elementos se produzam espontaneamente relações virtuosas, como as delineadas de forma tentativa nos parágrafos anteriores. Ao contrário, é necessário empreender políticas econômicas que incentivem tanto a economia como o comportamento adequado dos agentes investidores, com vistas a que o primeiro se torne mais eficaz em aumentos do estoque de capital. Enfatiza-se, do mesmo modo, a necessidade de fortalecer os mecanismos institucionais requeridos para que a economia se volte ao investimento de forma reiterada.

Entretanto, vislumbram-se dificuldades para a consecução do objetivo apontado. A respeito, reconhece-se uma tendência acentuada na década de 1980 "à confluência dos processos nacionais e internacionais de transformação da economia em investimento" (Fajnzylber, 1990, p. 63). Com sua acentuação se abre e cresce uma nova problemática ligada à "possibilidade atual de deslocar recursos financeiros em forma instantânea [que] colocam em dúvida a autonomia dos governos para desenhar sua política econômica" (Fajnzylber, 1990, p. 74). Este se configura como outro dos temas que terá de se reconsiderar mais adiante, no âmbito das "condições sociais" (quadro E).

c. Sistema industrial e competitividade (quadro D).

Destacou-se na subseção anterior (2) e se reiterou na presente (3) que o crescimento só pode basear-se na acumulação de capital e na geração e incorporação de progresso técnico subjacente na mesma. Por outro lado, os escritos de Fajnzylber enfatizam certo aspecto setorial desta tríplice dinâmica. Efetivamente, destacam que esta não é dissociável da consolidação e expansão sustentada do sistema industrial.

No que concerne à América Latina, esse sistema foi fundamental no período de primazia da substituição de importações, durante o qual a metal-mecânica, e em particular o setor automobilístico, desempenhou um papel protagonista. E, do mesmo modo, como parece indicar, o sistema mencionado tenderá a adquirir ainda mais relevância, devido ao surgimento do novo padrão tecnológico, industrial e produtivo que começa a tornar-se visível nos anos 1980 (Fajnzylber, 1990, p. 47-54).

Fajnzylber insiste em apontar que o progresso técnico e os processos de aprendizado que o sustentam possuem um aspecto setorial destacável: a particular relevância que apresentam no sistema industrial. Além disso, admite e sublinha a presença de certa matriz industrial e produtiva onde se vêem particularmente favorecidos, matriz que ao mesmo tempo induz a extensão dos mesmos a outros ramos e atividades. Posto em outros termos, o autor postula que essa matriz básica — esse "núcleo endógeno de dinamização tecnológica", para voltar à nomenclatura da primeira das obras comentadas — desempenha um papel especialmente importante na difusão da "lógica industrial" e exerce por essa via uma influência positiva sobre o aprendizado e o progresso técnico em atividades inscritas em outros ramos industriais e em outros setores produtivos.

Assim, entende-se que esse progresso técnico que se vai gerando com força especial na matriz mencionada e estendendo-se a cada vez mais atividades subjaz no crescimento da produção, globalmente considerada (seta 5). Também se postula que esses mesmos fluxos de avanço tecnológico suscitam aumentos da produtividade do trabalho — ou mais precisamente, aumentos reiterados do emprego a níveis de produtividade em alta —

e incrementos concomitantes das rendas e da eqüidade distributiva, por sua vez requeridos para realizar aquela produção global crescente (seta 6).

Mas conforme se concebe, a difusão antes mencionada não se verifica só no âmbito econômico. Destaca-se explicitamente que é "a propagação da lógica industrial ao conjunto da sociedade (...) o que a [torna] mais aberta [ao] progresso técnico" (Fajnzylber, 1990, p. 65).[15] Esta abertura tendencial fica manifestada em outros âmbitos. Repercute, por exemplo, na qualificação da mão-de-obra e deste modo na amplitude dos conteúdos e da cobertura dos sistemas educativos. São essas algumas das mudanças que favorecem a integração da base social e que ajudam à consecução dos aumentos da produtividade e das remunerações, várias vezes mencionados.

As considerações precedentes permitem esclarecer aquelas outras registradas na introdução deste capítulo, segundo as quais a industrialização latino-americana esteve marcada pela presença de um alto componente de simples imitação e de um componente marginal de inovação econômico-social, essencial para o desenvolvimento. Quando se observa, esta marcação explica as carências do sistema industrial (ou a debilidade de certa matriz industrial básica) implantado na área, pobre em matéria de aprendizado e, por isso mesmo, no acréscimo de novos conhecimentos ao acervo preexistente (isto é, na geração de progresso técnico), o que implica que também resultará escassa a incorporação dos mesmos a inovações concretas. Também se indica que estas últimas resultaram "marginais" no econômico e no social, ou em outros termos, que a propagação da "lógica industrial" foi exígua ou inferior à potencial, ao mesmo tempo e mancomunadamente nesses dois âmbitos.

Na subseção anterior vimos que o conceito de eficiência adotado por Fajnzylber se define com base em três dinâmicas inter-relacionadas: as do progresso técnico, a acumulação de capital e o crescimento do produto. Como se pode apreciar, este conceito se coloca em nível global ou macroeconômico. Mas a consideração do setorial e, mais especificamente, a atenção prioritária brindada ao desenvolvimento industrial em suas idéias complementam esse conceito básico de eficiência, associando-o ao de competitividade internacional. Esse desenvolvimento consiste essencialmente na incorporação de progresso técnico pela via de inovações, que vão acontecendo também em outros setores, com os conseqüentes aumentos de produtividade em atividades inscritas em todos eles. Tais aumentos redundam em que se vá alcançando a competitividade em diferentes atividades, cujas produções se destinam tanto ao mercado externo como ao interno.

A competitividade internacional se configura, assim, como um critério de eficiência, entendida agora — adicionalmente — como a capacidade de realizar a produção em ambos os mercados. A competitividade externa é fonte da geração de divisas, por sua vez essencial para sustentar importações imprescindíveis, em economias que expandem a indústria e a produção a partir de condições de atraso. A competitividade no mercado interno e a própria ampliação do mesmo são também imprescindíveis, não só porque ajudam a realizar a produção, mas também porque constituem — conforme se postula — condições básicas para a aprendizagem tecnológica e industrial.

Na segunda das obras comentadas e em outras que lhe seguem, Fajnzylber outorga alta consideração à competitividade internacional, e deste modo a propõe como requisito essencial de uma estratégia de desenvolvimento. Dois elementos parecem jogar nesta nova ênfase, um conceitual e o outro prático. O primeiro se inscreve na tradição estruturalista e cepalina. Da mesma forma que nesta, postula-se que se submeter ao incentivo da concorrência, dentro e fora de fronteiras, constitui um estímulo que favorece a consecução do progresso técnico e os aumentos da produtividade. Este incentivo supõe ir diminuindo, gradativamente, a proteção e a promoção, à medida que ganha produtividade e competitividade. O segundo elemento concerne ao padrão tecnológico e industrial que vai se difundindo em escala mundial a partir dos anos 1980. Fajnzylber nega a validade das posturas neoliberais que se fortalecem de forma concomitante e que propugnam a rápida liberalização das relações comerciais, particularmente nas economias latino-americanas. Mas, além deste questionamento, percebe e reconhece que o padrão mencionado induz a geração de novos bens e favorece a redução de custos nas grandes empresas das economias centrais, obrigando-as a enfrentar seus competidores. Acessar a competitividade internacional em sucessivas atividades e ramos constitui, pois, uma imposição das circunstâncias que é mister encarar caso se pretende alcançar um desenvolvimento ao mesmo tempo contínuo e eficiente.

Destacamos antes que a ampliação do acesso aos mercados externo e interno que a competitividade vai permitindo favorece a realização da produção. Mas, além disso, deve-se levar em conta que a mesma se sustenta nos aumentos verificados nos níveis de produtividade. Como se insistiu, estes últimos se ligam a eventuais incrementos da eqüidade (seta 6), nos quais se expressam de outro modo as condições favoráveis à realização da produção já mencionadas.

d. As condições sociais (quadro E)

Como se viu na subseção anterior, o primeiro dos documentos considerados aponta para uma visão integral do desenvolvimento, já que este não é enfocado só do ângulo econômico, mas também da perspectiva de um conjunto de elementos que se inscrevem no âmbito sociopolítico e que interagem entre si e com os concernentes ao âmbito mencionado.

A busca desta visão integral também está presente na segunda das obras privilegiadas. Mas nela se percebe uma maior ênfase na abordagem de certas políticas sociais e, mais especificamente, na apreciação de certas transformações requeridas para dar curso ao desenvolvimento, no sentido amplo da expressão a que alude o parágrafo anterior.

O esforço por abreviar a vasta e complexa argumentação de Fajnzylber leva a abordar um número limitado de temas, considerados prioritários. Os dois primeiros correspondem aos condicionamentos negativos que a estrutura agrária e a base de recursos naturais podem impor aos padrões de liderança imprescindíveis em todo processo de desenvolvimento econômico-social. O terceiro, que na verdade se configura como a chave do conjunto da argumentação, faz referência ao papel protagonista atribuído ao empresariado nacional no exercício dessa liderança. O quarto aborda sucintamente a questão do Estado, para depois se referir a certas políticas que terá de impulsionar desde seu seio — ou, com mais propriedade, do aparelho governamental em que o mesmo se expressa — a fim de que o desenvolvimento cumpra com continuidade objetivos econômicos e sociais.

Inscrevendo-se também na tradição do estruturalismo latino-americano, Fajnzylber enfatiza a influência das estruturas agrárias nas mudanças das formações sociais e, mais especificamente, nos padrões de liderança diretamente relacionados com essas mudanças. Em particular, assinala que a lentidão e insuficiência destes últimos se conecta, em diversos casos, a "certo componente de "rentismo"* incorporado nas elites nacionais". Do mesmo modo, entende que, em tais casos "os setores tradicionais desenvolvem a flexibilidade (necessária) para absorver e deformar os processos de modernização" (Fajnzylber, 1990, p. 75). Preservam com isso vínculos de dependência pessoal, impedindo a formação da cidadania e do livre exercício dos direitos e deveres inseridos na mesma, por sua vez relevantes da perspectiva da eqüidade.

Um caso extremo de padrões de liderança de tipo "rentista" encontra caminho favorável em sociedades nas quais se verifica uma alta concentração da propriedade de recursos naturais no setor privado, e às vezes também no setor público. Seja porque a liderança "rentista" provenha de monopólios privados, seja porque se constitua à base de feudos burocráticos politicamente constituídos, sua presença não exclui a "de setores representativos da atividade industrial (...), em caráter associado ou subordinado" (Fajnzylber, 1990, p. 76). Mas esta subordinação, por sua vez, resulta inibidora do papel que cabe à indústria no processo global de desenvolvimento e, em particular, à visão da realidade e das possibilidades de transformá-la, visão que fundamenta e fortalece o papel expresso.[16]

Sustenta-se com grande ênfase que o desenvolvimento da indústria, e além disso a montagem de um sistema industrial competitivo, tem seu agente protagonista no empresariado nacional. A atribuição de tal protagonismo se liga à idéia de que esse grupo social específico é, justamente, o que possui interesses objetivos conectados à geração ou adaptação do progresso técnico, e sua concretização em sucessivas inovações, de modo a expandi-las com continuidade, sobretudo na indústria. Mas, além disso, este grupo se configura como o mais apto para instaurar e esten-

*O "rentismo" das elites, nesse contexto, consiste no hábito de auferir renda proveniente da propriedade, imobiliária ou mobiliária, mas sem vínculo com a atividade produtiva.

der sua liderança, disseminando uma proposta de desenvolvimento tecnoeconômico e de melhoria das relações sociais ao vasto conjunto de atores e grupos que se inscrevem nestas últimas.

Esta expectativa otimista sobre a liderança do empresariado nacional não ignora, mas sim admite, a importância de certas conexões com outros atores que lhe são particularmente próximos. Neste sentido, demonstra-se e destaca-se que "a capacidade empresarial se vincula com (...) a existência do setor operário, técnico e profissional e suas respectivas organizações sindicais" (Fajnzylber, 1990, p. 70).

Isto indica que estes vínculos próximos outorgam a força básica à liderança empresarial nacional, brindando um primeiro sustento à viabilidade de seu exercício. No entanto, os objetivos de progresso técnico e econômico, as metas de melhoria da eqüidade distributiva e a coesão social e, do mesmo modo, o empenho em alcançar graus crescentes de participação política no marco de instituições democráticas cada vez mais consolidadas configuram-se como virtualmente comuns a uma gama muito mais ampla de atores sociais e políticos.

Posto em outros termos, o empresariado nacional se concebe como eventual portador não de uma posição hegemônica, mas sim de um papel protagonista no exercício de uma liderança que envolve uma concepção do desenvolvimento socioeconômico que deverá ser impulsionado. Mas além disso supõe o desenho de uma concepção compartilhada e compartilhável por variados grupos sociais e políticos partícipes da textura básica do Estado. Neste sentido, e paralelamente ao estabelecido na obra objeto da seção anterior, mencionam-se os agentes empresariais privados e públicos, nacionais e estrangeiros, os do setor financeiro, os grêmios e sindicatos, os agrupamentos profissionais, as burocracias inscritas no aparelho governamental, as forças armadas e os próprios partidos políticos, em boa medida representativos de vários desses interesses setoriais.

Como fica claro, o exercício de uma liderança eficaz pelo empresariado nacional e, em conexão com isso, o desenho de uma concepção compartilhada e influente sobre o desenvolvimento não foram concebidos por Fajnzylber como tarefas simples. Antes, seus escritos insistem no papel crucial das políticas públicas no impulso das mesmas. A seguir se destacam algumas das mais importantes.

Tenhamos presente que, nos anos de elaboração desses escritos, as idéias neoliberais enfatizaram o papel-chave que teriam que desempenhar as empresas transnacionais na propagação do progresso técnico, ao mesmo tempo que consideraram irrelevante o caráter nacional ou estrangeiro da propriedade dos capitais investidos. Esses pontos de vista são claramente negados por Fajnzylber. De acordo com sua perspectiva, uma base de empresários nacionais que vão perfilando e definindo seus objetivos, arraigados em seu próprio país e território, constitui a via segura para ir gerando ou absorvendo progresso técnico e, inversamente, para atenuar o risco de que os esforços por obtê-lo sejam realizados de modo principal ou exclusivo fora de fronteiras.

Surge do anterior uma enfática recomendação de política em prol dessa base empresarial nacional. No entanto, isso não o impede de reconhecer a existência de variadas possibilidades de vinculação do mesmo com o investimento estrangeiro, em relação ao qual não se deixam de reconhecer suas virtuais vantagens para a aceleração ou difusão do avanço tecnológico.

Fajnzylber sublinha igualmente as possíveis vantagens derivadas da associação de empresários nacionais, privados e públicos. Além disso, insiste em apontar que a grande empresa pública constitui um elemento-chave da base empresarial que propugna e privilegia, pois é aquela empresa a que pode preservar a propriedade nacional de várias atividades que se configuram como essenciais, do ângulo de certos interesses estratégicos, tanto econômicos como geopolíticos.

Paralelamente a esta ênfase na propriedade e no interesse públicos, Fajnzylber ressalta a importância do fomento ao desenvolvimento empresarial privado, demonstrando uma preocupação especial pela empresa pequena e média. Aceita que este último tema adquire crescente significação, em um período em que parece dar trânsito "a um padrão tecnológico (caracterizado) por uma menor escala mínima de fábrica, por uma maior flexibilidade e, em termos gerais, por uma maior possibilidade técnica de descentralização" (Fajnzylber, 1990, p. 71).

Na verdade, e em última instância, este entendimento de fomentar uma base empresarial nacional está impregnado pela preocupação com o progresso técnico e por sua continuidade, tão peculiar do pensamento de Fajnzylber. Além de assinalar a importância de um conjunto de políticas públicas, ao mesmo tempo seletivas e articuladas, que se destinam a impulsioná-lo, reconhece que o "protagonista principal (...) do progresso técnico é o agente empresarial" (Fajnzylber, 1990, p. 70), sem o qual os impulsos governamentais à "pesquisa científica e tecnológica se transformam em motores que funcionam no vazio" (Fajnzylber, 1990, p. 70).

De um lado, políticas tecnológicas e também produtivas; e em estreita conexão com as mesmas, políticas de fomento à conformação e ao fortalecimento de um empresariado nacional. Tal é a dupla base que se visualiza como determinante do processo global de desenvolvimento e, do mesmo modo, "da possibilidade de construir um sistema industrial competitivo no plano internacional" (Fajnzylber, 1990, p. 70).

A condução imbricada desses âmbitos decisivos das políticas públicas dá lugar a uma problemática de grande complexidade. Certamente, ela o é do ângulo de sua sustentação social e política, assim como das margens de autonomia requeridas pelo Estado para levá-las a cabo, no marco de acordos que as tornem viáveis e lhes dêem eficácia.

Mas a complexidade também emerge com força no âmbito econômico. A respeito, Fajnzylber enfatiza certo fenômeno que adquiriria maior visibilidade e relevância em anos posteriores à elaboração de suas últimas obras. Voltando para suas palavras, trata-se da "crescente gravitação (...) da intermediação financeira em relação à atividade produtora" (Fajnzylber, 1990, p. 70), e em sua própria base, a possibilidade de deslocar recursos financeiros para o exterior. Como é claro, isso põe em julgamento a autonomia dos governos para desenhar sua política econômica e, portanto, para levar adiante aquelas grandes orientações capazes de conduzir ao desenvolvimento, mencionadas em parágrafos anteriores.

Quando se observa, este reconhecimento sugere que, nos vinte anos posteriores à primeira sistematização adequada das idéias do Fajnzylber (1983), o desenvolvimento econômico e social latino-americano se produziu em uma direção contrária à de suas propostas, pois se fortaleceram os atores mais ligados a interesses globais e, em particular, os de índole financeira. Entretanto, também se deve reconhecer que tais idéias e propostas voltam a ganhar força, e voltam a ser sugeridas, ante a visível crise dos padrões de desenvolvimento implantados nesses anos.

Notas

1. Logo no começo, a Cepal explicou os critérios de proteção do mercado interno e, do mesmo modo, de promoção de exportações manufatureiras, de modo a induzir uma expansão eficiente das atividades industriais na periferia. A respeito, pode-se consultar as seções I e IV do capítulo 2, primeira parte, assim como as fontes ali mencionadas.
2. Já em documentos de inícios dos anos 1950, a Cepal demonstra que a substituição de bens importados por manufaturas elaboradas internamente constitui um requisito do desenvolvimento industrial periférico, porque ajuda a encobrir a tendência ao desequilíbrio externo inerente ao mesmo. Mas, ao mesmo tempo, esses documentos assinalam que o processo espontâneo de industrialização substitutiva foi acontecendo com amparo excessivo e, portanto, com marcado descuido da eficiência.
3. Merecem ser destacados os seguintes documentos: Fajnzylber (1981; 1970a e 1970b); Fajnzylber e Martínez Tarragó (1976).
4. Estes trabalhos constituem uma série de informes sobre o tema, que compartilham o título genérico de "Industrialização e Desenvolvimento Tecnológico". Entre eles, merecem destaque os informes 1 a 8, publicados entre setembro de 1985 e março de 1990.
5. Cabe apontar que este parágrafo define simplificadamente certo conjunto mínimo de categorias, com o único efeito de facilitar a compreensão das idéias de Fajnzylber sobre o desenvolvimento tecnológico e industrial, assim como de sua proposta de "nova industrialização". Por exemplo, tal simplificação não implica desconhecer que os processos produtivos envolvem relações usuário-produtor e, do mesmo modo, relações entre produtores, as quais também são fontes relevantes de aprendizado.
6. É de observar que o conceito aludido é convergente com o que utiliza Furtado em *Criatividade e desenvolvimento industrial* (1978), obra explicitamente mencionada por Fajznylber. Como se recordará, para Furtado o conceito de inovação não se refere só à incorporação de progresso técnico a processos produtivos concretos e, portanto, não se acha limitado ao âmbito do econômico ou da "cultura material", mas se estende aos mais diversos âmbitos da "cultura não-material" (científica, política, artística). Por outro lado, também Furtado entende que a criatividade é fonte da inovação em todos esses âmbitos, de modo que dela depende o desenvolvimento do sistema global da cultura (ver segunda parte, capítulo 9).
7. Tanto na presente seção quanto na posterior, este conceito é analisado com maior amplitude, enquanto vai sendo vinculado a uma noção dinâmica de eficiência.
8. Além de suas raízes cepalinas, esses pontos de vista se configuram como vinculados à percepção do desenvolvimento de Albert Hirschman plasmada em várias de suas obras, e em especial na que traz como título A estratégia do desenvolvimento econômico (1961).

9 Esta simplificação das categorias utilizadas não implica negar que o aprendizado e a aquisição de conhecimento continuem verificando-se mediante as próprias inovações, que suscitam reforços do aprendizado anterior e renovem ou aperfeiçoem conhecimentos pré-adquiridos (sobre a simplificação mencionada, ver também a nota 6).

10. Na concorrência perfeita, tais condições se definem com base no chamado "critério de eqüimarginalidade": está-se em um ótimo quando se igualam as relações entre as produtividades marginais de cada fator e os preços respectivos. Como é claro, tais definições estáticas de eficiência diferem daquela outra em que a mesma supõe a continuidade do progresso técnico, a acumulação e o crescimento.

11. Quanto ao vínculo da "tríplice dinâmica" com os aumentos concomitantes e compatíveis da produtividade e da demanda pelos bens produzidos, os pontos de vista aqui comentados prescindem de estabelecer qualquer tipo de relação de causalidade, limitando-se a apontar certos condicionamentos recíprocos. Uma breve comparação desses pontos de vista com outros presentes na obra de N. Kaldor sobre o crescimento econômico contribui para esclarecer o tema. Seguindo Kaldor (1994), pode-se admitir que um aumento (autônomo) da demanda é capaz de ampliar o mercado e de acentuar a divisão do trabalho, com o conseqüente incremento da produtividade. A causalidade se estabelece, pois, da demanda até a produtividade, reconhecendo-se além disso eventuais efeitos acumulativos, conquanto os incrementos de produtividade redundem em maiores salários reais e, com isso, em ampliações posteriores da demanda. Cabe adicionar que o enfoque básico de Fajnzylber, similar ao de uso freqüente no estruturalismo latino-americano, não inibe a busca de relações de causalidade em distintas instâncias e níveis de concretização das análises sobre o desenvolvimento.

12. Entre esses pontos de vista, destacam-se especialmente os de Prebisch e Medina, tratados no capítulo 5.

13. A respeito, pode-se consultar Fajnzylber (1990, p. 57).

14. Afirma Prebisch: "Um sistema se justifica por sua dinâmica." Com sua simplicidade e brevidade, esta frase sugere — justamente — essa geração de expectativas otimistas sobre o futuro despertadas pelo crescimento presente.

15. Tudo indica que a idéia de uma lógica industrial que se propaga para o conjunto da sociedade substitui o conceito de criatividade, utilizado na primeira das obras comentadas, mas ausente na segunda.

16. Tanto nestes pontos de vista quanto nos do parágrafo anterior, reaparece o claro vínculo dos mesmos com os de Prebisch e Medina, mencionados precedentemente.

12. A proposta estratégica dos anos 1990

O presente capítulo concerne à estratégia de desenvolvimento a longo prazo que a Cepal procurou elaborar durante os anos 1990. Cabe manifestar que a apresentação incluída no mesmo tem como base principal os documentos bianuais que a secretaria desta instituição apresentou aos Conselhos de Ministros que constituem sua autoridade máxima. A seção I está centrada nos dois primeiros, correspondentes a 1990 e 1992a. A seção II considera os de datas posteriores daquela década, isto é, os de 1995, 1996 e 1998.

Utilizar os documentos mencionados como eixo da argumentação persegue a finalidade de simplificá-la e facilitá-la. No entanto, isto não implica que não se recorreu a bibliografia adicional, ou que não se explicite a existência de outras obras reconhecidamente relevantes.

A partir de agora, cabe apontar que nos temas relativos ao curto prazo merece destaque a publicação de 1995 (*América Latina e Caribe: políticas para melhorar a inserção na economia mundial*), e muito em particular sua terceira parte, relativa a "A estabilidade macroeconômica e os fluxos financeiros internacionais". Na verdade, esta última se configura como um *referente-chave* nas posturas analíticas da Cepal, pois com ela se obtém, pela primeira vez, uma articulação de clara raiz estruturalista entre os âmbitos do acontecer econômico *grosso modo* identificáveis como de longo e de curto prazos.

Por outro lado, convém esclarecer que o segundo desses âmbitos — no qual se inscrevem a macroeconomia e sua estabilidade — não é objeto do presente capítulo, além das referências à "fiscalidade" (tratada em *O pacto fiscal: fortalezas, debilidades, desafios*, documento relevante que data de 1998), que são examinadas brevemente, apenas como porta de entrada para questão do Estado e de seu papel no desenvolvimento.

Por último, também é útil antecipar que, na cobertura da temática macroeconômica, não apenas recorremos ao documento de 1995, mas também a uma bibliografia ampla que se foi elaborando depois dessa data e que inclui obras posteriores ao ano 2000, algumas muito recentes.

1. A TRANSFORMAÇÃO PRODUTIVA COM EQÜIDADE

A Cepal cunhou a expressão "década perdida" para designar os anos 1980, aludindo ao marcado retrocesso que caracterizou o desenvolvimento latino-americano nesse período. O comportamento da renda *per capita* ilustra, a modo de síntese, o significado dessa expressão: por volta de 1989 era equivalente ao que já se havia alcançado na região treze anos antes.

Diversos são os traços negativos que dão peculiaridade ao desempenho econômico do período: os graves desequilíbrios macroeconômicos, as dificuldades para superá-los e o peso da virtual inércia recessiva que implica sua superação; a acentuação dos problemas do setor externo, embora o forte passivo da dívida some-se ao desajuste entre as características da demanda internacional e à composição das exportações latino-americanas; o marcado atraso na incorporação de tecnologia e a paralela obsolescência dos ativos fixos; o significativo aumento do subemprego, assim como do desemprego aberto.

Reconhecer esses traços — de intensidade e importância relativa variáveis, segundo os casos — não implica negar que foram capazes de induzir mudanças de signo positivo. Os anos 1980 se encaram também como um período de "aprendizagem dolorosa". No político, esta se expressa na tendência geral à consolidação de sociedades plurais, com aptidão para formas democráticas de governo. No econômico, manifesta-se na busca pertinaz de meios idôneos para resolver os distintos problemas e desequilíbrios, e no que tal busca implica, em termos de mudanças no aparelho do Estado e de mudanças em suas formas de ação.

No fim dos anos 1980, os documentos da Cepal adquirem um viés de relativo otimismo, pois o desenvolvimento perdido e a dura aprendizagem que trouxe consigo são percebidos como um possível ponto de inflexão entre o padrão de desenvolvimento precedente e uma fase não de todo esboçada mas distinta, em que este pode ser retomado com novas características e novo impulso.

Além disso, a Secretaria desta instituição decide apresentar aos governos de seus Estados-membros uma proposta para o desenvolvimento por meio da qual a região recupere um caminho de crescimento intenso, baseado na incorporação acelerada e difundida de progresso técnico, de modo a sustentar sua competitividade internacional e a forte expansão de suas exportações, com um esforço simultâneo para ir obtendo padrões de eqüidade cada vez mais adequados. Tais são os grandes objetivos da estratégia que a Cepal denominou "Transformação Produtiva com Eqüidade".[1]

O mero enunciado desses objetivos permite perceber a conexão dessa estratégia com as idéias de Fajnzylber, de reconhecida e marcada influência nas versões iniciais da mesma, e em particular nas que se plasmaram nos dois primeiros documentos mencionados (1990 e 1992a). Entretanto, a nova proposta possui especificidades que convém estudar, antes de empreender sua apresentação.

É importante começar apontando que esta proposta enfatiza muito a competitividade externa, a qual se transforma no critério básico da eficiência produtiva. Uma segunda especificidade tem a ver com a ênfase, também muito alta, colocada na reinserção internacional das economias da região, cujo desenvolvimento bem-sucedido se vê como submetido à forte expansão das exportações. A terceira especificidade vincula-se ao modo de apreciar o progresso técnico, que exacerba a hipótese do seu enorme dinamismo, admitindo a existência de uma revolução tecnológica em pleno curso.

É pertinente revisar os matizes destes mesmos elementos presentes nas obras de Fajnzylber examinadas anteriormente. Nelas, a competitividade aparece como um critério de eficiência, mas complementar e supletivo a outro mais geral: o da tríplice dinâmica do progresso técnico, da acumulação e do crescimento. Igualmente, as obras mencionadas reconhecem a necessidade do aumento sustentado das exportações, sem deixar de outorgar particular importância ao mercado interno, ou melhor, à paralela expansão do mesmo, vista também como condição *sine qua non* do desenvolvimento e de sua continuidade. Por último, observe-se que ao admitir uma extraordinária aceleração e capacidade de difusão do progresso técnico, a nova proposta estratégica justifica o desenvolvimento extrovertido das economias da área. Não há dúvida de que a aceitação desse caráter está relacionada com sua presença em diversos casos bem-sucedidos de industrialização tardia, como aqueles do Sudeste Asiático, estudados por Fajnzylber com atenção. Entretanto, é preciso reconhecer que essa aceitação converge com pontos de vista amplamente difundidos, que magnificam as supostas vantagens dos padrões de crescimento extrovertido *(export-led growth)*.[2]

Continuando, a subseção 1 oferece uma resenha da proposta estratégica da Cepal do início dos anos 1990, pelo resto relevante para o bom entendimento das posições posteriores dessa instituição, em distintos âmbitos do acontecer econômico-social. Já a subseção seguinte (2) procura aprofundar o tema do progresso técnico, pois a percepção do mesmo é determinante das características fundamentais da proposta estratégica ou, se quisermos, da índole dos elementos que ela privilegia. Por outro lado, a consideração detalhada do tema expresso facilita a tarefa prevista para a última subseção (3): a abordagem da viabilidade econômico-social da Transformação Produtiva com Eqüidade e de certas debilidades analíticas presentes em suas primeiras versões.

1. *Principais orientações*

Já se indicou que a chave da estratégia mencionada consiste na incorporação sustentada do progresso técnico, de modo a obter um incremento também sustentado da competitividade internacional. Conforme se concebe, tal aumento leva implícita uma mudança na vinculação entre os mercados interno e externo, isto é, no padrão de inserção internacional da economia de que se trate. Por sua vez, é preciso ver essa mudança como estreitamente associada às transformações que se produzam na estrutura setorial da produção ou, com mais propriedade, na articulação produtiva, globalmente considerada. Além disso, tem-se presente que as mudanças na articulação produtiva e na inserção internacional devem ser visualizadas como resultantes do comportamento de determinados agentes econômicos que são, definitivamente, quem os introduz e quem impulsiona sua continuidade.

Assim, a transformação produtiva com eqüidade se define com base em um critério geral, relacionado com a alta da competitividade escorada pelo progresso técnico; e do mesmo modo, em três grandes alinhamentos, que correspondem à inserção internacional, à articulação produtiva e ao papel dos agentes.[3] A seguir se faz referência a cada um destes elementos-chave da estratégia proposta.

a. A competitividade autêntica

Esta expressão sintetiza o critério geral proposto, cujos fundamentos se arraigam em duas noções complementares. A primeira "aplica-se a um bem ou serviço; neste caso, se é competitivo quando se consegue, ao menos, sustentar os padrões de eficiência vigentes no resto do mundo quanto à utilização de recursos e qualidade do produto ou serviço oferecido" (Cepal, 1990, p. 70).

Em si, não se trata apenas de obter ou alcançar esses padrões de eficiência, mas sim de sustentá-los ou mantê-los; e isto supõe a incorporação contínua de progresso técnico, que se relaciona com "a capacidade de imitar, adaptar e desenvolver processos de produção, bens e serviços antes inexistentes em uma economia" (Cepal, 1990, p. 70).[4] A necessária continuidade do progresso técnico constitui, pois, um primeiro aspecto importante, quando se querem perceber as idéias que sobre o mesmo subjazem na estratégia proposta.

Quanto à segunda noção ou critério, afirma-se que uma economia pode se considerar competitiva "se (...) tem a capacidade de incrementar [ou ao menos sustentar] sua participação nos mercados internacionais, com uma alta simultânea do nível de vida da população" (Cepal, 1990, p. 70).

Convém nos determos nas implicações desta admissão, segundo a qual acessar a competitividade autêntica e mantê-la requer a alta persistente do nível de vida e, portanto, dos salários. Temporariamente, os salários baixos ou a dotação favorável de recursos naturais podem servir de base para penetrar em determinados mercados ou ampliar a participação em outros. No entanto, esta possibilidade, apoiada na abundância relativa de fatores, tende a ser rebatida pelo próprio progresso técnico, que vai gerando novos processos ou produtos em que se compensam os diferenciais de custos implícitos em tal abundância.

Assim, considerar a alta de salários como um requisito da competitividade é uma postura relacionada com a suposição de que o progresso técnico vem acontecendo com particular intensidade ou dinamismo. De resto, esta alta se configura como o elemento fundamental para diferenciar entre competitividade autêntica e espúria.

Tal como se definiu anteriormente, a competitividade é autêntica pois se associa com a absorção permanente de progresso técnico, única base perdurável de sua continuidade. É esta base a que se torna visível no aumento de salários e de níveis de vida; e ela resulta, portanto, indispensável do ângulo da consecução de tendências na distribuição de renda de acordo com padrões de eqüidade mais adequados.

A seguir se considera o critério segundo o qual a competitividade supõe a capacidade de uma economia de aumentar sua participação nos mercados internacionais. Este segundo requisito se associa, por um lado, a certo modo de ver o progresso técnico, que se considera como uma forma importante de competência; e por outro, à admissão sobre sua considerável intensidade, que faz com que a concorrência apoiada nela também possa realizar-se fora das fronteiras.

A tecnologia "não pode ser [concebida como] um conjunto de combinações conhecidas de insumos ou (...) um *pool* de conhecimentos utilizáveis livremente e sem custo" (Cepal, 1990, p. 70). Nos fatos, o que se constata, tanto em um mesmo mercado como entre distintos países, é que coexistem técnicas e produtos melhores e piores, e que estas disparidades não constituem uma exceção, mas um traço característico do desenvolvimento industrial.

A explicação subjacente consiste em que a tecnologia não é um bem livre. Isto implica que existem formas de apropriação desse bem que encontram algum respaldo jurídico concreto, como as regulamentações de marcas e patentes e o resguardo da propriedade intelectual. Mas é importa destacar uma afirmação adicional, relativa ao progresso técnico, que também subjaz na estratégia proposta. Este progresso é gerado e se incorpora às empresas mediante um processo interno; expresso de outro modo, a capacidade de inovar é própria de cada empresa e em boa medida depende das peculiaridades de cada uma.[5]

Levando-se em conta que o progresso técnico se gesta nas empresas e estas se apropriam dele, as inovações em que este se manifesta adquirem importância para a conquista de maiores níveis de rentabilidade e, portanto, se transformam em um mecanismo de competição. De outro ângulo, a competição que se produz pelo progresso técnico é percebida como um elemento de peso na explicação do dinamismo que o próprio progresso técnico vem mostrando. Com efeito, conforme se afirma, a empresa que introduz inovações consegue em geral aumentar sua participação no mercado, criando assim uma pressão sobre suas concorrentes, que procurarão "imitar e no possível superar a inovação inicial. Origina-se desta forma um processo evolutivo de inovação e de difusão de técnicas e produtos 'melhores' que dão lugar ao constante deslocamento da fronteira tecnológica" (Cepal, 1990, p. 70).

A competição pelo progresso técnico e este "constante deslocamento da fronteira tecnológica" não se dão apenas dentro de cada economia; também se produzem internacionalmente. O próprio progresso técnico permite competir internacionalmente pois, às vezes, a redução de custos ou os incrementos de qualidade permitem transpor barreiras tarifárias e outras restrições; mas, do ponto de vista das empresas, essa competição é ao mesmo tempo necessária, já que em diversos ramos o acesso a maiores mercados se configura como um requisito para diluir os custos da própria inovação.[6]

Por outro lado, em múltiplas atividades e bens de tecnologia muito dinâmica, a manutenção de níveis de proteção elevados pode significar inibir-se o incentivo da competição internacional e, portanto, desfavorecer o acesso ao avanço tecnológico em diversos ramos ou até no conjunto da economia.

b. A inserção internacional

Parte das considerações anteriores corresponde também ao primeiro grande alinhamento estratégico, pois delas se infere que um objetivo-chave do desenvolvimento latino-americano consiste em obter uma reinserção dinâmica nos mercados internacionais, o que implica um ritmo de crescimento das exportações superior ao do produto.

Reiterar-se-á em seguida que este *desideratum* se associa a certo modo de ver o impacto do progresso técnico sobre a economia mundial e, mais adiante, que essa visão se reflete em outras percepções relativas à América Latina e em especial às possibilidades desse desenvolvimento de tipo extrovertido.

Conforme se argumenta, o progresso técnico, contínuo e intenso, tende além disso a se universalizar, pela intensificação da competição internacional. Essa intensificação anda junto com uma tendência paralela à globalização da economia mundial; e isto sem deixar de reconhecer que existem forças que operam em sentido contrário (no sentido de impulsionar o aumento da proteção) em diversos mercados, ou que a globalização pode acontecer mediada — ou até distorcida — pela formação de grandes blocos econômicos.

Outro aspecto interessante nas idéias da Cepal do início dos anos 1990 consiste no reconhecimento explícito de uma peculiaridade adicional do progresso técnico: seu caráter desigual ou diferenciado, segundo setores, ramos ou sub-ramos.

Essa diferenciação está por trás de certas tendências perceptíveis no comércio internacional. "O comércio internacional de manufaturas se expandiu a um ritmo mais elevado do que o comércio mundial total e essa diferença é maior naqueles itens que têm um grau mais alto de inovação tecnológica" (Cepal, 1990, p. 77). Do mesmo modo, destaca-se que a possibilidade de ingressar nos mercados internacionais sobre bases sólidas depende muito da capacidade de cada país ou de cada economia "de seguir as tendências tecnológicas internacionais" (Cepal, 1990, p. 77); ou seja, da aptidão para gerar ou incorporar avanço tecnológico naqueles ramos de ponta nos quais o mesmo é real ou potencialmente mais dinâmico. Expresso de outro modo: penetrar naqueles mercados e manter-se neles implica inovar por meio "da única via que não se esgota: a agregação de valor intelectual aos bens e serviços exportados" (Cepal, 1990, p. 77) ou se preferirmos, pela via da agregação constante de conhecimento.

Evitar o estímulo da competição nos ramos de ponta pode implicar submetê-los ao atraso tecnológico, com efeitos negativos em outros ramos e em sua aptidão para inovar. Daí que o amparo tenda a baixar nos ramos de ponta e que a globalização tenda a acontecer preferencialmente neles. Por contraste, nos ramos de progresso técnico lento vêm mantendo-se diversas formas de proteção, e outras novas aumentam seu nível efetivo.

Essas tendências protecionistas, associadas à diferenciação do progresso técnico e ao seu reflexo nos modos em que se expande o comércio, perfilam um horizonte de dificuldades para a reinserção dinâmica na economia internacional, no caso de países que partem de uma manifesta situação de atraso tecnológico, como os da América Latina.

No entanto, observa-se que o caráter incipiente do desenvolvimento de algumas tecnologias novas abre oportunidades de participar em seu desenvolvimento posterior, em particular quando este pode sustentar-se sobre conhecimentos de fácil acesso ou de livre disponibilidade. Com isso eventualmente surgem possibilidades de acesso a nichos de mercado nos quais se apoiar para a reinserção dinâmica.[7]

Por outro lado, concebe-se que as tecnologias novas e de maior dinamismo também contribuem para a transformação dos processos produtivos naqueles ramos de menor dinamismo tecnológico atual. A possibilidade de dinamizar as exportações com base nelas se percebe como estreitamente relacionada a certas mudanças na articulação produtiva que se configuram como viáveis.

c. A articulação produtiva

Em pontos anteriores falamos do progresso técnico como contínuo e intenso; no precedente, como diferenciado. A tais características se adiciona outra: a ampla difusão das tecnologias que são geradas. Esta característica tem implicações quanto ao segundo esboço estratégico, a articulação produtiva e, por meio dela, na viabilidade de uma reinserção internacional dinâmica das economias da área.

Conforme destacamos, em períodos recentes, principalmente como resultado da grande difusão das tecnologias da informação (microeletrônica, computação e telecomunicações), a incorporação de progresso técnico se realiza em uma ampla gama de bens e serviços. Sua incorporação se dissemina em múltiplos ramos da manufatura, incluídas muitas processadoras de bens de consumo relativamente simples. Assim por exemplo, na indústria de alimentos vai se tornando possível o cumprimento de uma série de especificações que a assemelham, quanto ao conteúdo tecnológico, às manufaturas não baseadas em recursos naturais. Da mesma forma, não apenas certos ramos produtores de bens duráveis de consumo, mas também outros mais simples como os de calçado e vestuário, passaram a ser "intensivos em design", de tal modo que demandam a aplicação crescente de tecnologias da informação não só na fase do design, mas também nas etapas de fabricação e comercialização.

A disseminação das novas técnicas não se limita unicamente ao setor manufatureiro. Estas também se aplicam à prospecção de recursos naturais, à classificação de solos e à otimização de seu uso, ao processo básico da produção agropecuária e ao processamento de matérias-primas. É considerável sua difusão no âmbito dos serviços, em especial no financeiro, onde se aplicam amplamente. Sua presença resulta também significativa nas etapas de comercialização da produção nas empresas, no comércio propriamente dito e no transporte e armazenamento.

Nas economias de maior desenvolvimento, a difusão das tecnologias da informação faz com que a articulação no interior de cada ramo e entre eles também se modifique. Um exemplo extremo pode contribuir para esclarecer o ponto. As técnicas que se difundem não só incidem em processos e produtos, mas também em outros e muito variados aspectos da organização empresarial. Há empresas que evadem partes das tarefas produtivas ou da prestação de serviços para contratá-las em outras empresas, que às vezes elas mesmas contribuem para constituir ou consolidar.

Naturalmente, esta é uma fonte de mudança na articulação produtiva que corresponde diretamente às relações de troca de bens e serviços.

Nos distintos ramos, e também entre eles, mudam as relações propriamente técnicas, isto é, as que fazem a divisão do trabalho em sentido estrito (as que referem quais fases possui cada processo produtivo e onde, como e quem realiza cada fase). Modifica-se além disso a articulação entre os intercâmbios, bem como as formas de relação institucional em que estes se fundam. Quanto à prestação de serviços, não apenas se diversifica e amplia, mas se alteram os modos de articulação e os de contratação mediante os quais se emprestam esses serviços.

Além dessas considerações gerais, mas justamente como resultado da percepção da mudança técnica nelas, há outras relativas à estratégia proposta para as economias da América Latina, que correspondem às articulações entre "o setor industrial, por um lado, e as atividades apoiadas na exploração dos recursos naturais e os serviços, por outro" (Cepal, 1990, p. 91).

Diversas são as razões para adotar políticas atinentes à articulação entre agricultura e indústria. Entre elas se destacam a erosão das rendas dos recursos naturais pela queda dos preços dos produtos primários, o esgotamento dos recursos não-renováveis ou o significativo incremento de seus custos de exploração, e o peso dos subsídios em setores que não podem chegar a ser competitivos.

Este segundo alinhamento aponta para "aproveitar as possibilidades de fortalecimento recíproco implícitas na articulação (para frente e para trás) da agricultura com a indústria e de ambas com os serviços" (Cepal, 1990, p. 93). Além deste objetivo geral, destaca-se a conveniência de imprimir à política de articulação certo caráter ou viés específico, consistente em abandonar a segmentação e privilegiar conjuntos de medidas que possam impulsionar este fortalecimento. Esse efeito pode ser obtido apoiando o núcleo agroindustrial, que é o elo da cadeia da produção com maior capacidade de induzir mudanças tecnológicas na base primária (Cepal, 1990, pp. 93-4).

Por outro lado, destaca-se que a continuidade do esforço exportador pode ser frustrada se, como veio acontecendo, proliferarem os incentivos para a produção de bens que compõem o comércio exterior e se descuidarem os vínculos diretos e indiretos da mesma com a produção de bens e serviços que dele não fazem parte. Também se destaca que, para garantir a competitividade, adquirem especial importância os distintos elementos componentes da logística interna do processo de comercialização, como a infra-estrutura e a administração dos meios de transporte, os sistemas de provisão etc. Considerações similares merecem o subsistema formado pelas telecomunicações e os serviços de informação eletrônica, crescentemente importantes da perspectiva da competitividade e do dinamismo exportador.

A difusão ou disseminação de novas técnicas implica modificar a articulação produtiva e mudar também a composição do emprego. Uma peculiaridade desta mudança é a "terceirização" da estrutura ocupacional. Por outro lado, a transformação desta última vai normalmente acompanhada de uma demanda de novas qualificações.

Essas tendências gerais também se cumprem na América Latina. No entanto, há especificidades que se associam à presença maciça do subemprego estrutural. Este subsiste na agricultura, mas tendeu a concentrar-se nas cidades por meio da informalidade urbana. O problema da "terceirização espúria" não é de fácil nem rápida solução. Dois tipos de políticas são recomendados para enfrentá-lo: por um lado, as destinadas a modificar a informalidade, numa tentativa de articulação com as atividades de produtividade elevada ou normal (formação de microempresas, formação profissional, assistência técnica e creditícia privilegiada); e, por outro, as diretamente assistenciais, paliativas das condições de pobreza associadas às de baixa produtividade e nível de renda.[8]

d. O papel dos agentes

Já dissemos que a *agregação* de valor intelectual ligada ao progresso técnico, particularmente nos ramos de ponta, tem implicações que correspondem à base empresarial.

A inovação em processos e produtos acontece fundamentalmente no interior das empresas, de modo que suas capacidades de inovar não podem dissociar-se de outros aspectos de sua organização e gestão. Em particular, a inovação se relaciona com a execução reiterada dos processos produtivos, entendidos em sentido amplo; de tal modo que as capacidades mencionadas resultam indissociáveis daqueles aspectos da organização que estabelecem as relações entre os distintos grupos humanos que a compõem, e especialmente as que se dão entre empregados e empregadores.

Quando o papel da *agregação* de valor intelectual se coloca em primeiro plano, a importância dos aspectos organizacionais e de gestão ressalta ainda mais. Efetivamente, nos ramos de ponta, uma acumulação de conhecimentos capaz de ir se condensando até plasmar-se em inovações depende em maior medida do modo como se origina a informação nos distintos âmbitos das tarefas empresariais e da fluidez com que é transmitida em — e entre — esses âmbitos. Paralelamente, também influem os padrões organizacionais que correspondem à relação entre grupos. Assim, a criação e difusão de novos conhecimentos se vêem favorecidas por tipos de organização que incentivam os contatos horizontais entre os diversos grupos da estrutura empresarial e a alternância de funções entre membros dos mesmos; e também, por tipos de organização que prevêem ou facilitam a cooperação entre os distintos níveis hierárquicos que articulam esta estrutura.

No que concerne à capacidade de inovar, a empresa constitui um elemento crucial, mas não único. Além disso, essa capacidade se concebe como fortemente condicionada por uma série de elementos, entre os quais o mais próximo à própria empresa consiste em suas relações com o ramo a que pertence, e o caráter dessas relações (de predomínio ou sujeição, colaboração ou competição). Também influem as condições de interação entre as empresas, enquanto elaboradoras de inovações tecnológicas, e os usuários das mesmas, "os quais podem resultar fundamentais para estimular ou inibir a capacidade de aprendizado e adaptação das empresas em um mundo em que a informação é imperfeita e custosa" (Cepal, 1990, p. 73).

Menciona-se além disso a denominada "infra-estrutura tecnológica". Em sentido estrito, poder-se-ia defini-la como o conjunto de entidades que realizam pesquisa e desenvolvimento nos âmbitos próprios da tecnologia e que não se inscrevem nas empresas propriamente ditas. Em sentido lato, poderia compreender também outros institutos de investigação, públicos ou privados, universitários ou independentes, cujas tarefas apontam para a obtenção de avanços nas ciências básicas ou aplicadas. Outros elementos guardam relação com o setor público ou instituições por ele reguladas; entre estas últimas, conta-se o sistema educativo em seu conjunto, assim como as entidades concebidas para apoiar a capacidade de inovação. Por último, citam-se as próprias experiências e habilidades adquiridas por indivíduos e organizações.

Estes elementos "tendem a estabelecer um contexto que, por um lado, é específico em cada país, região ou inclusive empresa e que, por outro, constitui um ingrediente fundamental do processo de inovação" (Cepal, 1990, p. 73).

Brevemente, a ênfase na importância do contexto que formam os distintos elementos resenhados, assim como da interação entre eles, implica um modo tal de ver o progresso técnico que sua geração e adoção se percebem como processos de caráter sistêmico. E isto "no sentido de que o desempenho tecnológico das economias depende da presença de um conjunto de sinergias e externalidades de diversos tipos, mais que das reações maximizadoras das empresas individuais frente às mudanças registradas no sistema de preços" (Cepal, 1990, p. 73).

As economias de menor desenvolvimento, e em particular as da América Latina, apresentam desvantagens tanto no que diz respeito à incidência de cada um dos elementos mencionados quanto no que corresponde ao contexto que formam. Na verdade, tais desvantagens não são mais que expressão do atraso do qual se parte, em matéria de incorporação prévia de tecnologia e de capacidade para inovar. Daí que nestes países adquira particular importância o apoio logístico do Estado que tende a aumentar esta capacidade por meio de uma ação persistente sobre vários daqueles elementos e, do mesmo modo, mediante mecanismos de interação também assíduos entre agentes públicos e privados, com vistas a induzir seu aumento nestes últimos.

Conforme se argumenta, em cada país e economia pode-se identificar um "Sistema Nacional de Inovação". Além das complexidades de sua identificação, em todos se misturam mecanismos e instituições públicas e privadas, cuja interação parece condicionar sua maior ou menor eficácia. Em particular, seu êxito em manter um bom desempenho tecnológico parece relacionar-se com "os processos de 'inovação institucional', isto é, a transformação e adaptação dos esquemas institucionais em que se apóia a capacidade de inovação em resposta às mudanças no entorno econômico e na própria tecnologia" (Cepal, 1990, p. 73).

2. *Reconsideração do marco analítico*

Nesta subseção voltamos a dirigir a atenção para a proposta estratégica definida pela Cepal em documentos oficiais do começo dos anos 1990. Mas agora retornamos e damos maior importância ao tema do progresso técnico, já que uma aproximação mais detida do mesmo permite ao mesmo tempo sintetizar e aprofundar a própria concepção estratégica e, além disso, conectá-la com certas tendências consideradas paralelamente como predominantes na economia internacional. Por outro lado, enquanto a visão do progresso técnico é a chave das novas idéias cepalinas, reconsiderá-la em detalhe, contribui para aprofundar o exame de certas características das quais são portadoras.

Do capítulo anterior se infere que o modo de ver o progresso técnico se ampliou de forma considerável, tornando-se muito mais complexo em relação ao empregado tradicionalmente na instituição mencionada (por exemplo, no capítulo 1), de resto limitado ao seu uso habitual na ciência econômica.

O progresso técnico deixou de ser percebido como gerado fora do sistema econômico e incorporado, basicamente, aos bens de capital. Passou-se a entender que, embora o mesmo se expresse na criação de novos bens e em trocas no processo produtivo propriamente dito, sua consecução depende significativamente das formas organizacionais que assumem as empresas; e isso não só no que concerne ao âmbito produtivo, mas também à sua administração e gestão geral e à sua capacidade para introduzir adaptações ou mudanças nessas formas.

Ou seja, o progresso técnico não é encarado como exógeno às atividades produtivas e às empresas que as levam a cabo; pelo contrário, percebe-se no interior destas últimas. E, além disso, entende-se que se vai gerando por meio de um processo que em grande medida lhes é endógeno e que se chamou de "processo de inovação".[9]

Das considerações precedentes deriva que a inovação corresponde tanto aos aspectos propriamente técnicos da produção e da qualidade de bens e serviços como aos aspectos organizacionais dos distintos âmbitos da tarefa empresarial. De ambas as perspectivas a inovação se expressa em uma sucessão de mudanças menores e, com menos freqüência, em trocas de maior significação.[10] Mas, em todos os casos, a inovação é percebida como significativamente relacionada com a acumulação de conhecimentos — tanto explícitos como tácitos — que se vão gerando ou absorvendo no seio das próprias empresas e que terminam por germinar naquelas mudanças.[11]

O progresso técnico não é percebido, no entanto, como resultante apenas das capacidades inovadoras que possuem ou desenvolvem as empresas. Tem, além disso, um caráter sistêmico, no sentido de que depende de maneira fundamental de um contexto mais amplo em que as empresas se inscrevem e com cujos elementos interagem. Como resultado de tal interação, aquelas capacidades se transformam com maior ou menor vigor em atividades inovadoras, referentes a processos ou produtos, ou ao próprio âmbito organizacional.[12] Conforme se concebe, tais elementos e as próprias empresas, assim como seus modos de interação, formam um "Sistema Nacional de Inovação", que pode resultar mais ou menos favorável à geração e incorporação de progresso técnico e ao aumento dos níveis de competitividade internacional de cada economia. Assim, o progresso técnico deve ser percebido não só como endógeno às atividades produtivas e às empresas, mas também como condicionado por forças endógenas peculiares de cada economia, sociedade e país ou região.[13]

Além destas categorias de claro corte neoschumpeteriano que servem de sustentação analítica à nova estratégia, existem outras idéias que se referem a certas características do progresso técnico em períodos recentes, encarado de uma perspectiva factual.[14]

Como se pôde apreciar anteriormente, o critério geral da competitividade autêntica e, do mesmo modo, os alinhamentos estratégicos em matéria de inserção internacional, articulação produtiva e papel dos agentes vão se perfilando em conexão com a continuidade, intensidade, diferenciação e difusão do progresso técnico. Além disso, estas características se inferem ou atribuem à experiência recente dos grandes centros industriais, e aqueles alinhamentos e critérios se definem em torno das dificuldades que implica adquiri-las, assim como aos grandes problemas que é necessário superar para consegui-las.[15] Evitar, por exemplo, o encapsulamento de atividades ou ramos produtivos; corrigir *pari passu* a informalidade urbana; reformular a relação entre agentes públicos e privados etc.

Já se demonstrou que algumas categorias analíticas básicas e algumas características factuais do progresso técnico nos centros são o fio condutor em torno do qual se produz o estabelecimento da proposta estratégica; ou, em outros termos, são os elementos com base nos quais se conforma sua estrutura conceitual.

Além de demonstrar os aspectos formais dessa estratégia, interessa revelar seu conteúdo fundamental. Acaba-se de reiterar que o progresso técnico é contínuo, intenso, diferenciado e difundido; mas, além disso, todas estas características se associam ao rápido desenvolvimento das tecnologias da informação (microeletrônica, computação e telecomunicações) e à sua rápida incorporação a uma gama muito ampla de bens e setores.

Esta afirmação também tem um claro aspecto neoschumpeteriano, pois implica aceitar que atualmente se começa a transitar por um novo paradigma tecnoeconômico.[16] Até mais, existem múltiplas referências explícitas a respeito de que o acelerado desenvolvimento das tecnologias da informação — chave desse paradigma — perfila-se como o eixo de uma terceira revolução tecnológica. Esta constitui a fonte principal de crescimento real e potencial das economias nas quais esta revolução se gerou e de outras que estão participando dela ativamente, como se tornou notório no Sudeste Asiático.

Por outro lado, a revolução tecnológica em curso tende a se estender universalmente e, em conseqüência, globalizar a economia internacional. O enorme auge das tecnologias da informação e sua rápida difusão em escala mundial impulsionam muitos âmbitos econômicos a adquirir um caráter marcadamente transnacional. Na mesma direção aponta a queda dos custos do transporte e das comunicações que essas tecnologias trazem consigo. Do mesmo modo, desenvolvem-se redes de sistemas produtivos transnacionais, resultantes do acordo de alianças estratégicas entre grandes empresas, da subcontratação e da utilização generalizada de amplas e complexas redes de informação e comunicação.[17]

Esse protagonismo das empresas transnacionais se expressa no aumento da participação do comércio entre empresas de um mesmo consórcio no comércio internacional. Mas o fenômeno da globalização não se limita aos bens, mas difunde-se a uma gama de serviços cada vez mais ampla. Particular relevância se atribui à globalização dos serviços financeiros. A desregulamentação dos mercados e as novas tecnologias permitem gerar um imenso mercado mundial de fundos e instrumentos financeiros, com volumes de transações sensivelmente superiores aos que se associam ao comércio de bens.

As tendências apontadas são aspectos do fenômeno da globalização, que também se expressa no caráter competitivo da economia mundial, embora no marco de estruturas de mercado crescentemente oligopolistas. Por si, a globalização e suas implicações — em termos das mudanças de forma e amplitude da competição — fazem com que a maneira tradicional de regulamentar as relações internacionais, com normas que se aplicam nas — e entre — fronteiras das distintas economias, vá perdendo relevância. Em contraste com isso, a gestão macroeconômica de cada economia, significativamente condicionada pela transnacionalização financeira, influi marcadamente na composição e no volume do comércio e, a longo prazo, no padrão de divisão internacional do trabalho subjacente no mesmo.[18]

É preciso destacar que estas asseverações sobre a revolução tecnológica em curso, e em conexão com elas, sobre a globalização da economia mundial, formam o ponto em torno do qual se articulam as demais idéias subjacentes na nova estratégia; e que em conjunto expressam uma mudança no modo de ver o sistema centro-periferia e um virtual enriquecimento da concepção institucional de Prebisch.

Para Prebisch, perpetuar a condição periférica implica aventurar-se por um beco sem saída, cujo final não é claramente definido nem definível, mas que bem pode ser associado à reiterada agudização de tensões econômicas, sociais e políticas, com a reiteração de conseqüências perversas em todos esses âmbitos e em particular na consolidação da institucionalidade democrática. O modo de sair deste beco — empreendendo um caminho viável de incorporação de progresso técnico e de partilha de seus frutos entre os distintos grupos sociais — consiste essencialmente em industrializar-se.

Como vimos anteriormente (primeira parte, capítulos 1 e 2), essa proposta-chave envolve uma percepção do progresso técnico relativamente simples, de embasamento clássico-neoclássico. Em mais de um sentido, tal percepção reflete o significativo desenvolvimento industrial de várias economias latino-americanas durante a grande depressão e a Segunda Guerra Mundial. E, do mesmo modo, parece expressar o horizonte de possibilidades que se abria a estas economias no marco da entrada em marcha do que hoje se denomina "paradigma metal-mecânico".

Efetivamente, o deslocamento da fronteira tecnológica das economias centrais durante o esforço de guerra e as perspectivas de expansão dos ramos e setores essenciais do paradigma mencionado[19] apresentavam a posterior ampliação e complexificação da indústria como o meio idôneo para incorporar progresso técnico de forma sustentada. Por outro lado, isto anda junto com o modo de conceber a mudança desejável na economia mundial: uma industrialização imbricada entre centros e periferia, que uma parte da indústria se desenvolvesse no primeiro pólo do sistema que ambos formam, e outro lado no segundo.

Na nova estratégia, o progresso técnico já não é percebido como incorporado aos bens de capital e, portanto, com uma difusão assegurada pelo próprio processo de industrialização. Como vimos, nela se o considera de forma muito mais minuciosa, e coloca grande ênfase no papel que deve jogar para o futuro. Também se indicou anteriormente que esta ênfase esconde a aceitação de certas idéias mais gerais: a existência de um novo paradigma tecnoeconômico baseado nas tecnologias da informação, fonte indesculpável do crescimento futuro; e a aplicação deste paradigma por meio de uma terceira revolução tecnológica mediante a qual se expressa e universaliza e que contribui significativamente para gerar uma tendência à globalização da economia mundial.

Estas idéias emolduram as perspectivas que se abrem ao desenvolvimento da região. Reconhece-se que certas economias, como as do Sudeste Asiático, conseguiram inserir-se dinamicamente nessa revolução e na economia internacional. As da América Latina cumprem com certos requisitos para consegui-lo também, em geral associáveis ao próprio processo prévio de industrialização. Mas outros não se deram nelas, daí a necessidade ineludível de apoiar seu desenvolvimento em estratégias adequadas. Em troca, perseverar no caminho que se vinha seguindo implica perpetuar a "condição periférica", que também se vê como um beco sem saída de conseqüências imprevisíveis. Além disso, dada a intensidade do progresso técnico nos grandes centros, agora essa perpetuação implica que a brecha tecnológica seguiria ampliando-se, e que a possibilidade de reverter esta tendência perversa se afastaria crescentemente.

A conexão entre os pontos de vista neoschumpeterianos e neocepalinos se enfatiza com objetivos primordialmente analíticos. Esta ênfase não significa negar que as bases fundamentais da nova proposta estratégica se encontrem em documentos da própria Cepal e na revisão contínua das características do desenvolvimento latino-americano que eles contêm.[20]

Por outro lado, é preciso repetir que na colocação dessa estratégia desempenharam um papel-chave vários dos documentos de autoria de Fernando Fajnzylber e, certamente, as idéias que se foram plasmando nos mesmos. Estas outorgam também especial importância ao progresso técnico e ao seu papel potencial para o desenvolvimento da América Latina.[21] Articulam-se pela primeira vez em torno da análise do progresso técnico e, ao articular-se, fundamentam as novas idéias da Cepal e do "enfoque neo-estruturalista" em seu conjunto, ao mesmo tempo que antecipam algumas das postulações neoschumpeterianas sobre o tema mencionado.[22]

3. *Questões pendentes*

As considerações seguintes referem-se sucintamente a certas questões relativas à viabilidade econômica e à viabilidade social da estratégia proposta, de uma ótica de longo prazo.

i) Como se pôde ver, esta estratégia supõe a possibilidade de um contínuo *catching up* do progresso técnico por parte das economias latino-americanas que adotem suas recomendações, ou em outras palavras, a possibilidade de participar da revolução tecnológica em curso.

À primeira vista, o *catching up* parece mais difícil no conjunto de atividades que definem a colocação em marcha de um novo paradigma tecnoeconômico, nas quais a tecnologia é mais complexa e o progresso técnico mais intenso e acelerado. No entanto, nestas atividades e mercados tecnologicamente de ponta, existem "janelas de oportunidade" disponíveis e aproveitáveis para as economias atrasadas. É que durante as primeiras etapas da colocação em prática de um novo paradigma, a geração e a incorporação de progresso técnico de ponta dependem, em boa medida, de conhecimentos gerados no âmbito científico-tecnológico em sentido estrito, cujo uso é menos restringido pelas regulações da propriedade intelectual (Pérez, 1986, p. 15). Várias oportunidades surgem também em atividades e mercados que em si mesmos apresentam um desenvolvimento tecnológico menos acelerado, mas que se beneficiam com a incorporação de métodos e procedimentos produtivos e organizacionais gerados naqueles outros setores de ponta (Pérez, 1986, p. 16).

Resumindo, a recente dinâmica diferenciada e difundida do progresso técnico abre às economias latino-americanas múltiplas oportunidades de acessá-lo, e outras aparecem ou reaparecem com o passar do tempo. Por outro lado, o acesso ao progresso técnico, ou, melhor dizendo, a participação na atual revolução tecnológica, configura-se como a única forma duradoura de crescer e acessar os mercados internacionais ou certas partes ou nichos dos mesmos.

As perguntas que surgem têm a ver com as possibilidades reais de acessar o progresso técnico de forma sustentada e, do mesmo modo, os nichos de mercado da economia mundial que hipoteticamente podem ser conquistados. Mais propriamente, as dúvidas não recaem tanto sobre as possibilidades de encontrar "janelas de oportunidade" e nichos de mercado de amplitude considerável, mas sobre se esta amplitude resulta suficiente, em qualquer economia periférica, para sustentar um crescimento global intenso e, além disso, de tipo extrovertido, isto é, com uma participação crescente nos mercados internacionais.

Essas dúvidas trazem consigo outras que também correspondem à generalidade da validez da estratégia proposta. Por si, o aumento da participação nesses mercados é impossível, se se referir a todas e a cada uma das economias que deles participam. Por outro lado, o *catching up* e a reinserção dinâmica na economia mundial parecem mais factíveis em economias semidesenvolvidas que avançaram na diversificação produtiva e industrial e, também, inviáveis naquelas outras de escassa penetração do progresso técnico e de baixos níveis de produtividade e ingresso médios. Pareceria, pois, que a estratégia não é proposta para todos, mas sim tacitamente admite a existência de certos casos em que a "condição periférica" pode ser superada, e de vários outros onde esta terá de perpetuar-se.

As razões dessas dúvidas e perguntas se vinculam a fatos reconhecidos nos documentos da própria Cepal, cujas implicações para sua proposta estratégica não são, porém, suficientemente exploradas. Alguns se referem ao ponto focal dessa proposta, isto é, à própria possibilidade de participar da revolução tecnológica em curso: exemplos deles são as diferenças de poder econômico entre nações e Estados do primeiro e terceiro mundos, ou entre empresas radicadas em países ricos e pobres. Outros fatos correspondem às perspectivas da reinserção na economia mundial: o caráter altamente oligopolizado dos mercados dos grandes centros, em particular os que se associam às tecnologias mais dinâmicas; e a tendência ao fechamento dos mercados desses mesmos centros, ali onde o avanço técnico carece de similar intensidade.[23]

ii) Um segundo grupo de perguntas guarda relação com os problemas do desemprego e do subemprego.

Como sabemos, a geração de desemprego aberto devida ao recente e forte fluxo de progresso técnico constitui uma preocupação cada vez mais presente nos grandes centros industriais. Este efeito negativo da terceira revolução tecnológica também deve produzir-se nas economias de menor desenvolvimento, e é provável que seu significado cresça à medida que avancem na incorporação de novas técnicas. Mas nestas economias, ao desemprego aberto se soma o subemprego maciço. Na América Latina, este se expressa na presença de "manchas" de subemprego agrícola de maior ou menor amplitude, segundo os casos, e sobretudo nas grandes dimensões da informalidade urbana.

Na nova estratégia se reconhece como imprescindível ir ganhando condições de maior eqüidade; e não só por razões de justiça social, mas também por motivos que se inscrevem na órbita econômica. Quer dizer, as melhorias na distribuição são necessárias para obter a ampliação do mercado interno, o qual, por sua vez, considera-se como imprescindível para o aprendizado tecnológico e, portanto, para a incorporação de progresso técnico.[24] Cabe observar que, além deste reconhecimento da importância do mercado interno para facilitar a incorporação e a difusão do progresso técnico, o papel atribuído a este mercado no desenvolvimento carece da significação que lhe dê as concepções de Fajnzylber. Inversamente, estas são menos enfáticas quanto ao papel da expansão exportadora na dinâmica das economias latino-americanas.

Os documentos em que se plasma a estratégia de transformação produtiva com eqüidade reconhecem que, nas economias latino-americanas, o subemprego e a informalidade urbana subsistirão durante períodos muito prolongados. Isto não é analiticamente iluminado à plenitude, mas sim reconhecido em linhas gerais — inclusive do ponto de vista empírico — como um fato negativo perdurável.

Do anterior emana a pergunta sobre se a tendência ao desemprego aberto e, sobretudo, à presença de grandes contingentes de mão-de-obra subempregada são compatíveis com a consecução de padrões de eqüidade adequados ou em contínua melhora. Expresso de outro modo, parece que a cadeia eqüidade-mercado interno-incorporação de tecnologia-transformação produtiva se dilui no primeiro elo.

Tal como aconteceu em algumas economias da região em períodos recentes, a intensa industrialização e o rápido crescimento podem ser acompanhados pela segmentação do mercado de trabalho, gerando-se um formal e outro informal; e de tal modo que a ampliação do mercado interno se sustente no primeiro e que em seu interior se produzam as concomitantes melhorias distributivas.

No entanto, ainda neste caso, a falta de uma proposta para a reabsorção do subemprego ou, se quisermos, para a superação da heterogeneidade estrutural, traço-chave do subdesenvolvimento, supõe uma duração indefinida de tais problemas e, portanto, lança dúvidas sobre a viabilidade social da estratégia de transformação produtiva com eqüidade.

iii) Em resumo, tratou-se de mostrar que esta estratégia apresenta um desequilíbrio na ênfase: privilegiada quanto ao progresso técnico e aos seus efeitos virtuosos sobre o crescimento, a reinserção internacional e a eqüidade distributiva; e insuficiente quanto à dinâmica perversa da heterogeneidade e do subemprego próprios do subdesenvolvimento, e ao complexo conjunto de medidas requerido para superá-los. Esta postura crítica não implica desconhecer nem negar o real valor das novas idéias da Cepal do começo dos anos 1990. Elas têm o mérito de ter acoplado e imbricado nas análises do subdesenvolvimento, tema que emerge da evolução recente da economia mundial, em particular a tendência à globalização e o paralelo e vertiginoso processo de avanço tecnológico. Também possuem o mérito de tentar perceber as especificidades do subdesenvolvimento, recuperando a tradição de examiná-lo, em boa medida, com base em suas características de estrutura.

II. DESENVOLVIMENTO, INSERÇÃO INTERNACIONAL, ESTADO

As considerações desta seção se apóiam preferencialmente nos documentos da Cepal elaborados para as reuniões de seu máximo organismo diretor que correspondem aos anos 1994 e 1996. Em essência, elas correspondem ao modo como esses documentos enfocam o desenvolvimento a longo prazo e as políticas destinadas a lhe dar curso. Por outro lado, das posturas relativas às políticas e problemas macroeconômicos apenas se mencionam aqui as que correspondem ao tema fiscal, abordado por meio de breves referências no documento de 1998, com a única finalidade de referir-se, também brevemente, ao tema correlato de Estado.[25]

Nas notas que seguem revisam-se os argumentos relativos aos vínculos entre exportações e crescimento (1). Abordam-se depois os que correspondem às políticas de comércio exterior e às chamadas "políticas de desenvolvimento produtivo", enfatizando, em especial, a relevância para estas últimas da introdução de melhorias nos mercados de fatores, assim como nos Sistemas Nacionais de Inovação (2). Continuando, apresentam-se de forma sucinta os requisitos de uma institucionalidade geral que oriente o funcionamento dos mercados para condições próximas às de livre concorrência e induza a pautas compatíveis da intervenção do Estado (3). Finalmente, empreende-se uma comparação das posturas dos documentos mencionados com as examinadas anteriormente, em busca de uma superficial reconsideração das primeiras (4).

1. Exportações e crescimento

i) Nesses documentos se recupera o tema da existência de uma revolução tecnológica que se difunde com rapidez em escala mundial e que entranha um processo paralelo de globalização da economia internacional. Como já foi afirmado, do ângulo da produção de bens e serviços, este processo se expressa em uma crescente divisão internacional do trabalho, que se manifesta em uma taxa de crescimento do comércio internacional mais elevada que a correspondente à produção global.

A questão que se coloca aos países de menor desenvolvimento, e em particular aos da América Latina, é a de inscrever suas economias na revolução tecnológica em curso, pela via de uma participação ativa na expansão do comércio mundial, reflexo do processo de globalização expresso, também em pleno desenvolvimento.

A relevância nesta via explica a ênfase posta na competitividade externa pelos documentos considerados, nos quais se percebe como critério definidor da eficiência produtiva. Eficiência e competitividade fundamentam a expansão das exportações, a qual, por sua vez, se percebe como base essencial do crescimento econômico.

Tais pontos de vista reproduzem um novo momento nas definições estratégicas cepalinas: aquele que toma corpo nos documentos de inícios da década de 1990, que enfatizam a opção por um "crescimento impulsionado pelas exportações". Efetivamente, os documentos de meados da mesma década adquirem a tonalidade geral dos primeiros, delineando outra vez a conveniência de impulsionar um padrão de crescimento baseado em abertura econômica e apoiado no esforço exportador, em que as vendas fora das fronteiras tendam a expandir-se com intensidade e a taxa maior que a do produto.

ii) Esta postura renovada não implica desconhecer que entre exportações e crescimento se estabelecem vínculos complexos.[26] Mas, conforme se argumenta, podem ao menos destacar-se três modos de influência relevantes das primeiras sobre o segundo: a geração de divisas, que permie proceder às importações requeridas, e em particular às de conjuntos dos bens de capital essenciais para a continuidade do crescimento; os encadeamentos produtivos "para trás" e "para a frente", cujos efeitos positivos resultarão mais elevados quanto maior for o grau de processamento dos bens exportados ou, se quisermos, quanto mais integrada for a cadeia produtiva em que os mesmos se inscrevem; e, finalmente, o viés inovador que a própria atividade exportadora demanda e induz nas empresas que dela participam, como resultado das elevadas exigências de competitividade próprias dos mercados internacionais. Este terceiro tipo de influência costuma redundar em altas da produtividade em atividades não diretamente exportadoras, as quais derivam de externalidades positivas, ligadas às exigências que as empresas dedicadas a estas atividades impõem a seus fornecedores locais, mas também ao efeito demonstração das melhores práticas que tais empresas utilizam. Por outro lado, e em conexão com o padrão de desenvolvimento extrovertido esperado, entende-se que essa irradiação de externalidades será maior quanto maior a importância da atividade exportadora no total, favorecia pela perspectiva da capacidade de aprendizado que se vai obtendo.

2. *Políticas comerciais e de desenvolvimento produtivo*

i) Os efeitos benéficos associados à expansão exportadora explicam certa orientação destacável do primeiro dos documentos comentados, plasmada em seu título: *América Latina e Caribe: políticas para melhorar a inserção na economia mundial* (Cepal, 1995). As políticas mais diretamente ligadas a este objetivo prioritário são as que correspondem ao âmbito do comércio exterior (objeto de seu "Primeira parte: Política comercial", capítulos I a VI).

Como destacamos no ponto anterior, as atividades de exportação são virtuais portadoras de externalidades, ao mesmo tempo que enfrentam insuficiências nos mercados de fatores, em particular os de tecnologia, de "capital humano" e de financiamento a longo prazo. Daí que se proponha impulsionar "um conjunto de políticas seletivas orientadas a superar insuficiências dos mercados e a aproveitar as externalidades evidentes" (Cepal, 1995, p. 14).

A seletividade dos incentivos encontra seu fundamento na clareza e transparência postuladas para os mesmos, em contraste com o ocorrido no passado — no período de dar prioridade à industrialização substitutiva —, quando terminaram sendo altos e generalizados, alentando no empresariado a busca de rendas fáceis. Mas quando se reconhece que a "maioria das atividades industriais está sujeita a externalidades dinâmicas (...)" (Cepal, 1995, p. 135), considera-se factível e conveniente orientar os incentivos para o favorecimento de grandes categorias de atividades, descartando a busca particularizada de "ganhadores".

Por outro lado, esta "seletividade abarcadora" não impede que a política comercial possa e deva considerar certas "áreas ou fatores estratégicos (...) bem selecionados" (Cepal, 1995, p. 135) que se percebem como prioritários. Neste sentido, e em particular, nada impede que estas políticas — no marco da clareza e da transparência propugnadas — considerem o favorecimento de empresas pioneiras, exportadoras de novos produtos ou para novos mercados, pois as mesmas são especialmente significativas como geradoras de externalidades (capacidade de aprendizado, reputação) que beneficiam outras empresas do setor exportador e também o conjunto da economia.

Conforme se postula, os incentivos para melhorar a competitividade externa — e também a de atividades orientadas primordialmente para o mercado interno — devem ser moderados e demarcados no tempo, de modo a desalentar as condições de ineficiência e privilégio, ligadas às rendas sustentadas no passado pelo amparo excessivo e prolongado.

Para tomar corpo em casos concretos, as orientações gerais da política comercial a que se veio aludindo terão de ser, ao mesmo tempo, especificadas e articuladas no marco de uma estratégia de inserção externa. Por outro lado, desde que se destaca a expansão exportadora como eixo e chave do processo de desenvolvimento, tal estratégia deve se inscrever no marco do conjunto de políticas destinadas a impulsionar e tornar viável este processo. Os documentos mencionados fazem referência às mesmas sob o rótulo de "políticas de desenvolvimento produtivo", por exemplo em Cepal (1995, segunda parte, caps. VII e VIII).

ii) Tais políticas de desenvolvimento produtivo constituem um traço especial das propostas da Cepal de meados dos anos 1990, traço que, pelo demais, configura-se como diferenciador do que prevalece no enfoque ortodoxo então predominante.

Essas políticas hão de empreender-se tanto no nível micro como no mesoeconômico com um objetivo principal: o de superar o hiato ou brecha entre a produtividade total dos fatores prevalecentes na América Latina e os níveis que esta alcança nas economias desenvolvidas. De acordo com o diagnóstico realizado, esta brecha veio se ampliando desde o pós-guerra, pelas diferenças prevalecentes tanto em matéria de equipamentos como na organização e nos métodos de trabalho, inclusive os que concernem aos serviços de venda ou distribuição, e do mesmo modo, pelas diferenças atinentes às relações industriais.

Conforme se argumenta, a brecha mencionada é tanto global como setorial, ao mesmo tempo que, dentro de cada setor, se manifesta em consideráveis disparidades de produtividade entre empresas, ligadas às condições de profunda heterogeneidade estrutural próprias da região.

Mas a produtividade total dos fatores pode ser entendida como uma medida dos efeitos do progresso técnico não diretamente incorporado aos recursos produtivos sobre o crescimento econômico a longo prazo.[27] De tal modo, a brecha implica uma utilização não-plena e, em maior ou menor medida, afastada das "melhores práticas" tecnológicas internacionalmente disponíveis; ou caso se queira, associa-se a um diferencial ou disparidade tecnológica, subjacente na divergência dos ganhos médios de centro e periferia.

Em linhas gerais, essas novas posturas cepalinas que se vêm comentando são otimistas em relação às possibilidades de diminuir essa disparidade tecnológica; e isto enquanto sua própria existência oferece oportunidades no início de "um processo de rápido crescimento se se conseguem aproveitar as tecnologias disponíveis (...) e assim saltar etapas" (Cepal, 1995, p. 153). No entanto, percebe-se que a existência de uma fronteira tecnológica não assegura — nem favorece por si só — o *catching up* das múltiplas tecnologias que a compõem. Pois, para aproximar-se é necessário a prevalência de condições nos níveis macro, meso e microeconômico, como aquelas que concernem à estabilidade de algumas variáveis-chave agregadas, à conformação e à forma de operar adequada dos distintos mercados, à amplitude dos conhecimentos gerais e da capacidade gerencial, assim como elementos envolventes, motivadores de condutas e atitudes, à presença de um *ethos* desenvolvimentista.[28]

Da perspectiva ortodoxa dominante, reconhece-se a necessidade de alterar e melhorar a intervenção do Estado, de modo a corrigir as "falhas da política econômica" porventura existentes; mas dificilmente se consideram válidas as políticas públicas que interferem em campos considerados privativos da empresa privada ou que incidem na forma de operar de certos mercados, da qual se esperam resultados próximos ao ótimo. Em contraste — e complementando a visão genérica sobre os requisitos de um *catching up* bem-sucedido consignada no parágrafo anterior —, a postura cepalina se distingue pela importância outorgada — na explicação da disparidade tecnológica — às falhas existentes nos mercados de fatores, assim como às carências em matéria de rendimentos crescentes em escala, economias externas, complementaridades setoriais e bens públicos. São estes os elementos analíticos que explicam a presença de falhas nas empresas, isto é, na reiteração de um diferencial tecnológico negativo. De outro ângulo, esses mesmos elementos justificam as políticas de desenvolvimento produtivo nos planos micro e mesoeconômicos. Como se verá em seguida, a justificação de tais políticas resulta convergente com a que corresponde ao âmbito comercial, ao ponto em que bem podem conceber-se como constitutivas ou inclusivas de uma virtual estratégia de inserção externa.

iii) As políticas tendentes a melhorar o funcionamento dos mercados de fatores podem ser vistas como "horizontais", pois afetam indistintamente aos mais variados setores produtivos. Estas resultam cruciais nos mercados de tecnologia, de capital humano, de capital de longo prazo e de divisas.

Quando se parte de condições de disparidade tecnológica, tendem a produzir-se falhas no mercado de tecnologia associadas à existência de assimetrias de informação entre os possuidores e fornecedores de conhecimentos, e as empresas periféricas que precisam adquiri-los e utilizá-los. Nestas empresas também influi negativamente o alto custo da pesquisa e desenvolvimento, em comparação com as escalas reduzidas com que seus resultados podem ser utilizados em cada empresa individualmente. Na mesma direção opera o fato de que o conhecimento e a informação constituem bens públicos não-puros, de tal modo que os benefícios derivados dos esforços de pesquisa são só parcialmente apropriáveis. Assim pois, as distintas falhas aludidas terão de ser, ao menos em parte, corrigidas pelo investimento do Estado em pesquisa e desenvolvimento, assim como na criação de novos conhecimentos tecnocientíficos. Como se indicará posteriormente, caberá também ao Estado um papel relevante na formação de uma institucionalidade que facilite a iniciativa e estimule a cooperação, nos esforços por gerar ou adaptar avanços tecnológicos.

As necessidades de intervenção pública se fazem presentes, do mesmo modo, no mercado de capital humano, no qual, por sua própria natureza, o investimento privado resulta insuficiente; insuficiência que pelo resto tende a acentuar-se quando se parte de condições de atraso produtivo e tecnológico. A aplicação de medidas atinentes à capacitação geral, e à capacitação técnica em áreas específicas, é de particular importância para a superação gradual das condições mencionadas; também é preciso observar que ambos os tipos de capacitação são geradores de externalidades que resultam particularmente benéficas para os componentes da força de trabalho.

No que corresponde ao mercado de capitais, tanto o internacional como o interno se caracterizam pela segmentação e pela assimetria entre os atores que deles participam, o qual cria problemas de informação consideráveis que, por sua vez, estão na base dos importantes custos de transação prevalecentes.

Esses fenômenos são os que explicam, em última instância, o escasso desenvolvimento dos mercados de capital de longo prazo (e também dos que dele procedem) na região latino-americana. As medidas para paliar estas carências e, do mesmo modo, para a sua gradual correção são a chave do impulso e do êxito do desenvolvimento produtivo.

Finalmente, destaca-se a eventual gestação de importantes externalidades nos mercados de divisas. Sua ampliação por meio da abertura de novos mercados ou da introdução de novos bens exportáveis gera benefícios que superam os que são captados pelos empreendedores respectivos, pois com sua operação criam-se externalidades expressas não só na maior capacidade para importar, mas também na indução de desenvolvimentos produtivos e de altas concomitantes na competitividade externa e interna.

iv) Além desta argumentação particularizada, a "existência de rendimentos crescentes em escala no plano de cada empresa gera economias externas pecuniárias em nível agregado e, portanto, complementaridades estratégicas que permitem justificar as ações de coordenação dos agentes privados com a autoridade econômica" (Cepal, 1995, p. 161). Posto em outros termos, tal coordenação pode dar lugar à emergência de externalidades que a forma de operar dos mercados, por si só, não pode gerar. Isso se vincula às citações anteriores relativas à política comercial, âmbito em que se destacam coincidências com colocações de Krugman, no relativo ao interesse de privilegiar as atividades exportadoras que estejam em condições de captar maiores economias de escala e externalidades.[29]

Em síntese, pode-se afirmar que o traço principal das políticas de desenvolvimento produtivo preconizadas pela Cepal por volta de meados dos anos 1990 radica na "importância que se outorga ao aperfeiçoamento dos mercados de fatores, com vistas a reduzir ou eliminar as diferenças entre a produtividade média da região e a própria das melhores práticas internacionais" (Cepal, 1995, p. 19). Expresso de outro modo, estas políticas destinam-se a alcançar padrões de modernização que supõem empreender um processo ativo de aprendizado tecnológico e reestruturação produtiva, o que, por sua vez, requer esforços sustentados de investimento em capital físico e humano. Em particular, entende-se que: "A facilitação [do mencionado] processo de aprendizado é o eixo essencial de uma política moderna de desenvolvimento produtivo" (Cepal, 1995, p. 20). No entanto, tal política possui aspectos e requisitos institucionais significativos, em grande medida relacionados com um desenvolvimento amplo e harmônico do chamado "Sistema Nacional de Inovação".

v) É por isso que na argumentação anterior sobre o atraso periférico insistiu-se nas falhas de mercado e, em conexão com isso, no acesso limitado a economias de escala e externalidades potencialmente alcançáveis. Também se indicou que ambos os fenômenos têm como principais conseqüências a relativa limitação dos elos no interior dos sistemas produtivos, a escassa irradiação de progresso técnico dos setores líderes e, muito particularmente, a reduzida capacidade de arrasto tecnológico das exportações.

Conforme se postula, tanto aqueles fenômenos como estas conseqüências têm como fundo a debilidade das instituições, o que implica em carências de orientações adequadas para os comportamentos dos agentes, tanto públicos como privados, e, do mesmo modo, de vias condizentes no que concerne às inter-relações que se estabelecem em sua ação. Além desta consideração geral, atinente à necessidade de alterar e enriquecer os marcos institucionais em que se inscrevem as economias da área, no terreno propositivo os documentos considerados enfatizam especialmente os aspectos institucionais das políticas tecnológicas e de seus vínculos com o fortalecimento da competitividade. Nesse sentido, entende-se que, em matéria institucional, as ações públicas deverão centrar-se na consolidação e no desenvolvimento dos Sistemas Nacionais de Inovação, entendidos como "o conjunto de agentes, instituições e normas de comportamento de uma sociedade que determinam o ritmo de importação, geração, adaptação e difusão de conhecimentos tecnológicos em todos os setores produtores de bens e serviços" (Cepal, 1996, p. 73).[30] No que concerne aos resultados dessas ações, "observou-se uma evidente interdependência entre a competitividade e o grau de coerência e profundidade do sistema de inovação de um país ou de uma determinada atividade industrial" (Cepal, 1996, p. 73).

Destaca-se a conveniência de que o desenvolvimento dos sistemas mencionados encontre apoio decidido em recursos do setor privado, o que ajuda a que a provisão de recursos públicos possa destinar-se prioritariamente a atividades de pesquisa básica. Além da dependência de uma provisão de recursos significativa e sustentada e das prioridades assinaladas quanto a suas origens, sustenta-se que a eficiência de tais sistemas dependerá da capacidade de induzir — sobretudo com base em iniciativas coordenadas de distintas entidades públicas — uma interação eficaz, sustentada e virtualmente crescente entre os diversos atores envolvidos. Além das entidades públicas em que se geram os marcos reguladores, entre esses atores merecem destacar as empresas, as instituições educativas, os institutos tecnológicos e de pesquisa científica e, do mesmo modo, os bancos de fomento.

Conforme se argumenta, quando as políticas de desenvolvimento produtivo se empreendem cuidando do desenvolvimento em paralelo dos Sistemas Nacionais de Inovação, abrem-se caminhos mais propícios para a gestação ou o desenvolvimento de mercados incipientes ou diretamente inexistentes. Exemplos destes efeitos sinérgicos são os múltiplos casos em que se vão estabelecendo vínculos de interdependência entre fornecedores e usuários de tecnologia, assim como os que se dão entre instituições de financiamento e entidades de pesquisa e desenvolvimento, ou com entidades dedicadas à formação de recursos humanos aptos para levá-la a cabo.

Particular significação adquirem os sistemas mencionados no que concerne à promoção de "redes" ou "cadeias de valor"; tal significação se nutre às vezes com o aproveitamento de um recurso natural essencial. Estas redes são importantes porque com elas se vão gerando consideráveis "magnitudes de valor agregado que surgem de economias de articulação por seus encadeamentos 'para trás' com atividades fornecedoras de insumos ou 'para a frente' com atividades de base tecnológica ou estrutura de gestão similar" (Cepal, 1996, p. 74).

As redes ou cadeias são relevantes para o fomento das exportações. Com efeito, sua expansão está relacionada com a constituição de "um conjunto de redes e alianças estratégicas entre empresas de um mesmo país e destas com empresas estrangeiras" (Cepal, 1996, p. 84). Quer dizer que os setores exportadores "funciona(m) cada vez mais como uma rede ou um circuito integrado, composto pelos seguintes elos: provisão de insumos, produção, transporte, importação, distribuição, comercialização, provisão de financiamento ao importador e ao cliente e serviços jurídicos e financeiros" (Cepal, 1996, p. 84). Em conexão com estas mudanças associadas à internacionalização produtiva, a promoção de exportações requer renovar os campos de ação das políticas públicas, assim como os enquadramentos institucionais correspondentes. A respeito, mencionam-se a promoção de produtos nacionais no exterior, o impulso a cadeias de comercialização ágeis e econômicas e, inclusive, a diagramação de operações conjuntas com empresas radicadas nos mercados de destino.

3. *O contexto institucional*

i) O tema do Sistema Nacional de Inovação e do marco institucional requerido para sua constituição e seu desenvolvimento, embora merecedor de especial atenção, não esgota as preocupações atinentes às grandes orientações de uma institucionalidade geral, da qual se tendam a eliminar as travas ao desenvolvimento e na qual se vá reforçando a rede de entidades, normas e regulamentações que o favoreçam.

No aspecto das questões institucionais, os documentos considerados são portadores de uma segunda ênfase: o do papel da concorrência e, em contraste, o que se atribui ao Estado.

ii) Nestas matérias, o fomento à conformação de mercados competitivos ou próximos das condições que os definem como tais, constitui um "componente essencial do desenvolvimento produtivo" (Cepal, 1996, p. 88), pois a via da competição se configura como a condizente para "incrementar a eficiência individual e coletiva" (Cepal, 1996, p. 89).

Com base nesta aceitação, a política pública deve empenhar-se em desregular os mercados competitivos, regular os monopólios naturais e outros mercados marcados por problemas de organização industrial, e empenhar-se na criação de novos mercados ou no desenvolvimento dos incipientes, em particular — como se infere de considerações anteriores — os de tecnologia, capacitação e capitais de longo prazo. Para isso o setor público precisa contar com uma capacidade reguladora que lhe permita adotar medidas apoiadas em critérios econômicos de eficiência e, para certos âmbitos, em critérios de índole social.

No caso dos monopólios naturais, em que estes constituem a alternativa menos custosa (devido, por exemplo, à existência de importantes economias de escala ou de alcance), existem possibilidades de regulação que aproximam os resultados de sua forma de operar dos próprios das condições de concorrência; possibilidades que deverão levar em conta, sobretudo, na hora da privatização de empresas que se inscrevam no caso mencionado. Também se justifica a regulação econômica em mercados cuja forma de operar os distancia das condições de eficiência, devido à presença de externalidades de especial significado, ou até, a fortes desigualdades de acesso à informação. Por outro lado, quanto aos critérios sociais, fica demonstrada a necessidade de proteger os direitos dos cidadãos em aspectos como saúde, segurança trabalhista, interesses básicos dos consumidores e preservação do meio ambiente.

iii) A modo de síntese, este tema abre "uma série de interrogações em relação às áreas em que se justifica a intervenção e aos métodos mais adequados" (Cepal, 1996, p. 90) para realizá-la. Entretanto, como critério principal, aceita-se o "(d)a conveniência de reduzir a regulação estatal (...), e de estabelecer mecanismos de fomento à competição" (Cepal, 1996, p. 91)

Como é claro, tais pontos de vista entranham uma posição relativizadora da intervenção estatal. Efetivamente, a mesma é reclamada, embora se requeira para corrigir falhas de mercado, associadas a situações de monopólio ou a externalidades de diversos tipos, geradoras de equilíbrios subótimos. Mais ainda, em cada caso deverão se levar em conta os custos e as limitações da regulação, "com o objetivo de determinar se estes superam as falhas do mercado que se pretende corrigir mediante [a mesma]" (Cepal, 1996, p. 91).

iv) O posicionamento descrito, portador de fundamentos genéricos liberalizadores, não ignora a necessidade de uma articulação política que o faça viável. Nessa direção, no documento de 1998 já mencionado, elabora-se a noção de "pacto fiscal". A grandes traços, este aponta, justamente, o delineamento das bases sociopolíticas das finanças públicas; ou com mais precisão, o "acordo sociopolítico(...) que legitima o papel do Estado e o âmbito e alcance das responsabilidades governamentais na esfera econômica e social" (Cepal, 1998, p. 1).

Como é óbvio, os pactos alcançáveis variarão segundo as condições de cada país ou Estado, pelo qual se estabelece um marco básico de objetivos prioritários concernentes à necessidade de consolidar o ajuste fiscal que vinha se alcançando naquele ano; ao aumento da produtividade da gestão governamental que inclui, em particular, o ordenamento dos processos de privatização e a incorporação de novos prestadores de serviços públicos; ao êxito de maior transparência, mediante o seguimento detalhado de ingressos e gastos; à consideração do papel crucial que a sociedade outorga ao Estado na promoção da eqüidade; e, finalmente, ao fortalecimento da institucionalidade democrática, que supõe reiterados esforços de acordo entre os poderes públicos e a sociedade civil.

Por outro lado, possivelmente em conexão com os fundamentos liberalizadores de documentos prévios, o que agora se comenta visualiza o pacto fiscal como convalidante de uma situação regional "inédita em várias décadas" (Cepal, 1998, p. 6); na maioria dos países da área, as finanças públicas já não se configuravam como causa de desequilíbrios, mas contribuíam para a estabilidade macroeconômica, inclusive frente às turbulências externas de fins do ano 1997.

4. *Breves considerações de conjunto*

i) À luz de comentários anteriores (capítulos 11 e 12), percebe-se com clareza que a concepção de Fajnzylber sobre os processos de desenvolvimento latino-americanos e sobre o tipo de estratégia capaz de evitar os obstáculos está na origem das idéias presentes em documentos da Cepal desde 1990 e contribui ao sustento das mesmas.

Convém reiterar que essa concepção se baseia em um referente complexo, de acordo com o qual esses processos devem se basear na tríplice dinâmica constituída pelo progresso técnico, a acumulação de capital e o crescimento do produto. Além disso, considera-se que essa tríplice dinâmica deverá estar acompanhada por aumentos da produtividade e por padrões distributivos compatíveis com a realização (venda) de uma produção que se expande. Esse requisito implica que a demanda de bens e serviços se incrementa, também de modo compatível. Por sua vez, esta deve se originar — parcial mas necessariamente — em aumentos definidos do mercado interno e da produção que lhe é destinada.

Do mesmo modo, nos documentos de 1990 e 1992, pôde-se constatar que o referente mencionado foi reformulado, no sentido de que a problemática do desenvolvimento das economias onde este é exíguo passa a ser examinada tendo como base analítica de sustentação o reconhecimento da existência de uma revolução tecnológica em pleno curso, acompanhada por um processo simultâneo de globalização. Este fundamento analítico renovado enfatiza especialmente a idéia segundo a qual o desenvolvimento tem como requisito essencial a chamada "competitividade autêntica", que se consegue alcançando passo a passo os níveis tecnológicos e de produtividade próprios das economias avançadas.

O novo referente a que se acaba de aludir anda junto a uma alteração paralela, relativa ao papel do mercado interno, e da origem também interna de certas partes definidas da produção que se lhe destinam. Com efeito, no marco deste referente e dos documentos em que se conforma, embora o tema do mercado interno apareça de maneira explícita, é tratado de forma lateral, pois não se integra totalmente à lógica da argumentação, como acontece na desenvolvida por Fajnzylber. Entretanto, isso não implica que se deixe de reconhecer a importância desse mercado e dessa produção para o aprendizado tecnológico.[31]

ii) Os documentos de meados da década de 1990 (explicitamente, os de 1995 e 1996) reconhecem, mas ao mesmo tempo ampliam e enriquecem, o referente que subjaz nos que correspondem aos primeiros anos dessa década (1990 e 1992). Isto é, naqueles também se reconhece e se volta a destacar a existência de uma revolução tecnológica e de um processo de globalização que a vem acompanhando. Desta maneira ambos os fenômenos impõem a busca de uma contínua atualização tecnológica e, portanto, de políticas orientadas a propiciar o avanço técnico, assim como de políticas de articulação produtiva que este avanço requer. É de assinalar que a abordagem do tema do desenvolvimento se realiza acrescentando a este argumento básico outros novos, que se apóiam na economia convencional. São notórios, em particular, os que se referem às "falhas de mercado" e às carências que existem e se reiteram no âmbito institucional. Com isto, tende-se a debilitar certo aspecto-chave da base estrutural do raciocínio preexistente: aquele que justificava o papel crucial da expansão do mercado interno e da produção interna a ele destinada.

iii) Nos documentos de meados dos anos 1990, esse novo matiz analítico vai junto com uma postura que mantém a tônica da abertura anterior, em essência favorável a um padrão de desenvolvimento baseado na expansão exportadora. Ainda mais, sem negar a necessidade de empreender políticas tecnológicas e aquelas outras de "articulação produtiva" indissociáveis das mesmas, admite-se que o progresso técnico e o aprendizado que requer dependem em grande medida das atividades exportadoras e de sua expansão.

Assim, tal como em documentos prévios, nestes últimos se registra um distanciamento das posturas neoliberais, embora se sublinhe a necessidade de desenhar políticas adequadas, negando a capacidade do mercado para conduzir por si só a padrões de desenvolvimento assimiláveis ou próximos a qualquer tipo de otimização. Mas, por outro lado, as novas posturas da Cepal continuam aderindo à opção de um crescimento extrovertido. Isto sem desconhecer que não se propugna uma extroversão qualquer, mas uma com base na articulação produtiva, da qual a competitividade sistêmica se configura como requisito básico.

iv) Tais posições a longo prazo se configuram como diversas não só do industrialismo que caracterizou o pensamento cepalino originário, mas também do trato dado à expansão industrial, ao mercado interno e à ênfase na relevância de ambos, presente nas obras e idéias do Fajnzylber. Isso não implica que as posições mencionadas não contenham avanços analíticos significativos em distintos âmbitos, e sobretudo no das políticas públicas orientadas ao desenvolvimento. Trata-se, assim, de um enfoque *policy oriented*, que se configura como um apoio relevante para as modificações do neo-estruturalismo relativas ao longo prazo, introduzidas a partir do ano 2000, objeto do capítulo 14.

Notas

1. Sob essa designação foi submetida a seu vigésimo terceiro período de sessões (Cepal, 1990). No período seguinte, a Secretaria consolida e reitera uma proposta estratégica muito similar, por meio do documento *Eqüidade e transformação produtiva: um enfoque integrado* (Cepal, 1992a). Nessa época, essa estratégia se configura como o marco de referência de trabalhos da instituição mencionada, relativos a temas considerados relevantes, da perspectiva da viabilização do desenvolvimento a longo prazo. Assim, em *O desenvolvimento sustentável: transformação produtiva com eqüidade e meio ambiente* (Cepal, 1991) plasma-se um esforço de aprofundamento do tema a que alude seu título. Particular relevância possui o documento *Educação e conhecimento: eixo da transformação produtiva com eqüidade* (Cepal, 1992b), pois aponta para mostrar as relações existentes entre "o sistema educativo, a capacitação, a pesquisa e o desenvolvimento tecnológico", conjunto de elementos que se configura como condicionante decisivo para o êxito da nova estratégia. Em 1993, o Centro Latino-americano de Demografia (Celade) — entidade dependente da Cepal — elaborou o documento intitulado *População, eqüidade e transformação produtiva*, cuja publicação data de agosto de 1995. O mesmo se destaca pelo grau de precisão alcançado, no que concerne ao elo entre

as variáveis demográficas e o desenvolvimento. Esse documento adere ao amplo consenso prevalecente sobre o direito dos indivíduos de decidir sobre sua conduta reprodutiva, mas não sem indicar que partes consideráveis da população dos países atrasados, às vezes majoritárias, vêem-se impedidas de exercer esse direito plenamente, como resultado da falta de informação adequada e da escassa disponibilidade de recursos. Deriva disso que nas famílias pobres se verificam taxas de fecundidade elevadas, significativamente superiores às taxas médias; e, em conseqüência, que essas famílias padecem desvantagens significativas quanto à nutrição, à saúde e à educação a que seus filhos têm acesso. Chegado o tempo da inserção trabalhista, estes tendem a obtê-la de preferência em atividades de baixa produtividade, com a conseqüente tendência à reprodução intergeracional da pobreza. A corroboração dessa tendência justifica à plenitude o desenho de políticas populacionais emolduradas nas políticas sociais e, por meio dessas últimas, nas políticas globais de desenvolvimento. O avanço analítico alcançado permite também sustentar que a migração externa pode e deve ser objeto diferenciado da cooperação internacional.

2. Volta-se a essa convergência de pontos de vista para comentar documentos posteriores da Cepal, como os que datam de 1995 e 1996, tratados na seção II.
3. Em torno desses alinhamentos, é factível articular objetivos mais específicos, que por sua vez se plasmem em recomendações de política econômica relativas a uma série de âmbitos da mesma. A título de exemplo, cabe mencionar que o apoio à reinserção internacional chega a ser colocado desagregadamente em quatro âmbitos principais: a política comercial e cambial, a política tecnológica, a capacitação de mão-de-obra e a criação de empresas. A respeito, pode-se consultar o documento *Transformação produtiva com eqüidade* (Cepal, 1990, cap. V), em especial o esquema incluído nas páginas 147 e 148 deste capítulo.
4. Convém diferenciar a correspondência entre a nomenclatura aqui utilizada com a que sustenta as idéias matrizes de Fajnzylber. Pode-se entender que o termo "capacidade", aplicado ao virtual desenvolvimento de "processos de produção, bens e serviços", supre a noção de "aprendizagem". Como se recordará, esta se define como a aquisição dos conhecimentos inerentes ao progresso técnico. Por outro lado, entende-se que "a incorporação (...) de progresso técnico" constitui outro modo de referir-se ao conceito de "inovação", antes definida — justamente — como sua incorporação efetiva aos processos produtivos.
5. Tenha-se presente a nota de rodapé anterior. Reconsiderando-a, percebe-se facilmente que a expressão "capacidade de inovar" sintetiza um modo de ver segundo o qual a aprendizagem vai gerando novos conhecimentos, isto é, progresso técnico, que se concretiza em sucessivas inovações.

6. Deriva do anterior que a possibilidade e a necessidade de competir internacionalmente graças ao progresso técnico se manifestará por meio de aumentos sucessivos do comércio mundial. Inversamente, participar do mesmo de forma ativa se configura como condicionante do acesso ao progresso técnico. Mas essa posição favorável a um padrão de crescimento extrovertido, própria da proposta de Transformação Produtiva com Eqüidade, difere das convencionais, que usualmente fundamentam as vantagens desse padrão somente na abundância relativa dos recursos.
7. A respeito se afirma: "(...) as novas tendências tecnológicas oferecem múltiplas oportunidades de investimento para aproveitar as inovações radicais de produtos e processos, aplicáveis a indústrias novas e estabelecidas. Em uma primeira etapa, grande parte dos princípios científicos e técnicos requeridos estão a livre disposição do público em universidades ou centros de investigação" (Cepal, 1992a, p. 111).
8. Os problemas ocupacionais merecem especial atenção na Cepal (1992a). Junto ao progresso técnico, o emprego produtivo e o investimento em recursos humanos aparecem nele como as três variáveis para a conquista simultânea do crescimento econômico e da eqüidade distributiva. Veja-se em especial seu capítulo VI.
9. Pode-se entender que o mesmo abrange a aprendizagem e a acumulação de conhecimentos que se configuram como precondições da inovação, assim como à inovação propriamente dita. O tema é mencionado em Cepal (1992b, p. 31). Um modo similar de perceber o processo de inovação é desenvolvido por Dosi (1988a, p. 1130).
10. Ver Cepal (1992a, p. 110). Esses conceitos coincidem com os de inovações incrementais e radicais expostos por C. Freeman, 1987, p. 60-2.
11. Ver Cepal (1990, p. 70). A idéia de que a tecnologia é em sua maior parte resultado da experiência acumulada pelas empresas pode encontrar-se em Dosi (1988a, p. 1131). Ao caráter parcialmente tácito do conhecimento tecnológico fazem referência Dosi (1988a, p. 1126) e também Nelson e Winter (1992, p. 76-82).
12. Ver Cepal (1990, p. 73). Dosi (1988a, p. 1146) fala de "um conjunto estruturado de externalidades" para referir-se à mesma noção.
13. Ver Cepal (1990, p. 73 e 85). O conceito de Sistema Nacional de Inovação é similar ao de Andersen e Lundvall (1992).
14. Em relação a estas categorias e da visão em que se inscrevem, pode-se consultar o artigo "O enfoque neoschumpeteriano da tecnologia", de Burgueño e Pittaluga (1994).
15. Tais problemas constituem componentes ou elementos de um diagnóstico sobre as características e dificuldades estruturais do desenvolvimento da América Latina. Este diagnóstico se acha espalhado ao longo dos textos que propõem a nova estratégia. Entretanto, uma visão sucinta do mesmo pode ser encontrada em Cepal (1990, p. 63-6).
16. "Hoje, com a ampla disponibilidade de microeletrônica barata (juntamente com o conseqüente baixo custo do manejo da informação), se está formando e difundindo um novo paradigma tecnoeconômico" (Pérez, 1986, p. 53).

17. Voltaremos a este tema no capítulo 14, relativo a documentos da Cepal dos anos 2000(a) e 2002.
18. Essas considerações preliminares sobre a globalização e sobre algumas de suas implicações baseiam-se em Cepal (1992a, p. 47-8). O próximo capítulo volta a esse tema com atenção.
19. "O paradigma anterior [ao da informação] iniciou-se com os ramos desenvolvidos ao redor da produção de automóveis em série, dos primeiros artefatos elétricos, o petróleo, os produtos refinados, os primeiros materiais e fibras sintéticas, os processos de produção contínua de bebidas e alimentos, o rádio, os aviões etc." (Pérez, 1986, p. 10).
20 A nota 1 do presente capítulo menciona os primeiros documentos em que a estratégia de transformação produtiva com eqüidade foi proposta pela Cepal aos governos de seus Estados-membros. Em um deles se faz referência explícita a outros antecedentes da própria Cepal (1985; 1987 e 1989).
21. Assinalou-se com acerto que "um dos intelectuais que melhor captou e mais fez para atualizar essa intuição de Prebisch (sobre a importância do progresso técnico) foi Fernando Fajnzylber" (Iglesias, 1992).
22. Na subseção 1 do capítulo anterior (11) consideramos as principais obras de Fajnzylber. Uma relação completa de seus escritos encontra-se em CepaL/Onudi (1992).
23. Uma argumentação semelhante em relação às dificuldades de acesso a tecnologias e mercados se encontra em Ernst e O'Connor (1989, p. 115). De passagem, cabe fazer referência às condições especiais e favoráveis com que se contou em economias do Sudeste Asiático nessas matérias.
24. No que diz respeito ao papel do mercado interno em sucessivos documentos da Cepal dos anos 1990, voltaremos mais adiante (particularmente, na subseção, 4, da seção II, "Breves considerações de conjunto").
25. Convém esclarecer títulos e datas dos documentos aos quais se refere este parágrafo: *América Latina y el Caribe: políticas para mejorar la inserción en la economía mundial*, Cepal (1995); *Fortalecer el desarrolo. Interacciones entre macro e microeconomía*, Cepal (1996); *El pacto fiscal: fortalezas, debilidades, desafíos*, Cepal (1998).
26. Em relação aos mesmos, menciona-se a considerável proliferação de análises econométricas das quais não derivam conclusões precisas nem definitivas sobre tais vínculos. Não sem considerar esta análise, dois documentos de trabalho elaborados internamente pela Cepal em 1994 mostram que — dado certo "contexto externo" — a qualidade das políticas públicas possui uma incidência visível sobre o papel das exportações no crescimento. Os documentos mencionados são Moguillansky (1995) e Rivas (s/f).

27. Quanto a este modo de encarar o conceito de "produtividade total dos fatores", faz-se referência ao trabalho de Hofman (1993). Assim enfocado, este conceito se assemelha ao de "idéias" de Romer (1993), que o contrapõe ao de "objetos", atinentes ao capital físico e humano. A busca de Romer se orienta para outras formas de medir o papel das "idéias" no crescimento.
28. É apreciável a similaridade destes pontos de vista com os de Verspagen (1993), em especial no que concerne ao papel que este autor atribui à denominada "capacidade intrínseca de aprendizado" para a redução da disparidade tecnológica entre os países de menor desenvolvimento e os grandes centros.
29. A respeito, ver Krugman (1986).
30. Além desta definição básica, o texto aludido assinala que o conceito de Sistema Nacional de Inovação abrange também a formação de recursos humanos.
31. Como exemplo, a presença do tema mencionado aparece nestas afirmações: "(...) o dinamismo econômico induzido pela inserção internacional contribuiu para a ampliação dos mercados internos" (Cepal, 1990, p. 81). Indica-se, do mesmo modo, que esses mercados "(...) oferece(m) uma base insubstituível para o aprendizado tecnológico" (ibidem, p. 78).

13. Globalização e assimetrias centro-periferia

Alinhada com o estruturalismo originário, no documento *Globalização e desenvolvimento* (2002) a Cepal sustenta que o processo de globalização que acompanhou o rápido avanço técnico dos últimos quatro ou cinco qüinqüênios[1] "deu origem não só a uma crescente interdependência, mas também a marcadas desigualdades internacionais" (Cepal, 2002, p. 77). Nesse sentido, destaca-se que a "economia mundial é um 'campo de jogo' essencialmente desnivelado,[2] [que se reflete] na concentração do capital e [na] geração de tecnologia nos países desenvolvidos, [e deste modo em] sua forte concentração no comércio de bens e serviços" (Cepal, 2002, p. 77). Além disso, é um fato que as desigualdades assinaladas têm expressão direta e visível nas que se verificam na distribuição internacional de renda.

Essas desigualdades podem ser enfocadas de outra perspectiva: a da presença de certas assimetrias-chave, próprias e peculiares do sistema econômico internacional, nos dias atuais. As mesmas emergem em três âmbitos de especial significação. Os analisados nas duas primeiras seções do presente capítulo correspondem ao âmbito tecnológico e ao da mobilidade dos recursos produtivos. A terceira seção concerne às relações financeiras e ao seu impacto na condução macroeconômica, tema já anunciado no capítulo anterior, em vista de sua contribuição ao estruturalismo latino-americano.

I. AS ASSIMETRIAS TECNOLÓGICAS

i) Estas têm expressão direta na alta concentração do progresso técnico nos países desenvolvidos. Dado o maior poder econômico de suas empresas e economias, nelas se centram os esforços mais significativos em matéria de pesquisa e desenvolvimento. Também nelas se instalam e expandem os ramos produtivos nos quais o progresso técnico se dá com mais intensidade, ramos que ao mesmo tempo apresentam "grande dinamismo dentro da estrutura produtiva e do comércio mundiais" e "altas rendas de inovação" (Cepal, 2002, p. 89). Posto em outros termos, a difusão do novo paradigma reafirma, hoje, a validez desta clássica sentença de Prebisch: "A propagação universal do progresso técnico dos países originários ao resto do mundo [configura-se como] relativamente lenta e irregular" (Cepal, 2002, p. 89).

Outro dos postulados iniciais de Prebisch foi também recuperado. Conforme se sustenta, a baixa elasticidade-renda das matérias-primas, assim como o baixo custo de entrada às atividades que as originam, dão lugar a uma reiterada pressão à baixa de seus preços relativos. Esta tendência fica manifesta no fato de que, entre os anos 1900 e 2000, os termos da troca dos produtos básicos (menos o petróleo) tenham sofrido uma deterioração tal que os situa, na segunda data, a um terço de seu valor na primeira.[3] Em prejuízo da dinâmica das exportações periféricas (e do equilíbrio de seu comércio exterior), incide além disso a elevada proteção que os grandes centros outorgam aos ramos industriais amadurecidos, em parte pelas baixas margens com que operam, mas também para favorecer a virtual ampliação das mesmas no interior de seus próprios mercados.

Conforme se argumenta, as economias externas e de escala dão lugar a economias de aglomeração, que resultam particularmente significativas nos centros, com a conseqüente polarização de seus níveis de desenvolvimento em relação aos que se vão alcançando na periferia.[4] Por outro lado: "Devido ao caráter 'tácito' da tecnologia — isto é, à impossibilidade de especificá-la plenamente, por sua estreita vinculação com o capital humano coletivo acumulado pelas empresas inovadoras — sua transferência não é fácil ou só resulta atrativa quando se realiza através da rede de subsidiárias das empresas transnacionais" (Cepal, 2002, p. 89). Do mesmo modo, a transferência de tecnologia, cada vez mais protegida pelas normas de propriedade intelectual, está sujeita ao pagamento de rendas de inovação, rendas que às vezes se configuram como particularmente altas nos grupos formados pelas empresas mencionadas.

Do anterior se conclui que "a oportunidade de participar nos ramos [tecnologicamente] mais dinâmicos está muito restrita nos países em desenvolvimento ou se concentra em atividades que exigem um menor grau de qualificação [a maquiadora eletrônica, entre outras]" (Cepal, 2002, p. 89). Além disso, as diferenças em relação à geração de recursos públicos incidem na defasagem do desenvolvimento tecnológico periférico, embora se observe que o mesmo veio exigindo importantes subsídios governamentais. Em igual direção apontam as diferenças em relação à geração de "economias externas vinculadas à educação e ao conhecimento [que] podem, por si só, frear toda tendência à convergência nos níveis de produtividade" (Cepal, 2002, p. 89) entre centros e periferia.[5]

Como se apontou, o progresso técnico se configura como base essencial dos processos de acumulação, por sua vez chave da dinâmica da expansão produtiva.[6] Das considerações anteriores se infere que as economias em desenvolvimento estão submetidas a uma clara e forte desvantagem no que concerne ao avanço tecnológico, ou se se quiser — para voltar para uma terminologia já utilizada — a uma tendência significativa e reiterada à "disparidade tecnológica".

É esta disparidade básica que se expressa e manifesta na disparidade das divergências emergentes entre os níveis de renda das economias mais avançadas e das de menor desenvolvimento. Tais divergências foram a norma geral e se têm tornado cada vez mais visíveis, "em lugar da [hipotética] convergência postulada pelas teorias convencionais do crescimento econômico" (Cepal, 2002, p. 89) e das expectativas criadas em torno da mesma pelas posições neoliberais.

Estas divergências, além disso, mantêm-se apesar dos importantes processos de industrialização verificados em várias economias periféricas — algumas da América Latina. Paralelamente, os grandes centros continuam concentrando o progresso técnico, os ramos mais dinâmicos e as principais decisões quanto à localização e atuação das empresas transnacionais, assim como aos modos de articulação e de desenvolvimento dos conglomerados que conformam.

As assimetrias tecnológicas trazem consigo a reiterada dificuldade para atenuar as diferenças de níveis tecnológicos e de produtividade que mediam entre periferia e centro, e para eliminá-las gradualmente em sucessivas atividades, ramos e setores. A persistência do atraso tecnológico das economias periféricas constitui, por sua vez, a fonte básica do entorpecimento do processo de desenvolvimento das mesmas, globalmente considerado.

Quando se reflete, a disparidade tecnológica e seus efeitos negativos sobre o desenvolvimento estão no fundo das assimetrias mencionadas. Com efeito, a exigüidade ou lentidão do desenvolvimento agudiza o caráter negativo da escassa mobilidade internacional da mão-de-obra. Como se verá na próxima seção, esta última intensifica os resultados desfavoráveis provenientes da mobilidade dos capitais, associados às tendências especulativas que a acompanham. A forte incidência destas últimas tendências nas economias de menor desenvolvimento explica as dificuldades de sua condução macroeconômica, tanto no que concerne à estabilidade de certas variáveis-chave — fiscais, monetárias, cambiais, externas — como a aplicação de políticas anticíclicas eficazes, capazes de ajudar na continuidade do crescimento.

ii) Como se pode observar, a assimetria básica que se expressa na disparidade tecnológica tem implicações no âmbito das relações internacionais ou, melhor dizendo, de certas políticas que se inscrevem nele. O mero reconhecimento dessa disparidade e de seus efeitos desfavoráveis sobre o desenvolvimento convalida a necessidade de impulsionar políticas de cooperação diretamente orientadas a compensá-la ou atenuá-la. De tal maneira, coloca-se ênfase nas genericamente denominadas "transferência de tecnologia", quer dizer as que consistem na provisão de recursos a baixo custo para a adaptação de técnicas em áreas específicas ou, inclusive, na colaboração direta de especialistas nas pesquisas requeridas por essa adaptação.

No que corresponde ao âmbito mencionado, insiste-se além disso na necessidade de que os países em desenvolvimento harmonizem seus pontos de vista e posições no campo da regulação relativa a marcas, patentes e propriedade intelectual. Esta regulação é cada vez mais exigente e restritiva, com a conseqüente alta dos custos associados ao uso, imitação ou adaptação dos avanços tecnológicos estrangeiros, tanto dos que originam novos bens como dos que se expressam em novos processos produtivos. A assuntos similares concerne a forma de proceder das grandes empresas transnacionais, de modo a facilitá-lo, mas cuidando de obter uma contribuição inequívoca a seu desenvolvimento.

Em matéria de políticas internas, a atenção dada às assimetrias tecnológicas pode parecer reiterativa, mas é ao mesmo tempo um complemento de recomendações acompanhadas por novas ênfases. Talvez a maior delas recaia na necessidade da convergência de pontos de vista, e também de interesses públicos e privados, "selecionados sobre a base de visões estratégicas comuns [quanto a] os objetivos aos que se deve outorgar prioridade" (Cepal, 2002, p. 111) no âmbito tecnológico, inclusive no que concerne às atividades e ramos a privilegiar.

Conforme se concebe, esse tipo de aliança público-privada no esforço tecnoproductivo possui um claro sentido prático, na medida em que é útil para compensar as insuficiências e problemas de informação que afetam a ambos os setores. Mas, além disso, é claro que os resultados destas alianças dependem da garantia e da ampliação de um contexto institucional com base no qual se estabeleçam mecanismos de controle recíproco, os quais são um requisito da transparência das políticas desenhadas que complementa o uso de instrumentos "horizontais" com outros "seletivos", de maior eficácia para o lucro de objetivos tecnológicos concretos.

Além de propugnar a aliança mencionada, assim como a readequação do marco institucional em que esta se inscreva e opere, se estabelecem três componentes principais, definidores de uma "estratégia de competitividade sistêmica".

Com o primeiro se tenta conformar ou solidificar os chamados "sistemas de inovação", a fim de acelerar a acumulação de capacidades tecnológicas.

Tais sistemas têm em sua base os investimentos em educação, em capacitação em distintos âmbitos e, com graus diversos de concreção ou especificidade, em vários tipos e níveis de formação em ciência e tecnologia. Por um lado, esses investimentos se ligam a conjuntos de tarefas que deverão ser lideradas pelo Estado, mas considerando ao mesmo tempo a participação do setor privado como necessária e condizente. Por outro, postula-se que estas tarefas se orientem a melhorar a capacidade de absorção de conhecimentos, sem deixar de se ver nelas certa concreção de objetivos, em especial no que corresponde à transferência ou adaptação de tecnologia.

O segundo dos componentes corresponde à transformação das estruturas produtivas. Aqui se reitera a ênfase nas políticas orientadas a diversificar a base material e os mercados de destino das exportações, e se acentua o que se outorga às chamadas "políticas de encadeamentos", as quais se referem ao setor exportador, ressaltando a relevância de ampliar os encadeamentos de seus ramos; e do mesmo modo, levar em conta os daqueles ramos em que estão presentes as empresas transnacionais. Entre estas políticas se mencionam, além disso, as que apontam à conformação de conglomerados produtivos (*clusters*) em determinados territórios.

O terceiro componente estratégico concerne à infra-estrutura, a qual possui uma incidência significativa na competitividade. Neste sentido, destaca-se a necessidade de corrigir o déficit regulatório, de racionalizar o uso dos passivos contingentes,* de incidir com decisão na eficiência das empresas públicas e de melhorar a infra-estrutura viária.

iii) A atenção dada à disparidade tecnológica está na base da que se atribui à transformação produtiva. Mas, por sua vez, tal atenção acentua a preocupação e também amplia e precisa as recomendações sobre a sustentabilidade ambiental. Isto obedece a que a sustentabilidade se visualiza como condicionante da eficácia e eficiência daquela transformação.

*Passivo contingente é uma possível obrigação proveniente de eventos passados cuja existência poderá ser confirmada, ou não, pela ocorrência de um ou mais eventos futuros incertos fora do controle do ente contábil sobre o qual recai a responsbilidade por esse passivo. (*N. R. T.*)

Duas recomendações genéricas concernem diretamente a esse condicionamento: a substituição de uma agenda reativa por uma positiva, quanto à forma de perceber a relação entre sustentabilidade ambiental e desenvolvimento econômico, e de atuar sobre ela; a integração das políticas ambientais implícitas com outras explícitas, vinculando-as às políticas econômicas setoriais e aos padrões de mudança estrutural que estas implicam. Mas, por outro lado, tem-se presente que o caráter geral de tais recomendações não implica negar, mas empreender uma adequada descentralização de políticas e instrumentos de gestão ambiental.

II. ASSIMETRIAS E MOBILIDADE DOS RECURSOS

i) Quanto à mobilidade internacional dos fatores, a assimetria assinalada aponta para o marcado contraste entre a elevada mobilidade dos capitais e as restrições em matéria de mobilidade da mão-de-obra, particularmente forte no que concerne à de baixa qualificação.

Essa assimetria contribui para enviesar a distribuição de renda contra os fatores menos móveis, viés quc opera desfavoravelmente nos países de menor desenvolvimento, em vista da superoferta de mão-de-obra de baixa qualificação isto é, da presença de altas porcentagens de subemprego estrutural.

Na mesma direção, desfavorável do ângulo distributivo, opera a tendência à superoferta de muitos dos bens nos quais as economias periféricas se especializam, marcados pelos baixos custos de entrada em produção, os quais em parte se vinculam àquela superoferta de força de trabalho.

ii) No que concerne às restrições à mobilidade de mão-de-obra, o tema se aborda a partir da perspectiva das relações externas e do ângulo das políticas a seguir internamente.

Quanto à perspectiva aludida, enfatiza-se a necessidade de plasmar a preocupação por este tema nas agendas internacionais dos países em desenvolvimento e, particularmente, na busca da convergência de suas posições e de sua ação geopolítica nos âmbitos de negociação pertinentes.

No que respeita às políticas internas, o documento dá alta prioridade às que correspondem ao âmbito da ocupação. Enquanto fonte primitiva de renda, o emprego produtivo constitui a chave da integração social, ao mesmo tempo que se configura como um fator relevante na realização da produção de bens e serviços destinados ao mercado interno.

Em relação aos esforços no âmbito das relações internacionais, estes comportam o desafio de "impedir que a expansão do comércio mundial transgrida os direitos fundamentais dos trabalhadores" (Cepal, 2002, p. 114). A possibilidade de obtê-lo se associa ao conflito pela aceitação de um tratamento especial e diferenciado neste âmbito, a base do reconhecimento — com claros antecedentes nas posturas iniciais de Prebisch, assim como nas que sustentou na condução da UNCTAD — de que a superação do atraso periférico bem pode demandar o favorecimento temporário de sua reinserção comercial externa pela via da cooperação dos grandes centros.

No entanto, no concernente ao emprego, a maior ênfase volta a recair nos critérios em que se baseou a noção de "competitividade autêntica". Conforme se aduz, a "(...) criação de postos de trabalho só é sustentável quando as atividades econômicas (em que se inscrevem) são competitivas a longo prazo" (Cepal, 2002, p. 114). Isso requer a alta constante da produtividade, o que, por sua vez, precisa ter um de seus fundamentos em "estratégias amplas para aumentar o investimento em recursos humanos", evitando que a competitividade se obtenha "(...) mediante a redução dos custos trabalhistas [e] que os aumentos salariais se concentrem nos trabalhadores dos setores dinâmicos ou mais organizados" (Cepal, 2002, p. 114).

Na concepção de tais estratégias, deverá se levar em conta que a "(...) aquisição de competências básicas, mais que de habilidades específicas, é o que dota o trabalhador de uma base de conhecimentos que lhe permite adaptar-se melhor aos novos empregos" (Cepal, 2002, p. 114).

Assim, não só por considerações atinentes aos grandes temas da ordem social e da tarefa política, mas também por razões relativas ao emprego, o próprio centro das políticas que permitem tal "aquisição de competências básicas" radica nos esforços em matéria de educação.

Isso quer dizer que a educação é a melhor via para superar a reprodução intergeracional da pobreza e da desigualdade. Além dessa via compatível com variados fins, mas imprescindível do ponto de vista dos objetivos ocupacionais, requerer-se-ão programas especiais destinados a setores vulneráveis, seja de alívio à pobreza, de redução gradual do subemprego estrutural ou da informalidade urbana. No geral, tais programas devem considerar a capacitação trabalhista e o acesso a certos mínimos de investimento produtivo, e segundo os casos, a provisão de infra-estrutura e o impulso ao desenvolvimento territorial.

Os conteúdos das políticas ocupacionais propugnadas não se esgotam nas grandes questões já mencionadas, atinentes, em última instância, à consecução de níveis crescentes de emprego produtivo, e das competências que este requer. É verdade que estas conquistas básicas são indissociáveis de certas margens adequadas de amparo social, tanto aquela que concerne a direitos de aposentadoria e de educação e saúde como a que proporciona cobertura ante riscos extraordinários relacionados com a "condição periférica", dos que são exemplo os derivados da instabilidade macroeconômica e do imperativo de adaptar-se ao uso de novas tecnologias. Do mesmo modo, conforme se destaca, a amplitude da informalidade e, em muitos casos, do desemprego aberto "impõe limites à universalização do amparo social apoiado nos esquemas tradicionais", razão pela qual "resulta prioritário instrumentar sistemas de proteção em função da cidadania [e não só] da vinculação trabalhista" (Cepal, 2002, p. 115).

III. ASSIMETRIAS FINANCEIRAS E CONDUÇÃO MACROECONÔMICA

Para abordar este ponto é conveniente referir-se por separado ao comportamento dos agentes (III, 1), à sua incidência nos ciclos internos (III, 2) e, por último, aos requisitos de uma condução macroeconômica com objetivos de desenvolvimento (III, 3). Cabe assinalar a inclusão de um breve anexo ao presente capítulo, cujo conteúdo favorece a compreensão do tema. Este relata alguns fatos destacáveis nas relações financeiras internacionais recentes.[7]

1. O comportamento dos agentes

i) Como se pode constatar (ver o anexo ao presente capítulo), desde o começo dos anos 1990 se produziu um marcado incremento nos fluxos financeiros internacionais para as economias emergentes. De forma similar aos dos anos 1970, tais fluxos tiveram sua fonte principal nos capitais privados. Aqueles se basearam primordialmente em créditos bancários de médio prazo. Os da década passada registram uma mudança em sua composição: passaram a incluir valores bursáteis, bônus líquidos, financiamento bancário tanto de médio como de curto prazo, depósitos a curto prazo e aquisição de empresas locais por investimento estrangeiro. Cabe destacar que na década mencionada, embora se observe essa acentuada diversificação das fontes de financiamento, por sua própria índole, os fluxos de capitais se configuram como facilmente reversíveis.[8]

Conforme se aduz, a nova composição da oferta de recursos, marcada por sua reversibilidade, está associada à inovação tecnológica, mas também tem em sua base as mudanças institucionais e de política das economias desenvolvidas, lideradas pelas autoridades americanas e por grupos de pressão do âmbito financeiro.[9] Essas mesmas forças jogam um papel decisivo na rápida abertura da conta de capitais das economias emergentes, particularmente as do Leste da Ásia e da América Latina, coincidente com um período de oferta abundante de capitais.[10]

ii) Parece claro que a fácil reversibilidade dos novos tipos de fluxos financeiros se configura como base e condição de sua virtual instabilidade. Entre as razões desta instabilidade, a bibliografia pertinente assinala as assimetrias de informação entre credores e devedores e, em particular, a falta de percepção adequada da acumulação de riscos subjacentes na forma de operar do conjunto dos agentes financeiros, como elementos que "cimentam os ciclos de abundância e escassez de financiamento externo" (Ffrench-Davis, 2005, p. 16).

Uma razão da instabilidade, de caráter mais geral, pode ser rastreada detrás das razões anteriores. Vem-se assinalando com freqüência que as finanças correspondem ao futuro e, portanto, não se acha disponível uma "informação" concreta e precisa sobre estas. Mas, ao mesmo tempo, no âmbito financeiro emerge a tendência a se equiparar expectativas e opiniões com "informação", induzindo um "comportamento e rebanho" entre os atores deste âmbito. Nos fatos, no período recente ao que se alude, observaram-se repetidamente episódios de visível contágio, nos quais — como se reiterará mais adiante — se passa de um exagerado otimismo a um excessivo pessimismo.

iii) Além de generalidades como as expostas, também houve peculiaridades na conduta dos credores no período recente de internacionalização e globalização das relações financeiras a que se vem fazendo referência.

Um primeiro traço destacável concerne à difusão de informação sobre as possibilidades que brindam as economias emergentes aos investimentos financeiros. Os agentes capazes de engrossar a oferta destas economias vão detectando gradualmente oportunidades rentáveis antes desconhecidas. Isso explica que os ingressos líquidos de capital nestas economias, mais que mudanças pontuais, assumam a forma de processos que se desenvolvem e perduram durante certo tempo, como aconteceu entre 1977 e 1981. E depois entre 1991 e 1997.

iv) Por outro lado, tais processos — e as oportunidades de lucros em que se sustentam — não são independentes das condições imperantes no ponto de partida. Assim, por exemplo, quando sobreveio a abertura financeira dos anos 1990, a recessão anterior das economias latino-americanas tinha redundado em preços de ações e de bens imobiliários deprimidos ao extremo, e havia trazido consigo níveis muito altos das taxas reais de juros e forte subvalorização das moedas locais.

Depois de décadas de crescimento intenso e sustentado, os países do Leste Asiático chegaram a ser claramente "bem-sucedidos" e, por isso mesmo, atrativos em princípio para o investimento estrangeiro. Na mesma direção apontavam as altas taxas de retorno do investimento real esperáveis neles. Mas aqui importa assinalar que quando abriram a conta de capitais, em meados dos anos 1990, o coeficiente preços/lucros lhes resultou mais favorável que nos países ricos, tornando atrativos os investimentos de índole financeira.

É assim como nas duas regiões mencionadas preexistiram condições indutoras dessa atração, e em ambas se deram resultados que as simbolizam: uma alta espetacular dos preços das ações. Com efeito, na América Latina seu índice médio se multiplicou por quatro entre 1990 e 1994, e de novo por dois, entre 1995 e 1997; e subiu ao dobro de 1992 a 1994 no Leste Asiático.

v) Importa destacar um segundo aspecto importante da conduta dos credores. À diferença do que acontece com a IED, os agentes líderes que operam na oferta de recursos financeiros são peritos em investimento líquido e, como tais, centram sua atenção em horizontes estreitos, mostrando-se particularmente sensíveis às mudanças nas variáveis que afetam os lucros no curto prazo.[11]

Dada essa natureza dos agentes mencionados — associada à sua especialização e aos critérios em que se apóiam suas remunerações —, não é de estranhar que os processos de entrada de capitais a que antes se fez referência dêem lugar a uma enorme acumulação de ativos financeiros em mãos de portadores estrangeiros. Ainda mais, da perspectiva de cada agente individual, as condutas que levam a essa acumulação podem ser consideradas racionais, a raiz do exíguo horizonte de tempo que as preside. De outro ângulo, a racionalidade de tais condutas se associa à admissão de que os indicadores em que se apóiam — preços de bens imobiliários, bônus e ações — refletem a possibilidade de continuar obtendo lucros, no curto prazo.

vi) Uma argumentação ao mesmo tempo paralela e complementar da anterior concerne à "racionalidade" com que os agentes líderes percebem o comportamento da taxa de câmbio. Como se sabe, durante os anos 1990, os fluxos persistentes de recursos externos deram lugar a um processo de apreciação cambial na maioria dos países latino-americanos e — em menor medida — no Leste Asiático. Isso não impediu que os agentes financeiros seguissem canalizando recursos para ambas as regiões, enquanto os prazos se emoldurassem dentro dos horizontes esperados para a continuidade da apreciação das moedas locais. Assim, os três indicadores cruciais mencionados no parágrafo anterior e, além disso, as expectativas com respeito à taxa de câmbio estão na base do fornecimento de fluxos financeiros visualizados como compatíveis com a continuidade na consecução de lucros, assim como com níveis esperados de liquidez em moeda estrangeira que permitiriam apressar-se a realizá-las, ante uma virtual reversão das expectativas.

vii) Convém observar que nos vários períodos de afluência maciça de capitais, as margens de intermediação dos empréstimos (*spreads*) reduziram-se de modo persistente, apesar da alta substancial do volume de passivos. Isso aconteceu por volta do último qüinqüênio dos anos 1970, quando os capitais fluíram primordialmente sob a forma de créditos bancários, mas também nos empréstimos às economias latino-americanas nos quatro anos anteriores à crise mexicana de 1994 e um par de anos depois desta. O comportamento dos *spreads* revela que durante os ciclos de expansão dos fluxos financeiros externos produz-se entre os credores o contágio de um marcado otimismo.[12] No entanto, este último não se associa a um tipo de "apetite" especial pelo risco, mas a um desconhecimento ou subestimação dos riscos prevalecentes ou de seu incremento gradual.

Em outros termos, e voltando para a nomenclatura anterior, vai se dando entre os ofertantes de recursos um acionar "racional", apoiado em expectativas de obter lucros no âmbito financeiro no curto prazo. Similar é o comportamento constatável entre os devedores. A evidência mostra que, em sua grande maioria, procedem a endividar-se prevendo cumprir a base de expectativas de alcançar altos rendimentos. Isso implica que também são partícipes do excesso de otimismo ou que são afetados pela "síndrome da euforia financeira" (Ffrench-Davis, 2005, p. 20).

viii) Cabe apontar que quando os ofertantes de recursos financeiros "descobrem" alguns mercados emergentes, sua participação é nula ou muito reduzida. Com esse princípio, geram uma série de fluxos consecutivos, que permitem um rápido incremento de seus ativos financeiros nesses mercados. Como também se disse, estas condutas dos operadores financeiros — e em particular dos mais influentes, que tendem a ser imitadas — não se ligam à visualização de variáveis ou condições atinentes ao longo prazo, a não ser àquelas que concernem tão-somente à rentabilidade de curto prazo. Por isso, não é de estranhar que, com o tempo, as expectativas favoráveis se revertam, depois de comprometer as possibilidades de preservar esta rentabilidade em níveis atrativos (ou sequer positivos).

Também não é difícil perceber que tal mudança de expectativas está associada ao próprio fluxo de recursos externos nos períodos de otimismo em que resulta persistente e abundante. E isso em virtude de que essa abundância entranha a inscrição da(s) economia(s) emergente(s) em "zonas de vulnerabilidade", caracterizadas por certos fenômenos e tendências de especial significado para os credores e para a consecução de seus fins. Ver-se-á posteriormente que, em essência, estes consistem na acumulação de incompatibilidades entre compromissos de pagamentos e capacidade de realizá-los, que se expressam em importantes desequilíbrios macroeconômicos, ou na possibilidade de seu advento.

Como é claro, o ingresso nestas "zonas de vulnerabilidade", e a percepção pelos credores de seus traços centrais, aumentará sobremaneira a sensibilidade dos mesmos ante notícias adversas, tanto econômicas como políticas, e, portanto, a possibilidade de que as expectativas se revertam de forma abrupta, passando do excesso de otimismo ao pessimismo exacerbado. Esta mudança anda junto com o que se produz nos fluxos de capital financeiro. Conforme mostra a experiência, estes passam por períodos de franca abundância, logo por outros de forte "seca" de recursos disponíveis, voltando posteriormente — em maior ou menor grau, segundo os casos — àquelas condições favoráveis.

2. *Os ciclos internos*

i) Reconhece-se explicitamente que em sua base e origem estão os movimentos do capital financeiro dos anos 1990. Quando este aflui com abundância para as economias emergentes, produzem-se nelas ciclos de alta do nível de atividade. Quando em determinado momento desses ciclos expansivos se verifica uma mudança de expectativas, e com ele emerge uma tendência à escassez ou à saída do capital estrangeiro, começam e se desenvolvem ciclos de sentido inverso, isto é, de contração do nível de atividade.

ii) No auge dos ciclos, a afluência maciça de capital financeiro traz consigo a dinamização da demanda global, que, por sua vez, incide no nível do produto, induzindo sua alta. Entretanto, a expansão da primeira é mais alta que a que corresponde ao segundo, suscitando dois efeitos inter-relacionados. Por um lado, o aumento persistente da demanda global consolida novamente o atrativo das economias emergentes para o ingresso de fluxos elevados de capital financeiro. Por outro lado, a falta de compasso ou atraso com que se vai dando o incremento do produto nessas economias implica que tais fluxos excedem a capacidade de absorção de capital estrangeiro.

iii) A anterior é a maneira mais geral, e ao mesmo tempo mais sintética, de referir-se à existência de uma incompatibilidade entre a dinâmica da oferta externa de capital financeiro e o ritmo ao qual vai se expandindo sua demanda interna do mesmo ao longo do tempo.

A perspectiva neoliberal nega que tal incompatibilidade exista. De tal perspectiva, bastará preservar o equilíbrio das contas fiscais, assegurando com isso altas moderadas dos preços internos (baixa inflação), para que a liberdade no mercado de capitais induza a conjuntos de políticas macroeconômicas, por sua vez promotoras da adequação intertemporal entre os fluxos externos de capital financeiro e a demanda e utilização interna destes fluxos.[13]

iv) Diversos, se não opostos, são os pontos de vista neo-estruturalistas emergentes na Cepal. De acordo com eles, nas fases de elevada disponibilidade de recursos externos, e do mesmo modo de alta dos níveis de demanda agregada e de atividade, os comportamentos dos credores a que se fez referência anteriormente, assim como as políticas que alentam o ingresso de recursos, conduzem a resultados fortemente negativos. Efetivamente, tais comportamentos e políticas dão lugar a fluxos de economia externa que terminam por comprometer a sustentabilidade macroeconômica nos países emergentes para onde se dirigem.

Conforme se argumenta, aqueles comportamentos, e as políticas liberalizadoras que os asseguram, levam a que as economias desses países ingressem cada vez mais nas antes denominadas "zonas de vulnerabilidade"; seu traço principal consiste na emergência de certos indicadores macro de especial relevância que dão sinais de deterioração capazes de alterar as expectativas, com o paralelo aumento da volatilidade dos capitais e o virtual enfraquecimento ou reversão de seus fluxos de ingresso.

v) Cabe esclarecer que estes sinais têm em sua base a acumulação de um imenso volume de passivos externos, a considerável porcentagem de passivos de curto prazo que formam parte destes mesmos, assim como a quantidade de passivos líquidos que também os compõem. Tal acumulação incide diretamente na conta corrente do balanço de pagamentos, embora implique sucessivos aumentos dos serviços da dívida global. Mas também incide indiretamente: o fluxo significativo e sustentado de recursos externos traz consigo a valorização cambial, com efeitos negativos na balança comercial de economias em franca abertura e, portanto, nas dimensões do déficit em conta corrente. Em conexão com este déficit, mas também com o volume e a composição da dívida acumulada, emerge uma dependência crescente de fluxos de capital adicionais e, a longo prazo, a necessidade de refinanciar passivos em seu vencimento.

Em síntese, a evolução e o estado da conta de capital e de seus componentes, a marcha efetiva e previsível das contas comercial e corrente, os níveis que tenham ido alcançando a valorização cambial e as perspectivas quanto à disponibilidade e aos requerimentos de recursos externos em prazos vindouros constituem e expressam variáveis macroeconômicas fortemente associadas à sensibilidade dos agentes financeiros. Na medida em que esta última se exacerba, aumentam as possibilidades de mudanças de expectativas e, mais ainda, de reversão brusca das mesmas.

Ao concretizar-se, tal reversão traz consigo uma aguda diminuição ou uma alteração do sentido dos fluxos de recursos internacionais. Por sua vez, produz-se uma queda da demanda global e dos níveis do produto (e de suas taxas de crescimento), tipificando-se o começo de um ciclo de contração econômica.

vi) Embora cruciais, as tendências resumidas no parágrafo anterior não são as únicas relacionadas com a insustentabilidade macroeconômica originada pela liberalização dos movimentos internacionais do capital financeiro. Existem outras que se encontram vinculadas, em última instância, ao investimento real de presença significativa na produção de bens que compõem o comércio internacional e às contribuições da poupança externa e interna a seu financiamento.

vii) A preservação do equilíbrio no âmbito fiscal (ou de margens demarcadas de desequilíbrio) e as limitações e cautelas assumidas no manejo das variáveis monetárias trouxeram consigo a alta da taxa básica de juros das operações financeiras dos mercados emergentes realizadas em suas próprias moedas e a alta dos *spreads* correspondentes (veja-se nota 12). Por outro lado, da valorização cambial que se vai verificando nestes mercados resulta, também, a elevação dessa taxa naquelas outras operações levadas a cabo internamente em moeda estrangeira. Assim, e no que respeita às taxas mencionadas e aos movimentos de capital, estabelecem-se relações recíprocas favoráveis: para alcançar níveis elevados em moeda nacional, configuram-se como elemento de atração de fluxos positivos de capital internacional; mas, ao mesmo tempo, a incidência destes fluxos na taxa de câmbio eleva o valor dessa taxa em moeda estrangeira, preservando ou reproduzindo o atrativo dos mercados emergentes para tais fluxos.

viii) No entanto, essa atração — na qual jogam esses níveis das taxas básicas de juros — não é independente das taxas de lucro que possam ser alcançadas com os investimentos em capital produtivo efetuadas em tais mercados. A razão é amplamente reconhecida: em última instância, estes lucros são os que podem tornar viáveis e sustentar, a longo prazo, as remunerações do crédito externo.

ix) A vontade de compromisso desse desempenho necessário se relaciona com as dificuldades encontradas nas economias emergentes para alcançar níveis elevados de produtividade e rentabilidade em conjuntos amplos de investimentos reais. Como elemento comum (e mais geral) subjacente nessas dificuldades, encontra-se o atraso tecnológico de tais economias, em comparação com o rápido avanço técnico observado nas economias desenvolvidas nos últimos quatro ou cinco qüinqüênios. Nas economias emergentes existirão atividades produtoras de bens que compõem o comércio internacional em que o atraso mencionado, por sua índole e entidade, será determinante na impossibilidade de empreendê-las ou de fazê-lo por períodos muito prolongados. Do mesmo modo, inclusive em algumas atividades produtoras de bens que compõem o comércio exterior, o atraso tecnológico conduzirá a empreender essas atividades de forma limitada, com base na comparação de seus altos custos com os do financiamento a que será necessário recorrer.

É preciso voltar a referir-se à produção de bens comercializáveis internacionalmente, em grande parte da qual é factível ir incorporando ou adaptando o enorme avanço tecnológico de períodos recentes. Entretanto, é preciso levar em conta que essa possibilidade se vê condicionada e marcada, na experiência latino-americana dos anos 1990, por duas de suas características: a abertura do comércio exterior e a paralela liberalização dos movimentos internacionais de capital. Como já se indicou, os ingressos maciços de fluxos financeiros externos que acompanham essa liberalização suscitam uma tendência contínua à valorização cambial, desestimulante da expansão das atividades exportadoras e, ao mesmo tempo, comprometedora das atividades com cuja produção as importações passam a competir vantajosamente.

Outros elementos incidem no sentido de demarcar as dimensões do investimento real. Já se assinalou que, nos anos 1990, a IED se configura como o tipo de fluxo financeiro externo de maior dinamismo, de tal modo que sua proporção no total se vê incrementada. Entretanto, grande parte desta não se plasma em investimentos adicionais, a não ser em aquisições de empresas preexistentes. Um exemplo característico constitui a IED realizada na América Latina nos anos 1990, da qual 50% adotou esta segunda forma. Para a relativa carência do investimento real apontam, também, as exigências da política fiscal, que usualmente impõem limites aos esforços em prol do investimento público. Similar tendência limitante assumem os investimentos em atividades privatizadas, em que a procura de lucros extraordinários também leva a limitá-las ou a retardá-las, muitas vezes atravessando o cumprimento de compromissos contratuais.

x) Os pontos anteriores (vii a ix) destacaram as dificuldades que encontram as economias emergentes — a base do jogo das forças do mercado e, em particular, de uma rápida liberalização comercial e financeira — para encontrar conjuntos amplos de investimentos reais eficientes e para conduzir uma parte adequada destas para a produção de bens comercializáveis internacionalmente. Mas estes requisitos atinentes ao investimento real e à sua composição não são os únicos que se devem considerar, no que concerne à sustentabilidade (ou insustentabilidade) macroeconômica relacionada com os fluxos de capital estrangeiros.

A manutenção intertemporal de certos equilíbrios macroeconômicos essenciais depende de que as economias interna e externa se complementem, confluindo em proporções adequadas para o financiamento do investimento real.

A razão desse requisito básico obedece a que ambos os tipos de economia incidem nas cotas partes ideais com que proprietários nacionais e estrangeiros participam dos valores e rendimentos dos ativos totais da economia emergente de que se trate. Daí que, se a economia interna resultar persistentemente reduzida, com o tempo se incrementarão as dificuldades para remunerar a economia externa (ou a cota parte crescente de propriedade ideal estrangeira que este vai gerando).

As posturas neocepalinas enfatizam que, com a recente abertura financeira, os enormes fluxos de poupança externa não se vieram configurando como complementares da poupança interna, mas inclinaram-se a substituí-la. A relativa carência de oportunidades de investimento real, a que já se fez referência, afeta particularmente ao capital nacional, dadas suas claras dificuldades para competir com o de propriedade estrangeira (dificuldades que, pelo demais, ficam evidentes na expansão da IED e na compra de ativos preexistentes). Tal carência é por si mesma uma fonte de desestímulo à poupança interna. Entretanto, a fonte principal se encontra na mudança dos hábitos de consumo e nas facilidades que se encontram para incrementá-lo significativamente.

Efetivamente: de um lado, proliferam novos bens de consumo conspícuos, em boa medida acessíveis pela via das importações, cuja aquisição passa a ser sistematicamente fomentada mediante uma intensa liberalização; do outro, o fluxo maciço de recursos externos contribui em muito para financiar essas aquisições.

Como é claro, as razões mencionadas estão na base de uma forte preferência pelo consumo, reiteradamente renovada nos períodos de auge dos fluxos de poupança externa, e da diminuição concomitante e complementar dos esforços de poupança interna.

xi) As carências em matéria de investimento real, as que simultaneamente se dão nos investimentos em bens intercambiáveis e, do mesmo modo, as debilidades que se geram no âmbito da economia interna acham-se vinculadas, e ao mesmo tempo encontram uma expressão concreta de particular relevância, no *modus operandi* dos sistemas financeiros internos.

Um primeiro traço destes sistemas é o de seu processo incompleto, pois carecem do segmento de empréstimos a longo prazo, e as transações dos chamados “derivativos” são incipientes e escassas. Por outro lado, seu funcionamento não gira só em torno das taxas de juros (em moeda nacional e estrangeira) genericamente mencionadas anteriormente. Pois é o que isso significa ao dizer-se que estas se expressam, na prática, como um conjunto de taxas aplicáveis a empréstimos e à remuneração de outros ativos financeiros, que supostamente variarão em consonância com os prazos e níveis de risco respectivos. Mas, conforme se argumenta, tais sistemas carecem dos marcos de regulação e de supervisão prudenciais que favoreçam a geração e permitam o uso de conjuntos de taxas “adequadas”, isto é, compatíveis com o funcionamento eficiente destes.

Em particular, em períodos de superabundância de recursos externos, essa carência ou ineficácia dos marcos reguladores leva a descuidar a compatibilidade entre os prazos dos créditos obtidos e outorgados, assim como entre as moedas em que se contraem uns e outros. É dessa forma que a relativa desregulação dos sistemas financeiros locais — que supostamente traz consigo os benefícios da "liberdade de mercado" — dá lugar à perda de apoio na questão de prazos e moedas e, virtualmente, às crises significativas e prolongadas dos próprios sistemas.

Como já dissemos, a internacionalização e globalização financeira recente (anos 1990) esteve marcada por uma presença predominante dos capitais privados. Além disso, proliferaram as relações de crédito sem intermediação dos sistemas financeiros e/ou bancários, mas sim contratadas entre empresas e emprestadores específicos. Este é outro âmbito no qual se verificaram perdas na base de prazos, e sobretudo de moedas, que terminam por condicionar, também, o bom funcionamento dos sistemas financeiros internos.

xii) Olhando-as em conjunto, as considerações anteriores mostram o caráter pró-cíclico dos fluxos financeiros internacionais, no que concerne à sua incidência nas economias emergentes.

Existem períodos de auge nos movimentos destes fluxos, apoiados em políticas econômicas que os favorecem, as quais são — em boa medida — induzidas por esses mesmos movimentos. Entretanto, tais movimentos costumam conduzir, a longo prazo, a crises de intensidade variável, embora sempre significativas e estreitamente relacionadas entre si.

O primeiro aspecto destas crises concerne às contas externas. O auge nos ingressos de recursos financeiros traz consigo uma forte acumulação de passivos na conta capital e, como face oposta, a emergência e a agudização do déficit em conta corrente do balanço de pagamentos. Um segundo aspecto se associa diretamente ao anterior: o que se expressa a um tempo como crise cambial e como severo compromisso das reservas de divisas.

As dificuldades de pagamentos nas contas externas mencionadas, assim como as carências reais ou potenciais nos montantes de divisas que esses pagamentos requerem, são acompanhadas por um giro desfavorável das expectativas, o qual implica uma sensível diminuição da demanda global, relacionada com um terceiro aspecto das crises mencionadas:

o que se expressa na contração do nível de atividade econômica (ou de sua taxa de crescimento), e na paralela agudização dos problemas ocupacionais.

As crises cambial e de pagamentos externos, e do mesmo modo as tendências contrativas de produção e emprego, incidem, comprometendo-a, na forma normal de operar dos sistemas financeiros internos das economias mencionadas. Isso às vezes se reflete no fechamento de algumas entidades bancárias, mas seu efeito negativo maior concerne à necessidade de um amplo apoio público para muitas delas.

Como é notório, os distintos aspectos das crises aludidos nos parágrafos anteriores ocasionam problemas no âmbito fiscal. No geral, estes foram enfrentados com "políticas de ajuste", portadoras também de um claro viés pró-cíclico. Com efeito, no máximo estas políticas extremam a preocupação pela compatibilidade intertemporal de ganhos e gastos públicos,[14] porque excluem as ações do Estado capazes de ajudar a atenuar os efeitos e à superação daqueles traços básicos das crises em questão.

xiii) As crises a que alude o ponto anterior apresentam custos significativos, que em certos casos chegam a ser extremamente elevados. Quanto a esses custos, um primeiro aspecto que se deve destacar é o dos impactos de curto prazo das crises mencionadas.

Estas se originam em mudanças de expectativas dos agentes financeiros, mudanças que conduzem a choques externos fortemente negativos. O alto endividamento prévio e as reservas facilmente exauríveis exigem medidas indutoras de uma rápida redução do gasto interno. E esta redução provocará uma queda abrupta do produto real, que se distanciará, pois, do nível do produto potencial acessível com a capacidade instalada preexistente.

No entanto, além destes custos quase imediatos, existem outros que se verificam no médio prazo, afetando a trajetória da economia emergente de que se trate ou, se quisermos, suscitando problemas durante sua recuperação.

Um primeiro aspecto deste tema concerne ao investimento e às limitações que esta economia induz nos ritmos do crescimento futuro. No imediato, o enorme aumento da capacidade ociosa que acompanha a abrupta queda do produto constitui um forte desestímulo ao investimento real. É importante assinalar os efeitos secundários desse desestímulo. Na realidade, a diminuição do investimento na fase contrativa traz consigo a redução dos esforços por aproximar-se da fronteira tecnológica que se vinham realizando em múltiplas atividades. Esse menor esforço implicará uma maior dificuldade futura para obter esta aproximação, a qual resultará, por sua vez, limitadora das oportunidades (também futuras) de investimento real.[15]

Resumindo, conforme se aduz, a queda do investimento na fase contrativa incide negativamente nos valores do coeficiente de investimento (I/PIB) que se alcançam na fase expansiva posterior. As implicações concernentes ao produto são óbvias. Na última das fases mencionadas parte-se de baixos níveis do mesmo, em circunstâncias que — além disso — só se obtêm a ritmos de crescimento inferiores aos do passado, e às vezes significativamente inferiores.

Reconhecem-se também efeitos de médio prazo no âmbito social, os quais transitam pelos problemas ocupacionais. A revolução tecnológica em curso tende a tornar lenta a geração de emprego formal e, em muitos casos, inclusive acarreta dificuldades para ampliar significativamente a geração de postos de trabalho em níveis de produtividade reduzidos (isto é, em condições de subemprego ou de informalidade).

Como é claro, este efeito negativo principal se verá agravado pela circunstância de que, depois de uma contração, o reencaminhamento se produz com taxas de investimento e de crescimento inferiores às do passado, enquanto o aumento da oferta de mão-de-obra não sofre uma afetação similar e paralela.

Conforme mostra a experiência, a "dinâmica estrutural" esboçada, que implica a manutenção (e não a gradual eliminação) dos problemas mencionados, reflete-se nos salários reais, cuja deterioração relativa resulta prolongada. Pelo demais, tal deterioração se configura como elemento explicativo essencial da persistência da pobreza e da distribuição regressiva de renda.

Do mesmo modo, existem fenômenos de médio prazo relacionados com as crises dos sistemas financeiros internos das economias emergentes. Os fatos são indicativos de que a restauração de sistemas financeiros comprometidos requer períodos de tempo significativos, ao longo dos quais se geram efeitos adversos em distintos âmbitos dessas economias. Os mais diretamente visíveis consistem no desvio de recursos públicos do gasto social e em infra-estrutura para o apoio a bancos (e também a empresas) fortemente endividados.

3. *A caminho de uma macroeconomia para o desenvolvimento*

i) Na década que se desenrola entre 1994 e a atualidade, tanto em trabalhos institucionais como em esforços de especialistas ligados à Cepal, se foi elaborando uma concepção macroeconômica que procura considerar e ao mesmo tempo gerar condições propícias para o desenvolvimento econômico e social.

Essa concepção, que adquire perfis analíticos cada vez mais claros em anos recentes,[16] parte de reconhecer que os equilíbrios macroeconômicos resultam cruciais para o crescimento produtivo e, portanto, para a continuidade do desenvolvimento, globalmente considerado. Mas, ao mesmo tempo, enfatiza que "existe uma grave falta de compreensão" (Ffrench-Davis, 2005, p. 20) a respeito dos que podem legitimamente considerar-se "fundamentos sãos" da condução macroeconômica, pois levam não só a uma relativa estabilidade das variáveis pertinentes, mas também a sua base essencial: a sustentabilidade do próprio crescimento (e/ou desenvolvimento).[17]

Do afirmado se infere que a concepção mencionada bem pode catalogar-se como "produtivista", para assim diferenciá-la da postura "financista", de crescente presença a partir dos anos 1990, tanto no âmbito das idéias e marcos analíticos como na condução econômica concreta das economias emergentes.

ii) Convém referir-se brevemente às bases principais desta postura, a qual sustenta que o controle da inflação, o equilíbrio fiscal e a abertura completa da conta de capitais são suficientes para alcançar o equilíbrio nas variáveis financeiras, o que por sua vez — em condições de liberalização comercial conduz a equilíbrios macroeconômicos generalizados, e do mesmo modo, à continuidade do crescimento.

Essa visão otimista não foi confirmada pela experiência associável a choques financeiros externos, quando a eles se enfrentam as economias emergentes. Nos anos 1990, as da América Latina procedem a uma decidida abertura financeira e alcançam claros êxitos em reduzir a inflação e equilibrar as contas fiscais. Entretanto, a atividade econômica desses anos se mostra francamente instável, com mudanças do PIB induzidas por variações da demanda agregada, dependentes da evolução dos fluxos de capital. Por outro lado, no Leste Asiático se seguiram cumprindo os requisitos convencionalmente considerados prioritários, a saber, baixa inflação e excedentes fiscais. Mas ao atenuar o controle dos movimentos financeiros, comprometeu-se a sustentabilidade dos equilíbrios na economia real, que aqueles países tinham mantido habilmente nos decênios anteriores. Assim, ao estalar a crise asiática, a maioria dos países emergentes aderiu e desenhou uma "macroeconomia financeira", sob uma forte influência de especialistas na colocação de recursos planejada para horizontes curtos, em busca de rendas financeiras (*financial rent-seeking*). A face oposta deste *modus operandi* prioritário é o franco descuido de condições e prazos da sustentabilidade econômica real.

iii) Ao fazer referência a uma concepção macroeconômica "produtivista", ao enfatizar que esta envolve e supõe um "crescimento real sustentável" e também ao propugnar uma "macroeconomia para o desenvolvimento", estão se utilizando nomenclaturas convergentes. Em todas elas há, subjacente, um modelo básico de desenvolvimento (ou crescimento e transformação produtiva) com eqüidade, no qual se cumprem, ao mesmo tempo, condições lógicas de viabilidade e eficiência. Efetivamente, conforme pôde se ver no capítulo 11, ambas as condições se verificam, uma vez que esse modelo considere a incorporação de progresso técnico e a reabsorção de mão-de-obra subempregada aos ritmos máximos factíveis, sob hipóteses alternativas concernentes à distribuição de renda e à propensão a poupar correspondente.

Um tipo de contexto lógico-formal como o indicado tem como função e objetivo definir os alinhamentos gerais de estratégias alternativas de desenvolvimento a longo prazo nas quais se levem em conta algumas características reais privilegiadas por sua virtual importância. A cada uma corresponderá certa dinâmica produtiva e, do mesmo modo, certos comportamentos intertemporais da composição da produção de bens e serviços e da absorção de força de trabalho.

Entretanto, reconhecer esta necessidade de definir e de se apoiar em estratégias de longo prazo relativas ao âmbito do real, não implica negar que tal esforço básico deve estar associado à consideração do caráter cíclico próprio da evolução recente das economias emergentes, e junto com isso, a um esforço concomitante de atenuar seus movimentos à alta e à baixa, e de desenhar para isso conjuntos adequados de políticas macroeconômicas.

iv) As considerações anteriores sustentam o que poderia se considerar como "uma definição integral de equilíbrios macroeconômicos" (Ffrench-Davis, 2005, p. 25). Como se infere dessas considerações, um ponto de apoio chave de tal definição consiste no traçado de alinhamentos estratégicos gerais sobre o real, com ênfase no âmbito tecnoproductivo, assim como no da ocupação de mão-de-obra em níveis de capacitação e produtividade crescentes. Embora aproximativos e, portanto, necessariamente flexíveis, tais alinhamentos habilitam uma abordagem também tentativa de algumas das condições e variáveis macroeconômicas mais próximas a esses âmbitos. Tais condições macroeconômicas correspondem ao investimento eficiente em capital físico, à porcentagem do mesmo destinado à produção de bens comercializáveis internacionalmente e ao financiamento de tais investimentos com base em uma parcela adequada de poupança interna.

Junto com estes elementos cruciais da definição mencionada, existem outros também de grande relevância, concernentes às relações financeiras externas. A respeito, destaca-se a importância de estabelecer um controle adequado dos passivos líquidos e, sobretudo, da participação dos de curto prazo na dívida externa, de modo a evitar a perda de base de moedas e de prazos, ou de mantê-los em dimensões moderadas. Esta mesma direção se configura também como principal, no que concerne à regulação e supervisão prudentes dos sistemas financeiros internos, ao mesmo tempo que, seguindo-a, se promove a transparência dos mesmos.

Prevenir a emergência de crise e incentivar a produção de bens comercializáveis internacionalmente constituem bases essenciais da sustentabilidade do comportamento da conta corrente do balanço de pagamentos, no sentido de que evitam que surjam nela déficit descontrolados, comprometedores da estabilidade da economia em seu conjunto. Mas tanto este comportamento como seus condicionantes diretos e indiretos mencionados linhas acima, resultam dependentes de certos preços-chave, para os quais é mister manter níveis "corretos" e promover variações "adequadas", isto é, condizentes com a preservação de certos equilíbrios macroeconômicos básicos. A compatibilidade estrutural (de longo prazo) das contas fiscais se perfila como o requisito básico para preservar a taxa de inflação em dimensões reduzidas. Ambas se relacionam estreitamente com a consecução de taxas de juros e taxas de câmbios reais também "corretos" ou "adequados", do ângulo de sua incidência no investimento global e na de bens comercializáveis internacionalmente.

v) Como é claro, o ponto prévio contém uma contagem não exaustiva dos elementos e variáveis de especial relevância quando se busca uma definição, se não plenamente integral, ao menos ampla e abarcativa dos equilíbrios macroeconômicos.[18] Também é claro que a focalização e os intentos de incidir sobre esses elementos e variáveis — além das marcadas especificidades de cada caso — devem ser vistos à luz dos movimentos cíclicos — de auge ou declínio — que vão se apresentando.

No que concerne aos anos 1990, a experiência mostra que é nos períodos de auge que se encontra a origem e se conformam as condições básicas para o comportamento cíclico das economias emergentes. A verdadeira chave deste comportamento foi a franca abertura da conta de capitais durante tais períodos, da qual se derivam níveis e composições da dívida externa que terminam sendo insustentáveis.

Reconhece-se com suma freqüência que a globalização, e particularmente a que se dá nos mercados financeiros pela via da liberalização dos movimentos internacionais de capital, subtrai graus de liberdade às políticas econômicas internas. Por tal motivo deve-se ter presente a possibilidade e necessidade de fazer uso das margens de manobra que seguem prevalecendo.

Especial relevância tem a utilização daquelas margens que permitem regular a entrada de capitais (ou prevenir seus efeitos negativos com medidas como o pré-pagamento da dívida externa e o incremento programado de reservas internacionais). Sobretudo quando ela é associada a outras políticas prudentes (por exemplo, a conformação de fundos de estabilização e as melhorias do balanço fiscal), esta regulação, e a diminuição da vulnerabilidade externa, pode abrir espaço para empreender políticas monetárias e cambiais anticíclicas, evitando o reaquecimento excessivo da atividade econômica próprio das fases de auge. No entanto, as políticas adotadas nestas fases são relevantes para as que se conseguem seguir na fase oposta; e isto porque quando estala uma crise, parte-se de melhores condições para empreender políticas internas que contribuam a minimizar seus efeitos negativos e a acelerar a recuperação.

Os fatos parecem confirmar estes efeitos seqüenciais — tanto negativos como positivos —, em cujo fundo se encontra, em última instância, o cuidado com os ingressos de capital financeiro, quando este tende a fluir em abundância.

Assim, as políticas econômicas passivas ou neutras, junto com o aumento "da vulnerabilidade ante as crises externas [resultaram] extremamente custosas para as economias emergentes" (Ffrench-Davis, 2005, p. 26). São exemplos os seguidos pelo "México na primeira metade da década passada, [e pela] Argentina durante toda ela" (Ffrench-Davis, 2005, p. 26). Contrariamente, Coréia e Malásia, dois países que "desenvolveram políticas macroeconômicas (...) ativas e consistentes" (Ffrench-Davis, 2005, p. 26), obtiveram recuperações rápidas e efetivas depois de crises graves, seguindo cada um políticas compatíveis com suas especificidades.

vi) Resumindo, trata-se de conceber e desenhar, de acordo com circunstâncias específicas, uma "macroeconomia para o desenvolvimento" que reconsidere objetivos reais e de longo prazo — incluindo metas de emprego e eqüidade —, mas que vá se aplicando em um marco de controle e atenuação dos movimentos cíclicos do nível de atividade.

A definição desses objetivos e a construção deste marco envolvem uma tarefa política persistente, embora não por isso delineada com rigidez ou inflexibilidade. Mas essa tarefa — que bem pode entender-se como a criação, ao mesmo tempo decidida e paciente, de uma política nacional de desenvolvimento — encontra-se imersa no que foi caracterizado como uma "síndrome de duplo eleitorado" (Pietrobelli e Zamagni, 2000, citados no Ffrench-Davis, 2005, p. 27): o da contradição entre a vontade das maiorias, democraticamente sustentada, e a necessidade de conhecer os interesses dos investidores financeiros (em geral muito pouco orientados para o investimento produtivo).

Mais concretamente, nos dias que correm, enfrenta-se reiteradamente o risco de que as decisões das autoridades políticas — que deveriam ser tomadas levando em conta horizontes de longo prazo e em busca de um crescimento sustentado com melhorias persistentes da produtividade e eqüidade — privilegiem tacitamente os pontos de vista de peritos em microfinanças, capazes de exacerbar as tendências especulativas e de conduzir aos ajustes traumáticos que costumam derivar destas tendências.

ANEXO
A INTERNACIONALIZAÇÃO FINANCEIRA: OS FATOS RECENTES E SEU SIGNIFICADO

Como já se antecipou, este breve anexo corresponde também às temáticas financeira e macroeconômica, favorecendo a compreensão de argumentos precedentes.

i) Nos três decênios prévios ao atual (anos 1970, 1980 e 1990) houve mudanças significativas com respeito às correntes financeiras internacionais. Um aspecto destacável dessas mudanças consiste na elevada magnitude dos fluxos que as conformam, assim como a alta presença de capital privado nestes últimos.

ii) A evolução de tais fluxos é conhecida. No decênio de 1970 colocaram-se recursos de excedentes dos países petroleiros em grandes bancos, e por meio destes, ficaram à disposição de diversas economias em desenvolvimento, em volumes consideráveis.

No decênio seguinte, quando se deu a crise do México de 1982, produziu-se nas economias desse tipo uma escassez de financiamento externo, a qual foi particularmente severa nos países latino-americanos.

Já no decênio de 1990, estes países voltaram a receber financiamento abundante, mas não sem notória volatilidade e intermitência. Fortes correntes de capital retornaram entre 1991 e 1994. Entretanto, em fins deste ano sobreveio no México a chamada "crise da tequila", que deu lugar a uma saída de fluxos de carteira que se prolongou até o ano 1995. Esta saída, que se verificou primeiro no México, reproduziu-se por "contágio" na economia argentina, afetando-a durante um lapso similar. Já em 1996-1997 houve um renovado acesso ao financiamento externo, enquanto no período posterior — entre 1998 e 2002 — produziu-se uma nova escassez, agora por efeito de contágio da crise asiática de 1997.

iii) No que concerne aos movimentos internacionais de capital, as economias emergentes do Leste da Ásia mostram uma evolução ao mesmo tempo paralela e diferente da verificada nas da área latino-americana. Como já se indicou, durante os anos 1980, estas últimas sofreram uma aguda escassez de financiamento externo. Por outro lado, as primeiras — com a única exceção das Filipinas — não se viram afetadas pelos vaivéns dos mercados financeiros internacionais: no ato tomaram medidas paliativas, evitando assim possíveis efeitos de contágio. Do mesmo modo, a julgar pela experiência, até 1996 estas economias pareciam imunes a instabilidades associadas aos fluxos de capital, tanto por sua prosperidade continuada como por seu comportamento não afetado pela crise da tequila. Entretanto, os "acontecimentos posteriores mostram que já não operou essa imunidade, o que implica que ambas as regiões suportaram forças desestabilizadoras comuns" (Ffrench-Davis e Ocampo, 2001, p. 3).

iv) Os movimentos de capital a que se vem aludindo, assim como as mudanças que envolvem, guardam relação e encontram apoio em certas mudanças institucionais acontecidas concomitantemente. A mais geral corresponde à liberalização desses movimentos e, junto com isso, à redução de restrições para o uso de moedas estrangeiras. Este fenômeno da liberalização financeira vai se estendendo a cada vez mais países nas décadas de 1970 e 1980 e não só segue ampliando-se na década posterior, mas também acentua sua profundidade em termos da supressão de normas preexistentes. Cabe observar, porém, que a marca desta tendência não impede de reconhecer que tanto os ritmos como a profundidade da abertura financeira varia nos países, e que em diversas economias emergentes — notoriamente as do Sudeste Asiático — vai se realizando com marcada cautela (caso de Taiwan).

Outros fenômenos convergem com as mudanças institucionais aludidas e são particularmente significativos nos anos 1990. Estes têm em sua base a intensidade das inovações em matéria de informática e de telecomunicações e as possibilidades que permitem o uso de técnicas cada vez mais refinadas nas transações financeiras, dando lugar, inclusive, à emergência de novos tipos de ativos e métodos de análise de perspectivas e de avaliação de riscos.

Tudo indica que essas mudanças institucionais e as resultantes da revolução tecnológica deram, de forma imbricada, contribuições fundamentais ao notável auge dos fluxos financeiros internacionais dos anos 1990. Mundialmente, o volume dos ativos financeiros "esteve evoluindo a uma velocidade muito mais acelerada que o comércio internacional e (...) a produção" (Ffrench-Davis e acampo, 2001, p. 4). Em outras palavras, nesses anos se verificou uma disparidade ou assimetria entre o ritmo de aumento dos ativos reais e o correspondente aos ativos financeiros. Por outro lado, este processo de crescente "financeirização da riqueza" vem-se dando — conforme se indicou — em um marco de forte aumento dos movimentos internacionais de capital, habitualmente caracterizado como de "globalização financeira".

v) A composição das correntes financeiras internacionais para as economias emergentes mostra uma mudança significativa na década de 1990, em relação à que fora peculiar dos anos 1970, quando havia um claro predomínio dos créditos bancários de longo prazo, com estados e entidades públicas como destinatários principais. Já na década expressa, os capitais se orientam para uma maior variedade de destinos e incluem, por exemplo, os investimentos de carteira, os empréstimos bancários de curto e médio prazo e os depósitos a prazos reduzidos. Ainda mais, as novas orientações, que em geral são de curto prazo ou líquidas, passam a constituir uma elevada proporção da oferta global de financiamento externo. É assim como, paradoxalmente, uma composição mais diversificada deste financiamento traz consigo a presença de fluxos, sujeitos a mudanças de expectativas e, em conexão com isso, a uma notória volatilidade.[19]

A volatilidade se liga ao fato de que a mesma opera no médio prazo, configurando-se, pois, como um fenômeno que afeta o desempenho das economias emergentes com o passar do tempo. Cabe levar em conta que cada fluxo específico de capital de alta liquidez costuma ingressar nas economias emergentes depois da busca de lucros, os quais podem se realizar pela via de um fluxo posterior de sentido inverso (isto é, de entrada de recursos financeiros). Mas, ante expectativas favoráveis, produzem-se conjuntos de operações de ingresso de capitais em quantidades que compensam as saídas com o lucro de aumentos dos rendimentos líquidos a ritmos elevados. Do mesmo modo, uma tendência de sentido inverso se intensifica com a acumulação de passivos externos: a médio prazo, a probabilidade de mudança das expectativas é capaz de induzir saídas maciças de recursos, implicando uma forte redução do ritmo de seus ganhos líquidos ou até o surgimento de fluxos negativos.

Embora em sua base se encontrem os fluxos e refluxos dos capitais externos que operam a curto prazo, a volatilidade de médio prazo não concerne só a estes, mas ao conjunto dos movimentos financeiros, incluídos os de prazos longo e intermediários. Quando as expectativas são favoráveis, o ingresso dos capitais de curto prazo procede com intensidade, o qual favorece os ingressos dos capitais de longo prazo, enquanto a forte disponibilidade dos primeiros atua como confirmação visível — e aparentemente inequívoca — de um marco de expectativas promissoras. O oposto ocorre quando as expectativas trocam de signo: os capitais de curto prazo — muitos deles de índole especulativa — captam os novos sinais com rapidez, diminuindo seu ingresso líquido ou transformando-o em negativo. A mudança incide em direção similar sobre os capitais de longo prazo, que em parte o percebem por meio do comportamento dos capitais de curto prazo ou especulativos.

De resto, nas economias emergentes, a volatilidade dos capitais estrangeiros está vinculada à atuação de agentes e analistas financeiros, que por um lado veiculam boa parte das entradas e saídas desses capitais e, por outro, estudam e delineiam os resultados esperáveis. Ambos os atores do mundo das finanças confluem na tarefa de perceber sintomas de mudanças que tendem a alterar as expectativas e também na de captar os reflexos desses sintomas em outro que os sintetiza: os movimentos previsíveis, de alta ou de baixa, dos ganhos líquidos de capitais de curto prazo.

vi) Como pode se apreciar, a volatilidade de médio prazo dos capitais internacionais, globalmente considerados, se expressa e concretiza naqueles fenômenos a que se fez referência com antecedência: abundância ao término da crise dos anos 1980; breve escassez em torno da crise do tequila; nova abundância posterior; reiteração da escassez, como resultado da crise asiática.

Estes fenômenos, assim como as considerações tecidas em torno dos mesmos, demonstram o caráter cíclico que adquirem os fluxos de capital externo destinados às economias emergentes dos anos 1990. Tais fluxos possuem um caráter pró-cíclico, pois sua abundância ou escassez se configuram como determinantes principais das altas e contrações dos níveis de atividade que aparecem nessas economias durante o período mencionado. Cabe apontar, além disso, que tais ciclos internos tendem a originar-se em economias emergentes que são percebidas e qualificadas como "bem-sucedidas" e, em conexão com isso, como propensas à estabilidade.

Estes dois temas relevantes — quer dizer, a afluência cíclica de capital externo e os ciclos internos gerados nas economias mencionadas — foram examinados no texto principal (seção III).

Notas

1. Em relação às distintas visões com que é enfocado, menciona-se a dissertação de Helleiner (2000). Sobre o tema da globalização, faz-se também referência aos seguintes documentos: Albert (1992) e Rodrik (2001).
2. Utiliza-se essa expressão como oposta a *level playing field*, que sugere a existência de igualdade de condições para todos.
3. Conforme aponta o estudo recente de José Antonio Ocampo e María Ángela Parra (Ocampo e Parra, 2003), mencionado no capítulo 3.
4. O texto aludido menciona vários autores do início da economia do desenvolvimento (Rosenstein-Rodan, Nurkse, Myrdal, Hirschman) e se refere, além disso, aos seguintes documentos: Ros (2000) e Krugman (1990).
5. Quanto às possibilidades de convergência, oferece-se bibliografia sobre o chamado "crescimento endógeno", ou seja, Lucas (1988); Romer (1990b) e Grossman e Helpman (1991).
6. A respeito, podem ser consultadas as idéias de Fajnzylber que constam do capítulo 11, seção I, e também os referentes incluídos no capítulo 5, seção II, subseções 1 e 2.
7. Convém explicitar as fontes que se configuram como de especial importância na elaboração desta seção, algumas já mencionadas e outras de elaboração recente. Ou seja: Cepal (1995, terceira parte; 2000a, cap. VIII e 2002, parte I); Ffrench-Davis (1999; 2003a e 2005); Ffrench-Davis e Ocampo (2001); Ocampo (2003b e 2005a).
8. Ver Ffrench-Davis (2005, p. 14). Ao longo dessa década, produziu-se uma crescente participação da IED nos fluxos de capital, em grande parte sob a forma de fusões e aquisições. Mas a conta de capitais continuou incluindo uma alta proporção de ativos desvinculados da geração direta de capacidade produtiva, circunstância que se liga a sua reversibilidade.
9. Ver Ffrench-Davis (2005, p. 15), onde se menciona a Pfaff (2000) como fonte destas afirmações.

10. As características e precondições institucionais de sua oferta são mencionadas em anexo.
11. De resto, parece se estar configurando certa tendência para a homogeneização dos agentes credores. Conforme se destaca, a globalização pode desincentivar a consulta à informação e fortalecer a imitação de portifólios "consagrados" pelo mercado (Calvo e Mendoza, 2000, citados em Ffrench-Davis 2005, p. 16).
12. Mais adiante poderemos ver que este comportamento difere do correspondente aos *spreads* de empréstimos contratados em moeda local.
13. O enfoque monetário do balanço de pagamentos pode ser considerado uma forma extrema da perspectiva mencionada. Este postula que, da adoção de uma taxa de câmbio fixa e de um regime de caixa de convertibilidade resulta a regulação automática da emissão monetária, a qual obriga as autoridades econômicas a preservar o equilíbrio fiscal. Assim, no marco desse enfoque, percebe-se este último como uma das políticas macroeconômicas "espontaneamente" induzida pelo livre movimento dos fluxos de capital.
14. Voltaremos a este tema do equilíbrio fiscal mais adiante.
15. Neste parágrafo subjaz certo argumento básico, considerado anteriormente. Conforme se indicou, em condições de liberalização comercial, tende-se a gerar e a reproduzir uma disparidade de ritmos de avanço técnico entre centros e periferia. Sem o recurso a políticas tecnoprodutivas adequadas, esta disparidade atuará em prejuízo da competitividade periférica, comprometendo parcialmente sua aptidão para investir e limitando o nível máximo acessível por seu coeficiente de investimento. Conforme se sustenta, esta tendência se vê agravada nas fases recessivas dos ciclos. Com o advento destas, ao se gerar capacidade ociosa e reduzir-se o investimento, menor deverá ser o número de atividades nas quais se possam alcançar níveis tecnológicos compatíveis com a competitividade. Neste reencaminhamento estar-se-á, pois, frente a uma fronteira tecnológica mais longínqua que antes da contração, ao mesmo tempo que se tornará inviável reaproveitar a capacidade instalada em múltiplas atividades, afetadas pela obsolescência tecnológica. Em definitivo, estes dois elementos confluem na explicação da dificuldade de voltar ao coeficiente de investimento prévio aos movimentos contrativos. Um breve exemplo ilustra o tema: na experiência latino-americana, este coeficiente caiu 1,5 pontos percentuais nos anos 2000-2002, em relação a seu valor médio em 1992-1999, situando-se abaixo do que corresponderia à "década perdida".
16. Um ponto-chave nesse avanço está constituído pela ampla abordagem do tema pertinente, contido em Ffrench-Davis (1999). É preciso assinalar que o exame deste tema possui antecedentes relevantes em trabalhos de Ramos (1985 e 1986) e de Devlin (1989).

17. Pontos de vista convergentes ou complementares com os que sustenta R. French Davis em seu artigo de 2005 encontram-se em outro do mesmo ano, de J. A. Ocampo (2005a), mencionado na bibliografia.
18. Os documentos da Cepal de 2000, 2001 e 2002 retomam o conceito de pacto fiscal e reiteram os cinco objetivos principais definidos no que data de 1998 (ver capítulo 12, II , 3 e 4). Entretanto, nos primeiros documentos mencionados, este conceito se integra a um contexto analítico renovado, em que as idéias cepalinas originárias voltam a incidir nas mudanças de estruturas (produtivas e ocupacionais) no desenvolvimento, e em conexão com isso, o protagonismo do Estado em sua impulsão. Por outro lado, tais documentos dão maior relevância à necessidade "de fixar os objetivos fiscais (...) em termos de uma definição do déficit estrutural" (Cepal, 2000a, p. 222). Posto em outros termos, enfatiza-se que a política fiscal deve "inscrever-se em um marco plurianual e reger-se por critérios de longo prazo orientados a garantir um equilíbrio fiscal estrutural, que admita superávit e déficit conjunturais moderados e contracíclicos" (Cepal, 2002, p. 107).
19. É de observar que esta composição sofre alterações em distintos períodos. A modo de exemplo, cabe assinalar que, posteriormente à crise do tequila, aumenta na América Latina a proporção correspondente ao investimento estrangeiro direto (embora em grande parte — ao redor de 40% — destinada à aquisição de empresas, e não à instalação de nova capacidade produtiva). Entretanto, esse aumento não impediu que as dimensões relativas dos fluxos sujeitos à volatilidade seguissem sendo consideráveis.

14. O desenvolvimento como processo integral

No início do século XXI se completa uma década de esforços em busca da renovação do pensamento cepalino, tanto em matéria de interpretação quanto de propostas sobre o desenvolvimento da América Latina. Nesse esforço não foi desconsiderada a realização de diagnósticos e balanços detalhados sobre esse desenvolvimento e sobre os desafios envolvidos em uma virtual melhoria de sua dinâmica e seus resultados.

É assim que, no final da década anterior, foi se tornando visível que a estratégia de abertura então aplicada apresentava um déficit quanto aos ritmos de crescimento e aos graus de vulnerabilidade macroeconômica; e muito em particular, notórias deficiências no concernente à acentuação da heterogeneidade estrutural e dos problemas ocupacionais, e com eles, os da pobreza e a exclusão social.[1]

Transcorrida a década mencionada, novos balanços vêm reafirmar esses pontos de vista, mostrando como principais questões por resolver a freqüente exigüidade das taxas de crescimento do produto e da produtividade média e também, em muitos países, os consideráveis níveis de informalidade urbana e desemprego aberto, a deterioração da distribuição de renda e a emergência de problemas de coesão social e de governabilidade (Cepal, 2000a, cap. II).

Como se pode apreciar, os pontos de vista mencionados concernem ao mesmo tempo aos âmbitos econômico, social e político do desenvolvimento, simultaneidade em cujo fundo se esconde um retorno ao que se considera "a idéia mais cara à história da Cepal como instituição: a do desenvolvimento como um processo integral" (Cepal, 2000a, p. 10).

No entanto, cuida-se de apontar que uma visão desse tipo "implica algo mais que a mera complementaridade entre políticas (...) econômicas, (...) sociais, (...) de ordenamento democrático (...) [e também] ambientais" (Cepal, 2000a, p. 12). E, sim, o possível e condizente é ver o desenvolvimento como uma totalidade em movimento, a cujo movimento não é alheia a intencionalidade. E isto tanto pela relevância da ação de certos agentes-chave quanto pelo papel do Estado no impulso de políticas nos âmbitos mencionados, que brevemente podem denominar-se "estratégias de transformação estrutural", as quais são objeto da seção I do presente capítulo.

Os documentos em que se conforma essa posição renovada voltam para as questões "mais que econômicas" do desenvolvimento, mas as abordam incorporando dois objetivos estratégicos adicionais: o primeiro consiste no pleno exercício da cidadania, e o segundo, na garantia das identidades culturais próprias da região. Estas questões são tratadas nas seções II e III deste capítulo 14, enquanto a seção IV resgata a particular importância de tais pontos, em uma visão ampliada e enriquecida do chamado "desenvolvimento integral".

I. AS ESTRATÉGIAS DE TRANSFORMAÇÃO ESTRUTURAL

i) Por sua complexidade essas estratégias são apresentadas com base no diagrama 1. Ao inscrever-se na tradição do estruturalismo latino-americano, a visão integral do processo de desenvolvimento (ou das estratégias de transformação estrutural, que a representam) parte do "contexto institucional". No nível de abstração mais alto, esta designação engloba os âmbitos "social, político e cultural" desse processo (quadro 1). Mas, da perspectiva de países de menor desenvolvimento, como os latino-americanos, nestes âmbitos se perfilam certos traços-chave. A modo de exemplo, merece ser destacada a presença de uma forte heterogeneidade que, além de possuir uma clara base econômica, se expressa nos perfis de uma estrutura social condicionada pela presença e reiteração de certa dicotomia básica: a que se dá entre inclusão e exclusão, isto é, entre atores, grupos e classes com incidência (embora diferenciada) na tarefa social, e aqueles outros que estão situados nas margens do mesmo, com possibilidades de atuação limitadas e subordinadas.

É claro que esta dicotomia não é definitiva, *per se,* das peculiaridades da estrutura social nem das possibilidades abertas a suas mutações. Mas, também a modo de exemplo, desempenha um papel relevante na formação das estruturas de poder político, por meio dos fundamentos sociais de sustentação dessas estruturas. Do mesmo modo, é possível admitir que heterogeneidade social e estruturas de poder são condicionantes das "formas de apropriação do excedente", com base na qual incidem em seu uso.[2] O diagrama 1 registra, e ao mesmo tempo sugere, que os três elementos mencionados (quadros 1a, 1b e 1c) exercem influência no desenvolvimento, favorecendo-o ou desfavorecendo-o em distintos graus, segundo os casos. Pelo resto, tal influência também se verá condicionada por outros aspectos e vínculos da estrutura institucional, como os relacionados com o âmbito da cultura, a que faremos referência adiante.

ii) De tal maneira, a mesma tradição estruturalista antes mencionada leva a considerar o "contexto estrutural" (quadro 2), que engloba diversos elementos de índole essencialmente econômica.

Entre tais elementos destaca-se o constituído pelos "aparelhos produtivos e tecnológicos", isto é, pela estrutura material que sustenta a produção de bens e serviços, que compreende as técnicas com que essa produção se leva a cabo (quadro 2a). Ressaltam, do mesmo modo, as "características dos agentes empresariais" (quadro 2b), por cujas atividades são mobilizados os aparelhos produtivos e tecnológicos a que se acaba de fazer referência.

Por outro lado, as peculiaridades do contexto estrutural estarão influenciadas pela "configuração dos mercados de fatores e produtos" (quadro 2c), nos quais interagem os agentes empresariais mencionados, entre si e com os demais agentes econômicos que intercambiam fatores de sua propriedade ou adquirem bens e serviços de distinta índole.

O seguinte elemento mencionado concerne à "dotação de fatores" (quadro 2d). Conforme se argumenta, a maior ou menor abundância destes possui uma influência relevante no contexto estrutural. A respei-

DIAGRAMA 1

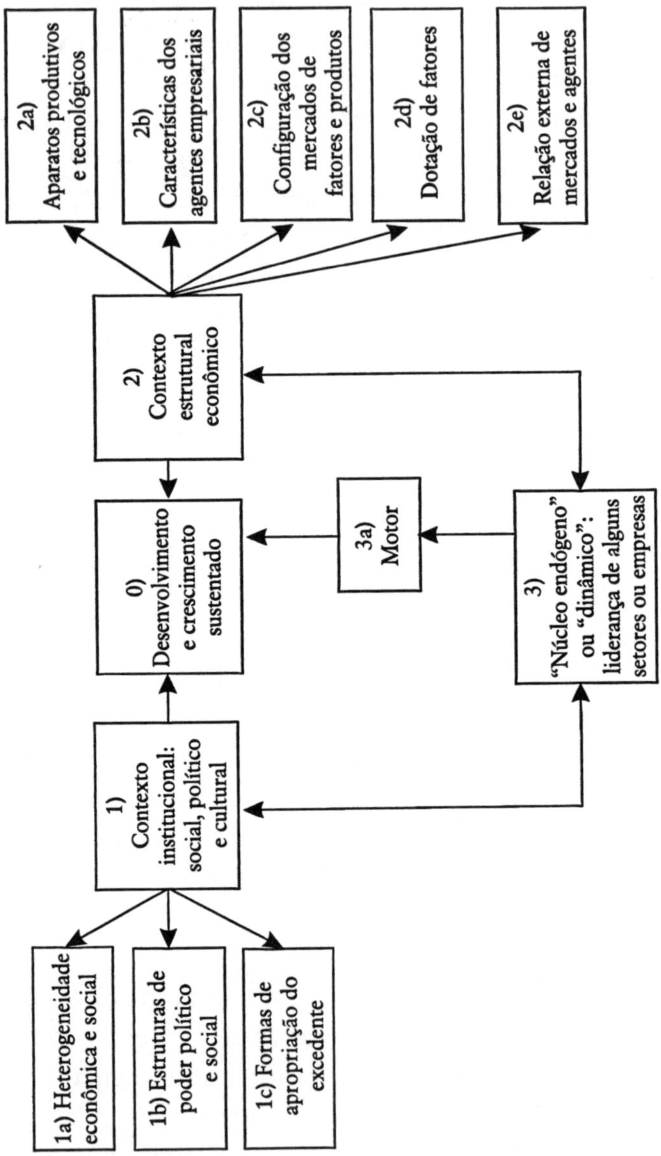
1a) Heterogeneidade econômica e social
1b) Estruturas de poder político e social
1c) Formas de apropriação do excedente
1) Contexto institucional: social, político e cultural
0) Desenvolvimento e crescimento sustentado
2) Contexto estrutural econômico
3a) Motor
3) "Núcleo endógeno" ou "dinâmico": liderança de alguns setores ou empresas
2a) Aparatos produtivos e tecnológicos
2b) Características dos agentes empresariais
2c) Configuração dos mercados de fatores e produtos
2d) Dotação de fatores
2e) Relação externa de mercados e agentes

to, como é freqüente, as condições próprias do subdesenvolvimento tendem a se refletir em uma escassez relativa de capital e em uma superoferta de mão-de-obra que se manifesta nas distintas formas do subemprego ou da informalidade. Finalmente, considera-se que o "relacionamento externo de mercados e agentes" (quadro 2e) constitui um componente do contexto estrutural de especial significação, que se percebe com clareza na experiência latino-americana.

iii) Como se observa no diagrama comentado, contexto institucional (social, político, cultural) e contexto estrutural (basicamente econômico) configuram-se como os dois grandes condicionantes do processo de desenvolvimento, globalmente considerado.

No entanto, de uma perspectiva estratégica, considera-se que a entrada em marcha deste processo e a sustentação de sua dinâmica encontram-se decisivamente condicionadas pela presença e pela liderança de um "núcleo endógeno" (quadro 3), formado por "alguns setores e empresas" possuidores de uma capacidade especial, tanto para gerar como para "propagar progresso técnico", a partir de cuja capacidade este núcleo se configura como o "motor" básico do processo mencionado (quadro 3a).

Esta visão estratégica, que concebe a mudança estrutural global como impulsionada pela liderança de alguns setores e empresas da atividade econômica, possui pontos de contato e similaridades com as propostas de Fajnzylber examinadas anteriormente (capítulo 11, I). Nelas, o chamado "núcleo endógeno de dinamização tecnológica" estava definido, justamente, no plano de uma proposta estratégica, em última instância dependente da presença e da ação de um conjunto "de agentes internos que assumem a responsabilidade pela concepção e instrumentação" (Fajnzylber, 1983, p. 375) da própria proposta, com vistas a superar atrasos virtualmente acumulados e, inclusive, a realizar as potencialidades de cada país em matéria de conhecimentos e recursos.

Também coincidindo com Fajnzylber, no documento mencionado não se outorga maior peso nem atenção a agentes individuais supostamente "representativos". Pelo contrário, a ênfase recai na incidência que sobre o "núcleo endógeno" (quadro 3) exercem, de um lado, o "contexto estrutural" (quadro 2) e, do outro, o "contexto institucional" (quadro 1). Do mesmo modo, o reconhecimento de tal incidência não exclui, mas supõe, a exercida por aquele núcleo básico e por sua dinâmica na readaptação de ambos os contextos, inscrita no processo global de mudança em que consiste o desenvolvimento, que se manifesta e se faz perceptível por meio da continuidade do crescimento do produto (quadro zero).[3]

iv) Como se pôde ver, a "visão integral" do desenvolvimento define o chamado "núcleo endógeno" com base na conformação do mesmo por certos setores e empresas. A prioridade que esta definição dá a tais elementos "econômicos" obedece a que é neles que há possibilidades de progresso técnico significativo. No entanto, essa definição não implica ignorar que a realização dessas possibilidades, e a ação empresarial da qual depende, requer marcos institucionais adequados. Os mais gerais concernem ao Estado e ao aparelho governamental em cujo poder encontra expressão direta, pois o apoio deste aparelho para aquela ação — e, por trás dele, a articulação de interesses públicos e privados — é fundamental para a força e a eficácia do núcleo endógeno no exercício de sua tarefa de motor de um crescimento significativo e sustentado do produto social. Como se verá em seguida, o sustento desta resultante agregada deve ser rastreado na dinâmica das estruturas produtivas.[4]

v) Assim, esta última se examina de acordo com as recentes percepções evolucionistas do progresso técnico, que enfrentam apuros nos escritos da Cepal que merecem especial atenção no presente capítulo.[5]

Convém começar relacionando a dinâmica mencionada a dois conceitos-chave, que sintetizam aspectos particularmente relevantes das teorias do progresso técnico mencionadas e que aludem às inovações e às complementaridades (diagrama 2).

As primeiras são "(...) entendidas em um sentido amplo como um conjunto de atividades novas que tendem a dinamizar os setores produtivos" (Cepal, 2000a, p. 240). Conforme indicamos, esta definição genérica é de raiz schumpeteriana, e como tal abrange o âmbito dos bens e serviços e da qualidade dos mesmos, assim como os métodos produtivos e sua transformação, considerando-se, além disso, que estes últimos também compreendem os sistemas de comercialização e as fontes de matérias-primas.

As chamadas complementaridades se dão tanto entre empresas como entre atividades ou setores produtivos. Elas se consideram associadas e se associam "à existência de redes de ofertantes de bens e serviços, seu grau de especialização, aos canais de comercialização estabelecidos e às instituições que regulam sua conduta e servem como canal de informação e coordenação entre os agentes" (Cepal, 2000a, p. 240).

DIAGRAMA 2

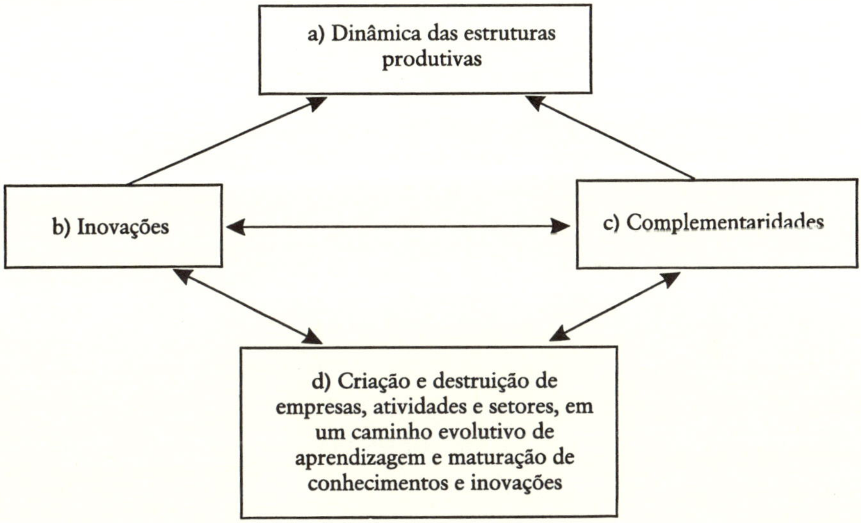

Conforme se afirma, as duas forças impulsionadoras da dinâmica das estruturas produtivas interagem favorecendo-se reciprocamente e aumentando seu potencial transformador conjunto. Assim, por exemplo, a inovação pode se traduzir em processos nos quais a especialização aumenta significativamente, suscitando a geração ou ampliação de complementaridades entre atividades e empresas e elevando seus níveis tecnológicos e sua produtividade. Inversamente, as complementaridades geradas ou ampliadas podem facilitar a consecução do avanço técnico em distintas atividades e empresas não diretamente participantes das relações de complementaridade.

vi) Por meio dos quadros a, b e c, o diagrama 2 reitera e sintetiza a concepção segundo a qual a "dinâmica das estruturas produtivas" apóia-se em duas forças básicas e em sua interação, ou seja, as "inovações" e as "complementaridades".

Conforme se concebe, as trajetórias de mudanças destas estruturas se dão tanto mediante a criação de empresas, atividades e setores quanto por meio da destruição de outros (Cepal, 2000a, p. 240). Mas além disso, cuida-se de assinalar que estes processos paralelos de criação e destruição estão vinculados a um "caminho evolutivo de aprendizado e maturação de conhecimentos e inovações" (quadro d).[6]

Habitualmente, a inovação — na qual se concretiza o progresso técnico — tem em sua base a geração e acumulação dos conhecimentos inerentes ao progresso técnico. Cabe acrescentar que tais conhecimentos se associam e surgem do aprendizado, tanto do que se obtém na reiteração dos processos produtivos[7] como o que se obtém em atividades levadas a cabo de forma lateral a estes processos, *grosso modo* identificáveis como de "pesquisa e desenvolvimento".

As duas formas de aprendizado mencionados originam conhecimentos que, ao concretizar-se em inovações, tendem a maturar, isto é, evoluem positivamente, por meio e em conseqüência dos próprios processos de inovação. Paralelamente pode-se afirmar que as inovações vão se aperfeiçoando ou que também "maturam", e tal "maturação" constitui — efetivamente — outro ângulo a partir do qual se pode enfocar — a maturação que se atribui aos conhecimentos.

Conforme se argumenta, a geração de conhecimentos por meio do aprendizado, assim como a maturação destes conhecimentos e das inovações em que se plasmam, está na base dos aumentos da produtividade dos recursos, aumentos que muitas vezes se relacionam com a obtenção de novas ou maiores economias de escala.

As noções básicas que vimos podem ser estendidas para dar entrada a certos significados relevantes do conceito de complementaridade. Os conhecimentos originados no aprendizado (ou em sua maturação) não se concretizam sozinhos nem majoritariamente em inovações inscritas em atividades ou empresas isoladas ou carentes de interconexões. Ao contrário, tais conhecimentos (convém insistir: e o progresso técnico que neles se vai plasmando) incidem com freqüência em conjuntos amplos de atividades ou empresas. Uma parte destas se vê diretamente beneficiada pelos aumentos de produtividade que os novos conhecimentos permitem. Outras são favorecidas por adaptações secundárias dos conhecimentos novos mais relevantes, adaptações que redundam também em aumentos diferenciados e menos intensos da produtividade. Do mesmo modo, diversas empresas e atividades passam a defrontar-se com custos mais baixos em suas relações de intercâmbio, como resultado da maior concentração com que as trocas se produzem ou, ainda, pela melhoria da informação em que se baseiam, muitas vezes associada a vínculos especiais estabelecidos no interior de redes de empresas.

Assim, da perspectiva anterior, as complementaridades podem ser percebidas como uma acumulação imbricada e interativa de conhecimentos em conjuntos de atividades e empresas, com o conseqüente favorecimento da inovação em várias delas e, portanto, no próprio conjunto. Pode-se aduzir, do mesmo modo, que tais favorecimentos — que redundam em aumentos da produtividade física dos recursos no seio da produção, e também em reduções de custos de transação nas relações de troca — traduzem e expressam o que habitualmente se entende por "economias externas tecnológicas".[8]

As marcações precedentes permitem reconsiderar a visão da dinâmica das estruturas produtivas que o diagrama 2 refere sinteticamente. Esta dinâmica tem, no fundo, o percurso de caminhos evolutivos de aprendizado e de maturação de conhecimentos e inovações. O percurso das mesmas implica colocar em marcha investimentos em distintas atividades e empresas. No entanto, isso implica a obsolescência e destruição de outras preexistentes, pois as técnicas que estas últimas empregam tornam-se ineficazes, impedindo a continuidade de seu uso.

No percurso mencionado são gerados conhecimentos que correspondem a conjuntos de atividades ou empresas e que se traduzem na emergência de novas complementaridades entre as mesmas; estas favorecem seu desenvolvimento por meio de inovações que vão se dando com certo grau de concomitância ou aproximação temporária, e também com graus de interconexão variáveis, embora significativos. Mas de forma similar ao já expresso em relação a cada inovação particular, a emergência de novas complementaridades compromete outras previamente desenvolvidas e, com isso, a eficácia produtiva e a sobrevivência de certos conjuntos de atividades e empresas ou de partes apreciáveis desses conjuntos. No demais, com freqüência se reconhece que esta emergência e vontade de complementaridades é de particular importância na dinâmica das estruturas produtivas, justamente por implicar a criação e a destruição de grupos mais ou menos amplos de atividades ou empresas constitutivas de tais estruturas.

vii) Embora simplificadas ao extremos, as considerações do ponto precedente resultam úteis para apreciar aspectos da dinâmica mencionada, assim como dos conhecimentos que requer, quando se parte de condições peculiares dos países de menor desenvolvimento.

Pode-se dizer que tais condições estão relacionadas com a circunstância de que múltiplos "caminhos evolutivos de aprendizado e maturação de conhecimentos e inovações" já foram percorridos e continuam sendo transitados antecipadamente nos grandes centros. De outro ângulo, a circunstância assinalada consiste em que o desenvolvimento tecnológico destes últimos constitui, da perspectiva da periferia, uma fronteira tecnológica já constituída da qual, em princípio, é possível aproximar-se, mas que, além disso, se configura como uma fronteira em expansão, em princípio renovadora de oportunidades de investimento e desenvolvimento.

No entanto, esta disponibilidade real e potencial de novas técnicas não dispensa a realização de esforços próprios. Por um lado, elas se expressam em novos bens, mas elaborá-las requer alcançar fórmulas adequadas para a imitação ou adaptação das mesmas. Por outro, tais técnicas têm expressão em novos processos produtivos, mas utilizá-los requer introduzir alterações significativas, associadas a virtuais inadequações dos recursos e das escalas disponíveis.

A disparidade tecnológica em relação aos centros a que aludem os parágrafos anteriores, assim como os esforços próprios de aprendizado e geração de conhecimentos necessários para aproveitar na periferia as oportunidades que brindam, adquire certas conotações especiais, concernentes ao tema das complementaridades.

Conforme se argumenta, estas foram fortemente influenciadas e potencializadas pelo rápido avanço técnico dos anos recentes, bem como pelo processo de globalização. A respeito, dois fenômenos ressaltam nos documentos em consideração. O primeiro corresponde à desintegração espacial das "cadeias de valor", que se vem traduzindo na relocalização geográfica de partes de distintos processos produtivos. Esta nova tendência implica que, em certos casos, perde importância a proximidade dos fornecedores de insumos, enquanto aumenta de forma considerável a do acesso a certos serviços de infra-estrutura — por exemplo, os de transporte e correlatos — e também aos serviços financeiros. O segundo fenômeno concerne a uma tendência que se configura como de sentido inverso ao anterior: se se levar em conta que a especialização aumenta, as complementaridades emergentes resultam, em outros casos, em aglomerações de conjuntos de atividades radicadas em locais específicos.

No entanto, tanto a desintegração como a aglomeração espacial — ambas resultantes da emergência e do aproveitamento de novas complementaridades — são primordialmente conduzidas por meio da ação de grandes empresas transnacionais (ou dos grandes conglomerados que elas lideram), no marco de uma forte concentração de poder econômico nas mesmas.

Tanto no geral como no âmbito examinado das complementaridades a disparidade tecnológica possui a dupla implicação registrada em parágrafos anteriores: por um lado, abre possibilidades para aproveitar o progresso técnico gerado nos centros; por outro, implica riscos de defasagem contínua em matéria de conhecimentos tecnológicos, de aumento da brecha quanto à capacidade de criá-los e até de padecer graus diversos de exclusão no que concerne à relocalização geográfica de atividades.

A primeira das alternativas apontadas pode ser realizada enquanto exista ou se gere e consolide um “núcleo endógeno” com lideranças adequadas, como aquele a que se fez referência anteriormente (e que registra o diagrama 1, quadro 3). Este núcleo pode ser constituído como fonte principal do “predomínio de (...) forças criativas”, capazes de “induzir proativamente processos (...) rápidos de aprendizado”, que geram “importantes oportunidades de investimento”, assim como “a criação induzida de economias”, por sua vez bases de “círculos virtuosos de rápido crescimento” e da “absorção (...) crescente de trabalhadores em atividades dinâmicas” (Cepal, 2000a, p. 241-2).

Inversamente, a ausência dessas forças criativas pode dar lugar à persistência do atraso tecnológico, às debilidades em matéria de crescimento e à reiteração do subemprego e da exclusão social (Cepal, 2000a, p. 242).

Esta disjuntiva básica se inclina pelo franco apoio à opção que perfilam os resultados positivos antes resenhados. De maneira que esse apoio deve se expressar em políticas públicas decididas, que se articulem em “estratégias de transformação estrutural”, concebidas para lhes dar impulso, continuidade e eficácia. O ponto que segue resenha alguns dos principais aspectos destas estratégias.

viii) Como se verá em seguida, tais aspectos concernem primordialmente ao chamado “contexto estrutural” (diagrama 1) e, como tais, correspondem em essência a questões econômicas. Entretanto, não se abordam as recomendações sobre a condução macroeconômica, pois essas questões econômicas já foram objeto de considerações prévias.

Vimos que nas estratégias de mudança estrutural devem ser considerados três grandes tipos de política, em virtude de sua particular incidência no desenvolvimento produtivo. As duas primeiras integram — em um novo contexto conceitual — elementos que já estavam presentes em documentos de meados dos anos 1990, objeto de capítulo anterior (12, II). Conforme se argumenta, este desenvolvimento deverá requerer políticas que incidam, favorecendo-a, na configuração dos mercados de fatores e produtos (diagrama 1, quadro 2c) e que com esse fim levem em conta certas características e condicionamentos atinentes à dotação dos primeiros (quadro 2d).

Em parte, essas políticas correspondem à melhoria na forma de operar dos mercados. Neste sentido, ressalta a necessidade de promover a concorrência, aperfeiçoando com esse fim os marcos institucionais existentes, e estabelecer mecanismos de regulação pública das estruturas de mercado não-competitivas, e daquelas outras que se caracterizem por apresentar fortes externalidades[9] (entre elas, os serviços públicos domiciliares, os setores sociais nas quais coexistem agentes públicos e privados e as atividades com externalidades ambientais). De modo similar, apontam as recomendações em prol da correção das falhas dos mercados de fatores, consideradas como particularmente significativas nos de capital de longo prazo, tecnologia, recursos humanos qualificados e terra (Cepal, 2000a, p. 253).

Coloca-se especial ênfase no terceiro dos tipos de política, cujo ponto focal são os aparelhos produtivos e tecnológicos (quadro 2a), mas que também correspondem ao papel que devem desempenhar os agentes empresariais na transformação condizente dos mesmos (quadro 2b), assim como ao papel dos agentes privados e públicos no âmbito da relação externa (quadro 2e).

O parágrafo anterior sugere que o objetivo fundamental perseguido é "facilitar a potencialização dinâmica das atividades produtivas" (Cepal, 2000a, p. 243). No entanto, a seguir se oferece uma série de meios propícios para alcançá-la: a) fomento público às ações inovadoras, em especial às que concernem mais diretamente ao progresso técnico (pesquisa, desenvolvimento e transferência de tecnologia); b) empenho no desenvolvimento de complementaridades, incluída a de instituições públicas e privadas apropriadas para lhe servir de sustento; c) promoção da associação empresarial e, em particular, a da formação de conglomerados produtivos; d) incidência estatal na estruturação ordenada daquelas atividades que tendem a ser deslocadas, de modo a facilitar a transferência de recursos para novos setores; e) o impulso às atividades exportadoras, tanto pelo apoio à abertura de novos mercados como pela via da diversificação da oferta e da constituição de novos encadeamentos produtivos internos.

Ao levar em conta o objetivo maior de transformação tecnoprodutiva, os meios brevemente analisados no parágrafo anterior são especialmente aptos para "reduzir as incertezas que caracterizam os setores inovadores mediante a emissão de sinais claros que orientem os investidores, [para] ajudar a superar os 'problemas de coordenação' implícitos na geração de atividades complementares [e para] impulsionar os processos evolutivos próprios do desenvolvimento tecnológico (...)" (Cepal, 2000a, p. 243).

Por outro lado, as estratégias de transformação estrutural devem ser concebidas e, sobretudo, diagramadas de modo a cumprir com certos requisitos básicos de coerência externa e interna. Os primeiros concernem à busca de uma articulação ao mesmo tempo viável e adequada das economias da região, entre si e com as do resto do mundo.

Com respeito à consistência interna, um primeiro aspecto alude à busca de um equilíbrio entre a iniciativa individual e os sistemas de coordenação e incentivos públicos, concebido para imprimir certo "perfil dinamizador" à ação conjunta de agentes públicos e privados. Este *desideratum* principal se verá favorecido por um regime de incentivos desenhado em função do desempenho, com "mecanismos de controle recíprocos" entre os dois tipos de agentes mencionados. Considera-se, do mesmo modo, que as políticas públicas não devem ser entendidas necessariamente como estatais, mas como "combinações público-privadas que cada país deve [rastrear e] descobrir a partir de seu próprio atalho evolutivo" (Cepal, 2000a, p. 244).

Os requisitos de consistência interna passam pelo tema-chave da integração social. Do ângulo econômico, esta dependerá da aptidão do padrão de desenvolvimento "para criar empregos produtivos, para superar os problemas que enfrentam as microempresas e as empresas pequenas e médias (...) e para obter um 'nivelamento de oportunidades' [em benefício dos] pequenos produtores rurais" (Cepal, 2000a, p. 17).

Claramente, as anteriores se configuram como condições de ampliação do mercado interno, que reaparece, assim, integrado ao tipo de análise que se está descrevendo.

Mas, conforme se argumenta, o tema da integração social não se esgota no âmbito do econômico. Esta resulta decisivamente dependente de um fortalecimento da cidadania, que assegure a participação efetiva dos distintos atores sociais nos assuntos públicos. Por sua vez, este fortalecimento se vê condicionado pela consolidação de regimes democráticos e, nesse marco, pela de uma institucionalidade que favoreça as relações de responsabilidade e solidariedade, assim como de uma cultura de convivência harmônica, baseada na tolerância e na busca de soluções negociadas.[10]

Como requisito de consistência ao mesmo tempo interna e externa, se propugna o desenho e a gradual construção de um entorno macroeconômico e financeiro que assegure os equilíbrios demandados pelo desenvolvimento a longo prazo e, em particular, que contribua para o aumento e a continuidade do investimento produtivo.[11]

Por último, se propugna a incorporação à agenda de desenvolvimento sustentável de esforços estratégicos que levem em conta a adoção de tecnologias e processos produtivos "limpos", a partir do ângulo ambiental. Isso significa, basicamente, alcançar a competitividade internacional mediante uma acumulação de capital entendida em um sentido amplo: como concernente ao capital físico e humano, mas também ao chamado "capital natural".

II. DIMENSÃO SOCIOPOLÍTICA E CIDADANIA

Embora considerado em documentos da Cepal de começo da década de 1990, o conceito de cidadania assume maior importância em trabalhos mais recentes.[12] Estes sustentam que se deve integrar pessoas e grupos na moderna cidadania, para que se constituam "em atores sociais com possibilidades de autodeterminação, capazes de representar interesses e demandas, e em pleno exercício de seus direitos individuais e coletivos juridicamente reconhecidos" (Cepal, 2000a, p. 30). O reconhecimento da posse e o exercício de um conjunto amplo de direitos por todos os integrantes da sociedade, assim como a participação dos distintos atores sociais na definição do desenvolvimento da mesma, são os dois elementos-chave que — imbricados no conceito de cidadania — condicionam a dinâmica da dimensão sociopolítica desse desenvolvimento, segundo a perspectiva cepalina.

1. *A cidadania como exercício de direitos*

Durante a segunda metade do século XX se foi estendendo o alcance daqueles direitos percebidos como próprios de todo ser humano e, ao mesmo tempo, inalienáveis. Aos direitos civis e políticos se somam os direitos econômicos, sociais e culturais (Desc), considerados como partes de um todo integral e indivisível. Os direitos civis tentam impedir os eventuais excessos da coação exercida pelo Estado e amparam o indivíduo frente ao seu poder, vinculando-se fundamentalmente ao exercício da liberdade de expressão e de associação. Os direitos políticos concernem ao exercício do voto e, do mesmo modo, à possibilidade de ser representado ou representante no sistema correspondente. Entre os Desc foram "reconhecidos e consagrados os direitos ao trabalho, a um nível de vida adequado, à saúde, à alimentação, à vestimenta, à moradia, à educação, à segurança social e outros" (Cepal, 2000a, p. 348). Por outro lado, direitos civis, políticos e Desc configuram os conteúdos ao mesmo tempo gerais e básicos dos sistemas democráticos.[13]

O reconhecimento destes direitos implica a adoção, nas diferentes sociedades contemporâneas, de um conjunto de valores cuja ampla difusão lhes brinda um caráter universal. Sustenta-se que esta "globalização dos valores" tem uma longa história, enquanto se reconhece, como sua manifestação mais recente, "a conformação de uma sociedade civil global, cujas capacidades de conexão e mobilização se multiplicaram com as novas tecnologias da informação e das comunicações" (Cepal, 2002, p. 21). Os valores de respeito às normas jurídicas e à liberdade individual se configuram como conteúdos fundamentais dos direitos civis e políticos, enquanto os valores de igualdade, solidariedade e não-discriminação constituem os conteúdos correspondentes ao Desc.[14]

O conceito de cidadania não se esgota no reconhecimento da posse e do exercício de direitos. Por um lado, a forma integral e indivisível em que se concebem os direitos civis e políticos e, do mesmo modo, os direitos econômicos, sociais e culturais apontam no sentido de dar poderes e capacidades aos cidadãos para decidir sobre as condições que incidem em suas próprias vidas. Entretanto, entende-se e destaca-se que só uma participação cidadã ativa pode tornar eficazes estas capacidades e poderes (Cepal, 2000a, p. 349).

2. *A participação cidadã*

O conceito atual de cidadania embute o de uma sociedade cujos integrantes se organizam a partir de seus diferentes papéis e participam da vida política procurando incidir nas decisões coletivas, de acordo com seus próprios interesses. O desenvolvimento da cidadania implica propiciar a conformação de "atores sociais" com capacidades e possibilidades de defender suas demandas e de contrapor-se àquelas propostas que os prejudicam na consecução de interesses legítimos. Este modo de ver leva a pensar o desenvolvimento, no que se refere à sua dimensão sociopolítica, como marcado pelo conflito, mas também pela capacidade de resolvê-lo. De outra perspectiva, impulsionar a cidadania implica habilitar os mecanismos e instrumentos que permitem expressar os conflitos e construir, a partir dessas expressões, os projetos compartilhados que permitem resolvê-los.[15]

Essa participação cidadã envolve os movimentos sociais tradicionais, isto é, aqueles que se formam, fundamentalmente, com base em sua inserção no sistema produtivo e nos interesses a ele vinculados. Mas, conforme se reconhece, surgem com força os chamados "novos movimentos sociais", apresentando uma gama muito ampla e diversa de núcleos de interesse, claramente dissociados de dita inserção. Dessa forma, "as práticas cidadãs não convergem para um eixo de luta focal (...) mas se disseminam em uma pluralidade de campos de ação, de espaços de negociação de conflitos, territórios e interlocutores" (Hopenhayn, 2001, p. 119). Em períodos recentes, o cidadão assume um papel mais amplo e ativo, uma vez que seleciona âmbitos de atuação, modalidades de associação e canais de comunicação, segundo as demandas e os projetos que decide propiciar e impulsionar.

Entre estes novos movimentos sociais mencionam-se os que reivindicam direitos muito adiados, como o acesso à justiça e à proteção social, aqueles outros que lutam pela vigência dos direitos humanos básicos e, do mesmo modo, opondo-se a diferentes modalidades de discriminação, como as de gênero e as que sofrem as minorias étnico-culturais (Cepal, 2000a, p. 349).

Quer dizer que, "desta maneira, a base material e simbólica das democracias já não descansa exclusivamente em um tipo de economia ou institucionalidade política, mas também, cada vez mais, no uso ampliado do conhecimento, da informação e da comunicação" (Cepal, 2000a, p. 350). A participação cidadã requer fortalecer o "espaço público", definível como um âmbito no qual circulam idéias e opiniões, e no qual se identificam demandas e necessidades, a partir das quais os cidadãos deliberam e, do mesmo modo, percebem e utilizam as regras democráticas (Cepal, 2000a, p. 352-354). As mudanças nos meios de comunicação de alcance mundial e as novas capacidades para o manejo de informação que acompanham a atual revolução tecnológica estariam transformando significativamente as modalidades e, do mesmo modo, os canais de participação cidadã. A capacidade para acessar e "gerar informação e conhecimento em função de projetos próprios" (Cepal, 2000a, p. 349) constitui-se em mola indispensável da formulação das demandas sociais. Em outros termos, o acesso e o uso das redes de comunicação passa a ser um instrumento fundamental para a articulação entre indivíduos e grupos que se identificam com certas demandas e projetos, dando-lhes visibilidade no "espaço público".

A promoção da cidadania assume traços específicos nas sociedades da região como resultado de que — como se assinalou anteriormente — viram crescentemente debilitada sua coesão social. A marginalização econômica e a exclusão social amplificaram e tornaram mais complexos os efeitos desarticuladores de algumas tendências globais, entre as quais se mencionam a debilitação do papel integrador da atividade política, a diversificação dos estilos de vida, que "torna menos nítidos valores e normas gerais" e apaga as imagens de unidade interna dos países, e, também, a crescente insegurança cidadã, que leva a que "os grupos e classes sociais se isolem com seus próprios pares e se generalize um sentimento de suspeita em relação aos outros ou aos "diferentes". A busca de uma maior coesão social aparece, assim, como um dos objetivos centrais do fomento da cidadania. Pois, conforme se concebe, existe uma relação positiva e estimulante entre coesão social e igualdade, já que a primeira promove valores de solidariedade e responsabilidade que favorecem a destinação de recursos a objetivos de reversão da iniqüidade. Neste marco, a promoção da cidadania implica, além do reconhecimento de direitos e do fortalecimento de capacidades que estimulem amplos espaços públicos de participação, a construção apressada de uma nova institucionalidade. A respeito, se "[ressalta] a importância de criar uma institucionalidade forte, (...) com participação ativa de múltiplos atores sociais e adequada responsabilidade ante a cidadania, isto é, alta 'densidade democrática'" (Cepal, 2000a, p. 24). Esta é uma das tarefas de maior relevância, mas ao mesmo tempo de maior complexidade e dificuldade das que tem por diante a região.[16]

III. A DIMENSÃO CULTURAL DO DESENVOLVIMENTO

Quando se aborda a dimensão cultural do desenvolvimento, é necessário e conveniente "privilegiar uma instância social na qual são formuladas as identidades" (Ortiz, 1994, p. 161-2) culturais. Isso se deve a que é justamente por meio da definição e da garantia de suas próprias identidades que os distintos grupos sociais exercem uma incidência significativa no processo global de desenvolvimento. A seguir discorremos sobre o tema das identidades, e mais adiante ele é vinculado ao do acervo cultural peculiar e distintivo da América Latina.

1. *As identidades culturais*

Uma identidade cultural depende da amplitude ou alcance do contexto de relações que a define e lhe dá sentido. Esse alcance pode configurar-se como mundial, regional, nacional ou local; do mesmo modo, as identidades culturais podem se referir tanto a integrantes de um conjunto de nações como a um grupo geracional de uma cidade determinada. Ao percebê-las em um contexto de relações de contato entre grupos, as identidades culturais estarão sujeitas a mudanças freqüentes, resultado da modificação das relações entre tais grupos. Por outro lado, esses contextos de relações são parte de um entorno social e global dinâmico por natureza, que, como tal, também influi nas transformações das identidades. Estas devem ser vistas, portanto, como em "movimento; cada mudança(s) social(ais) leva a reformulações de maneiras diferentes" (Cuche, 1996, p. 121).

Apreciando-a em sua dimensão cultural, a globalização vem incorporando mudanças relevantes a partir da perspectiva dos processos de transformação das identidades. Nos últimos trinta anos se multiplicaram e se generalizaram os contatos entre culturas diversas, com a conseqüente intensificação dos processos de "contaminação" de uma cultura por outra e de cada cultura específica por novos padrões culturais mundializados, que não têm uma consolidação territorial específica.[17]

Por sua vez, multiplicam-se as identidades culturais no seio de cada sociedade, como conseqüência dos processos de migração recentes. Afirma-se que "uma das manifestações culturais da globalização é o trânsito de identidades nacionais de base territorial a outras talvez menos abarcativas, mas de índole transterritorial. A migração tem feito emergir novos atores que, organizados em comunidades e articulados por meio de redes, mantêm vínculos estreitos com suas áreas de origem (...) e constituem referentes coletivos de identidade nas de destino" (Cepal, 2002, p. 247-8). A presença do emigrado nas sociedades de origem é agora muito mais intensa, devido aos novos meios de comunicação e às várias "cercanias" que se vão gerando em um mundo globalizado.[18] Em alguns casos, as migrações se conjugam com processos de grande criatividade e inovação cultural e originam identidades novas, diferenciadas dos cruzamentos culturais que lhes deram origem.[19]

Assim, está se produzindo uma verdadeira reorganização dos cenários culturais, com a emergência de novas identidades e a convivência de várias delas em cada sociedade. Por outro lado, a globalização pressiona no sentido de transformar e até de apagar as identidades culturais, na medida em que se desarticulam tradições e traços distintivos preexistentes, ao influxo de uma "contaminação" mais intensa e acelerada de traços de outras culturas. Verificam-se, do mesmo modo, movimentos de afirmação de novas identidades culturais, com impulsos de criatividade e inventividade cultural de intensidade considerável.

Mas é preciso destacar que não existe uma tendência à "uniformidade cultural" ou à dominação cultural absoluta, mas reformulações contínuas que recriam novas identidades, com novos traços distintivos.[20] As migrações e a forte exposição de toda cultura local ao diferente, que andam junto com os meios de comunicação renovados pelos avanços tecnológicos, não apagam a necessidade de "identidade", mas geram a tendência a que esta se recrie e reformule. Em um ambiente cada vez mais permeável à penetração e mistura de componentes culturais de diversas origens, as identidades dos distintos grupos sociais continuam interagindo com os componentes e traços culturais próprios de cada sociedade. Em uma dinâmica marcada por rumos contraditórios, os traços culturais que no passado deram especificidade às diversas sociedades são ao mesmo tempo negados, reafirmados e reformulados, mas continuam mantendo uma presença significativa. Por outro lado, tal presença possui uma importância muito particular quando se considera o desenvolvimento da América Latina.

2. *O acervo cultural latino-americano*

Sem dúvida, esta região apresenta uma grande diversidade cultural, mas ao mesmo tempo mantém vigentes determinados traços ou marcas culturais que lhe imprimem certa unidade, no que concerne aos obstáculos e potencialidades de seu desenvolvimento. Conforme se argumenta, existe uma história mais ou menos comum na América Latina, que permite falar de um espaço cultural latino-americano, no qual coexistem muitas identidades, onde convivem o indígena, o afro-americano, o europeu, a latinidade, a tropicalidade etc. Neste sentido, a cultura latino-americana é percebida como uma malha intercultural em constante mudança, que no entanto imprime certos traços distintivos e comuns a toda a região.

Entre suas especificidades culturais, ressalta uma, presente desde suas origens: a capacidade de síntese e fusão de componentes culturais diversos, que vão assim se renovando. Ou, se preferirmos, "a capacidade para integrar dinamicamente a diversidade cultural em uma ordem societária compartilhada" (Calderon, Hopenhayn e Ottone, 1996, p. 34).

Como face oposta desta capacidade de integração de traços e componentes culturais diversos, a região apresentaria, ao mesmo tempo e paradoxalmente, a negação e a discriminação cultural, percebida como um dos pilares da forte desigualdade que a caracterizou.[21] Argumenta-se que "(...) a desigualdade não é uma característica exclusiva da atual etapa; é própria da maioria dos diversos modelos de desenvolvimento que predominaram na América Latina [e] reflete estruturas econômicas, sociais, de gênero e étnicas altamente segmentadas que se reproduzem intergeracionalmente através de múltiplos canais" (Cepal, 2000a, p. 12). A tendência histórica peculiar da região se vincula, no plano cultural, a uma dinâmica de negação e discriminação que envolve a segmentos importantes da população. Esta dinâmica estaria presente na América Latina da época da conquista e se mantém em seus aspectos essenciais até o presente, embora com mudanças e transmutações relevantes em suas modalidades concretas.

Conforme se sustenta, as elites dominantes "adotam valores universalistas de modernização, mas não os associam com as identidades culturais específicas da região; pelo contrário, subvalorizam essas identidades e emulam as elites dos países industrializados. Isso constitui um prolongamento da mentalidade colonial e poderia expressar-se metaforicamente no desejo de construir um futuro sem memória" (Calderón, Hopenhayn e Ottone, 1996, p. 25). A mulher, o índio, o negro, o camponês, o marginal urbano e, às vezes, o migrante europeu pobre sofreram diversas formas de discriminação apoiadas na diferenciação e na desvalorização cultural, por representarem, em determinados momentos da história, o pecado, o erro e a ignorância, em oposição aos valores da razão, da educação e do progresso social e econômico (Calderón, Hopenhayn e Ottone, 1996, p. 22-4). Por outro lado, esses grupos culturalmente discriminados desenvolveram "estratégias de preservação da diferença", expressas e observáveis "claramente na música, na arte, na dança, no ritualismo e no sincretismo religioso, nos sistemas de cultivo e de sobrevivência, nos vínculos comunitários e nas reivindicações de território e de uso da língua vernácula" (Calderón, Hopenhayn e Ottone, 1996, p. 25). Esses grupos ficam à margem das grandes decisões coletivas da sociedade e, portanto, geram resistências à mudança e ao intercâmbio culturais.

O resgate do acervo cultural da região supõe uma atuação orientada a superar suas limitações e a fomentar seus traços positivos. Como se viu na subseção anterior, o desenvolvimento exige que se fortaleçam os laços que tendem a unir a sociedade, gerando energias que a levem à conquista de metas compartilhadas. Essa subseção acrescenta que tais objetivos supõem também a garantia de identidades culturais capazes de envolver a toda a comunidade. Essa garantia implica, por sua vez, um resgate das raízes culturais próprias, em um tempo em que há uma convivência intensa com outras identidades. Mas não se pode ignorar que, no marco de um processo de desenvolvimento sustentado, requer-se-á, do mesmo modo, a incorporação de certas pautas de condutas básicas, sobre as quais se assenta a denominada "sociedade moderna".

IV. DESENVOLVIMENTO INTEGRAL E CRIATIVIDADE

Afirma-se que "a proposta de transformação produtiva com eqüidade que a Cepal elaborou para a América Latina pode ser compreendida, na dimensão cultural, como uma perspectiva crítica de acesso à modernidade" (Calderón, Hopenhayn e Ottone, 1994, p. 192). A noção de modernidade "refere-se aos modos de vida ou organização social que surgiram na Europa desde [o] século XVII em diante e cuja influência posterior tornou mais ou menos mundial" (Giddens, 1993, p. 15). Conforme se argumenta, o pensamento de caráter reflexivo é o núcleo articulador e diferencial dos modos de vida modernos,[22] do que se infere que a noção de modernidade se associa ao conceito de racionalidade instrumental. Além disso, se argumenta que "a racionalidade instrumental está na base do desenvolvimento técnico que caracteriza os processos de modernização e se funda no critério da eficácia e da produtividade. No econômico se associa às condutas de maximização de utilidades e no político, a condutas de racionalização do poder e do comportamento 'agregado' dos atores sociais" (Hopenhayn, 1995, p. 220).

Pode-se destacar que a modernidade se manifesta de forma concreta em determinadas pautas de conduta que influem positivamente nas diferentes dimensões da sociedade. Desse modo, o funcionamento econômico e tecnológico moderno, assim como o caráter democrático das instituições sociopolíticas e a convivência harmônica entre diversas culturas, baseia-se em certos conteúdos básicos de caráter universal, que estenderam sua vigência desde este fim de século.[23]

Com base nessa noção de modernidade, a estratégia cepalina aponta certo objetivo prioritário, ou seja, o desenvolvimento do conjunto de capacidades que sustentam as pautas de conduta da mesma. Efetivamente, postula-se que "toda a população deve estar capacitada para trabalhar com os códigos culturais da modernidade, ou seja, o conjunto de conhecimentos e destrezas necessários para participar da vida pública e desenvolver-se produtivamente na sociedade moderna" (Cepal, 1992b, p. 157).[24] No entanto, este tipo de sociedade a que se quer tender supõe "não apenas (...) a incorporação da racionalidade instrumental e do progresso técnico, mas também [a ação de] um conjunto orgânico de cidadãos, capaz de refletir sobre si mesmo, de determinar demandas, de integrar-se internamente, de responder a um entorno de mudanças e de resolver problemas complexos" (Cepal, 1992b, p. 157).

Assim, o acesso à modernidade é percebido como a incorporação das pautas de conduta apoiadas nas capacidades e destrezas que lhe são próprias e, do mesmo modo, a decidida adoção do conjunto de valores e direitos associados ao conceito de cidadania. A modo de síntese, conclui-se que, na estratégia cepalina, valores e direitos de um lado, e do outro capacidades e destrezas, configuram dois componentes indissociáveis, definidores do acesso à modernidade.

Mas no que se refere à dimensão cultural, esta estratégia não propõe apenas um enfoque especial da modernidade; estabelece, além disso, qual deve ser o caminho para alcançá-la. Neste sentido, "a única forma fecunda de acessar a modernidade é (...) a partir do reconhecimento e potencialização de nossos próprios tecidos e identidades culturais [concebidos como] acervo cultural acumulado por uma história feita de cruzamentos entre culturas e de síntese inéditas entre elas". E ainda mais, "este tecido intercultural (...) deveria ser nossa mola específica para sermos modernos (...) e (...) nossa forma própria de abertura ao mundo" (Calderón, Hopenhayn e Ottone, 1996, pp. 9-10). A relevância atribuída ao acervo cultural reaparece na seguinte afirmação: "A perspectiva crítica da modernidade entende que o compromisso dos indivíduos e dos grupos com a própria história, cultura e identidade, e as particularidades que disso decorrem são fenômenos permanentes que não podem ser anulados; trata-se de regulamentar a convivência dessas particularidades e evitar a radicalização dos conflitos" (Ottone, 2000, p. 48). Conforme se observa, quando não se considera o caráter permanente das tradições e dos traços culturais em que se assentam as identidades, os projetos de modernidade podem conduzir a altos níveis de conflito e fomentar o nascimento de identidades "antimodernas", entorpecedoras do caráter integrador e socialmente inclusivo que devem assumir modernidade e desenvolvimento.[25]

A revalorização do acervo cultural próprio da região, sua garantia como base de identificação e pertença à comunidade e o acesso à modernidade são esforços complementares, que se configuram como elementos-chave de uma estratégia de desenvolvimento única. Em outros termos, neste processo a "identidade irá se redefinindo. Alguns aspectos perderão, necessariamente, vigência; outros, no entanto, converter-se-ão em excelentes meios para a geração de sociedades cuja modernidade assumirá a marca de sua própria idiossincrasia" (Cepal, 1992b, p. 157).

Como pudemos perceber, as transformações na dimensão sociopolítica apontam para a recriação de uma institucionalidade que estimule a participação de cidadãos integrantes dos distintos grupos sociais, de modo a permitir a expressão de seus conflitos, mas que, ao mesmo tempo, gere uma dinâmica de acordos básicos para a formulação de um projeto de sociedade compartilhado. Quanto à dimensão cultural, se propôs a fortalecer a malha cultural latino-americana, sustentada no cruzamento de distintas raízes, e, ao mesmo tempo, superar as discriminações características da região. Estabeleceu-se, além disso, a necessidade de assentar as identidades culturais da área nestes pilares e de fazer destas identidades a mola específica para acessar à modernidade.

Essas propostas não se expõem de forma isolada, mas sim como partes de uma única estratégia de mudanças inter-relacionadas, levando em conta a interação virtuosa entre as dinâmicas sociopolítica e cultural. Neste sentido, as negociações, os acordos e o marco institucional que possibilitam sua instrumentação devem estar conectados a referências culturais compartilhadas e, por sua vez, integradas às identidades culturais próprias.[26] Em outras palavras, "a valorização da dimensão cultural do desenvolvimento [supõe recriar] horizontes que impregnem a política — e as políticas — com uma potência mobilizadora que convoque e seduza os atores sociais que se acham mais dobrados sobre sua própria identidade" (Ottone, 2000, p. 54). A potencialidade mobilizadora do sentimento de pertença (identidades) é visualizada como uma "força cultural", concebível como impulso relevante do projeto de desenvolvimento. Trata-se de fazer deste projeto uma construção compartilhada entre "integrados" e "excluídos", na qual as mudanças pontuais promovidas nas dimensões sociopolítica e cultural convirjam e se retroalimentem.

O interesse posto no resgate do acervo cultural, assim como na garantia das identidades, possui um significado especial, concernente à própria concepção do desenvolvimento. Efetivamente, "um processo de crescimento com eqüidade (...) não é um processo mecânico, mas um ato cultural que implica a reorientação tanto pessoal quanto coletiva dos sujeitos que dele participam" (Cepal, 1992b, p. 126). Entender o crescimento econômico e, do mesmo modo, o desenvolvimento como ato cultural implica vê-los "como um processo liberador de energia criativa, e não como um trabalho de engenharia social em que tudo é previamente concebido" (Furtado, 1998, p. 63).[27] Enquanto o desenvolvimento global se associa a processos de criatividade, as identidades culturais desempenham nele um papel de particular relevância, ao potencializar uma atitude mobilizadora nos atores sociais, atuando, além disso, como fonte de suas energias criativas. No que diz respeito à cidadania, os incentivos a uma maior participação em espaços públicos ampliados implica uma aposta no surgimento de novos atores e de novas demandas Estes são, justamente, os portadores dessas energias e, portanto, favorecem o desenvolvimento em suas dimensões sociais, políticas e culturais. Cabe apontar, finalmente, que a referência a estas dimensões não significa desconhecer a dimensão econômica. A mesma encontra expressão sintética nas propostas de transformação produtiva, eqüidade e reinserção externa (ver a respeito a seção I), também componentes básicos da visualização do desenvolvimento como "processo integral".

Notas

1. Essas deficiências já aparecem apontadas em Cepal (1997).
2. Dada a generalidade deste tipo de análise, o excedente pode ser definido como a diferença entre produto e massa de salários, ou entre produto e consumo.
3. Os conceitos a que se referem os distintos quadros do diagrama 1 aparecem explicados em Cepal (2000a, p. 229).
4. O documento em consideração assinala que um "(...) comportamento agregado (deriva) da interação entre as dinâmicas estritamente macroeconômicas e as dinâmicas meso e microeconômicas" (Cepal, 2000a, p. 230). A seguir se fará referência a estas duas últimas, entendendo que é nesses dois níveis que se configura e define a chamada "dinâmica das estruturas produtivas". As "dinâmicas macroeconômicas" foram objeto do capítulo anterior.
5. Além disso, do documento que citamos, também consideramos atentamente o que se intitula *Globalização e desenvolvimento* (Cepal, 2002).
6. Aos quadros do diagrama 2 e a seus componentes faz-se referência em Cepal (2000a, cap. IX, subseção 3).
7. Convém ter presente que com tal reiteração se geram, por um lado, conhecimentos sobre as técnicas utilizadas nesses processos, e por outro, informação comercial, conhecimentos sobre tipos e qualidades de bens e, do mesmo modo, sobre ofertantes ou canais de fornecimento.
8. Em sentido estrito, estas são as associadas a aumentos da produtividade. As que dependem de reduções de custos costumam denominar-se "economias externas pecuniárias". Com freqüência, ambas derivam do incremento do tamanho das fábricas ou de um maior uso das mesmas e da conseqüente expansão dos níveis produzidos.

9. Estas considerações correspondem a elementos do "contexto institucional"' ao que também se refere o diagrama 1, quadro 1.
10. Este tema, preanunciado na introdução ao presente capítulo, é abordado nas seções II a IV do mesmo.
11. Convém reiterar que o tema deste parágrafo foi objeto do capítulo anterior (seção III).
12. O documento intitulado *Eqüidade, desenvolvimento e cidadania* (Cepal, 2000a) oferece uma análise detalhada deste último conceito, assim como de seu papel na estratégia de desenvolvimento. Entretanto, desde muito antes se adquiriu consciência de que "(...) o exercício da cidadania implica [além do direito político ao voto e à igualdade ante a lei] outros aspectos, que apontam para a coesão social, a eqüidade na distribuição das oportunidades e benefícios e a solidariedade no seio de uma sociedade complexa e diferenciada" (Cepal, 1992b, p. 127). São estes aspectos que passam a ter especial importância nas propostas estratégicas dos últimos anos.
13. Estes são, justamente, os mesmos conteúdos fundamentais da democracia, destacados muitos anos antes nos escritos de Medina (ver se a respeito o capítulo 10, seção II).
14. Conforme se destaca, quando estes valores se consolidam e se universalizam, surgem paralelamente tensões e conflitos no marco da "luta pelo direito à identidade de povos e grupos sociais que se sentem ameaçados pela tendência à homogeneização cultural que impõe a globalização" (Cepal, 2002, p. 23). Neste contexto, os direitos culturais, e em particular o direito à manutenção de traços culturais diferenciados, vão sendo reconhecidos e adquirindo relevância.
15. Nesta percepção podemos identificar pontos de contato com Furtado, que via no conflito social e em suas expressões políticas impulsos essenciais para a criatividade e, portanto, para o próprio desenvolvimento, globalmente considerado (a respeito, pode-se consultar o capítulo 9, seção IV). Também Medina assinala a relevância que tem no desenvolvimento a capaciade da institucionalidade democrática para a resolução de conflitos.
16. Convém ter presente o conceito genérico de institucionalidade em que se apóiam as posições cepalinas em consideração. Esta abrange "(...) tanto as organizações — tais como as empresas, as organizações de produtores ou entidades empresariais — como as políticas, as normas constitucionais, legais e regulamentares, e fatores intangíveis como as tradições e convenções" (Cepal, 2000a, p. 24).
17. Conforme se concebe, com a circulação mais intensa de capitais, bens, mensagens e pessoas, vão conformando conjuntos amplos e diversos de referências culturais e de pautas de comportamento desarraigadas de suas origens específicas, permitindo que indivíduos e coletividades localizados em sociedades e culturas muito diversas reconheçam a proximidade de suas identidades.
18. Esta maior presença se estende ao âmbito econômico, pois as remessas enviadas pelos emigrados constituem uma importante fonte de rendas e divisas para muitos países em desenvolvimento.

19. A denominada cultura chicana e em geral as mudanças culturais na fronteira entre o México e Estados Unidos constituem um exemplo relevante do surgimento destas novas identidades (García Canclini, 1992, p. 288-305).
20. Também S. Huntington (1997) nega que a globalização sustente uma tendência à uniformidade cultural. A respeito, afirma: "À medida que uma maior intensificação das comunicações, do comércio exterior e das viagens internacionais multiplicam as interações entre as civilizações, as pessoas atribuem uma importância cada vez maior a sua identidade civilizatória"(Huntington, 1997, p. 80). O mesmo autor enfatiza a potencialidade conflitiva dos vínculos entre as distintas civilizações. Sustenta: "Evitar uma guerra global das civilizações depende de que os líderes mundiais aceitem a natureza multicivilizacional da política mundial e cooperem para mantê-la" (Huntington, 1997, p. 19).
21. Importa destacar que a capacidade de fundir diversos traços culturais não implica necessariamente a tolerância e a aceitação de identidades culturais distintas. Ver a respeito Ottone (2000); Hopenhayn e Ottone (2002); Calderón, Hopenhayn e Ottone (1996).
22. "A reflexão da vida social moderna consiste no fato de que as práticas sociais são examinadas constantemente e reformuladas à luz de nova informação sobre essas mesmas práticas" (Giddens, 1993, p. 46).
23. Tanto o conceito de "racionalidade instrumental" quanto as pautas de conduta e os conteúdos a ela associados têm claro antecedente nas visões do desenvolvimento de Furtado (capítulo 9) e de Medina (capítulos 5 e 10).
24. Estes códigos se definem como as capacidades relativas "às operações aritméticas básicas; à leitura e compreensão de um texto escrito; à comunicação escrita; à observação, descrição e análise crítica do entorno; à recepção e interpretação de mensagens dos meios de comunicação modernos; e à participação no desenho e execução de trabalhos de grupo" (Cepal, 1992b, p. 157).
25. Quer dizer que, como em várias sociedades contemporâneas, dar-se-iam "(...) processos de modernização incompletos, destinados a produzir enormes diferenças entre elites integradas e modernas e vastos setores da população marginalizados e fragmentados, nos quais se gerará, naturalmente, um espaço para reações contrárias ao desenvolvimento, voltadas para identidades particulares e defensismo cultural" (Ottone, 2000, p. 47).
26. No geral, a noção de referências culturais alude a critérios estéticos, gostos gastronômicos e, em especial, a crenças, idéias e valores que imprimem singularidade às pautas de comportamento e aos modos de vida coletivos.
27. Em outros termos, Furtado entende que a criatividade expressa a faculdade humana de incidir no determinismo causal e de ir enriquecendo os processos sociais com novos elementos, se bem que a ritmos significativamente diferenciados, segundo os casos e tempos.

15. Para uma renovação da agenda do desenvolvimento

Este capítulo procura delinear os conteúdos gerais de uma agenda do desenvolvimento, quando este é enfocado a partir da perspectiva das estratégias requeridas para obtê-lo e dar-lhe continuidade.

Comecemos apontando que as bases analíticas em que se apóiam as considerações sobre tais conteúdos recuperam distintos aspectos da corrente estruturalista latino-americana, que irão sendo esclarecidos ao longo do texto. Entretanto, a principal sustentação destas considerações se encontra nos pontos de vista de Celso Furtado, os quais servirão de fio condutor ao conjunto da argumentação, dos ângulos analítico e empírico.

Um traço diferenciador e definidor de seu enfoque é postular que o desenvolvimento deve ser visto como a evolução e o enriquecimento de um tipo de "totalidade": o sistema conformado pelos distintos componentes da cultura de uma sociedade ou país. Posto em outros termos, Furtado afirma que o desenvolvimento concerne ao sistema da cultura e, portanto, que sua adequada compreensão requer apreciá-lo justamente como desenvolvimento de um sistema cultural global.

Por outro lado, sua finalidade prioritária não é se aprofundar em uma apreciação cabal das características do desenvolvimento assim entendido, mas dar conta das razões que o inibem ou entorpecem nos países chamados "periféricos", como se entende que são os da América Latina. A respeito, procura-se mostrar que sucessivas instâncias de penetração de elementos de culturas estrangeiras, provenientes dos grandes centros, acabam sendo entorpecedoras do desenvolvimento de uma identidade cultural própria da periferia, assim como do dinamismo da criatividade que virtualmente poderia expressar-se nela.

O tema do desenvolvimento periférico é também cuidadosamente encarado por Furtado a partir de uma perspectiva estratégica, que sustenta que as travas a esse desenvolvimento podem ser corrigidas mediante políticas adequadas, cuja aplicação deve ser empreendida, e também compatibilizada, nos três grandes âmbitos diferenciados do sistema global da cultura. Ou seja: a) a cultura material, que envolve os aspectos técnicos e econômicos desse sistema; b) o âmbito sociopolítico, definidor de um primeiro aspecto da "cultura não-material", formado pelas idéias e valores relativos a esse mesmo âmbito, assim como pela ação dos distintos grupos que o conformam e, muito particularmente, pelas iniciativas impulsionadas nele a partir do Estado; c) o âmbito constituído por um segundo aspecto da cultura não-material: as idéias e valores diversos dos sociopolíticos, os quais correspondem aos mais altos fins da existência humana, associáveis por isso à geração de fortes atitudes criativas, suscetíveis de se estenderem, ao mesmo tempo, nos três grandes âmbitos do sistema cultural mencionados.

Embora brevemente, no parágrafo anterior analisamos a visão estratégica que Furtado denomina "desenvolvimento endógeno".[1] Não se persegue outro fim a não ser o de antecipar que iguais âmbitos de preocupação reaparecem ampliados quando se procura renovar o tema da agenda do desenvolvimento, transformando-a em inclusiva de problemas e fenômenos cada vez mais visíveis, nos três ou quatro últimos qüinqüênios. Efetivamente, as seções seguintes abordam estes âmbitos na mesma ordem que se acaba de indicar. Assim, no técnico e econômico (a "cultura material"), fazemos referência em primeiro lugar à ocupação da força de trabalho (seção I); depois consideramos o tema da inserção externa periférica e de suas implicações em matéria de cooperação internacional (seção II), para depois nos referirmos aos requisitos de uma condução macroeconômica adequada (seção III). Já a seção IV discorre sobre a relevância das relações sociopolíticas, destacando o papel crucial que deve ter o Estado em seu bom andamento e, do mesmo modo, nas iniciativas transformadoras que lhe cabem em outros âmbitos da cultura. Continuando, a seção V faz referência à garantia de uma identidade cultural própria e procura mostrar que esta constitui, em última instância, um elemento decisivo dos impulsos às distintas formas da criatividade, por sua vez, germes essenciais do desenvolvimento.

A sexta seção refere-se estilizadamente às posturas estratégicas consideradas anteriormente. "Crescimento autocentrado" é uma expressão sintética relativa ao econômico, com a qual se pretende indicar que o mesmo deve ter forte raiz em uma apropriação nacional ampla dos ativos radicados nos países periféricos, e também em uma expansão significativa e sustentada de seus mercados internos.

Com a referência a uma "nova aliança" — terminologia inspirada na de Fernando Fajnzylber — aponta-se para a necessidade de redefinir as relações sociopolíticas de sustentação do desenvolvimento, dando-lhes amplitude, e tornando viável com isso o papel ativo do Estado na condução dessas relações, tanto internamente como nas tarefas geopolíticas.

Fala-se, além disso, da "reafirmação ética" para significar que a garantia de certos valores-chave da cultura não-material constitui um requisito da emergência e da dinâmica da criatividade nos distintos âmbitos do sistema global da cultura periférica, induzindo à plenitude seu desenvolvimento (ou como também se diz, o da "identidade cultural" própria da mesma).

I. A OCUPAÇÃO DA FORÇA DE TRABALHO

i) Ao delinear os conteúdos de uma agenda de desenvolvimento, insiste-se particularmente nos problemas ocupacionais. Posto de forma mais direta, uma estratégia de desenvolvimento condizente deve ter como eixo principal a resolução desses problemas. Em outros termos, as estratégias concebidas para o desenvolvimento de economias de tipo periférico devem diagramar e considerar a ocupação de toda a mão-de-obra disponível em condições de produtividade crescente.

A razão genérica desta prioridade e desta ênfase radica em que a heterogeneidade estrutural, que se expressa na coexistência de emprego e subemprego, não se resolve com a livre operação dos mercados: requer políticas deliberadas e persistentes.[2] Mas, além disso, existe outra razão de peso e, ao mesmo tempo, de maior gravidade. Os problemas de âmbito ocupacional parecem ser agravados nos anos 1980 e 1990, e em particular a partir desta última década, em conseqüência da revolução tecnológica em curso e do concomitante processo de globalização, acompanhados por uma considerável agudização do desemprego aberto e por crescentes dificuldades no âmbito do subemprego estrutural nas economias do tipo mencionado.[3]

ii) A prioridade aludida não obedece ao simples *desideratum* de obter, por meio de melhores condições na ocupação da força de trabalho, certas bases para ir avançando nos padrões de justiça social. E, ainda que estes avanços possam e devam ser considerados desejáveis, a explicação fundamental é outra: tais condições se configuram como requisitos da viabilidade e da eficiência econômicas do desenvolvimento periférico — de superação dos problemas de caráter estrutural que o travam ou entorpecem —, requisitos estes a que voltaremos mais adiante.

Deve-se ter presente que a estratégia em consideração supõe aumentar gradual mas persistentemente a produtividade do trabalho nas diversas camadas técnicas que constituem a estrutura ocupacional da periferia.[4] Por um lado, esse aumento deve se dar em certas atividades "de ponta": aquelas nas quais existem as condições de produtividade mais altas permitidas pelo avanço tecnológico (definíveis alternativamente como condições de "competitividade internacional"); e também naquelas em que o atraso na produtividade (a "disparidade tecnológica" em relação aos centros) resulta reduzido e pode ser facilmente superado. Por outro, esse aumento deve se verificar de forma paralela nas atividades de produtividade muito baixa, que albergam o subemprego, e, do mesmo modo, nas demais camadas técnicas de níveis intermediários de produtividade que completam a configuração da estrutura ocupacional mencionada. Mas, além disso, o aumento da produtividade nas sucessivas camadas técnicas — ou melhor, em alguns dos conjuntos de atividades que as compõem — devem ser tais que se vá alcançando, passo a passo, os níveis máximos de produtividade antes mencionados (definidores da "competitividade internacional").[5]

iii) Uma estratégia como a que se esboça supõe o desenho, a colocação em prática e a atualização freqüente de políticas tecnológicas e produtivas, assim como de políticas concernentes a suas bases institucionais de sustentação e coordenação. Entre estas últimas, merecem destaque as correspondentes à constituição e ao desenvolvimento de um Sistema Nacional de Inovação.[6] Destinadas a levar a aumentos sustentados e generalizados da produtividade do trabalho, aquelas políticas concernem diretamente à superação de um dos condicionamentos negativos do desenvolvimento da periferia, ou seja, a heterogeneidade estrutural, isto é, a prolongada presença de vastos contingentes de mão-de-obra ocupados em níveis de produtividade muito reduzidos.Orientadas a ir alcançando aumentos concomitantes da competitividade, essas políticas visam, também diretamente, à inserção internacional da periferia: ao alcance de níveis tecnológicos e à consecução simultânea de graus maiores de diversificação produtiva, operando de forma articulada para evitar obstáculos externos (ou seja, a reiteração de problemas de balança comercial e de pagamentos entorpecedores da continuidade daquele desenvolvimento).[7]

II. A INSERÇÃO INTERNACIONAL

i) Deste segundo ângulo, nas políticas tecnológicas, produtivas e institucionais antes mencionadas devem ser levados em conta alguns aspectos especiais da estratégia geral de desenvolvimento, que às vezes se resumem sob a designação de "estratégia mista".[8]

Em essência, esta supõe uma orientação deliberada do comércio exterior que preveja o impulso às exportações e o estímulo à substituição de importações, e também o intuito explícito de realizá-los compativelmente, com o passar do tempo. Entretanto, nos dias que correm, uma "estratégia mista" deve levar em conta que a globalização e o progresso técnico acelerado condicionam a absorção deste último na periferia. Para ir obtendo essa absorção, é preciso submetê-la ao incentivo da concorrência internacional. Isto implica, por sua vez, recorrer a níveis mínimos e transitórios para as medidas de promoção e proteção que favoreçam a expansão exportadora e a substituição de importações.

Por sua própria índole, uma revolução tecnológica abre caminho para novas pautas de divisão técnica do trabalho, facilitando com isso a abertura de outras vias para a divisão internacional do trabalho.[9] No entanto, é preciso considerar que o progresso técnico acelerado de anos recentes vem se dando no âmbito de um sistema centro-periferia no qual existe e se reitera uma disparidade tecnológica claramente desfavorável, do ângulo do pólo periférico. Em outros termos, à medida que o avanço tecnológico procede, este pólo consegue em parte beneficiar-se dele, mas ao mesmo tempo enfrenta reiteradas desvantagens em distintas esferas técnicas e âmbitos organizacionais da produção de bens e serviços.

Assim, na brecha tecnológica,[10] bem como na necessidade que esta impõe de obter passo a passo condições de competitividade externa em distintas atividades, radica a razão estrutural, de fundo, pela qual não é possível pensar que na periferia como um todo, ou em um conjunto de economias de grandes dimensões que a representa, seja possível alcançar uma taxa de crescimento elevada e sustentada com base nas atividades exportadoras que operam como setor de ponta ou de atraso. Por contraste, da brecha tecnológica depende que a consecução desta taxa requeira também um aumento alto e sustentado da produção para o mercado interno (a qual, como já se indicou, vai se tornando cada vez mais competitiva com produção similar suscetível de ser importada).[11]

ii) O impulso às exportações e o estímulo à substituição de importações — assim como as políticas tecnológico-produtivas e institucionais que se destinam a promovê-los — constituem a *condição de viabilidade* do desenvolvimento periférico, em virtude de que um objetivo primordial dessas políticas consiste justamente em evitar o obstáculo externo e permitir a continuidade desse desenvolvimento. Além disso, enquanto com tais políticas se impulsione o fechamento da brecha tecnológica (induzindo-a a conjuntos de atividades nos quais este fechamento resulte mais amplo e rápido), e enquanto se proceda com crescente abertura externa, a "estratégia mista" estará prevendo, ao mesmo tempo, o cumprimento de *condições de eficiência*, refletidas na expansão da competitividade, nas estruturas produtivas periféricas.

No entanto, como destacamos linhas antes, essas políticas não se aplicam apenas às atividades mais diretamente relacionadas com o setor externo, mas também às compreendidas em todas as camadas técnicas constitutivas das estruturas ocupacionais da periferia. Tem isso a dupla implicação antes referida. Enfocadas de uma perspectiva dinâmica, essas políticas se configuram como condições de viabilidade do desenvolvimento, pois os aumentos de produtividade que suscitam estão na base dos incrementos do mercado interno requeridos para realizar os níveis ampliados de produção de bens e serviços que se lhe destinam. Por outro lado, também da perspectiva mencionada, tais políticas originam condições de eficiência: com a produtividade se incrementam os níveis do excedente econômico e as potencialidades de aumento da poupança interna e se apresentam oportunidades de conseguir ritmos de acumulação e crescimento de outro modo inalcançáveis.[12]

Adicionalmente, cabe apontar que a tendência ao déficit comercial que a brecha tecnológica gera no desenvolvimento periférico impõe limites aos financiamentos externos do mesmo, devido aos efeitos sobre as contas do balanço de pagamentos produzidos, a longo prazo, pelos custos de seus serviços. Assim, também desse ângulo, os aumentos da economia interna eventualmente procedentes das políticas de elevação da produtividade do trabalho se configuram como condição que torna viável o desenvolvimento periférico.[13]

iii) Na noção de excedente que subjaz nas considerações anteriores, este é visto como a diferença entre produto e salários. Tal noção leva a apontar que as condições de viabilidade e eficiência antes mencionadas não definem uma estratégia de desenvolvimento única. Temos feito referência a certo conjunto de opções, a cada uma das quais corresponde certo padrão de distribuição funcional da renda, por sua vez vinculado à evolução do nível dos salários e à partilha do produto entre a massa de salários e o excedente (que equivale, pois, à soma das rendas da propriedade).[14] Do mesmo modo, a magnitude do excedente dependerá da distribuição pessoal de renda, também condicionante da medida em que este se verta para a economia, sustentando a acumulação de capital, ou se utilize em aumentos do consumo de bens e serviços.

Acabamos de mostrar a existência de vínculos entre os aumentos da produtividade nas sucessivas camadas técnicas (chave das estratégias de desenvolvimento e fonte essencial do excedente econômico), a poupança (parte do excedente que sustenta a acumulação de capital) e a distribuição funcional e pessoal da renda. Mas a distribuição não depende só nem principalmente dos mecanismos de mercado. Esta é fortemente influenciada por relações sociais não-econômicas ou, melhor dizendo, por relações de poder econômico e político, assim como pelo modo em que estas incidem no Estado e na capacidade deste último de estimular condutas que afetem o uso do próprio excedente.

A consideração dos padrões distributivos que acompanham o desenvolvimento revela que as distintas estratégias capazes de impulsioná-lo resultarão, ao mesmo tempo e indissociavelmente, econômicas e políticas. Já voltaremos a este duplo caráter das estratégias. Importa agora reconsiderar seus aspectos econômicos, destacando o papel decisivo que o estruturalismo latino-americano atribui às políticas adotadas pelas economias periféricas para ir transformando suas estruturas produtivas. A partir desta ótica insiste-se, também, na chamada "cooperação internacional", pois periferia e centro são dois pólos de um mesmo sistema, de tal forma que as transformações que se vão dando na primeira se vêem condicionadas — *a fortiori* — pelas que paralelamente se verifiquem no segundo.

iv) Além desta razão de base, as grandes complexidades imbricadas em estratégias como as mencionadas, que se orientam para o difícil objetivo de superar o subdesenvolvimento, obrigam não só a procurar um reconhecimento internacional genérico sobre a necessidade de adotá-las, mas também a combinar critérios e ações condizentes, tanto do ponto de vista deste objetivo como de certos interesses compatíveis e legítimos dos grandes centros.

Um primeiro aspecto desta questão corresponde à colocação em prática de um "trato especial e diferenciado" de nova índole, que implique aceitar o fomento temporário ao esforço exportador da periferia, e também a substituição de importações que nesta se empreenda. Como é claro, essa aceitação aponta no sentido de evitar o obstáculo externo. Mas, para conseguir isso, é necessário recorrer também a políticas deliberadas no outro pólo do sistema, consistentes na adoção paralela de certos graus de abertura de seus mercados às exportações periféricas.

Convém ter presente que — dada a própria restrição externa — o aumento destas exportações induzirá um aumento concomitante das importações correspondentes, favorecendo a dinâmica externa em geral e, portanto, a dos próprios centros. Em outras palavras, trata-se de combinar políticas comerciais que levem a fazer uso das oportunidades da divisão internacional do trabalho abertas pela recente aceleração da mudança técnica, oportunidades das quais, por sua vez, derivariam aumentos da produtividade do trabalho, da acumulação e do crescimento em ambos os pólos do sistema.

A idéia subjacente no parágrafo anterior evoca a que, na concepção de Prebisch, pode caracterizar-se como "industrialização imbricada": uma abertura dos centros às exportações manufatureiras da periferia permitiria a esta última ampliar suas importações industriais dos primeiros. Iria se suscitando, assim, uma nova divisão internacional do trabalho no âmbito da indústria, com efeitos benéficos para os ritmos de crescimento das exportações e do produto de ambos os pólos. Caberia esperar um efeito semelhante, nos dias que correm, sustentado em um "progresso técnico compartilhado", que se vá obtendo por sua maior difusão mundial e pelos aumentos de produtividade que acompanhem uma mais ampla divisão internacional do trabalho, face oposta dessa difusão.

v) Amarrando as duas pontas do argumento anterior, aprecia-se que o "trato especial e diferenciado" a que o mesmo se refere, além de transitório, encontra sua justificativa e sua razão de ser no aproveitamento das potencialidades brindadas pelo progresso técnico. No entanto, uma boa parte das normativas e instrumentos vigentes se assenta em relações de poder assimétricas, claramente desfavoráveis para a periferia, que parecem estar comprometendo seu desenvolvimento por meio do que pode ser chamado de "globalização perversa".

Para resumir, praticamente não se mencionam alguns aspectos de tais normativas e instrumentos: as disposições que emolduram as políticas agrícolas dos centros e as restrições em outras rubricas relevantes (das quais são exemplo as que afetaram o aço em tempos recentes); as regulações em matéria de marcas e patentes, assim como os esquemas gerais de proteção da propriedade intelectual, postos em marcha até limites capazes de dificultar ou restringir as transferências de tecnologia; os graus de liberdade extremos que se procura estabelecer para o investimento estrangeiro direto e para a ação das empresas transnacionais, com conseqüências desfavoráveis no que respeita a essas transferências, e também com efeitos negativos sobre os problemas do setor externo.

Um segundo elemento-chave da cooperação internacional é o do financiamento a longo prazo do desenvolvimento periférico. Os recursos externos requeridos para o mesmo se configuram como elemento essencial para complementar a capacidade interna de poupança enquanto esta resulte ainda reduzida e, do mesmo modo, para compensar dificuldades transitórias que possam acontecer na balança de pagamentos. A estas duas funções tradicionalmente reconhecidas, soma-se a da necessidade de dar apoio a políticas ativas em matéria de ocupação, de induzir altas persistentes da produtividade do trabalho nas sucessivas camadas técnicas e de atenuar os problemas distributivos, compatibilizando a reiteração destas metas com a continuidade dos enormes (e nada fáceis) esforços de acumulação requeridos, desde o começo, nas estratégias do desenvolvimento periférico.

vi) Como se pode ver, as considerações precedentes outorgam à "cooperação internacional" um sentido especial, similar ao que inicialmente lhe dera Prebisch.[15] Não se trata de simples ajudas compensatórias de situações de desvantagem, da índole e do tom das que se propugnam e elaboram para o combate à pobreza nas economias em desenvolvimento. Trata-se, sim, de políticas com raiz principal em medidas empreendidas no interior destas economias, que apontam no sentido de elevar a produtividade e ampliar seus mercados e que, portanto, se configuram como compatíveis com outras que se tomem nas economias centrais, de modo que as primeiras e estas outras, de consenso, dêem curso a ritmos mais elevados de progresso técnico, de acumulação e de crescimento na economia mundial em seu conjunto. Na mesma direção apontam os processos de integração regional e sub-regional, os quais bem podem originar níveis de produtividade mais elevados, com bases nas transformações tecnológicas e produtivas que o desenvolvimento supõe e, por essa via, graus de competitividade e eficiência também mais altos, tanto por meio dos intercâmbios intrazonais como no comércio com o resto do mundo.

III. ASSIMETRIAS FINANCEIRAS E CONDUÇÃO MACROECONÔMICA[16]

i) Além da restrição estrutural e de longo prazo imposta pela tendência ao desequilíbrio comercial, por sua vez associável à brecha tecnológica, as economias periféricas passam por períodos de bonança em que essa tendência se atenua e o crescimento se sustenta — devido, por exemplo, à intensidade do dinamismo das economias centrais e a melhora dos termos de troca — e por outros períodos de sinal contrário, em que a emergência do desequilíbrio comercial entorpece o crescimento periférico.

O novo paradigma trouxe consigo mudanças muito significativas na forma de operar destes movimentos Em geral, os choques externos relacionados com o comércio continuam sendo importantes, mas, do mesmo modo, se destaca a especial relevância adquirida pelos choques financeiros, que passaram a desempenhar um papel protagonista no funcionamento e evolução das economias de menor desenvolvimento.

Nesse sentido, cabe apontar que a revolução tecnológica em curso traz consigo certas mudanças de grande significado nas relações financeiras, ao mesmo tempo que se constitui como fator de impulsão dos choques financeiros mencionados. Um aspecto-chave dessas mudanças consiste no enorme crescimento do número e valor dos ativos em que estas relações se plasmam e da crescente desproporção que vão adquirindo em relação ao conjunto dos ativos reais. Esta desproporção, e a "financeirização da riqueza" que envolve, acarreta a necessidade de realizar lucros nos próprios mercados financeiros, o que, por sua vez, provoca incrementos consideráveis das transações realizadas em tais mercados e acentua o caráter especulativo dessas transações.

ii) A mundialização dos mercados financeiros, assim como a acentuação das tendências especulativas que a acompanha, aumentam fortemente a vulnerabilidade externa dos países em desenvolvimento. Além da instabilidade intrínseca desses mercados, subjacente na desproporção antes mencionada, a grave vulnerabilidade das economias periféricas se associa à menor profundidade de seu desenvolvimento financeiro ou, mais precisamente, às assimetrias existentes entre suas estruturas financeiras e as que prevalecem nos grandes centros. J. A. Ocampo (2001b, p. 28) destaca quatro assimetrias básicas: a) o tamanho reduzido dos mercados financeiros periféricos, em comparação com as pressões especulativas originadas fora das fronteiras que devem enfrentar; b) as estruturas de prazos desvantajosas que lhes proporcionam tais mercados; c) os alcances limitados que apresentam os mercados secundários e, finalmente, d) o caráter estrangeiro da moeda em que se vê denominada sua dívida externa.

Nas três primeiras assimetrias, os mercados financeiros dos países em desenvolvimento são sensivelmente mais incompletos que os mercados internacionais, de tal modo que nesses países uma parte da intermediação financeira deve ser levada a cabo, necessariamente, naqueles mercados. Os mercados incompletos, em aliança com o fato de que as moedas internacionais são as dos centros, guardam relação com o caráter pró-cíclico dos fluxos de capital nos países em desenvolvimento. Durante os períodos de bonança, os recursos em que esses fluxos se sustentam são de fácil disponibilidade e concorrem para eles sem maiores obstáculos. No entanto, quando sobrevêm indícios de depressão, os agentes que acedem ao crédito externo (governos e grandes empresas) vêem-se submetidos com mais freqüência a perda de base monetária; e os que não possuem essa capacidade (empresas médias e pequenas) padecem do mesmo problema em termos de prazos. Ambos são sintomas de situações financeiras desfavoráveis e de aumento dos riscos que elas envolvem, cujos sintomas contribuem para uma mudança de expectativas que diminui e encarece a disponibilidade de recursos ou até induzem sua saída.

iii) Estas tendências se vinculam, do mesmo modo, com o caráter residual dos fluxos concernentes aos países mencionados. Distinto é o caso dos centros, nos quais — conforme mostra a bibliografia especializada — os fluxos de capital apresentam um comportamento anticíclico: sua disponibilidade e utilização se acrescentam quando a bonança os requer e se ajustam quando a conjuntura muda de signo. É assim que as economias centrais contam com possibilidades de adotar políticas macroeconômicas anticíclicas, mediante a inclusão de medidas estabilizadoras dos mercados financeiros.

Contrariamente, as economias em desenvolvimento não contam com as mesmas margens para levar a cabo uma condução macroeconômica que induza resultados similares. Isto ocorre porque os comportamentos dos atores em mercados financeiros residuais colaboraram para a agudização do ciclo; enquanto isso, as próprias autoridades enfrentam a necessidade de responder com medidas compensatórias que produzem, também, efeitos pró-cíclicos. Outro tanto acontece com acertos multilaterais dirigidos pelo FMI, pois, embora proporcionem alívios temporários, "estão dirigidos a garantir a adoção de pacotes de austeridade durante as crises" e, portanto, a impulsionar "uma macroeconomia de depressão" (Ocampo, 2001b, p. 29).

iv) As breves referências precedentes servem ao menos para destacar que as assimetrias financeiras não favorecem os padrões de financiamento internacional a longo prazo que auxiliariam o bom andamento do desenvolvimento periférico. Ao contrário, em períodos recentes, comprova-se uma presença determinante de capitais de curto prazo, marcados por fortes tendências especulativas.

Estas contribuem para acentuar a volatilidade desses capitais e, com isso, o caráter pró-cíclico de seus fluxos, gerando sérias dificuldades para uma condução apropriada — estabilizadora — das políticas macroeconômicas (fiscais, monetárias e cambiais), políticas que, por sua vez, têm como requisito essencial a continuidade do crescimento econômico.[17]

Cabe apontar que a ruptura da assimetria mencionada passa, no essencial, por um cabal desenvolvimento dos mercados financeiros das economias periféricas que prevê uma presença mais plena dos segmentos de longo prazo e secundário nesses mercados. Por outro lado, a cooperação internacional não pode se restringir à simples ampliação do financiamento a longo prazo do desenvolvimento periférico. Os bons resultados deste financiamento (e a própria continuidade do desenvolvimento) dependerão da conquista de apoio para a difícil condução de políticas macroeconômicas anticíclicas e, muito em particular, do respaldo de uma institucionalidade internacional adequada. Além disso: da perspectiva da cooperação internacional, a regulação global dos mercados financeiros se configura como um elemento-chave a se levar em conta em uma agenda de negociações e como uma meta de grande interesse para os países em desenvolvimento.

IV. RELAÇÕES SOCIOPOLÍTICAS E PAPEL DO ESTADO

i) Com respeito à distribuição de renda, sugeriu-se que os conflitos que se estabelecem em torno desta constituem um claro indício de que as relações que é preciso considerar em uma estratégia de desenvolvimento são ao mesmo tempo econômicas e sociopolíticas. Mas, para configurar-se como verdadeiramente viáveis e eficientes, tais estratégias devem trazer consigo mudanças estruturais profundas: mudanças na estrutura da ocupação que prevejam altas persistentes da produtividade do trabalho, em suas distintas camadas técnicas; e também alterações na estrutura produtiva subjacente, compatíveis com padrões de reinserção internacional capazes de ir modificando o obstáculo externo na periferia e favorecendo a dinâmica do comércio mundial em seu conjunto.

Por sua própria natureza "estrutural" (pela extrema complexidade que envolvem), estas mudanças resultam irrealizáveis por meio da única forma de operar dos mecanismos do mercado. Em conexão com isso, a análise dos fenômenos econômicos, mesmo quando comece abstraindo outros fenômenos de índole social e política, ao longo do tempo deve ser inserida em um marco em que se considerem suas interações e condicionamentos recíprocos.

Um caminho para essa perspectiva passa pelo tema do Estado, que corresponde de forma direta ao papel que este deve desempenhar na condução econômica e, mais em geral, no desenho e consecução de objetivos ao mesmo tempo econômicos e sociais. Este aspecto crucial do papel do Estado se encontra estreitamente ligado a outros dois: o das relações sociopolíticas que lhe servem de base de sustentação e o das relações geopolíticas em que se encontra imerso.[18]

ii) Junto com o processo de globalização, veio se produzindo uma presença renovada e intensificada de capitais e interesses estrangeiros no interior dos países da região latino-americana, no sentido de que esta presença se verifica em mais ramos e setores, e em particular nos financeiros, com níveis de concentração também muito maiores. Dada sua índole e magnitude, essa presença vem acompanhada por uma reacomodação das relações sociopolíticas, que abrange não apenas as que se constituem entre classes e grupos internos, mas também as relações destes com grupos e interesses estrangeiros. Mudam, por exemplo, o peso relativo e os padrões de conexão entre interesses produtivos ou financeiros atados aos grandes capitais transnacionalizados e àqueles cujas raízes são essencialmente territoriais.

Em outros termos, ao alterar-se certa relação estrutural externa básica, alteram-se os fundamentos da hegemonia política preexistente. Mas essa alteração revulsiva das bases do poder político é indissociável das relações geopolíticas em que este se inscreve e por meio das quais se impulsionam mudanças nas regulações da economia mundial, instrumentados com a mediação e o apoio dos organismos internacionais de maior relevância.

Os países da periferia se vêem, assim, incluídos em pautas atenuadas e flexíveis de controle do investimento estrangeiro direto e dos movimentos do capital financeiro. A conseqüente acentuação de sua vulnerabilidade externa — notável pelas carências reais ou potenciais de reservas de divisas — traz consigo uma redução das margens de manobra dos Estados, que resultam especialmente restritos em distintos âmbitos das políticas macroeconômicas de curto prazo.

iii) Em síntese, de consenso com o recente processo de globalização modificam-se significativamente as relações sociopolíticas, obscurecendo e tornando mais complexos os caminhos apropriados para sua transformação posterior. Vistas da perspectiva dos países periféricos, as mudanças concomitantes nas relações geopolíticas lhes são claramente desfavoráveis, expressando uma nova correlação de forças que implica o aumento das dificuldades para combinar uma estratégia própria de negociação internacional. Essas duas mudanças se associam a uma terceira: em contraste com a reconhecida necessidade de um intervencionismo decidido, o papel do Estado se reformula com base em posturas que, em maior ou menor medida, aproximam-se das minimalistas, das quais se derivam efeitos desfavoráveis para a condução econômica e para o desenvolvimento, assim como para a melhoria das condições de acentuada desigualdade social.[19]

O precedente é um parágrafo de negativas. Como contraparte, cabe esboçar algumas considerações sobre os caminhos por transitar, marcados certamente por graves dificuldades. Nos dias que correm, a reformulação das estratégias de desenvolvimento deve começar pela colocação explícita de equações políticas e geopolíticas. Isto é, pela busca de acordos internos amplos e inclusivos e, em conexão com isso, pela articulação de consensos entre países que atenuem sua debilidade e favoreçam a defesa de suas posições na negociação internacional. Esses acordos e consensos constituem o substrato de uma redefinição conducente do papel do Estado, à qual, entretanto, não deve faltar o aproveitamento da autonomia relativa do próprio Estado. Esta última se configura como chave para delinear os novos marcos jurídico-institucionais que sua ação demanda, os quais, por sua vez, encontrarão apoio na consolidação da democracia e no aprofundamento de seus conteúdos.[20]

V. IDENTIDADE CULTURAL E DESENVOLVIMENTO

i) As considerações anteriores permitem destacar certos aspectos particularmente relevantes de uma agenda do desenvolvimento quando ela é enfocada do ângulo das estratégias requeridas para conduzi-la. Um primeiro aspecto consiste na diagramação das políticas tecnológicas, produtivas e institucionais que formam a base econômica de tais estratégias. Essas políticas deverão reconhecer e levar em conta a centralidade dos problemas ocupacionais, cuja gradual resolução abre possibilidades de acessar as opções de distribuição de renda mais eqüitativas. As mesmas políticas deverão levar em conta, além disso, os padrões de reinserção externa das economias periféricas, assim como a cooperação internacional adequada para apoiá-los e impulsioná-los. Também no âmbito econômico, ressalta a necessidade de considerar as assimetrias financeiras prevalecentes entre centros e periferia, de modo a considerá-las no desenho de uma condução macroeconômica compatível com o desenvolvimento desta última. Por último, destacou-se que o bom andamento dessa base econômica complexa não exclui, mas supõe, a definição dos requisitos sociopolíticos dos acordos internos (entre estes, os atinentes à distribuição) e dos que demanda a reinserção internacional, e em conexão com isso, a do papel que deve cumprir o Estado.

A síntese anterior mostra que o desenvolvimento supõe um impulso sociopolítico que oriente e favoreça as transformações requeridas no âmbito econômico e que induza e consolide as mudanças necessárias no próprio âmbito sociopolítico. A presente seção postula que a intencionalidade desse impulso deve estender-se, também, a um terceiro âmbito, formado por aqueles elementos da cultura não-material diferentes dos que constituem o segundo dos âmbitos mencionados.[21]

Já se antecipou que o núcleo do desenvolvimento global consiste na garantia da identidade cultural própria e, portanto, requer destravar a criatividade nos três âmbitos aludidos. No entanto, a dinamização da criatividade ou, se preferirmos, a liberação de energias capazes de potencializá-la possui uma fonte de grande significado no terceiro desses âmbitos, já que nele radicam idéias e valores — entre estes valores éticos — de importância decisiva para consolidar os perfis daquela identidade e para impulsionar a criatividade capaz de sustentá-la e de lhe propiciar renovada riqueza.

ii) No que se refere à identidade cultural, convém nos voltarmos para outras percepções fundamentais de Furtado, simplificando sua visão do fenômeno do subdesenvolvimento, à luz das características com que este se expressa na periferia latino-americana.

Desde a segunda metade do século XIX, esta constitui um *locus* privilegiado de penetração do capitalismo. Como se indicou oportunamente, tal penetração não se limita ao âmbito material do progresso técnico e da acumulação, mas se estende aos fins do desenvolvimento, isto é, às idéias e aos valores que conformam certos perfis essenciais da cultura não-material.

Assim, o desenvolvimento da periferia latino-americana pode e deve ser concebido como reiteradas instâncias de penetração cultural. Os novos elementos estrangeiros que essa penetração vai incorporando e o *mix* que produzem em cada instância com elementos preexistentes (tanto nativos como estrangeiros previamente adquiridos) são impeditivos da emergência e da expansão de uma identidade cultural própria. Em outros termos, não se vão gerando as "conexões sistêmicas" necessárias para destravar o desenvolvimento (na acepção mais ampla do termo, isto é, a de desenvolvimento cultural global) e para abrir caminho — destravando-a — para uma firme correção da heterogeneidade social.[22]

iii) As considerações anteriores favorecem o retorno ao tema do subemprego. Previamente insistiu-se em um aspecto puramente quantitativo, atinente aos níveis da produtividade do trabalho que lhe são próprios. Ao enfocá-lo de uma perspectiva mais ampla, um documento recente lança nova luz sobre esse tema.[23] Ali se afirma que as atividades que o subemprego engloba constituem modos de sobrevivência, obtendo ou autogerando oportunidades de ocupação e remuneração, e muitas vezes renovando essas oportunidades, à medida que se esgotam as previamente alcançadas. Além disso, destaca-se que na colocação em prática e na periódica renovação dessas estratégias de sobrevivência inerentes ao subemprego expressam-se grandes doses de criatividade. Assim, este documento enfatiza que a criatividade está na base da consecução dos meios materiais de vida.[24]

No entanto, o exercício da criatividade não está desvinculado daquilo que se produz em outros âmbitos da tarefa social. Neste sentido, deve-se ter presente que as atividades trabalhistas que albergam o subemprego não se realizam em um limbo de relações puramente econômicas. Como as demais atividades trabalhistas, estas se dão no marco de relações sociais complexas. Mas, no caso do subemprego, estas últimas possuem características especiais: as relações que se constituem por meio do emprego assalariado são comparativamente escassas; em compensação, são comparativamente amplas aquelas que acontecem pela participação em uma variada gama de instituições formal ou informalmente estruturadas: relações de tipo familiar, simples vizinhança, associações comunitárias ou de bairro, organizações esportivas ou recreativas, igrejas e cultos.

iv) Importa apontar que essas participações constituem em si mesmas manifestações da cultura popular. Melhor dizendo, é em seu seio e por meio delas que se vão expressando e enriquecendo vários elementos desse campo específico da cultura. O subemprego consiste, pois, na colocação em prática de estratégias de sobrevivência apoiadas na criatividade. Mas a criatividade que se plasma nestas estratégias deve exercer-se simultânea e indissociavelmente em diversas esferas da cultura não-material. Quer dizer que este exercício é portador das principais fontes de um florescimento da cultura popular que vem se tornando cada vez mais visível na América Latina e que em muitos casos surpreende por sua amplitude e dinamismo.[25]

Não é possível, pois, pensar que as bases de um despertar cultural vêm se acumulando? Não é possível conceber que essa possibilidade, ainda obstruída, se expressa como sintoma e como símbolo no renovado enriquecimento da cultura popular? Por outro lado, por que o enriquecimento da cultura deve ser visto como expressão de uma mudança que vem avançando, em tempos de enorme penetração estrangeira nos distintos âmbitos da cultura não-material? A complexidade do tema não impede a intuição de uma resposta, certamente especulativa e preliminar. Pode-se argumentar que é na cultura popular onde mais se conservam e voltam a tornar-se presentes as raízes profundas de sucessivas culturas, cujos sucessivos desenvolvimentos resultaram limitados ou interrompidos. Também se poderia pensar que estas travas se deram ao longo de uma dinâmica na qual, não obstante, estiveram presentes a complexificação e o enriquecimento de distintas esferas e aspectos da cultura como um todo.

v) Esta longa história de desenvolvimentos culturais entorpecidos possui na América Latina uma especificidade que deve ser analisada: ela vai se produzindo em paralelo e em estreita conexão com um processo de forte mestiçagem inter-racial.

Dito processo é indissociável do devir da cultura popular. Daí que esse devir — ou, melhor dizendo, a renovada riqueza das culturas populares em distintas regiões da área — possa associar-se ao ressurgimento de traços culturais cuja profundidade se relacione, justamente, com a profunda raiz indo e afro-americana, e interaja com sucessivas penetrações culturais de origem européia, muito especialmente de origem ibérica.

vi) Nas origens dessa dupla mescla de culturas e de raças se acham presentes fortes atos de violência, a partir dos quais se produz uma aguda diferenciação social, seja pela via do escravismo ou pela emergência de regimes que, embora com variações regionais, evocam certos traços característicos das “relações de servidão”.

De tal modo, com o passar do tempo, a acentuada diferenciação social originária vai alterando seus perfis uma e outra vez e configurando com isso a especificidade latino-americana já mencionada: a capacidade para represar e renovar uma mistura de culturas decisivamente associada a uma mescla de raças.[26]

Nos dias que correm, os graus de amplitude e complexidade que ambas as misturas chegaram a alcançar sugerem que essa especificidade pode resultar portadora de significados e conteúdos éticos de importância decisiva. A expressão mais direta dos mesmos parece consistir na aceitação crescente da igualdade racial como valor (e a de seu anverso: a discriminação racial como antivalor). Por outro lado, essa aceitação tem em sua base a igualdade dos seres humanos em sua condição como tais,[27] própria dos marcos éticos de velha e renovada presença, enquanto constitutivos das religiões superiores e, do mesmo modo, das formas pelas quais estas se difundiram secularmente em toda a área.

Essa postura igualitária e sua difusão cada vez mais ampla podem ser vistas como o ressurgimento do princípio ético sintetizado na expressão "amor ao próximo", sustentação básica de condutas morais nas relações humanas, complementado pelo princípio da "não-violência", no exercício dessas relações.

Quer dizer que a reafirmação de princípios éticos essenciais pode constituir-se em força primordial para destravar a criatividade ou, inclusive, para induzir uma eclosão de criatividade imbricada nos distintos âmbitos da cultura, impulsionando o desenvolvimento de uma identidade cultural própria.[28]

Do anterior se infere que a riqueza nutrida pelas misturas mencionadas no âmbito da cultura popular pode ser percebida como expressão e símbolo de "um longo amanhecer":[29] como as primeiras luzes que começam a torná-la perceptível.

VI. A CAMINHO DO DESENVOLVIMENTO NACIONAL

A globalização se traduz em uma aplicação prática do ideário neoliberal, que defende a liberalização do comércio e a operação das empresas transnacionais nas transações financeiras internacionais. Paralelamente, os princípios neoliberais tendem a privatizar as empresas públicas e a minimizar a intervenção estatal, desregulando a forma de operar dos mercados.

A partir dos anos 1980 é crescente a prevalência destas idéias na condução das economias da área, embora diferenciada e com defasagens temporárias. Como podemos ver, as crises derivadas desse tipo genérico de condução vieram inspirando novas visões dos processos de desenvolvimento e, junto com isso, novas posturas estratégicas impulsionadoras de "projetos nacionais" de desenvolvimento.

Quanto aos conteúdos fundamentais desses projetos — e a modo de síntese do conjunto das considerações anteriores —, devem se distinguir três aspectos. O primeiro, concernente ao âmbito econômico, se expressa no caráter necessariamente autocentrado do crescimento nas estratégias que deverão ser desenhadas e colocadas em prática. O segundo, que se inscreve no âmbito sociopolítico, leva a reconhecer como imprescindível a formação de uma "nova aliança", concebida como a força essencial que se requer para dar início e continuidade a tais estratégias. O terceiro aponta para a conquista de uma "reafirmação ética", isto é, a garantia de certas idéias e valores inscritos na cultura não-material, por sua vez germes de capacidades e atitudes criativas indutoras da emergência de uma identidade cultural própria.

i) O *caráter autocentrado* inerente ao crescimento das economias periféricas (e as estratégias para obtê-lo) relaciona-se com o próprio núcleo da "questão nacional", ou seja, a propriedade dos ativos presentes nessas economias. Existe nesta matéria um marcado contraste de pontos de vista com os dos enfoques de cunho neoliberal. Conforme se argumenta, o reiterado obstáculo externo, proveniente da disparidade tecnológica entre centros e periferia que incide em suas relações comerciais e, do mesmo modo, dos efeitos negativos da liberalização financeira sobre o balanço de pagamentos tornam inviável o aumento irrestrito da propriedade estrangeira desses ativos (tanto direta como a que se expressa de forma indireta pela via do endividamento externo). Contrariamente, a viabilidade do desenvolvimento periférico requer que a propriedade nacional seja, a longo prazo, crescente, em termos absolutos e relativos.

Este requisito é complementar a outro, presente em sua base: além da necessidade de considerá-lo a partir deste ângulo da propriedade dos ativos, e sem detrimento de que requeira um esforço exportador para a superação do obstáculo externo, um "desenvolvimento nacional" não dispensa a aplicação do aumento sustentado do mercado interno. A possibilidade de obter esse aumento atende à resolução dos problemas ocupacionais, em parte por meio da consecução de altos níveis de emprego "formal", de produtividade elevada, mas sobretudo mediante a persistente reabsorção do subemprego. Por ser um problema de solução difícil, esta reabsorção esconde a possibilidade de favorecer e, além disso, de potencializar o desenvolvimento, pois seu pleno aproveitamento produtivo envolve a geração de excedentes e, paralelamente, a necessária ampliação do mercado interno. As novas teorias do progresso técnico — cujos avanços foram desconsiderados pelos enfoques de marca neoliberal — sugerem a aplicação de políticas tecnoprodutivas cuidadosamente diagramadas, mas em especial sua inscrição em um esforço público dirigido à formação e ao desenvolvimento dos chamados "Sistemas Nacionais de Inovação". É este esforço, e não o simplismo de uma suposta "autonomização tecnológica" associada à formação de uma indústria de bens de capital, o conveniente para alcançar os fortes requerimentos de avanço tecnológico contínuo que o desenvolvimento nacional supõe.

ii) A crise recente destacou a queda dos graus de autonomia dos Estados da região. A fonte mais direta desta queda é a dependência de suas decisões dos organismos internacionais, em parte pelos rígidos e severos marcos regulatórios que amparam as resoluções tomadas por estes últimos, mas sobretudo pelos níveis de endividamento que acompanham a crise mencionada, submetendo múltiplas orientações de política interna aos critérios e intuitos de tais organismos.

No entanto, é preciso sublinhar que a limitação do exercício dos poderes públicos por forças estrangeiras está unida a uma mudança das bases internas de sustentação do Estado. Assim, tende a produzir uma vazão dessas bases, quando as classes e os grupos que as formavam sofrem fortes perdas em matéria de capacidade de incidência em decisões relevantes.

A autonomia do Estado, decisiva no papel do impulso ao desenvolvimento em seus distintos âmbitos — econômico, social, político, cultural — passa por caminhos que sofreram alterações consideráveis. Já não se trata de indagar como e até quando certos atores relevantes no passado — por exemplo, as empresas transnacionais e as grandes empresas nacionais, privadas e públicas — podem continuar coordenando interesses, de modo a promover a expansão produtiva e sua continuidade. Nos dias que correm, a enorme vazão das bases internas do poder político exige — voltando para a terminologia de Fajnzylber — conceber e promover uma nova aliança, inclusiva de grupos de interesse internos e sobretudo das grandes maiorias. Uns e outros se configuram como necessários para ampliar os conteúdos da democracia, e junto com isso consolidar a autonomização do Estado, devolvendo-lhe aptidões imprescindíveis na condução de um processo de desenvolvimento de fundamentos nacionais, que se configuram como os únicos possíveis. De resto, a "nova aliança" e a autonomização do Estado não excluem, mas sim supõem, a preservação ou o retornò da propriedade pública de ativos e empresas relevantes por seu papel na geração de economias externas tecnológicas, mas sobretudo por seu virtual significado para a própria formação do poder político.

As tentativas de aprofundar a integração regional — entre elas, as relacionadas com a formação da Aladi (1980) e do Mercosul (1991) — enfrentaram os limites impostos pela crise dos anos 1980 e também pela crise atual, configurada no final da década posterior. Mas os esforços integradores se vêem hoje renovados. Efetivamente, já podem se associar à garantia geopolítica dos poderes políticos internos e aos maiores graus de autonomia estatal que devem acompanhar a reconstituição destes poderes.

iii) Como elemento concreto de uma geopolítica adequada, defende-se a ampliação dos esforços integradores ao conjunto dos países sul-americanos. Deve-se destacar que este *desideratum* não implica a negação da conveniência de incentivar o desenvolvimento de identidades culturais próprias e de considerá-las — coincidindo com Furtado — força mobilizadora principal do desenvolvimento, pois as idéias e os valores presentes nelas se configuram como indutores e impulsionadores da ação positiva de uma "nova aliança". Neste sentido, cabe insistir na possibilidade aberta na América Latina para a virtual aceitação da igualdade racial como valor-chave e, por trás dessa aceitação, na aplicação de normas de "apreciação do outro" e de convivência pacífica e solidária fundadas em marcos éticos enraizados nas religiões superiores, bem como, ao mesmo tempo, na reiterada difusão das mesmas em toda a área ao longo de sua história. Tal reafirmação ética pode inclusive configurar-se como decisiva para uma possível emergência de variados processos de desenvolvimento cultural, nos quais esses aspectos essenciais e reiterados de culturas pretéritas aflorem como forças básicas de impulsão.[30]

De resto, admitir a garantia e o desenvolvimento de identidades culturais diferenciadas em cada "desenvolvimento nacional" não implica negar nem desconhecer que a integração, e seu aprofundamento em distintos âmbitos da cultura não-material, especialmente em seus conteúdos éticos, poderia contribuir para que tais identidades se fortalecessem reciprocamente, induzindo talvez, em um despertar conjunto, uma alta e renovada expressão do ideal bolivariano.

Notas

1. A visão do desenvolvimento própria de Furtado é objeto do capítulo 9. Suas considerações sobre o "desenvolvimento endógeno", sintetizadas no parágrafo anterior, são descritas na seção V do mesmo capítulo.
2. A amplitude do subemprego (da força de trabalho ocupada em níveis de produtividade muito reduzidos), assim como sua prolongada presença nas economias periféricas, foi objeto de consideração nos documentos fundacionais de Prebisch, analisados no capítulo 1. Com o título "Os problemas ocupacionais", a seção II do capítulo 2 reelabora o tratamento desse tema, enfocando-o de uma perspectiva analítica mais precisa. Volta-se ao mesmo tema no capítulo 5, seção II, no qual se tenta revelar os efeitos negativos de certos fatores sociais na acumulação de capital e, por esta via, na reabsorção do subemprego.
3. Sem deixar de reconhecer que sua revisão e complemento são ainda necessários, puderam-se reunir evidências empíricas que demonstram que o novo paradigma tecnológico — assentado no rápido desenvolvimento e difusão internacional das chamadas "tecnologias da informação" — vem gerando dois efeitos negativos em múltiplas economias periféricas, sobretudo a partir dos anos 1990. O primeiro é a redução dos ritmos de aumento do emprego. O segundo consiste na diminuição das oportunidades de aceder ao subemprego, isto é, a ocupações de baixa produti-

vidade, alternativas ao desemprego aberto. Ambas as tendências são examinadas no caso brasileiro em Rodríguez (1998).

4. A expressão "camadas técnicas" deve-se a Prebisch, cujo propósito é alterar a diferenciação dicotômica entre emprego e subemprego a que se atêm muitos escritos estruturalistas. Tal expressão resume parte da sustentação analítica da última obra desse autor, intitulada *Capitalismo periférico. Crise e transformação* (Prebisch, 1981). A essa obra fizemos breves referências no capítulo 10, seção I, relacionados com a visão do tema da democracia que ali se trata.
5. Para simplificar, as considerações desse parágrafo supõem que os avanços tecnológicos são gerados só nas economias dos grandes centros. Daí que a conquista da produtividade máxima factível se identifique com a consecução da competitividade internacional, isto é, com a possibilidade de competir — externamente ou nos próprios mercados periféricos — com a produção daquelas economias. Como é claro, tal simplificação não implica desconhecer a existência de atividades, sobretudo de base primária, nas quais diversas economias periféricas adquiriram e mantêm níveis privilegiados de competitividade (vantagens absolutas).
6. Não sem conexão com trabalhos prévios de Fernando Fajnzylber, os documentos da Cepal destinados a renovar suas próprias propostas estratégicas insistem na necessidade de impulsionar políticas tecnoprodutivas e de procurar apoiá-las em Sistemas Nacionais de Inovação reconsolidados e ampliados. O primeiro exemplo dessa postura básica, que se repetiria com matizes ao longo daqueles anos e na década posterior, encontra-se em Cepal (1990), documento examinado no capítulo 12, seção I.
7. Já nos documentos fundacionais de Prebisch, examinados no capítulo 1, a heterogeneidade na ocupação e o caráter reiteradamente especializado da produção constituem os dois grandes traços das estruturas econômicas periféricas. Na realidade, o avanço técnico e a diversificação produtiva mencionados constituem requisitos da superação do segundo desses traços negativos.
8. A expressão "estratégia mista", que sintetiza a necessidade de assentar as estratégias do desenvolvimento periférico na expansão das exportações e, ao mesmo tempo, no aumento do mercado interno e da produção que se lhe destina, encontra-se presente em Ocampo (2005c, p. 35).
9. É preciso apontar que um bom trânsito por estas vias não depende nem procede da simples liberalização do comércio: exige políticas incisivas de promoção de exportações, assim como condições favoráveis de acesso aos mercados dos grandes centros industriais, que se encontram na vanguarda do progresso técnico. Ambos os elementos estiveram presentes nos casos bem-sucedidos de crescimento do Sudeste Asiático.

10. A consideração estruturalista mais recente deste tema da "disparidade tecnológica" — ou "assimetrias tecnológicas" entre centro e periferia — analisada no capítulo 13, seção I.
11. Um ritmo elevado de aumento da produção para o mercado interno não implica, necessariamente, uma diminuição do coeficiente de abertura no desenvolvimento periférico. Este coeficiente poderá variar no tempo, em função do tipo de economia periférica de que se trate e dos padrões de seu desenvolvimento prévio. Do mesmo modo, em diversas economias latino-americanas existem condições para dinamizar as exportações ou para ampliar o grau de abertura, aproveitando as oportunidades de renovar os padrões de especialização brindadas pelo progresso técnico.
12. As condições de viabilidade e eficiência que se associam neste parágrafo às políticas de aumento da ocupação e da produtividade do trabalho, chaves de uma estratégia de desenvolvimento condizente, são similares às que subjazem no referente de "suficiência dinâmica", descrito no capítulo 5, subseção II, 2. Por outro lado, tais condições, que se relacionam no parágrafo anterior com a preservação do equilíbrio externo, são compatíveis com o referente em que se apóiam as teorias do desequilíbrio externo e do estrangulamento externo, consideradas na seção I do mesmo capítulo.
13. Aos requisitos de expansão da economia interna, assim como à necessária complementaridade do mesmo com a economia externa, foram feitas referências no capítulo 13, seção III.
14. Uma estratégia única pode ser associada à consecução do ótimo que supostamente derivaria da alocação de uma quantidade dada de recursos, por meio do livre jogo das forças de mercado. Em compensação, as distintas opções aqui mencionadas resultarão todas eficientes, de uma perspectiva dinâmica: cada uma delas tornará viável um crescimento máximo, dados os respectivos níveis de excedente econômico e o uso que dele se realize. Em princípio, em cada opção podem ser explicados os padrões de distribuição da renda correspondentes e considerar-se sua viabilidade política, a qual aparece condicionada pelo grau em que se consiga limitar o consumo dos setores de altos ganhos, possível base de um círculo virtuoso entre acumulação e eqüidade.
15. Uma versão ampla e articulada deste tema se encontra em Prebisch (1973). Ao mesmo se fez referência no capítulo 2, seção IV.
16. Embora cobrindo seletivamente os temas tratados, a presente seção se configura como uma síntese do que se inclui sob igual título no capítulo 13.
17. A consideração do crescimento como requisito dos equilíbrios macroeconômicos essenciais foi desenvolvida no capítulo 13, subseção III, 3, sob o título "A caminho de uma macroeconomia para o desenvolvimento".

18. Esta dupla perspectiva evoca o conceito mais freqüente e condizente de dependência, que a define como relação estrutural externo-interna, ao qual convém voltar. De acordo com este conceito, "a ação dos grupos sociais, que em seu comportamento ligam de fato a esfera econômica e política [refere-se tanto à nação como] a suas vinculações de toda ordem com o sistema político e econômico mundial. A dependência encontra assim não só expressão interna mas também seu verdadeiro caráter como modo determinado de relações estruturais: um tipo específico de relação entre classes e grupos que implica uma situação de domínio que implica estruturalmente a vinculação com o exterior" (Cardoso e Faletto, 1969, p. 29). A respeito, podem ser consultadas as considerações do capítulo 6, e em especial as de sua seção II.
19. Entre as visões que definem o papel do Estado com vistas a impulsionar estratégias de desenvolvimento com "orientação de mercado", cabe mencionar o documento do Banco Mundial intitulado *O Estado em um mundo em transformação* (1997). Em "O Estado como problema e como solução" (1996), P. Evans realiza uma revisão dos enfoques recentes sobre seu papel no desenvolvimento.
20. Este último tema foi objeto do capítulo 10.
21. Adota-se aqui a categorização de Celso Furtado considerada anteriormente, a qual diferencia cultura material e cultura não-material. A primeira corresponde à tecnologia e às tarefas econômicas. A segunda distingue o âmbito sociopolítico e as idéias que lhe são próprias e, além disso, um conjunto adicional e diferenciado de elementos, que inclui as idéias e valores mais "altos" ou significativos, uma vez que a eles se liga o próprio sentido da existência humana. Sobre essa categorização, pode-se consultar o capítulo 9.
22. Estas breves considerações se apóiam principalmente em Furtado (1974, cap. II; 1978, cap. IV). Um tratamento mais amplo das mesmas se encontra no capítulo 9, seção II.
23. Tratam-se das anotações de aula de Carlos Lessa sobre a "Formação do Brasil", ditadas no Instituto de Economia da Universidade Federal de Rio do Janeiro. Suas primeiras versões datam de 1998 e 1999.
24. Cabe apontar que a reabsorção do subemprego se vê favorecida por essa criatividade, mas não depende só dela. Depende também da aplicação de políticas orientadas à elevação da produtividade de grupos de trabalhadores, das quais participem diversos atores próximos desses grupos: organizações da sociedade civil, entidades públicas de distintos graus de descentralização etc. Tratando-se de políticas destinadas ao aumento da produtividade de grupos concretos de trabalhadores, pode-se denominá-las "políticas de transformação do atraso", as quais são parte essencial das políticas de transformação produtiva e, por isso mesmo, diferem das políticas puramente assistenciais, com freqüência atadas à visão da pobreza como síndrome

e concebidas para evitar sua transmissão intergeracional. Como é óbvio, isso não implica negar a utilidade das políticas assistenciais. Convém esclarecer que as políticas sociais básicas — educação, saúde, moradia — podem confluir para objetivos e políticas de transformação do atraso, por sua vez ligadas à transformação produtiva. Observe-se que existem já, na prática, exemplos de uma aplicação ampla e simultânea desses três tipos de políticas (assistenciais, sociais básicas e de transformação do atraso). Entre eles se sobressai o das políticas aplicadas no caso brasileiro. O documento de Faria e outros (2000) as analisa e resume.

25. É claro que as fontes desse florescimento podem ser relacionadas não apenas com o subemprego em sentido estrito, mas também com um leque muito mais amplo de "camadas técnicas" com níveis de produtividade relativamente reduzidos.

26. A respeito, são pertinentes estas afirmações: "Éramos sociedades-feitorias nas quais se gastavam homens para produzir açúcar, ouro ou café. Contra os intuitos do colonizador, inesperadamente, o sistema destinado a produzir mercadorias e, por meio delas, riquezas e lucros exportáveis terminou produzindo uma humanidade de gente mestiça que nascia nas fazendas e minas, mas que um dia começou a organizar-se em nações que procuravam definir suas próprias culturas" (Ribeiro, 1979, p. 36).

27. Em recentes documentos de organismos internacionais (por exemplo, Cepal, 2000a) destaca-se que os direitos civis, os direitos políticos e os chamados Desc — direitos econômicos, sociais e culturais — são componentes de um conteúdo ético também relacionado com a igualdade, que se reconhece como imprescindível em todo processo de desenvolvimento. Este reconhecimento, sem dúvida positivo, deixa entretanto aberta a questão de que conjunto de valores básicos pode dar sustento a condutas capazes de induzir a garantia da identidade cultural própria. As considerações da presente seção destacam o papel virtual, nessa garantia, da emergência e difusão de valores relacionados com a mestiçagem, em que esta passa a ser vista e apreciada como expressão — e não como negação — da igualdade essencial que brinda por si mesma a condição humana.

28. Embora referidos à América Latina e a seu desenvolvimento, os princípios mencionados são compatíveis com os que se foram estabelecendo na busca de uma ética mundial. Esta busca possui um âmbito particularmente destacável no "Parlamento das Religiões do Mundo", cujas três últimas reuniões datam de 1993 (Chicago), 1999 (África do Sul) e 2004 (Barcelona). A "Declaração de uma ética mundial", proveniente da primeira, encontra-se em obra organizada por Hans Küng (2002, p. 25-44) com apoio da "Associação Unesco para o diálogo inter-religioso". Cabe assinalar que esta obra contém artigos de múltiplos autores, elaborados a partir das perspectivas do judaísmo, cristianismo, islamismo e religiões orientais, e indicativos da possibilidade de se chegar a princípios éticos comuns. Diversos traba-

lhos de autores latino-americanos também abordam essa temática, entre eles Dussel (1998) e Boff (2001). A preocupação por definir e estender uma ética comum se encontra na base de outras duas, que vieram aflorando no âmbito das Nações Unidas. Uma se expressa no freqüente chamado a combater a pobreza com urgência e decisão. A segunda concerne à busca de uma "Aliança de Civilizações", transformada em proposta explícita no 59º período de sessões de sua Assembléia Geral, em contraste com "O choque de civilizações" a que se refere a obra do Huntington (1997) que leva esse título.

29. Esta expressão reproduz o título de um livro de Furtado (1999).
30. A postura implícita nestas últimas afirmações se configura como uma resposta à seguinte pergunta, pinçada de colocações de Leonardo Boff: "(...) sob a hegemonia de que dimensão [ou de que valor] estruturam-se os elementos [necessários para] se criar uma nova unidade cultural?" (Boff, 1982, p. 33).

Referências bibliográficas

Agosin, M. (1993). "Política comercial en los países dinámicos de Asia: aplicaciones a América Latina". *Desarrollo Económico*, vol. 33, nº 131, outubro-dezembro.

Agosin, M. e Ffrench-Davis, R. (1993). "La liberalización comercial en América Latina". *Revista de la Cepal*. Santiago do Chile: Comissão Econômica para a América Latina e o Caribe (Cepal), nº 50 (LC/G.1767-P/E), agosto.

Albert, M. (1992). *Capitalismo contra capitalismo*. Barcelona: Paidós.

Andersen, E.S. e Lundvall, B.A. (1992). "Small national systems of innovation facing technological revolutions: an analytical framework". In B.A. Lundvall (org.). *National Systems of Innovation: Towards a Theory of Innovation and Interactive Learning*. Londres: Pinter Publishers.

Assael, H. (org.) (1973). *Ensayos de política fiscal*. México: Fondo de Cultura Económica.

—— (1986). "Análisis retrospectivo de los ciclos inflacionarios en América Latina, 1950-1985", *Pensamiento Iberoamericano*, nº 9, janeiro-junho.

Baldwin, R.E. (1994). "A domino theory of regionalism". *Working Paper* nº 4465. Cambridge: National Bureau of Economic Research (NBER), setembro.

Banco Mundial (1997). *Informe sobre el desarrollo mundial, 1997: el estado en un mundo en transformación*. Washington, D.C.: Diretoria Sub-regional para Colômbia e México.

Bastide, R. (1963). "L'acculturation formelle". *América Latina*, vol. 6, nº 3. Rio de Janeiro.

Benavente, J.M. (1998). "Cincuenta años del estudio económico". In *Estudio económico de América Latina y el Caribe, 1997-1998* (LC/G.2032-P). Santiago do Chile: Comissão Econômica para a América Latina e o Caribe (Cepal).

Berry, A. (org.) (2002). *Critical Issues in Financial Reform: A View from fhe South*. New Brunswick: Transaction Publishers.

Bhagwati, J. (1992). "Regionalism and multilateralism: an overview". In J. de Melo e A. Panagariya (orgs.). *New Dimensions in Regional Integration*. Cambridge: Cambridge University Press.

Blecker, R. (1998). "International competitiveness, relative wages and the balance of payments constraint". *Journal of Post-Keynesian Economics*, vol. 4, nº 20.

Boff, L. (2001). *Ética planetária desde el gran Sur*. Madri. Trotta.

—— (1982). *San Francisco de Asís: ternura y vigor*. Santander: Sal Terrae.

Bouzas, R. e Ffrench-Davis, R. (1998). "La globalización y la gobernabilidad de los países en desarrollo". *Revista de la Cepal*, número extraordinário (LC/G.2037-P/E). Santiago do Chile: Comissão Econômica para a América Latina e o Caribe (Cepal), outubro, publicação das Nações Unidas, nº de venda: S.98.II.G.11.

Braga, J.C. de Souza (1999). "Financeirização global. O padrão sistêmico do capitalismo contemporâneo". In J.L. Fiori e M.C. Tavares. *Poder e dinheiro: uma economia política da globalização*. Petrópolis: Vozes.

Burgueño, O. e Pittaluga, L. (1994). "El enfoque neoschumpeteriano de la tecnologia". *Quantum*, vol. 1, nº 3.

Calderón, F.; Hopenhayn, M. e Ottone, E. (1996). "Las dimensiones culturales de la transformación productiva con equidad". *Revista de la División de Investigaciones de Desco: Pretextos*. Centro de Estudios y Promoción del Desarrollo (Desco), fevereiro.

—— (1994). "Una perspectiva cultural de las propuestas de la Cepal". *Revista de la Cepal*. Santiago do Chile: Comissão Econômica para a América Latina e o Caribe (Cepal), nº 52 (LC/G.1824-P/E), abril.

Calvo, G. e Mendoza, E. (2000). "Rational contagion and the globalization of securities markets". *Journal of International Economies*, vol. 51, nº 1.

Cardoso, F.H. (1995). "Democracia e desenvolvimento". *Revista de la Cepal*. Santiago do Chile: Comissão Econômica para a América Latina e o Caribe (Cepal), nº 56 (LC/G.1874-P/E), agosto.

—— (1993). *A construção da democracia*. São Paulo: Siciliano.

Cardoso, F.H. e Faletto, E. (1969). *Dependencia y desarrollo en América Latina*. México: Siglo XXI Editores.

Cepal (2002). *Globalización y desarrollo* (LC/G.2157 [SES.29/3]). Santiago do Chile, abril.

—— (2001a). *Una década de luces y sombras. América Latina y el Caribe en los años noventa*. J.C. Ocampo, R. Bajraj e J. Martin (coords.). México: Alfaomega, janeiro.

—— (2001b). *Panorama de la inserción internacional de América Latina y el Caribe*, 1999-2000 (LC/G.2085-P). Santiago do Chile, março. Publicação das Nações Unidas, nº de venda: S.00.II.G.17.

—— (2000a). *Equidad, desarrollo y ciudadanía* (LC/G.2071 (SES.28/3)). Santiago do Chile, agosto.

—— (2000b). *Crecimiento, empleo y equidad. El impacto de las reformas económicas en América Latina y el Caribe*. Santiago do Chile: Fondo de Cultura Económica, setembro.

—— (1998). *El pacto fiscal: fortalezas, debilidades, desafíos* (LC/G.1997 (SES.27/3)). Santiago do Chile, abril.

—— (1997). *La brecha de la equidad. América Latina, el Caribe y la Cumbre Social*". Série Libros de la Cepal, nº 44 (LC/G.1954/Rev.1-P). Santiago do Chile, março.

—— (1996). *Fortalecer el desarrollo. Interacciones entre macro e microeconomía*". Série Libros de la Cepal, nº 42 (LC/G.1898/Rev.1-P). Santiago do Chile, julho. Publicação das Nações Unidas, nº de venda: S.96.II.G.12.

—— (1995). *América Latina y el Caribe: políticas para mejorar la inserción en la economía mundial*". Série Libros de la Cepal, nº 40 (LC/G.1800/Rev.1-P). Santiago do Chile, abril. Publicação das Nações Unidas, nº de venda: S.95.II.G.6.

—— (1994). *El regionalismo abierto en América Latina y el Caribe.* La integración económica en servicio de la transformación productiva con equidad. Série Libros de la Cepal, nº 39 (LC/G.1801 (SES.25/4)). Santiago do Chile, janeiro.

—— (1992a). *Equidad y transformación productiva con equidad.* Série Libros de la Cepal, nº 32 (LC/G.170l/Rev.l-P). Santiago do Chile, fevereiro. Publicação das Nações Unidas, nº de venda: S.92.II.G.5.

—— (l992b). *Educación y conocimiento: eje de la transformación productiva con equidad.* Série Libros de la Cepal, nº 33 (LC/G.1702/Rev.2-P). Santiago do Chile, agosto. Publicação das Nações Unidas, nº de venda: S.92.II.G.6.

—— (1991). *El desarrollo sustentable: transformación productiva, equidad y medio ambiente.* Série Libros de la Cepal, nº 31 (LC/G.1648/Rev. 2-P.). Santiago do Chile, maio. Publicação das Nações Unidas, nº de venda: S.9l.II.G.5.

—— (1990). "Transformación productiva con equidad". Série Libros de la Cepal, nº 25 (LC/G.1601-P.). Santiago do Chile, março. Publicação das Nações Unidas, nº de venda: S.90.II.G.6.

—— (1989). *Hacia un desarrollo sostenido en América Latina y el Caribe: restricciones y requisitos.* Série Cuadernos de la Cepal, nº 61 (LC/G.1540-P.). Santiago do Chile, janeiro.

—— (1987). *El desarrollo de América Latina y el Caribe: escollos, requisitos y opciones.* Série Cuadernos de la Cepal, nº 55 (LC/G.1440-P.). Santiago do Chile, junho.

—— (1985). *Transformación y crisis: América Latina y el Caribe, 1950-1984*, (LC/L.332). Santiago do Chile, abril.

—— (1984). *Políticas de ajuste y renegociación de la deuda externa en América Latina.* Série Cuadernos de la Cepal, nº 48 (LC/G.1332). Santiago do Chile. Publicação das Nações Unidas, nº de venda: S.84.II.G.18.

Cepal/Celade (Comissão Econômica para a América Latina e o Caribe/ Centro Latino-americano e Caribenho de Demografia) (1995). "Población, equidad y transformación productiva". Série Libros de la Cepal, nº 35 (LC/G.1758/Rev.1P). Santiago do Chile, agosto. Publicação das Nações Unidas, nº de venda: S.93.II.G.8.

Cepal/Onudi (Comissão Econômica para a América Latina e o Caribe/Organização das Nações Unidas para o Desenvolvimento Industrial) (1992). *Industrialización y desarrollo tecnológico* (LC/G.1720), Santiago do Chile.

Cimoli, M. (1988). "Technological gaps and institutional asymmetries in a north-south model with a continum of goods". *Revista metroeconómica*, vol. 39, nº 111.

Cimoli, M. e Dosi, G. (1994). "De los paradigmas tecnológicos a los sistemas nacionales de producción e innovación". *Comercio Exterior*. México: Bancomext, vol. 44, nº 8, agosto.

Cimoli, M. e Katz, J. (2002). "Structural reforms, technological gaps and economic development. A Latin American perspective". Série *Desarrollo productivo*, nº 129 (LC/L.1775-P /I). Santiago do Chile: Comissão Econômica para a América Latina e o Caribe (Cepal), agosto.

Cimoli, M. e Soete, L. (1992). "A generalized technology gap trade model". *Economie Appliquée*, vol. 45, nº 3.

Cuche, D. (1996). *La noción de cultura en las ciencias sociales*. Buenos Aires: Nueva Visión.

De Melo, J. e Panagariya, A. (orgs.) (1992). *New Dimensions in Regional Integration* Cambridge: Cambridge University Press.

Devlin, R. (1989). *Debt and Crisis in Latin America: the Supply Side of the Story* Princeton: Princeton University Press.

Devlin, R.; Ffrench-Davis, R. e Griffith-Jones, S. (1995). "Repuntes de los flujos de capital y el desarrollo: implicaciones para las políticas económicas". In R. Ffrench-Davis e S. Griffith-Jones (orgs.). *Las nuevas corrientes financieras hacia la América Latina: fuentes, efectos y políticas*. México: Fondo de Cultura Económica.

Dosi, G. (1988a), "Sources, procedures and microeconomic effects of innovation". *Journal of Economic Literature*, vol. 26, nº 3.

—— (org.) (1988b). *Technical Change and Economic Theory*. Londres: Pinter Publishers.

Dosi, G. e Fabiani, S. (1994). "Convergence and divergence in the long term growth of open economies". In G. Silverberg e L. Soete (orgs.). *The Economics of Growth and Technical Change: Technologies, Nations, Agents*. Londres: Edward Elgar Publishing.

Dosi, G.; Pavitt, K. e Soete, L. (1990). *The Economics of Technical Change and International Trade*. Londres: Harvester Wheatsheaf.

Dussel, E. (1998). *Ética de la liberación en la edad de la globalización y la exclusión*. México: Universidad Nacional Autónoma de México (UNAM).

Dutt, A. e Ros, J. (orgs.) (2005). *Development Economics and Structuralist Macroeconomics: Essays in Honour of Lance Taylor*. Aldershot: Edward Elgar Publishing

Emst, D. e O'Connor, D. (1989). "Technologie et competition mondiale". *Études du Centre de Développement*. Paris: Organização de Cooperação e Desenvolvimento Econômicos (OCDE).

Evans, P. (1996). "El Estado como problema y como solución". *Desarrollo Económico*, vol. 35, nº 140.

Fagerberg, J. (1995). "Convergence or divergence? The impact of technology on why growth rates differ". *Journal of Evolutionary Economics*, vol. 5, nº 3.

Fajnzylber, F. (1990). "Industrialización en América Latina: de la caja 'negra' al 'casillero vacío'. Comparación de patrones contemporáneos de industrialización", Cuadernos de la Cepal, nº 60 (LC/G.1534/Rev.1-P.). Santiago do Chile: Comissão Econômica para a América Latina e o Caribe (Cepal).

—— (1983). *La industrialización trunca de América Latina*. México: Nova Imagem.

—— (org.) (1981). *Industrialización e internacionalización en América Latina*. México: Fondo de Cultura Económica.

—— (1970a). *Estratégia industrial e empresas internacionais*. Brasília: Instituto de Pesquisa Econômica Aplicada (Ipea).

—— (1970b). *Sistema industrial e exportação de manufaturas*. Brasília: Instituto de Pesquisa Econômica Aplicada (Ipea).

Fajnzylber, F. e Schejtman, A. (1995). "Agricultura, industria y transformación productiva". In J.L. Reyna (org.). *América Latina a fines de siglo*. México: Fondo de Cultura Económica.

Fajnzylber, F. e Martínez Tarragó, (1976). *Las empresas transnacionales: expansión a nivel mundial y proyección en la industria mexicana*. México: Fondo de Cultura Económica.

Faria, V. *et al.* (2000). "Preparando o Brasil para o século XXI". Brasília: Presidência da República, fevereiro.

Felix, D. (1998). "La globalización del capital financiero". *Revista de la Cepal*, número extraordinário (LC/G.2037-P/E). Santiago do Chile: Comissão Econômica para a América Latina e o Caribe (Cepal), outubro. Publicação das Nações Unidas, nº de venda: S.98.II.G.11.

Ffrench-Davis, R. (org.) (2005). "Macroeconomía para el crecimiento y globalización financiera: cuatro puntos estratégicos". *Crecimiento esquivo y volatilidade financiera*. Santiago do Chile: Comissão Econômica para a América Latina e o Caribe (Cepal)/Mayol Ediciones/Palgrave, abril.

—— (2003a). "Financial crises and national policy issues: an overview". Série *Informes y estudios especiales*, nº 7 (LC/L.1821-P/I). Santiago do Chile: Comissão Econômica para a América Latina e o Caribe (Cepal), março. Publicação das Nações Unidas, nº de venda: E.03.II.G.26.

—— (2003b). "Después del Consenso de Washington: reiniciando el crecimiento y las reformas en América Latina". Washington, D.C.: Institute for International Economics.

—— (2002). "El impacto de las exportaciones sobre el crecimiento de Chile". *Revista de la Cepal*. Santiago do Chile: Comissão Econômica para a América Latina e o Caribe (Cepal), nº 76 (LC/G.2175-P/E), abril.

—— (org.) (2001). *Crisis financieras en países "exitosos"*. Santiago do Chile: Comissão Econômica para a América Latina e o Caribe (Cepal)/McGraw-Hill, janeiro.

—— (1999). *Macroeconomía, comercio e finanzas para reformar las reformas en América Latina*. Santiago do Chile: Comissão Econômica para a América Latina e o Caribe(Cepal)/McGraw-Hill, março.

—— (1988). "Esbozo de un planteamiento neoestructuralista". *Revista de la Cepal*. Santiago do Chile: Comissão Econômica para a América Latina e o Caribe (Cepal), nº 34, abril.

Ffrench-Davis, R. e Reisen, H. (1997). *Flujos de capital e inversión productivas. Lecciones para América Latina*. Santiago do Chile: Comissão Econômica para a América Latina e o Caribe (Cepal)/Organização de Cooperação e Desenvolvimento Econômicos (OCDE)/McGraw-Hill.

Ffrench-Davis, R. e Ocampo, J.A. (2001). "Globalización de la volatilidad financiera: desafíos para las economías emergentes". *Crisis financieras en países "exitosos"*. Santiago do Chile: Comissão Econômica para a América Latina e o Caribe (Cepal)/McGraw-Hill, janeiro.

Ffrench-Davis, R. e Devlin, R. (1993). "Diez años de la crisis de la deuda". *Comercio Exterior*, vol. 43, nº 1, janeiro.

Ffrench-Davis, R. e Griffith-Jones, S. (orgs.) (1995). *Las nuevas corrientes financieras hacia la América Latina: fuentes, efectos y políticas*. México: Fondo de Cultura Económica.

Ffrench-Davis, R.; Agosin, M. e Uthoff, A. (1994). "Movimiento de capitales, estrategia exportadora y estabilidad macroeconómica en Chile". Série *Financiamiento del desarrollo*, nº 23 (LC/L.854). Santiago do Chile: Comissão Econômica para a América Latina e o Caribe (Cepal).

Fiori, J.L. e Tavares, M.C. (1999). *Poder e dinheiro. Uma economia política da globalização*. Petrópolis: Vozes.

FitzGerald, V. (org.) (2002). *Social Institutions and Economic Development: A Tribute to Kurt Martin*. Dordrecht: Institute of Social Studies, novembro.

Freeman, C. (1987). *Technology Policy and Economic Performance: Lessons From Japan*. Londres: Pinter Publishers.

Freeman, C. e Pérez, C. (1988). "Structural crisis of adjustment: business cycles and investment behaviour". *Technical Change and Economic Theory*. Londres: Pinter Publishers.

Frenkel, R. (2003). "Globalización y crisis financieras en América Latina". *Revista de la Cepal*. Santiago do Chile: Comissão Econômica para a América Latina e o Caribe (Cepal), nº 80 (LC/G.2204-P/E), agosto.

Furtado, C. (1999). *O longo amanhecer: reflexões sobre a formação do Brasil*. São Paulo: Paz e Terra.

—— (1998). *O capitalismo global*. São Paulo: Paz e Terra.

—— (1978). *Criatividade e dependência na civilização industrial*. Rio do Janeiro: Paz e Terra.

—— (1974). *O mito do desenvolvimento econômico.* Rio do Janeiro: Paz e Terra.

García Canclini, N. (1999). *La globalización imaginada.* Buenos Aires: Paidós.

—— (1992). *Culturas híbridas. Estrategias para entrar y salir de la modernidad.* Buenos Aires: Editorial Sudamericana.

Giddens, A. (1993). *Consecuencias de la modernidad.* Madrid: Editorial Aliança.

Griffith-Jones, S. (1994). "Corrientes de fondos privados europeos hacia América Latina: hechos y planteamientos". Série *Financiamiento del desarrollo*, nº 24 (LC/L.855). Santiago do Chile: Comissão Econômica para a América Latina e o Caribe (Cepal).

Grossman, G.M. e Helpman, E. (1991). *Innovation and Growth in the Global Economy.* Cambridge: The MIT Press.

Helleiner, G. (2000). "Markets, politics and globalization: can the global economy be civilized?". *The Tenth Raúl Prebisch Lecture.* Genebra, dezembro.

Heymann, D. (2000). "Grandes perturbaciones macroeconómicas, expectativas y respuestas de política". *Revista de la Cepal.* Santiago do Chile: Comissão Econômica para a América Latina e o Caribe (Cepal), nº 70 (LC/G.2095-P/E), abril.

—— (1998). "Estructura, coordinación intertemporal y fluctuaciones macroeconómicas". *Revista de la Cepal.* Santiago do Chile: Comissão Econômica para a América Latina e o Caribe (Cepal), número extraordinário (LC/G.2037-P/E), outubro. Publicação das Nações Unidas, nº de venda: S.98.II.G.11.

Heymann, D. e Sanguinetti, P. (1998). "Quiebres de tendencia, expectativas e fluctuaciones económicas". *Desarrollo Económico.* Buenos Aires: Instituto de Desarrollo Económico y Social, vol. 38, nº 149, abril-junho.

Hirschman, A. (1961). *La estrategia del desarrollo econômico.* México: Fondo de Cultura Económica.

Hofman, A. (1993). "Chile's economic performance in the 20th Century: a comparative perspective". *Estudos da Economía.* Santiago do Chile: Universidade do Chile, vol. 20, nº 1, junho.

Hopenhayn, M. (2001). "Viejas y nuevas formas de la ciudadanía". *Revista de la Cepal.* Santiago do Chile: Comissão Econômica para a América Latina e o Caribe (Cepal), nº. 73 (LC/G.2130-P/E), abril.

—— (1995). *Ni apocalíticos ni integrados. Aventuras de la modernidad en América Latina.* México: Fondo de Cultura Econômica.

Hopenhayn, M. e Ottone, E. (2002). *El gran eslabón: educación y desarrollo en el umbral del siglo XXI.* Buenos Aires: Fondo de Cultura Económica.

Hounie, A. (1999). "La Cepal y las nuevas teorías del crecimiento". *Revista de la Cepal.* Santiago do Chile: Comissão Econômica para a América Latina e o Caribe (Cepal), nº 68 (LC/G.2039-P/E), agosto.

Huntington, S. (1997). *O choque de civilizações e a recomposição da ordem mundial.* Rio de Janeiro: Objetiva.

Iglesias, E. (1992). *Reflexiones sobre el desarrollo econômico*. Washington, D.C.: Banco Interamericano de Desenvolvimento (BID).

Instituto Latino-americano e do Caribe de Planejamento Econômico e Social (1998). *Reflexiones sobre el desarrollo y la responsabilidad del Estado* (LC/IP/L.154/E). Santiago do Chile: Comissão Econômica para a América Latina e o Caribe (Cepal), novembro.

Kaldor, N. (1994). "Causes of the slow rate of economic growth of the United Kingdom". In J.E. King. *Economic Growth in Theory and Practice: a Kaldorian* Perspective. Cambridge: Edward Elgar Publishing.

Katz, J. (2000). *Reformas estructurales, productividad y conducta tecnológica en América Latina.* México: Comissão Econômica para a América Latina e o Caribe (Cepal)/ Fondo de Cultura Económica, outubro.

—— (1993). "Fallas de mercado y política tecnológica". *Revista de la Cepal.* Santiago do Chile: Comissão Econômica para a América Latina e o Caribe (Cepal), nº 50 (LC/G.1767-P/E), agosto.

Katz, J. e Kosacoff, B. (1998). "Aprendizaje tecnológico, desarrollo institucional y la microeconomía de la sustitución de importaciones". *Desarrollo Económico*, vol. 37, nº 148, janeiro-março.

King, J.E. (1994). *Economic Growth in Theory and Practice: a Kaldorian Perspective.* Cambridge: Edward Elgar Publishing.

Kosacoff, B. *et al.* (1998). *Estrategias empresariales en tiempos de cambio; el desempeño industrial frente a nuevas incertidumbres.* Buenos Aires: Comissão Econômica para América Latina e o Caribe (Cepal)/Universidad Nacional de Quilmes.

Krugman, P. (1990). *Rethinking International Trade.* Cambridge: The MIT Press.

—— (org.) (1986). *Strategic Trade Policy and the New International Economics.* Cambridge: The MIT Press.

Küng, H. (org.) (2002). "Declaración de un ética mundial". In *Reivindicación de una ética mundial.* Madrid: Trotta.

Lessa, C. (1999). "Formação do Brasil". Notas de classe, Instituto de Economia, Universidade Federal do Rio do Janeiro.

Lucas, R.E. (1988). "On the mechanics of economic development". *Journal of Monetary Economics*, vol. 22, nº 1, julho.

Lundval, B.A. (org.) (1992), *National Systems of Innovation: Towards a Theory of Innovation and Interactive Learning.* Londres: Pinter Publishers.

Massad, C. (1976). "La revolución de los banqueros en la economía internacional: un mundo sin sistema monetario". *Revista de la Cepal.* Santiago do Chile: Comissão Econômica para a América Latina e o Caribe (Cepal), nº 2, segundo semestre.

McCombie, J.S. e Thirlwall, P. (1994). *Economic Growth and the Balance of Payments Constraint*, Londres: St. Martin's Press.

Moguillansky, G. (1995). "Impacto de la política cambiaria y comercial en el desempeño exportador en los años ochenta". *Revista de la Cepal*. Santiago do Chile: Comissão Econômica para a América Latina e o Caribe (Cepal), nº 55 (LC/G.1858-P/E), abril.

Morley, S. (2000). *La distribución del ingreso en América Latina y el Caribe*. México: Comissão Econômica para a América Latina e o Caribe (Cepal)/Fondo de Cultura Económica, novembro.

Nelson, R.R. e Winter, S. (1992). *An Evolutionary Theory of Economic Change*. Cambridge: The Belknap Press/Harvard University Press.

Ocampo, J.A. (2005a). "Los caminos para superar las frustraciones de crecimiento en América Latina". In R. Ffrench-Davis (org.), *Crecimiento esquivo y volatilidade financiera*. Santiago do Chile: Comissão Econômica para a América Latina e o Caribe (Cepal)/Mayol Ediciones/Palgrave, abril.

—— (2005b). "Developing countries' anti-cyclical policies in a globalized world". In A. Dutt e J. Ros (orgs.). *Development Economics and Structuralist Macroeconomics. Essays in Honor of Lance Taylor*. Aldershot: Edward Elgar Publishing.

—— (2005c). "Structural dynamics and economic growth in developing countries". *Más allá de las reformas: dinâmica estructural y vulnerabilidad macroeconômica*. Bogotá: Comissão Econômica para a América Latina e o Caribe (Cepal)/Alfaomega. Publicação das Nações Unidas, nº de venda: 05.II.G.397.

—— (2003a). "Lights and shadows in Latin American structural reforms", inédito.

—— (2003b). "Capital-account and counter-cyclical prudential regulations in developing countries". Série *Informes y estudios especiales*, nº 6 (LC/L.1820-P/I). Santiago do Chile: Comissão Econômica para a América Latina e o Caribe (Cepal)/ Universidade das Nações Unidas (UNU)/Instituto Mundial de Pesquisas de Economia do Desenvolvimento (WIDER), fevereiro. Publicação das Nações Unidas, nº de venda: E.03.II.G.23.

—— (2002a). "International asymmetries and the design of the international financial system". In A. Berry (org.). *Critical Issues in Financial Reform: a View from the South*. New Brunswick: Transaction Publishers.

—— (2002b). "Structural dynamics and economic development". In V. FitzGerald (org.). *Social Institutions and Economic Development: A Tribute to Kurt Martin*, Dordrecht: Institute of Social Studies, novembro.

—— (2001a). "Retomar la agenda del desarrollo". *Revista de la Cepal*. Santiago do Chile: Comissão Econômica para a América Latina e o Caribe (Cepal), nº 74 (LC/ G.2135-P/E), agosto.

—— (2001b). "Raúl Prebisch y la agenda del desarrollo en los albores del siglo XXI". *Revista de la Cepal*. Santiago do Chile: Comissão Econômica para a América Latina e o Caribe (Cepal), nº 75 (LC/G.2150-P/E), dezembro.

—— (1999). *La reforma del sistema financiero internacional: un debate en marcha.* Santiago do Chile: Comissão Econômica para a América Latina e o Caribe (Cepal)/ Fondo de Cultura Económica.

—— (1998a). "Cincuenta años de la Cepal". *Revista de la Cepal*, número extraordinário (LC/G.2037-P/E). Santiago do Chile: Comissão Econômica para a América Latina e o Caribe (Cepal), outubro. Publicação das Nações Unidas, nº de venda: S.98.II.G.11.

—— (1998b). "El desafío de la transformación productiva con equidad". Documento apresentado ao Seminário internacional modelos e políticas de desenvolvimento: tributo a Aníbal Pinto. Rio de Janeiro: Banco Nacional do Desenvolvimento Econômico e Social (BNDES).

—— (1996). "Políticas macroeconómicas para el crecimiento". *Revista de la Cepal.* Santiago do Chile. Comissão Econômica para a América Latina e o Caribe (Cepal), nº 60 (LC/G,1943.-P/E) dezembro.

—— (1986). "New developments in trade theory and LDCs". *Journal of Development Economics*, vol. 22, nº l, junho.

Ocampo, J.A. e Taylor, L. (1998). "Trade liberalisation in developing economies: modest benefits but problems with productivity growth, macro prices, and income distribution". *Economic Journal*, vol. 108, nº 450, setembro.

Ocampo, J.A. e Parra, M.A. (2003). "Returning to an eternal debate: the terms of trade for commodities in the twentieth century". Série *Informe y estudios especiales.* Santiago do Chile: Comissão Econômica para a América Latina e o Caribe (Cepal), nº 5 (LC/L.1813-P), fevereiro. Publicação das Nações Unidas, nº de venda: E.03.II.G.16.

Ocampo, J.A. et al. (orgs.) (2000). *Financial globalization and the emerging economies. Libros de la Cepal*, nº 55 (LC/G.2097-P/I), Santiago do Chile: Comissão Econômica para a América Latina e o Caribe (Cepal)/Instituto Internacional Jacques Maritain, maio. Publicação das Nações Unidas, nº de venda: E.00.II.G.39.

Ominami, C. (org.) (1986). *La tercera revolución industrial: impactos internacionales del actual viraje tecnológico.* Buenos Aires: Grupo Editor Latino-Americano.

Ortiz, R. (1994). *Mundialización y cultura.* Buenos Aires: Editorial Alianza.

Ottone, E. (2002). "Marcas culturales del desarrollo y de la construcción ciudadana en América Latina y el Caribe". Santiago do Chile, inédito.

—— (2000). *La modernidad problemática. Cuatro ensayos sobre el desarrollo latino-americano.* México: Editorial Jus.

Pérez, C. (1986). "Las nuevas tecnologías: una visión de conjunto". In C. Ominami (org.). *La tercera revolución industrial: impactos internacionales del actual viraje tecnológico.* Buenos Aires: Grupo Editor Latino-Americano.

Pfaff, W. (2000). A challenge to globalization theory. In J.A. Ocampo et al. (orgs.). *Financial Globalization and the Emerging Economies. Libros de la Cepal*, nº 55

(LC/G.2097-P/I). Santiago do Chile: Comissão Econômica para a América Latina e o Caribe (Cepal)/Instituto Internacional Jacques Maritain, maio. Publicação das Nações Unidas, nº de venda: E.00.II.G.39.

Pietroblli, C. e Zamagni, S. (2000). "The emerging economies in the global financial market: some concluding remarks". In J.A. Ocampo et al. (orgs.). Financial Globalization and the Emerging Economies Libros de la Cepal, nº 55 (LC/G.2097-P/I). Santiago do Chile: Comissão Econômica para a América Latina e o Caribe (Cepal)/Instituto Internacional Jacques Maritain, maio. Publicação das Nações Unidas, nº de venda: E.00.II.G.39.

Prebisch, R. (1981). *Capitalismo periférico: crisis y transformación*. México: Fondo de Cultura Económica.

—— (1973). "La cooperación internacional en la política de desarrollo latino-americano". Série comemorativa do vigésimo quinto aniversário da Cepal. Santiago do Chile: Comissão Econômica para a América Latina e o Caribe (Cepal). (Primeira edição: 1954.)

Ramos, J. (1986). *Neoconservative Economics in the Southern Cone of Latin America*. Baltimore: Johns Hopkins University Press.

—— (1985). "Políticas de estabilización y ajuste en el Cono Sur, 1974-1983". *Revista de la Cepal*. Santiago do Chile: Comissão Econômica para a América Latina e o Caribe (Cepal), nº 25, abril.

Ray, D. (2000). "What's new in development economics?". New York University, janeiro.

Reyna, J.L. (org.) (1995). *América Latina a fines de siglo*. México: Fondo de Cultura Económica.

Ribeiro, D. (1979). *Ensaios insólitos*, Porto Alegre: L & PM.

Rivas, G. (s/f). "Las exportaciones y el proceso de crecimiento", inédito.

Rodríguez, O. (2001). "Prebisch: actualidad de sus ideas básicas". *Revista de la Cepal*, Santiago do Chile: Comissão Econômica para a América Latina e o Caribe (Cepal), nº 75 (LC/G.2150-P/E), dezembro.

—— (1998). "Heterogeneidad estructural y empleo". *Revista de la Cepal*, número extraordinário (LC/G.2037-P/E). Santiago do Chile: Comissão Econômica para a América Latina e o Caribe (Cepal), outubro. Publicação das Nações Unidas, nº de venda: S.98.II.G.11.

Rodrik, D. (2001). "The global governante of trade as if development really mattered". Informe preparado para o Programa das Nações Unidas para o Desenvolvimento (PNUD).

—— (1993). "Taking trade policy seriously: export subsidization as a case study in policy effectiveness". *Working Paper*, nº 4567. Cambridge: National Bureau of Economic Research (NBER).

Romer, P. (1993). *Idea, Gaps and Object Gaps in Economic Development*. Washington, D.C.: Banco Mundial.

—— (1990a). "Are nonconvexities important for understanding growth?". *Working Paper* nº 3271. Cambridge. National Bureau of Economic Research (NBER).

—— (1990b). "Endogenous technical change". *Journal of Political Economy*. Chicago: The University of Chicago Press, vol. 98.

Ros, J. (2000). *Development Theory and the Economics of Growth*. Ann Arbor: The University of Michigan Press.

Sagasti, F. (2002). "La banca multilateral de desarrollo en América Latina". Série *Financiamiento del Desarrollo*. Santiago do Chile: Comissão Econômica para a América Latina e o Caribe (Cepal), nº 119 (LC/L. 1731-P), maio. Publicação das Nações Unidas, nº de venda: S.02.II.G.42.

Silverberg, G. e Soete, L. (orgs.) (1994). The Economics of Growth and Technological Change. Technologies, Nations, Agents. Aldershot: Edward Elgar Publishing.

Stallings, B. e Peres, W. (2000). *Crecimiento, empleo y equidad: el impacto de las reformas económicas en América Latina y el Caribe*. Santiago do Chile: Comissão Econômica para a América Latina e o Caribe (Cepal)/Fondo de Cultura Económica, setembro.

Stiglitz, J.E. (2003). "El rumbo de las reformas. Hacia una nueva agenda para América Latina". *Revista de la Cepal*. Santiago do Chile: Comissão Econômica para a América Latina e o Caribe (Cepal), nº 80 (LC/G.2204-P/E), agosto.

Tavares, M.C. (1999). "A retomada da hegemonia americana". In J.L. Fiori e M.C. Tavares. *Poder e dinheiro. Uma economia política da globalização*. Petrópolis: Vozes.

Tavares, M.C. e Fiori, J.L. (1993). *(Des)ajuste global e modernização conservadora*. Rio de Janeiro:Paz e Terra.

Tavares, M.C. e Melin, J.L. (1999). "Pós-escrito 1997: a reafirmação da hegemonia norte-americana". In J.L. Fiori e M.C. Tavares. *Poder e dinheiro. Uma economia política da globalização*. Petrópolis: Vozes.

Thorp, R. (1998). *Progreso, pobreza y exclusión: una historia económica de América Latina en el siglo XX*. Washington, D.C: Banco Interamericano de Desenvolvimento (BID).

Tokman, F. (2003). "Hacia una visión integrada para enfrentar la inestabilidad y el riesgo". *Revista de la Cepal*. Santiago do Chile: Comissão Econômica para a América Latina e o Caribe (Cepal), nº 81 (LC/G.2216-P/E), dezembro.

Vercelli, A. (1994). "Por uma macroeconomia não reducionista: uma perspectiva de longo prazo". *Revista Economia e Sociedade*. Campinas: Instituto de Economia, Universidade Estadual de Campinas (Unicamp) nº 3.

Verspagen, B. (1993). *Uneven Growth Between Interdependent Economies: an Evolutionary View on Technology Gaps, Trade and Growth*. Aldershot: Avebury.

Weller, J. (2000). *Reformas económicas, crecimiento y empleo. Los mercados de trabajo en América Latina y el Caribe*. Santiago do Chile: Comissão Econômica para a América Latina e o Caribe (Cepal)/Fondo de Cultura Económica, novembro.

Williamson, J. (1991). *El cambio en las políticas económicas en América Latina*. México: Edições Gernika.

O texto deste livro foi composto em Sabon, desenho tipográfico de Jan Tschichold de 1964 baseado nos estudos de Claude Garamond e Jacques Sabon no século XVI, em corpo 11/15. Para títulos e destaques, foi utilizada a tipografia Frutiger, desenhada por Adrian Frutiger em 1975.

A impressão se deu sobre papel off-white 80g/m² pelo Sistema Cameron da Divisão Gráfica da Distribuidora Record.